第十一届
国际吴方言
学术研讨会 论文集

吴语研究

WUYU

陈忠敏 主编

上海教育出版社

第十一辑

目　录

语音与音系

词汇、语法及吴语史

语音与音系

温州方言的多音字和文白异读

游汝杰

汉语各地方言都有"一字多音"现象，即有不少多音字，包括"文白异读"字。就北京大学中文系语言学教研室编《汉语方言字汇》（第二版，语文出版社，2008年）所载3000个汉字在各地的读音来看，多音字的分类和文白异读字的判别，似乎没有统一的标准。例如在南昌和厦门方言里，"岔"字除有本字读音 tɕha³ 和 tɕhe¹ 外，还有"叉"的训读音 tɕha¹。厦门把这个训读音列为文读音，而南昌把它列为又读音。苏州和温州方言"卵"字都有两读，用法基本相同，苏州：lø⁶、ləu³；温州：lø³、laŋ⁴。前者指睾丸，后者指动植物的雌性生殖细胞（苏州另有"蛋"指鸡鸭之类的卵）。但是苏州把这两个读音列为并列的又读音，温州则把前者列为文读音，后者列为白读音。"忘"苏州有 voŋ⁶、moŋ⁶ 两音，前者标为文读，后者标为白读。此字温州也有两读：ɦuɔ⁶ 和 maŋ⁶，前者标为文读，后者标为白读，但脚注说明是"㤀"的训读。有的方言把训读音列为白读音，例如温州"测"一读 tsha⁷，被列为白读，实则"拆"（拆字）的训读。苏州"喝"一读 ha⁷，被列为白读，实则"呷"的训读。有的方言把训读列为"俗读"，例如苏州"斜"有 tshiŋ⁵ 一读，被列为"俗读"，实则是"笪"的训读等。总之，文读音、白读音、训读音、口语音、俗读音如何定义和界定，很成问题。

本文重新整理见于各种温州方言文献的多音字，归纳其种类，并且尝试以温州话为例，提出判别文白异读字的原则。

一 多音字的种类

《汉语方言字汇》的3000个汉字中，在温州方言中有两个或两个以上读音的字共有421个，这些字称为多音字。从一字多音的形成原因来分析，多音字有以下不同的种类：

1. 文白异读，例如：大 da⁶ 文；dəu⁶ 白。肥 vei²；皮 bei²。

2. 新旧文读（无白读对应字），例如：他 thuɔ¹ 文旧；tha¹ 文新。秘 pi⁷ 文旧；mi⁸ 文新。

3. 语用变体，例如：姆：mai¹（叙称）；mai⁵（面称）。妈：ma³（叙称）；ma⁵（面称）。阿：u¹ 阿胶；o¹ 阿弥陀佛；a¹ 阿哥。

4. 形态变体（四声别义）：例如：下：ɦo⁴（方位词：楼下）；ho³（动词：下种）；o5（动量词：打一下）。合 ɦo⁷ 相符；合 ky⁷ 合算。易 ji⁸ 容易；易 jiai⁸ 交易。回：vai² 回来；vai⁴ 挡回。

"四声别义"本是传统训诂学的概念和术语，指通过改变同一个字的声调，来表示不同的词义或词性。在古汉语和现代普通话里大都是由平声、上声和入声变为去声构成，例如，王，平声为名词，去声为动词；好，上声为形容词，去声为动词；恶，入声为形容词（恶毒），去声为动词（厌恶）。但方言中的"别义"有许多不仅改变声调，也有改变声母和韵母的，例如温州话"毒"，入声 dɤu⁸ 为名词或形容词，去声 dau⁶ 为动词（投毒），不仅声调改变，韵母也改变了。吴语的处衢方言也普遍如此，例如：

字	温州	开化	龙游	遂昌	云和	庆元	龙泉	丽水	青田
毒名词	dɤu⁸	dəʔ⁸	dɔʔ⁸	dɔʔ⁸	doʔ⁸	toʔ⁸	duəʔ⁸	doʔ⁸	dɵʔ⁸
毒动词	dau⁶	duo⁶	du⁶	duɤ⁶	du⁶	tɤ⁶	tɤɯ⁶	du⁶	dø⁶

因为"别义"的手段并不限于改变声调，也可改变声母和韵母，故用"形态变体"来概括更合适。方言中的此类形态变体，有可能是来自上古汉语的遗存。

5. 任意两读：座：zo^6；dzo^6。梯：thei^1；thi^1。哀：e^1；ɤ^1。馋：dza^2；za^2。

6. 本地音和旁读音：茄：dʑ^2（本地音：茄儿）；ga^2（旁读音，来自上海：番茄）
写：sei^3（本地音：写字眼）；ɕia^3（旁读音，来自上海：写意/惬意。）

旁读音不是本地原有的读音，也不是来自标准语的读音，而是来自外地方言的读音。

"旁读音"的形成是方言接触的结果。旁读音不符合本地方言的音变规律。例如现代温州话"车"有两个读音 ei 和 o。麻韵开口三等本地音原读 ei 韵，例如水车、风车、车架等词中的"车"，都读 tshei^1。但是在脚踏车、裁缝车、汽车等词中的"车"，都读 tsho^1。tsho^1 这个字音来自上海话，因为这些新式的"车"都是从上海输入的。"车"字读 o 韵不符合本地方言的音变规律。温州话里这个字音来自上海话的 tsho^1，即是"旁读音"。

7. 新旧音：斜：zei^{2}新；zo^{2}旧。歌：ku^{1}新；ko^{1}旧。

8. 本字音和训读音：滴 tei^7；tei^{5}训渧。帆 va^2；boŋ^{2}训篷。

9. 本地音及其共时变异：蒲：bu^2；bøy^2。符：vu^2；vøy^2。

10. 文读音和口语：黄：ɦuo^2；ɦia^2。用：jyo^6；ɦuo^6。

11. 文读音和俗读：恨：ɦaŋ^6；ɦaŋ^4。溃：gai^6；gaŋ^4。

12. 本调和变调或变音：去：tɕhy^{5}文；khei^{5}白1；khe^{0}轻声1；khi^{0}轻声2。雀：tɕhia^{7}文；tɕi^{7}儿尾变音。

13. 姓氏别读：戴：ta^{5}戴帽；te^{5}姓戴。任：zaŋ^{6}责任；ȵiaŋ^{6}姓任。

14. 地名别读：营：jioŋ^{2}兵营；jiaŋ^{2}兵营巷。校：kuo^5：校对；ka^{5}校场巷。

15. 又读来历不明：狮 sɿ^1；sai^7。筛 sɿ^1；sai^1。凶 ɕyo^1；ɕiaŋ^1。郑张尚芳认为"凶"字的 ɕiaŋ^1 音来自苍南蛮话，可疑。"凶"是一个常用词，而苍南蛮话在当地不是优势方言。

16. 误读：春，本音 ɕyo1，因字形与"春"相近，新派误读为 tɕhyoŋ^1。"春"字属通摄合口三等钟韵平声书母字，在温州方言里，通摄合口三等钟韵除"冲"外，皆读 yo 韵，例如：钟 tɕyo^1、种 tɕyo^1。

二　文白异读的特点和判别原则

文白异读是多音字的次类。在多音字的各种类别中，文白异读的数量是最多的，占比也是最高的。在《汉语方音字汇》所列 3000 个字中，温州方言的多音字有 419 个，占总数 14%。多音字中，文白异读字约占 60%。

1. 文白异读字是同一个字有两读或多读。本字读音和训读不能构成文白读，例如"帆"，本字读音是 va^2；训读音是 boŋ^2（篷），va^2 和 boŋ^2 是两个不同的字的读音，不构成文白读。

2. 文读和白读的读音不同，而语义完全相同。同一个字语义不同的读音，不能构成文白读。例如"断"有 dø^4、daŋ^4、tø^5 三读，tø^5（判断）和 daŋ^4（断裂）不构成文白读。又如"扭"有 ȵiau^2 和 ȵiau^1 两读，前者意谓"转动"，后者意谓"用手指夹皮肉扭转"，语义不同，故不构成文白读。

3. 文读音来自官话，故来自非官话的旁读音不是文读音。例如"车"字有两读 tshei^1 和 tsho^1，前者是本地音，后者是来自上海的旁读音，两者不构成文白读。

4. 本调和变调不构成文白读，例如"来"有 lei^2 和 le^0 两读，前者读本调阳平，后者后置于动词表趋向，变轻声，例如走来 tsau^{3}le^0。语用变音也属此类。

5. 部分文读音和白读音有成系统的对应关系。第1）至第7）是声母的对应关系及例字；第8）至24）是韵母的对应关系及例字。

1）微母文读 v- 和白读 m- 相对应。

字	文	白$_1$	白$_2$
蚊	vaŋ^2	maŋ^2	—
问	vaŋ^6	maŋ^6	—
未	vei^6	mei^6	—
晚	va^4	ma^4	—
万	va^6	ma^6	—
物	vai^8	mai^8	møy^5

2）非母，文读 f- 和白读 p-/ph- 相对应。

字	文	白
反	fa^3	pa^3
粪	faŋ^5	baŋ^2
覆	fu^7	phu^7

3）奉母，文读 v- 和白读 b- 相对应。

字	文	白
肥	vei^2	bei^2
伏	vu^8	bu^6

以上皆非组声母，总而言之，文读轻唇音和白读重唇音相对应。

4）匣母，文读 ɦi-/v- 和白读 g- 相对应。

字	文	白$_1$	白$_2$
含	ɦiø^2	ɦiaŋ^2	gaŋ^2
衔	ɦia^2	ga^2	—
馅	ɦia^6	ga^6	—
厚	ɦiau^6	gau^6	—
何	vu^2	ga^2	—
怀	va^2	ga^2	—

5）日母，文读 z- 和白读 n-/ɳ- 相对应。

字	文	白₁	白₂
日	zai⁸	ne⁸	ɳiai⁸
入	zai⁸	ɳiai⁸	—
人	naŋ²	ɳiaŋ²	ne²
任	zaŋ⁶	ɳiaŋ⁶	—

6）澄母，文读 dz- 和白读 d- 相对应。

字	文	白
绽	dza⁶	da⁶
澄	dzeŋ⁶	deŋ⁴

7）见母，文读 ts-/tɕ 和白读 k- 相对应。

字	文	白
几	tsʅ³	ki³
锯	tɕy⁵	ky⁵
去溪母	tɕhy⁵	khei⁵

8）山摄合口一等桓韵、臻摄合口一等魂韵、臻摄开口一等痕韵，文读 -ø/-y 和白读 -aŋ 相对应。

字	文	白
断缓韵	dø⁴	daŋ⁴
段换韵	dø⁶	daŋ⁶
团桓韵	dø²	daŋ²
暖缓韵	nø⁴	naŋ⁴
卵缓韵	lø⁴	laŋ⁴
乱换韵	lø⁶	laŋ⁶
管缓韵	ky³	kaŋ³
敦魂韵	tø¹	taŋ¹
墩魂韵	tø¹	taŋ¹
昏魂韵	çy¹	faŋ¹
魂魂韵	jy²	vaŋ²
温魂韵	y¹	uaŋ¹
吞痕韵	thø¹	thaŋ¹

标题中的韵目举平声以赅上去，下同。

9）山摄合口一等末韵。文读 -ø 和白读 -ai 相对应。

字	文	白
夺	dø[8]	dai[8]
脱	thø[7]	thai[7]
捋	lø[8]	lai[8]

10）臻摄合口三等物韵，文读 -y 和白读 -iai 相对应。

字	文	白
郁（忧郁）	y[7]	iai[7]
掘	tɕy[7]	dʑiai[7]

11）宕摄开口三等阳韵，文读 -uɔ 和白读 -yɔ 相对应，声母文读 ts- 和白读 tɕ- 相对应。同时声母颚化。

字	文	白
庄（阳韵）	tsuɔ[1]	tɕyɔ[1]
装（阳韵）	tsuɔ[1]	tɕyɔ[1]
壮（漾韵）	tsuɔ[5]	tɕyɔ[5]
疮（阳韵）	tshuɔ[1]	tɕhyɔ[1]
爽（养韵）	suɔ[3]	ɕyɔ[3]

12）山摄合口三等仙韵，文读 -y 和白读 -yoŋ 相对应。

字	文₁	白₁	白₂
穿	tɕhy[1]	tɕhyoŋ[1]	—
串	tɕhy[5]	tɕhyoŋ[5]	—
卷（卷曲）	tɕy[3]	tɕyoŋ[3]	tɕyoŋ[5]
卷（书卷）	tɕy[3]	tɕyoŋ[5]	—

13）通摄合口三等钟韵、东韵，文读 -oŋ 和白读 -yɔ 相对应。

字	文	白
浓（钟韵）	noŋ[2]	n̠yɔ[2]
松（钟韵）	soŋ[1]	jyɔ[2]
蓉（钟韵）	jyoŋ[2]	jyɔ[2]
耸（钟韵）	soŋ[3]	ɕyɔ[3]
怂（钟韵）	soŋ[3]	ɕyɔ[3]

14）效摄开口二等爻韵见母，文读 -uɔ 和白读 -a 相对应。

字	文	白
校	kuɔ⁵	ka⁵
铰	kuɔ³	ka³

15）山摄开口三四等元先仙韵，文读 -i 和白读 -y/ø- 相对应。

字	文	白
蚖 顽韵	çi³	çy³
砚 霰韵	n̠i⁶	jy⁶
缠 仙韵	dʑi²	dʑy²
边 先韵	pi¹	pø¹
面 线韵	mi⁶	mø⁶

注：康蚖 khuɔ¹çy³：蚯蚓。

16）止摄开口三等支韵，文读 -ŋ 和白读 -ei 相对应。

字	文	白
施	sŋ¹	sei¹
刺	tshŋ⁵	tshei⁵

17）曾摄一等德韵、曾摄三等职韵，文读 -e 和白读 -ei 相对应。

字	文	白
侧	tse⁷	tsei⁷
得	te⁷	tei⁷

18）蟹摄开口一等咍韵，文读 -e 和白读 -ei 相对应。

字	文	白
鳃	se¹	sei¹
来	le²	lei²

19）臻摄开口三等质韵、昔韵，文读 -ai 和白读 -i 相对应。

字	文	白
一 质韵	iai⁷	i⁷
亦 昔韵	jiai⁸	ji⁸

注：交易的"易"音 jiai⁸，容易的"易"音 ji⁸，两者虽然不构成文白读，但对应规律相同。

20）臻摄合口三等谆韵、曾摄开口一等登韵，文读 -aŋ 和白读 -eŋ 相对应。

字	文	白₁	白₂
轮谆韵	laŋ²	leŋ²旧	liɛ²新
憎登韵	tsaŋ¹	tseŋ¹	—

21）梗摄合口三等清韵、梗摄合口四等青韵，文读 -ioŋ 和白读 -iaŋ 相对应。

字	文	白
营	jioŋ²	jiaŋ²
萤	jioŋ²	jiaŋ²

22）通摄合口一等冬韵、通摄合口三等钟韵，文读 -oŋ 和白读 -aŋ 相对应。

字	文	白
农冬韵	noŋ²	naŋ²
𰹷钟韵	boŋ²	baŋ²

23）通摄合口三等东韵，文读 -oŋ 和白读 -yoŋ 相对应。

字	文	白
弓东韵	koŋ¹	tɕyoŋ¹
躬东韵	koŋ¹	tɕyoŋ¹
宫东韵	koŋ¹	tɕyoŋ¹

注：此三字文读音是新派的新文读音。

24）通摄合口三等东韵、钟韵，文读 -oŋ 和白读 -iɛ 相对应。

字	文	白
龙钟韵	loŋ²	liɛ²
垄钟韵	loŋ²	liɛ²

6. 有的文白读没有系统性，例如：挥，文读 fai¹，白读 ɕy¹；面，文读：mi⁶；白读₁：mai⁶；白读₂：mø⁶。

7. 文白异读大多是一对一，也可以是一对多或多对一。例如：

字	文₁	文₂	白₁	白₂
何	vu²	—	fia²	ga²
饿	ŋ⁶	—	ŋai⁶	vai⁶
差差别	tsha¹	—	tsho¹	tshəu¹
泼	phø⁷	pø⁷	pha⁷	—
簸	pu¹	pu⁵	pai⁵	—

8. 文白读可能只是声母不同、韵母不同或声调不同，也可能是其中某两项不同，或三者全不同。例如：

类　别	字	文	白
声母不同	搓	tshəu^1	səu^1
韵母不同	磕	khø^7	khai^7
声调不同	寂	zei^8	zei^4
声、韵不同	壮	tsuɔ^5	tɕyɔ^5
声、调不同	解	ka^3	ga^4
韵、调不同	施	sɿ^1	sei^5
声韵调皆异	蕊	zɿ^4	ȵy^6

其中声母不同和韵母不同这两类是普遍现象，其余类型是个别现象。

9. 文白都有可能有新旧音。例如：恋，旧文读：li^6；新文读：li^2。测，旧文读：tse^7；新文读：tshe^7。猫，旧白读：miɛ^1；新白读muɔ^1 或 muɔ^2。骂，旧文读：mo^6；新文读 ma^6。

10. "四声别义"无关文白读，如"听"有两读 theŋ^1 和 theŋ^5，前者意谓"听见"，后者意谓"探听"。字面相同，语义不同。

11. 内部音变造成两音并存，不构成文白读，例如：铺：phu^{1}动词/phøy^{6}名词。

12. 任意又读，无关文白读如"曾"：zaŋ^6；dzaŋ^6。"锯"：ky^5/køy^5。

13. 合音无关白读，例如"勿"字有两读：fai^7 和 fai^1 两读，后者是"勿爱"的合音。

14. 文读音是后起的，例如"问"有文白两读：vaŋ^6 和 maŋ^6，vaŋ^6 是后起的。

15. 文白读分两类，一类是两音或多音口语皆用，另一类是文读不用于口语，只用于读书，如"喝"hø^7，仅用于读书，不用于口语。口语中另有"呷"ha^7，意为"喝"。

16. 有的白读音只见于地名，例如"校"字文读 kuɔ^5，用于"校对"等，白读 ka^5 仅用于地名"校场巷"。

17. 文读音多用于文理词，例如"日"字文读 zai^8，用于"日期、日食、日本"等文理词，白读 ȵiai^8 用于土白词"三十日"（除夕），又一白读音 ne^8，用于土白词"该日、日昼"等。

三　温州方言与其他吴语的比较

各地吴语的文白异读有同，也有异。我们试比较 30 个常用字在 5 个吴语次方言区的文白异读情况。

表 1 列出吴语常见的有文白异读的 30 个字，以资比较。表中的苏州和绍兴属太湖片，温州属瓯江片，台州属台州片，金华属婺州片，丽水属丽衢片。

表上各地字音，每一个字的字音，第一行是文读，第二行是白读。某字某地无文读音或白读音，用横线表示。

某地某字只有一个读音，如何判别是它是文读音或白读音？须通过比较这个读音与此字在别地吴语中文白读的异同，如与文读同类就归文读音，如与白读音同类就归白读音。例如，"破"字苏州只有 pho^5 一读，温州、绍兴、台州、金华、丽水皆有文白两读，文读

音主元音是圆唇的后元音 o 或 u，表上温州文读音 phøy⁵，是新派读音，老派读 phu⁵。温州、绍兴、金华的白读音主元音皆是 a。显然苏州的 pho⁵ 跟上述各地的文读音同类，与白读音不同类，因此苏州的 pho⁵ 应该是文读音。又如温州和苏州的"怕"只有 pho⁵ 一读，它与其他吴语的白读音 pho⁵ 同类，而与其他吴语的文读音 pha⁵ 不同类，因此温州和苏州的 pho⁵ 应该是白读音。

"人"这个词丽水另有 nəŋ² 一读，温州另有 naŋ² 和 niɛ² 两读，皆是"侬"的训读，故未列入表中。

表 1 吴语各地文白读比较表

序号	字	中古音	苏州	温州	绍兴	台州	金华	丽水
1	拖	果开一 平歌透	thəu¹ tho¹	thɤu¹ tha¹	tho¹ tha¹	tho¹ tha¹	thuɤ¹ tho¹	thu¹ thɒ¹
2	大	果开一 去箇定	dɒ⁶ dəu⁶	da⁶ dɤu⁶	da⁶ do⁶	da⁶ do⁶	da⁶ duɤ⁶	dɒ⁶ du⁶
3	破	果合一 去过滂	pho⁵ —	phøy⁵ pha⁵	phu⁵ pha⁵	pho⁵ —	phuo⁵ pha⁵	phu⁵ phɒŋ⁵
4	爬	假开二 平麻並	— bo²	— bo²	— buo²	— bo²	ba² buɤ²	— buo²
5	怕	假开二 去祃滂	— pho⁵	— pho⁵	pha⁵ pho⁵	pha⁵ pho⁵	pha⁵ —	pha⁵ phuo⁵
6	午	遇合一 上姥疑	əu¹ ŋ⁶	— ŋ⁴	ɦu⁴ ŋ⁴	u³ ŋ³	— n⁴	ŋ³ ŋ³
7	鱼	遇合三 平鱼疑	ɦiy² ŋ²	— nøy²	ɦiy² ŋ²	ȵy² ŋ²	ȵy² —	ȵy² ŋ²
8	锯	遇合三 去御见	tɕy⁵ kɛ¹	tɕy⁵ ky⁵/køy⁵	tɕy⁵ kɛ⁵	ky⁵ kɛ⁵	tɕy⁵ kuɤ⁵	tsʮ⁵ kəɯ⁵
9	儿	止开三 平支日	l² ȵi²	— ŋ²	ər² ȵi²	əl² n²	ər² n²	ər² ŋ²
10	二	止开三 去至日	l² ȵi²	— ŋ⁶	ər⁶ ȵi⁶	əl⁶ ȵi⁶	ər⁶ n⁶	ər⁶ ŋ⁶
11	耳	止开三 上止日	l² l⁶	zʮ⁴ ŋ⁴	ər⁴ ȵi⁴	— ŋ³	əl⁴ n⁴	ər³ ŋ³
12	跪	止合三 上纸群	guɛ⁶ dzy⁶	— dzy⁴	guɛ⁴ —	gy⁴ tɕy⁴	guei⁴ —	gue² dzy²
13	龟	止合三 平脂见	kuɛ¹ tɕy¹	— tɕy¹	kuɛ¹ tɕy¹	— ky¹	kuei¹ tɕy¹	kue¹ tsʮ¹
14	尾	止合三 上尾微	vi⁴ ȵi⁴	mei⁴ ŋ⁴	vi⁴ mi⁴	vi² mi²	vi⁴ fi³	— ŋ⁴
15	鬼	止合三 上尾见	kuɛ³ tɕy³	— tɕy³	kuɛ³ tɕy³	— ky³	— kuei³	— kue³
16	贵	止合三 去未见	kuɛ⁵ tɕy⁵	— tɕy⁵	kuɛ⁵ tɕy⁵	— ky⁵	kuei⁵ kuei⁵	kue⁵ tsʮ⁵

续表

序号	字	中古音	苏州	温州	绍兴	台州	金华	丽水
17	鸟	效开四 上筱端	ȵiæ^3 tiæ^3	ȵia^3 tiɛ^3	ȵiɔ^3 tiɔ^3	ȵiʌ^3 tiʌ^3	ȵiau^3 tiau^3	ȵiʌ^3 tiʌ^3
18	厚	流开一 上厚匣	ɦɤ^4 —	ɦiau^4 gau^4	ɦɤ^4 —	ɦəu^4 gəu^4	ɦəu^4 kəu^3	ɦɯ^4 gəu^4
19	晚	山合三 上阮微	uᴇ^3 mᴇ^6	va^4 ma^4	ɦuæ^4 —	— mɛ^4	uæ̃ẽ^3 fæ̃ẽ^4	uã^3 mã^3
20	人	臻开三 平真日	zən^2 ȵian^2	zaŋ^2 ȵiaŋ^2	ziŋ^2 ȵiŋ^2	ziŋ^2 ȵiŋ^2	zin^2 ȵin^2	— ȵi^2
21	日	臻开三 入质日	zɤʔ^8 ȵiɪ^8	zai^8 ne^8/ȵiai^8	zəʔ^8 ȵie^8	— ȵie^8	ziɐʔ^8 ȵiaʔ^8	neʔ^8
22	蚊	臻合三 平文微	vən^2 mən^2	vaŋ^2 maŋ^2	vəŋ^2 məŋ^2	vəŋ^2 məŋ^2	vəŋ^2 məŋ^2	vəŋ^2 məŋ^2
23	问	臻合三 去文微	vən^2 mən^2	vaŋ^6 maŋ^6	vəŋ^6 məŋ^6	vəŋ^6 məŋ^6	vəŋ^6 məŋ^6	vəŋ^{26} —
24	网	宕合三 上养微	— mɒŋ^6	— muɔ^4	— mɔ̃^{4}	— mɒŋ^4	vəŋ^4 mɒŋ^4	— mɒŋ^4
25	望	宕合三 去漾微	vɒŋ^6 mɒŋ^6	vɔ^6 muɔ^6	vɔŋ^6 —	vɔŋ^6 —	vaŋ^6 maŋ^6	— mɒŋ^6
26	梗	梗开二 上更见	kən^3 kəŋ^3	— kiɛ^3	kəŋ^3 kuã^3	kaŋ^3 kuaŋ^3	kəŋ^3 kuaŋ^3	kaŋ^3 kuaŋ^3
27	绒	通合三 平东日	— ȵioŋ^2	zoŋ^2 —	— ȵyoŋ^2	ʑyoŋ^2 ȵyoŋ^2	zyoŋ^2 —	dzoŋ^2 ȵioŋ^2
28	肉	通合三 入屋日	— ȵioʔ	— ȵieu^8	zoʔ^8 ȵyoʔ^8	— ȵyoʔ^8	zyoʔ^8 ȵyoʔ^8	— ȵiɐʔ^8
29	浓	通合三 平种泥	noŋ^2 ȵyoŋ^2	noŋ^2 ȵyo^2	— ȵyoŋ^2	— ȵyoŋ^2	— ȵyoŋ^2	— ȵyoŋ^2
30	褥	通合三 入烛日	zoʔ^8 ȵioʔ^8	jieu^8 —	zoʔ^8 —	ʑyoʔ^8 —	zyoʔ^8 —	zyoʔ^8 ȵyoʔ^8

从表1来看，文白异读在各地的字音分布是不同的，在30个常用字中各地都有文白异读的只有5个，即拖、大、锯、鸟、蚊，仅占总数约17%。即使音韵地位相同的字，各地有无文白读的情况，也可能不同。例如：跪（止合三上纸群）字温州没有文读，只有白读 dʑy^4；绍兴只有文读 guᴇ^4，台州也只有文读 gy^4。

笔者曾撰《文读音、白读音和旁读音》一文（2020），当时仅在3000个常用字中统计文白异读字，共得温州方言有186个字有文白异读，现在扩大搜寻范围，并重新核对原有的统计资料，共得215个字有文白异读，见表2，新近产生的新文读音未列入表内。其中有143个字（右上角标星号者）苏州方言无文白异读，温州独有率占67%。未标星号者72个，系温州和苏州方言共有，共有率仅有约33%。

· 11 ·

表 2 　温州方言文白异读字表

果摄	阿大何*蛾*饿*波*菠*泼*簸*破*摩*模*拖螺*左搓　梭*琐*茄
假摄	差妈*吓架丫也
遇摄	铺*蒲*浦*肤*麸*　符*伏扶*赴*徒*途*奴锄础*梳薯*梧*雾*女滤*锯蛆*去许
蟹摄	解剂*戴来*在*才*腮*鳃*赛*怀*罪*最*
止摄	刺*施赐*驶*耳鼻几*宜*疑*蚁义*议*肥累*泪醉*髓*蕊规*归*贵亏挥*威*委*尾未畏*随*愧*
效摄	绕鸟尿酵校_{校对}较　饶铰*
流摄	母浮否*厚*嗅
咸摄	坎*含*舔*衔嫌*陷*馅*磕*喝夹
深摄	立*笠*吸*入
山摄	反*然*绽*便*便宜面*蜿*砚*雁*晏*断*段*团*暖*卵乱*穿*串管*晚挽腕万卷*挖*泼*夺*脱*阔*掘*挶*
臻摄	粪*人仁刃*跟*根*痕*敦*墩*轮*纯*昏*魂*温*蚊问日一*出*物郁*忧郁吞*
宕摄	昨*锉*错若*疟常*像*庄　装*壮*状*疮*爽*旷　忘望搁
江摄	（无文白异读字）
曾摄	得*测侧憎*
梗摄	澄进*樱莺*鹦营*萤　射赤摘寂*亦*
通摄	凤覆*农*浓龙垄*扑*松*耸*怂*蓉*缝*

四　结　语

　　文白异读是一字多音的次类，应根据文白异读的特点来界定文白异读字。文白异读字是同一个字有两个读音或多个读音，读音不同，但语义完全相同。本字和训读字是两个不同的字，因此本字读音和训读音不构成文白异读。用"形态变体"构成的新词，与本字语义不相同，因此其读音和本字读音也不构成文白异读。文读音来自官话，旁读音来自别的方言，本字读音和旁读音不构成文白异读。本字读音和语用变音也不构成文白异读，文读音最初用于读书，后来也用于说话，特别是多用于文理词。文白异读在字音上的分布，因方言不同而不同。

参考文献

敖小平.南通方言考［M］.上海：上海辞书出版社，2017.

北京大学中文系语言学教研室编，王福堂修订.汉语方音字汇［M］.北京：语文出版社，第二版重排本，2003.

曹志耘，秋谷裕幸，太田斋，等.吴语处衢方言研究［M］.日本：好文出版社，2000.

傅国通，郑张尚芳总编.浙江省语言志［M］.杭州：浙江人民出版社，2015.

汤壁垣.《瓯音字汇》.抄本，1925年。载《温州方言文献集成》第4辑.杭州：浙江人民出版社，2016.

游汝杰.吴语"声调别义"的类别和特点［J］.辞书研究，2019（2），73—80.

游汝杰.文读音、白读音和旁读音［J］.方言 2020（2）.

郑张尚芳.《温州方言老派词汇》、《温州方言同音字表》［M］∥温州方言文献集成.杭州：浙江人民出版社，2016.

MONTGOMERY P H S，Introduction to the Wenchow Dialect，Kelly & Walsh，Limited，1898.

（游汝杰　复旦大学中国语言文学系　200433　rjyou@fudan.edu.cn ）

上海南汇方言老派同音字汇

陈忠敏

南汇以前是上海浦东地区的一个县。它地处黄浦江东岸，北和前川沙县接壤，南和奉贤区毗邻，西和闵行区相连，东临东海。清雍正四年（1726年）置南汇县，设县治于惠南镇。南汇县长期隶属松江府管辖，以后又归属江苏省。1958年南汇县从江苏省划归上海市。2001年南汇县改称南汇区，2009年撤销南汇区，与之前的浦东新区合并为新的浦东新区。此南汇老派同音字汇是基于我1984—1987年对南汇县惠南镇老派的调查。最早的同音字汇见于我1987年4月答辩的硕士毕业论文《南汇音系》附录，这次发表修改了一些明显的错误。此次发表有三重意义，其一，南汇撤县、撤区多年，今后调查浦东方言，不太会再去关注和记录前南汇县治惠南镇的读音。其二，30多年前我记录的两位惠南镇老派发音人，一位时年76岁，另一位时年65岁。两位发音人大概都已作古。这份记录保留30多年前惠南镇老派的读音，十分珍贵。其三，这是我对非母方言的第一次语音记录。1984年开始调查至2024年正好是40周年，以此可作为个人从事学术的纪念。

一　老派南汇方言的声韵调系统

1. 声母（27个）

ʔb 布兵壁	pʰ 破胖拍	b 婆盆别	m 麻忙罚	ɸ 夫方发	β 烦文乏
ʔd 斗党跌	tʰ 土汤铁	d 大定踏	n 奴脑纳		l 劳龙力
ts 找总节	tsʰ 车清七			s 诗双雪	z 齐从宅
ʔɟ 郊经结	cʰ 丘庆泣	ɟ 乔穷及	ɲ 饶让捏	ç 晓凶吸	
k 歌公夹	kʰ 苦空哭	ɡ 茄共轧	ŋ 牙瓦额		
Ø 衣乌鸭				h 好风福	ɦ 下洪药

声母说明：

1）ʔb、ʔd、ʔɟ 为内爆音。内爆音持阻段声带振动，振动时声波的振幅是渐强的。整个音节配高调，与吴语"清音浊流"声母不同。

2）ʔɟ 不同于 ʔb、ʔd，ʔɟ 后只拼细音韵母（i、y 作介音或主元音的韵母）。ʔb、ʔd 则可以拼任何韵母。

3）ʔɟ、cʰ、ɟ、ɲ、ç 组声母实际读音分两组，后接韵母的主元音是低后元音的是 ʔɟ、cʰ、ɟ、ɲ、ç，后接韵母的主元音是前高元音则是 tɕ、tɕʰ、dʑ、n、ɕ。因为互补分布，声母表和同音字汇用 ʔɟ、cʰ、ɟ、ɲ、ç 来表示两组读音。关于南汇方言的内爆音性质可见陈忠敏1988文。

4）b、d、ɟ、ɡ 一组声母是吴语常见的"清音浊流"声母。即在词首位置或单字时持阻段声带不振动，后接元音前半段气嗓音发声态（breathy voice），整个音节配低调。

5）ɸ、β 是双唇擦音，发音具有双唇撮口动作，发音时合口介音融入 ɸ、β 中，如"挥"记为 ɸe⁵³，"胃"记为 βe¹³。故 ɸ、β 只拼开口和齐齿，不拼合口和撮口。

2. 韵母（55个）

ɿ 试丝资猪	i 鸡齐梯烟	u 布哥坐多	y 居主雨书
a 买带拉矮	ia 爷斜写谢	ua 怪坏快拐	
ɔ 宝到早瓦	iɔ 条表小苗		
o 疤瓜车朵			
ɛ 山兰盼办	iɛ 念械也奸	uɛ 关环淮顽	
e 雷退男代		ue 官悔块危	
ø 寒干短暖			yø 捐权愿劝
ɤ 侯斗头剖	iɤ 柳九旧丢		
	iu 靴		
ã 庚常张浜	iã 娘蒋匠凉	uã 横光~火	
ɑ̃ 忙项胖郎	iɑ̃ 旺	uɑ̃ 光况逛筐	
əŋ 登门身春	iŋ 紧品平兵	uəŋ 滚捆坤	yŋ 军云群训
oŋ 公从虫中			yoŋ 荣允穷绒
aʔ 百客只石	iaʔ 略脚药削		
æʔ 达袜八发	iæʔ 甲捏协洽	uæʔ 刮划	
ɔʔ 托落木浊	iɔʔ 疫役	uɔʔ 郭扩廓	
oʔ 北服秃足			yoʔ 曲局育肉
œʔ 脱夺掇割		uœʔ 说蟀率	yœʔ 血月屈决
ʌʔ 革贼墨德	iʌʔ 击益匹力		
əʔ 执十不没	iɪʔ 别灭笔铁	uəʔ 割₂骨阔	
øl 耳儿而	m̩ 亩呒	n̩ 芋~头	ŋ̍ 鱼吴五

韵母说明：

1）惠南镇老派韵母入声韵多，入声韵的种类与松江方言同，开口呼入声韵多达七类。如"哭"kʰoʔ⁵⁵、"壳"kʰɔʔ⁵⁵、"客"kʰaʔ⁵⁵、"掐"kʰæʔ⁵⁵、"磕"kʰəʔ⁵⁵、"刻"kʰʌʔ⁵⁵、"渴"kʰœʔ⁵⁵。

2）有些韵的字数相当少。如 iu 韵《方言调查字表》里只有一个"靴"读 ɕiu⁵³。iɑ̃ 韵也只有"旺"字的白读，其他如 iɛ、uæʔ、iɔʔ、uɔʔ、uœʔ、uəʔ 韵母辖字也相当少。

3）øl 是文读韵母，m̩、n̩、ŋ̍ 自成音节韵母都是白读韵母。

3. 声调（7个）

调类	调值	例字
阴平	53	刚知天霜灾高音拉丝
阳平	113	皮流斜赔里老岭陈门
阴上	44	苦口懂顶醒饱响肯土
阴去	35	帐唱对送报看信四肺
阳去	13	洞定近办断动笨刨净

| 阴入 | ʔ55 | 急竹笔滴角刮骨削答 |
| 阳入 | ʔ12 | 入六局合白毒月肉席 |

声调说明:

1)声调七类,清声母配阴调类,调值高,分别是阴平 53、阴上 44、阴去 35、阴入 55;浊声母配阳调类,调值低,分别是阳平 113、阳去 13、阳入 12。

2)古阳上部分归阳平,部分归阳去,基本情况是成词单音节归阳平,不成词单音节归阳去。原因见陈忠敏 2007 文。

二 南汇老派同音字表

说明:

1)字汇先按韵母分部,同韵的字按声母排列,声韵母相同的再按声调排列。

2)韵母的排列次序是:

ɿ	i	u	y
a	ia	ua	
ɔ	iɔ		
o			
ɛ	iɛ	uɛ	
e		ue	
ø			yø
ɤ	iɤ		
	iu		
ã	iã	uã	
ɑ̃		uɑ̃	
əŋ	iŋ	uəŋ	yŋ
oŋ			yoŋ
aʔ	iaʔ		
æʔ	iæʔ	uæʔ	
ɔʔ	iɔʔ	uɔʔ	
oʔ			yoʔ
œʔ			yœʔ
ʌʔ	iʌʔ	uœʔ	
əʔ	iiʔ	uəʔ	
øl	m̩	n̩	ŋ̍

3)声母的排列次序是:

ʔb	pʰ	b	m	ɸ	β
ʔd	tʰ	d	n	l	
ts	tsʰ			s	z

ʔʝ　　cʰ　　ʝ　　ɲ　　ç

k　　kʰ　　g　　ŋ　　h　　ɦ

Ø

4）声调的排列次序是：

阴平 53，阴上 44，阴去 35，阳平 113、阳去（阳上＝阳去）13，阴入 <u>55</u>，阳入 <u>23</u>

5）有些字有同义异读，同音字汇里不用 1、2、3 数码注明。

ɿ

tsɿ⁵³　猪知蜘肢兹滋诸朱珠之芝支枝栀资
姿咨脂租_{出~房子}

tsɿ⁴⁴　主子紫纸止址嘴织

tsɿ³⁵　蛀滞制~度，~造智辎致稚至置志~向，
杂~痣

tsʰɿ⁵³　雌痴差_参~眵侈

tsʰɿ⁴⁴　耻齿

tsʰɿ³⁵　处~理，~所刺翅次厕~所秩疵

sɿ⁵³　梳书输_{运~，~赢}斯厮撕施私师狮尸司
思丝诗

sɿ⁴⁴　暑鼠数~——史使~用，大~始水死

sɿ³⁵　势世四驶试

zɿ¹¹³　锄殊池驰匙是瓷迟磁~石词辞祠持时
鲥传~达助住竖市

zɿ¹³　誓逝自稚示视嗜字伺寺嗣士仕柿饲
治事侍痔

i

ʔbi⁵³　鞭编边蝙蓖

ʔbi⁴⁴　比贬扁匾

ʔbi³⁵　闭臂变遍庇痹鄙秘蔽算~子

pʰi⁵³　批篇偏披

pʰi³⁵　屁片譬骗_{欺~}

bi¹¹³　皮脾便_{宜被~子}辨辩辫

bi¹³　弊币毙避汴便_{方~}

mi⁵³　眯

mi¹¹³　迷谜~_语弥棉绵免勉缅眠秘~书

mi¹³　米尾面_{粉，脸~}

ɸi⁵³　非飞榧妃

ɸi³⁵　废肺费翡匪

βi¹¹³　肥费_姓

ʔdi⁵³　低颠掂

ʔdi⁴⁴　底抵点典

ʔdi³⁵　帝店

tʰi⁵³　梯天添

tʰi⁴⁴　体舔

tʰi³⁵　替涕剃屉

di¹¹³　题提蹄甜田填

di¹³　弟第递地电殿垫奠佃

ni⁵³　你

li¹¹³　黎礼离~_别，~_开璃梨厘狸李里理鲤帘
连联敛怜莲

li¹³　例殓丽_美，励（_镰）荔利痢泪」练炼恋

tsi⁵³　尖奸煎笺

tsi⁴⁴　济挤剪姊

tsi³⁵　祭际济_救箭荐溅

tsʰi⁵³　妻栖签千蛆迁纤_{化~}

tsʰi⁴⁴　浅且

tsʰi³⁵　砌

si⁵³　西犀仙鲜_新~先宣玺徙

si⁴⁴　洗选癣

si³⁵　细婿线

zi¹¹³　徐齐脐潜钱前旋荠渐践

zi¹³　贱羡旋_{~吃~做}

ʔʝi⁵³　稽_{~查}鸡基几~_乎机饥讥兼间_{中~}，~_断艰
奸~_诈肩坚兼搛

ʔʝi⁴⁴　几~_个检简茧

ʔʝi³⁵　计继寄纪记既季舰剑建见笕

cʰi⁵³　欺谦牵

cʰi⁴⁴　遣起杞启企岂祈

cʰi³⁵　去_除~，~_来器弃气汽欠歉

ʝi¹³　奇~_怪骑~_马姨期_时~其棋旗剂技妓忌贱
钱件健潜

ɲi⁵³　研黏研腻

ɲi^{113} 泥伲倪儿尼呢_{~绒}耳疑尾染严年蚁议	lu^{13} 罗锣萝螺骡卢炉芦鲁庐卤露路鹭赂

<table>
<tr><td>ɲi¹¹³</td><td>泥伲倪儿尼呢_{~绒}耳疑尾染严年蚁议</td><td>lu¹³</td><td>罗锣萝螺骡卢炉芦鲁庐卤露路鹭赂</td></tr>
<tr><td>ɲi¹³</td><td>艺谊义二贰验砚易_{交~}</td><td>tsu⁵³</td><td>租_{出~车}</td></tr>
<tr><td>çi⁵³</td><td>溪牺希稀掀轩</td><td>tsu⁴⁴</td><td>左组祖煮阻</td></tr>
<tr><td>çi⁴⁴</td><td>死喜险显险蟢</td><td>tsu³⁵</td><td>做驻铸拄</td></tr>
<tr><td>çi³⁵</td><td>戏宪</td><td>tsʰu⁵³</td><td>搓粗初</td></tr>
<tr><td>ɦi¹¹³</td><td>宜仪移夷遗_{~失}炎盐阎檐延演言沿悬县奚伊嫌已</td><td>tsʰu⁴⁴</td><td>储_姓楚_姓础</td></tr>
<tr><td>ɦi¹³</td><td>肄异现系_{~统}</td><td>tsʰu³⁵</td><td>醋错措锉</td></tr>
<tr><td>i⁵³</td><td>医衣依烟淹阉腌</td><td>su⁵³</td><td>梭苏酥蔬蓑嗦唆梳</td></tr>
<tr><td>i⁴⁴</td><td>椅以</td><td>su⁴⁴</td><td>锁琐所薯</td></tr>
<tr><td>i³⁵</td><td>意厌艳燕咽_{吞~}餍</td><td>su³⁵</td><td>素诉塑疏数_{~目}</td></tr>
</table>

u

<table>
<tr><td>ʔbu⁵³</td><td>波播菠簸</td><td>zu¹¹³</td><td>锄坐座助</td></tr>
<tr><td>ʔbu⁴⁴</td><td>补</td><td>ku⁵³</td><td>歌哥锅瓜辜孤姑箍</td></tr>
<tr><td>ʔbu³⁵</td><td>布_{~匹,散~}怖</td><td>ku⁴⁴</td><td>果裹估_{~计}古股鼓</td></tr>
<tr><td>pʰu⁵³</td><td>坡铺_{~设,店~}</td><td>ku³⁵</td><td>个_{~人}过故顾固雇</td></tr>
<tr><td>pʰu⁴⁴</td><td>浦普谱</td><td>kʰu⁵³</td><td>科颗枯窠棵</td></tr>
<tr><td>pʰu³⁵</td><td>破</td><td>kʰu⁴⁴</td><td>可苦</td></tr>
<tr><td>bu¹¹³</td><td>婆蒲脯_{胸~}葡菩</td><td>kʰu³⁵</td><td>课库裤酷</td></tr>
<tr><td>bu¹³</td><td>捕步部簿埠</td><td>ŋu¹¹³</td><td>我吾梧蜈娥鹅俄蛾悟</td></tr>
<tr><td>mu¹¹³</td><td>摩磨_{石~,.刀}魔模母拇</td><td>ŋu¹³</td><td>饿卧</td></tr>
<tr><td>mu¹³</td><td>暮墓慕募</td><td>ɦu¹³</td><td>何河荷禾和_{~气}吴湖葫胡_{~子}互沪五伍午戊</td></tr>
<tr><td>ɸu⁵³</td><td>呼肤夫_{~妻}敷俘麸</td><td>u⁵³</td><td>蜗_{~牛}乌诬倭污坞</td></tr>
</table>

y

<table>
<tr><td>ɸu⁴⁴</td><td>火伙虎府俯斧辅</td><td>ly⁵³</td><td>屡</td></tr>
<tr><td>ɸu³⁵</td><td>货付傅富副赋讣</td><td>ly¹¹³</td><td>驴吕旅</td></tr>
<tr><td>βu¹¹³</td><td>伍_{队~}胡_{~笳}糊狐壶扶符辅无_{有~}浮</td><td>ly¹³</td><td>虑滤</td></tr>
<tr><td>βu¹³</td><td>附务雾父腐误妇负</td><td>tsy⁵³</td><td>诸朱诛蛛珠株硃</td></tr>
<tr><td>ʔdu⁵³</td><td>多都督</td><td>tsy⁴⁴</td><td>主</td></tr>
<tr><td>ʔdu⁴⁴</td><td>躲赌堵朵肚</td><td>tsy³⁵</td><td>驻注蛀蛀铸</td></tr>
<tr><td>tʰu⁵³</td><td>拖</td><td>tsʰy⁵³</td><td>褚趋</td></tr>
<tr><td>tʰu⁴⁴</td><td>椭妥土吐_{~痰}</td><td>tsʰy⁴⁴</td><td>处杵取娶</td></tr>
<tr><td>tʰu³⁵</td><td>吐_{呕~}兔</td><td>tsʰy³⁵</td><td>趣</td></tr>
<tr><td>du¹¹³</td><td>驼驮_{~起肚胃,腹~}徒途涂图屠杜舵大_{~小}堕惰</td><td>sy⁵³</td><td>书舒输须需</td></tr>
<tr><td>du¹³</td><td>度渡镀</td><td>sy⁴⁴</td><td>暑鼠黍</td></tr>
<tr><td>nu¹¹³</td><td>奴努</td><td>sy³⁵</td><td>庶恕戍</td></tr>
<tr><td>nu¹³</td><td>糯怒</td><td>zy¹¹³</td><td>徐除厨橱序叙绪树</td></tr>
</table>

zy¹³ 署薯住

ʔɟy⁵³ 拘车车马炮居龟

ʔɟy⁴⁴ 举矩

ʔɟy³⁵ 据锯句

cʰy⁵³ 区~域驱

ɟy¹¹³ 渠具巨拒距

ɟy¹³ 跪

ɲy¹¹³ 愚虞娱女

ɲy¹³ 遇寓御语

çy⁵³ 虚嘘

çy⁴⁴ 许

ɦy¹¹³ 余姓，多~愚鱼渔吁与于盂榆逾愉雨羽愈禹芋喻

ɦy¹³ 誉预豫宇

y⁵³ 於淤迂

y³⁵ 郁忧~

a

ʔba⁵³ 巴爸

ʔba⁴⁴ 摆

ʔba³⁵ 拜

pʰa³⁵ 派

ba¹¹³ 排牌罢

ba¹³ 稗败

ma⁵³ 妈

ma¹¹³ 买埋

ma¹³ 卖

ɸa⁵³ 歪

ʔda³⁵ 戴带

tʰa⁵³ 他

tʰa³⁵ 太泰

da¹³ 大~夫

na⁵³ 那哪

na¹¹³ 奶

la⁵³ 拉

la¹³ 赖癞

tsa⁵³ 斋

tsa³⁵ 债

tsʰa⁵³ 叉差~错，~别，出岔扠权钗

tsʰa³⁵ 蔡

sa⁴⁴ 洒

sa³⁵ 啥厦大~

za¹¹³ 柴豺

za¹³ 惹

ka⁵³ 街加家嘉傢

ka⁴⁴ 解~开假真~，放~贾

ka³⁵ 界届戒嫁架价

kʰa⁵³ 揩

kʰa⁴⁴ 楷卡

ga¹¹³ 茄~子

ga¹³ 骱

ŋa¹¹³ 牙芽衙雅

ŋa¹³ 外

ha³⁵ 蟹

ɦia¹¹³ 鞋也

a⁴⁴ 矮

ia

ʔdia⁵³ 爹

tsia⁴⁴ 姐

tsia³⁵ 借

sia⁴⁴ 写

sia³⁵ 泻卸

zia¹¹³ 斜邪

zia¹³ 谢

ʔɟia⁵³ 阶皆佳

ʔɟia⁴⁴ 假解

ʔɟia³⁵ 芥架借~口，~用介

ɦia¹¹³ 涯霞爷

ɦia¹³ 野夜

ia⁵³ 鸦耶霞瑕遐亚

ia⁴⁴ 雅

ua

kua⁵³ 乖

kua⁴⁴ 拐~杖

kua³⁵	怪卦	sɔ³⁵	少~年燥
kʰua³⁵	快	zɔ¹³	槽朝~代巢潮皂造建~赵兆绍
ɦua¹¹³	怀淮槐	kɔ⁵³	高膏牙~羔糕交教~书胶
ɦua¹³	坏	kɔ⁴⁴	稿

ɔ

ʔbɔ⁵³	褒包胞	kɔ³⁵	告觉睡~
ʔbɔ⁴⁴	宝保堡饱	kʰɔ⁵³	敲
ʔbɔ³⁵	报豹爆	kʰɔ⁴⁴	考烤
pʰɔ⁵³	抛	kʰɔ³⁵	靠
pʰɔ³⁵	泡水~,浸~炮枪~	gɔ¹³	搞
bɔ¹¹³	袍跑抱	ŋɔ¹³	鹅熬咬傲
bɔ¹³	暴鲍刨铇	hɔ⁴⁴	好~坏
mɔ⁵³	猫	hɔ³⁵	好喜~耗
mɔ¹¹³	毛茅矛锚卯冒帽茂贸	ɦɔ¹³	下豪毫夏号~码
mɔ¹³	貌	ɔ⁵³	袄
ʔdɔ⁵³	刀	ɔ⁴⁴	哑
ʔdɔ⁴⁴	岛捣祷倒~塌,~水	ɔ³⁵	奥懊
ʔdɔ³⁵	到		iɔ
tʰɔ⁵³	涛滔掏	ʔbiɔ⁵³	彪标膘
tʰɔ⁴⁴	讨	ʔbiɔ⁴⁴	表
tʰɔ³⁵	套	pʰiɔ⁵³	飘鳔漂~浮
dɔ¹¹³	桃逃陶萄淘	pʰiɔ⁴⁴	瓢
dɔ¹³	道稻盗导	pʰiɔ³⁵	漂~白,~亮票
nɔ¹¹³	脑恼	biɔ¹¹³	嫖瓢
nɔ¹³	闹	miɔ¹¹³	苗描秒渺貌庙妙
lɔ⁵³	唠捞	ʔdiɔ⁵³	刁貂雕~刻
lɔ¹¹³	萝藤~,~卜劳牢老	ʔdiɔ⁴⁴	鸟
lɔ¹³	涝	ʔdiɔ³⁵	钓弔吊~桥
tsɔ⁵³	遭朝明~招糟	tʰiɔ⁵³	挑~担
tsɔ⁴⁴	早枣爪	tʰiɔ⁴⁴	挑~战
tsɔ³⁵	躁灶罩照	tʰiɔ³⁵	跳粜
tsʰɔ⁵³	操~作,节~糙超抄锹	diɔ¹¹³	条调~和
tsʰɔ⁴⁴	草炒吵	diɔ¹³	掉调
dzɔ¹³	樵	liɔ¹¹³	燎疗辽聊撩寥了瞭
sɔ⁵³	骚烧稍捎	liɔ¹³	料
sɔ⁴⁴	嫂扫少多~	tsiɔ⁵³	焦蕉椒查姓
		tsiɔ³⁵	醮打~

tsʰiɔ³⁵ 俏偢

siɔ⁵³ 消宵霄销萧箫

siɔ⁴⁴ 小

siɔ³⁵ 笑鞘

ziɔ¹¹³ 剿

ʔɕiɔ⁵³ 郊娇骄浇交郊狡胶教

ʔɕiɔ⁴⁴ 狡缴

ʔɕiɔ³⁵ 校~对教~育较叫

cʰiɔ⁵³ 敲

cʰiɔ⁴⁴ 巧

cʰiɔ³⁵ 窍

ɟiɔ¹¹³ 乔桥侨荞绞

ɟiɔ¹³ 轿

ɲiɔ⁴⁴ 鸟尿

ɲiɔ¹¹³ 挠

ɲiɔ¹³ 饶绕~线

çiɔ⁵³ 嚣枵

çiɔ⁴⁴ 晓

çiɔ³⁵ 酵孝

ɦiɔ¹¹³ 摇谣窑遥姚尧

ɦiɔ¹³ 效校~学耀鹞舀

iɔ⁵³ 妖邀要~求腰么

iɔ³⁵ 要

o

ʔbo⁵³ 疤芭

ʔbo⁴⁴ 把~握,刀~

bo¹³ 爬琶杷

mo¹¹³ 麻麻(麻)马码蟆

mo¹³ 骂

tso⁵³ 渣遮

tso³⁵ 诈榨蔗炸~弹

tsʰo⁵³ 叉权差车错~误

so⁵³ 沙纱赊

so³⁵ 晒舍捨赦

zo¹¹³ 蛇佘搽社乍茶查调~

zo¹³ 麝

ko⁵³ 瓜

ko⁴⁴ 寡

ko³⁵ 挂卦

kʰo³⁵ 可跨夸

ŋo¹¹³ 瓦砖~

ho⁵³ 花

ho³⁵ 化

ɦo¹¹³ 华中~划~船

ɦo¹³ 画话下厦夏华桦

o⁵³ 丫

ɛ

ʔbɛ⁵³ 斑班颁扳般搬

ʔbɛ⁴⁴ 板版

ʔbɛ³⁵ 扮

pʰɛ⁵³ 攀潘

pʰɛ³⁵ 判叛盼襻

bɛ¹¹³ 爿

bɛ¹³ 办瓣伴拌

mɛ⁵³ 蛮

mɛ¹³ 迈玩~游戏慢曼

ɸɛ⁵³ 番翻

ɸɛ⁴⁴ 反~复返泛

ɸɛ³⁵ 贩

βɛ¹¹³ 帆凡繁烦矾泛犯范

βɛ¹³ 饭万患宦还蔓瓜~子

ʔdɛ⁵³ 耽担~任丹单

ʔdɛ⁴⁴ 胆

ʔdɛ³⁵ 担旦诞

tʰɛ⁵³ 坍摊滩

tʰɛ⁴⁴ 坦毯碳

tʰɛ³⁵ 叹

dɛ¹¹³ 谭姓谭坛谈痰檀弹~琴壇淡

dɛ¹³ 但蛋弹~药

nɛ¹¹³ 难~易

nɛ¹³ 难~患

lɛ¹¹³ 来蓝篮兰栏拦懒

lɛ¹³ 揽烂滥缆览榄

tsɛ⁴⁴ 宰~相盏斩

tsɛ³⁵	蘸赞	ʔbe³⁵	贝辈半伴背~脊,~负,~诵
tsʰɛ⁵³	掺参~加换~扶	pʰe⁵³	坏胚丕潘
tsʰɛ⁴⁴	彩采~摘惨铲产	pʰe³⁵	沛配潘
tsʰɛ³⁵	菜忏灿	be¹¹³	培陪赔裴伴拌
sɛ⁵³	三山删衫疝珊杉	be¹³	佩倍被备焙
sɛ⁴⁴	散松~伞	me⁵³	每
zɛ¹¹³	惭暂撰才~华材财裁在豺残馋赚	me¹¹³	梅枚煤媒每美眉霉妹昧
zɛ¹³	站车~灒栈	ɸe⁵³	恢挥辉徽欢
kɛ⁵³	监~狱奸~淫	ɸe⁴⁴	贿悔唤焕
kɛ⁴⁴	减碱柬拣	ɸe³⁵	晦讳
kɛ³⁵	监鉴鑑谏涧	βe¹¹³	伟苇桓完丸缓皖回茴伪为作~因~维唯惟微违围纬
kʰɛ⁵³	开铅	βe¹³	卫慧惠换位会汇绘未胃谓
kʰɛ⁴⁴	坎砍	ʔde⁵³	堆呆
kʰɛ³⁵	嵌看刊舰	ʔde³⁵	对戴
ŋɛ¹¹³	癌眼颜	tʰe⁵³	推贪苔胎
hɛ⁴⁴	海	tʰe⁴⁴	腿
hɛ³⁵	喊	tʰe³⁵	退态探
ɦɛ¹¹³	含咸~鱼闲害馅限	de¹¹³	台
ɦɛ¹³	衔	de¹³	代袋队兑抬贷待台殆
ɛ⁵³	挨~近	ne⁴⁴	乃
ɛ³⁵	爱晏	ne¹¹³	内

iɛ

ʔʑiɛ⁵³	奸	ne¹³	耐南男
ɕiɛ³⁵	骇	le¹¹³	来雷垒
ɦiɛ¹¹³	谐炎也	le¹³	累积~,连~类泪傫
ɦiɛ¹³	械艳雁焰懈	tse⁵³	灾载专砖簪者
ɲiɛ¹³	念	tse⁴⁴	宰展载年~转

uɛ

kuɛ⁵³	鳏关	tse³⁵	瞻占战载~重沾粘
kʰuɛ³⁵	筷	tsʰe⁵³	参串穿
guɛ¹¹³	环	tsʰe⁴⁴	彩採睬惨
ɦuɛ¹¹³	顽~皮还	tsʰe³⁵	菜颤
ɦuɛ¹³	幻	se⁵³	腮鳃栓奢
uɛ⁵³	弯湾	se³⁵	碎赛陕闪舍捨
uɛ³⁵	宛	ze¹¹³	豺蚕蝉蟾蝉染冉篡善禅然燃船传

e

ʔbe⁵³	杯碑卑彼悲搬	ze¹³	在传~记膳单姓禅~让
		ke⁵³	该甘柑泔
		ke⁴⁴	改感敢

ke³⁵	概溉盖丐	tsø⁵³	追
kʰe⁵³	开堪尮	tsø³⁵	最缀醉锥赘钻纂
kʰe⁴⁴	凯坎砍勘	tsʰø⁵³	猜崔催餐吹炊穿川氽喘
kʰe³⁵	慨	tsʰø³⁵	翠脆串窜篡
ŋe¹¹³	岩俨	sø⁵³	虽衰酸
ŋe¹³	艾硋	sø⁴⁴	髓
he⁵³	蚶憨酣	sø³⁵	岁税算蒜
he⁴⁴	海	zø¹¹³	随隋垂蕊船罪
ɦie¹¹³	孩含亥害撼憾	zø¹³	睡瑞坠遂隧穗
e⁵³	哀埃庵	kø⁵³	干~涉,~燥竿杆旗~,笔~肝
e³⁵	爱蔼暗揞	kø⁴⁴	秆麦~赶

ue

kue⁵³	归规龟官棺观冠衣~	kʰø⁵³	看~守刊
kue⁴⁴	轨鬼诡管馆	kʰø³⁵	看~见
kue³⁵	会~计桂贵闺癸灌贯冠~军	ŋø¹³	岸
kʰue⁵³	亏窥盔魁𫠆奎亏宽	hø⁵³	虾
kʰue⁵³	傀窥	ɦø¹¹³	函韩寒
kʰue³⁵	块	ɦø¹³	旱汗焊
gue¹¹³	逵葵馗跪	ø⁵³	安按鞍
gue¹³	溃愧柜	ø³⁵	案
ŋue¹¹³	危		
ŋue¹³	魏巍		

yø

ue⁵³	威	ʔjyø⁵³	捐
ue⁴⁴	委	ʔjyø⁴⁴	捲卷~曲,书~
ue³⁵	喂~养畏慰	ʔjyø³⁵	眷

ø

bø¹¹³	盘	cʰyø⁵³	圈圆~
ʔdø⁵³	端	cʰyø⁴⁴	券犬
ʔdø⁴⁴	短揣鸡毛~子	cʰyø³⁵	劝券
ʔdø³⁵	断决~锻	ɟyø¹¹³	拳权颧
tʰø⁴⁴	探	ɟyø¹³	倦
tʰø³⁵	蜕	ɲyø¹¹³	软元原员缘源渊愿
dø¹¹³	团糰断~绝	ɦiyø¹¹³	圆袁园猿辕援远
dø¹³	段缎椴	ɦiyø¹³	院县眩
nø¹¹³	暖㟓	yø⁵³	冤缘渊
lø¹¹³	卵	yø³⁵	怨

ɤ

lø¹³	乱	pʰɤ³⁵	剖
		mɤ¹¹³	某谋矛亩牡
		mɤ¹³	茂贸

ɸɤ⁴⁴	否	liɤ⁵³	溜~冰
βɤ¹¹³	浮阜	n̠iɤ⁴⁴	扭
βɤ¹³	负	n̠iɤ¹¹³	牛钮纽
ʔdɤ⁵³	兜	tsiɤ⁵³	揪
ʔdɤ⁴⁴	斗升~抖陡	tsiɤ⁴⁴	酒
ʔdɤ³⁵	斗~争	tsiɤ³⁵	皱
tʰɤ⁵³	偷	tsʰiɤ⁵³	秋
tʰɤ³⁵	透敨展开	siɤ⁵³	修羞
dɤ¹¹³	头投	siɤ³⁵	秀绣锈
dɤ¹³	豆痘	ziɤ¹¹³	囚泅
lɤ⁵³	搂~取	ziɤ¹³	袖
lɤ¹¹³	楼篓娄搂~抱	ʔjiɤ⁵³	纠鸠究阄
lɤ¹³	漏陋	ʔjiɤ⁴⁴	九久韭灸
tsɤ⁵³	邹周州洲舟	ʔjiɤ³⁵	救究
tsɤ⁴⁴	走帚	cʰiɤ⁵³	丘
tsɤ³⁵	奏皱咒骤绉	jiɤ¹¹³	求球仇姓
tsʰɤ⁵³	抽	jiɤ¹³	舅旧
tsʰɤ⁴⁴	丑子~,~恶	çiɤ⁵³	休
tsʰɤ³⁵	凑臭香~	çiɤ⁴⁴	朽嗅
sɤ⁵³	搜馊收嗖飕	ɦiɤ¹¹³	尤邮有友犹由油游
sɤ⁴⁴	首手守	ɦiɤ¹³	又右祐
sɤ³⁵	瘦兽嗽	iɤ⁵³	忧优幽悠
zɤ¹¹³	绸稠愁柔揉筹仇报~酬受		
zɤ¹³	宙骤寿授纣售		**iu**
kɤ⁵³	勾~销沟钩	çiu⁵³	靴
kɤ⁴⁴	狗苟		
kɤ³⁵	够构购		**ã**
kʰɤ⁵³	抠眍眼~	ʔbã⁴⁴	浜
kʰɤ⁴⁴	口叩	bã¹¹³	彭膨棚篷蓬朋鹏
kʰɤ³⁵	寇扣~住	bã¹³	碰蚌
ŋɤ¹³	藕偶配~,~然	mã¹¹³	猛
ɦɤ¹¹³	侯喉猴厚后先~	mã¹³	孟姓
ɦɤ¹³	吼候	ʔdã⁴⁴	打~击
ɤ⁵³	欧姓欧瓯	lã¹¹³	冷
ɤ⁴⁴	呕~吐殴	tsã⁵³	张睁
	iɤ	tsã⁴⁴	长生~掌
ʔdiɤ⁵³	丢	tsã³⁵	涨~大,~价账蚊~账目胀膨~仗打~,依~
		tsʰã⁴⁴	厂
		tsʰã³⁵	畅撑支~

sã⁵³ 生甥牲声_白

sã⁴⁴ 省_{节~}

zã¹¹³ 长_{~短}肠场常丈杖

zã¹³ 锃

kã⁵³ 更梗庚耕羹_{瓢~}

kã⁴⁴ 埂鲠

kʰã⁵³ 坑

ŋã¹³ 硬

hã⁵³ 亨夯

ɦã¹¹³ 杏

ã⁵³ 鹦

iã

liã¹¹³ 良梁粮两_{~斤,斤~}凉粱

liã¹³ 量_{~米,数~}亮谅辆

tsiã⁵³ 将_{~来}浆

tsiã⁴⁴ 蒋桨奖

tsiã³⁵ 将酱

tsʰiã⁵³ 枪

tsʰiã⁴⁴ 抢

siã⁵³ 相_{~互}箱厢湘镶襄

siã⁴⁴ 想鲞

siã³⁵ 相_{~貌}

ziã¹¹³ 详祥翔像象橡墙

ziã¹³ 匠

ʔȵiã⁵³ 疆僵缰礓姜_{生~}姜_姓

cʰiã⁵³ 羌腔

cʰiã⁴⁴ 强_{勉~}抢_{~夺}

ɟiã¹¹³ 强_{~大}

ȵiã⁵³ 仰

ȵiã¹¹³ 娘仰

ȵiã¹³ 酿让

çiã⁵³ 香乡

çiã⁴⁴ 响

çiã³⁵ 享向

ɦiã¹¹³ 羊洋杨扬阳烊养痒

ɦiã¹³ 样

iã⁵³ 央秧殃

iã³⁵ 映

uã

kuã⁵³ 光_{~火}

ɦuã¹¹³ 横

uã⁵³ 横_{~对}

ã

ʔbã⁵³ 帮邦

ʔbã⁴⁴ 榜绑

pʰã³⁵ 胖

bã¹¹³ 滂旁螃庞防棒榜

bã¹³ 傍

mã¹¹³ 忙芒莽蟒亡网盲虻

mã¹³ 梦忘望妄

ɸã⁵³ 方肪芳慌荒

ɸã⁴⁴ 仿_{~效,相~}妨纺访

ɸã³⁵ 放

βã¹¹³ 房防亡王黄簧皇蝗

βã¹³ 忘望妄旺

ʔdã⁵³ 铛当_{应~}

ʔdã⁴⁴ 党挡

ʔdã³⁵ 当_{上~}

tʰã⁵³ 汤

tʰã⁴⁴ 躺倘

tʰã³⁵ 趟烫

dã¹¹³ 堂棠唐塘糖荡宕

nã¹¹³ 囊瓤

lã¹¹³ 狼郎廊螂浪

tsã⁵³ 赃庄装章樟桩_{木~}

tsã³⁵ 藏_{西~}葬脏_{五~}壮障

tsʰã⁵³ 仓苍疮昌窗

tsʰã⁴⁴ 闯

tsʰã³⁵ 创_{~造,~伤}倡_{提~}唱

sã⁵³ 桑霜商伤双孀丧

sã⁴⁴ 爽赏嗓晌

sã³⁵ 丧_{婚~,~失}

zã¹¹³ 床偿裳上~山,在~

zã¹³ 尚撞状

kã⁵³ 岗~山~刚冈纲钢缸江疆

kã⁴⁴ 讲港

kã³⁵ 杠~杆降~落

kʰã⁵³ 康糠慷

kʰã³⁵ 抗园炕

gã¹¹³ 戆

ŋã¹³ 昂

ɦã¹¹³ 行银~杭航降投~

ɦã¹³ 项巷

ã⁵³ 肮

iã

ɦiã¹³ 昂

uã

kuã⁵³ 光

kuã⁴⁴ 广

kʰuã⁵³ 筐

kʰuã³⁵ 旷框况矿眶

guã¹¹³ 狂逛

huã⁵³ 荒慌

ɦuã¹¹³ 黄簧皇蝗王

uã⁵³ 汪往

uã³⁵ 枉

əŋ

ʔbəŋ⁵³ 奔崩绷

ʔbəŋ⁴⁴ 本

pʰəŋ⁵³ 喷~水

bəŋ¹¹³ 盆笨

məŋ⁵³ 闷蒙

məŋ¹¹³ 门蚊纹萌盟明~朝

məŋ¹³ 问孟

ɸəŋ⁵³ 分~开芬纷疯

ɸəŋ⁴⁴ 粉讽

ɸəŋ³⁵ 粪奋

βəŋ¹¹³ 焚浑~浊,~身魂馄文坟闻愤忿

βəŋ¹³ 吻刎混份问文

ʔdəŋ⁵³ 敦墩蹲登灯

ʔdəŋ⁴⁴ 等

ʔdəŋ³⁵ 顿凳炖

tʰəŋ⁵³ 吞□~着气味,气味袭人

tʰəŋ⁴⁴ 氽

dəŋ¹¹³ 饨屯~田臀腾誊藤盾人名,矛~

dəŋ¹³ 钝邓遁瞪□~伊两句,挖苦

nəŋ¹¹³ 能

nəŋ¹³ 嫩

ləŋ¹¹³ 崙轮冷伦棱~角论议

tsəŋ⁵³ 真珍针尊增曾~孙征~求争蒸筝贞侦征

tsəŋ⁴⁴ 枕~席诊疹准批~,标~整

tsəŋ³⁵ 镇阵振震赠证~明症病~正~月,公~政

tsʰəŋ⁵³ 村春椿忖称~呼,相~蜂

tsʰəŋ⁴⁴ 蠢

tsʰəŋ³⁵ 趁衬寸秤

səŋ⁵³ 森参~人深身申伸孙僧升声

səŋ⁴⁴ 审婶沈损笋榫

səŋ³⁵ 渗甚~至慎胜败盛兴~圣

zəŋ¹¹³ 肾顺郑沉陈尘神臣辰存唇纯曾~经层惩澄橙乘绳承丞呈程成城盛~满诚

zəŋ¹³ 韧任责~润闰剩郑盛甚认顺赠

kəŋ⁵³ 跟根更~改,打~羹庚耕

kəŋ³⁵ 更~加耿

kʰəŋ⁵³ 坑

kʰəŋ⁴⁴ 肯恳垦啃

kʰəŋ³⁵ □污垢

gəŋ¹³ □脾气~,倔强

həŋ⁵³ 哼亨

həŋ⁴⁴ 很狠

həŋ³⁵ 摁

ɦəŋ¹¹³ 恒衡痕

ɦəŋ¹³ 恨

əŋ⁵³ 恩

iŋ

ʔbiŋ⁵³ 宾彬槟滨冰兵

ʔbiŋ⁴⁴	禀丙饼秉	cʰiŋ³⁵	庆揿
ʔbiŋ³⁵	鈉~辰光，相持并合~	ȵiŋ¹¹³	琴禽擒仅勤芹近
pʰiŋ⁵³	乒拼~凑姘	ȵiŋ¹³	竞劲
pʰiŋ⁴⁴	品	ȵiŋ¹¹³	仁银人龈宁壬迎任
pʰiŋ³⁵	聘	ȵiŋ¹³	认韧闰凝~结
biŋ¹¹³	贫频凭平评坪瓶屏萍	çiŋ⁵³	兴~旺馨
biŋ¹³	病并~且	çiŋ³⁵	兴高~幸莘
miŋ⁵³	鸣敏	ɦiŋ¹¹³	萤吟饮~水淫银寅行~为迎赢盈形刑型营
miŋ¹¹³	民明名铭冥闽皿□~缝		
miŋ³⁵	抿	ɦiŋ¹³	颖
miŋ¹³	命	iŋ⁵³	音阴因姻殷应~当鹰蝇樱莺鹦英缨
ʔdiŋ⁵³	丁盯汀水~钉铁~	iŋ⁴⁴	引隐影尹姓□火~脱，火熄灭
ʔdiŋ⁴⁴	顶鼎	iŋ³⁵	映洇印荫应响~
ʔdiŋ³⁵	订湏~清，澄清钉~住		**uəŋ**
tʰiŋ⁵³	听~见，~从厅汀	kuəŋ⁴⁴	滚
tʰiŋ⁴⁴	挺艇	kuəŋ³⁵	棍
tʰiŋ³⁵	□剩下	kʰuəŋ⁵³	昆崑坤
diŋ¹¹³	停亭廷庭蜓锭	kʰuəŋ⁴⁴	捆
diŋ¹³	定	kʰuəŋ³⁵	困睏
niŋ¹¹³	宁安~	huəŋ⁵³	昏~暗，~迷婚荤
liŋ⁵³	拎	ɦuəŋ¹³	混
liŋ¹¹³	临林淋邻陵凌菱领灵铃岭零	uəŋ⁵³	温瘟
liŋ¹³	令另吝	uəŋ⁴⁴	稳
tsiŋ⁵³	津精睛晶		**yŋ**
tsiŋ⁴⁴	尽井	ʔɟyŋ⁵³	钧君军均
tsiŋ³⁵	浸进晋俊骏浚	ʔɟyŋ³⁵	俊窘
tsʰiŋ⁵³	侵亲~切，~家青清蜻	cʰyŋ⁵³	菌
tsʰiŋ⁴⁴	寝请	ɟyŋ¹¹³	群裙
siŋ⁵³	心辛新薪星腥猩	ɟyŋ¹³	郡
siŋ⁴⁴	醒省反~	çyŋ⁵³	熏薰勋
siŋ³⁵	信讯汛性姓	çyŋ³⁵	训驯
ziŋ¹¹³	寻情静靖秦旬循巡饧~糖，饴糖	ɦyŋ¹¹³	云匀允
ziŋ¹³	净殉尽荩	ɦyŋ¹³	熨韵运晕孕
ʔɟiŋ⁵³	今金襟禁~不住斤巾筋京荆惊经		**oŋ**
ʔɟiŋ⁴⁴	茎锦紧景警颈	pʰoŋ⁵³	□被头一晒，~起来，变蓬松
ʔɟiŋ³⁵	禁~止劲有~，~敬谨境竞镜文敬	pʰoŋ⁴⁴	捧
cʰiŋ⁵³	钦轻倾顷	boŋ¹¹³	蓬篷埲~尘

moŋ^{113} 蒙懵

ʔdoŋ^{53} 东冬

ʔdoŋ^{44} 董懂

ʔdoŋ^{35} 冻栋

tʰoŋ^{53} 通

tʰoŋ^{44} 统

tʰoŋ^{35} 痛

doŋ^{113} 桶同铜桐童瞳动

doŋ^{13} 洞

noŋ^{113} 农浓脓

noŋ^{13} 侬弄~环

loŋ^{113} 笼龙聋隆陇拢垄

loŋ^{13} 弄~堂

tsoŋ^{53} 宗鬃综棕中~当忠衷终踪纵~横钟锺盅

tsoŋ^{44} 总种~类肿

tsoŋ^{35} 冢粽~子中~射众纵~放种~植

tsʰoŋ^{53} 聪葱匆从~容囱充冲~锋

tsʰoŋ^{35} 宠铳□瞌~，瞌睡

soŋ^{53} 淞嵩松~紧，~树□一~拳，击

soŋ^{44} 耸

soŋ^{35} 送宋

zoŋ^{113} 崇虫丛从服~重~复

zoŋ^{13} 仲诵颂讼重~量

koŋ^{53} 公工功攻蚣弓躬恭宫供~给

koŋ^{44} 拱巩

koŋ^{35} 贡供~养

kʰoŋ^{53} 空~虚

kʰoŋ^{44} 孔恐

kʰoŋ^{35} 控空~缺

goŋ^{13} 共

hoŋ^{53} 轰烘风枫疯烽丰~收封哄~骗峰锋蜂葑

hoŋ^{44} 奉

hoŋ^{35} 俸

ɦoŋ^{113} 弘宏红洪鸿虹冯姓缝~补~隙蓬蓬~头

ɦoŋ^{13} 凤奉□疮疖将溃

oŋ^{53} 翁蓊~菜

oŋ^{35} 瓮齆□脚~下去

yoŋ

ʔɟyoŋ^{53} 龚弓弹棉花的弓

ʔɟyoŋ^{44} 迥

cʰyoŋ^{53} 菌

ɟyoŋ^{113} 穷琼

ɲyoŋ^{113} 绒浓

çyoŋ^{53} 凶~恶，吉~胸薰兄

ɦyoŋ^{113} 熊雄融痈荣容蓉镕庸莹萤

ɦyoŋ^{13} 用佣

yoŋ^{44} 永咏泳勇拥涌~现踊蛹甬雍

aʔ

ʔbaʔ^{55} 百伯柏擘~开□水~，水垢

pʰaʔ^{55} 拍帕□~开，分开

baʔ^{12} 白

maʔ^{12} 陌~生麦脉

tʰaʔ^{55} 脱环~，助词

tsaʔ^{55} 摘酌□~水，略洒只~有，一~着~衣

tsʰaʔ^{55} 拆坼策绰焯册尺□~水，排泄

saʔ^{55} 湿栅□门~，日

zaʔ^{12} 掷着睏闸芍若弱宅石□~脚，跺脚

kaʔ^{55} 格隔□~电视，~~准，校，旋

kʰaʔ^{55} 客

ŋaʔ^{12} 额□摇晃

haʔ^{55} 吓

iaʔ

liaʔ^{12} 掠

tsiaʔ^{55} 爵

tsʰiaʔ^{55} 雀鹊皵

siaʔ^{55} 削鹊

ziaʔ^{12} 嚼

ʔɟiaʔ^{55} 级脚角~色觉感~

cʰiaʔ^{55} 却确

ɟiaʔ^{12} 剧

ɲiaʔ^{12} 虐箬

ɦiaʔ^{12} 药钥跃学文读乐音~

iaʔ^{55} 约

æʔ

ʔbæʔ⁵⁵	八
bæʔ¹²	拔白
mæʔ¹²	袜
ɸæʔ⁵⁵	豁法发出~,头~
βæʔ¹²	滑罚伐筏猾乏□~水,泼水
ʔdæʔ⁵⁵	答搭褡
tʰæʔ⁵⁵	塔塌榻遢邋~
dæʔ¹²	达踏
næʔ¹²	捺
læʔ¹²	腊~月蜡~烛猎辣癞邋栏栅
tsæʔ⁵⁵	扎包~札咂~滋味
tsʰæʔ⁵⁵	擦察插
sæʔ⁵⁵	杀煞眨
zæʔ¹²	铡闸煤□~出来,凸出
kæʔ⁵⁵	袷甲盔~夹~板
kʰæʔ⁵⁵	掐恰~~,刚刚
gæʔ¹²	轧
ŋæʔ¹²	齾~口,缺口
hæʔ⁵⁵	恰~好,刚好瞎喝辖
ɦæʔ¹²	狭窄盒匣峡
æʔ⁵⁵	鸭押压阿~三

iæʔ

ʔȵiæʔ⁵⁵	甲~子
cʰiæʔ⁵⁵	恰
ȵiæʔ¹²	捏
ɦiæʔ¹²	洽协

uæʔ

kuæʔ⁵⁵	括刮
guæʔ¹²	□耳朵~着一句,偶尔听到
uæʔ⁵⁵	

ɔʔ

ʔbɔʔ⁵⁵	剥□苞
βɔʔ¹²	缚
ʔdɔʔ⁵⁵	乪笃沰
tʰɔʔ⁵⁵	庹托委~,~盘
dɔʔ¹²	铎踱泽铃~度忖~

nɔʔ¹²	诺
lɔʔ¹²	洛落络骆乐快~酪烙
tsɔʔ⁵⁵	作桌捉卓琢捉斫~稻
tsʰɔʔ⁵⁵	龊
sɔʔ⁵⁵	索缩朔嗦
zɔʔ¹²	昨凿勺啄镯浊射~箭
kɔʔ⁵⁵	角各阁搁觉~着
kʰɔʔ⁵⁵	壳
gɔʔ¹²	搁~浅
ŋɔʔ¹²	鹤岳鄂噩瘝□~头,昂起头
hɔʔ⁵⁵	霍藿□~牢墙,贴近墙
ɦɔʔ¹²	学获~得
ɔʔ⁵⁵	恶龌

iɔʔ

ȵiɔʔ¹²	□~面
ɦiɔʔ¹²	疫役

uɔʔ

kuɔʔ⁵⁵	郭
kʰuɔʔ⁵⁵	扩廓
uɔʔ⁵⁵	握

oʔ

ʔboʔ⁵⁵	博北剥驳北卜膊赤~
pʰoʔ⁵⁵	朴~素迫仆~倒扑魄□~肉,肥肉
boʔ¹²	薄箔
moʔ¹²	摸膜薄~莫漠墨默木目牧穆睦
ʔdoʔ⁵⁵	笃督
tʰoʔ⁵⁵	秃
doʔ¹²	独读毒牍犊□水拉~,水沸腾
loʔ¹²	鹿六录陆大~绿禄
tsoʔ⁵⁵	炸油~竹筑建~祝粥足烛嘱□~紧眉头
tsʰoʔ⁵⁵	触促戳畜
soʔ⁵⁵	宿~舍速肃缩叔束塑
zoʔ¹²	族熟俗赎属蜀续掫
koʔ⁵⁵	国谷五~,山~
kʰoʔ⁵⁵	哭酷
hoʔ⁵⁵	福幅蝠腹覆复~杂,重

ɦoʔ[12]	复获惑服或斛伏_{降~}	tsʰʌʔ55	测策赤斥饬

ɦoʔ12　复获惑服或斛伏降~
oʔ55　屋

yoʔ

ʔȵyoʔ55　菊
cʰyoʔ55　曲
ɟyoʔ12　轴局逐
ȵyoʔ12　肉褥玉狱
çyoʔ55　畜蓄
ɦyoʔ12　浴育欲域

œʔ

ʔdœʔ55　掇
tʰœʔ55　脱□~草,用锄头除草
dœʔ12　夺
lœʔ12　捋
tsœʔ55　卒□~蛛,蜘蛛
tsʰœʔ55　撮
kœʔ55　割
kʰœʔ55　渴
hœʔ55　喝

uœʔ

suœʔ55　说率蟀

yœʔ

ʔɟyœʔ55　决橘菊鞠橘厥诀
cʰyœʔ55　缺屈
ɟyœʔ12　掘倔爵
ȵyœʔ12　阅月
çyœʔ55　血噱
ɦyœʔ12　越育阅悦曰粤穴
yœʔ55　□~纸头,折叠郁姓

ʌʔ

pʰʌʔ55　泊迫魄
bʌʔ12　帛
mʌʔ12　默墨
ʔdʌʔ55　得德
dʌʔ12　特
lʌʔ12　肋勒
tsʌʔ55　则责织职侧~转

tsʰʌʔ55　测策赤斥饬
sʌʔ55　塞色识式饰适释室
zʌʔ12　贼直值食蚀殖植泽择掷
kʌʔ55　革
kʰʌʔ55　刻克揢
hʌʔ55　黑郝赫

iʌʔ

ʔbiʌʔ55　逼碧壁璧
pʰiʌʔ55　僻辟开~
ʔdiʌʔ55　嫡
tʰiʌʔ55　踢剔
diʌʔ12　敌笛狄籴
liʌʔ12　粒力
tsiʌʔ55　即积迹脊绩
tsʰiʌʔ55　漆戚
siʌʔ55　悉膝恤息熄媳惜昔锡析
ziʌʔ12　疾籍席夕
ʔȵiʌʔ55　戟击激级甲胛
cʰiʌʔ55　吃~饭
ɟiʌʔ12　极屐
ȵiʌʔ12　捏匿笠逆溺
ɦiʌʔ12　亿翼亦译易液腋
iʌʔ55　益溢抑

əʔ

ʔbəʔ55　拨钵不
pʰəʔ55　泼扑
bəʔ12　钹渤勃鼻别~人□~石头,撒石头
məʔ12　末抹沫没沉~物~事
ɸəʔ55　忽佛勿窟睏一~
βəʔ12　活佛物木□桃~,桃核猢~狲,猴子
ʔdəʔ55　答□粘、贴
tʰəʔ55　脱坏~□我~侬,连词
dəʔ12　突凸
nəʔ12　纳
tsəʔ55　者质人~折~叠~断质汁执哲浙辙
tsʰəʔ55　彻撤出
səʔ55　摄涩湿设刷失瑟虱室□麦~头,穗

zəʔ^{12}	杂涉蛰十拾舌入佚秩实日术述	cʰiɪʔ^{55}	泣乞讫
kəʔ^{55}	鸽葛阁胳革割合十~一升佮~做生意,合	jiɪʔ^{12}	及杰
gəʔ^{12}	搿	ɲiɪʔ^{12}	聂镊业热孽虐日~头
ŋəʔ^{12}	核兀杌	çiɪʔ^{55}	胁吸歇蝎
həʔ^{55}	□~脱,因被树荫等遮蔽而生长不好	ɦiɪʔ^{12}	叶页逸
ɦəʔ^{12}	合~作核~桃,~对	iɪʔ^{55}	噎乙一揖
əʔ^{55}	□~没,遮盖		

iɪʔ

ʔbiɪʔ^{55}	笔毕必逼碧壁鳖憋瘪□~干,沥去水
pʰiɪʔ^{55}	匹劈撇
biɪʔ^{12}	鼻别枇弼
miɪʔ^{12}	灭蜜密篾觅
ʔdiɪʔ^{55}	跌滴的目~
tʰiɪʔ^{55}	贴帖铁
diɪʔ^{12}	叠蝶碟谍
liɪʔ^{12}	猎~狗立例粒笠列烈裂劣栗率效~律 历~史,日~力荔
tsiɪʔ^{55}	节接疖即鲫
tsʰiɪʔ^{55}	妾切辑柒七戚
siɪʔ^{55}	薛泄屑雪
ziɪʔ^{12}	捷集习袭拾截绝疾寂
ʔjiɪʔ^{55}	劫级急给供~结吉揭

uəʔ

kuəʔ^{55}	骨割
kʰuəʔ^{55}	阔窟□肥料要~一~
uəʔ^{55}	勿□~杀,淹死

øl（文读）

ɦøl^{113}	而尔
ɦøl^{13}	二贰
øl^{53}	儿尔耳

m̩

m̩^{113}	呒~没,没有
m̩^{44}	母伯~

n̩

n̩^{53}	□~奶,祖母

ŋ̍

ŋ̍^{113}	五伍鱼吴姓午端~

参考文献

陈忠敏.南汇方言的三种缩气音［J］.语言研究,1988,14（1）:131—134.

陈忠敏.上海市区话舒声阳调类合并的原因［J］.方言,2007（4）:305—310.

（复旦大学中国语言文学系　200433）

上海方言中的文白异读

杨　蓓　冯　杨

　　文白异读在汉语方言中十分普遍，指的是一个字存在文读和白读两种读音的现象（游汝杰 2020）。通常理解中的文白异读是同一个字在读书和口语中有不同的读音，用于读书场合的音是文读音，用于口语场合的音是白读音。通常认为前者受标准语的影响，后者则属于本地土语。但这一说法并未完全概括文白异读的性质。作为汉语共同语以及方言中都存在的一种现象，前人对不同方言的文白异读做过深入的研究（例如，刘镇发 2007；瞿建慧 2011；徐娟娟 2012；赵庸 2012；曹晓燕 2013；麦耘 2013；徐越 2015；黄启良 2017；张卫东 2020）。同时，不少学者也在历史层次上更深一层地探讨文白异读现象（陈重瑜 2002；陈忠敏 2003；王福堂 2009；丁邦新 2012；陈忠敏 2022）。

　　虽然学界各家对这一特定术语的定义和历史层次的认识有所差异，但是对这一现象有所共识（李蓝 2013；游汝杰 2020）。一方面作为系统的又音现象，文白异读的产生主要是语言接触的产物，文读与白读的对应是系统的而不是孤立的。作为语言接触的产物，文白异读这一现象在同类方言中也会有类似的现象。另一方面，文读音与白读音出现在特定的说法中时，往往不能相互替换，但在某些情况下两者的界限又不是很清晰。最后，不论是文读音还是白读音，都是通用的语言。

　　本文通过上海话的同音字汇观察上海话文白异读的特点。通过与苏州话对比，进一步观察上海话文白异读的系统性。

一　上海方言中的文白异读字及其规律

　　上海话的同音字汇有多种，我们采用的中派读音是《上海市区方言志》（1988），同时参考《上海话音档》（游汝杰，1994）。老派读音采用《上海老派方言同音字汇》（陶寰、高昕 2018）。根据《上海市区方言志·同音字汇》以及《上海话音档》，我们查找出中派上海方言的文白异读字共 230 个，其中包括 35 个只有文读音或白读音的字。根据《上海老派方言同音字汇》整理出来的文白异读字共 89 个，其中包括 2 个字只有文读音或白读音，部分字与中派重合。又检《方言调查字表》，根据丁声树的《古今字音对照手册》（2020），同时参考了郭锡良《汉字古音手册》（2010）列举文白异读字音韵地位。综合上述内容，经过归纳和总结，制成下面的表格，并描述了上海方言文白异读字的规律。

　　1. 日母字和疑母字

　　文读为非鼻音声母，而白读则为鼻音声母，包括［ȵ，m］两种。

　　（1）日母字

　　日母字在中派上海方言中，文读一般为［ɦ，z］，白读则为［ȵ］。老派上海话与中派相同，但数量较少，文读音中还有零声母，白读音中有声母［m］。见表 1。这一类字的韵母为开口或者合口三等。

表 1　日母字的文白异读

例字	中古音						上海话			
	摄	开合	等	声调	韵	声母	中派-文	中派-白	老派-文	老派-白
儿	止	开	三	平	支	日	ɦəl²³	ɦŋ²³/n̠i²³	ɦəl¹³	n̠i¹³
耳	止	开	三	上	止	日	ɦəl²³	n̠i²³	əl⁵³	ɦəl¹³/n̠i¹³
二	止	开	三	去	至	日	ɦəl²³	n̠i²³	ɦəl¹³	n̠i¹³
贰	止	开	三	去	至	日	ɦəl²³	n̠i²³	ɦəl¹³	n̠i¹³
饵	止	开	三	去	至	日			əl⁵³	mi¹³
扰	效	开	三	上	小	日	zɔ²³	n̠iɔ²³		
饶	效	开	三	平	宵	日	zɔ²³	n̠iɔ²³		
染	咸	开	三	上	琰	日	zø²³	n̠i²³		
壬	深	开	三	平	侵	日	zən²³	n̠in²³		
任	深	开	三	去	沁	日	zən²³	n̠in²³		
任	深	开	三	平	侵	日	zən²³	n̠in²³		
衽	深	开	三	去	沁	日	zən²³	n̠in²³		
入	深	开	三	入	缉	日			zəʔ¹²	n̠ieʔ¹²
人仁	臻	开	三	平	真	日	zən²³	n̠in²³	zəŋ¹³	n̠iŋ¹³
忍	臻	开	三	上	轸	日	zən²³	n̠in²³	zəŋ¹³	n̠iŋ¹³
认	臻	开	三	去	震	日	zən²³	n̠in²³	zəŋ¹³	n̠iŋ¹³
韧	臻	开	三	去	震	日	zən²³	n̠in²³	zəŋ¹³	n̠iŋ¹³
仞	臻	开	三	去	震	日	zən²³	n̠in²³		
刃	臻	开	三	去	震	日	zən²³/lən²³			
日	臻	开	三	入	质	日	zəʔ¹²	n̠iIʔ¹²		
闰	臻	合	三	去	稕	日	zən²³	n̠in²³		
仍	曾	开	三	平	蒸	日	zən²³	n̠in²³		
戎	通	合	三	平	东	日	zoŋ²³	n̠ioŋ²³		
茸	通	合	三	平	钟	日	zoŋ²³	n̠ioŋ²³		
褥	通	合	三	入	烛	日			zoʔ¹²	n̠yoʔ¹²

（2）疑母字

疑母字在中派上海方言中，文读一般为［ɦ］和零声母，白读则为［ŋ，m］。老派上海话与中派相同，但数量较少。见表2。这一类字的韵母大多为开口二等和合口一、二、三等。元字中派的文读音声母为［ɦ］，但是没有白读音。

表2中有一个微母字"晚"，该字在中派和老派中的文白异读符合疑母字的规律，所以放入此表。此字文读音为［uᴇ³⁵/uɛ⁴⁴］；白读时音为［mᴇ³⁵/mɛ⁴⁴］，义为继父继母（上海话：晚爷、晚娘）。

表 2　疑母字的文白异读

例字	中古音						上海话			
	摄	开合	等	声调	韵	声母	中派-文	中派-白	老派-文	老派-白
蚜①	假	开	二	去	祃	疑	ɦiᴀ²³	ŋᴀ²³		
咬	效	开	二	上	巧	疑	ɦiɔ²³	ŋɔ²³		
岳	江	开	二	入	觉	疑	ɦioʔ¹²/ɦiʏʔ¹²	ŋoʔ¹²		
颜	山	开	二	平	删	疑	ɦi²³	ŋᴇ²³	ɦiɛ¹³	ŋɛ¹³
玩玩笑	山	合	二	平	删	疑	ɦiuø²³	mᴇ²³		
玩游玩	山	合	一	去	换	疑	ɦiuø²³	mᴇ²³		
顽	山	合	二	平	删	疑	ɦiuø²³	mᴇ²³	ue⁴⁴	mᴇ⁵³
月	山	合	三	入	月	疑			ɦiyøʔ¹²	ȵyøʔ¹²
元	山	合	三	平	元	疑	ɦiyø²³			
晚	山	合	三	上	阮	微	uᴇ³⁵	mᴇ²³	ue⁴⁴	mᴇ⁵³

2. 非组字

非组字，若韵母为合口三等字，在上海方言中存在文白异读现象。中派文读音为唇齿音〔f，v〕或〔ɦ〕，白读为双唇音〔b，m〕，少数读作〔ȵ〕，基本体现了古无轻唇的现象。老派字数较少，文白异读是以发音方式来区分的，其发音部位相同，都是重唇音。文读音的声母为擦音〔ɸ，β〕，白读音的声母则为口塞音〔pʻ，b〕和鼻塞音〔m〕。见表3。

表 3　非组字的文白异读

例字	中古音						上海话			
	摄	开合	等	声调	韵	声母	中派-文	中派-白	老派-文	老派-白
䉬	止	合	三	去	未	非	fi⁵³	bᴇ²³		
覆	通	合	三	入	屋	敷			ɸoʔ⁴	pʻoʔ⁴
防	宕	合	三	平	阳	奉	vã²³	bã²³		
缚	宕	合	三	入	药	奉	voʔ¹²	boʔ¹²		
味	止	合	三	去	未	微	vi²³	mi²³	βi¹³	mi¹³
尾	止	合	三	上	尾	微	vi²³	ȵi²³	βi¹³	mi¹³
蚊闻	臻	合	三	平	文	微	vən²³	mən²³	βəŋ¹³	məŋ¹³
问	臻	合	三	去	问	微	vən²³	mən²³	βəŋ¹³	məŋ¹³
物	臻	合	三	入	物	微	voʔ¹²	məʔ¹²		
妄	宕	合	三	去	漾	微	ɦuã²³	mã²³		
望忘	宕	合	三	去	漾	微	ɦuã²³	mã²³	βɒ̃¹³	mɒ̃¹³
网	宕	合	三	上	养	微	ɦuã²³	mã²³		

---

① 此字为"砑"的异体字。

3. 见系开口二等字

见系字若韵母为开口二等韵，在上海方言中存在文白异读现象。这类字比较多。其文读音皆出现腭化，白读音为软腭 / 舌根音或者零声母的后元音。换言之，其文读音都是齐齿呼，而白读音都是开口呼。具体而言，白读音为 [k、k']，文读音为 [tɕ、tɕ']，带上介音 [i]；白读音为零声母或者 [ɕ、ɦ]，大多数文读音声母不变，直接带上介音 [i] 或者单韵母直接转为 [i]，少数声母变为 [ɦ、ŋ]，如下、牙，或者仍然保持零声母，如宴。见表4。中派和老派的差别基本在于音值上稍有不同。

表4中，声母为影母和匣母的假摄开口二等字，白读音为 [o]，文读音则为 [iʌ]。这是受到假摄开口二等字文白异读规律的影响（详见一、5），也就是白读音为 [o]，文读音则为 [ʌ]，同时见系开口二等字的规则是白读音为开口呼，文读音为齐齿呼，所以这类字的白读音为 [o]，文读音则为 [iʌ]。

声母为疑母的假摄开口二等字，白读音的声母为 [ŋ]，文读音为 [ɦ]，这是疑母字的文白异读规则同时起了作用（详见一、1）。

此外，表4中另有三个现象值得一提。舰，中派白读的声母为送气塞音，而文读却为不送气塞擦音，这种现象不多见。就连同一个字的老派读音中的文白音都是不送气的。另一个是宴，文白异读都是零声母，韵母的差别就是齐齿呼和开口呼的不同。在目前的整理和研究中，只此一例。第三，有三个字是开口三等：也、伽、茄。其中，茄字在广韵中也读假摄开口二等，麻韵，平声，见母。义为荷茎，也是汉代复姓茄罗氏。表中群母的读音，义为茄子，又音加（见母，假摄开口二等，麻韵，平声）。

表4 见系开口二等字的文白异读

例字	中古音						上海话			
	摄	开合	等	声调	韵	声母	中派-文	中派-白	老派-文	老派-白
监	咸	开	二	平	衔	见	tɕi⁵³/tɕiᴇ⁵³	kᴇ⁵³		
鉴	咸	开	二	去	鑑	见	tɕi³⁵/tɕiᴇ⁵³	kᴇ³⁵	tɕiᴇ⁵³	kᴇ⁵³
夹	咸	开	二	入	洽	见	tɕiʌʔ⁵⁵	kʌʔ⁵⁵		
恰	咸	开	二	入	洽	溪	tɕ'iʌʔ⁵⁵	k'ʌʔ⁵⁵		
舰	咸	开	二	上	槛	匣	tɕiᴇ⁵³	k'ᴇ⁵³		
峡	咸	开	二	入	洽	匣	tɕiʌʔ⁵⁵ ɦiiʌʔ¹²	kʌʔ⁵⁵		
陷	咸	开	二	去	陷	匣	ɦii²³	ɦiᴇ²³	ɦiie¹³	ɦiᴇ¹³
馅	咸	开	二	去	陷	匣	ɦii²³	ɦiᴇ²³		
胛	咸	开	二	入	狎	见			tɕiaʔ⁴	kaʔ⁴
家加傢	假	开	二	平	麻	见	tɕiʌ⁵³	kʌ⁵³	tɕ'iʌʔ⁴	k'aʔ⁴ haʔ⁴
嘉	假	开	二	平	麻	见	tɕiʌ⁵³	kʌ⁵³	tɕiʌ⁵³	kɑ⁵³
袈	假	开	二	平	麻	见	tɕiʌ⁵³	kʌ⁵³		
枷	假	开	二	平	麻	见	tɕiʌ³⁵ tɕiʌ⁵³	kʌ³⁵ kʌ⁵³		

例字	中古音						上海话			
	摄	开合	等	声调	韵	声母	中派-文	中派-白	老派-文	老派-白
假	假	开	二	上	马	见	tɕiA³⁵	kA³⁵	tɕia⁵³	ka⁴⁴
驾	假	开	二	去	祃	见	tɕiA³⁵		tɕia⁵³	ka³⁵
嫁架价	假	开	二	去	祃	见	tɕiA³⁵	kA³⁵		
丫	假	开	二	平	麻	影	iA⁵³	o⁵³		
鸦	假	开	二	平	麻	影	iA⁵³	o⁵³	ia⁵³	ɔ⁵³
哑	假	开	二	上	马	影	iA³⁵	o³⁵		
亚	假	开	二	去	祃	影			ia³⁵	ɔ35
下夏	假	开	二	上去	马祃	匣	ɕiA³⁵	ɦio²³		
厦	假	开	二	上	马	匣	ɕiA³⁵	ɦio²³		
牙芽衙	假	开	二	平	麻	疑	ɦiA²³	ŋA²³		
也	假	开	三	上	马	以	ɦiE²³	ɦiA²³	iɛ³⁵	ɦia¹³
伽	果	开	三	平	戈	群	tɕiA⁵³	kA⁵³		
茄	果	开	三	平	戈	群	dʑiA³⁵	gA³⁵		
阶	蟹	开	二	平	皆	见	tɕiA⁵³	kA⁵³		
解	蟹	开	二	上	蟹	见	tɕiA³⁵	kA⁵³ gA²³	tɕia⁵³	ka⁵³
懈	蟹	开	二	去	卦	见	ɦiE²³		ɦie¹³	ga¹³
届介戒	蟹	开	二	去	怪	见	tɕiA³⁵	kA³⁵	tɕia⁵³	ka³⁵
界	蟹	开	二	去	怪	见	tɕiA³⁵	kA³⁵		
挨	蟹	开	二	平	皆	影		A⁵² E⁵³		
交胶	效	开	二	平	肴	见	tɕiɔ⁵³	kɔ⁵³	tɕiɔ⁵³	ka⁴⁴
跤①	效	开	二	平	肴	见	tɕiɔ³⁵	kɔ³⁵	tɕiɔ³⁵	kɔ³⁵
铰	效	开	二	上	巧	见	tɕiɔ³⁵	kɔ³⁵	tɕiɔ⁵³	kɔ⁵³
搅	效	开	二	上	巧	见	tɕiɔ³⁵	kɔ³⁵/gɔ³⁵		
校	效	开	二	去	效	见	tɕiɔ³⁵	kɔ³⁵		
酵	效	开	二	去	效	见	ɕiɔ³⁵	kɔ³⁵	tɕiɔ⁴⁴	kɔ⁴⁴
教窖觉	效	开	二	去	效	见	tɕiɔ³⁵	kɔ³⁵		
奸	山	开	二	平	删	见	tɕi⁵³/tɕiE⁵³	kE⁵³		
姦	山	开	二	平	删	见	tɕi⁵³/tɕiE⁵³	kE⁵³	tɕiɛ⁵³	ke⁵³
敲	效	开	二	平	肴	溪	tɕʻiɔ⁵³	kʻɔ⁵³	tɕiɔ³⁵	kɔ³⁵
孝	效	开	二	去	效	晓	ɕiɔ³⁵	hɔ³⁵		

① 此字的音韵为作者所加。

例字	中古音						上海话			
	摄	开合	等	声调	韵	声母	中派-文	中派-白	老派-文	老派-白
拣	山	开	二	上	产	见	tɕi³⁵	kᴇ³⁵		
润	山	开	二	去	谏	见	tɕi³⁵	kᴇ³⁵		
间	山	开	二	平	山	见	tɕi⁵³	kᴇ⁵³	tɕie⁵³	kᴇ⁵³
江	江	开	二	平	江	见	tɕiã⁵³	kã⁵³		
讲	江	开	二	上	讲	见		kã³⁵		
降	江	开	二	去	绛	见		kã³⁵		
觉	江	开	二	入	觉	见	tɕioʔ³⁵/tɕyɪʔ³⁵		tɕiaʔ⁴	kɒʔ⁴
学	江	开	二	入	觉	匣	ɦiaʔ¹²	ɦoʔ¹²	ɦiaʔ¹²	ɦɒʔ¹²
辖	山	开	二	入	锗	匣	ɕiaʔ⁵⁵	ɦaʔ⁵⁵		
限	山	开	二	上	产	匣	ɦiᴇ²³	ɦᴇ²³		
闲	山	开	二	平	山	匣	ɦi²³/ɦiᴇ²³	ɦᴇ²³		
娴	山	开	二	平	山	匣	ɦi²³/ɦiᴇ²³	ɦᴇ²³		
宴	山	开	二	去	谏	影	i³⁵	ᴇ³⁵		

4. 止摄合口三等字

止摄合口三等字的文白异读与韵母的圆唇与否相关。分为以下两种情况。

（1）见组和影组字

声母为见组和影组的止摄合口三等字，文读音的韵母为 [uᴇ]，白读音为 [y]，其中，见组字，文读音的声母为 [k，kʻ，g]；白读音为 [tɕ，tɕʻ，dʑ]。应是韵母的差别，同时也是见系字的差别。中派和老派的差别不大。见表5。唯，只有在老派中才有文白异读，文读音为 [uᴇ]，白读音的声母为双唇擦音，韵母为前高元音，与其他字稍有不同。

表5　见组和影组止摄合口三等字的文白异读

例字	中古音						上海话			
	摄	开合	等	声调	韵	声母	中派-文	中派-白	老派-文	老派-白
龟	止	合	三	平	脂	见	kuᴇ⁵³	tɕy⁵³		
鬼	止	合	三	上	尾	见	kuᴇ³⁵	tɕy³⁵	kue⁵³	tɕy⁵³
贵	止	合	三	去	未	见	kuᴇ³⁵	tɕy³⁵	kue⁴⁴	tɕy⁴⁴
亏	止	合	三	平	支	溪	kʻuᴇ⁵³	tɕʻy⁵³	kue³⁵	tɕy³⁵
馗	止	合	三	平	脂	群	dʑy²³			
柜	止	合	三	去	未	群	dʑy²³	guᵉl¹³	dʑy¹³	
跪	止	合	三	上	纸	群	dʑy²³	guel¹³	dʑy¹³	
喂/餧	止	合	三	去	真	影	uᴇ³⁵	y³⁵	uᴇ³⁵	y³⁵
围	止	合	三	平	微	云	ɦuᴇ²³	ɦy²³		
纬	止	合	三	去	未	云		ɦy²³		ɦy²³
唯	止	合	三	上	旨	以			ue⁴⁴	βi¹³

（2）精组和章组字

声母为精组和章组的止摄合口三等字，文读音的韵母为［ø］，白读音为［ʅ］，其声母相同。中派和老派相同。见表6。

表6　精组和章组止摄合口三等字的文白异读

例字	中古音						上海话			
	摄	开合	等	声调	韵	声母	中派-文	中派-白	老派-文	老派-白
吹	止	合	三	平	之	昌	tsʻø⁵³	tsʻʅ⁵³		
水	止	合	三	上	旨	书	sø³⁵	sʅ³⁵	sø⁴⁴	sʅ⁴⁴
嘴	止	合	三	上	纸	精	tsø³⁵	tsʅ³⁵		

5. 假摄蟹摄字

假摄蟹摄字的文白异读与元音高低相关。分为以下三种情况：

（1）假蟹摄开口二等字

知系、帮组和泥/娘母声母的假蟹摄开口二等字有文白异读现象。其文读音的韵母为［A］，白读音为［o］，其声母相同。老派上海话与中派相似，但数量较少。见表7。见系假摄开口二等字也有文白异读现象，但是其文白异读的表现形式同时结合了见系开口二等字的特点和假摄开口二等字的特点，此类字归在表4，表7中没有重复列出。

表7中有几个字例外。其中，"炸"是咸摄字，"挪"是果摄字。但根据笔者的语感（青派上海方言），"炸"字的白读音亦可读为［zaʔ¹²］，阳入，与崇母相符，文读音可读为［tso³⁵］。两者韵母不同，声调也不同。"奢"和"射"是假摄开口三等字，"罢"只有老派读音中才有文白异读，但是文读音的韵母为［o］，白读音为［ɑ］。

表7　知系、帮组和泥/娘母假摄蟹摄开口二等字的文白异读

例字	中古音						上海话			
	摄	开合	等	声调	韵	声母	中派-文	中派-白	老派-文	老派-白
渣	假	开	二	平	麻	庄	tsA⁵³	tso⁵³		
诈榨	假	开	二	去	祃	庄	tsA³⁵	tso³⁵		
岔	假	开	二	去	祃	初	tsʻA³⁵	tsʻo³⁵		
叉杈	假	开	二	平	麻	初	tsʻA⁵³	tsʻo³⁵		
诧	假	开	二	去	祃	彻	tsʻA⁵³	tsʻo³⁵		
汊	假	开	二	去	祃	初	tsʻA³⁵	tsʻo³⁵		
差	假	开	二	平	麻	初		tsʻo³⁵		
砂鲨裟莎	假	开	二	平	麻	生	sA⁵³	so⁵³		
沙纱	假	开	二	平	麻	生	sA⁵³	so⁵³		
裟	假	开	二	平	麻	生	sA⁵³	so⁵³		
巴	假	开	二	平	麻	帮	pA⁵³	po⁵³	pa⁵³	po⁵³/po¹³①

---

① 巴巴结［bo⁵³］，巴下巴［bo¹³］。

例字	中古音						上海话			
	摄	开合	等	声调	韵	声母	中派-文	中派-白	老派-文	老派-白
芭芭疤	假	开	二	平	麻	帮	pʌ⁵³	po⁵³		
把	假	开	二	上	马	帮	pʌ³⁵	po³⁵		
霸欛坝	假	开	二	去	祃	帮	pʌ³⁵	po³⁵		
怕	假	开	二	去	祃	滂	p'ʌ³⁵	p'o³⁵		
爬琶	假	开	二	平	麻	并	bʌ²³	po²³		
马	假	开	二	上	马	明	mʌ²³	mo²³		
骂	假	开	二	上	祃	明	mʌ²³	mo²³		
玛	假	开	二	上	马	明	mʌ²³	mo²³		
拿	假	开	二	平	麻	泥 / 娘	nʌ⁵³ nʌ²³	no⁵³ no²³		
钗	蟹	开	二	平	佳	初	ts'ʌ⁵³	ts'o³⁵		
晒	蟹	开	二	去	卦	生	sʌ³⁵	so³⁵		
罢	蟹	开	二	上	蟹	并			ba¹³	bo¹³
炸①油炸	咸	开	二	入	洽	崇	tsʌ³⁵	tso³⁵		
挪	果	开	一	平	歌	泥 / 娘	nʌ²³	no²³		
奢	假	开	三	平	麻	书			se⁵³	so⁵³
射	假	开	三	去	祃	船			ze¹³	zoʔ¹²

（2）假蟹摄合口二等字（见系）

声母为见系的假蟹摄合口二等字有文白异读现象。其文读音的韵母为［uʌ］，白读音为［o］，其声母相同（见表8）。也就是说，5（1）和5（2）的差别就在于文读字的介音，5（1）无介音，而5（2）有介音［u］，这是开口与合口的区别。所以，对于假摄和蟹摄字的文白异读而言，如果是开口二等的假蟹摄字文读无介音，而合口二等的假蟹摄文读字就有介音。但是它们的白读字都是没有介音的［o］。同时，两类字的白读音都是半高后圆唇元音，而文读字的韵母都为央低元音。

表8中的文白异读基本都是中派的读音，老派只有剩一个字。另外，蛙字的中派读音只有文读没有白读。且其介音为［i］，与其他字不同。

表8 见系假摄蟹摄合口二等字的文白异读

例字	中古音						上海话			
	摄	开合	等	声调	韵	声母	中派-文	中派-白	老派-文	老派-白
瓜	假	合	二	平	麻	见	kuʌ⁵³	ko⁵³		
寡	假	合	二	上	马	见	kuʌ³⁵	ko³⁵		
剐	假	合	二	上	马	见	kuʌ³⁵	ko³⁵	kua⁵³	ku⁵³

---

① 炸，广韵中没有入声炸的地位，有阳平炸的地位。

例字	中古音						上海话			
	摄	开合	等	声调	韵	声母	中派-文	中派-白	老派-文	老派-白
跨	假	合	二	去	祃	溪	kʻuA³⁵	kʻo³⁵		
垮	假	合	二	上	马	溪	kʻuA³⁵	kʻo³⁵		
夸	假	合	二	平	麻	溪	kʻuA⁵³	kʻo⁵³		
化	假	合	二	去	祃	晓	huA³⁵	ho³⁵		
花	假	合	二	平	麻	晓	huA⁵³	ho⁵³		
骅	假	合	二	平	麻	匣	ɦuA²³	ɦo²³		
桦	假	合	二	去	祃	匣	ɦuA²³	ɦo²³		
华	假	合	二	平	麻	匣	ɦuA²³	ɦo²³		
铧	假	合	二	平	麻	匣	ɦuA²³	ɦo²³		
话	假	合	二	去	夬	匣	ɦuA²³	ɦo²³		
蛙	假	合	二	平	麻	影	uA⁵³	o⁵³		
挂卦	蟹	合	二	去	卦	见	kuA³⁵	ko³⁵		
画	蟹	合	二	去	卦	匣	ɦuA²³	ɦo²³		
蛙	蟹	合	二	平	佳	影	ɦiA²³			

（3）蟹摄开口一、二等字

有些蟹摄开口二等字有文白异读现象。其文读音的韵母为前中元音［ɛ］，白读音为央低元音［A］，其声母相同。这些字的声母为庄组、泥组、端组和匣母。见表9。

表9中，"怀"字稍有不同，是蟹摄合口二等字。

表9　庄组、泥组、端组和匣母蟹摄开口一、二等字的文白异读

例字	中古音						上海话			
	摄	开合	等	声调	韵	声母	中派-文	中派-白	老派-文	老派-白
斋	蟹	开	二	平	皆	庄	tsɛ⁵³	tsA⁵³		
豺	蟹	开	二	平	皆	崇		zA²³		
赖	蟹	开	一	去	泰	来	lɛ²³	lA²³		
籁	蟹	开	一	去	泰	来	lɛ²³	lA²³		
奶	蟹	开	二	上	蟹	泥	nɛ²³			
戴	蟹	开	一	去	代	端	tɛ³⁵	tA³⁵		
带	蟹	开	一	去	泰	端	tɛ³⁵	tA³⁵		
太	蟹	开	一	去	泰	透	tʻɛ³⁵	tʻA³⁵		
汰	蟹	开	一	去	泰	透	tʻɛ³⁵	tʻA³⁵		
怀	蟹	合	二	平	皆	匣	ɦuɛ²³	ɦuA²³	βɛ¹³	

6. 梗摄和曾摄的开口字

梗摄开口二三等和曾摄开口一三等字有文白异读现象。其文读音为鼻韵母，白读为鼻

化韵母。这些字的声母有知系（生书船）见系（见晓匣影）和帮组字（见表10）。

表10中大多是梗摄字，曾摄字较少，只有两个例子。此外，大多数是开口二等字，只有一例是开口一等字，三例为开口三等字。

表 10　梗摄和曾摄开口字的文白异读

例字	中古音						上海话			
	摄	开合	等	声调	韵	声母	中派-文	中派-白	老派-文	老派-白
更	梗	开	二	去	映	见	kən⁵³	kã⁵³	kəŋ⁵³	kã⁵³
耕	梗	开	二	平	耕	见			kəŋ⁵³	kã⁵³
耿	梗	开	二	上	耿	见			kəŋ⁵³	kã⁴⁴
鹦樱	梗	开	二	平	耕	影	in⁵³	ã⁵³	iŋ⁵³	ã⁵³
映	梗	开	三	去	映	影	in³⁵	iã³⁵	iŋ³⁵	iã³⁵
行行动	梗	开	二	平	庚	匣	ɦin²³	ɦiã²³	ɦiŋ¹³	ɦiã¹³
哼	梗	开	二	平	庚	晓	hən⁵³	hã⁵³		
争	梗	开	二	平	耕	庄	tsən⁵³	tsã⁵³	tsəŋ⁵³	tsã⁵³
睁	梗	开	二	平	耕	庄	tsən⁵³	tsã⁵³	tsəŋ⁵³	tsã⁵³
生甥	梗	开	二	平	庚	生	sən⁵³	sã⁵³	səŋ⁵³	sã⁵³
牲	梗	开	二	平	庚	生			səŋ⁵³	sã⁵³
笙	梗	开	二	平	庚	生			səŋ⁵³	sã⁵³
声	梗	开	三	平	清	书	sən⁵³	sã⁵³	səŋ⁵³	sã⁵³
迸	梗	开	二	去	诤	帮			piŋ³⁵	pã³⁵
猛	梗	开	二	上	梗	明	mən³⁵	mã³⁵①		
崩	曾	开	一	平	登	帮	pən⁵³	pã⁵³		
剩	曾	开	三	去	证	船	zən²³	zã²³	zəŋ¹³	zã¹³

7. 遇摄合口一、三等字

遇摄合口一、三等字的文白异读与韵母的圆唇与否相关。分为以下三种情况：

（1）疑母字

疑母遇摄合口一、三等字有文白异读现象。其文读音韵母为［u］或［y］，白读音为成音节［ɦŋ̩］（见表11）。其中大多为合口一等，只有一个例字为合口三等。

表 11　疑母遇摄合口一、三等字的文白异读

例字	中古音						上海话			
	摄	开合	等	声调	韵	声母	中派-文	中派-白	老派-文	老派-白
五	遇	合	一	上	姥	疑	u⁵³	ɦŋ̩²³		
伍	遇	合	一	上	姥	疑	u⁵³	ɦŋ̩²³	u⁵³	ɦŋ̩¹³
午	遇	合	一	上	姥	疑	ɦu²³	ɦŋ̩²³		
鱼	遇	合	三	平	鱼	疑	ɦy²³	ɦŋ̩²³		

---

① 第一作者加。

（2）日母字

日母遇摄合口三等字有文白异读现象。其文读音有两种形式 [zʅ²³] 和 [lu²³]，声母不同，韵母一个是不圆唇元音，一个是圆唇元音。虽有两个文读音，但是却无对应的白读音（见表12）。其中有两个例字为流摄开口三等，但不存在圆唇与否的问题，其韵母是相同的。因其文读有两个而无白读，所以归入表12。

表12　日母遇摄合口三等字的文白异读

例字	中古音						上海话			
	摄	开合	等	声调	韵	声母	中派-文	中派-白	老派-文	老派-白
如、茹	遇	合	三	平	鱼	日	zʅ²³/ lu²³			
儒、濡、蠕	遇	合	三	平	虞	日	zʅ²³/ lu²³			
汝	遇	合	三	上	语	日	zʅ²³/ lu²³			
乳	遇	合	三	上	麌	日	zʅ²³/ lu²³			
孺	遇	合	三	去	遇	日	zʅ²³/ lu²³			
揉	流	开	三	平	尤	日	zɣ²³/ lɣ²³			
蹂	流	开	三	平	尤	日	zɣ²³/ lɣ²³			

（3）知组庄组字

老派知组和庄组遇摄合口三等字有文白异读现象，中派则无。其文读音的韵母为圆唇元音 [ɥ]，白读音为不圆唇元音 [ʅ]，声母相同（见表13）。

表13　知组和庄组遇摄合口三等字的文白异读

例字	中古音						上海话			
	摄	开合	等	声调	韵	声母	中派-文	中派-白	老派-文	老派-白
褚	遇	合	三	上	语	彻			tsɥ⁵³	tsʻʅ⁵³
箸	遇	合	三	去	御	澄			zɥ¹³	zʅ¹³
锄	遇	合	三	平	鱼	崇			zu¹³	zʅ¹³

8. 其他

剩余的有文白异读的现象的字，规则不明显，我们将其归入表14。它们可以进一步分为以下四类：

表14　其他文白异读

例字	中古音						上海话			
	摄	开合	等	声调	韵	声母	中派-文	中派-白	老派-文	老派-白
我	果	开	一	上	哿	疑	ŋu⁵³	ŋu²³		
耐	蟹	开	一	去	代	泥			ne³⁵	ne¹³
姐	假	开	三	上	马	精	tɕi³⁵	tɕiA³⁵		
大	果	开	一	去	箇	定	dA²³	du²³	dɑ¹³	du¹³

例字	中古音						上海话			
	摄	开合	等	声调	韵	声母	中派-文	中派-白	老派-文	老派-白
卵	山	合	一	上	缓	来	lu²³	lø²³	βɑ̃¹³	ɦiɔ̃¹³
旺	宕	合	三	去	漾	云			ɦuɑ̃²³	ɦiɑ̃²³
去	御	合	三	去	御	溪	tɕʻi³⁵ tɕʻy³⁵			
婿①	蟹	开	四	去	霁	心			sy³⁵	si³⁵
潭	咸	开	一	平	覃	定			dɛ¹³	de¹³
媚	止	开	三	去	至	明			me¹³	mi¹³
赤	梗	开	三	入	昔	昌			tsʻəʔ⁴	tsʻɑʔ⁴
拾	深	开	三	入	缉	禅			zəʔ¹²	zieʔ¹²
鸟	效	开	四	上	筱	端	ɲiɔ³⁵	tiɔ³⁵		
谱	遇	合	一	上	姥	帮			pʻu⁴⁴	pu⁴⁴
叨	效	开	一	平	豪	端			tɔ⁵³	tʻɔ⁵³
蜻	梗	开	四	平	青	清			tsʻiŋ⁵³	siŋ⁵³
死	止	开	三	上	旨	心	sɿ³⁵	ɕi³⁵	sɿ⁴⁴	si⁴⁴
亩	流	开	一	上	厚	明	mɣ²³ ɦm̩²³		mɣ¹³	ɦm̩¹³
秘	止	开	三	去	至	帮	mi¹²	pi³⁵		
尿	效	开	三	去	啸	泥/娘	ɲiɔ³⁵	sɿ⁵³		
行银行	宕	开	一	平	唐	匣			ɦɑ̃²³	

第一类，声韵相同，声调不同。这一类字很少，表 14 中，只有我和耐两字是这一情况。这两个字都是鼻音，次浊声母。次浊声母可以是阴声调也可以是阳声调。很明显，这类文白异读的不同在于，文读音是阴平调，而白读音是阳平调。纵观表 13，所有次浊字白读是阳调的，几乎其文读都为阳调。除了表 3 中的"痱"字。不过，声调上从阳声调转为阴声调，是受共同语没有浊音、故无阳声调的影响，所以我们认为这确实是文白异读，虽然还未形成规律。

第二类，声母和声调相同，韵母不同。表 14 中有 10 个字属于这一类，从"姐"字到"拾"字。这 10 个字又可分为三小类。第一小类是文读音是低元音，白读音的元音舌位相对较高，包括姐、大和卵 3 个字。其中，"姐"字的读音是齐齿呼，白读音的韵腹位低元音 [ʌ]；文读音没有介音，韵腹为 [i]。所以我们暂且将其归在白读为低元音、文读为高元音的范畴。"大"字的特殊性，此前有学者已经解释，这里不再赘述。第二小类是文读音和白读音韵母的舌位高低一样，包括旺、去和婿 3 个字。基本上白读音是非圆唇元音，而文读为圆唇元音。"去"字的两个音都为白读，根据笔者的语感，[tɕʻy³⁵] 为文读音，例如去去世。第三小类是文读音韵母的舌位相对比白读音的低，包括潭、媚、赤和拾 4 个字。只

---

① 此处为"壻"的音韵地位，"壻"为"婿"的异体字。

有老派读音中有，中派无。其中"赤"字有待进一步研究。

第三类，声母不同，韵母和声调相同。表 14 中鸟、谱、叩和蜻 4 个字属于这一类。这 4 个字的文白异读区别都在于辅音的发音方式不同。

第四类，声韵调中有两个单位不同。"死"和"亩"，声母和韵母都不同，但是声韵母的变化是相关的。"秘"字声母和声调都不同。"尿"字为声韵调都不相同。上海方言中尿的音同水，也许就是"水"字，水是止摄合口三等字，其文白异读见表 4。

"行"字只有白读音，不易判断。

表 14 所列举的字，虽然不成体系，即不易从音韵地位上发现这些字文白异读上的规律。但是，这些字基本上都反映了文白的对立。也许是形成中的文白异读。

二 文白异读字在中派与老派上海话中的异同

上一部分将上海话中派和老派的文白异读整理并归纳为八大类，最后一类为没有规律的一类。这一节将总结上海话文白异读的特点，列出七大类和大类下的小类的声韵配合情况，并展示中派和老派上海话文白异读的异同。

表 15 上海方言文白异读特点及中派和老派的异同

	声 母	韵 母	中 派	老 派
1	日母	开（合）口三等 止效深臻通摄等	文读为 [z] 或 [ɦ]，白读为 [n̠]	
	疑母	山（假效江）摄	文读为 [ɦ]，白读为 [ŋ] 文读为零声母，白读为 [m]	
2	非组	合口三等	白读音为双唇塞音	
		止宕臻（通）摄	文读为唇齿音 [f, v]	文读为双唇擦音 [ɸ, β]
			"尾"字白读为 [n̠]	"尾"字白读为 [m]
3	见系	开口二等	文读为齐齿呼，白读为开口呼 声母相应变为 [k] 组和 [tɕ] 组	
4	见组和影组	止摄合口三等	白读音为撮口呼 [y]	
			文读为合口呼为 [ue]	文读为合口呼 [uE]
	精组和章组		文读的韵母为 [ø]，白读为 [ʅ]	
5	知系、帮组和泥/娘母	假（蟹）摄开口二等	文读为 [A]，白读为 [o]	极少
	见系	假（蟹）摄合口二等	文读为 [uA]，白读为 [o]	无
	庄组、泥组、端组和匣母	蟹摄开口一、二等	文读为 [E]，白读为 [A]	几乎无
6	知系、见系和帮组	梗摄开口二（三）等	白读音为 [ã]，鼻化韵母	
			文读为鼻韵母 [ən]	文读为鼻韵母 [əŋ]
	疑母	遇摄合口一（三）等	文读韵母为 [u] 或 [y] 白读为成音节 [ɦŋ]	
7	日母	遇摄合口三等（两例流摄开三）	文读两种形式 [zʅ²³] 和 [lu²³]，无对应白读音	无
	知组和庄组	遇摄合口三等	无	文读为圆唇元音 [ɥ]，白读为不圆唇 [ʅ]

注：圆括号中的韵摄特点表示该类字很少。

从表 15 中，我们可以看出，有些声韵的文白异读较多，如见系字、日母疑母字、假摄字、止摄字、遇摄字等。但是当他们结合不同韵母或者声母时，其文白异读的形式不同。例如，见系假摄合口二等字，文读为 [uʌ]，白读为 [o]；而见系假摄开口二等字则结合了见系开口二等字和假摄开口二等字的特点，文读为齐齿呼，主元音为 [ʌ]，白读为开口呼主元音为 [o]。

就中派和老派的对比，通过表 15，总结如下：

1）总体而言，老派的文白异读字比中派的少。

2）老派和中派在文白异读的具体语音表现上不尽相同，但基本是语音变体，不影响音位。

3）中派和老派的文白异读大致相同。有几处明显不同。

三　上海方言与苏州方言的文白异读规律之对比

苏州话是吴方言的代表方言之一，属吴语太湖片苏沪嘉小片，又与上海邻近。叶祥苓（1998）、丁邦新（2002）都对苏州方言的文白异读做过研究。丁文是基于陆基（1935）《注音符号苏州同音常用字汇》总结出的规律。本文根据叶和丁归纳、整理和分析，对上海话与苏州话的文白异读进行比较，制成表 16。

表 16　上海方言与苏州方言文白异读比较

	声母	韵母	中派	老派	苏州（叶）	苏州（1935）
1	日母	开（合）口三等止效深臻通摄	文读为 [z] 或 [ɦ]，白读为鼻音 [n̠]	同中派	文读为 [z]，白读为 [n̠]	文读为卷舌浊擦音 [ʐ]，白读为舌面鼻音 [n̠]
	疑母	山（假效江）摄	文读 [ɦ]/零声母，白读鼻音 [ŋ]/[m]	同中派		
2	非组	合口三等止宕臻（通）摄	文读为 [f, v]，白读为双唇音	文读 [ɸ]、[β]，白读双唇音	文读唇齿音，白读双唇音	文读唇齿音，白读双唇音
3	见系	开口二等	文读齐齿呼，白读开口呼	同中派	文读 [tɕ]，白读 [k]。影母文读齐齿，白读开口呼	文读为舌面音，白读为舌根音
4	见组影组	止摄合口三等	文读[ue/uɛ]，白读 [y]。声母相应为 [k]/[tɕ] 组	同中派	文读为 [k]，白读为 [tɕ]	文读为 [uɛ]，白读为 [y]。声母相应为舌根和舌面音
	精组章组		文读 [ø]，白读 [ɹ]	同中派		文读 [ɛ]；白读圆唇 [ɥ]，声母卷舌
5	知系帮组泥/娘母	假（蟹）摄开口二等	文读 [ʌ]，白读 [o]	极少	无	无
	见系	假（蟹）摄合口二等	文读 [uʌ]，读为 [o]	无	无	无
	庄组泥组端组匣母	蟹摄开口一、二等	文读 [ɛ]，白读 [ʌ]	几乎无	无	文读为 [ɛ]，白读为 [ɑ]

	声母	韵母	中派	老派	苏州（叶）	苏州（1935）
6	知系见系和帮组	梗摄开口二（三）等	文读为[n/ŋ]。白读为鼻化韵母	同中派	文读为[ən, in]；白读为[ã]。	梗摄二等阳声字文读为[ən]，白读音[ã]
		梗摄二等入声	无	极少	文读[əʔ]白读为[aʔ]	文读[əʔ]白读为[aʔ]或[ɑʔ]
7	疑母	遇摄合口一（三）等	文读[u]或[y]，白读为成音节[ɦŋ]	同中派	在其他中，如：鱼、五	明/疑母字文韵母读元音，白读为成音节
	日母	遇摄合口三等	文读两种[zɹ²³]和[lu²³]，无白读	无	无	无
	知组庄组	遇摄合口三等	无	文读[ɥ]白读[ɻ]	无	文读为卷舌音白读为舌尖音或平舌音

根据表16，我们可以看出上海话与苏州话的文白异读有几处是完全不同的。

1）假蟹摄开合口，中派上海话有文白异读，文读的韵母为[ʌ]或[uʌ]，白读为[o]或[uo]。而老派上海话和苏州话没有。

2）苏州话中的梗摄二等字文读为[əʔ]，白读[aʔ]。上海话基本没有。但是在表14其他文白异读中，"赤"字的文白异读形式及其音韵地位符合苏州话的这类规律。所以老派上海话中还存在极少数的这类文白异读字。

3）遇摄合口三等字只有在1935年的苏州话中有卷舌音，其他都没有。但是老派上海话文读是圆唇元音，白读是非圆唇的。在中派上海话中，日母遇摄合口三等字的文读音有两种，而无白读音；但是在老派上海话和苏州话中却没有。

表16显示上海话的文白异读与苏州话的也呈现出同中有异的情况。大部分的类别，上海话和苏州话是相同的，但是在实际的语音值上会有所差别，这是上海话中派、老派、苏州话中派、老派的系统语音差异所致，不影响这些类别的相同之处。但是有些类别虽然相似，但可能体现了一类过渡音的可能性。例如，非组合口三等字，上海话中派和两类苏州话都是文读唇齿擦音，白读双唇塞音。但是老派上海话，文读是双唇擦音[ɸ]和[β]，白读为双唇塞音。或许这反映出当时受读书音的影响，文读音转为擦音，但是发音部位并未变化，仍然保持双唇，后来才慢慢变为唇齿擦音的。当然，1935年的苏州话是比较早的，所以根据1935年的记录，受读书音影响，文读音直接转变为唇齿擦音也是一种可能的途径。此外，苏州话有好几处都出现卷舌音，如遇摄合口三等字的文读音和止摄合口三等的文读音，但是上海话中却没有。

本文对上海方言的文白异读进行了整理和归纳，得出了上海话文白异读的规律，并将上海话的中派与老派、上海话与苏州话的文白异读进行比较，得到了相同点和不同点。在对比中发现在假蟹摄开合口中，中派上海话有文白异读，而老派上海话和苏州话没有。对于苏州话中的梗摄二等字文白异读（/əʔ/—/aʔ/），上海话基本没有。另外，卷舌音只有很久以前的苏州话有，其他都没有。

此外，我们还可以看到文白异读是一个动态的现象，比如上海话中派与老派文白异读的差异以及卷舌音在苏州话中的消失，也就是说随着社会的发展变迁方言中的语音的不断

演变就会导致文白异读现象的变化。

参考文献

曹晓燕.无锡方言文白异读的演变［J］.语言研究，2013，33（1）：77—79.

陈忠敏.重论文白异读与语音层次［J］.语言研究，2003（3）：43—59.

陈忠敏.历史层次分析法的几个重大问题［J］.辞书研究，2022，250（4）：1—29，125.

陈重瑜.北京音系里文白异读的新旧层次［J］.中国语文，2002（6）：550—558，576.

丁邦新.《苏州同音常用字汇》之文白异读［J］.中国语文，2002（5）：423—430.

丁邦新.汉语方言中的历史层次［J］.中国语文，2012，350（5）：387—402，479.

丁声树.丁声树文集（上）［M］.北京：商务印书馆，2020.

郭锡良.汉字古音手册［M］.北京：商务印书馆，2010.

黄启良.广西灌阳观音阁土话文白异读举例［J］.方言，2017，39（2）：152—159.

李　蓝.文白异读的形成模式与北京话的文白异读［J］.中国社会科学，2013，213（9）：163—179，208.

刘镇发.从方言比较看广州话梗摄开口三四等韵字文白异读的由来［J］.方言，2007，（4）：311—318.

麦　耘.也谈粤方言梗摄三四等韵文白异读的来由［J］.暨南学报（哲学社会科学版），2013，35（4）：35—39，162.

瞿建慧.从湘语辰溆片蟹摄字看同一语音形式的文白异读［J］.语言科学，2011，10（3）：289—293.

陶　寰，高　昕.上海老派方言同音字汇［M］//陈忠敏.吴语研究（第九辑）.上海：上海教育出版社，2018.

王福堂.文白异读和层次区分［J］.语言研究，2009，29（1）：1—5.

许宝华，汤珍珠.上海市区方言志［M］.上海：上海教育出版社，1988.

徐　越.从宋室南迁看杭州方言的文白异读［J］.杭州师范学院学报（社会科学版），2005（5）：111—115.

叶祥苓.苏州方言中的文白异读［M］//复旦大学中国语言文学研究所吴语研究室编.吴语论丛.上海：上海教育出版社，1988.

游汝杰.上海话音档［M］.上海：上海教育出版社，1994.

游汝杰.文读音、白读音和旁读音［J］.方言，2020，42（2）：148—157.

张卫东.从谚解《老乞大》看北京官话文白异读和京剧"上口字"［J］.中国语文，2020，397（4）：458—480，512.

赵　庸.杭州话白读系统的形成［J］.语言研究，2012，32（2）：51—59.

中国社会科学院语言研究所.方言调查字表（修订本）［M］.北京：商务印书馆，1981.

（杨蓓　中山大学中国语言文学系（珠海）　yangb76@mail.sysu.edu.cn；

冯杨　中山大学中国语言文学系（珠海）　1751031282@qq.com）

江苏海门四甲方言中的入声调*

[日]大西博子

一 前 言

1.1 四甲方言概况

四甲隶属于江苏省南通市海门区，地处海门区中部偏北，镇人民政府距海门区人民政府 25 千米，行政区域面积 96.83 平方千米。截至 2019 年末，户籍人口为 86505 人①。

四甲所在的南通市，方言分布情况非常复杂，境内共有 5 种地方话（《南通县志》1996）：南通话、如东话、金沙话、通东话和启海话。其中南通话和如东话属于江淮官话泰如片。启海话是典型的吴语，属于吴语太湖片上海小片。至于金沙话和通东话，《中国语言地图集（第二版）》将它们归为吴语太湖片毗陵小片。但徐铁生（2003）、陶国良（2003）等学者认为它们跟常州方言差异较大，因此应该将它们从毗陵小片中分出，建立一个独立的小片，称为"金（金沙）吕（吕四）小片"。

四甲地处海门区内，但其方言与海门话相差较大。四甲话是通东话的代表方言，呈现了吴语与江淮官话交错过渡的种种特性，是一个较为特殊的方言（鲍明炜、王均 2002：3）。

1.2 研究对象和目的

通常所说的入声包括两个概念：入声调和入声韵。四甲话有两个入声调，入声韵母都带喉塞尾 [-ʔ]。这一点与典型的吴语完全一致。但入声字在单念时，时长较长，调值也接近于舒声调。四甲话的入声演化趋势主要呈现在声调方面。因此本文以入声调的演化（入声舒化）为研究对象。所谓"入声舒化"是指入声调的舒化，即入声变为舒声的过程，包括时长上的变化与调值上的变化。

笔者曾对四甲话的单字调做过实验分析（大西博子 2022），发现阴入的舒化领先于阳入。但吴语在单字调中的入声舒化通常是阳入领先于阴入（曹志耘 2002，徐越、朱晓农 2011，大西博子 2020a）。可见四甲话的入声舒化方式与吴语不同。但为何不同，对其原因的分析还未得出令人满意的结论。

以往的研究，着重于讨论单字调中的入声，关于双字调中的入声走势，还未见详细的研究。本文在单字调入声研究的基础上，补充了双字调的实验数据，从音高和音长两方面的分析来重新讨论四甲话的入声舒化过程，并进一步探讨四甲话入声舒化的发生原因。

二 前人调查研究

2.1 单字调的调查记录

关于四甲话的单字调，目前有三种资料可供参考：《海门县志·方言卷》（徐铁生

---

* 本项研究得到日本学术振兴会科研费项目（项目编号：18K00596、22K00565）的资助。特致谢忱。

① 参照百度信息。

· 48 ·

1996）、《南通地区方言研究》（鲍明炜、王均 2002）、《江苏语言资源资料汇编·南通卷》（万久富 2015）。

据前人调查记录，四甲话有 8 个声调（表 1）。其中浊音上声字（阳上字）处于归到其他调类的过渡状态。徐铁生（1996）和鲍明炜、王均（2002）所记的阳上字包含次浊上声字和全浊上声字。其中全浊上声字占多数，只有一些次浊上声字（如"马"和"眼"等）归到阴上。阳上字只在某些特殊场合（大多为单音节时）才读为阳上，在复合词中往往读为阳去（鲍明炜、王均 2002：201）。万久富（2015）的记录中，阳上字只列出了"武"和"近"两字。这说明全浊上声字基本上已归到阳去，次浊上声字已归到阴上。其实，这是通州地区方言共同的声调格局（大西博子 2020b）。比如，与四甲接壤的二甲镇方言亦是如此，全浊上声归到阳去，次浊上声归到阴上（大西博子、季钧菲 2016）。

关于入声调的调值，前人描写的情况各不相同。但阴入和阳入的音高关系却是一致的，即"阴入低于阳入"。关于入声调的音长特点，只有万久富（2015：152）有所提及，认为"阴入相对舒缓"。但是，根据这一点描述，我们只能判断阴入的时长比阳入长而已。总之，四甲话的声学研究还不是很充分。不仅在调值方面，对时长的分析也不是很详细。至于入声舒化问题，还未有人进行过深入的讨论。

表 1　前人记录的单字调调值

出　　处	平　声		上　声			去　声		入　声	
	清	浊	清	次浊	全浊	清	浊	清	浊
徐铁生 1996	44	13	51	31/21		34	21	<u>34</u>	<u>44</u>
鲍明炜 2002	55	24	51	41/21		34	21	<u>33</u>	<u>55</u>
万久富 2015	55	35	51		241	34	21	4	5

2.2　双字调的变调规律

关于双字调（两字组变调）的规律，《南通地区方言研究》有较为详细的描写（鲍明炜、王均 2002：218—224）。从中可知四甲话的音变有四种类型：（一）前字和后字都变调；（二）前字不变、后字变调；（三）前字变调、后字不变；（四）前字和后字都不变调。其中第四种类型占多数，经常变调的组合是"阴平＋阴平"和"阴平＋阳平"（万久富 2015：152）。可见，四甲话的音变规律与北部吴语（太湖片吴语）有所不同。前人还指出了"哪些组合变，哪些组合不变，都是没有明显的规律，而且与词的结构似乎也没有明显的联系，更多的是遵循习惯的原则，因此出现了许多一词多读的现象（鲍明炜、王均 2002：221）"。

另外，阴入和阳入的变调规律也不同。阴入作为前字时，基本不变调；但阳入作为前字时，一般变为低平促声 [11]（鲍明炜、王均 2002：220）。但只凭这些记录，我们还无法了解到入声调的演变趋势。

三　材料来源和分析方法

3.1　发音人

本文利用不同年龄层的两位发音人的实验数据进行分析（见表 2），下文分别标记为

"老年"和"青年"①。录音时间为 2018 年 8 月 14 日。表中年龄为调查时的年龄。

表 2　发音人

发音人	性 别	年 龄	职 业	教育程度	备 注
老年	男	75	退休职工	高中	不曾在外地居住过
青年	女	27	会计	大学	不曾在外地居住过

3.2　实验材料

作为双字调的实验材料，本文选定了 24 个例词（表 3）②。由于全浊上声字的变调模式与阳去基本一致，因此排除阳上的组合。本文将 8 个调类分别用 T1、T2、T3、T4、T5、T6、T7、T8 表示。表中音标为实际音值，同一字组中，如有两种语音形式，前者为老年的读音，后者为青年的读音。

表 3　实验材料

调类组合	例词	实际音值	调类组合	例词	实际音值
T7 + T1	北京	poʔ tɕĩ	T8 + T1	肉丝	soʔ sʅ
T7 + T2	骨头	kuəʔ de	T8 + T2	熟人	soʔ ȵiẽ
T7 + T3	色彩	səʔ tsʰɛ	T8 + T3	热水	ȵieʔ ɕye
T7 + T5	客气	kʰəʔ tɕʰi	T8 + T5	肉酱	soʔ tɕĩ/soʔ tɕiã
T7 + T6	国外	koʔ ue	T8 + T6	实惠	səʔ ue
T7 + T7	出发	tɕʰyoʔ faʔ	T8 + T7	白雪	bəʔ ɕiʔ
T7 + T8	雪白	ɕiɪʔ bəʔ	T8 + T8	学力	ɕyoʔ liɪʔ
T1 + T7	江北	kaŋ poʔ	T1 + T8	猪肉	tsu zoʔ
T2 + T7	头骨	de kuəʔ	T2 + T8	成熟	dzən soʔ
T3 + T7	彩色	tsʰɛ səʔ	T3 + T8	火热	hu ȵieʔ
T5 + T7	顾客	ku kʰəʔ	T5 + T8	酱肉	tɕĩ zoʔ/tɕiã zoʔ
T6 + T7	会客	ue kʰəʔ/hue kʰəʔ	T6 + T8	事实	sʅ zəʔ

3.3　测量方法

实验分析利用 praat（Boersma and Weenink 1992—2021）软件，采用 Xu, Yi（2005—2018）的 ProsodyPro.praatscript 进行测量。录音机为 Marantz-PMD561，录音话筒为

---

① 除了这两位以外，笔者还请了 6 位发音人进行实验。结果表明，实验数据里出现了一些个人差异。其中老年发音人（65 岁以上）之间偏差最小，也没看到性别差异，但中年发音人（40 岁至 50 岁）之间偏差较大，也有些性别差异。有趣的是，最年轻（27 岁）和最年老（75 岁）的一致性最大。这可能与他们的生活环境有关。中年发音人都在外地居住过（如上海、南京、扬州等地），但老年发音人和青年发音人都没有在外地居住过，而且青年发音人的父母都是本地人（出生于四甲镇）。因此本文采用了这两位发音人的实验数据。

② 实验材料都是为了分析入声调在不同位置上的表现而设计的。因此不构成最小对，也包括平时不常使用的词语。让每位发音人各读 1 遍，共取得 48 个录音材料。

AKG-C520。标注时，去掉声带振动不稳定的结尾部分，以减少数据的误差。关于双字调的录音材料，只对前字和后字的元音时长进行测量，不包括词间的辅音时长。归一化处理采用 T 值法（石锋 1986、2009）。先求出例词的 T 值，然后绘制出基频曲线图来确定调值。

3.4 分析方法

典型的吴语入声是短促调。即时长很短，带有喉塞尾。一般认为，入声音节的演变，是先从喉塞音的弱化开始，经过音节长化以及调值接近等过程之后，最终与舒声调类完全合并（朱晓农等 2008，宋益丹 2009，徐越、朱晓农 2011）。但实际上，有的方言里，喉塞音已弱化（即不带喉塞尾），而入声音节却没有长化（朱晓农、焦磊 2011）；有的方言里，喉塞音还没弱化（即保留喉塞尾），而入声音节已长化（袁丹 2013，大西博子 2018、2019）。可见喉塞音的弱化不能看作入声舒化的开端，即不能以带不带喉塞尾来判断入声是否开始舒化。笔者认为，喉塞音只是入声音节的一个伴随性因素，是否是入声，主要以音节长短来判断。感知研究也证明了这一点。即时长是感知入声的区别性特征，喉塞尾并不是入声感知的必备条件（唐志强、李善鹏 2018）。因此本文从音高和音长两方面来分析入声调的舒化程度。

在分析方法上，本文借鉴、使用了前人的研究方法。典型的吴语入声字在单念时带喉塞尾 [-ʔ]。但在语流中，当入声音节后接其他音节时，喉塞尾消失，其入声的特征只是音长变短（赵元任 1928/1956）。因此讨论双字调中的入声时，一般涉及两方面的分析：音高和音长（游汝杰、杨剑桥 2001，刘俐李 2007，滕菲 2014 等）。此外，有些学者还涉及音重方面的分析（朱晓农 2005，汪平 2010 等），但本文着重于音高和音长两方面的分析，对音重方面暂不进行讨论。

四 单字调入声的音高和音长特点

4.1 单字调入声的音高特点

首先对单字调入声的音高特点进行简略说明。本文给入声调值加了下划线，只是为了与舒声调值区分，并不表示该入声为短时调。如图 1 所示①，四甲话 8 个声调可归纳为 6 个调型，分别为高平（T1）、低升（T2）、高降（T3）、中升（T5=T7）、低降（T4=T6）、短低升（T8）。就阴入的调型而言，实际上可以看作是中平调，但又与阴去的基频曲线完全重合，因此本文把两者的调型视为同型。至于阳入的调型，虽然与阳平相似（即低升），但基频起点的高度和基频曲线的长度都不一致，因此本文把两者的调型区别开来，分别看作"低升"和"短低升"。

从图 1 还可以看出，不管是老年还是青年，阳入的基频起点明显低于阴入，但双方都在三分之二处（70% 至 80%）超过了阴入的音高。但是关于基频终点的音高，老年与青年有所不同。老年的阳入终点音高与阴入相差不大，十分接近；而青年的阳入终点音高明显高于阴入。如果考虑老年和青年的阳入、阴入的基频区别，四甲话的入声调值可以记为：老年阴入 [33]，老年阳入 [23]；青年阴入 [33]，青年阳入 [24]。这些调值与前人记录相比，阴入的调值基本一致，而阳入的调值相差较大。前人记录都指出阳入调值高于阴入

---

① 单字调的基频曲线图（图 1）是根据以下 8 个字共 64 个录音材料数据的基频均值制定的（8 个字 ×4 遍 ×2 名发音人）：包（T1）、跑（T2）、宝（T3）、抱（T4）、报（T5）、暴（T6）、八（T7）、拔（T8）。

（表1）。笔者认为，这种现象可能与阳入的调型有密切关系。因为阳入是低升调，所以上升幅度大于阴入，调头部分虽然低于阴入，但是调尾高于阴入。因此听感上阳入似乎高于阴入。前人记录有可能反映了听感辨别的结果。但关注调头的音高的话，四甲话中的入声与周边的吴语完全相同，可以认为是保留了"阴高阳低"的格局。

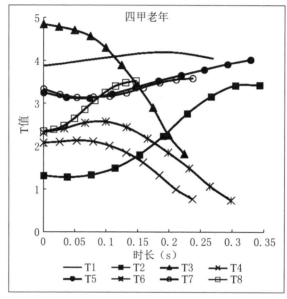

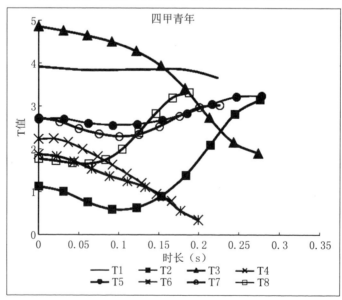

图 1　单字调基频曲线

4.2　单字调入声的音长特点

表4汇总了老年和青年的单字调时长均值①。绝对时长的单位是毫秒。相对时长是绝

---

① 数值来自8个字共64个录音材料数据（同图1）。

对时长与总均值的比值。入声短调的时长一般认为是舒声调的三分之一（33%）（朱晓农等2008）。老年的阳入在单字调中最短，但其绝对时长均值（163.3 ms）超过舒声调时长均值（314.9 ms）的33%（104.9 ms）。由此来看，老年的阳入时长已超过短调范围。但老年的阳入在单字调中最短，因此，老年的阳入仍然保持与舒声之间的音长对立。即保留"舒长入短"的格局。

但阴入已打破了"舒长入短"的格局。就单字调中的时长排序而言，老年的阴入与阳去的时长均值都是0.91，排在第5位；而青年的阴入却排在第3位。由此可见，阴入音节的长化趋势较为明显。从这一点来判断的话，四甲话的阴入已经难以看作入声调。至于青年的阳入，单字调中排在第5位，也处于长化趋势。

表4 单字调时长均值

		T1	T2	T3	T4	T5	T6	T7	T8	总均值
老年	绝对时长	299.4	380.8	249.4	263.8	365.1	331.0	263.8	163.3	289.6
	相对时长	1.03	1.32	0.86	0.91	1.26	1.14	0.91	0.56	1.00
青年	绝对时长	210.5	306.1	131.5	184.4	308.5	222.0	237.0	208.8	226.1
	相对时长	0.93	1.35	0.58	0.82	1.36	0.83	1.05	0.92	1.00

五 双字调入声的音高特点

5.1 入声组合的连调调值

以上我们讨论了单字调中的入声走势，那么双字调中的情况如何呢？本文把24个例词按照组合结构的不同分成四大类：T7 + X、X + T7、T8 + X、X + T8，来观察入声在前字位置和后字位置的音高走势。与单字调一样，通过基频曲线图的分析来进行讨论。

表5是根据基频曲线图（图2至图5）归纳的连调模式。入声调值加了下划线，以便与舒声调值区分。基频曲线图的横轴为采样点，纵轴为T值。

表5 入声组合的连调调值

入声组合	X	T1	T2	T3	T5	T6	T7	T8
T7 + X	老年	33 + 45	33 + 35	33 + 42	33 + 34	33 + 31		33 + 34
	青年	33 + 33	33 + 34	33 + 54		33 + 32		33 + 35
X + T7	老年	44 + 33	23 + 44	54 + 32	34 + 44	22 + 34	33 + 33	33 + 33
	青年		12 + 33	54 + 31				
T8 + X	老年	22 + 34	22 + 24	34 + 52	44 + 33	33 + 31		32 + 21
	青年	22 + 33	21 + 14	45 + 54	33 + 33	33 + 32		
X + T8	老年	42 + 21	212 + 34	54 + 45	22 + 33	22 + 34	33 + 34	
	青年	33 + 21	212 + 24	54 + 44	33 + 34	12 + 34	33 + 35	

5.2 阴入的调形和调值

阴入在前字位置时，如图2所示，老年和青年的基频曲线都呈现出平调，而且基频集

中在2.00至3.00的范围里（3度区间），调值记为［33］。后字X的调值在老年和青年之间有些出入，但基本上都与单字调调形相同。可见，T7＋X组合的连调规律是前字和后字都不变调。

而阴入在后字位置时，如图3所示，老年和青年的基频曲线都呈现出平调或升调，调值记为［33］、［44］、［34］。在T3＋T7组合中，阴入呈降调。由于青年的下降幅度稍微大于老年，因此老年记为［32］，青年记为［31］。前字X的调值也基本上与单字调调形相同，只有阳去在前字时变成平调。

5.3 阳入的调形和调值

阳入在前字位置时，如图4所示，老年和青年的基频曲线都呈现出升、平、降三种调型，其中以平调为多。基频分布范围也较宽，基频起点出现在2至4区间。其中T8＋T1和T8＋T2的阳入基频较低（调值记为［22］），而T8＋T3和T8＋T5的阳入基频较高（老年调值［44］、青年调值［45］）。总之，除了与平声组合的词组外，阳入的基频起点集中在3度区间。

而阳入在后字位置时，如图5所示，老年和青年的基频曲线都以升调为主。基频分布范围也较宽，大体出现在3度至4度区间。T1＋T8和T8＋T8中的后字阳入都呈降调，基频也较低（调值［21］），而T3＋T8的阳入基频较高（老年调值［45］；青年调值［44］）。

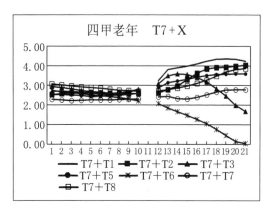
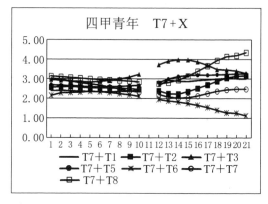

图2 T7＋X的基频曲线

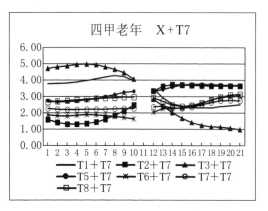
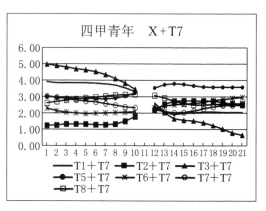

图3 X＋T7的基频曲线

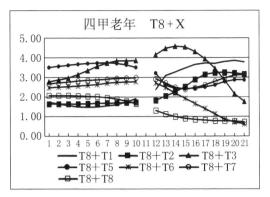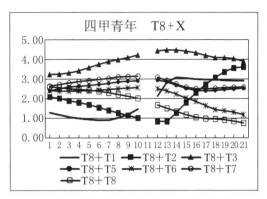

图4　T8 + X 的基频曲线

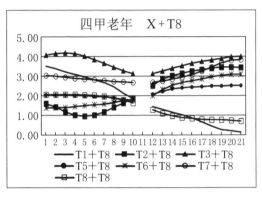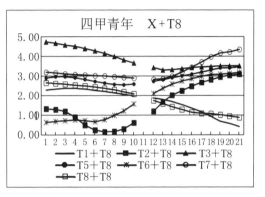

图5　X + T8 的基频曲线

5.4　阴入和阳入的音高关系

通过上文分析可知，阳入不仅是低调，而且有时变为与阴入相同的调值，有时变为高于阴入的调值。因此，在双字调中，很难确定阴入和阳入的音高关系到底是"阴高阳低"还是"阴低阳高"。

图6表示"雪白"（T7 + T8）与"白雪"（T8 + T7）的基频曲线。从图6可知，不管是前字还是后字，基频起点都是阴入高于阳入，但基频终点却是阳入高于阴入。就是说，双字调的阳入与单字调的情况一样，调头是"阴高阳低"，而调尾是"阴低阳高"。

另外，从图6中还可以看出，前字位置上的阴入和阳入处于同化的倾向。后字位置上虽然呈现出明显的阴阳对立，但前字位置上的阴入和阳入的音高相同，因此前字阴入和前字阳入分别可以看作同一个调值［33］。类似的情况还见于 T7 + T7 和 T8 + T7 以及 T7 + T6 和 T8 + T6 的组合里。这些组合里前字入声调值都记为［33］（表5）。另外，后字位置上的阴入和阳入也有同化的现象。比如，T6 + T7 和 T6 + T8 的后字阴入和后字阳入分别都记为［34］（表5）。

其实，阴阳同化现象也能见于周边的吴语里。比如，海门话的入声作前字时，阴入和阳入都不发生变化，但入声作后字时，阴入不发生变调，而阳入有时变为阴入（黄燕华 2007：29）。因此有学者将 T7 + T8 和 T8 + T7 的变调模式分别记为 4 + 4 和 2 + 4（王洪钟 2011：50）。即后字位置上呈现出阴入和阳入同化的倾向。但四甲话里，不管是前字位置还是后字位置，都能看到阴入和阳入同化的倾向，这一点与周边吴语的连读变调规律有所不同。

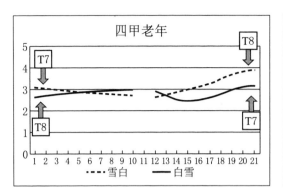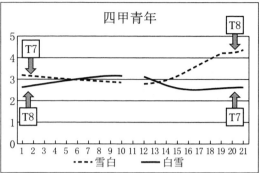

图 6 "雪白"与"白雪"

5.5 阴入与阴去的音高关系

单字调中，阴入的基频曲线与阴去完全重合（见图1）。但在双字调中，阴入和阴去的基频曲线并不重合，仍然保持对立。图7是"客气"（T7 + T5）与"顾客"（T5 + T7）的基频曲线。从图7可知，阴入和阴去的调型并不相同：阴入为平调，阴去为升调。而且前字阴入和后字阴入的音高并不相同：前字阴入的基频曲线位于3度区间，而后字阴入的基频曲线位于4度区间。但是，阴去基本不变调。不管是前字位置还是后字位置，基频出现的位置大体相同，调值都可以记为〔34〕。

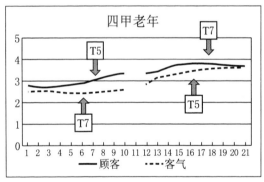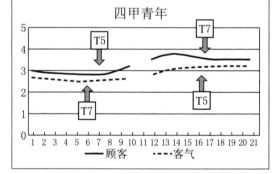

图 7 "客气"与"顾客"

六 双字调入声的音长特点

6.1 单字调与双字调的时长关系

表6汇总了单字调入声和双字调入声的相对时长均值。将单字、前字、后字这三者的相对时长均值相互比较可以看出，不管是阴入还是阳入，后字最长，其次为单字调，前字最短。再看具体时长均值可以发现，阴入的后字时长与单字调时长相差极小。比如，老年后字阴入为1.04，单字阴入为0.91。至于阳入的后字时长，老年和青年的情况有所不同。老年的后字阳入时长与单字调之间相差较大，接近于前字阳入时长。但青年的后字阳入时长与单字调的时长几乎相同。

就阴入和阳入的时长关系而言，前字阴入短于前字阳入，而后字阴入长于后字阳入。可见，前字阴入的舒化并不明显，而后字阴入的舒化则非常显著。至于阳入，前字位置上

已出现了舒化趋势，但后字阳入的舒化并没有阴入那么明显。

表6 单字调入声和双字调入声的相对时长均值

字调	单字调		双字调			
			前字位置		后字位置	
调类	T7	T8	T7	T8	T7	T8
老年	0.91	0.56	0.47	0.53	1.04	0.89
青年	1.05	0.92	0.57	0.67	1.10	0.95

6.2 前字和后字的时长关系

表7汇总了各个组合中前字和后字的相对时长均值。表中，背景为灰色的数值表示时长变长的音节。比如，在T7 + T1组合里，后字数值的背景为灰色，表示后字的时长超过前字。

表7 入声组合中前字和后字的相对时长均值

入声组合	老年		青年		入声组合	老年		青年	
	前字	后字	前字	后字		前字	后字	前字	后字
T7 + T1	0.47	1.20	0.58	2.35	T8 + T1	0.35	1.24	0.64	1.54
T7 + T2	0.44	1.67	0.52	2.00	T8 + T2	0.38	1.88	0.73	1.82
T7 + T3	0.39	1.39	0.49	0.83	T8 + T3	0.87	1.14	0.88	0.87
T7 + T5	0.33	1.48	0.37	1.44	T8 + T5	0.48	1.60	0.50	1.10
T7 + T6	1.01	1.07	1.04	1.06	T8 + T6	0.78	1.16	0.82	1.22
T7 + T7	0.29	1.70	0.59	1.59	T8 + T7	0.37	0.89	0.48	0.87
T7 + T8	0.34	0.98	0.40	0.70	T8 + T8	0.50	0.65	0.62	0.73
T1 + T7	0.83	1.09	0.77	1.71	T1 + T8	1.97	0.85	1.29	0.82
T2 + T7	1.49	0.70	0.79	1.10	T2 + T8	1.93	0.93	1.97	1.31
T3 + T7	0.94	0.53	0.70	0.40	T3 + T8	1.60	0.98	1.09	1.08
T5 + T7	1.63	1.11	0.92	1.00	T5 + T8	0.96	0.65	1.40	0.80
T6 + T7	1.15	1.27	0.71	1.06	T6 + T8	1.73	1.17	1.59	1.20

在48个例词中（老年24，青年24），前字时长比后字长的例词共有15个（老年8，青年7），而后字时长比前字长的例词共有33个（老年16，青年17）。由此可见，后字变长的例词超过整体的一半，也就是说后字容易变长。

6.3 入声与舒声的时长关系

由舒声和入声组合的例词共有40个，其中入声短于舒声的组合占优势，共有33个（老年18，青年15），其余7个例词（老年2，青年5）的入声时长则超过舒声。其中6个例词的入声全都是阴入，而且都是后字。总之，双字调中的入声时长总体上还保持"舒长入短"的格局。但是入声在后字时，容易长化，尤其是后字为阴入的组合里，其长化趋势更加明显。这种情况多见于青年的组合里。可见后字阴入的时长处于进一步长化的趋势。

七　入声舒化的发生原因

7.1　单字调的入声走势

曹志耘（1998：96、2002：445）指出了南部吴语入声调的演变过程首先是"延伸"，原来的短促调值变长之后，如果原声调系统中有相同或相近的调值，就会合并。如果没有，就保留单独的调类。就是说，入声调的演变趋势是，首先出现音节变长的现象，然后出现与其他调值接近的现象。四甲话的入声走势完全符合吴语入声的演变规律。即首先音节变长，然后向舒声调值接近。

入声调的舒化经过以下 4 个阶段推进（大西博子 2018）：（1）入声音节长化；（2）向舒声调值接近；（3）向舒声时长接近；（4）与舒声调类合并。四甲话的阴入已长化，调值也向舒声（阴去）接近。但阴入仍然看作一个单独的声调，就是因为入声和舒声之间仍然呈现时长的不同。如果其差距进一步缩小，就会合并。可见阴入的舒化程度已到了阶段（3），正处于阶段（3）向阶段（4）过渡的状态。相对于阴入而言，阳入的舒化较为缓慢，仍然处于阶段（1）。

7.2　双字调的入声走势

但双字调中，阴入的舒化只出现在后字位置上。前字位置上的阴入仍然保持早期的形式，即短时调。在调值上还未发现阴入和阴去合并的现象，阴入仍然保持自己的调形（图7）。由此可知，双字调中阴入的舒化还处于阶段（1）。

阳入的走势与阴入有所不同。虽然在时长上的走势没有阴入那么明显，但是在音高上的走势较为活跃，不管是前字位置还是后字位置，根据所组合的声调而发生变调。比如，阳入与平声的组合里，阳入变成低平调［22］，而阳入与上声的组合里，阳入变成高升调［34/45］（表 5）。由于阳入容易发生变调，有些组合里出现阴入和阳入同化现象。如 T7 + T6 和 T8 + T6 的连调调值都一样（表 5）。总之，阴入和阳入的走势不同。阴入容易变长，而阳入容易变调，即容易高化。

7.3　入声舒化的发生原因

单字调中阴入的舒化领先于阳入，但由于双字调中前字的阴入仍然保持短时调，所以阴入的舒化被看作只出现在后字位置上。阳入在前字时也较短，但没有阴入那么短。只从这一点推测的话，可以认为阳入是早于阴入开始舒化的。那么阳入开始舒化后，为什么没有进一步推进舒化呢？为什么阴入的舒化反而领先于阳入呢？

双字调中，后字的入声容易长化，而前字入声不易长化。这种现象并不限于四甲话，在周边的方言里（如江淮官话）也能观察到（刘俐李 2013）。就是说后字的入声变长调是普遍现象，也算是一种自然发生的现象。如果变长的结果跟舒声调里某个调类的调值相同或相似，就容易往那个舒声调接近。阴入的舒化为什么领先于阳入呢？这是因为阴入的调形本来就与阴去十分相似，所以推进舒化是较为容易的。但阳入开始发生舒化后，没有推进舒化，这是因为变长的结果没有跟舒声调里任何调类的调值相似，所以无法向舒声调值接近，因此只能保持独立的调类。这就是根据"调值的相近度"规律（曹志耘 1998）进行的解释。但本文认为入声舒化的推进因素不止是调值的相近度。

本文发现阴阳入声各有不同的演变趋势，同时也有阴入和阳入同化的趋势。由此我们可以推测：入声向舒声调值接近之前，首先在入声调类内部发生了声调变化。就是说入声

变长之后，并不是马上开始往舒声调值接近的。阳入基频变动后，由于阳入调值与阴入相近，阴入和阳入开始混同，从而产生了阴阳相同或者相近的调值。于是入声调类内部出现了调值上的调整，以保持阴入和阳入的音高对立：阴入进一步变长，阳入进一步变高了（阳入调值的高化倾向，从前人对单字调的记录中也能印证）。阴入向阴去接近的走势，可以认为是以上变化所导致的结果，也就是由入声调类内部的音高调整引起的。

7.4　江淮官话的入声舒化方式

江淮官话泰如片的舒化方式是调类合并。从如东的年龄差异来看，入声舒化后的调类合并有两种方式（朱瑛 2017）：阴入归到阴去；阳入归到阳去。调类合并不仅有入声调和舒声调的合并，还有入声调类之间的合并。众所周知，江淮官话洪巢片的入声调已不分阴阳。即只有一个入声调。江淮官话泰如片依然区分阴阳，但多数地点出现阳入字读若阴入的情况（石绍浪 2016）。这种现象只出现在阳入上，阴入字读若阳入的情况却不存在（顾黔 2001）。

从泰如片的舒化方式可以看出，入声与舒声合并之前，首先在入声调类内部发生合并的走势。这又说明入声的音高变化是直接影响入声与舒声合并的重要因素。从泰如片的舒化方式，我们也能推测，四甲话的入声舒化是由入声调类内部的音高变化引发的。

八　结　　语

本文通过比较分析一位老年和一位青年的数据，考察了四甲话的单字调及双字调中的入声走势。我们推测入声向舒声调值接近之前，首先在入声调类内部发生了调值上的调整。即阳入变高接近阴入后，为了保持阴阳入声的音高区别，阴入进一步变长，从而向舒声（阴去）接近。入声舒化可以看作是，声调系统为保持一定的区别而进行音高调整所引发的现象。即入声舒化的开端就是入声调类内部发生的音高变化。那么四甲话为什么没有发生入声调类内部的合并呢？这是因为入声仍然保持阴阳区分（清浊对立），还没打破阴入和阳入并列的局面。其实四甲话的浊声母（古全浊声类）有清化的趋势。实验材料的例词中，也能看到有些浊声母字已完全清化，如"肉（文读）、熟、实、事"等（表3）。但浊声母字位于后字位置时，多保留浊音，说明仍然保持清浊对立。但是，如果浊声母完全清化变成清声母的话，像周边的江淮官话一样，入声调类内部就会发生合并吧。

本文的结论仅仅是根据两位发音人的实验材料分析而得出的。因材料所限，未对阳入先开始舒化的原因加以考察。关于阳入的舒化原因，依然有待探讨。

参考文献

鲍明炜，王均.南通地区方言研究［M］.南京：江苏教育出版社，2002.

曹志耘.汉语方言声调演变的两种类型［J］.语言研究，1998（1）.

曹志耘.吴徽语入声演变的方式［J］.中国语文，2002（5）.

顾　黔.通泰方言音韵研究［M］.南京：南京大学出版社，2001.

黄燕华.海门话的连读变调［D］.上海：华东师范大学，2007.

刘俐李.江淮方言声调实验研究和折度分析［M］.成都：巴蜀书社，2007.

刘俐李.江淮方言入声时长变异实验研究［J］.中国语言学，2013（6）.

石　锋.天津方言双字组声调分析［J］.语言研究，1986（1）.

石　锋.实验音系学探索［M］.北京：北京大学出版社，2009.

石绍浪.江淮官话入声研究［M］.北京：北京语言大学出版社，2016.

宋益丹.南京方言中的入声喉塞尾实验研究［J］.南京师范大学文学院学报，2009（2）.

唐志强，李善鹏.扬州方言入声区别性特征的感知研究［J］.方言，2018（4）.

陶国良.通州方言概况和金沙话［C］//吴语研究：第二届国际吴方言学术研讨会论文集.上海：上海
　　　教育出版社，2003.

滕　菲.苏属江淮官话入声实验研究［D］.南京：南京师范大学，2014.

通州市地方志编纂委员会.南通县志［M］.南京：江苏人民出版社，1996.

万久富.第四章　海门四甲［M］//江苏语言资源资料汇编：第六册南通卷.南京：凤凰出版社，2015.

王洪钟.海门方言研究［M］.北京：中华书局，2011.

汪　平.江苏通州方言音系探讨［J］.方言，2010（3）.

徐铁生.卷三十七　方言［M］//海门县志.南京：江苏科学技术出版社，1996.

徐铁生.通东方言与金沙方言归属刍议——兼论两种方言的形成及其与南通方言的关系［C］//吴语研
　　　究：第二届国际吴方言学术研讨会论文集.上海：上海教育出版社，2003.

徐　越，朱晓农.喉塞尾入声是怎么舒化的——孝丰个案研究［J］.中国语文，2011（3）.

游汝杰，杨剑桥.吴语声调的实验研究［M］.上海：复旦大学出版社，2001.

袁　丹.基于实验分析的吴语语音变异研究［D］.复旦大学，2013.

赵元任.现代吴语的研究［M］.北京：科学出版社，1956.

中国社会科学院语言研究所.中国语言地图集（第二版）：汉语方言卷［M］.北京：商务印书馆，2012.

朱　瑛.江苏境内江淮官话声调实验研究［D］.南京：南京师范大学，2017.

朱晓农.上海声调实录［M］.上海：上海教育出版社，2005.

朱晓农，焦磊，严至诚，等.入声演化三途［J］.中国语文，2008（4）.

朱晓农，焦磊.短调无塞音——报告一例特殊的入声类型［M］//语言研究集刊（第八辑）.上海：上海
　　　辞书出版社，2011.

大西博子，季钧菲.江苏二甲方言音系初探［J］.近畿大学教養·外国語教育センター紀要（外国語編）
　　　第7卷第2号，2016.

大西博子.二甲方言の単字調における音響音声学的分析［J］.近畿大学教養·外国語教育センター紀要
　　　（外国語編）第9卷第1号，2018.

大西博子.江蘇通州方言における入声舒声化——金沙と二甲の比較分析［J］.近畿大学教養·外国語
　　　教育センター紀要（外国語編）第10卷第1号，2019.

大西博子.呉語における入声舒声化——進行プロセスを中心に［J］.近畿大学教養·外国語教育センタ
　　　ー紀要（外国語編）第11卷第1号，2020a.

大西博子.南通金沙方言単字調中的入声［C］//吴语研究：第十届国际吴方言学术研讨会论文集.上
　　　海：上海教育出版社，2020b.

大西博子.江苏通州方言入声调的演化方式［C］//汉语方言研究的多维视角：游汝杰教授八秩寿庆论
　　　文集.上海：上海教育出版社，2022.

（大西博子　日本京都外国语大学中国语学科　h_onishi@kufs.ac.jp）

形态音位学与南通入声韵尾

敖小平

一 引 言

音位学又译音系学、音法学、声韵学、音韵学等，来源都是英文 phonology。跟研究语音的特性及其发生与感知的语音学（phonetics）不同，音位学研究的对象是区别性特征（distinctive features）和语音的分类。能够区分意义的最小语音单位叫音位（phoneme），它本质上是一组区别性特征的集合。音位有音段音位和超音段音位之分。前者如辅音和元音，后者如声调和重音。

不同音位的组合构成了语言中形态各异的单词和构词成分。然而音位的组合并非一成不变。当不同单词和构词成分重新组合成为复合词或者派生词的时候，或者是在语句中相遇的时候，其中的某些音位会在一定条件下发生变化或脱落，使得原本不同的音位或音位组合变得相同，或者使得原本相同的音位或音位组合变得不同。研究这种构词造句过程中的音位变化的学问就叫作形态音位学（morphophonemics），也叫构词音位学。

形态音位变化的对象和触发变化的条件往往涉及区别性特征的自然群组（natural class），因此对形态音位变化的研究也推动对区别性特征及其相互关系的深入研究。另外，形态音位学中的"形态"（morpho）一语指形态学，即构词学（morphology），并非专指屈折语中的性数格等形态变化。汉语没有这一类形态变化，不等于汉语没有形态音位变化。普通话的语流变调和儿化韵形成都会导致音位对立的消失，因而都属于形态音位变化。

形态音位学就是对形态音位变化的研究，也就是对语素和语素变体的研究。形态音位变化就是构词过程中组成语素的深层音位结构的变化。形态音位变化可能导致同一语素有不同的音位结构，或者导致不同语素有相同的音位结构。同一语素的不同音位结构就叫作语素的变体。

改革开放以来，中国方言研究取得了有目共睹的进展，尤其在方言音系和方言词汇方面硕果累累。相比之下，对形态音位变化的发掘显得薄弱一些。本文通过南通方言入声韵尾的语流音变介绍形态音位学的一些基本原理，希望引起方言学界同仁对于这一问题的兴趣和研究。

二 形态音位变化

形态音位学研究源远流长，各种语言中都有形态音位变化现象。下面以三种语言为例来说明这种现象。

语言之一是英语。英语的复数名词词尾有［s］、［z］、［ɪz］三种形式，例如：

book/books	［-s］	书	单数／复数
dog/dogs	［-z］	狗	单数／复数
bus/buses	［-ɪz］	公交车	单数／复数

形态音位学认为三种表层形式都来自底层形式 /z/。两条规则导致这个形式的变化：

规则一：如果词根以嘶音结尾，在词尾前插入高央元音 [ɨ]，即

/z/ → [ɨz] / [+ sibilant] -_____

规则二：如果词根以清音结尾，把词尾变成清音，即

/z/ → [s] / [-voice] -_____

其实还有第三条规则：如果两个条件都不满足，把底层的 /z/ 变成表层的 [z]。

注意 [s] 和 [z] 是对立的音位，例如 bus [bʌs] ≠ buzz [bʌz], ass [æs] ≠ as [æz]。只是在名词复数词尾中两个音位不再对立。

换句话说，[s], [z], [ɨz] 是英语复数名词词尾的三个变体。什么时候使用哪一个变体取决于词根的音位结构。

语言之二是土耳其语。土耳其语形态音位变化的表现之一是元音和谐律。有大小两种和谐。大和谐涉及 i、ü、ɪ、u 四个高元音的交替，小和谐涉及 e、a 两个元音的交替。基本原则是后缀中的元音必须在舌位前后和唇形圆展方面跟词根中的最后一个元音保持一致。例如：

ip/ipler/ipsiz	线 / 线（复数）/ 无线
el/eller/elsiz	手 / 手（复数）/ 无手
söz/sözler/sözsüz	语 / 语（复数）/ 无语
kız/kızlar/acısız	女孩 / 女孩（复数）/ 无女孩
kuş/kuşlar/kuşsuz	鸟 / 鸟（复数）/ 无鸟
piyano/piyanolar/piyanosuz	钢琴 / 钢琴（复数）/ 无钢琴

生成音位学认为土耳其语后缀 ler/lar 的底层形式只标记 [-high，-round] 两个特征，其表层的 [-back] 或 [+ back] 特征延伸自词根最后一个元音。同样，后缀 siz 等的底层形式只标记 [+ high] 这一个特征，表层的 [±back] 和 [±round] 特征也延伸自词根最后一个元音。也就是说表示复数的后缀有 ler 和 lar 两种变体，而表示"无"的后缀则有 siz，süz，sız，suz 四种变体。注意这些元音在词根中都具有别义功能，交互使用的情况只发生在后缀中。

语言之三是汉语普通话。普通话形态音位变化相当丰富。最明显的例子是儿化韵的形成，例如：

耙 [pʰa]+ 儿 [ɻ] →耙儿 [pʰɑɻ]

牌 [pʰaɪ]+ 儿 [ɻ] →牌儿 [pʰɑɻ]

盘 [pʰan]+ 儿 [ɻ] →盘儿 [pʰɑɻ]

跟英语和土耳其语的复数词尾不同，汉语的儿尾本身并不发生变化。变化的是词根的发音，即原本对立的三个韵母 [a][aɪ][an] 合并成同一个 [a]。因此可以说语素"牌 [pʰaɪ]"和"盘 [pʰan]"各有一个变体[pʰa]，后者仅仅出现在儿尾 [ɻ] 的前面。

此外，普通话上声音节在另一个上声音节前变成阳平也是形态音位变化。例如"执"和"指"的声调对立，但是在"执法"和"指法"两个词中，两个语素的声调相同。就是说"指"有 zhǐ 和 zhí 两个变体，后者仅出现在另一个上声音节前。这就是所谓语流变调。

再如轻声词尾的表层声调取决于词根最后一个非轻声音节的声调：在"青的""蓝的""绿的"中，词尾的表层声调都是低调 L，但是在"紫的"中，词尾的表层声调却是高调 H。这也是普通话语流变调的表现。

三　南通入声韵尾的脱落

南通方言的形态音位变化比普通话的更为丰富而复杂。除了语流变调和儿化韵形成导致音位对立消失以外，还有入声韵尾在一定条件下脱落而导致音位对立消失的情况。本文重点讨论这种情况。其余形态音位变化可参见笔者 2017 年的《南通方言考》卷二第六章。

南通方言通行于毗邻北部吴语地区的江苏省南通市。就中古浊音声母的演化而言，南通方言跟客赣徽方言一致，跟官话方言和吴方言都不一致。南通方言保留的中古入声以喉塞音结尾，分阴入和阳入。两个入声都有在一定条件下韵尾脱落的现象。韵尾脱落以后的入声韵并入对应的舒声韵，不再对立。例如原本对立的 [ɔ]∶[ɔʔ]、[ɛ]∶[ɛʔ]、[o]∶[oʔ]、[u]∶[uʔ]、[i]∶[iʔ]、[y]∶[yʔ] 分别合并为 [ɔ]、[ɛ]、[o]、[u]、[i]、[y]。

入声韵尾的脱落共有五种情形。

第一种情形是入声韵尾在未完成体疑问语气词"啊"和呼唤语气词"啊"前面脱落。详见以下例句：

更哭啊 /kɛŋ.kʰok.a/ → [kɛ̃.kʰo.a]（哭了吗？比较"哭"[kʰoʔ]）

果熟啊 /ku.sok.a/ → [k.so.a]（熟不熟？比较"熟"[soʔ]）

小葛啊 /ɕə.kok.a/ → [ɕə.ko.a]（小葛！比较"葛"[koʔ]）

老石啊 /lə.sɛk.a/ → [lə.sɛ.a]（老石！比较"石"[sɛʔ]）

第二种情形是入声韵尾在卷舌元音 [ɚ] 前脱落。详见以下例词：

卒儿 /tsok.ɚ/ → [tso.ɚ]（卒子，比较"卒"[tsoʔ]）

色儿 /sɛk.ɚ/ → [sɛ.ɚ]（色子，比较"色"[sɛʔ]）

木耳 /mok.ɚ/ → [mo.ɚ]（木耳，比较"木"[moʔ]）

侄儿 /tsʰɛk.ɚ/ → [tsʰɛ.ɚ]（侄子，比较"侄"[tsʰɛʔ]）

需要注意的是由于韵尾的脱落，一些本来不同的韵母变得相同。例如，"马"、"木"两个字的发音分别是 [mo] 和 [moʔ]，韵母各不相同；然而"马儿（小儿便器）"和"木耳"两个词的发音都是 [mo.ɚ]，只有声调不同。同样的，"卒儿（卒子）"和"帐儿（小帐）"两个词的发音完全相同，都是 [tso.ɚ]，但是两个词的词根分别是"卒"和"帐"，发音分别是 [tsoʔ] 和 [tsõ]。可见韵母 [o][õ][oʔ] 由于韵尾脱落而变得完全相同。

第三种情形是发音较为快速随意时阴入韵尾在元音和近音前脱落，如以下例词所示：

得意 /tɛk.ji/ → [tɛ.ʒ]（得意，比较"得"[tɛʔ]）

甲鱼 /tɕok.juɯ/ → [tɕo.ʒʷ]（鳖，比较"甲"[tɕoʔ]）

国王 /kʷok.woŋ/ → [kʷo.wõ]（国王，比较"国"[koʔ]）

毕业 /pik.jik/ → [pi.iʔ]（毕业，比较"毕"[piʔ]）

阴入韵尾脱落以后声调并入阴去，韵母也并入相应的舒声韵。例如"甲鱼"的发音可以跟"借鱼"没有区别。

作为一条音变规律，阴入韵尾脱落具有相当的能产性。这首先表现在数数的过程中。下面是从七〇到八九的发音，有下划线的发音中都发生了阴入韵尾脱落。

70 [tʃʰə ʔ.ləŋ]　71 [tʃʰə.iʔ]　72 [tʃʰə.ɚ]　73 [tʃʰə.sã]　74 [tʃʰə.sz̩]

75 [tʃʰə.y̦]　76 [tʃʰəʔ.loʔ]　77 [tʃʰət.tʃʰə]　78 [tʃʰəp.poʔ]　79 [tʃʰət.tɕy]

80〔pɔʔ.lən〕81〔pɔ.iʔ〕82〔pɔ.ɚ〕83〔pɔʔ.sã〕84〔pɔʔ.sz̩〕

85〔pɔ.ʊ̞〕86〔pɔʔ.loʔ〕87〔pɔt.tʃʰə〕88〔pɔp.pɔʔ〕89〔pɔt.tɕy〕

阴入韵尾脱落规则并不具有强制性。因此在元音和近音前保留阴入韵尾也是可以的。

第四种情形是阳入韵尾在除语气词外的响音（含元音、近音、边音、鼻音）前面脱落，如以下例词所示：

录音 /lok.jiŋ/ → 〔lo.iŋ〕（录音，比较"记录"〔loʔ〕）

服务 /fok.wɯ/ → 〔fo.ʊ̞〕（服务，比较"服"〔foʔ〕）

鲗鱼 /lɛk.jɯ/ → 〔lɛ.ʒʷ〕（鲗鱼，比较"鲗"〔lɛʔ〕）

越南 /juk.nʲuŋ/ → 〔y.nỹ〕（越南，比较"越"〔yʔ〕）

没有 /mɛk.ju/ → 〔mɛ.y〕（没有，比较"没"〔mɛʔ〕）

落雨 /lok.jɯ/ → 〔lo.ʒʷ〕（下雨，比较"落"〔loʔ〕）

特为 /tʰɛk.we/ → 〔tʰɛ.ʊ̞e〕（特地，比较"特"〔tʰɛʔ〕）

日里 /jɛk.li/ → 〔jɛ.li〕（白天，比较"日"〔jɛʔ〕）

阳入韵尾脱落以后声调并入阳去，韵母也并入相应的舒声韵。例如"越南"的发音可以跟"幼男"没有区别。这种音段音位和超音段音位步调一致的形态音位变化极为罕见，仅仅在与南通方言同属通泰方言小片的如皋方言有过报道，见丁邦新（1987）。

作为音变规律的阳入韵尾脱落跟阴入韵尾脱落一样具有相当的能产性，也同样表现在数数的过程当中。下面是从十到十九以及六〇到六九的发音，有下划线的发音中都发生了阳入韵尾脱落。

10〔sɛʔ〕11〔<u>sɛ.iʔ</u>〕12〔<u>sɛ.ɚ</u>〕13〔sɛʔ.sã〕14〔sɛʔ.sz̩〕

15〔<u>sɛ.ʊ̞</u>〕16〔<u>sɛ.loʔ</u>〕17〔sɛt.tʃʰəʔ〕18〔sɛp.pɔʔ〕19〔sɛt.tɕy〕

60〔<u>lo.lən</u>〕61〔<u>lo.iʔ</u>〕62〔<u>lo.ɚ</u>〕63〔loʔ.sã〕64〔loʔ.sz̩〕

65〔<u>lo.ʊ̞</u>〕66〔<u>lo.loʔ</u>〕67〔lot.tʃʔ〕68〔lop.pɔʔ〕69〔lot.tɕy〕

阳入韵尾脱落规则比阴入韵尾脱落规则更加具有强制性。严格按这一规则发音是本地口音的重要标志之一。不过，在年轻人中有逐渐背离这一规则的趋势。

第五种情形是入声韵尾在轻声音节中脱落。详见以下例词：

老百姓 /lə.pok.ɕəŋ/ → 〔lə.βo.ʃəŋ〕

漂白粉 /pʲʰə.pʰok.fəŋ/ → 〔pjʰə.βo.fə̃〕

�样（各种各样）/ŋɔŋ.pok.ŋɔŋ.joŋ/ → 〔ŋã.mo.ŋã.jẽ〕

蛋白质 /tʰɔŋ.pʰok.tsɛk/ → 〔tʰã.mo.tsɛʔ〕

皮夹克 /pʲʰi.tɕok.kʰɛk/ → 〔pʲʰʒ.zo.kʰɛʔ〕

科学家 /kʰu.ɕɔk.tɕɔ/ → 〔kʰu.zɔ.tɕɔ〕

拿得动 /no.tɛk.tʰaŋ/ → 〔no.ʒɛ.tʰaŋ〕

睏得着 /kʷʰɛŋ.tɛk.tsʰok/ → 〔kʷʰɛ̃.nɛ.tsʰoʔ〕

用得到 /jaŋ.tɛk.tə/ → 〔jaŋ.nɛ.tə〕

说得起（能够接受批评）/ɕuk.tɛk.tɕʰi/ → 〔ɕyt.tɛ.tʃʰʒ〕

四　关于寄生性韵母〔ɛ〕

南通语音系统中的韵母〔ɛ〕与所有其他韵母都不同，因为这个韵母只存在于经由形态

音位变化产生的派生词中，而绝不可以独立存在；即可能出现于词中音节末尾，但是绝不可能出现在词末重读音节。由于这个原因，不妨称之为寄生性韵母或寄生性音位（parasitic rhyme/phoneme）。跟这个韵母相似的鼻化韵母［ɛ̃］和入声韵母［ɛʔ］则不具有这种寄生性质，因而可以出现在词末重读音节。

寄生性韵母［ɛ］的特点之一是它很不稳定，往往被混入鼻化韵母［ɛ̃］。例如南通沿海出产的"鲚鱼"分开读是［lɛʔ］［ʒʷ］，连读应为［lɛ.ʒʷ］。一般人不明白这个名称的来历，口耳相传就说成了［lɛ̃.ʒʷ］，食堂、菜市场等处的告示牌上也往往用读音为［lɛ̃］的"楞"字写成"楞鱼"，尽管"楞"字跟"鲚"字毫不相干。又如南通詈语"认你家娘"中的"认"字其实就是"日"字，单用读［jɛʔ］，在"你"字的响辅音声母［n］前读作［jɛ］，由于寄生性韵母［ɛ］不稳定而变成［jɛ̃］，混同于"认"字。

寄生性韵母或曰寄生性音位的存在是一种很奇特的现象。值得关注。

参考文献

敖小平. 南通方言考［M］. 上海：上海辞书出版社，2017.

丁邦新. 论官话方言研究中的几个问题［J］. "中研院"史语所编. "中研院"史语所集刊：第五十八本第四分，1987.

（敖小平　美国洛杉矶　bxao@yahoo.com）

江北吴语金吕方言概述 *

倪志佳

金吕方言是长江口北岸的一种吴语，主要分布在江苏省南通市下辖的通州区的中东部和海门区、启东市的北部，使用人口约 80 万（截至 2021 年末）①。《中国语言地图集》（1987、2012）将其划属吴语太湖片的毗陵小片。前人已对该方言做过不少研究，主要有：徐铁生（1958、2003、2005）、颜逸明（1983）、颜逸明和敖小平（1984）、卢今元（1986、2003、2007）、鲍明炜和王均（2002）、陶国良（2003）、汪平（2005、2010）、史皓元等（2006）、周戬剑（2009a）、蔡华祥和万久富（2010）、瞿晗晔（2013）、《江苏语言资源资料汇编》编委会（2015）、大西博子和季钧菲（2016）等。这些研究涉及了金吕方言的诸多地点，并对一些代表点有深入的分析，但尚未进行全面的调查，使人只见一斑，不知全貌。

最近我们在金吕方言全区展开了一次比较密集的调查，以 1980 年代的乡镇为单位，基本上一乡（镇）一点，共计调查 40 个点。由此对该方言的分布情况、共同特点、内部差异等有了细致的了解。本文即根据此次调查的材料，全面介绍金吕方言这一尚不为人所熟知的江北吴语，以展示其独特的面貌和研究价值，引起学者们更多的兴趣和关注。

一　概　况

1.1　名称

金吕方言因其分布区的西端和东端分别是金沙和吕四两大集镇而得名。以"金吕"二字称呼这片方言最早见于徐铁生（2003）的"金吕小片"，敖小平（2017：243）由此进一步提出"金吕方言"的名称②。习惯上，人们把西端的金吕方言称为"金沙话"，其他方言称为"通东话"，对二者并没有一个统称。然而事实表明，金沙话和通东话虽然存在不少差异，但也共有一些重要的特征，本质上应属同一种方言。前人的研究已经指出这一点（颜逸明 1983；卢今元 2003），本文将提出更多的例证（详后）。因此，将金沙话和通东话合起来称作金吕方言是完全合理的。

金沙话，顾名思义，因分布于通州中部的金沙镇（县城）及其周边一带而得名。通东话通行的区域是清代通州和民国南通县的东部（今分属通州东部和海门、启东的北部），故有此称。不过，这是一个正式的名称，平常多叫"江北话"——它本来是从江南迁来的

本文为国家社会科学基金重大项目（19ZDA307）和一般项目（23BYY071）的阶段性成果，初稿曾在复旦大学中文系语言学青年学者沙龙（2022.5.11）报告过，在本届吴语会议上又得到与会师友的指正，谨此致谢！

① 人口数是根据南通市统计局、国家统计局南通调查队（2022：114、116）估算而得。

② 徐文认为金吕方言应从毗陵小片中分出，独立为金吕小片，敖书则将其视为与吴语平级的一个方言群。本文并不赞同这两种观点，只是沿用其名而已。

启海人（居于海门和启东的南部）对通东话的称呼，现在通东人也用来自称①。通东话还有"北沙话"和"老土话"的别名，前者是相对于"南沙话"（指启海话）而言，后者是由于通东地区较南边的沙地成陆更早，俗称"老土"。此外，如东县也有少数金吕方言（主要是通东话，详下），当地多称作"南场话"。南，是相对于如东而言，金吕方言的大本营在其南边。场，指盐场，金吕地区在古代大都为盐场。

1.2 地理和历史

金吕方言的主要分布区（即如东的少数地点之外）东抵启东吕四，西至通州金沙，南近长江，北濒黄海。东西长（最长约70公里），南北窄（最宽约18公里，越往东越窄），是一个狭长的楔形平原地带。总面积800多平方公里，相当于南通地区的大半个县。如果不计方言岛，它实际位于吴语区的最北端，更准确地说是最东北角。

该地区在历史上原是长江口的沙洲群。唐末至北宋中叶，这些沙洲陆续涨接大陆，元末以后直至清初，又不断受到江涛冲蚀，大量塌入江中，只余下地势较高的金沙至吕四一线陆地。行政上，自后周显德五年（958）设立通州以来（州治在今南通市区），金吕地区长期在其治下的中东部。民国之后，通州改为南通县，金吕地区属之，直到1949年被划属三县并延续至今：西部属南通（今通州区），中部属海门，东部属启东②。

1.3 分布

金吕方言以及金沙话和通东话各自的分布概况已见诸上文，下面具体介绍其分布范围。需要指出的是，金沙话和通东话之间并无截然的界线，以下所述只是大致而言。

金沙话：原金沙镇、金南乡、金西乡、正场乡中东部、姜灶乡北部、金乐乡（东南部除外）、袁灶乡中北部、金余乡、金中乡（西端的少数村组除外）、纱场乡东部、唐洪乡、庆丰乡、十总乡南部、二窎乡南部③。

通东话：①通州东部：原二甲镇、二甲乡北部、余西乡、余北乡、东社乡、五甲乡、忠义乡、东余乡南部、三余乡南端的少数村组。②海门北部：原新建乡、国强乡中北部、四甲乡中北部、王浩乡、正余乡、余东乡、树勋乡的东北部和西南部、新余乡、东兴乡、东灶乡、包场乡（南端的少数村组除外）、刘浩乡中北部、万年乡的西北部以及东北和西南两角、平山乡东北部的少数村组。③启东北部：原天汾乡、西宁乡、吕北乡、吕四镇、吕四乡、吕东乡、三甲乡（南部的少数村组除外）、秦潭乡、吕复乡西北角、通兴乡北端的少数村组。④如东东南部：均为方言岛，分布零散，主要见于原童店乡中部丁北村的大部和竣中村的部分、南坎乡北部凌边和圩北两村的小部分、北坎乡北部、卫海乡中西部、环农乡西部④。

---

① 启海人也把江北地区的金沙话、南通话、如东话等称作"江北话"，因此这其实是一个泛称。大概由于毗邻启海话的方言中通东话最多，"江北话"作为通东话的俗称也最为人所熟知。

② 本小节的内容主要参考陈金渊、陈炅（2010）。

③ 以现在的行政区划而论，大致是：金沙街道、金新街道（西端、西南角和东南角除外）、西亭镇东北部、东社镇西部、十总镇东南部、二甲镇的中部偏西地区、川姜镇北端的一小片。

④ 如东东南部也有少数金沙话，与通东话混杂在一起。上述通东话的分布区现在大致是：①通州区的二甲镇（中部偏西地区和南部除外）、东社镇中东部、三余镇的西南角和南部边缘。②海门区的四甲镇（南部边境除外）、正余镇、余东镇（东南部和西南局部除外）、包场镇（东南部除外）、悦来镇的西北边境和东北一小角、常乐镇西北边境的一小片。③启东市的吕四港镇中北部。④如东县掘港街道东南部三河村的南部、大豫镇北端的少数村组、长沙镇卫海和长堤两村的大部以及港城社区的小部分、丰利镇东北部环农村的西部。

1.4 内部差异

金吕方言的内部差异比较突出，民间对此有"三里不同音，五里不同调"一说。差别主要表现在东西方向上：中东部保留了该方言较多的原有特征，西部则逐渐趋近于南通话，尤以金沙地区最显著。当地人把金吕方言分为金沙话和通东话，又有所谓"东三面话"和"西三面话"的说法，都印证了这一点①。

根据我们的调查，金吕方言确实应该首先分为金沙话和通东话两类：前者位于西端，占少数；后者在东边，占大多数。总的来说，两类方言的差别较大，但金沙话与西部的通东话更接近一些，它们之间在地理上是逐渐变化的，没有清晰的界线（金吕方言与相邻的南通话和启海话则界线分明）。金沙话的变异性很突出，基本上稍隔一段距离方言即发生变化，就连面积不大的原金沙镇区的口音都不统一。大体而言，金沙话的东部和南部带有更多通东话的特点，西部和北部带有更多南通话的特点，另外镇区的方言较之乡村更趋于创新，也更接近南通话。通东话总体上可以分为东西两片，东片在海门、启东北部，西片在通州东部，两片的差别比较明显。东片的海门和启东两地之间也有所不同，但不太显著。西片的范围有限而分歧不小，变化的趋势是越往西越接近金沙话。

概而言之，金吕方言可以先分为西片金沙话和东片通东话，通东话又大致按照通州和海门的边界分为东西两个小片。至于不同片区之间的具体差别，后文第3—5节将有详细介绍，此处从略。

二　代表点音系

金沙话以金沙镇区的方言为代表，通东话的东西两片可分别以吕四话和余西话为代表（三地在古代均为重要盐场）。本节列出前两处方言的音系并详加描写，以初步展示金吕方言的语音面貌及其内部差异。具体来说，金沙镇区方言的音系依据的是东市街邱训泉先生的发音，吕四方言的音系依据的是原三甲乡七甲村（位于吕四镇区东南约5公里处）王志奇先生的发音。其他发音人与他们的差别在音系描写之后再行说明。

2.1 金沙镇区方言音系

2.1.1 声母（29个）

p 包本布八	pʰ 披品片拍	b 皮抱病白	m 民买忘袜	f 分福纺肺	v 扶犯风罚　ʋ 味五温核
t 低短到搭	tʰ 偷土痛踢	d 谈稻邓夺	n 拿女热验		l 梨老烂落
ts 早镇责周	tsʰ 粗拆炒唱	dz 除郑直近		s 丝杀沈兴	z 坐柴食上
tɕ 酒追捉剑	tɕʰ 浅窗出气	dʑ 茶状舅局		ɕ 算沙闪血	ʑ 席床顺下

---

① "东三面"和"西三面"所指的范围不太明确，因地因人而异，比较多的看法是："东三面"指海门和启东的北部，"西三面"指通州的中东部。另外，"三面"只是记音字，意义已不清楚。卢今元（2007：406）记作"山面"并推测它"似反映了通东人很可能是从山区移民过来的。"这固然可备一说，但并无实据。我们认为"东三面"和"西三面"更可能是"东场蛮"和"西场蛮"的讹音，理由是：其一，金吕地区古代多盐场，故内部可以"东场""西场"相称呼。其二，当地人习惯把与自身方言或习俗有别的人贬称为"蛮"，如称启海人为"沙蛮"、海边煮盐的人为"灶蛮"。其三，也是最重要的，"场蛮"和"三面"在金吕方言中读音相近，以吕四话为例，分别是 [dʑæˊ mæˉ] 和 [sæˉ miĩˊ]（单字音）。前者在语流中讹变为后者是完全有可能的。

k 狗惯街角　kʰ 开孔揩去　g 跪共环轧　ŋ 瓦生恩鸭　x 欢货瞎蟹　ɣ 魂厚害学
ø 油网肉话

说明:

① 浊音声母实际都是清音带浊流。浊塞音要比浊塞擦音、擦音更浊一些,浊擦音最不浊,但跟清擦音还是有别(吕四话同)。

② n和tɕ组声母与i、y韵母相拼时,实际音值接近于舌叶音(吕四话同)。

2.1.2　韵母(48个)

ɿ	子池师世	i	弟李眉戏	u	姑锄主富	y	鱼需砌嘴
æ	猜盖排腿			uæ	怀拐快	yæ	靴帅
e	退肥狗收			ue	回桂亏柜	ye	罪税吹水
ɑ	车牌戒打	ɑ	茄家写夜	uɑ	坏		
ʌ	桃敲炒照	iʌ	孝标桥鸟				
				uo	马牙瓜画	yo	茶架抓晒
ʊ	哥锁怒流	iʊ	纽修求幼				
ər	儿耳二						
		ĩ	也你甜扇				
ã	谈拣闩账	iã	让旺	uã	关环万		
ɛ̃	沉顿肯硬	iɛ̃	任人认	uɛ̃	滚困昏魂	yɛ̃	村准闰肾
		iẽ	者闲亮腔				
ũ	南汗短官	iũ	蚕算砖远				
ɯn	冰林请信	in	音银应影			yn	俊军云醒
ɔŋ	汤巷朋种			uɔŋ	广荒忘狂	yɔŋ	壮双永穷
æʔ	十不得额	iæʔ	日	uæʔ	骨忽	yæʔ	出术入
		ieʔ	叶舌笔吃				
ɑʔ	压达刷勺	iɑʔ	里削药学	uɑʔ	刮滑挖		
oʔ	脱角白熟			uoʔ	盒葛活扩	yoʔ	月橘戳局

说明:

① i做单韵母且与t、tʰ、d、l、kʰ之外的声母相拼时,实际偏前、偏高并带有强烈的摩擦,接近于成音节的浊舌叶擦音ʑ。y做单韵母时都有这样的特点,实际接近于ʑ的圆唇音。

② u做单韵母唇形较展,与f、v声母相拼时实际是成音节的唇齿半元音ʋ,与ʋ声母相拼时整个音节就是ʋ,宽式标音记作ʋu。

③ e在开尾韵中偏低。ɑ偏高。ʌ偏高。o偏低。ər偏低。a偏后。ɛ偏高、偏后。æ在塞尾韵中偏高、偏后。

④ ɛ̃组韵母有的人读n尾韵ɯn组。塞尾韵中的æ有人读得更接近央元音ɐ或ə。

⑤ 有的人把"你"读作ˊni且i不带摩擦,即正常的i韵母可以配n声母但仅限于"你"字。

⑥ 一些人的音系中有ie韵母，例如"爷"读ᶎie。

⑦ uɑ韵母只见于"坏"uɑ²，有人读作væ²，故而他们的音系中没有这个韵母。另外有些人的ɑ韵母不辖蟹摄开口二等字，或只辖个别字如"鞋"。这类字他们全部或大都读æ韵母。

⑧ uo韵母配双唇音声母时有人读作o，他们的音系中多一个o韵母。

⑨ 有些人不分ĩ和iẽ，都读ĩ。他们的音系中没有iẽ韵母。

⑩ ɔŋ组韵母在有些人的口中分为aŋ、uaŋ、yaŋ和ɔŋ、iɔŋ两组，分别来自宕江摄和通摄的舒声字。另有一些人这两组韵母正处于合流的过程中，且合流的方式存在个体差异，相同之处是都有一部分宕江摄舒声字自由变读aŋ或ɔŋ韵，与相应的通摄舒声字时分时混。

⑪ oʔ组韵母在一些人的口中分为oʔ、ɔʔ两组（ɔ实际偏高）。这些人中，有的只分yoʔ和yɔʔ（也有人读作ioʔ和iɔʔ），有的还分oʔ和ɔʔ，但都不分uoʔ和uɔʔ（凡是不分的都读oʔ类韵）。

2.1.3 声调（7个）

阴平	˨˦	24	高天轻师	阳平	˩˧	13	头穷扶娘
上声	˦	44	古浅手网				
阴去	˥˨	52	变盖唱试	阳去	˨˩	21	抱厚阵烂
阴入	˥˧	<u>53</u>	割塔尺吸	阳入	˨˦	<u>24</u>	敌直狭月

2.2 吕四方言音系

2.2.1 声母（29个）

p	包本布八	pʰ	披品片拍	b	抱病白防	m	民卖网袜	f	发肺虎荒	v	犯服万湖
t	低凳搭鸟	tʰ	偷土痛踢	d	谈稻邓夺	n	脑诺兰亮			l	老路力能
ts	早镇捉周	tsʰ	粗拆炒唱	dz	除丈郑直			s	丝碎杀沈	z	坐锄石认
tɕ	酒最砖脚	tɕʰ	浅村出气	dʑ	茶状近局	ȵ	你让热鱼	ɕ	算沙闪血	ʑ	席床顺<u>下</u>
k	狗惯街角	kʰ	口困<u>敲</u>掐	g	跪共环轧	ŋ	瓦牛恩鸭	x	欢货瞎蟹	ɣ	厚害咸<u>学</u>
∅	约五馒坏										

说明：

① f和x、v和ɣ在少数字中为自由变体，例如：福 foʔ₅ / xuoʔ₅ | 霍 ~闪：闪电 fəʔ₅ / xuɤ₅ | 服 voʔ₂ / yuoʔ₂。

2.2.2 韵母（50个）

ɿ	子池师世	i	地礼棋飞	u	姑锄水富	y	<u>鱼</u>娶<u>西醉</u>
ɛ	开腿帅<u>儿</u>	iɛ	<u>且也</u>	uɛ	怀拐块	yɛ	<u>帅</u>
ɑ	蛇蔡街打	iɑ	茄~子谢<u>鸦解</u>	uɑ	<u>怪快坏</u>	yɑ	<u>耍</u>
ɔ	桃咬抄照	iɔ	<u>孝</u>表焦条				
ɤ	哥怕奴<u>母</u>						
o	<u>下牙</u>花挂			uo	画话	yo	茶架抓晒
ei	豆流手<u>虚</u>	iei	酒修求幼	uei	灰桂葵伟	yei	最税吹锤

· 70 ·

æ̃	谈拣闩账			uæ̃	关环弯筷		
		iĩ	甜简扇亮				
ən	针朋敏定	in	金请应<u>人</u>	uən	滚困温横	yn	俊准深赢
ɑŋ	糖方巷梗	iɑŋ	<u>奖让江腔</u>	uɑŋ	<u>广忘</u>筐狂	yɑŋ	桑床撞窗
oŋ	董恭虫<u>忘</u>	ioŋ	永<u>弓</u>穷凶				
õ̩m̩	南摊敢半	iõm̩	蚕算砖远				
m̩	<u>母</u>暗瞒换						
ɻʔ	吃						
əʔ	汁舌黑麦	ieʔ	叶切笔敌	uəʔ	骨<u>核</u>国	yəʔ	<u>术入</u>
aʔ	狭达刷焯	iɑʔ	<u>甲</u>削嚼药	uɑʔ	刮滑挖		
ɔʔ	托落戳<u>学</u>						
oʔ	脱北哭<u>肉</u>			uoʔ	磕葛活郭	yoʔ	月出学菊

说明:

① i和y做单韵母时均带有强烈的摩擦,具体描写参见 2.1.2 的第一条说明。

② u韵母的实际音值与金沙话相同,只是它不跟ʋ声母相拼。

③ ɑ在开尾韵和塞尾韵中偏前。ɤ偏高、偏圆。o在开尾韵和塞尾韵中偏高。e在iei韵母中偏高,在ieʔ韵母中偏低。ə在鼻尾韵中偏高、偏前,在塞尾韵中偏低。ɔ在塞尾韵中偏高。

④ m̩韵母是纯粹的成音节的双唇鼻音,只拼零声母。õ̩m̩和iõm̩韵母以m̩为主,但m̩之前有过渡音。其中,õ̩m̩与p、k两组声母相拼时,过渡音õ比较轻微,与t组声母相拼时,õ比较明显。iõm̩与tɕ组和零声母相拼,过渡音iõ都比较明显。

⑤ ɻʔ韵母只辖“吃”一个字。“吃”读tsʰɻʔ,见于吕四东部,西部读tsʰəʔ,没有ɻʔ韵母。

⑥ ɔʔ、oʔ之别见于吕四中东部,在西部二者合为oʔ,当地的音系中没有ɔʔ韵母。

2.2.3 声调(10个)

阴平	˥	44	高天轻师				
阳平甲	˨˦	24	排穷时文	阳平乙	˧˦	34	麻来魂暗
阴上	˥˨	52	古浅手网	阳上	˧˦˨	342	淡厚武忍
阴去	˧˨˦	324	变盖唱试	阳去	˧˩˨	312	柜树动样
阴入	˧˨˦	<u>324</u>	<u>割塔尺吸</u>				
阳入甲	˧˦	<u>34</u>	<u>笛直罚肉</u>	阳入乙	˦	4	<u>麦六日滑</u>

说明:

① 阴去的拐点略高于 2,即它先微降再上升,与单纯上升的阳平乙 34 不同。

② 阳去的终点略低于 2。

③ 阴入的终点略低于 4,整体略有曲折,与单纯的升调阳入甲 34 不同。

④ 阳平甲、阳平乙、阳入甲、阳入乙用发圈法表示依次为:ₑ□、₂□、□₂、□ₑ。

三 语 音

以下三节分别具体介绍金吕方言的语音、词汇和语法特点及内部差异。首先说明如下：（1）金吕方言处在吴语和江淮官话的交界地带，下面归纳其特点时主要对照这两大方言，以展示它总体上的混合性特征及所含吴语和官话成分的多少。（2）下文所述都是就金吕方言的普遍现象和主体规律而言，少数地点和字词的例外忽略不计。所说吴语和江淮官话的特点也只是就周边方言的多数情况而言。（3）论及全区方言时，东、中、西部基本对应于启东北部（即吕四地区）、海门北部、通州中东部；对通东话来说，东部和中部所指的范围不变，西部仅指通州东部。（4）举例时以 10 个地点为代表（占总调查点数的 1/4），大致由东向西依次是：三甲七甲、西宁范龙、包场勇敢、四甲四甲、余西余西、东社社南、金余金余、金乐文山、金沙东市、纱场领民①。其中，前 6 个点属于通东话，两两一组分别位于东、中、西部；后 4 个点属于金沙话，分别位于东、南、西、北部。这些地点从数目和分布来看可以较好地反映金吕方言的全貌。此外，为了与周边的吴语和江淮官话比较，还增列了苏州、丹阳、南通、扬州四点，分别代表吴语的苏沪嘉小片、毗陵小片和江淮官话的泰如片、洪巢片②。（5）例子汇列于每一小节末尾的表格中，文中举例时以编号代称，编号的构成是"表序—例序"。（6）"□"表示有音无字的音节。下加"‿"表示同音替代字，若无严格的同音字则以声韵相同的字替代，另加调号。引用的语法材料是否标记同音替代字悉依原文，不作改动。有的字有不同的古音来源，标出其有分歧的音类的今读以示区别。

本节首先介绍金吕方言在语音上的共同特点和内部差异。

3.1 共同特点

金吕方言的语音特点对照周边的吴语和江淮官话来看可以分为四类，下面分别介绍。

3.1.1 吴语和江淮官话共有的特点

（1）知庄章组与精组合流，在洪音前读 ts 组，细音前读 tɕ 组，即"不分平翘舌"。（例 1—1 ~ 2）

（2）见晓组开口二等字白读音的声母不腭化，仍读 k 组。（例 1—3 ~ 4）

（3）"堤"字读"杜奚切"（见于《广韵》平声齐韵，字作"隄"）。（例 1—5）

（4）"踏"字读"徒盍切"（见于《广韵》入声盍韵，字作"蹋"）③。（例 1—6）

（5）"鼠"字读送气塞擦音声母，如同昌母字。（例 1—7）

（6）"蟹"字读"呼买反"（见于曹宪《博雅音》，胡文焕本《广雅》卷十"释鱼"，参看李荣 1965）。（例 1—8）

（7）"环"字读塞音声母，如同群母字。（例 1—9）

---

① 地名依据 1980 年代的行政区划，大字是乡镇名，小字是村居名。

② 南通的材料为笔者调查所得。苏州的语音材料据北京大学中国语言文学系语言学教研室（2003），词汇和语法材料据叶祥苓（1998）、汪平（2011）、李小凡（1998）。丹阳的语音材料据吕叔湘（1993），词汇和语法材料主要据蔡国璐（1995）。扬州的语音材料出处同苏州，词汇和语法材料主要据王世华、黄继林（1996）。丹阳和扬州的语法材料还有部分来自江苏省地方志编纂委员会（1998）。此外，个别材料另有出处，随文注明。

③ 传统上认为"踏"字的定母读法来自《集韵》入声合韵"达合切"，此依池明明（2024）新说。

（8）单元音丰富，复元音很少（中东部）或没有（西部）①。（例略，参见第二节）

（9）古阳声韵今大都读 - n、- ŋ尾或鼻化韵，但普遍不对立，亦即从音位的角度来看只有一个鼻音韵尾（少数方言，主要是部分金沙话，存在ĩ和in / iŋ的对立）。（同上）

（10）古入声韵今读喉塞音尾 - ʔ，相应地入声调独立且短促。（同上）

3.1.2　相对于江淮官话的特点

（1）古全浊声母今读浊音。只有西端的个别地点舒声字保留浊音而入声字清化且塞音和塞擦音送气。（例 1—10 ~ 13）

（2）微、日母分别有部分字白读音的声母为m、ȵ / n（字数东多西少），同时也有一些常用字不读m -、ȵ / n -。（例 1—14 ~ 19）

（3）从、邪二母合流，读浊擦音z（洪音前）和ʑ（细音前）。（例 1—20 ~ 21）

（4）澄母读浊塞擦音dz（洪音前）和dʑ（细音前）。崇、船、禅母合流，多数字读浊擦音z（洪音前）和ʑ（细音前）。（例 1—22 ~ 25）

（5）匣母合口一二等字白读音的声母为ø / ʋ，不过有此读法的字东多西少。（例 1—26 ~ 27）

（6）"产"字白读音的声母为s，合乎《广韵》上声产韵"所简切"。（例 1—28）

（7）"蛋黄""蟹黄"中的"黄"读如晓母字，音同"荒"。（例 1—29）

（8）假摄二等字的主元音为o，具体来说：帮组读o韵（通东话的东部读ɤ韵，混入果摄，与其他地区不同），知庄组读yo韵，见系读uo韵（仅吕四地区读o韵）。三等字的主元音为a，具体是：章组、日母读a韵（仅金沙话的西部日母字读ia韵），其余读ia韵。（例 1—30 ~ 35）

（9）蟹摄开口一、二等字不同韵，具体来说：一等咍韵字和泰韵端系之外的字读ɛ / æ / a韵母（韵目以平赅上、去、入，下同），二等字和一等泰韵的端系字读a韵母（这也说明"咍泰有别"）。另外，合口二等的部分字读ua韵母，主元音与咍韵字也不同。不过，在金沙话的西部，原本读 - ɑ、- uɑ的字或多或少地改读 - æ / a、- uæ / ua，以至于在个别地点这一变化已经完成，上述两点分别不复存在。（例 1—36 ~ 39）

（10）蟹摄合口一等灰韵见系之外的字（西端的一些地点只有部分字）读ɛ / æ / a韵母，与开口一等咍韵字相同。（例 1—40 ~ 41）

（11）部分蟹止摄合口三等字读同遇摄三等字，具体来说：各地均包括精组字和影组的"喂、围、纬、猬"等字（读y韵），中东部还涉及知章组的"吹、水、捶、垂"（读u韵），见晓组的"亏、毁"（读y韵），非组的"飞、肥"（读y韵，只见于部分地点）等字。（例 1—42 ~ 45）

（12）流摄一等（少数帮组字除外）和三等知庄章组字的韵母为ei（中东部）或e（西部）。（例 1—46 ~ 47）

（13）咸山摄一等字除了谈、寒韵的端系之外，与二等字不同韵。（例 1—48 ~ 51）

（14）咸摄一等覃、谈两韵的端系字读音不同，此即所谓的"覃谈有别"。（例 1—52 ~ 53）

（15）"拖"字的白读音为ᵗhɑ。（例 1—54）

---

①　这里的单、复元音是就去除介音后的情况而言的。

（16）"晒"字读"所嫁切"（见于《集韵》去声祃韵），音ʂyoˀ。（例1—55）

（17）"筷"字大都读uæ / uã韵母，与"惯"字同韵。（例1—56）

（18）"痱"字读"蒲罪切"（见于《广韵》上声贿韵），音bɛ / æ / aˀ。（例1—57）

（19）平、去、入声各分阴阳，至少有7个调类。（例略，参见2.1.3、2.2.3）

（20）大多数地点有阳上调，但只辖一部分古浊上字（东多西少）。西部的一些方言仅残余少数字读阳上，另一些方言则已无阳上。（例1—58 ~ 61）

（21）连读变调比较复杂，通东话尤甚（例略，参见卢今元1994、2007：25—52；鲍明炜、王均2002：218—224；汪平2010）。

3.1.3　相对于吴语的特点

（1）精组与见晓组（疑母除外）在细音前合流，普遍读tɕ组，即"不分尖团"。（例1—62 ~ 63）

（2）北京话中读舌尖音声母（ts、tʂ二组，z̩除外）、合口呼韵母的字，除了来自果、遇、通摄以及蟹摄合口一等灰韵、山摄合口二等韵、宕摄入声韵的以外，在金吕方言中大都读作舌面音声母（tɕ组）、撮口呼韵母（江摄知庄组入声字在通东话中读ts组声母、开口呼韵母，是一个例外）。因此，金吕方言的韵母系统中撮口呼很丰富。（例1—64 ~ 70）

（3）咸山摄开口一等覃韵精组和三等知章组的舒声字读tɕ组声母，金沙话的后一类入声字中凡读擦音的也读舌面音ɕ-、z̩-。（例1—71 ~ 73）

（4）匣母细音字大都不读零声母而读z̩-。（例1—74 ~ 75）

（5）开口一二等的疑、影两母字合流，大都读ŋ声母。（例1—76 ~ 77）

（6）"五"和"鱼"不读ŋ̍或ŋ-（前者读ø / ʋ-，后者通东话读n̩-，金沙话读零声母）。（例1—78 ~ 79）

（7）"桶"字一般音ˀtʰoŋ / oŋ，读"他孔切"，不读"徒总切"（俱见《广韵》上声董韵）。（例1—80）

（8）遇摄三等知章组、日母字与庄组字无别，都读u韵母，不读舌尖元音或y等韵母。（例1—81 ~ 83）

（9）梗摄字大都不读a类低元音，与深、臻、曾摄字相混。（例1—84 ~ 89）

（10）"牛"字读如一等侯韵字，韵母为ei / e，声母为ŋ。（例1—90）

（11）"打"字音ˀtɑ，不读"德冷切"（见于《广韵》上声梗韵）。（例1—91）

3.1.4　独有的特点

（1）"举"字在口语中普遍读tɕʰ声母。（例1—92）

（2）假摄开口二等知庄组字读舌面音tɕ组声母、撮口呼yo韵母。（例1—93）

（3）蟹摄开口四等精组部分字的白读音韵母为y，例如"西、荠、砌"等，西部还包括"齐、脐、剂"。（例1—94 ~ 95）

（4）深臻曾梗摄开口三四等的少数舒声字读如合口字，韵母为撮口呼，例如"尽~吃、进、晋、秦、芹、醒、赢、肾、慎"等，有的地点还包括"琴、巾、深、伸、衬、称~心、蛏"等。（例1—96 ~ 97）

（5）宕摄开口三等舒声字除庄组外主元音高化，端见系的韵母为iĩ / ĩ，知章组的为æ̃ / ã①，分别与咸山摄开口三四等和二等舒声字合流（西部有些地点端见系字读-iẽ，与咸山

---

① 日母字的韵母各地分歧较大，此处从略。

开三四舒声字有别）。（例 1—98 ～ 103）

（6）"忘""望"两字的白读音大都为moŋ / ɔŋ²，与"梦"字的读音相同（部分金沙话例外）。（例 1—104 ～ 106）

表1　金吕方言的语音特点例字 ①

序号	例字	苏州	丹阳	三甲七甲	西宁范龙	包场勇敢	四甲四甲	余西余西	东社社南	金余金余	金乐文山	金沙东市	纱场领民	南通	扬州
1	纸	꜀tsʅ	꜀tsʅ	꜀tsʅ	꜀tsʅ	꜀tsʅ	꜀tsʅ	꜀tsʅ	꜀tsʅ	꜀tsʅ	꜀tsʅ	꜀tsʅ	꜀tsʅ	꜀tsʅ	꜀tsʅ
2	窗	꜀tsʰoŋ	꜀tsʰaŋ	꜀tɕʰyaŋ	꜀tɕʰyaŋ	꜀tɕʰyaŋ	꜀tɕʰyaŋ	꜀tɕʰyã	꜀tɕʰyã	꜀tɕʰyaŋ	꜀tɕʰyaŋ	꜀tɕʰyoŋ	꜀tɕʰyɔŋ	꜀tsʰyõ	꜀tsʰuaŋ
3	敲	꜀kʰæ	꜀kʰɔ	꜀kʰɔ	꜀kʰɔ	꜀kʰɔ	꜀kʰɔ	꜀kʰɔ	꜀kʰɔ	꜀kʰʌ	꜀kʰʌ	꜀kʰʌ	꜀kʰɤ	꜀kʰɤ	꜀kʰɔ
4	学	꜔ɦoʔ	xoʔ꜔	ɣoʔ꜔	yoʔ꜔	yoʔ꜔	yoʔ꜔	yoʔ꜔	ʮoʔ꜔	yoʔ꜔	yoʔ꜔	yoʔ꜔	ɣoʔ꜔	xoʔ꜔	ɕiaʔ꜔
5	堤	꜀di	꜀tʰi	꜀di	꜀di	꜀di	꜀di	꜀di	꜀di	꜀di	꜀di	꜀di	꜀di	꜀tʰi	꜀tʰi
6	踏	daʔ꜔	taʔ꜔	daʔ꜔	daʔ꜔	daʔ꜔	daʔ꜔	daʔ꜔	daʔ꜔	daʔ꜔	daʔ꜔	daʔ꜔	tʰoʔ꜔	tʰiæʔ꜔ / tiæʔ	
7	鼠	꜀tsʰʮ	꜀tsʰu	꜀tsʰu	꜀tsʰu	꜀tsʰu	꜀tsʰu	꜀tsʰu	꜀tsʰu	꜀tsʰu	꜀tsʰu	꜀tsʰu	꜀tsʰu	꜀tsʰu	꜀tsʰu
8	蟹	꜀hɒ	꜀xɑ	꜀xɑ	꜀xɑ	꜀xɑ	꜀xɑ	꜀xɑ	꜀xɑ	꜀xɑ	꜀xɑ	꜀xɑ	꜀xæ	꜀xɑ	꜀xæ
9	环	꜀ɦuE	꜀kuæ	꜀guæ̃	꜀guæ̃	꜀guæ̃	꜀guæ̃	꜀guæ̃	꜀guæ̃	꜀guæ̃	꜀guã	꜀gua	꜀gua	꜀kʰũ	꜀kʰuæ
10	陈	꜀zən	꜀tseŋ	꜀dzəŋ	꜀dzəŋ	꜀dzəŋ	꜀dzẽ	꜀dzẽ	꜀dzəŋ	꜀dzəŋ	꜀dzɤ̃	꜀dzɤ̃	꜀tsʰʅ̃	꜀tsʰʅ̃	꜀tsʰən
11	稻	dæ²	꜀ɔ	do²	do²	do²	do²	do²	do²	dʌ²	dʌ²	dʌ²	tʰɤ²	tʰɤ²	tɔ
12	柜	dzy²	tɕy²	guei²	guei²	guei²	gue²	gue²	gue²	gue²	gue²	gue²	kʰue²	kuei²	
13	白	boʔ꜔	pæʔ꜔	boʔ꜔	boʔ꜔	boʔ꜔	boʔ꜔	boʔ꜔	boʔ꜔	boʔ꜔多 / boʔ꜔少	boʔ꜔	pʰoʔ꜔	pʰoʔ꜔	pʰoʔ꜔	poʔ꜔
14	袜	maʔ꜔	maʔ꜔	maʔ꜔	maʔ꜔	maʔ꜔	maʔ꜔	maʔ꜔	maʔ꜔	maʔ꜔	maʔ꜔	uaʔ꜔	uoʔ꜔	uoʔ꜔	uæʔ꜔
15	网	moŋ²	꜀maŋ	꜀moŋ	꜀moŋ	꜀moŋ	꜀moŋ	꜀mã	꜀mã	꜀maŋ / ꜀uaŋ	꜀moŋ	꜀uoŋ	꜀uõ	꜀uõ	꜀uaŋ
16	万	mɛ²	væ²	væ²	væ²	væ²	væ²	væ²	væ²	væ²	vã²	uã²	uõ²	uõ²	uæ²
17	热	ȵiɪʔ꜔	nɪʔ꜔	ȵiɪʔ꜔	ȵiɪʔ꜔	ȵiɪʔ꜔	ȵiɪʔ꜔	ȵiɪʔ꜔	nieʔ꜔	nieʔ꜔	nieʔ꜔	ieʔ꜔	iiʔ꜔	ieʔ꜔	
18	人	꜀ȵin	꜀ȵiɪ	꜀ȵin	꜀ȵin	꜀ȵiən	꜀ȵin	꜀ȵiẽ	꜀ȵiŋ	꜀iɪŋ	꜀nəŋ	꜀ʅ̃	꜀ʅ̃	꜀ʅ̃	꜀ləŋ
19	二	ȵi²	꜀l̩	ɚ²	ɚ²	ɚ²	ɚ²	ɚ²	ɚ²	ʅ²	꜀ɚ	ɚ²	ɚ²	ɚ²	a²
20	坐	zøu²	꜀tsə	zʌ²	zʌ²	zʌ²	zʌ²	zʌ²	zʌ²	zʌ²	zʌ²	zu²	zʌ²	tsʰu²	tso²
21	斜	꜀ziɔ	꜀tɕia	꜀ziɔ	꜀ziɔ	꜀ziɔ	꜀ziɔ	꜀ziɔ	꜀ziɔ	꜀ziɔ	꜀ziɔ	꜀ziɔ	꜀ziɔ	꜀tɕʰiɔ	꜀tɕʰia
22	茶	꜀zo	꜀tso	꜀dzyo	꜀dzyo	꜀dzyo	꜀dzyo	꜀dzyo	꜀dzyo	꜀dzyo	꜀dzyo	꜀dzyo	꜀tsʰo	꜀tsʰo	꜀tsʰa

① 丹阳话的标音有几处改动：其一，原书所记的v和z声母实际相当于金吕方言的ʋ和ɹ，为一致起见，将它们改作ʋ和ɹ。其二，i和ɿ在单独做韵母之外不对立，原书合为i，本文将它们分开，根据其分布条件如实标写。其三，原书调类的划分和命名跟通行做法不同，本文采用蔡国璐（1995：引论9）的方案。苏州"产"字的白读音和"痖"字的读音据叶祥苓（1998：172、81）。"产"原记作"舍"，用于"舍姆娘_{产妇}"和"做舍姆_{坐月子}"。"舍"的本字应是"产"（许宝华、陶寰1997：205）。丹阳和扬州"痖"字的读音据江苏省地方志编纂委员会（1998：237）。

序号	例字	苏州	丹阳	三甲七甲	西宁范龙	包场勇敢	四甲四甲	余西余西	东社社南	金余金余	金乐文山	金沙东市	纱场领民	南通	扬州
23	床	꜀zɒŋ	꜁san	꜀zyaŋ	꜀zyɒŋ	꜀zyaŋ	꜀zyaŋ	꜀zyã	꜀zyã	꜀zyaŋ	꜀zyaŋ	꜀zyɔ	꜀zyɔŋ	꜀tɕʰyõ	꜀tsʰuaŋ
24	船	꜀zø	꜁soŋ	꜀zⁱõm	꜀zⁱõm	꜀zⁱõm	꜀zyõm	꜀ziõ	꜀ziõᵐ	꜀ziõ	꜀ziõ	꜀ziõ	꜀ziõ	꜀tɕʅ	꜀tsʰuõ
25	熟	zoʔ²	soʔ²	zoʔ²	zoʔ²	zoʔ²	zoʔ²	zoʔ²	ʑioʔ²	zoʔ²	zoʔ²	ʑoʔ²	soʔ²	soʔ²	soʔ²
26	话	ɦio²	o°	uo²	uo²	uo²	uo²	uo²	uo²	uo²	uo²	uo²	uo²	uo²	xua²
27	魂	꜀ɦuən	꜁vəŋ	꜀uən	꜀uɐ̃ / ꜀uən	꜀uən	꜀ən	꜀ɤ̃	꜀uõ	꜀uən	꜀yɤ̃	꜀yɤ̃	꜀yɤ̃	꜀xuɤ̃	꜀xuən
28	产	꜁so	꜀sæ	꜀sæ̃	꜀sæ̃	꜀sæ̃	꜀sæ̃	꜀sæ̃	꜀sæ̃	꜀sæ̃	꜀sã	꜀sã	꜀sɒ̃	꜀sõ	꜀tsʰæ̃
29	黄(蛋~)	꜀ɦuaŋ	꜁vaŋ	꜀faŋ	꜀faŋ	꜀faŋ	꜀faŋ	꜀xuã	꜀xuã	꜀xuaŋ	꜀xuaŋ	꜀xuɔŋ	꜀xuɔŋ	꜀xuõ	꜀xuaŋ
30	怕	pʰo²	꜀pʰo	pʰɤ²	pʰɤ²	pʰo²	pʰo²	pʰo²	pʰo²	pʰo²	pʰuo²	pʰo²	pʰo²	pʰo²	pʰa²
31	破	pʰu²	꜀pʰə	pʰɤ²	pʰɤ²	pʰɤ²	pʰɤ²	pʰɤ²	pʰɤ²	pʰɤ²	pʰɤ²	pʰʊ²	pʰɤ²	pʰo²	pʰo²
32	嫁	kɒ²	꜀ko	ko²	kuo²	kuo²	kuo²	kuo²	kuo²	kuo²	kuo²	kuo²	ko²	ko²	tɕia²
33	花	꜀ho	꜀xo	꜀xo	꜀xuo	꜀xuo	꜀xuo	꜀xuo	꜀xuo	꜀xuo	꜀xuo	꜀xuo	꜀xuo	꜀xuo	꜀xua
34	车(汽~)	꜀tsʰo	꜀tsʰa	꜀tsʰa	꜀tsʰa	꜀tsʰa	꜀tsʰa	꜀tsʰa	꜀tɕʰia	꜀tsʰa	꜀tsʰa	꜀tsʰa	꜀tsʰa	꜀tsʰo	꜀tɕʰi
35	写	꜀siɒ	꜀ɕia	꜀ɕia	꜀ɕia	꜀ɕia	꜀ɕia	꜀ɕia	꜀ɕia	꜀ɕia	꜀ɕia	꜀ɕia	꜀ɕiɒ	꜀ɕia	꜀ɕia
36	菜	tsʰE²	tsʰæ²	tsʰɛ²	tsʰɛ²	tsʰɛ²	tsʰɛ²	tsʰɛ²	tsʰɛ²	tsʰæ²	tsʰæ²	tsʰæ²	tsʰa²	tsʰɛ²	tsʰɛ²
37	蔡	tsʰɒ²	꜀tsʰa	tsʰɑ²	tsʰɑ²	tsʰɑ²	tsʰɑ²	tsʰɑ²	tsʰɑ²	tsʰɑ²	tsʰæ²	tsʰæ²	tsʰa²	tsʰɑ²	tsʰɛ²
38	鞋	꜀ɦiɒ	꜀xa	꜀ɣa	꜀ɣa	꜀ɣa	꜀ɣa	꜀ɣa	꜀ɣa	꜀ɣa	꜀ɣa	꜀ɣæ	꜀xa	꜀xa	꜀xɛ
39	快(~慢)	kʰuɒ²	꜀kʰua	kʰuɑ²	kʰuɑ²	kʰuɑ²	kʰuɑ²	kʰuɑ²	kʰuɑ²	kʰuɑ²	kʰuæ²	kʰuæ²	kʰuɑ²	kʰua²	kʰuɛ²
40	推	꜀tʰE	꜀tʰue	꜀tʰɛ	꜀tʰɛ	꜀tʰɛ	꜀tʰɛ	꜀tʰɛ	꜀tʰɛ	꜀tʰæ	꜀tʰe	꜀tʰæ	꜀tʰe	꜀tʰuəi	
41	胎	꜀tʰE	꜀tʰæ	꜀tʰɛ	꜀tʰɛ	꜀tʰɛ	꜀tʰɛ	꜀tʰɛ	꜀tʰɛ	꜀tʰɛ	꜀tʰæ	꜀tʰæ	꜀tʰa	꜀tʰe	
42	岁	sE²	꜀ɕy	ɕy²	ɕy²	ɕy²	ɕy²	ɕy²	ɕy²	ɕy²	ɕy²	ɕy²	ɕy²	ɕy²	suəi²
43	围	꜀jy	꜀ɕy	꜀y	꜀y	꜀y	꜀y	꜀y	꜀y	꜀y	꜀y	꜀y	꜀y	꜀y	꜀uəi
44	吹	꜀tsʰʮ	꜀tsʰu	꜀tsʰu	꜀tsʰu	꜀tsʰu	꜀tsʰu	꜀tɕʰye	꜀tɕʰye	꜀tɕʰye	꜀tɕʰye	꜀tɕʰye	꜀tɕʰye	꜀tɕʰye	꜀tsʰuəi
45	肥	꜀bi	꜀fi	꜀vi	꜀zy	꜀vi	꜀vi	꜀vi	꜀vi	꜀ve	꜀ve	꜀ve	꜀ve	꜀fe	꜀fəi
46	狗	꜀kɤ	꜀ke	꜀kei	꜀kei	꜀kei	꜀kei	꜀ke	꜀ke	꜀ke	꜀ke	꜀ke	꜀ke	꜀ke	꜀kɤɯ
47	收	꜀sɤ	꜀se	꜀sei	꜀sei	꜀sei	꜀sei	꜀se	꜀ɕie / ꜀se	꜀se	꜀se	꜀se	꜀se	꜀se	꜀sɤɯ
48	敢	꜀kø	꜀koŋ	꜀kõm	꜀kõm	꜀kõm	꜀kõm	꜀kõ	꜀kõᵐ	꜀kõ	꜀kõ	꜀kõ	꜀kõ	꜀kõ	꜀kæ̃
49	碱	꜀kE	꜀kæ	꜀kæ̃	꜀kæ̃	꜀kæ̃	꜀kæ̃	꜀kæ̃	꜀kæ̃	꜀kæ̃	꜀kã	꜀kã	꜀kɒ̃	꜀kõ	꜀tɕiæ̃
50	官	꜀kuø	꜀koŋ	꜀kõm	꜀kõm	꜀kõm	꜀kõm	꜀kõ	꜀kõᵐ	꜀kõ	꜀kõ	꜀kõ	꜀kõ	꜀kõ	꜀kuõ
51	关	꜀kuE	꜀kuæ	꜀kuæ̃	꜀kuæ̃	꜀kuæ̃	꜀kuæ̃	꜀kuæ̃	꜀kuæ̃	꜀kuã	꜀kuã	꜀kuɑ	꜀kuɑ	꜀kuõ	꜀kuæ̃
52	坛(~子)	꜀dø	꜁toŋ	꜀dõm	꜀dõm	꜀dõm	꜀dõm	꜀dõ	꜀dõᵐ	꜀dõ	꜀dõ	꜀dõ	꜀dõ	꜀tʰɤ	꜀tʰiæ̃

序号	例字	苏州	丹阳	三甲七甲	西宁范龙	包场勇敢	四甲四甲	余西余西	东社社南	金余金余	金乐文山	金沙东市	纱场领民	南通	扬州
53	谈	ˌtɛ	ˌtæ	ˌdæ̃	ˌdã	ˌdã	ˌdã	ˌdã	ˌdã	ˌdã	ˌdã	ˌdã	ˌdã	ˌtʰõ	ˌtʰiæ̃
54	拖	ˌtʰɒ	ˌtʰa	ˌtʰa	ˌtʰa	ˌtʰa	ˌtʰa	ˌtʰa	ˌtʰa	ˌtʰa	ˌtʰa	ˌtʰa	ˌtʰʊ	ˌtʰo	
55	晒	so³	ˌso	ɕyo³	ɕyo³	ɕyo³	ɕyo³	ɕyo³	ɕyo³	ɕyo³	ɕyo³	ɕyo³	sæ³	sa³	sɛ³
56	筷	kʰuɛ³	ˌkʰuæ	kʰuæ̃³	kʰuæ̃³	kʰuæ̃³	kʰuæ̃³	kʰuæ̃³	kʰuæ̃³	kʰuã³	kʰuæ³	kʰuõ³	kʰua³	kʰuɛ³	
57	菲	bɛ²	ˌfi	bɛ²	bɛ²	bɛ²	bɛ²	bɛ²	bɛ²	bæ²	bæ²	bæ²	pʰe²	fɿ²	
58	竖	zʮ²	ˌsu	ˌzu	ˌzu	ˌzu	ˌzu	zu²	zu²	zu²	zu²	zu²	zu²	su²	su²
59	动	doŋ²	ˌtoŋ	doŋ²	doŋ²	doŋ²	doŋ²	dõ²	dõ²	doŋ²	doŋ²	doŋ²	tʰʌŋ²	toŋ²	
60	忍	ȵin²	ˌȵiəŋ	ˌzəŋ	ˌzəŋ	ˌzəŋ	ˌzẽ	ɚ²	ˌȵiəŋ	ˌzəŋ	ȝɿ̃	ȝɿ̃	ȝɿ̃	nəl	
61	养	jiaŋ²	ie	iĩ	iĩ	iĩ	iĩ	ĩ	ĩ	ĩ	ĩ	ĩ	ĩ	iaŋ	
62	尖	ˌtsiɪ	ˌtɕi	ˌtɕiĩ	ˌtɕiĩ	ˌtɕiĩ	ˌtɕiĩ	ˌtɕĩ	ˌtɕĩ	ˌtɕĩ	ˌtɕĩ	ˌtɕĩ	ˌtɕĩ	ˌtɕiẽ	
63	肩	ˌtɕiɪ	ˌtɕi	ˌtɕiĩ	ˌtɕiĩ	ˌtɕiĩ	ˌtɕiĩ	ˌtɕĩ	ˌtɕĩ	ˌtɕĩ	ˌtɕĩ	ˌtɕĩ	ˌtɕĩ	ˌtɕiẽ	
64	寸	tsʰən³	tɕʰyeŋ³	tɕʰyn³	tɕʰyn³	tɕʰyən³	tɕʰyn³	tɕʰyẽ³	tɕʰyɜ̃³	tɕʰyeŋ³	tɕʰyən³	tɕʰyɜ̃³	tɕʰyɜ̃³	tsʰuən³	
65	追	ˌtsɛ	ˌtsu / ˌtɕye	ˌtɕyei	ˌtɕyei	ˌtɕyei	ˌtɕye	ˌtɕye	ˌtɕye	ˌtɕye	ˌtɕye	ˌtɕye	ˌtɕye	ˌtsuɛi	
66	抓	ˌtsɒ	ˌtɕya	ˌtɕyo	ˌtɕyo	ˌtɕyo	ˌtɕyo	ˌtɕyo	ˌtɕyo	ˌtɕyo	ˌtɕyo	ˌtɕyo	ˌtsua		
67	说	sɤʔ	ˌɕyæʔ	ɕyoʔ	ɕyoʔ	ɕyoʔ	ɕyoʔ	ɕyoʔ	ɕioʔ	ɕioʔ	ɕyoʔ	ɕyoʔ	ɕɤʔ	suoʔ	
68	春	tsʰən	tɕʰyeŋ	tɕʰyn	tɕʰyn	tɕʰyən	tɕʰyn	tɕʰyẽ	tɕʰyɜ̃	tɕʰyeŋ	tɕʰyən	tɕʰyɜ̃	tɕʰyɜ̃	tsʰuən	
69	壮	tsoŋ³	ˌtsaŋ	tɕyaŋ³	tɕyaŋ³	tɕyã³	tɕyã³	tɕyã³	tɕyaŋ³	tɕyaŋ³	tɕyoŋ³	tɕyõ³	tsuaŋ³		
70	戳	tsʰoʔ³	tsʰoʔ	tsʰoʔ	tsʰoʔ	tsʰoʔ	tɕʰyoʔ	tɕʰyoʔ	tɕʰioʔ	tɕʰioʔ	tɕʰyoʔ	tɕʰyoʔ	tɕʰyoʔ	tsʰuaʔ	
71	蚕	ˌzø	ˌtsoŋ	ˌzi̯ȭm	ˌzi̯ȭm	ˌzi̯ȭm	ˌzi̯ȭm	ˌzȭ	ˌziȭ	ˌziȭ	ˌziȭ	ˌziȭ	ˌtɕʰȳ	ˌtsʰæ	
72	扇_子	sø³	ˌɕi	ɕiĩ	ɕiĩ	ɕiĩ	ɕĩ³	ɕĩ³	ɕĩ³	ɕĩ³	ɕĩ³	ɕĩ³	ɕiẽ³		
73	舌	zɤʔ²	sæʔ	zəʔ²	zəʔ²	zəʔ²	zəʔ²	zəʔ²	ziəʔ²	zieʔ²	ziʔ²	zieʔ²	ɕiʔ²	cieʔ²	
74	校_学_	jiæ²	tɕɕio	ziɔ²	ziɔ²	ziɔ²	ziɔ²	ziɔ²	ziɔ²	ziʌ²	ziʌ²	ziʌ²	ɕiʌ²	tɕio²	
75	县	jiø²	ˌɕi	ziĩ²	ziĩ²	ziĩ²	ziĩ²	zĩ²	zĩ²	zĩ²	zĩ²	zĩ²	ziĩ²	ciẽ²	
76	藕	ŋy²	ˌŋe	ŋei	ŋei	ŋei	ŋei	ŋe	ŋe	ŋe	ŋe	ŋe	ŋe	ɤm	
77	鸭	aʔ	aʔ³	ŋaʔ³	ŋaʔ³	ŋaʔ³	ŋaʔ³	ŋaʔ³	ŋaʔ³	ŋaʔ³	ŋaʔ³	ŋaʔ³	ŋoʔ³	iæʔ³	
78	五	ŋ̍²	ŋ̍²	ʊu	ʋu / ʊu	u	ʊu	ʊu	ʊu	ʊu	ʊu	ʊu	ʊu	ʋu	
79	鱼	ˌŋ̍	ˌȵy	ˌȵy	ˌȵy	ˌȵy	ˌȵy	ˌȵy	ˌy	ˌy	ˌy	ˌy	ˌy	ˌy	
80	桶	doŋ²	ˌtʰoŋ	tʰoŋ²	tʰoŋ²	tʰoŋ²水- / doŋ²马-	tʰoŋ²水- / ˌdoŋ马-	tʰõ²	tʰõ²	tʰoŋ²	tʰoŋ²	tʰoŋ²	tʰʌŋ²	tʰoŋ²	
81	猪	ˌtʂʅ	ˌtsu	ˌtsu	ˌtsu	ˌtsu	ˌtsu	ˌtsu	ˌtsu	ˌtsu	ˌtsu	ˌtsu	ˌtsu		
82	树	zʮ²	su³	zu²	zu²	zu²	zu²	zu²	zu²	zu²	zu²	zu²	su²	su²	

序号	例字	苏州	丹阳	三甲七甲	西宁范龙	包场勇敢	四甲四甲	余西余西	东社社南	金余金余	金乐文山	金沙东市	纱场领民	南通	扬州
83	梳	sɿ	sə	su	su	su	su	su	su	su	su	su	su	su	so
84	生	saŋ	sen	sən	sən	sən	sən	sẽ	sɛ̃	sen	sən	sɛ̃	sɛ̃	sɛ̃	sən
85	升	sən	sen	sən	sən	sən	sən	sẽ	ɕiɛ̃/sɛ̃	sen	sən	sɛ̃	sɛ̃	sɛ̃	sən
86	耕	kaŋ	ken	kən	kən	kən	kən	kẽ	kɔ̃	ken	kən	kɛ̃	kɛ̃	kɛ̃	kən
87	根	kən	ken	kən	kən	kən	kən	kẽ	kɔ̃	ken	kən	kɛ̃	kɛ̃	kɛ̃	kən
88	石	zɒʔ	sæʔ	zɿʔ	zɿʔ	zɿʔ	zɿʔ	zɿʔ	ziɿʔ	zɿʔ	zɿʔ	zɿʔ	zæʔ	səʔ	sæʔ	səʔ
89	十	zɤʔ	sæʔ	zɿʔ	zɿʔ	zɿʔ	zɿʔ	zɿʔ	ziɿʔ	zɿʔ	zɿʔ	zɿʔ	zæʔ	səʔ	sæʔ	səʔ
90	牛	ŋiɤ	ŋɤ	ŋei	ŋei	ŋei	ŋei	ŋə	ŋə	ŋə	ŋə	ŋə	ŋə	ŋə	ɲiɤ/mɤ²
91	打	taŋ	tɒ	tɒ	tɒ	tɒ	tɒ	tɒ	tɒ	tɒ	tɒ	tɒ	tɒ	tɒ	ta
92	举	tɕy	tɕy	tɕy	tɕʰy	tɕʰy	tɕʰy	tɕʰy	tɕʰy	tɕʰy	tɕʰy	tɕʰy	tɕʰy		tɕy
93	沙	so	so	ɕyo	ɕyo	ɕyo	ɕyo	ɕyo	ɕyo	ɕyo	ɕyo	ɕyo	ɕyo	so	sa
94	西	si	ɕi	ɕy	ɕy	ɕy	ɕy	ɕy	ɕy	ɕy	ɕy	ɕy	ɕy	ɕy	ɕi
95	齐	zi	tɕi	zi	zi	ziz	zy	zy	zy	zy	zy	zy	zy	tɕʰy	tɕʰi
96	赢	jin	iŋ	yn	yn	yən	yẽ	yɔ̃	yŋ	yn	yn	yŋ	yn	iŋ
97	深	sən	sen	ɕyn	ɕyn	sən	sən	sẽ	ɕiɛ̃	sen	sən	sɛ̃	sɛ̃	sɛ̃	sən
98	枪	tsʰiaŋ	tɕʰie	tɕʰiɿ̃	tɕʰiɿ̃	tɕʰiɿ̃	tɕʰiɿ̃	tɕʰĩ	tɕʰiɛ̃	tɕʰĩ	tɕʰĩ	tɕʰiɛ̃	tɕʰiɛ̃	tɕʰiɛ̃	tɕʰian
99	千	tsʰiɿ	tɕʰi	tɕʰiɿ̃	tɕʰiɿ̃	tɕʰiɿ̃	tɕʰiɿ̃	tɕʰĩ	tɕʰĩ	tɕʰĩ	tɕʰĩ	tɕʰĩ	tɕʰĩ	tɕʰi	tɕʰiɛ
100	羊	jiaŋ	ie	iɿ̃	iɿ̃	iɿ̃	iɿ̃	ĩ	iẽ	ĩ	ĩ	iẽ	iẽ	iẽ	iaŋ
101	盐	jiɿ	i	iɿ̃	iɿ̃	iɿ̃	iɿ̃	ĩ	ĩ	ĩ	ĩ	ĩ	ĩ	iẽ
102	伤	sɒŋ	sæ	sæ̃	sæ̃	sæ̃	sæ̃	sæ̃	ɕiɛ̃	sæ̃	sã	sã	sɑ̃	sõ	san
103	山	sE	sæ	sæ̃	sæ̃	sæ̃	sæ̃	sæ̃	sæ̃	sæ̃	sã	sã	sɑ̃	sõ	sæ
104	忘	moŋ²	maŋ²	moŋ²	moŋ²	moŋ²	moŋ²	mõ²	mõ²	mɔŋ²	maŋ²	mɔŋ²	uɔŋ²	uõ²	uaŋ/uaŋ²
105	望	moŋ²	maŋ²	moŋ²	moŋ²	moŋ²	moŋ²	mõ²	mõ²	mɔŋ²	maŋ²	mɔŋ²	uɔŋ²	uõ²	uaŋ²
106	梦	moŋ²	moŋ²	moŋ²	moŋ²	moŋ²	moŋ²	mõ²	mõ²	mɔŋ²	mɔŋ²	mɔŋ²	mɔŋ²	mʌŋ²	moŋ²

3.2 内部差异

3.2.1 声母差异

（1）金沙话没有ȵ声母[1]，通东话不仅有ȵ，而且ȵ与n存在对立（iɿ̃韵母前，主要见于

---

[1] 这是从音位的角度来说的。实际上，金沙话的 / n / 有三个条件变体：与i、y韵母相拼时是ȵ（接近于舌叶部位的鼻音），与其他细音韵母相拼时是ƞ（发音部位较n偏后，而非舌面鼻音），与洪音相拼时是n。ȵ与ƞ、n不对立，因此金沙话没有一个独立的音位 / ȵ /。

中东部）。（例 2—1 ~ 2）

（2）中东部地区阳声韵的泥、来母字大多相混，西部不混。（例 2—3 ~ 4）

（3）深臻曾梗摄开口三四等精见晓组（疑母除外）的舒声字在西部靠近南通话的地区读 ts 组声母，其他地方读 tɕ 组。（例 2—5 ~ 6）

（4）疑母三四等字在通东话中多读 ŋ 声母，在金沙话中多读零声母，只有少数字读 n 声母。（例 2—7）

（5）西部地区读 x 和 ɣ 声母、合口呼韵母的字（来自晓匣母，读 - uo 的除外），在中东部普遍读 f 和 v 声母、开口呼韵母，与非敷奉母字相混（西部不混）①。（例 2—8 ~ 11）

（6）"防"字的声母在中东部为 b，西部为 v。（例 2—12）

（7）"鸟"字的声母在通东话中大都白读为 t（合乎《广韵》上声筱韵"都了切"），文读为 ŋ，在金沙话中只读 n。（例 2—13）

（8）"触"字在西部大都读浊声母 dʑ、阳入调，在中东部读清声母 tsʰ、阴入调。（例 2—14）

（9）"去"字白读音的声母在通东话中为 tɕʰ，金沙话中为 kʰ（韵母均为 i）。（例 2—15）

（10）"吃"字在通东话中普遍读 tsʰ 声母，与"尺"字同音；在金沙话中读 tɕʰ 声母，与"七"字同音。（例 2—16）

3.2.2　韵母差异

（1）大多数金沙话有一些韵类的主元音接近或同于南通话，与通东话不同，包括：蟹摄开口一等咍韵字的主元音为 æ / a，效摄字的主元音为 ʌ，深臻曾梗摄一二等（曾梗摄开口帮组、合口见系除外）和三等知系、非组舒声字的主元音为 ɛ / e（南通话和通东话的分别为 a ɤ、ɤ ɣ、ɜ ɛ ）。（例 2—17 ~ 19）

（2）"虚"和"许"在中东部分别有白读音 ₌xei（"肿"义）和 ꜚxei（"允诺"义），是"鱼虞分韵"的残迹。西部无此现象，这两个字只读 ₌ɕy 和 ꜚɕy。（例 2—20 ~ 21）

（3）蟹止摄非组字在通东话中普遍读 i 韵母，在金沙话中读 e 韵母。（例 2—22）

（4）通东话流摄三等来母字的韵母为 ei / e，精组和见系字普遍为 iei / ie，与一等字的韵母 ei / e 相同或属同一类；金沙话这两类字的韵母分别为 ɤ / ʊ、iɤ / iʊ，与一等字的韵母 e 不是同一类，而与果摄一等字的韵母 ɤ / ʊ 相同或为同类②。（例 2—23 ~ 27）

（5）部分咸山摄舒声字（基本对应于苏州话的 ø 类韵字）的韵母在通东话中普遍是成音节的 m̩ 或以之为主要成分的 ᵒm̩ 和 ⁱᵒm̩，在金沙话中是 õ（对应于 m̩、ᵒm̩）和 iõ（对应于 ⁱᵒm̩）。（例 2—28 ~ 33）

（6）深臻曾梗摄的舒声韵（少数混入通摄的字除外）在通东话中合流为一组韵母，在金沙话中按等和声母分为两组，一组的韵腹为中元音（一二等和三等知系、非组），另一组为高元音（其他）。（例 2—34 ~ 40）

---

① 这些字在中东部不一定全读 f、v 声母，不同地点和韵摄的情况有所参差，另外少数地点有 f 与 x、v 与 ɣ 自由变读的现象。

② 金沙话流摄三等与果摄一等的来母字同音，如"刘 ₌lɤ / ʊ = 罗"，是它少有的一个与周边方言都不相同的特点。另外，中西部的通东话普遍有部分流摄三等精见晓组字白读音的声母为 ts 组、韵母为 ei / e（字数东多西少），也比较特别。

（7）深臻曾梗摄开口三四等帮、端组和来母舒声字在通东话的东部和西部读开口呼韵母，与相应的一二等字混同。通东话中部和金沙话基本无此现象，这类字读齐齿呼或 in / iŋ 韵母，与一二等字不混。（例2—41 ~ 44）

（8）曾梗摄一二等开口帮组与合口见系字大都在金沙话中混入通摄，在通东话中不混。（例2—45 ~ 48）

（9）宕摄开口一等精组的部分舒声字在中东部地区读撮口呼韵母 yaŋ，在西部大都读开口呼韵母 aŋ / ɔŋ 等。（例2—49）

3.2.3　声调差异

（1）在中东部地区，古浊平和浊入字均分化为两类声调：今读塞音、塞擦音、擦音声母的为一类（阳平甲、阳入甲），今读鼻音、边音、ø / ʋ 声母的为另一类（阳平乙、阳入乙）。此外，影母去声字也读阳平乙。加上古四声今各分阴阳，这些方言共有 10 个声调。西部地区的古浊平和浊入字不分化，分别读阳平和阳入，影母去声字普遍读阴去（少数地点读阳去），只有 7（无阳上）或 8（有阳上）个声调。（例2—50 ~ 56）

（2）金吕话和通东话的调值差别较大：除了阳平（通东话包括阳平甲、乙）、阳上和阳去的调值两类方言一致或接近以外，其他调类的调值二者均不相同。尤为显著的是入声，金沙话普遍阴高阳低，通东话则大都阴低阳高（这对吴语来说比较特殊）。此外，通东话东部和中西部阳去和阳入甲的调值、西部和中东部阴平的调值也有差别。西部的金吕方言阴平读升调不同于周边方言，颇具特色。（例2—57 ~ 66）

表2　金吕方言内部的语音差异例字

序号	例字	苏州	丹阳	三甲七甲	西宁范龙	包场勇敢	四甲四甲	余西余西	东社社南	金余金余	金乐文山	金沙东市	纱场领民	南通	扬州
1	年	ȵiɪ	nĩ	ȵiɪ̃	ȵiɪ̃	ȵiɪ̃	ȵiɪ̃	nĩ	nĩ	nĩ	nĩ	nĩ	nĩ	nĩ	liẽ
2	连	liɪ	lɪ	ȵiɪ̃	ȵiɪ̃	ȵiɪ̃	ȵiɪ̃	lĩ	lĩ	lĩ	lĩ	lĩ	lĩ	lĩ	liẽ
3	农	noŋ	ȵioŋ	noŋ	loŋ	loŋ	noŋ	nõ	nõ	ȵioŋ	ȵioŋ	noŋ	ŋvʌŋ	loŋ
4	龙	loŋ	loŋ	noŋ	loŋ	loŋ	loŋ	lõ	lõ	loŋ	loŋ	ŋoŋ	lvʌŋ	loŋ
5	金	tɕin	tɕin	tɕin	tɕin	tɕiən	tɕin	tsə̃	tɕin	tɕin	tɕin	tsn̩	tsn̩	tɕiən	tɕin
6	请	tsʰin	tɕʰin	tɕʰin	tɕʰin	tɕʰiən	tɕʰin	tɕʰiẽ	tsʰə̃	tɕʰin	tɕʰin	tsʰn̩	tsʰn̩	tɕʰiən	tɕʰin
7	月	ŋɣʔ	ȵyʔ	ȵyoʔ	ȵyoʔ	yoʔ	yoʔ	yoʔ	yoʔ	ioʔ	ioʔ	yoʔ	yoʔ	ɣʔ	yeʔ
8	谎	huɔŋ	xuaŋ	faŋ	faŋ	faŋ	faŋ 老 / xuaŋ 新	xuã	xuã	xuaŋ	xuaŋ	xuoŋ	xuoŋ	xuõ	xuaŋ
9	纺	foŋ	faŋ	faŋ	faŋ	faŋ	faŋ	fã	fã	faŋ	faŋ	foŋ	foŋ	fõ	faŋ
10	湖	ɦieu	vu	vu	vu	vu 老 / yu 新	vu	ɦu	ɦu	ɦu	ɦu	ɦu	ɦu	xu	xu
11	扶	vu	fu	vu	vu	vu	vu	vu	vu	vu	vu	vu	vu	fu	fu
12	防	boŋ	paŋ	baŋ	baŋ	baŋ	baŋ	bã	bã	ɦuaŋ	vaŋ	voŋ	ɦuaŋ	fõ	faŋ
13	鸟	tiæ	ȵiɔ	tiɔ	tiɔ	tiɔ	tiɔ	niɔ	niɔ	niɔ	ȵiŋ	ȵiŋ	ȵiŋ	niŋ	liɔ
14	触	tsʰoʔ	tsʰoʔ	tsʰoʔ	tsʰoʔ	tsʰoʔ	tsʰoʔ	tsʰoʔ	dzyoʔ	dzoʔ	tsʰoʔ 多 / dzoʔ 少	dzoʔ	tsʰoʔ	tsʰoʔ	tsʰoʔ

序号	例字	苏州	丹阳	三甲七甲	西宁范龙	包场勇敢	四甲四甲	余西余西	东社社南	金余金余	金乐文山	金沙东市	纱场领民	南通	扬州
15	去	tɕʰi^2	ˌkʰæ	tɕʰi^2	tɕʰi^2	tɕʰi^2	tɕʰi^2	tɕʰi^2	tɕʰi^2	kʰi^2	kʰi^2	kʰi^2	kʰi^2	tʰi^2	kʰəi^2
16	吃	tɕʰiʔ	tɕʰiʔ	tsʰʅʔ	tsʰəʔ	tsʰəʔ	tsʰəʔ	tɕʰiəʔ	tɕʰieʔ	tɕʰieʔ	tɕʰieʔ	tɕʰiəʔ	tɕʰiəʔ	tɕʰieʔ	tɕʰieʔ
17	改	ˌkᴇ	ˌkæ	ˌkɛ	ˌkɛ	ˌkɛ	ˌkɛ	ˌkɛ	ˌkɛ	ˌkɛ	ˌkæ	ˌkæ	ˌkæ	ˌka	ˌkɛ
18	报	pæ^2	ˌpɔ	pɔ^2	pɔ^2	pɔ^2	pɔ^2	pɔ^2	pɔ^2	pɔ^2	pʌ^2	pʌ^2	pʌ^2	pɤ^2	pɔ^2
19	灯	ˌtən	ˌtɛŋ	ˌtən	ˌtən	ˌtən	ˌtən	ˌtẽ	ˌtɐ̃	ˌtɛŋ	ˌtən	ˌtɐ̃	ˌtɛ̃	ˌtɛ̃	ˌtən
20	虚	ˌhᴇ	ˌɕy	ˌxei	ˌxei	ˌxei	ˌxei	ˌɕy	ˌɕy	ˌɕy	ˌɕy	ˌɕy	ˌɕy	ˌɕy	ˌɕy
21	许	ˌhᴇ	ˌɕy	ˌxei	ˌxei	ˌxei	ˌxei	ˌɕy	ˌɕy	ˌɕy	ˌɕy	ˌɕy	ˌɕy	ˌɕy	ˌɕy
22	飞	ˌfi	ˌfiʔ	ˌfi	ˌfi	ˌfi	ˌfi	ˌfi	ˌfi	ˌfe	ˌfe	ˌfe	ˌfe	ˌfe	ˌfəi
23	流	ˌlʏ	ˌlʏ	ˌlei	ˌlei	ˌlei	ˌlei	ˌle	ˌle	ˌlʏ	ˌlʏ	ˌlɤ	ˌlʏ	ˌlɯʏ	ˌliɯ
24	楼	ˌlʏ	ˌle	ˌlei	ˌlei	ˌlei	ˌlei	ˌle	ˌle	ˌle	ˌle	ˌle	ˌle	ˌlɤ	ˌlɯɣ
25	罗	ˌləu	ˌle	ˌlɣ	ˌlɣ	ˌlɣ	ˌlɣ	ˌlɣ	ˌlɣ	ˌlɣ	ˌlɣ	ˌlu	ˌlu	ˌlo	ˌlo
26	修	ˌsʏ	ˌɕʏ	ˌɕiei	ˌɕiei	sei	ˌsei 老 / ˌɕiɣ 新	ˌɕiɣ	se / ˌse	ˌɕiɣ	ˌɕiɣ	ˌɕiu	ˌɕiɣ	ˌɕʏ	ˌɕiɯ
27	旧	dʑiɣ^2	tɕʏ^2	dʑiei^2	dʑiei^2	dʑiei^2	dʑiɣ^2	dʑie^2	dʑie^2	dʑiɣ^2	dʑiɣ^2	dʑiu^2	dʑiɣ^2	tɕʰʏ^2	tɕiɯ^2
28	暗	ø^2	ŋ̍	m̩^{2}	m̩^{2}	m̩^{2}	m̩^{2}	ũ^2	ũᵐ^2	ũ^2	ũ^2	ũ^2	ũ^2	ũ^2	iæ^2
29	半	pø^2	ˌpoŋ	pŏm̩^{2}	pŏm̩^{2}	pŏm̩^{2}	pŭm̩^{2}	pũ^2	pũᵐ^2	pũ^2	pũ^2	pũ^2	pũ^2	pũ^2	puõ^2
30	宽	ˌkʰuø	ˌkʰoŋ	ˌkʰõm̩	ˌkʰõm̩	ˌkʰõm̩	ˌkʰõm̩	ˌkʰũ	ˌkʰũᵐ	ˌkʰũ	ˌkʰũ	ˌkʰũ	ˌkʰũ	ˌkʰũ	ˌkʰuõ
31	男	ˌnø	ˌnoŋ	ˌnõm̩	ˌnõm̩	ˌnõm̩	ˌnõm̩	ˌnũ	ˌnũᵐ	ˌnũ	ˌnũ	ˌnũ	ˌnʏ	ˌnũ	ˌliæ
32	酸	ˌsø	ˌsoŋ	ˌɕiõm̩	ˌɕõm̩	ˌɕɔ̃m̩	ˌɕyõm̩	ˌɕiõ	ˌɕiõᵐ	ˌɕiõ	ˌɕiõ	ˌɕiõ	ˌɕʏ	ˌsʏ	ˌsuõ
33	远	jiø^2	ˌʏ	iõm̩	iõm̩	iõm̩	iõm̩	iõ	iõᵐ	iõ	iõ	iõ	ʏ	ʏ	yẽ
34	等	ˌtən	ˌtɛŋ	ˌtən	ˌtən	ˌtən	ˌtən	ˌtẽ	ˌtɐ̃	ˌtɛŋ	ˌtən	ˌtɛ̃	ˌtɛ̃	ˌtɛ̃	ˌtən
35	认	ȵin^2	n̩m̩^{2} / ˌiŋ^2	zən^2	zən^2	zən^2	zən^2	zẽ^2	ziẽ^2	zɛŋ^2 老 / ieŋ^2 新	zən^2 / iən^2 新	iɛ̃^{2}	iɛ̃^{2}	iɛ̃^{2}	lən^2
36	滚	ˌkuən	ˌkuɛŋ	ˌkuən	ˌkuən	ˌkuən	ˌkuən	ˌkuẽ	ˌkuɐ̃	ˌkuɛŋ	ˌkuən	ˌkuɛ̃	ˌkuɛ̃	ˌkuɛ̃	ˌkuən
37	顺	zən^2	ɕyɛŋ^2	zyn^2	zyn^2	zyən^2	zyn^2	zyẽ^2	zyɐ̃^{2}	ɕyɛŋ^2	zyən^2	zyɛ̃^{2}	zyɛ̃^{2}	ɕyɛ̃^{2}	suən^2
38	心	ˌsin	ˌɕiŋ	ˌɕin	ˌɕiən	ˌɕin	ˌɕiẽ	ˌsɐ̃	ˌɕiŋ	ˌɕin	ˌsɿn	ˌsɿn	ˌɕiɐ̃ŋ	ˌɕiŋ	ˌɕiŋ
39	影	ˌin	ˌiŋ	ˌin	ˌin	ˌiən	ˌin	ˌiẽ	ˌiɐ̃	ˌiŋ	ˌin	ˌɯn	ˌɯn	ˌiŋ	ˌiŋ
40	军	ˌtɕyn	ˌtɕyŋ	ˌtɕyn	ˌtɕyn	ˌtɕyən	ˌtɕyn	ˌtɕyẽ	ˌtɕyɐ̃	ˌtɕyŋ	ˌtɕyn	ˌtɕyn	ˌtɕyin	ˌtɕyɐ̃ŋ	ˌtɕyŋ
41	凭	ˌbin	ˌpm̩	ˌbən	ˌbən	ˌbiən	ˌbin	ˌbẽ	ˌbɐ̃	ˌbin	ˌbin	ˌbin	ˌpʰən	ˌpʰiən	ˌpʰin
42	盆	ˌbən	ˌpɛŋ	ˌbən	ˌbən	ˌbən	ˌbẽ	ˌbẽ	ˌbɐ̃	ˌbən	ˌbɛ̃	ˌʒ̍ɐ̃	ˌpʰən	ˌpʰən	ˌpʰən
43	领	liŋ^2	ˌliŋ	ˌlən	ˌlən	ˌliən	ˌlin	ˌlẽ	ˌlɐ̃	ˌliŋ	ˌlin	ˌlm̩	ˌlm̩	ˌlən	ˌliŋ
44	冷	lan^2	ˌlɛŋ	ˌlən	ˌlən	ˌlən	ˌlən	ˌlẽ	ˌlɐ̃	ˌlɛŋ	ˌlən	ˌlɛ̃	ˌlɛ̃	ˌlən	ˌlən
45	朋	ˌbaŋ	ˌpɛŋ	ˌbən	ˌbən	ˌbən	ˌbẽ	ˌbõ	ˌboŋ	ˌboŋ	ˌboŋ	ˌboŋ	ˌpʰʌŋ	ˌpʰoŋ	ˌpʰoŋ
46	篷	ˌboŋ	ˌpoŋ	ˌboŋ	ˌboŋ	ˌboŋ	ˌbõ	ˌbõ	ˌboŋ	ˌboŋ	ˌboŋ	ˌboŋ	ˌpʰʌŋ	ˌpʰoŋ	ˌpʰoŋ
47	国	kuɣʔ	kuæʔ	kuəʔ	kuəʔ	kuəʔ	kuəʔ	kuəʔ	kuəʔ	koʔ	koʔ	koʔ	koʔ	koʔ	koʔ
48	谷	koʔ	koʔ	koʔ	koʔ	koʔ	koʔ	koʔ	koʔ	kuoʔ	koʔ	koʔ	koʔ	koʔ	koʔ

序号	例字	苏州	丹阳	三甲七甲	西宁范龙	包场勇敢	四甲四甲	余西余西	东社社南	金余金余	金乐文山	金沙东市	纱场领民	南通	扬州
49	桑	꜀sɑŋ	꜀saŋ	꜀ɕyaŋ	꜀ɕyaŋ	꜀ɕyaŋ	꜀ɕyaŋ	꜀sã	꜀sã	꜀saŋ	꜀saŋ	꜀sɒ	꜀sɒ	꜀so	꜀saŋ
50	桃	dæ₂	꜀tɔ	꜀dɔ	꜀dɔ	꜀dɔ	꜀dɔ	꜀dɔ	꜀dɔ	꜀dɔ	꜀dʌ	꜀dʌ	ʁtʌʔ	tʰɤʔ	tɕʰɤʔ
51	黄 _豆	ɦuɒŋ₂	꜀vaŋ	꜀uaŋ	꜀uaŋ	꜀uaŋ	꜀uaŋ	꜀uã	꜀uã	꜀uaŋ	꜀uaŋ	꜀uɒŋ	꜀uɒŋ	꜀õ	꜀xuaŋ
52	姨	꜀ji	꜀i	꜀i	꜀i	꜀i	꜀i	꜀i	꜀i	꜀i	꜀i	꜀i	꜀i	꜀i	꜀i
53	意	i³	꜀i	꜀i	꜀i	꜀i	꜀i	i³	i³	i³	i³	i³	i³	i³	i³
54	着 _火	zɒʔ₂	tsaʔ₂	dzaʔ₂	dzaʔ₂	dzaʔ₂	dzaʔ₂	dzaʔ₂	dʑiaʔ₂	dzaʔ₂	dzaʔ₂	dzɐʔ₂	tsʰaʔ₂	tsʰoʔ₂	tsaʔ₂
55	木	moʔ₂	moʔ₂	moʔ₂	moʔ₂	moʔ₂	moʔ₂	moʔ₂	moʔ₂	moʔ₂	moʔ₂	moʔ₂	məʔ₂	moʔ₂	moʔ₂
56	日	ȵiʔ₂ / zɤʔ₂	ȵiʔ₂ / iæʔ₂	ȵieiʔ₂ / zeʔ₂	ȵɕeiʔ₂ / zeʔ₂	ȵɕeiʔ₂ / zəʔ₂	ȵɕeiʔ₂ / zoʔ₂	ȵɕeiʔ₂ / zoʔ₂	ȵɕeiʔ₂ / zoʔ₂	nieʔ₂ / ieʔ₂	nieʔ₂ / ieʔ₂	nieʔ₂ / ioʔ₂	iəʔ₂	iæʔ₂	ləʔ₂
57	阴平①	44	33	44	44	44	44	45	45	35	35	24	35	21	21
58	阳平甲	224	24	24	24	24	24	24	24	24	24	13	24	35	34
59	阳平乙		阴平	34	34	34	34								
60	阴上	52	55	52	52	52	52	52	52	44	55	44	44	55	42
61	阳上	阳去	阳平去声	342	342	342	342	342	上声 阳去	453	453	上声 阳去	上声 阳去	上声 阳去	上声 去声
62	阴去	412	阳平	324	324	324	324	324	323	53	53	52	43	52	55
63	阳去	231	11	312	312	21	21	21	21	21	21	21	21	213	
64	阴入	4	3	324	324	324	324	324	323	53	53	53	43	53	4
65	阳入甲	23	4	34	45	45	45	45	34	34	24	24	35	45	
66	阳入乙			4	4	4	4								

四　词　汇

4.1　共同特点

对比周边的吴语和江淮官话，金吕方言的词汇有以下三个特点：

（1）有大量的吴语用词②。其中一些也用于其他东南方言，例如：今朝今天、明朝明天、窠窝、落雨下雨、伏扶富切、孵、吃喝、煠水煮、睏睡、寻找、囥藏、狭窄、晏迟、痛疼。另外一

---

① 以下凡是引用的方言材料，均据原书的描写标出实际调值。表中展示的只是各点之间大致的调类对应关系，不是十分精确。

② 钱乃荣（2002）列举了163条北部吴语的特征词，大多数在金吕方言中都是通用的。

些则主要见于吴语（有的仅用于北部吴语区），例如：鲎虹①、迷露雾、长生果花生、济手左手②、辰光时候、掮扛、隑倚靠、蜑爬、缭缝合、赗比量、猛稠密。（例 3—1 ~ 11）

（2）也有不少官话用词。多数在官话区广泛使用，例如：猴儿猴子、锅、丫头女儿、脸、屌男阴、东西、穿~鞋、洗~菜、屙屎拉屎、说、二十。少数主要见于江淮官话（有的仅用于泰如片），例如：花鱼鲤鱼、糇子谷物碎粒、包儿包子、顿子袄、衲子尿布、蹲徂尊切、桴薄。（例 3—12 ~ 22）

（3）还有一些少见甚至不见于周边吴语和江淮官话的词语，例如：小豆豌豆、斑椒辣椒、昼饭午饭、家生马桶、曹割(稻、麦等)③、□〔dʑiɑ²〕撒(尿)、ᵊ蛙呕吐、戏玩儿、皂踩(也说"踏")、哨咸④。有的说法在整个汉语方言中都是比较特别的，例如：(细)小安小孩儿⑤、侯儿子。（例 3—23 ~ 30）

表3　金吕方言的词汇特点举例

序号	例词	苏州	丹阳	三甲七甲	西宁范龙	包场勇敢	四甲四甲	余西余西	东社社南	金余金余	金乐文山	金沙东市	纱场领民	南通	扬州
1	窝	窠	窠	窠	窠	窠	窠	窠	窠	窠	窠	窠	窠	窠	窝
2	下雨	落雨	落雨/落水	落雨	落雨	落雨	落雨	落雨	落雨	落雨	落雨	落雨	落雨	落雨	下雨
3	睡	睏	睏	睏	睏	睏	睏	睏	睏	睏	睏	睏	睏	睏	睡
4	找	寻	寻	寻	寻	寻	寻	寻	寻	寻	寻	寻	寻	寻	找
5	窄	狭	狭	狭	狭	狭	狭	狭	狭	狭	狭	狭	狭	狭	狭/窄
6	疼	痛	痛	痛	痛	痛	痛	痛	痛	痛/疼	痛/疼	痛/疼	疼/痛	疼	
7	虹	鲎	虹k	鲎	鲎	鲎	鲎	鲎	鲎	鲎	鲎	鲎	鲎	鲎/虹k	虹k
8	雾	迷露	雾	迷露	迷露	迷露	迷露	迷露	迷雾/迷露	迷雾/迷露	迷露	迷露/雾	迷露/雾	雾	雾
9	扛	掮/扛	掮	掮	掮/扛	掮	掮	掮	掮	掮	掮	掮	掮	掮	扛
10	倚靠	隑	靠	隑	隑	隑	隑	隑	隑	隑	隑	隑	隑	隑	隑/靠

---

① "鲎"的本字应是"雺"（《集韵》去声遇韵王遇切："吴人谓虹曰雺"），参见郑张尚芳（2008：22；2010）和项梦冰（2014）。

② "济"的本字，王福堂（2003）认为是"左"，郑伟（2013：34）提出也可能是"借"，秋谷裕幸、汪维辉（2015）经过深入的考察指出应是"济"。

③ 西端的少数地点说"割"。"曹"的本字可能是"劖"（《广韵》平声宵韵昨焦切："刈草"），但丢失i介音，读如一等字（卢今元2007：106）。常州吴语普遍用"劖"，读音大多与"昨焦切"相合，少数地点如丹阳合于"才笑切"（《广韵》去声笑韵："刈也"，参见蔡国璐1995：169）。其他吴语用"斫"或"割"，江淮官话大多用"割"，均不用"劖"。

④ "哨"的说法已较老，一些地点改说或兼说"咸"。

⑤ 中东部一般前头有"细"，西部无。金沙话大都也说"伢儿"。

序号	例词	苏州	丹阳	三甲七甲	西宁范龙	包场勇敢	四甲四甲	余西余西	东社社南	金余金余	金乐文山	金沙东市	纱场领民	南通	扬州
11	缝合	缝/缲	缝	缲	缲	缲	缲	缲	缲	缲	缲	缲	缲	缲	缝
12	猴子	活狲	猴子	猴儿	猴儿服狲	猴儿	猴儿活狲	猴儿	猴儿	猴儿	猴儿	猴儿	猴儿	猴儿	猴子
13	锅	镬子	锅	锅	锅	锅	锅	锅	锅	锅	锅	锅子	锅子	锅（子）
14	脸	面孔	面（孔）	脸/面孔	脸	脸	脸	脸	脸	脸	脸	脸	脸	脸	脸
15	东西	物事	东西	东西	东西	东西	东西	东西	东西	东西	东西	东西	东西	稿子/东西	东子/东西
16	穿~鞋	着	穿	穿	穿	穿	穿	穿	穿	穿	穿	穿	穿	穿	穿
17	拉屎	惹恶/拆恶①/惹屎/拆屎	屙屎	屙屎	屙屎	屙屎	屙屎	屙屎	屙屎	屙屎	屙屁	屙屎 屙屁	屙屎 屙屁	屙屎 屙屁	屙屎
18	说	讲/说	讲/说	说	说	说	说	说	说	说	说	说	说	说	说
19	鲤鱼	鲤鱼	鲤鱼	鲤鱼	花鱼	花鱼	花鱼	花鱼	花鱼	花鱼	花鱼	花鱼	花鱼	花鱼	鲤鱼/龙鱼/花鱼
20	尿布	尿布	尿布	衲子	衲子/尿布	尿布衲子	衲子	衲子	衲子	衲子	（尿）衲子	衲子	衲子	衲子尿布	尿布/尿（布）/衲子/尿垫子
21	蹲	伏b	蹲t	蹲z/伏b	蹲z	蹲z	蹲z	蹲z	蹲z	蹲z	蹲z	蹲z	蹲z	蹲tsʰ	蹲t
22	薄	薄	薄	柈/薄	柈	柈	薄/柈	柈	柈	柈	柈/薄	柈	柈	柈	柈/薄
23	豌豆	寒寒豆	豌豆	小豆/小寒豆	小豆	小豆	小豆	小豆	小豆	小豆	小豆	小豆	小豆	小豆	安豆
24	午饭	中饭	昼饭/中饭	昼饭	昼饭	昼饭	昼饭	昼饭	昼饭	昼饭	昼饭	昼饭	昼饭	中饭	中饭
25	割~稻	斫	割/劐	曹	曹	曹	曹	曹	曹	曹	曹	曹/割	割	割	割
26	呕吐	呕	吐	蛙	蛙	蛙	蛙	蛙	蛙	蛙	蛙	蛙	蛙	蛙/握	吐/口[ua?]

① 吴语表示"屎"的"恶"也有学者认为本字是"浣"（《广韵》去声过韵乌卧切："泥着物也"），参见史濛辉（2016）和李小凡、项梦冰（2020：274—275）。

序号	例词	苏州	丹阳	三甲七甲	西宁范龙	包场勇敢	四甲四甲	余西余西	东社社南	金余金余	金乐文山	金沙东市	纱场领民	南通	扬州
27	玩儿	孛相	戏	戏	戏	戏	戏	戏	戏	戏	戏	戏	戏	戏	玩
28	咸	咸	咸	咸/哨	哨/咸	咸	咸	哨	哨	哨	哨/咸	哨	哨	哨/咸	咸
29	小孩儿	小人 小干（儿） 小囡	小儿	细小安	细小安	细小安	细小安	小安	小安	小安伢儿	小安	小安 小伢儿	伢儿 小安	伢儿	（小）霞子①
30	儿子	儿子	儿子/老小	侯	侯	侯	侯	侯	侯	侯	侯	侯	侯	侯	儿子

4.2 内部差异

（1）中东部与西部有别，例如：寒豆—春豆（蚕豆）、臂扇—翅刮（翅膀）、鼻头—黄脓（鼻涕）、膝馒头—膝头盘（膝盖）、热疮—热痱蒲罪切子（痱子）、淋雨—洿雨（淋雨）。（例4—1~6）

（2）通东话与金沙话有别，例如：芋艿②—芋头（芋头）、釜齱—板齱（锅盖）、爷爷—爹爹（祖父）、事体③—事（事情）、归—家（回家~来/去）、瞎—哈ʔ（给动词）、阔—宽（宽）、粗—ʿ壮俗字作"奘"（粗树~）。（例4—7~14）

（3）其他差别，例如：东部"地瓜"—中西部"番芋"（红薯）、通东话东部"农瓜"—通东话中西部"南瓜"—金沙话"番瓜"（南瓜）、东部"鸟t兽"—中部偏东"鸟t鸟ȵ"—中部偏西"鸟t"—西部"鸟ȵ/n兽老/鸟ȵ/n儿新"（鸟儿）。（例4—15~17）

表4 金吕方言内部的词汇差异举例

序号	例词	苏州	丹阳	三甲七甲	西宁范龙	包场勇敢	四甲四甲	余西余西	东社社南	金余金余	金乐文山	金沙东市	纱场领民	南通	扬州
1	蚕豆	蚕豆	蚕豆	寒豆	寒豆	寒豆	寒豆	春豆	春豆	春豆	春豆	春豆	春豆 蚕豆	蚕豆	蚕豆
2	翅膀	鸡夹	翅膀	翅膀	臂扇	臂扇	臂扇	翅刮	翅刮	翅刮	翅刮	翅刮	翅刮 翅斑	翅膀
3	鼻涕	鼻涕	鼻涕	鼻头 鼻涕	鼻头	鼻头	鼻头	黄脓	黄脓	黄脓	黄脓	黄脓	黄脓	鼻头 黄脓	鼻子
4	膝盖	脚馒头	膝盘头 膝头盘	膝馒头	膝馒头	膝馒头	膝馒头	膝头盘	膝头盘	膝头盘	膝头盘	膝头盘	膝头盘	膝头盘儿/膝盖盘儿	波罗盖子/胳记头子
5	痱子	痱b子	热疥	热疮 痱b子	热疮	热疮	热疮 痱b子	热痱b子	热痱b子	热痱b子	热痱b子	热痱b子	热痱b子	痱pʰ子	痱f子

---

① "霞"是"小伢"的合音。
② 通东话"芋"字的声母为ȵ，比较特别。
③ 通东话中西部"事体"的后字多促化，读tʰieʔ₃/tʰiəʔ₃，音同"贴"。

序号	例词	苏州	丹阳	三甲七甲	西宁范龙	包场勇敢	四甲四甲	余西余西	东社社南	金余金余	金乐文山	金沙东市	纱场领民	南通	扬州
6	淋雨		洏雨/洏水	淋雨	淋雨	淋雨	淋雨	洏雨	淋雨/洏雨	洏雨	淋雨/洏雨	洏雨	洏雨	洏雨	洏雨
7	芋头	芋艿	芋头	芋艿	芋艿	芋艿	芋艿	芋艿	芋艿	芋艿	芋艿	芋头	芋头	芋头	芋头
8	锅盖	镬甑（盖）	锅盖/釜甑	釜甑	釜甑	釜甑/盖头	釜甑	釜甑	釜甑	釜甑/板甑	板甑	板甑	板甑	板甑/锅盖	锅盖
9	祖父	阿爹	爷爷	爷爷	爷爷	爷爷	爷爷	爷爷	公公	爹爹	爹爹	爹爹	爹爹	爹爹	爹爹
10	事情	事体	事体/事情	事体	事体	事体	事贴	事体	事	事贴	事体	事	事	事	事
11	回家~来/去	转/回/回转	归/家	归	归	归	归	归	归	家	家	家	家	家	家
12	给动词	拨（勒）	把	瞎	瞎	瞎	瞎	瞎	瞎	瞎	瞎	哈ʔ	哈ʔ	哈	把/给
13	宽	阔	宽/阔	阔	阔	阔	阔	阔	阔	宽	宽	宽	宽	宽	宽/阔
14	粗树~	粗	粗	粗	粗	粗	粗	粗	粗	粗/壮	粗	壮	壮	壮	粗/壮
15	红薯	山芋/山薯	山芋	地瓜	地瓜	番芋	番芋	番芋	番芋	番芋	番芋	番芋	番芋	番芋	山芋
16	南瓜	南瓜	番瓜	农瓜	农瓜/南瓜	南瓜	南瓜	南瓜	南瓜	番瓜	番瓜	番瓜	番瓜	番瓜	番瓜
17	鸟儿	鸟t	雀子	鸟t兽	鸟t鸟ŋ	鸟t	鸟t鸟ŋ儿	雀儿	鸟ŋ兽鸟ŋ儿	鸟ŋ兽鸟ŋ儿	鸟ŋ兽	鸟ŋ兽鸟ŋ儿	鸟ŋ儿	鸟n儿总称雀儿小鸟	飞禽总称雀子小鸟

五 语 法

金吕方言各地区的语法表现往往在一项之内同中有异，不便将共性和差别分开描述，因此下面择其要点，合而论之。具体内容包括词缀、方位词、代词、否定词、介词、助词、句式等。

（1）兼用后缀"子""儿""头"①。由东向西，"子"缀和"儿"缀越来越多，"头"缀越来越少。（例5—1～6）

（2）相当于普通话"……上"的方位词，通东话大都说"里"（音·lei /le，不规律），金沙话大都说"年"或"衔²（脚）"。（例5—7）

（3）人称代词的单数形式为"我""你""他"②，复数标记为"俚"（通东话大都音·lei /

---

① "子"缀的韵母为ɿ，不促化。"儿"缀不读鼻音声母或成音节的鼻音。

② 多数金沙话"你"的读音比较特别，有的是ŋ，有的是nĩ。西部地区"他"的读音不规则且分歧较大，以ₜtʰɔ/ʌ（＝滔）最常见，另有ₜtɔ/ʌ（＝刀）、ₛcɔ/ʌ（＝桃）、ₛxɤ/（＝驮）等。

le，金沙话音·li）。（例5—8 ~ 11）

（4）指示代词分为近指和远指两类，基本形式是"<u>格</u>"（近指）和"<u>骨</u>_{中东部}/<u>葛</u>_{西部}"（远指）。（例5—12 ~ 13）

（5）疑问代词的基本形式（即"什么"）除了金沙话西部说"<u>痕呢</u>"，其他地区说"<u>嗲²</u>"（做宾语）和"<u>抖</u>_{东半部}/<u>点</u>_{西半部}"（做定语），另外中东部还说"<u>嗲²</u>子"（做主语），西部的"<u>嗲²</u>"大多也可做定语。（例5—14 ~ 15）

（6）代人的疑问代词（即"谁"）说"哪个"。（例5—16）

（7）一般否定词（即"不"）说"不"。（例5—17）

（8）存在和领有否定词（即"无"），中东部说"<u>冇</u>〔₋mɑ〕（有）"，西部大多说"没有"，部分金沙话说"没得"。（例5—18）

（9）已然否定词（即"未"），通东话的中东部说"<u>文</u>"，西部说"<u>盆</u>"，金沙话大都说"<u>扮（衔）</u>"①。（例5—19）

（10）"走"做介词表示"从"。（例5—20）

（11）"问"做介词表示"向、跟"。（例5—21）

（12）表处置、致使的介词用"拿"（东部读₂nɛ，比较特别）。（例5—22）

（13）给予义动词兼有允让义，并进一步发展为表被动的介词，通东话和少数金沙话用"<u>瞎</u>"，大部分金沙话用"<u>哈²</u>"（"<u>瞎</u>"和"<u>哈²</u>"读音相近，应是同源的）。通东话表被动的"<u>瞎</u>"大多还可在后面附加一个无意义的音节"<u>啦</u>_{东半部}"或"<u>唻</u>_{西半部}"。金沙话大多也用来自遭受义动词的"<u>挨（捱）</u>"表示被动。"<u>挨（捱）</u>"后的施事宾语可以省略，"<u>瞎</u>"和"<u>哈²</u>"都不可以。（例5—23 ~ 25）

（14）相当于普通话"的"的结构助词用"<u>个</u>"（大都音·kɤ）②。（例5—26）

（15）相当于普通话"了"的助词，金沙话大都用"<u>唠</u>"（"了₁"和"了₂"同形）③，通东话普遍有三种形式："<u>仔</u>"（西部也说"<u>落</u>"）相当于"了₁"，表示动作完成；"<u>作</u>"和"<u>落</u>"相当于"了₂"，分别表示事态出现了变化和即将出现变化。（例5—27 ~ 29）

（16）进行体和持续体主要用相当于普通话"在"的词附加虚成分表示，"在"义词在谓词前标记进行体（虚成分可省），在谓词后标记持续体（虚成分不可省）。通东话的"在"义词基本都是"<u>来²</u>"，后附成分有"<u>到</u>_{中东部}/<u>盖</u>_{东半部}/<u>勾</u>_{西半部}"（在谓词后一般只用"<u>盖</u>"或"<u>勾</u>"，不用"<u>到</u>"）。金沙话的"在"义词大多是"<u>勒</u>"，后附成分有"<u>个</u>""<u>好</u>"等（"<u>个</u>"不用于谓词后）。金沙话的持续体标记除了"<u>勒好</u>"，也有不少地点用"<u>唠好</u>"（"<u>唠</u>"是完成体标记）。（例5—30 ~ 32）

（17）普通话的是非问句和反复问句在金吕方言中都用副词问句表达，具体来说：普通话的"VP吗/VP不VP"和"VP了吗/VP了没有"在通东话中的对应句式是"<u>果</u>VP"

① "<u>文</u>"可能是"勿曾"的合音，但通东话今已不说"勿"而说"不"。"<u>盆</u>"和"<u>扮衔</u>"应该分别是"不曾"的合音和讹音。

② 金沙话的助词"个"在喉塞尾韵后读音不变，在鼻尾韵或鼻化韵后变读·ŋɤ，在开尾韵后往往变读·ɤ，也可不变。

③ "<u>唠</u>"大都音·lʌ，在开尾韵后读音不变，在鼻尾韵或鼻化韵后变读·nʌ，在喉塞尾韵后可变读·tʌ，也可不变。

和"果 VP 唻 / 啦 / 嘞",在金沙话中是"格 VP"和"盖 / 孩 / 带……VP（唻）"①。（例 5—33 ~ 34）

（18）含有给予义的动词后接双宾语时，直接宾语可以放在间接宾语之前，形成"V+O~d~+O~i~"的句式。（例 5—35）

由上可见，金吕方言的语法与语音、词汇一样，既有吴语的特点，例如（4）（5）（12）（14）（16）；也有江淮官话的特点，例如（6）（7）（10）（17）；还有兼具吴语和江淮官话特点的表现，例如（1）（3）（9）（15）；另有一些独特的现象，例如（2）（13）。

表5　金吕方言语法的共同特点和内部差异举例②

序号	普通话	苏州	丹阳	三甲 七甲	包场 勇敢	余西 余西	金乐 文山	金沙 东市	南通	扬州
1	鼻子	鼻头	鼻头	鼻子	鼻子	鼻子	鼻子	鼻子	鼻子	鼻子
2	猫	猫	猫	猫儿	猫儿	猫儿	猫儿	猫儿	猫儿	猫（子）
3	芦苇	芦苇	芦苇 / 芦竹	芦头	芦头	芦头	芦头	芦头	芦头	芦柴
4	鸭子	鸭	鸭子	鸭	鸭	鸭子	鸭子	鸭子	鸭子	鸭
5	茄子	茄子	茄子	茄子	茄子	茄子	茄儿	茄儿	茄儿	茄子
6	竹子	竹头	竹子	竹头	竹头	竹子	竹子	竹子	竹子	竹子
7	椅子上	交椅浪（向）	椅子里 / 上头 / 衖'头	椅子里	椅子里	椅子里	椅子年 / 衔脚	椅子年	椅子上（头）	椅子上
8	我	我	我	我	我	我	我	我	我	我
9	你	倷	尔 [ˈȵ2]	你	你	你	你 [ˈŋ]	你 [ˈnĩ2]	你	你
10	他	俚 / 唔倷	他	他	他	他 [ˌtʰ2]	他 [ˌvʌ2]	他 [ˌtʰʌ2]	他 [ˌtʰo]	他
11	们	伲我们 / 唔笃你们 / 俚笃他们	己	俚	俚（个）	俚	俚	俚	两	们
12	这	哀 / 该 / 搞	格	够	格	格	格	格	格	这
13	那	弯 / 归 / 搞	过	骨	骨	葛	骨	葛	□ [kʊʔ2]	那
14	什么叫电脑？	啥（物事）叫电脑？	点高（东西）叫电脑？	嗲'子 / 抖东西叫电脑？	嗲'子 / 点东西叫电脑？	嗲'东西 / 点东西叫电脑？	嗲'东西 / 点东西叫电脑？	痕呢（东西）叫电脑？	什呢（稿子）叫电脑？③	甚们（东子）叫电脑？
15	干什么？	作啥？	做点高？	做嗲'？	做嗲'？	做嗲'？	做嗲'？	做痕呢？	做什呢？	做 / 干甚们？
16	谁	啥人	哪个	哪个	哪个	哪个	哪个	哪个	哪个	哪（一）个
17	不去	弗去	弗去	不去	不去	不去	不去	不去	不去	不去

----

① 金沙话第二种句式的疑问副词形式多样，分歧很大，这里只列举了几个（故后加省略号）。

② 限于版面，表中仅选用 5 个金吕方言的代表点。

③ 南通话的"什"一般在"什呢"做定语时读阳去，其他情况下读上声，但不绝对。

序号	普通话	苏州	丹阳	三甲七甲	包场勇敢	余西余西	金乐文山	金沙东市	南通	扬州
18	没有人	无不人	无则老/没得新人	冇（有）人	冇（有）人	没有人	没有人	没得人	没得人	没得/不得人
19	没有吃	嬲吃	弗经/弗曾吃	文吃	文吃	盆吃	蓬衔吃	扮（街）吃	曾²/不曾吃	没有吃
20	从上海来	从上海来	走上海来	走上海来	走上海来	走上海来	走上海来	走上海来	走上海来	走/打上海来
21	向你要	问倷要	问尔要	问你要	问你要	问你要	问你要	问你要	问你要	跟你要
22	把门关起来	拿门关起来	把门关起来	拿门关起来	拿门关起来	拿门关起来	拿门关起来	拿/把门关起来	把［ₒpo］门关起来	把门关起来
23	给他	拨（勒）俚	把他	瞎他	瞎他	瞎他	瞎他	哈²他	ᶜ哈他	把/给他
24	让他走	让俚走	让他走	瞎他跑	瞎他跑	瞎（嘞）他跑	瞎他跑	哈²他跑	ᶜ哈他跑	让/给他跑
25	被他打	拨（勒）俚打	把他打	瞎他打	瞎（啦）他打	瞎（嘞）他打	瞎他打	哈²/挨他打	挨［ŋa²］/ᶜ哈他打	给/被他打
26	我的伞	我葛伞	我格伞	我个伞	我个伞	我个伞	我个伞	我个伞	我的伞	我的伞
27	买了三斤米	买仔三斤米	买则三斤米	买仔三斤米	买仔三斤米	买仔/落三斤米	买仔/咾三斤米	买咾三斤米	买叨三斤米	买了三斤米
28	天亮了已经亮了	天亮则	天亮咧	天亮作	天亮作	天亮作	天亮咾	天亮咾	天亮叨	天亮了
29	我走了马上要走	我走则	我走咧	我跑落	我跑落	我跑落	我跑咾	我跑咾	我跑啦	我走了
30	在家里（吃饭）	勒（海/浪）屋里（吃饭）	在家里（吃饭）	来²（盖）窝里（吃饭）	来²屋里（吃饭）	来²窝里（吃饭）	勒家里（吃饭）	勒家里（吃饭）	赖家里（吃饭）	在家头（吃饭）
31	在吃饭	勒海/勒浪吃饭	在吃饭	来²（盖）吃饭	来²（到）吃饭	来²（勾）吃饭	勒个吃饭	勒（好）吃饭	赖下吃饭	吃到饭/吃著饭/在吃饭
32	门开着	门开（好）勒海/勒浪	门开则	门开来²盖	门开（到）来²盖	门开（好）来²勾	门开勒好	门开勒好/咾好	门开勒好/（赖）下	门开到/著
33	去吗?	阿去?	去办/曼/弗唦?	果去?	格去?	果去?	格去?	格去?	个去?	可去?/去不去?
34	去了吗?	赠去勒?	去经/曾?	果去嘞?	格去咪?	果去咪?	孩去咪?	带去（咪）?	个曾（啊）?	可去了?/去了没有?
35	给我两本书	拨（勒）两本书我	把两本书我	瞎两本书我	瞎两本书我	瞎两本书我	瞎两本书我	哈²两本书我	ᶜ哈两本书我	把我两本书/把两本书把我

六 总 结

上文全面介绍了金吕方言的基本情况，并对比了周边的吴语和江淮官话，从中可以总结出如下几点：

（1）金吕方言地处吴语北端，毗邻江淮官话，既有吴语的基本特点，又兼鲜明的官话色彩，还有不少独特之处，是一个典型的过渡性的边界方言。具体来说，直接影响它的江淮官话是其西边的南通话（分布于南通市区即古代通州州治以及周边地区，相对强势），金吕方言所具有的官话特点基本与之一致。

（2）金吕方言的内部差异显著，中东部相对保守，西部趋于创新，尤以西端的金沙话为最。究其原因，是由于西部方言特别是金沙话邻近南通话，较之中东部受其影响更大，所含官话成分也更多。金吕方言可以说是吴语和江淮官话的过渡方言，金沙话则是通东话和南通话的过渡方言，通东话的西部又是其中东部和金沙话的过渡区域。

（3）金沙话和通东话虽有不少差别，但也共享诸多特征，其中一些还比较独特，且它们在地理上逐渐变化，界线不清，因此就其本质来说实为同一种方言。二者的差异源于受南通话影响的多少，换言之，金沙话其实是带有更多南通话成分、官话化程度更高的通东话。传统上将金沙话和通东话看作两种方言，是突出了差别而忽视了共性，不利于认识其本质特征和演变过程。现在把二者合为一个金吕方言，视之为该方言的东西两片，才更准确地定性了它们的关系。

（4）金吕方言的归属一直存在争议：是归吴语还是官话？归吴语的话，是归毗陵小片，还是独立为一个小片？① 这个问题比较复杂，需要专文讨论，下面仅就前文所述，初步表明我们的看法：金吕方言虽然由于南通话的长期影响而带有不少官话成分，但仍保留了吴语的诸多重要特征，在语音、词汇和语法上都有体现。通过这些特征，即使抛开判定吴语最常见、最重要的浊音标准，也能确定该方言的吴语属性。金沙话尽管官话化的程度较高，与通东话并无本质差别，它所残存的固有特征依然足以显示其性质是一种吴语。在吴语内部，金吕方言与常州一带的毗陵小片，特别是其西部丹阳、金坛、溧阳等地的方言最接近。对照毗陵小片的特点（许宝华等1984；傅国通等1986；汪平2005），金吕方言大都符合，可见理应把它归入该小片。诚然，金吕方言和常州一带的吴语也有不少差别，但应置于毗陵小片的内部来看。如果需要对毗陵小片作进一步的划分，那么金吕方言才有独立的资格。总之，《中国语言地图集》（1987、2012）将金吕方言归于吴语太湖片的毗陵小片，如今看来确实是最合理的做法。

综上所述，金吕方言作为吴语和江淮官话的边界方言，具有过渡性、变异性和独特性，研究价值颇高。本文只是一个"概述"，未来还需开展更深入的调查和分析。也期望更多的学者关注并涉足这片方言，使之得到充分的讨论，这对于吴语、江淮官话、方言分区、方言地理、方言接触等领域的研究都将有所裨益。

----

① 参见颜逸明（1983）、颜逸明和敖小平（1984）、傅国通等（1986）、鲍明炜和王均（2002）、卢今元（2003）、陶国良（2003）、徐铁生（2003）、汪平（2005、2010）、史皓元等（2006）、周戬剑（2009b）、敖小平（2017：242—244）等。

参考文献

（宋）陈彭年等［编］，周祖谟［校］.广韵校本［M］.北京：中华书局，2011.

（宋）丁 度等.宋刻集韵［M］.北京：中华书局，1989.

敖小平.南通方言考［M］.上海：上海辞书出版社，2017.

鲍明炜，王 均.南通地区方言研究［M］.南京：江苏教育出版社，2002.

北京大学中国语言文学系语言学教研室，王福堂（修订）.汉语方音字汇（第二版重排本）［M］.北京：
　　语文出版社，2003.

蔡国璐.丹阳方言词典［M］.南京：江苏教育出版社，1995.

蔡华祥，万久富.江苏南通金沙方言同音字汇［J］.现代语文，2010（11）.

陈金渊，陈 炅.南通成陆［M］.苏州：苏州大学出版社，2010.

池明明.说"踏"［J］.待刊，2024.

大西博子，季钧菲 2016 江苏二甲方言音系初探［J］.近畿大学教養・外国語教育センター紀要（外国
　　語編），2016（2）.

傅国通，蔡勇飞，鲍士杰，等.吴语的分区（稿）［J］.方言，1986（1）.

江苏省地方志编纂委员会.江苏省志・方言志［M］.南京：南京大学出版社，1998.

《江苏语言资源资料汇编》编委会.江苏语言资源资料汇编［M］.南京：凤凰出版社，2015.

李 荣.方言语音对应关系的例外［J］.中国语文，1965（6）.

李小凡.苏州方言语法研究［M］.北京：北京大学出版社，1998.

李小凡，项梦冰.汉语方言学基础教程（第二版）［M］.北京：北京大学出版社，2020.

卢今元.吕四方言记略［J］.方言，1986（1）.

卢今元.吕四方言两字组连读变调［J］.方言，1994（1）.

卢今元.通东话、金沙话与南通话的比较［J］//上海市语文学会，香港中国语文学会.吴语研究——第
　　二届国际吴方言学术研讨会论文集.上海教育出版社，2003：335—342.

卢今元.吕四方言研究［M］.上海：上海辞书出版社，2007.

吕叔湘.丹阳方言语音编［M］.北京：语文出版社，1993.

南通市统计局，国家统计局南通调查队.南通统计年鉴2022［M］.北京：中国统计出版社，2022.

钱乃荣.北部吴语的特征词［J］//李如龙［主编］.汉语方言特征词研究.厦门大学出版社，2002：
　　100—129.

秋谷裕幸，汪维辉.吴语中表示"左"的本字［J］.语文研究，2015（4）.

瞿晗晔.金沙方言语音研究［D］.南京：南京大学，2013.

史皓元，石汝杰，顾 黔.江淮官话与吴语边界的方言地理学研究［M］.上海：上海教育出版社，2006.

史濛辉.苏州方言中的官话成分［J］//郑伟［主编］.边界方言语音与音系演变论集.上海：中西书局，
　　2016：172—188.

陶国良.通州方言概况和金沙话［J］//上海市语文学会，香港中国语文学会.吴语研究——第二届国际
　　吴方言学术研讨会论文集.上海：上海教育出版社，2003：350—353.

汪 平.北部吴语三小片的重新画分［J］.方言，2005（2）.

汪 平.江苏通州方言音系探讨［J］.方言，2010（3）.

汪 平.苏州方言研究［M］.北京：中华书局，2011.

王福堂.方言本字考证说略［J］.方言，2003（4）.

王世华，黄继林.扬州方言词典［M］.南京：江苏教育出版社，1996.

项梦冰.吴语的"鲎"（虹）［J］.长江学术，2014（3）.

徐铁生.略谈江苏南通专区方音的声母［J］∥方言与普通话集刊（第五本）.北京：文字改革出版社，1958.

徐铁生.通东方言与金沙方言归属刍议——兼论两种方言的形成及其与南通方言的关系［J］∥上海市语文学会，香港中国语文学会.吴语研究——第二届国际吴方言学术研讨会论文集.上海：上海教育出版社，2003：343—349.

徐铁生.通东方言与南通方言词语比较研究［J］∥上海市语文学会，香港中国语文学会.吴语研究——第三届国际吴方言学术研讨会论文集.上海：上海教育出版社，2005：253—257.

许宝华，汤珍珠，游汝杰.北片吴语内部的异同［J］.方言，1984（4）.

许宝华，陶　寰.上海方言词典［M］.南京：江苏教育出版社，1997.

颜逸明.长江下游沿岸吴语和江淮方言的分界［J］.华东师范大学学报（哲学社会科学版），1983（6）.

颜逸明，敖小平.南通金沙话的归类［J］.方言，1984（2）.

叶祥苓.苏州方言词典（第2版）［M］.南京：江苏教育出版社，1998.

郑　伟.吴方言比较韵母研究［M］.北京：商务印书馆，2013.

郑张尚芳.温州方言志［M］.北京：中华书局，2008.

郑张尚芳.吴语方言的历史记录及文学反映［J］∥东方语言学（第七辑）.上海：上海教育出版社，2010.

中国社会科学院，澳大利亚人文科学院.中国语言地图集［M］.香港：朗文出版（远东）有限公司，1987.

中国社会科学院语言研究所，中国社会科学院民族学与人类学研究所，香港城市大学语言资讯科学研究中心.中国语言地图集（第2版）［M］.北京：商务印书馆，2012.

周戬剑.通州金沙方言的调查研究［D］.上海：上海大学，2009.

周戬剑.金沙方言的归类［J］.消费导刊，2009（3）.

（倪志佳　北京大学中文系　rgnzhj@163.com）

百年前宁波话文献的擦音与塞擦音问题新探

陈佳磊

宁波地区（含舟山）开埠以后，从 19 世纪末到 20 世纪初，有不少记录本地方言的文献留存至今，其中主要是一些来华传教士的文献记录，以及后来的地方县志和赵元任先生的记录。这些材料至今已有 100—150 年的历史，是反映宁波话历史语音变化的珍贵材料。

现代的宁波方言也有诸多前辈专家学者的各种成果的探索与发表，是我们进行研究的另一个材料来源。

本文想通过这些材料来论述百年前宁波话文献的一些语音问题，通过文献的体例细节和字音的标注特点，以及不同文献之间叠加的多重证据，加上对前辈学者关于百年前文献的研究梳理，结合现代宁波方言的研究成果，对宁波话文献的擦音和塞擦音问题进行重新探讨，旨在得出宁波话在百年前就已经尖团合流的结论。

一 引　言

本文参考的传教士资料主要有以下几本：

（1）睦礼逊（W. T. Morrison，又译作马礼逊）的《宁波方言字语汇解》（*An Anglo-Chinese Vocabulary of the Ningpo Dialect*，下简称《汇解》）；

（2）翟理斯（Herbert A. Giles）的《华英字典》（*A Chinese-English Dictionary*，下简称《字典》）；

（3）穆麟德（P. G. von Möllendorff）的《宁波方言音节》（*The Ningpo Syllabary*，下简称《音节》）；

（4）庄延龄（E. H. Parker）刊载在中国评论（*China Review*）上的《宁波方言》（The Ningpo Dialect）一文；

（5）穆麟德成书、穆作霖（G. W. Sheppard）修订的《宁波方言便览》（*The Ningbo Colloquial Handbook*，下简称《便览》）；

（6）蓝亨利（H. Van Vleck Rankin）著的《宁波土话初学》（*Nying-po T'u-wo Ts'u-'oh*，下简称《初学》）。

我们采用的本地文献主要是民国时期的《鄞县通志》《定海县志》和赵元任（1928）先生《现代吴语的研究》（下简称《现吴》）的宁波话部分。

经过进一步对比，我们可以清楚地发现，翟理斯的《字典》和庄延龄的《宁波方言》采用了同一套记音系统，且音系基本一致，《字典》记音丰富，记录了不少的异读。同样地，《汇解》《音节》《便览》《初学》的音系体例也是相互承袭的结果，与徐通锵（1991）的研究结果基本一致。

所以实际上，传教士的材料，大体上是分成两个记录系统的。第一个系统是《汇解》《音节》《便览》《初学》的音系，第二个系统是《字典》《宁波方言》的音系。

另外，我们发现更早期的 1844 年另有卫三畏（S. W. Williams）著的《英华韵府历阶》（*An English and Chinese Vocabulary in the Court Dialect*）这本传教士的方言记录也附有宁

波话的不少例字和读音，且记音系统与它们不同，但是由于其系统过于杂乱，且从出版日期推断可能是开埠早期的较为粗糙记录，我们此处未采用。

对于本土材料，我们发现民国时期的《鄞县通志》和《定海县志》中均有过使用变体注音符号及相关文字来说明宁波地区方言的音系及其词汇的情况，且两本县志的注音符号系统上相似，基本无二致。其中，前者是记录的当时宁波府城（今宁波市主城区）的音系，后者是记录的定海府城（今舟山市定海城区）的音系，两地音系均为吴语太湖片甬江小片。

如果单从材料的问世时间线来排布的话，我们可以得到如下的时间线脉络：

1857 年《初学》→ 1876 年《汇解》→ 1885 年《宁波方言》→ 1892 年《字典》（取第 1 版）→ 1901 年《音节》→ 1910 年《便览》→（1924 年《定海县志》）→ 1928 年《现吴》→ 1933 年《鄞县通志》。

《鄞县通志》的所刊方言基本可认定为宁波城中音系，其方言部分的序言也能佐证这一猜测，"昔年编方言时，曾选城市与附郭之土著而年事较富者审定其音以为标准"，故此处不再赘述。

如前文述，传教士音系具备两套不同的承袭性质的记录方案，所以我们大体可以把它们记录时间定为这个音系记录方案出现的最早时间，在我们手头的材料中，它们分别出现不晚于 1868 年和 1885 年，此处我们分别记为穆氏音系和庄氏音系。

二 百年前宁波话擦音—塞擦音的问题

2.1 前辈学者的相关研究

关于百年前宁波话传教士记录的擦音及塞擦音问题有颇多前辈学者有过研究和论述。徐通锵（1991）认为中古见系细音已经腭化为舌面音，但是胡方（2001）和袁丹（2015）则认为见系未全然腭化。而相反，袁文认为中古精组细音已经腭化为舌面音、知三章系则是舌叶音类或者舌面音类，他们的差异是音位性记音问题，而徐文和胡文则认为精组细音依旧是舌尖音。陈忠敏（2022b）则认为传教士记音的知三章系记录的是带圆唇性质的卷舌音声母。

前辈学者的分歧主要体现在以下几个方面：《汇解》和《音节》的 ky- 类的记音究竟是否是腭化的舌面音；同记为 tsi- 类的精组细音和知三章字到底是什么音值。

前三位学者均未使用庄氏的材料作为对照。其中，徐文当时有提到并未能见到庄氏的记录。陈忠敏则提到了庄氏的记录。

2.2 宁波话擦音—塞擦音问题再发现

由于地方志的记录晚于传教士，所以我们这里先看传教士的记录。

在传教士的记录里，可能为擦音或者塞擦音的符号主要有（大体按中古主要对应的声母排列，此处暂不管特例和特殊的韵类）：

	见系细音	精组洪音	精组细音	知三章系齐齿	知三章系圆唇
字例	轻见期桥巧	责再草测碎	津剪将秋青	朝正抽周长	震中出住失
穆氏音系	ky- k'y- gy- hy-	ts- ts'- dz- s- z-	tsi- ts'i- dzi- si- zi-	tsi- ts'i- si- zi-	c- c'- dj- sh- j-
庄氏音系	c- c'- dj- hs-	ts- ts'- dz- s- z-	tsi- ts'i- dzi- si- zi-	tsi- ts'i- si- zi-	ch- ch'- dj- sh- j-

这主要解决以下几个问题：第一类见系细音究竟是否早已腭化了舌面音？第三类精组细音和第四类知三章系齐齿的 tsi- 组是否是舌面音？第四类知三章系齐齿是舌叶还是舌面音？

我们最后通过对两套音系进行的重建，会发现，他们的实际音系是基本相同的，如果不考虑音位互补问题，第一类见系细音和第三四类精组细音和知三章系齐齿均为舌面音，第五类知三章系圆唇为舌叶音。

这里，我们的思路大概是先分开两个体系分别看，因为我们无法排除两者相差近 20 年的时间，会有语音易变的可能性。

两个音系的第二类声母精组洪音其实都可以简单地构拟成 [ts]①，这基本上是毫无争议的。

2.2.1　穆氏音系文献的记录细节

对于穆氏音系的记录，我们能看到的声母音值描述主要是来自《音节》的前言。

对于第三四类精组细音和知三章系齐齿的声母，《音节》有如下描述，"ts 和 dz 是 t + s 和 d + z，前者是清音，后者是浊音。当后面跟 ia 的时候，他们的发音是 tsh 和 dj"。②（字母组合 tsh 并没有在穆氏音系的音节里出现，作者想表达的应是 t + sh 的意思。下文同。）

对于第一类见系细音，《音节》则描述，"（腭化辅音）……ky，gy，hy 只能后接 i 和 ü。ky 和 gy 来源于 k + y 和 g + y，现在发音是 tsh 和 dj；hy=h + y，发音如北方官话的 hs，一种古代的 h 和 s 声母的组合。"③

第五类知三章系圆唇的描述略粗糙，所以此处我们不表，但是书里甚至提到了在 o 前的第五类知三章系圆唇实际上是舌尖音的问题（相当于第二类精组洪音）。

由此看来，实际上穆氏音系的第一三四类，即见系细音、精组细音和知三章系齐齿，实际上是混并的，作者未描述对于三四类声母如果跟随带 i 且不是 ia 的韵母，是否合并的问题。

所以，第一类见系细音 ky- 系和第三四类精组细音和知三章系齐齿 tsi- 系是合并了，也可从 hs 得出，由于 hs 主要是用来拼写北方官话的 [ɕ]，故同时把 ky- 系和 tsi- 系构拟成舌面音是合情合理的。而既然它们占用了舌面音的位置，那么，第五类知三章系圆唇的 c- 就只能是舌叶或者卷舌了，且其在现代宁波方言也全部拼读圆唇洪音的字，更佐证了这一观点。

如此看来，前辈学者的构拟各有所长和不足，我们基本同意徐文见系已经腭化为舌面的观点，也基本同意袁文精组和知三章的细音字也已经腭化为舌面的观点，我们认为百年前宁波方言的这几组声母已经在剧烈变化与混并当中了，且传教士在对它们的记录形式上有刻意泥古的嫌疑。

当然，从穆氏记录的音节表看，第一类见系细音 ky- 系、第三四类精组细音和知三章

---

① 本文中凡是字母及组合字母符号代表的是音标意义的，均放入音标括号 [　] 中，以与传教士的字母写法相区别，如遇特殊体例部分则另具体说明。

② 原文：ts and dz are t + s and d + z，the first the voiceless，the latter the voiced sound. When followed by ia they are pronounced like tsh and dj.

③ 原文：（Palatalised Consonants.）... Ky，gy，hy，can only be followed by i and ü. Ky and gy，originally k + y and g + y，are now pronounced like tsh and dj；hy=h + y，is pronounced like hs in northern mandarin，a combination of the old h and s initials.

系齐齿 tsi- 系所能拼合代表的韵类与第五类知三章系圆唇的韵类是互补存在的，即从现代语言学的视角看，前几类所代表的舌面音和后者第五类所代表的舌叶音是由韵类决定的条件变体，以次清字为例，即如下：

c'ih	ky'i-ts'i	ky'in-ts'in	ky'üoh
c'ing	ts'ia	ky'ing-ts'ing	ky'üong
c'ong	ky'iah-ts'iah	ky'iu-ts'iu	ky'üôh
c'o	ky'iang-ts'iang	ky'ü	
c'ông	ky'iao-ts'iao	ky'iüh	
c'ü	ky'iæ-ts'iæ	ky'iüng	
c'ün	ky'ih-ts'ih	ky'ün	

此处看上去有对立的韵是 ih、ing、ü 和 ün，但是传教士有明确记录说在上面左边字母 c 组后面的 i 和 ü 与表格右边的 i 和 ü 并不相同，这一点陈忠敏也已经做出了详细的说明，此处不再详述。

2.2.2 庄氏音系文献的记录细节

对于庄氏音系的记录，我们本也可以从穆氏音系作为参考来推理得出，但其实我们还有别的突破口。庄氏音系除了见组细音记为 c- 系之外，我们发现同体例的《字典》中，中古通摄三等字有比如"中盅"记录成 ciung 的情况，根据历史演变规律，我们如果把第一类见系细音的 c- 系构拟为硬腭辅音是非常不合理的，我们只能认为它已经是舌面音了，这样也正好照应了穆氏音系的构拟。对于第三四类精组细音和知三章系齐齿的音值，庄氏也有相关的描写——

"ts 和 c（换言之，理论上的 k 或者 ky）是纯粹的，或者至少能在所有的元音前清楚地被区别的，除了那些只能接 j，sh，ch，（换言之 tsh）的元音：有一个纯 i（如 i，ing）的例外，在它们之前，ts 和 ci 是相当不可区别的……"①

我们把这句话翻译成现在通俗的理解就是，有一部分元音（或者韵母）只能接 j，sh，ch 等声母符号（也就是我们表里的庄氏音系的第五类），把这部分元音（或者韵母）排除以后，在 i，ing，ih 前的声母符号 ts 和 c 是不可被区分的，而当符号 ts 拼合洪音的时候，就又和与 c 相对应的洪音声母符号 k 区别开来了。这是由于后者不拼洪音，前者在洪细前面的音值有别造成的。

由于第五类知三章系圆唇声母本身和舌面音在演变关系上更加密切，如前文的"中盅"字。所以和穆氏音系一样，我们将第一三四类，即见系细音、精组细音和知三章系齐齿声母，均构拟成舌面音 [tɕ] 类，而将第五类知三章系圆唇声母构拟成带圆唇性质的舌叶音 [tʃɥ] 类②。关于圆唇问题陈文（2022b）也已有较多论述，我们亦不再作详述。

从而我们可以知道，这穆氏和庄氏记录的基本上是同一个音系，只是记音使用的字母体例不同造成的。庄氏描写进一步证实了穆氏在《音节》前文的所用字母体例叙述的音值特点。

---

① 原文：Ts and c（i.e. theoretical k or ky）are pure, or at least clearly distinguishable, before all vowels but those vowels named which can only take j, sh, ch,（i.e. tsh）: with the single exception of pure i（e.g. i, ing,）before which ts and ci are quite indistinguishable.

② 在主元音为圆唇的情况下 ɥ 可不标，下文从之。

我们还需要注意的是，庄氏对宁波话的基于拉丁字母的符号记录，是有一定的正字法成分的。所谓的正字法成分，即，其不一定是完全按照当时的时音来如实作记录的，庄氏对其"宽泛的规则（broad rules）"有这样的表述："毫无疑问，很多宁波土著，或者住得离宁波非常近的人能够区别与理论规则一致的 h，s 和 sh（包括 c，tz 和 ch，以及它们的低调形式）。"① 另外庄氏说"喜"和"洗"基本（quite）不分，"阅"和"屑"偶尔（occassionally）区分，区分的方式是"阅"读 hsih，而"屑"的声母是更纯（purer）的 s，而在一般对话中，这些字的声母都可以发成 hs，用语境来区分而不产生歧义。

从中，我们也可从不同传教士记录方案的冲突与差异中，得出见组细音和精组细音在百年前就即将完成尖团合流，这种变化来得非常地迅速，尽管在庄氏的调查中，这几组中古声母字尚可能存在最小对立，且其对穆氏的系统记录有所不满。然而综合来看，在当时，这几个声组的区分已经是相当个体化的了，对立十分混乱，合流的大势已势不可挡。

然而，陈文还认为，第五类知三章系圆唇声母是一个比舌叶音舌位更进一步的卷舌音。我们认为这是如何描写这个音值的观点差异。

众所周知，同样是记录为［tʃ］或者［ʃ］的音，在英语中和粤语中听感差异相当大。这个主要是因为这组音的描写条件和发音范畴相当宽泛造成的，英语的这组音从主被动发音部位看，可以认为是龈后-舌叶音，而粤语则不然，它属于齿龈-舌叶音。

英语的舌叶音其实比较接近传统上汉语部分方言音系中知系字的卷舌记音习惯，以及南方人说非母语的普通话时这一组声母的发音，北京话则会显得更加地卷舌化，而粤语则是另一种音质。就舌位的状态来说，粤语的齿龈-舌叶音更接近传统上我们所称呼的舌尖音，而龈后-舌叶音更接近北京话的卷舌音。被动部位的差异，也导致了发这类音的方式甚至即便在同一母语中也存在个体差异，比如卷舌音或者龈后-舌叶音除了可以发成陈文中的舌位产生横向凹槽的口腔状态，也可以将舌头形成一个拱形，甚至舌尖贴下齿龈。

综上来说，陈文中的卷舌音可以相当于我们这里的舌叶音，而陈文中的舌叶可能更接近现代粤语的记音习惯里的舌叶音，而非我们所想表述的舌叶音。

2.2.3 传教士记音与《通志》记音的矛盾与依据

那么，传教士文献为何会把相同的辅音分立，但是又标注他们同音呢？其实传教士的思想也是深受韵书和其他汉语方言影响，传教士在很多书里都会强调所述方言和其他方言以及古代韵书的辖字对应关系，"对应于""平均的（或者译为'一般的''普通的'）""相当于"这种词汇经常会出现在描述中，所以就导致了音值描述和具体记录的不统一。

另有一个证据可以证明这个观点的是，高本汉曾提到穆氏和庄氏的记音相去甚远（徐通锵 1991），这就是因为这些传教士的记音都受困于韵书和其他汉语方言的归类和对应关系的思想，记录的并不是完全的字母实际读音，而需要完备的补充说明来解决这个问题，这也招致了后来的庄氏在《宁波方言》中的不满和论争。

而三四类精组细音和知三章系齐齿声母的合流也难怪清代的《鄞县志》载宁波人"呼招为焦，张为将……"了。

而当我们看更后来的《鄞县通志》，甚至结合同时代所记相近音系的《定海县志》，我

---

① 原文：Doubtless many speakers of pure Ningpo or at least many living very near to Ningpo, make the distinction between h，I and sh（including c，cz and ch，and the lower forms）in accordance with theoretical rules...

们发现几个疑点。这两本书均分尖团，如果从现代汉语的注音符号音值的视角看，似乎在细音下，见系被记录为［tɕ］类型，精组和知三章字为［ts］类型，且［ts］类能够拼合撮口呼。如对比看①：

见系洪音

ㄍㄞ gai   該改蓋

ㄏㄞ hai   哈海

见系细音

ㄐㄩ ju   居舉據

ㄒㄩ xu   虚許噓

精组和知三章

ㄗㄞ zai   災宰載

ㄙㄞ sai   鰓諰賽

ㄗㄩ zü   諸主羀

ㄙㄩ sü   書暑絮

ㄗㄧㄠ ziao   昭沼照

ㄙㄧㄠ siao   宵小笑

仔细分析的话，我们会发现，《鄞县通志》的见系洪细声母记录的并不相同，但是精组和知三章系是只有一套声母。

这里就产生了一个矛盾。如果把表中的ㄗ、ㄙ等相关的声母拟成舌面或者舌叶，就无法照顾到洪音字的问题，不管是传教士、赵元任（1928）还是现代宁波话记录，他们的精组洪音均为舌尖音。

而换一个思路，如果把表中的ㄗ、ㄙ等相关的声母拟成舌尖音，但一来再仔细查看与《鄞县通志》基本同时代的赵元任关于宁波方言的相关记录表（1928），我们会发现，其实宁波话的尖团合流早在1928年就完成了；二来上文已经说到这组音的细音部分传教士记录为腭化的舌面音，反过来在不到十年内再次变回舌尖音，而在现代又变回腭化的舌面音，极其反常的；三来在传教士时代"居举据"和"书暑絮"早就已经不同韵，后者已经变为了舌叶拼合的舌尖圆唇韵，也是矛盾颇多。方志的音系声母格局和传教士甚至是赵元任的记录相较，差异非常参差，甚至完全不符合历史演变规律。

我们认为，《鄞县通志》的编撰者对音系做了存古处理，可靠性有待商榷。有一个可疑的旁证是，我们发现《鄞县通志》正好是在老国音推行后的十余年间出版的，所以可能也暗示了老国音的部分尖团对立思想的影响。

而对于非宁波市区音的记录文献《定海县志》，它的符号体例和《鄞县通志》大体一致，但是中间又掺杂了一些其前文未提到的ㄓㄔㄕ声母（孙宜志 2010），所以也是相当粗糙。

因此，百年来宁波话这几类声母组别的演变用音标记录如下：

见系细音　　　　ki- > tɕi-

精组细音　　　　基本保持 tɕi- 不变

知三章　　　　　今齐齿呼类：tɕi-；今圆唇韵母类：tɕi-/tʃ- > ts-，如：

---

① 所注拼音暂依对应关系，将注音符号转写为对应的汉语拼音，并非最终的实际音值。

主 tʃʅ > tsʅ，中 tɕiuŋ > tʃuŋ > tsoŋ，酸 ʃø > sø̃ > sø。

后两类字其实在百年前就出现了端倪，《字典》的通摄知三章字的记音相当地混乱，如：

中 ciung［tɕiuŋ］， 铳 c'iung［tɕ'iuŋ］， 种 锺 chung［tʃuŋ］， 重 djung［dʒuŋ］， 冲 ts'ung［ts'uŋ］，仲 dzung［dzuŋ］。

在庄氏《宁波方言》里，"中"字亦有 tsung［tsuŋ］的记录，"酸"字则记录了 shöñ［ʃø̃］和 söñ［sø̃］两读。而在今宁波镇海话中圆唇韵母（主要是知三章字，精组字混入）依旧大部分读舌叶音，可以作为一个这方面的佐证，如：

中盅［tʃoŋ］，酸宣［ʃø］，主珠［tʃʅ］。

我们认为镇海话这是精组的圆唇韵并入知三章系圆唇韵的结果，而宁波市区话则走了相反的路径。

三 结 论

沿着前辈学者对历史文献的不断分析和交锋所开辟的路径，以及对新文献的进一步深入挖掘，我们最终发现，早在百年前，传教士记音尖团已经开始剧烈合流，其存在形式上的泥古和受传统汉语及方言语音格局影响的特点，但是整体上还是忠实地保留了对时音的记录，收录了不少异读和特字，且当时的知三章系主要还保留在舌叶的位置上，而部分字尚未完全脱离舌面音，有部分字则有变往舌尖的趋势，说明当时宁波话已经处在剧烈的音变过程的前夜了。

与此同时，我们还对方志音系做出了判断，通过其和传教士音系以及同时期赵元任的记录做出对比，发现其并未完全忠实地记录时音，而是有所保留和相对记录得混乱，更显得忠于传统韵书的结构特点，而未能在体例和记音上表现宁波话的实际声母特点。

参考文献

陈忠敏.卷舌音［J］.民族语文，2022（3）.

陈忠敏.论百年前宁波话卷舌音声母［J］.方言，2022（4）.

高本汉.中国音韵学研究［M］.赵元任，罗常培，李方桂，译.长沙：商务印书馆，1915—1926/1940.

胡 方.试论百年来宁波方言声母系统的演变［J］.语言研究，2001（3）.

宁波市地方志编纂委员会.宁波市志［M］.北京：中华书局，1995.

孙宜志.民国《定海县志·方俗志》反映的定海方言特点［J］.语言科学，2010（6）.

汤珍珠，陈忠敏，吴新贤.宁波方言词典［M］.南京：江苏教育出版社，1997.

徐通锵.百年来宁波音系得演变——附论音变规律的三种方式［J］//语言学论丛.北京：商务印书馆，1991.

袁 丹.从传教士文献和现代方言再论百年来宁波方言声母系统的演变［M］//东方语言学（第十五辑）.上海：上海教育出版社，2016.

赵元任.现代吴语的研究［M］.清华学校研究院丛书第四种，1928.

镇海县志编纂委员会.镇海县志［M］.北京：中国大百科全书出版社，1994.

（陈佳磊 浙江水利水电学院 310018）

开埠初期上海方言同音字汇
——基于艾约瑟记录的校理与研究 *

赵倬成　葛佳琦　罗行沛

一　引　言

　　对上海话的语音记录，自开埠初期至今基本未曾中断，积累了丰富的材料。陶寰、高昕（2018）对这些语音记录有精要的述评，陈忠敏（2020）对上海方言的研究状况进行了全面的综述。

　　由于上海开埠之后方言变化剧烈而迅速，因此早期传教士的方言记录为上海方言史的研究提供了极为重要的材料。其中英国传教士艾约瑟（Joseph Edkins）的《上海方言口语语法》（*A Grammar of Colloquial Chinese, as Exhibited in the Shanghai Dialect*，后文简称《语法》）是最早的能够全面分析开埠初期上海方言音系与句法的著作，在上海方言史的研究中有着重要的地位，在相关研究中被广泛征引①。《语法》共有两版，第一版出版于1853年，第二版出版于1868年。除了《语法》之外，艾约瑟另著有《上海方言词汇集》（*A Vocabulary of Shanghai Dialect*，后文简称《词汇》），同样提供了大量开埠初期上海方言的语音和词汇材料。艾约瑟使用的记音符号在石汝杰（1994）和陈忠敏（1995）中有详细介绍，本文不赘。

　　不过，《语法》《词汇》两书中的字音材料散见全书，利用起来颇为不便，因此不少学者对艾约瑟提供的材料进行了整理与研究。就目力所及，对艾约瑟所记上海方言字音的整理有三份：朴允河（1996）基于《语法》第二版整理了一份同音字表，但没有区别声调，相当于一份"同韵字表"，并且部分字所系韵母有误，例如"下"的 'hó［fio⁴］② 音误系在［uo］韵下，而属［uo］韵的"瓜挂寡"三字则误系于［o］韵；田佳佳（2004）同样基于《语法》第二版进行了同音字表的整理，区分声调并列出了异读，但对零声母的处理并不统一：例如，该文将艾约瑟的零声母 í 韵阳调字的标记为 i，而将零声母 au 韵阳调字的标记为 hau；石汝杰（2011）也以《语法》第二版为基础整理了同音字表，同样区分不同声调并列出了异读，是目前质量最高的一份整理，但还是存在一些缺漏，例如失收《语法》第二版第137页"一齐"一词中"齐"的 dzí［dzi²］音。

　　上述三份对《语法》的整理都只使用了第二版作为材料，没有使用第一版，因此其中都收入了部分第二版中的明显舛误。例如，朴允河（1996）［mi］音节下失收"未"字，原因想必是艾约瑟原书将该音的"未"误作"夫"（Edkins，1868：49）；田佳佳（2004）的"比"字收有［pi¹］和［pi³］两读，但前一读音在《语法》第二版中只出现过一次，

　　* 本文写作受国家社会科学重大基金项目"上海城市方言现状与历史研究及数据库"（项目批准号：19ZDA303）资助，写作过程中蒙陈忠敏、盛益民二位老师与牛赛晨同学的指教，谨致谢忱。

　　① 代表性论著如胡明扬（1978）、周同春（1988）、陈忠敏（1995）、钱乃荣（1997、2003、2014）等。

　　② 艾约瑟记音符号原文照录，用方括号给出本文的拟音。用数码1～8表示阴平、阳平、阴上、阳上、阴去、阳去、阴入、阳入。

且在第一版中注音为'pí（即［pi³］），可见第二版注音有误；田佳佳（2004）和石汝杰（2011）的"夫"都有 fû（相当于［fŋ¹］）的异读，该音只在《语法》第二版的"字母表"（Alphabet，Edkins，1868：1）中出现，且第一版的相应注音为 fú（即［fu¹］），同样可见第二版注音之误。由以上数例可见，如果整理艾约瑟所记上海方言时只使用《语法》第二版，必然会收入其中的错误读音。因此，本文在整理《语法》的字音时，以第二版的记音为基础，校以第一版，改正第二版中的明显记音错误。限于篇幅，不出校记。

另外，前人对艾约瑟所记上海方言的字音整理与研究大多限于《语法》，没有关注《词汇》一书。实际上《词汇》收字较《语法》为多。据笔者统计，《语法》中共出现 1698 个不同的汉字，《词汇》共出现 2935 个汉字，其中有 1439 字不见于《语法》。因此，只有将《词汇》纳入整理范围，才可以更完整地展现开埠初期上海方言的字音系统。

鉴于此，本文将综合整理《语法》的两个版本（Edkins，1853；Edkins，1868）及《词汇》（Edkins，1869）所提供的全部字音材料。对于《语法》，本文比较了第一版和第二版中每一个汉字的记音，剔除了通过版本对校及现代上海地区方言比较可以确证为误记的读音。对于《词汇》，由于没有可供参校的不同版本，本文只做了整理的工作。然而，《词汇》的记音相较《语法》规律性较差，对《语法》所定立的记音规范也不再严格遵守（参看朴允河，1998），因此《词汇》中既出现了不见于《语法》的记音符号，还出现了大量不规律的异读。对于这些异读的处理，3.1 节会作详细说明。

二　音　系

本节介绍本文对艾约瑟所用记音字母的拟音。需要特别说明的是，由于艾约瑟的记录提供了开埠初期上海方言的很多语音细节，为保留艾氏记录的原貌，本文在整理时不作过度的音位归纳，故而本节的声母表和韵母表中列出了所有音位变体，而不是一般方言调查报告中的声韵母表。表中先列艾约瑟的记音符号，随后在方括号中给出本文的国际音标拟音。声、韵、调三表中的例字保留繁体字形。

2.1　声母变体（33 个）

p [p] 擺兵撥	p' [pʰ] 炮破匹	p.b [b] 排蓬鼻	f [f] 廢紡幅	f.v [v] 肥₂奉₂勿	m [m] 迷朦襪	
t [t] 帶頂掇	t' [tʰ] 拖廳禿	t.d [d] 杜田疊			n [n] 怒朧納	l [l] 路連辣
d [d] 對₁短₂答₂						
ts [ts] 際鑽₂節	ts'.t's [tsʰ] 趣穿七	dz [dz] 臍齎₂絕	s [s] 西扇雪	s.z [z] 序薺₂嚼		
k [k] 高缸刮	k' [kʰ] 課坑客	k.g [g] 葵共挾ᵤₑᵢₐ	h [h] 火狠黑₁	h [ɦ] 壞₂形疫	ng [ŋ] 危₁硬額₁	
ki [c] 鬼₁京腳	k'i [cʰ] 巧₁輕吃₁	ki, gi [ɟ] 旗₁鯨極	hi [ç] 曉₂訓₁血₃		n, ny [ɲ]① 愚人₁禰	
ch [tɕ] 鬼₂	ch'.c'h [tɕʰ] 巧₂吃₂	dj.j [dʑ] 旗₂序₂局₁	h' [ʑ] 曉₁訓₂血₁			

∅爱影一

声母说明：

（1）石汝杰（1994）及陈忠敏（1995、2019）均已指出艾约瑟用斜体字母 *p*、*t*、*k*、*f*、*s* 等标记位于词首的全浊声母，用 b、d、g、v、z 等浊音字母记录词中位置的全浊声母。需要指出的是，此次校理中未发现艾约瑟用斜体 *ts* 来标记［dz］。对于斜体清音字母和正体浊音字母，遵循前人的处理原则，都归纳为一套浊音音位［b］、［d］、［g］、

---

① 此行声母均只出现在［i］和［y］之前。

［v］、［z］。

（2）陈忠敏（1995、2019）将中古帮端母所对应的声母都拟作内爆音［ɓ］、［ɗ］。这一构拟固然符合现代松江片方言的情况，但艾约瑟的所有记录中只出现了配"高层调"（upper series）的 d，没有出现过配"高层调"的 b，且前者的出现极其有限。本文据此单列一个［ɗ］变体，表示齿龈内爆音在当时的上海县城还有遗留，但双唇内爆音已经完全失落①。

（3）艾约瑟记录齿龈送气塞擦音的符号有两种，一种是 ts'，一种是 t's。例如"千"字，在"千里镜"一词中注音为 ts'íen（Edkins，1868：16），在"千山万水"一词中注音为 t'síen（Edkins，1868：47）。本文不区分二者，统一拟为［tsʰ］。

（4）细音前的见系声母略为复杂，本文采纳朴允河（1998）的观点，将艾约瑟的 ch、ch'（c'h）、dj（j）和 h'i 拟为龈腭辅音［tɕ］、［tɕʰ］、［dʑ］、［ɕ］。［tɕ］、［tɕʰ］、［dʑ］三个声母变体所辖的字数量很少，并且只在《词汇》中出现。［ɕ］声母变体用例较多。由此也可看出当时见系细音字的读音至少已经存在完全腭化的情况。相应地，用 ki/kü 系列字母记录的声母可能意味着腭化音变已经在当时上海方言中发生，本文从陈忠敏（1995）的做法，将出现在细音前的 k、k'、g（k）、h 拟为硬腭音［c］、［cʰ］、［ɟ］、［ç］。

（5）由于细音前见系声母主要读硬腭辅音，为求声母的系统性，在细音前的泥娘疑母拟为硬腭鼻音［ɲ］。艾约瑟另有一种标记该类鼻音的符号 ny，主要出现在入声韵 ih［iʔ］前②，不为之令立变体，也拟作［ɲ］。

（6）对于零声母阳调字，艾约瑟的标注方法有两种，一种是用斜体 h 作为声母标记，另一种是将首个元音字母标为斜体。例如："下"之白读在 Edkins（1868：169）之单字"下"和"下手"一词中的注音均为 'hau，而同页"手底下""手下"中的两个"下"注音为 'au③。又如，"何"在 Edkins（1868：139）的"何况于"中注音为 hú，在 202 页"总督吥奈何咾服毒者"中注音为 ú。对于该现象，本文按现代方言学记录上海话的习惯，将之全部处理为［ɦ］声母，代表零声母阳调字在音节起始位置的"浊流"。

2.2　韵母变体（84 个）

z［ɿ］豬師水₁字	í［i］彼₃徐₁雞兒₂	ú［u］波土初課	ü［y］主₂龜虚雨₁
û［ʮ］主₂娶₁書樹₁			
á［ɑ］埋多₁洒家₁	iá［iɑ］借家₂皆夜	wá［uɑ］乖₁歪快₂壞₁	
é［e］彼₁撞災開	ié［ie］且₂邪₂也₂	wé［ue］乖₂回₁葵灰	üé［ye］雖₂
			ûé［ɥe］雖₁水₃隨₁
			ûi［ɥi］追₂水₄罪₅
	iae［iæ］駭		
eu［ɣ］浮奏洲狗	ieu［iɣ］流酒九休		

---

① 这一模式在吴语中亦能找到例证：浦城吴语的中古端母今读大多为［l］，帮母今读只有［p］（樋口靖，1992）。

② 只有《词汇》第 123 页"绒盐"一词的"绒"字注音 nyúng［ɲiuŋ²］，不符此规律。

③ 同页"做私底下个事体"之"下"注音作 'áu。该"下"字初版作 'au，又第二版 51 页韵母表中只有 au 韵，没有 áu 韵，可知 'áu 音当是排印错误。

au [ɔ] 毛刀抄啞$_1$	iau [iɔ] 飄跳笑轎		
ó [o] 爬茶舍啞$_2$		wó [uo] 瓜花$_1$話$_1$划	
	iú [iu] 靴		
a*n* [æ̃] 班$_1$談三鹹	ia*n* [iæ̃] 嚴$_1$咸甘	wa*n* [uæ̃] 關$_1$還彎	
é*n* [ẽ] 盤$_1$男船暗	íe*n* [iẽ] 偏田線$_1$鹽	wé*n* [uẽ] 官換$_1$碗$_1$	yue*n* [yẽ] 圈$_2$懸$_2$圓$_2$
			û*en* [ɥẽ] 酸$_2$
ö*n* [ø̃] 團亂$_1$汗安$_1$	iö*n* [iø̃] 拳軟遠冤		
û*n* [ɣ̃] 亂$_2$酸$_2$肝			
áng [aŋ] 棚冷$_1$張硬	iáng [iaŋ] 搶薑香羊	wáng [uaŋ] 橫$_1$	
ung [ʌŋ] 盟登針$_2$沉$_2$	iung [iʌŋ] 經近$_2$引$_2$影	wung [uʌŋ] 魂睏$_2$穩$_2$	
un [ʌn] 盆存根恩$_1$	iun [iʌn] 琴人$_1$引$_1$陰	wun [uʌn] 滾昏渾$_1$穩$_1$	
	ing [iŋ] 賓廳進星		
	in [in] 新$_1$訊$_1$		iün [yn] 軍雲允$_1$
ong [ɒŋ] 忙湯章$_2$雙	iong [iɒŋ] 旺$_1$	wong [uɒŋ] 慌王柱	
óng [oŋ] 風$_1$送$_1$孔	ióng [ioŋ] 宮$_1$濃$_1$榮		
úng [uŋ] 風$_2$送$_2$恐$_2$	iúng [iuŋ] 窮$_2$容$_2$		
ah [æʔ] 八答$_1$殺鴨	iah [iæʔ] 捏甲$_2$	wah [uæʔ] 刮挖	
ák [ɑk] 百$_1$拆$_1$客$_1$	iák [iɑk] 略$_1$脚$_1$		
áh [ɑʔ] 百$_2$拆$_2$客$_2$	iáh [iɑʔ] 略$_2$嚼脚$_2$	wáh [uɑʔ] 劃	
ok.og [ɒk] 薄$_1$落$_1$學$_1$		wok [uɒk] 桲	
oh [ɒʔ] 薄$_2$落$_2$學$_2$		woh [uɒʔ] 或$_2$	
ók.óg [ok] 福$_1$六$_1$國$_1$	iók [iok] 肉$_1$		
óh [oʔ] 福$_2$六$_2$國$_2$	ióh [ioʔ] 軸$_1$菊肉$_2$	wóh [uoʔ] 國$_3$獲	
úh [uʔ] 足$_2$			
öh [øʔ] 掇渴	iöh [iøʔ] 橘月$_1$血$_1$		
eh [əʔ] 撥汁十$_2$合$_1$	ih.yih [iʔ] 筆滴席$_2$急	weh [uəʔ] 骨活$_1$	iüeh.yueh [yəʔ] 血$_2$
	ik [ik] 集$_2$		
uk [ʌk] 識$_1$賊$_1$黑$_1$	iuk [iʌk] 踢$_1$逆$_1$		
uh [ʌʔ] 識$_2$賊$_2$黑$_2$	iuh [iʌʔ] 踢$_2$逆$_2$		
m [m̩] 嘸$_1$墓$_2$	ng [ŋ̍] 兒$_1$魚$_1$五$_1$恨$_1$	rh.urh [ɺɿ] 兒$_3$耳$_2$二$_2$	

韵母说明：

（1）iae［iæ］、yue*n*［yẽ］、û*en*［ɥẽ］、úh［uʔ］、iüeh（yueh）［yəʔ］五个韵母仅见于《词汇》，且辖字极少，已穷举于韵母表例字中。［ɺɿ］用 urh 来记录仅亦见于《词汇》。üé［ye］韵只一见。

（2）刘坤泽、盛益民（2023）提及艾约瑟的记录中有两个"特殊韵母"：ûé 和 ûn。该文将前者直接处理为［ø］，后者处理为［ẽ］的条件变体。笔者认为直接将 ûé 处理为

［ø］并不合适，理由有二：其一，在描写字母 ö 的音值时，艾约瑟明确指出这一字母所代表的音就是德语 Göthe 中的 ö[①]，只不过举例字都是阳声韵 ön［õ］韵字。如果当时上海方言中存在阴声韵的［ø］，艾约瑟可以直接用 ö 记录，没有必要使用一个不常见于欧洲语言中的音。其二，纵观艾约瑟的记录，有三个字有 ûé ~ ûi 的异读：追 tsûé ~ tsûi、水 'sûé ~ 'sûi、罪 'dzûé ~ 'dzûi[②]。异读数量虽然少，但也能够说明在 ûé、ûi 两韵中 û 是一个类似介音的成分，因而这两韵不是单元音韵。结合陈忠敏（1995、2019）认为 ûé 韵反映了上海方言与嘉兴方言之间关系的观点，本文将 ûé、ûi 拟为［ɥe］、［ɥi］，相应地将 ûen 韵拟作［ɥẽ］。对于 ûn 韵，纳入《词汇》考察之后，可以发现［k］声母之后同时出现了 ûn 和 ön 两韵，只有［ts］组声母后只有 ûn 而无 ön 韵。目前诸家对 ûn 的拟音如下：［ỹ］（朴允河，1996；钱乃荣，1997；田佳佳，2004）、［œ̃］（石汝杰，2011）、［õ］（陈忠敏，1995）[③]、［ɥõ］（陈忠敏，2019）。根据艾约瑟记音体例，ûn 韵记录的应该就是单元音 û 的鼻化，因此从形式上说［ỹ］、［œ̃］、［õ］的处理符合"鼻化的单元音"这一要求。不过，绝大部分 ûn 韵字都有 ön［õ］的异读，说明该韵与［õ］有密切的关系，处理为［ɥõ］可以反映这一点。本文综合"鼻化的单元音"及"与［õ］密切相关"两重要求，将 ûn 拟为［ỹ］。理由如下：艾约瑟将 û 描写为"［o］与［u］之间的音"，而 û 单独作韵母时代表［ɥ］，说明 û 记录的元音舌位不会太低，因此拟作［œ̃］似不十分合适；除 ûn 韵之外所有的 û 记录的都不是后元音，因此拟作［õ］似也不十分合适；ûn 韵可以出现在软腭声母［k］后，拟作鼻化的舌尖韵母［ỹ］会面临［kỹ］难以发音的困难。综合上海地区方言今读情况，本文将该韵拟为［ỹ］。中派上海市区方言中［ɣ］是［yø］的变体，如"娟"字有［tɕyø¹］ ~ ［tɕɣ¹］异读（许宝华、汤珍珠，1988：53）[④]。另外值得注意的是，"脆"和"醉"二字出现过记作 ûn 韵的异读，这两个字都属于可能发生"支微入虞"的字，出现阳声韵异读虽不合常理，但也说明 ûn 带有前高元音的性质，更进一步说明 ûn 的主元音音值与［y］相近。因此［ỹ］当是最接近 ûn 所代表的实际音值的构拟。

（3）iae 韵是 ié 韵的自由变体，存在人际差异（Edkins，1868：54）。据艾约瑟的描述，ae 所代表的音值接近苏格兰英语的 æ。据 Grant & Dixon（1921：48）对苏格兰英语该音的描写，将 iae 拟为［iæ］。该韵仅"骇"一字，见于《词汇》。

（4）áng、ong 两系韵母前人处理亦有不统一之处。韵尾有无方面，周同春（1988）、朴允河（1996）处理为［-ŋ］韵尾，陈忠敏（1995、2019）、钱乃荣（1997、2003、2014）、石汝杰（2011）处理为鼻化元音，田佳佳（2004）将 áng 系处理为鼻化元音，ong 系处理为［-ŋ］韵尾。本文将这两系韵母都处理为带鼻韵尾［-ŋ］的韵母，理由有二：其一，艾约瑟从未说过 ng 所代表的音有异于［ŋ］的表现；其二，当时的语音系统中已经有［æ̃］、［ẽ］、［õ］三套对立的鼻化元音，如果将 áng、ong 也拟作鼻化元音，则有五套对立的鼻化元音，如此复杂的鼻化元音系统在吴语中似不多见。对于这两系韵母主元音

---

① 该字母在德语中读音即［ø:］，参 O'Brien & Fagan（2016：17）。
② 该音《语法》第二版作 dzûi（Edkins，1868：35），据初版（Edkins，1853：37）改。
③ 原文作［õ̠］。
④ 如果采纳 Chen & Gussenhoven（2015）提出的上海方言龈腭声母后无介音的观点，就可以更明显地看到［ɣ］和［ø］的关系："娟"［tɕø¹］ ~ ［tɕɣ¹］。

的构拟，本文将 áng 拟作［aŋ］，ong 拟作［ɒŋ］。后者的元音与艾约瑟的描写相合，但前者的元音据艾约瑟的描述更接近［ɑ］①。由于［aŋ］—［ɒŋ］这一对立模式在上海地区的方言记录中只见于 20 世纪早期浦东音系（"硬"为［ɑ̃］韵，"刚"为［ɒ̃］韵）（赵元任，1928/1956：44），并考虑现代上海地区方言记音习惯，本文将 áng 处理为［aŋ］，但该韵主元音的音值可能比现代上海市区方言略后。

（5）óng［oŋ］、úng［uŋ］两系韵母是艾约瑟明确指出的一对条件变体：óng［oŋ］多出现于单字词或最末一音节，úng［uŋ］多出现于起首音节（Edkins，1868：54）。不过，纵观艾约瑟的记音，《语法》多用 óng［oŋ］，少用 úng［uŋ］；《词汇》多用 úng［uŋ］，少用 óng［oŋ］，并不十分符合他本人所说的分布规律。因此本文还是将两韵分立，但不代表这两韵构成对立。

（6）入声韵尾有 -h［-ʔ］、-k（-g）［-k］两大类。其中 -k 和 -g 之间是确认无疑的条件变体关系：-g 韵尾只出现在"低层调字"前（Edkins，1868：55），因此本文将二者都拟作［-k］。［-ʔ］和［-k］的关系并未在研究者间取得共识，前人观点与笔者主张可参赵倬成、葛佳琦（2023）。不过，从整理字音的角度看，纵使［-ʔ］尾和［-k］尾是由主元音条件决定的音位变体，也不影响在韵母表中将二者分立，因为本文的整理宗旨是尽可能复原艾约瑟所记上海话中的所有语音变异。

2.3 单字调（8个）

阴平［53］低朱搬耕　阴上［44］摆赌赏孔　　阴去［35］炮救扇胀　　阴入［45］八掇册阁
阳平［22］麻胡環層　阳上［113］滿是₁道₁瓦 阳去［13］是₂道₂字硬　阳入［12］墨姪辣虐

声调说明：

（1）阳平调在调尾有抬升（Edkins，1868：27），陈忠敏（2007）拟作 22³，在音值上应当更接近当时的实际语音。

（2）阳上字不稳定，存在与阳去的混读（Edkins，1868：30—31）。从艾约瑟所举的"不存在声调不稳定"现象的三个字（有、五、里）来看，全浊上声字的变异较次浊上声字更剧烈。

三　同　音　字　汇

3.1　体例

（1）艾约瑟的用字较为随意，出现了很多异体字，例如"叫—叴""場—塲""階—堦"等。本文整理时使用通行汉字，一般不用异体字。为了音韵比较的方便，保留繁体字字形。对较明显的排印错误直接改正，以注释的方式说明。由于注释中需要大量引用艾约瑟原文，因此字汇部分的脚注使用繁体字。

（2）艾约瑟所用的部分汉字只承担记音功能（如拟声词、有音无字词）。对于这种情况，能考定本字的写本字，出注说明艾约瑟的原始用字；不能考定本字的径用艾约瑟原

---

① á "如同 father 中的 a"，o "如同 gong 和 got 中的 o"（Edkins，1868：1—2）。Jones（1922：80—82）将前者记作［ɑː］，将后者记作［ɔ］。需要特别说明的是，Jones 所用的［ɔ］即今国际音标中的［ɒ］，在 Jones（1922：VII）的元音表上［ɑ］对应的圆唇元音就写作［ɔ］，且 Jones 自己对［ɔ］的描述是"全开后圆唇元音"（fully open back rounded vowel），相当于今国际音标中的［ɒ］。

字，在字下加曲线"‿"以示区别。

（3）艾约瑟的记录中异读数量很多，较难确定其中哪些是确实存在的异读，哪些是排印错误。考虑上海地区声调存在阳上并入阳去（松江片上海小片）、阳上并入阳平（松江片浦东小片）以及阴上并入阴去的情况（许宝华等，1993；上海市上海县县志编纂委员会，1993）的情况，将艾约瑟记录中阳上与阳去的混读、阳平与阳上的混读及阴上与阴去的混读视作有可能在当时上海县城中出现的异读。将以下几种情况视作不合演变规律的异读：①阴阳调混读；②阴声韵、阳声韵、入声韵混读；③阴平字出现阴上、阴去读音，或阴上、阴去字出现阴平读音；④阳平字出现阳去读音，或阳去字出现阳平读音；⑤声韵与中古音来源龃龉严重，且无现代方言证据。上述异读统一置于相应音节的最末，并外加鱼尾括号【 】以求醒目。

（4）文白异读、又音等一字多音的情况，在字的右下角用下标"1、2、3……"标记异读。必要时异读字后括注词例或释义。

（5）仅见于《语法》第一版的字音加灰色底纹，仅见于《语法》第二版的字音外加方框，仅见于《词汇》的字音下加着重号。

3.2　字汇

ʅ

ts̩^{1}　之支芝枝 知$_1$肢脂蜘豬咨滋赀資$_1$
之（完整體標記，如"吾吃之飯就來者"）①【指$_2$（指甲）至$_3$（夏至）制$_2$（制服）子$_2$嘴$_3$】

ts̩^{3}　仔止旨$_1$指 紙至 子$_1$②紫嘴$_1$【錐】

ts̩^{5}　至$_2$志制$_1$致智置製緻嘴$_2$質（釋義爲"pledge（a pledge）"）③旨$_2$【知$_2$資$_2$】

tsʰ̩^{1}　癡吹雌【翅$_2$（魚翅）刺$_2$】

tsʰ̩^{3}　侈恥齒此

tsʰ̩^{5}　翅$_1$（魚翅）次刺$_1$

dz̩^{2}　池持$_1$遲瓷慈磁$_1$（磁石）辭【治$_2$】

dz̩^{6}　治$_1$痔【磁$_2$（磁石）】

s̩^{1}　篩$_2$施屍師獅詩世$_2$（世界）笙梳 司$_1$私$_1$（私底下）思斯絲撕廝螄【使$_3$（按察使）水$_5$（水漬）駟】

s̩^{3}　史使$_1$始鼠$_2$水$_1$死$_3$賜$_2$【枝$_2$（枝條子 shoot）】

s̩^{5}　賜$_1$豕使$_2$（若使，倘使）世$_1$（世界）勢試④水$_2$（水溝）四肆【司⑤私$_2$】

z̩^{2}　持$_2$鋤詞時蒔匙已柿是$_3$【嗣$_2$（嗣子）自$_2$字$_2$】

z̩^{4}　士氏市$_1$是$_1$恃嗣$_1$（立嗣兒子）

z̩^{6}　伺示市$_2$似事是$_2$視誓⑥寺祀自$_1$字$_1$

i

pi^1　【閉$_2$】

pi^3　比彼$_3$（此唱彼和）鄙

pi^5　庇閉$_1$蔽臂秘【逼$_2$（催逼）】

pʰi^1　坯⑦砒【譬$_3$（譬如）】

pʰi^3　譬$_2$

pʰi^5　譬$_1$

---

① 字形亦作"子"，如 Edkins（1869：3）："扣准子就射出去"。

② Edkins（1869：6）有"錐子"一詞，"子"注音爲 tsûn［tsʯ^1］，疑是"鑽"之誤（但若爲"鑽"字，當是陰去調）。

③ 《廣韻》有"陟利切"。

④ Edkins（1869：128）"試探個人"之"試"注音爲 sz'，當是 sz' 之誤，徑改。

⑤ 該音見於"司務"（相當於今之"師傅"）及"按察司""布政司"等詞中。

⑥ Edkins（1869：74）有"負盟"一詞，"盟"注音 zz'，按音義當是"誓"，徑改。

⑦ 原文作"培"（Edkins，1869：136），釋義爲"unburnt（bricks）"。爲避免與真正的"培"混同，改作"坯"。

bi² 　鎞肥$_1$(肥皂) 皮$_1$ 枇$_1$(枇杷) 疲嗶① 琵脾$_1$(脾氣)【被$_3$(單被) 敝$_2$(敝姓)】

bi⁶ 　被$_1$(被褥) 陛敝$_1$(敝國) 婢避【脾$_2$(脾氣) 皮$_2$(陳皮)】

fi¹ 　非飛$_1$誹【匪$_2$(賊匪)】

fi⁵ 　廢肺費匪$_1$(賊匪) 飛$_2$(有點會飛)】

vi² 　肥$_2$惟$_1$(惟獨)【未$_3$②】

vi⁴ 　尾$_3$(尾杷)

vi⁶ 　尾$_4$(尾杷) 未$_2$味$_2$【惟$_2$(惟獨)】

mi² 　迷彌【未$_4$】

mi⁴ 　米③

mi⁶ 　妹$_2$(妹妹) 未$_1$味$_1$

ti¹ 　低【底$_2$(眼底無人)】

ti³ 　氐抵底$_1$(年底)

ti⁵ 　帝$_1$(皇帝)

tʰi¹ 　梯【體$_3$(事體)】

tʰi³ 　體$_1$

tʰi⁵ 　屜④ 體$_2$剃替

di² 　堤提啼題【地$_2$(地方) 第$_1$(第個,近指代詞)】

di⁴ 　弟$_1$(眾弟兄)

di⁶ 　地$_1$(地方) 弟$_2$(堂弟兄) 遞隸第(次第) 第$_2$⑤(近指代詞)【帝$_2$(皇帝)】

li² 　狸梨犁漓璃氂$_1$(差之毫氂謬以千里) 離籬【裏$_2$利$_2$(利息) 痢$_2$(痢疾) 蠣】

li⁴ 　哩氂$_2$(差以毫氂謬以千里) 李里娌理裏$_1$禮鯉

li⁶ 　淚$_1$(眼淚) 利$_1$(利害) 例戾荔俐莉痢$_1$(痢疾) 勵麗

tsi¹ 　【擠$_2$祭$_2$(謝恩祭) 濟$_2$(賙濟) 姊$_3$】

tsi³ 　姊$_1$左$_3$⑥擠$_1$劑

tsi⁵ 　祭$_1$際濟$_1$(賙濟) 姊$_2$

tsʰi¹ 　妻萋

dzi² 　齊$_2$(整齊) 臍

si¹ 　西犀些$_1$⑦【絮】

si³ 　死$_1$洗$_1$璽些$_2$

si⁵ 　死$_2$(該死) 細些$_1$婿

zi² 　齊$_1$(整齊) 徐$_1$(舒徐)

ci¹ 　飢$_1$(吞飢忍餓) 基箕機$_1$(機會) 雞譏饑奇$_2$(奇偶) 雞⑧【季$_2$(月季花) 計$_2$(計策) 寄$_2$(寄信) 繼$_2$(相繼)】

ci³ 　嘰己幾$_1$(幾時) 紀$_2$(年紀)【機$_2$(機會)】

ci⁵ 　幾$_2$(幾幾乎) 季$_1$(月季花) 計$_1$(計策) 紀$_1$(年紀) 記既寄$_1$(寄信) 繼$_1$(繼父) 記⑨【飢$_2$(充飢)】

cʰi¹ 　欺溪【去$_3$】

cʰi³ 　起$_1$豈啓

cʰi⁵ 　契氣棄$_1$器去$_1$起$_2$

ɟi² 　期其奇$_1$祈棋旗$_1$騎【及$_2$(來勿及)】

ɟi⁴ 　技$_1$(技巧)

ɟi⁶ 　技$_2$(技藝) 忌妓

çi¹ 　熙犧

ɲi² 　兒$_2$(兒子) 呢(大呢 broad-cloth) 呢語氣詞) 呢$_1$(用於選擇問,表示｜還是) 尼坭泥宜疑【議】

ɲi⁴ 　耳$_1$(耳朵) 呢$_2$⑩(用於選擇問,表示｜還是) 你擬伲$_1$(我伲) 尾$_1$(尾杷) 蟻

---

① 原文作"嗶酒"(Edkins,1869:8),釋義爲"beer",當作"啤"。
② 原文作"夫"(Edkins,1868:49),誤。[mi²]音節下的"未"字同。
③ Edkins(1868:140)注音爲'mi,當是'mí排印之誤。
④ Edkins(1853:76)字形作"屜",Edkins(1868:70)字形作"屜"。
⑤ 字形另作"苐"(Edkins,1869:28)。
⑥ 秋谷裕幸、汪維輝(2015)將表示"左手"之"左"的[tsi⁵]本字認定爲"濟",可參看。
⑦ Edkins(1868:39)"暑些"中的"些"注音爲sü,按音義當是"須"字之誤。
⑧ 該字是表示｛翅膀｝之詞[ci¹ li?⁸]首音節的記音字(Edkins,1869:148),詳見[li?⁸]音節下"翼"字的注釋。字形原作"鷄"。
⑨ 該字是表示｛翅膀｝之詞[ci⁵ li?⁸]一詞首音節的記音字(Edkins,1868:71),詳見[li?⁸]音節下"翼"字的注釋。
⑩ Edkins(1868:100)注音作'ní,Edkins(1853:110)則作'ní。

ɲi⁶ 餌二₁（十二）伲₂（我伲）膩尾₂（尾杷）義藝
　　【兒₅（兒子）】

tɕʰi¹ 【棄₃】

tɕʰi⁵ 棄₂

dʑi² 旗₂

çi¹ 希稀嘻嬉禧

çi³ 喜

çi⁵ 戲

ɦi² 姨₁【異₂】

ɦi⁶ 係易₁又₁

i¹ 伊₁衣依₁醫【夷移遺₁儀彝】

i³ 已以倚椅₁

i⁵ 意【伊₂依₂姨₂遺₂易₃異₁裔又₃】

u

pu¹ 波玻菠簸

pu³ 補佈（量詞）譜₁（家譜）

pu⁵ 播布

pʰu¹ 鋪₁

pʰu³ 頗鋪₃普譜₂（家譜）

pʰu⁵ 破鋪₂浦【鋪₄（被褥鋪蓋）】

bu² 婆菩葡蒲

bu⁴ 部₂簿₁（號簿）

bu⁶ 捕步部₁（六部）埠簿₂（上簿子 enrol）

fu¹ 夫麩膚【咐₂（吩咐）】

fu³ 甫斧府俯腑撫

fu⁵ 付咐₁（吩咐）副傅富賦【負₃（忘恩負義）】

vu² 扶符無₂婦₃（新婦）【巫武₂（武彝茶）】

vu⁴ 腐₁（腐壞）父₁（父母）附₂（附耳朵）婦₁（婦女）
武₁舞

vu⁶ 附₁（附近）腐₂（荳腐）父₂（父老）負₂（欺負）
　　婦₂（新婦）務霧

mu² 蔴₂模摩₂磨₁魔₂母₃（姨母）

mu⁴ 母₁（母親）拇

mu⁶ 磨₃募墓₁幕慕暮

tu¹ 都多₂（多少）哆（哆囉呢，釋義爲 wollen-cloth）【肚₄（直心直肚腸）垜₂（橫垜裏）】

tu³ 睹賭肚₃（橫肚裏）朵②（耳朵）躲垜₁（橫垜裏）

tu⁵ 妒

tʰu¹ 拖扥

tʰu³ 土③妥【堵（一堵墻）】

tʰu⁵ 吐兔唾

du² 徒途屠塗圖陀砣跎④【大₂（膽大）度₂（國度）】

du⁴ 肚₁（肚腸）舵₁

du⁶ 大₁（膽大）肚₂（肚皮）度₁（國度）渡鍍舵₂惰【駝】

nu² 奴懦

nu⁴ 娜

nu⁶ 怒

lu² 盧蘆爐螺羅騾玀⑤籮鑼囉

lu⁴ 鹵魯₁（粗魯）擄碌櫓玀₂⑥

lu⁶ 賂路露魯₂（魯班尺）裸【濾】

tsu¹ 租₁做₃⑦】

tsu³ 阻₁祖詛₁左₁做₂【主₃（財主人家）】

tsu⁵ 做₁⑧阻₂詛₂左₂【租₂】

---

① Edkins（1868：29）原文注音爲 mu，疑是 mú（即［mu²］）之誤。

② 字形另作"朶"（Edkins，1868：50）、"睡"（Edkins，1869：32）、"聚"（Edkins，1853：35）。

③ Edkins（1869：18，78，79，101）均有"國土"，四處"土"注音均爲 dú'［du⁶］，當是"度"之誤。

④ 只見於"蹉跎"一詞。許寶華、陶寰（2015）將該詞寫作"衰堵"。

⑤ Edkins（1868：67）作"驢"，用於"豬驢"（釋義爲"a pig"），"驢"字注音 lú［lu²］；Edkins（1869：84）則作"豬魯"（釋義爲"pig"），"魯"字注音 lú［lu²］。取 Edkins（1869：50）的字形將［tsʅ¹ lu²］第二音節統作"玀"。

⑥ Edkins（1869：125）亦作"豬魯"（釋義爲"swine"），但"魯"字注音 'lú［lu⁴］。按義當是"玀"字之誤。

⑦ Edkins（1869：128）"做干証"之"做"注音爲 tsu，韻母當是 ú 之誤。

⑧ Edkins（1869：128）"做証見"之"做"注音爲"tsú"，當是 tsú' 之誤，徑改。

ts^hu^1	初粗髽（矮髽髽）
ts^hu^3	楚
ts^hu^5	醋銼錯$_2$【處$_3$】
dzu^4	助$_2$
dzu^6	助$_3$座$_2$
su^1	梳$_2$疎穌蘇唆$_1$娑梭睃①鬚$_2$（老白鬚②）
su^3	所$_1$（所在）瑣鎖【唆$_2$（挑唆）】
su^5	數素訴塑【蔬唆$_3$（做唆）】
zu^4	助$_1$坐$_1$
zu^6	座$_1$坐$_2$
ku^1	哥歌鴚（鵝鵝）孤姑$_1$（姑媽）菇辜箍箛鴣【個$_5$（種田個事體）】
ku^3	估古股$_1$詁鼓蠱固$_2$（堅固）果③【姑$_2$（姑姑）】
ku^5	個$_1$（一個一個）股$_2$（量詞）固$_1$（堅固）故僱僱顧裹過$_1$【戈$_1$（干戈）踝】
k^hu^1	科$_1$（外科醫生）枯$_1$骷楇④【戈$_2$（干戈）】
k^hu^3	顆苦
k^hu^5	課庫褲【科$_2$（内科醫生）枯$_2$（枯槁）】
$ŋu^2$	訛蛾鵝吾⑤梧
$ŋu^4$	我⑥
$ŋu^6$	餓互卧悞$_1$（就悞）寤
hu^1	呼$_1$（呼兄喊弟）
hu^3	虎琥火伙夥
hu^5	貨【呼$_2$（稱呼）】
$ɦu^2$	何⑦和$_1$（和尚）河荷乎$_1$狐胡壺葫湖瑚

糊蝴糊餬鬍吳$_2$無$_3$午$_4$（中午線）【户$_2$（户堂）窩污$_2$烏$_2$（烏鴉）】

$ɦu^4$	五$_2$午$_2$伍
$ɦu^6$	賀户$_1$（鋪户）護禍$_1$【惡$_4$（可惡）和$_2$（調和）】
u^1	污$_1$烏$_1$【乎$_2$蜈】
u^3	【禍$_2$】
u^5	惡$_3$（可惡）煮（釋義爲"cook by boiling"）【悞$_2$⑧（就悞；原作û韻）】

y

ly^2	驢
ly^4	旅屢$_1$（屢次）
ly^6	屢$_2$（屢次）履慮
tsy^3	主$_2$
ts^hy^3	取$_2$娶$_2$
ts^hy^5	處$_2$（空處）趣
dzy^2	【聚$_3$（聚攏來）】
dzy^4	緒$_3$
dzy^6	聚$_2$（聚集）
sy^1	須$_2$（須要）【所$_4$⑨（啥所）】
zy^4	豎$_2$緒$_1$（衍緒草堂筆記）
cy^1	龜歸$_1$拘居
cy^3	鬼$_1$矩舉
cy^5	貴$_1$句據鋸【歸$_3$】
c^hy^1	虧$_1$（吃虧）驅$_1$樞$_1$（樞紐）
c^hy^5	去$_2$

---

① 字形另作"眇"（Edkins，1869：64）。

② Edkins（1869：71）有"鬍髭"條，其中"髭"注音爲 sû，或是 sú 之誤。

③ 字形亦作"菓"（如 Edkins，1868：177）。

④ Edkins（1868：82）有量詞"科"，用例爲"三科樹"。此義當寫作"棵"（《廣韻》雖爲上聲，但北部吳語大多都讀陰平）。

⑤ "吾"另有［$ŋu^4$］（Edkins，1868：76）、［$ŋu^6$］（Edkins，1853：181）兩音，按艾約瑟記錄慣例，當是"我"字。

⑥ Edkins（1868：127）與 Edkins（1869：124）均有音 ngú［$ŋu^2$］的"我"，按艾約瑟記錄慣例，當是"吾"字。

⑦ 另作"而"（Edkins，1868：160）。但該字 Edkins（1853：176）作"何"，誤。

⑧ Edkins（1869：29）原始注音爲 wû'。據艾約瑟注音習慣及當時上海話聲韻搭配規律，û 韻不當用於 w 聲母後，當是 ú 之誤。

⑨ 原文注音爲 sü（Edkins，1868：103），韻母疑是 ú 之誤。

$ʤy^2$ 【具$_{2(器具)}$】	$dzʮ^2$ 除廚
$ʤy^6$ 拒具$_{1(才具)}$鉅颶懼跪$_1$	$dzʮ^6$ 聚$_{1(聚集)}$助$_4$住柱$_1$
$ɲy^2$ 愚女$_2$	$sʮ^1$ 書舒$_1$輸須$_{1(須張)}$鬚$_{1(剃鬚)}$【庶$_2$】
$ɲy^4$ 女$_1$蕊語$_1$寓	$sʮ^3$ 暑鼠【舒$_{2(舒身)}$所$_{3⑦(所在)}$】
$ɲy^6$ 遇語$_2$	$sʮ^5$ 恕庶$_1$
$tɕy^3$ 鬼$_2$	$zʮ^2$ 櫥⑧如儒徐$_{2(舒徐)}$【樹$_{2(樹木)}$】
$tɕʰy^1$ 驅$_2$樞$_{2①(樞紐)}$	$zʮ^4$ 乳豎【坐$_{3⑨(坐江山)}$】
$dʑy^6$ 序$_2$	$zʮ^6$ 豎$_3$樹$_1$序$_{1(次序)}$緒$_2$柱$_1$【座$_{3⑩}$】
$ɕy^1$ 虛	**ɑ**
$ɕy^3$ 許$_{5(應許)}$詡	pa^3 擺
$ɕy^5$ 許$_{6(應許)}$	pa^5 拜$_{1(禮拜)}$
$ɦy^2$ 餘$_1$【於$_{2②}$預$_4$】	$pʰa^1$ 【派$_{2(派出來)}$】
$ɦy^4$ 雨$_1$	$pʰa^5$ 派$_{1(派出來)}$
$ɦy^6$ 緯$_{1③}$預$_1$	ba^2 排牌【敗$_{2(敗子,表示"敗家子")}$稗】
y^1 紆於$_{1④}$【于⑤榆餘$_2$踰預$_2$】	ba^4 罷$_{1(勿罷拉,表示"不止")}$
y^3 【羽雨$_2$與$_1$愈癒】	ba^6 敗$_{1(打敗)}$罷$_{2(罷勿得)}$
y^5 椅$_2$【芋$_1$與$_2$喻預$_3$蕷諭】	va^2 哇
ʮ	va^4 否⑪
$tsʮ^1$ 疽朱珠硃蛛諸【煮$_2$炷】	ma^1 媽$_{⑫(媽媽)}$
$tsʮ^3$ 主$_1$煮$_1$注$_1$	ma^2 埋
$tsʮ^5$ 注$_2$蛀註鑄	ma^3 【媽$_{2(阿媽)}$】
$tsʰʮ^1$ 趨	ma^4 買
$tsʰʮ^3$ 杵取$_1$	ma^6 賣
$tsʰʮ^5$ 處$_{1(好處)}$翠⑥娶$_1$	ta^1 多$_{1⑬(多同)}$

---

① 原文注音爲 ch'û。據艾約瑟注音習慣與當時上海話聲韻搭配規律,û 韻不出現在 ch' 聲母後,當是 ü 之誤。

② "於"該音僅見於 Edkins（1869：74）"歸於無有"。若依《廣韻》音切,字當作"于"。

③ 本作"芋"（Edkins,1868：147）,用例爲"芋紗"（釋義爲 "cross thread"）根據釋義可知當是"緯",且艾約瑟原文也說明 "here ü' is used for wei 緯"。

④ Edkins（1869：129）注音作 yû,當是 yü 之誤。

⑤ 艾約瑟記錄中所有"于"字都音 [y¹]。若依《廣韻》音切,字當作"於"。

⑥ 釋義爲 "pretty"（Edkins,1869：89）。字形另作"趣"（Edkins,1869：8,89）。

⑦ 原文注音 'sû（Edkins,1869：51,147）,疑是 'sú（即 [su³]）之誤。

⑧ Edkins（1869：145）有"衣廚"條（釋義爲 "wardrobe"）,其中"廚"顯係"櫥"之誤,逕改。

⑨ 原文注音作 'zû（Edkins,1868：199）,疑是 'zú（即 [zu⁴]）之誤。

⑩ 原文注音作 zû'（Edkins,1868：141）,疑是 zú'（即 [zu⁶]）之誤。

⑪ 疑問句句末語氣詞,今俗寫作"哦"。

⑫ 該音見於 Edkins（1868：179）,但原文未說明該音屬於高調（upper series）。考慮到現代各點吳語對母親的面稱,還是將"媽"定爲陰調字。後文讀上聲調的"媽"也依此例定爲陰上調。

⑬ Edkins（1853）中該音多寫作"大",Edkins（1868）基本都改作"多",但還存在個別未改正之處,如 Edkins（1868：75）。

ta³ 打₁①	za⁶ 瀉⑨
ta⁵ 帶戴₁	ka¹ 加枷家₁（自家）袈傢嘉階街【架₂界₂】（世界）】
tʰa⁵ 太₁（太平）	ka³ 假₁（假伴頭）解₁價₃（價值）】
da² 【大₄（高大無比）】	ka⁵ 假（告假）架₁嫁價₁（價錢）駕介（程度副詞）戒芥界₁（世界）誡
da⁶ 大₃（大黃）	kʰa¹ 揩
na² 乃₁②【那₄俹₂】	kʰa⁵ 快₁（快活）卡
na⁴ 哪那₁奶乳	ga² 茄
na⁶ 那₂俹₁③	ga⁶ 骱
la¹ 拉	ha³ 蟹
la² 垃₁④拉₂	ŋa² 牙芽衙【外₂（外婆）】
la⁴ 拉₁⑤	ŋa⁶ 外₁（外公）
la⁶ 賴₁（倚賴）癩	ɦia² 那₂（那裏）鞋鴉₂（鴉片）
tsa¹ 齋鑫⑥	ɦia⁴ 那₁（那裏）也₁【矮₂⑩】
tsa⁵ 債	a¹ 阿₁（阿哥）挨鴉₁（鴉片）呀（是呀，語氣詞）【那₃（從那裏來）⑪】
tsʰa¹ 差₁（差人）扯	a³ 矮₁（矮子）【那₄⑫（那裏）也₄⑬】
tsʰa⁵ 詫	ia
sa¹ 躦₁（踏跎，表示"累"）【啥₂】	tia¹ 爹
sa³ 洒耍	tsia³ 姐
sa⁵ 啥₁【躦₂⑧】	
za² 柴₁（稻柴）豺₁（豺狼虎豹）	
za⁴ 惹	

---

① 該音出現於 "不規則的讀音"（Irregularities of Pronunciation）一節，原文是："打 'tá, *to strike*, in reading and colloquial is 'táng." 可見 "打" 讀 [ta³] 是一個不規則讀音，既不用於讀書音，也不用於口語音。現代上海各地方言中亦不見該音記録。

② 字形另作 "卐"（Edkins, 1868: 161）。

③ 字形亦作 "那"，如 Edkins（1868: 102）。

④ Edkins（1869: 38）有 "垃絮" 一詞，注音爲 lá sí。今寫作 "垃圾"。

⑤ 艾約瑟用 "拉"[la⁴] 記録了以下三種詞：（1）人稱代詞複數標記，如 "伊拉他們"；（2）表示 "在"，如 "拉屋裡在屋子裡"；（3）完成體的標記，如 "做拉者做好了"。[la²] 音節中的 "拉" 同。

⑥ 用於 "鑫 ɕia¹ 鑫 tsa¹"，表示 "能幹" 義（原文釋義爲 "skillful"）。許寶華、陶寰（1997: 76）寫作 "奢遮"。

⑦ 許寶華、陶寰（2015）將 "踏跎" 寫作 "衰瘏"，參 [du²] 音節下 "跎" 字注釋。

⑧ 原作 "踏"（Edkins, 1868: 142）。

⑨ 表示 "排洩" 之義。本字一般認爲是 "射"，如曹志耘（1996）、張惠英（2009）、曹志耘等（2016）、盛益民、李旭平（2018）等。

⑩ 原文注音爲 'á（Edkins, 1868: 92；Edkins, 1853: 101），疑是 'á 之誤。

⑪ 此音見於 Edkins（1869: 147）"從那裏來"（釋義 whence），當是 'á 之誤。

⑫ Edkins（1869: 147）"打那裏來" 之 "那" 注爲 'á，疑是 'á 之誤。今上海地區地點疑問代詞未見陰調讀法。

⑬ Edkins（1869: 63）有 "口實蓋能做" 條，釋義爲 "likewise（did likewise）"，其中首音節無字，注音爲 'á。據音義可知此當爲 "也"。

tsia^5 借

tsʰia^1 【且$_3$(況且)】

tsʰia^3 且$_1$(而且)

sia^3 寫

sia^5 卸$_1$(卸船)瀉$_1$(瀉藥)

zia^2 邪斜$_1$(歪斜)【卸$_3$(卸脫)】

zia^6 謝【斜$_2$(歪斜)卸$_2$(卸貨)瀉$_2$(吐瀉)】

cia^1 家$_2$(國家)皆

cia^3 假$_2$(假如)解$_2$

cia^5 價$_2$(無價之寶)

ɟia^2 佳①

çia^1 蠢②

ɦia^2 爺$_1$野$_3$【佯$_2$(假佯頭)】

ɦia^4 下$_4$(下落)夏$_2$(無冬無夏)野$_1$爺$_2$

ɦia^6 夜

ia^1 鴉$_4$耶喲$_1$【爺$_3$】

ia^3 雅亞【夏$_4$③野$_2$鴈④(鴈鵝)】

uɑ

kua^1 乖$_1$怪(擬聲詞, 結怪結怪)【拐$_3$(釋義爲"kidnap")】

kua^3 拐$_1$(拐子)

kua^5 怪拐$_2$(拐子)

kʰua^1 【快$_4$(快點)】

kʰua^5 快$_2$(爽快)

hua^1 歪

ɦua^6 壞$_1$(弄壞)

ua^5 【壞$_2$(燒壞)】

e

pe^1 杯卑$_1$(卑賤)悲碑彼$_1$(彼此)【背$_3$(背脊骨)】

pe^3 彼$_2$(彼此)

pe^5 拜$_2$貝背$_2$(背脊骨)輩【卑$_2$(卑賤)】

pʰe^3 呸

pʰe^5 配

be^2 陪$_1$培賠【備$_2$(預備)】

be^6 背$_1$(違背)倍悖被$_2$(被告)備$_1$(責備)【陪$_2$(陪送)】

me^2 眉梅$_1$(楊梅)媒楣煤霉$_1$(發霉)每$_2$薇

me^4 每$_1$美

me^6 瑁妹$_1$(妹妹)眛袂$_1$(衣袂飄飄)媚【梅$_2$(楊梅瘡)霉$_2$(霉爛)】

te^1 堆

te^3 歹騃⑤

te^5 玳戴$_2$(不共戴天)對$_2$(勿對)

de^5 對$_1$(對面)

tʰe^1 胎台$_2$推$_1$呔【退$_2$】

tʰe^3 腿

tʰe^5 太$_2$(太陽)泰退$_1$【推$_2$】

de^2 台$_1$(道台)苔擡【代$_2$(代替)】

de^4 待$_1$(待別人好)怠$_1$(怠慢)

de^6 代$_1$(代替)待$_2$(待人接物)怠$_2$(懶怠)袋兌隊

ne^2 乃$_2$⑦

ne^4 奈$_2$(無奈何)【你$_2$⑧】

---

① 表示"能幹",原文釋義爲"capable"(Edkins, 1868: 90),研究者對該詞本字尚未達成一致意見。

② 用於"蠢çia^1 羼tsa^1",表示"能幹"義(原文釋義爲"skillful")。許寶華、陶寰(1997: 76)寫作"奢遮"。

③ 原文注音'yá(Edkins, 1869: 123),疑是'yá之誤。

④ 該詞見於Edkins(1869: 45),釋義爲"goose(wild)"。根據音譯,該字可能是"野"(唯聲母 y 錯排爲 y)。

⑤ 見於"呆騃"一詞,釋義爲"silly"(Edkins, 1869: 112)。

⑥ "怠"的[de^4]、[de^6]兩音都見於"怠慢"一詞中,該詞亦作"待慢"(如 Edkins, 1868: 133)。

⑦ 字形另作"乃"(Edkins, 1868: 161)。

⑧ 此音或是排印錯誤。原文爲:"Accordingly such words as 女 'nü 你 'né, 鈕 nieu, though placed under the palatal nasal ɴɪ in the native system, will be regarded as belonging to the tooth nasal ɴ, and the remainder of the sound reckoned as the final." 可見"你"的聲母應當是硬腭鼻音[ɲ]。而根據艾約瑟記錄中的聲韻配合規則,[ɲ]聲母應當只拼細音韻母,不應當拼[e]韻。此處"你"的'né音很可能是'ní的排印之誤。

ne⁶	奈₁(嘸奈何) 耐内
le²	來₁(出來) 雷累₁(累積)【淚₃(流淚) 類₂ (類書)】
le⁴	來₂(舉起來)
le⁶	賴₂(依賴) 壘累₂(連累) 淚₂(揩淚) 類₁
tse¹	災哉① 栽
tse³	載₁(裝載) 者₁
tse⁵	宰載₂(失載) 再者₂
tsʰe¹	猜
tsʰe³	採彩
tsʰe⁵	菜
dze²	才₂(ロ才) 材₂(材料) 財₂(財主) 裁柴₂(柴 門) 豺₂(豺狼虎豹)
dze⁴	在₂(現在) 財₃(發大財)
dze⁶	在₄(實在)
se¹	篩₁奢衰
se⁵	賽赦₂碎₁
ze²	才₁(秀才) 材₁(棺材) 財₁(錢財)【在₅ (實在)】
ze⁴	在₁(現在) 罪₁(罪過)
ze⁶	社② 射₆(射光個, 原文釋義爲 "radiant") 在₃(實 在) 罪₂(罪過)
ke¹	該 蓋₂(拾蓋, 表示 "這樣")③【改₂(更改) 概₂ (大概)】

ke³	改₁(改正)
ke⁵	丐蓋(蓋地皮) 蓋₁(什蓋能, "這樣") 概₁(大概) 嗑₃④
kʰe¹	開
kʰe⁵	凱
he¹	哈
he³	海許₄
he⁵	化₂⑤(一氣勒化, 釋義爲 altogether)【害₂】
ŋe²	呆崖
ŋe⁶	礙
ɦe⁶	亥害₁(利害)
e¹	哀埃噯語氣詞【愛₂(愛惜)】
e⁵	愛₁(愛慕)
ie	
tsʰie³	且₂(並且)
zie²	邪₂
ɦie⁴	也₂語氣詞
ie³	也₃(語氣詞)
ie⁵	【懈(懈怠)】
iæ	
ɕiæ¹	【駭】
ue	
kue¹	乖₂圭規閨歸₂【桂₂(桂花) 貴₃(貴庚) 冠₂⑥ (衣冠楚楚)】

---

① Edkins（1868：204）和 Edkins（1868：168）分別有［tse³］和［tse⁵］兩音，可能都是 "者" 字之誤。

② Edkins（1869：135）"社稷" 之 "社" 注音 ze'，當是 zé' 之誤。

③ 該音用於［zəʔ ke］一詞中（相當於普通話 "這樣、這麼"），前一音節寫作 "什、實、拾"，後一音節有陰平、陰去兩種記錄。

④ "嗑" 凡五見，其中四次用於 "嗑末"，一次用於 "嗑咾"。二詞均是連詞，相當於普通話的連詞 "那麼"。五次 "嗑" 的用例中只有 Edkins（1868：157）作舒聲，其餘均注爲入聲。參見本文［əʔ］、［ʌʔ］兩韻。

⑤ 根據不少學者的意見（如潘悟雲、陶寰，1999；劉丹青，2015），本字當是 "許"。

⑥ "冠" 在艾約瑟的記錄中凡兩見，該音只見於《語法》（Edkins，1853：237；Edkins，1868：215），出現在附録 I "文理土白"（higher colloquial）部分。據艾約瑟的介紹，所謂 "文理土白" 是一種流行於文人之間的對話方式，基於文人的文化知識以及他們對通行官話（universal mandarin）的了解。艾約瑟給出了兩種 "文理土白" 的特徵：（1）用 "掉" 替換 "脱" 作爲動詞完成體的標記；（2）使用文言色彩較强的詞，如 "燈燭輝煌" 和 "衣冠楚楚"。由於官話方言中 "冠" 字不讀爲陰聲韻，且當時上海咸山攝字也有鼻音成分，因此在 "文理土白" 中將 "冠" 讀成毫無鼻音成分的［kue¹］並不合理。疑是排印之誤。此外，"冠" 字另見於 Edkins（1869：85），出現語境是文言色彩更强的曹植詩句 "瓜田不納履李下不整冠"，但注音爲 kwén'（即［kuẽ⁵]）。

kue³ 鬼₃晷₁詭₁(詭計)

kue⁵ 詭₂(詭計)桂₁(桂花)貴₂(貴庚)櫃愧匱軌晷₂【乖₃(乖庚)】

kʰue¹ 劊盔₁(盔甲)窺虧₂(虧空)揆【塊₂(第塊)】

kʰue⁵ 快₃塊₁(冰塊)

gue² 葵

gue⁴ 跪₂【詭₄①(詭譎)】

gue⁶ 饋

hue¹ 灰揮暉詼輝煇

hue³ 毀₁(毀謗)卉賄

hue⁵ 悔毀₂(毀謗)晦誨諱

ŋue² 危₁(危險)

ŋue⁶ 僞

ɦue² 回₁②茴₁(茴香)危₂(危險)桅圍₁爲₁違₁【會₂威₃(虎威)】

ɦue⁴ 【圍₂】

ɦue⁵ 謂

ɦue⁶ 惠₁(恩惠)匯會₁彙慧₁(智慧)薈繪爲₂緯₂位₁衛₂慰₁【回₂③圍₃違₂畏₂】

ue¹ 威₁(威風)煨【茴₂(細茴香)委₂緯₃胃₁喂衛₂衞₂】

ue³ 委₁諉

ue⁵ 穢偉畏₁餧【惠₂(恩惠)會₃(機會)慧₂(智慧)外₃(心往象外)危₃(危險)威₂(威風)緯₄位₂胃₂慰₂】

ye

sye¹ 雖₂④

ɥe

tsɥe¹ 追₁

tsɥe⁵ 最醉₁

tsʰɥe¹ 催摧萃

tsʰɥe⁵ 脆₁(brittle)翠

dzɥe² 垂₁(垂線)鎚隨₂(隨便)

dzɥe⁴ 罪₄(犯罪)

dzɥe⁶ 墜罪₆(定罪)【垂₂(垂線)】

sɥe¹ 荾雖₁(雖然)綏【所₅(啥所)隨₃⑤】

sɥe³ 水₃

sɥe⁵ 稅祟碎₂歲【雖₃(雖然)】

zɥe² 隨₁⑥【罪₇】

zɥe⁴ 罪₃

zɥe⁶ 悴睿遂

ɥi

tsɥi¹ 追₂(追勿上)

dzɥi⁴ 罪₅

sɥi³ 水₄(金木水火土)

ɤ

pʰɤ⁵ 剖

vɤ² 浮

vɤ⁶ 負₁(辜負)

mɤ² 謀畝【某₂】

mɤ⁴ 某₁

mɤ⁶ 茂貿

tɤ¹ 兜

tɤ³ 抖斗鬥₃(相鬥)

tɤ⁵ 鬥₂(相鬥)

---

① "詭"的［gue⁴］原文注音是'kwé（Edkins，1869：19）。另 Edkins（1869：20）"詭譎"一詞中"詭"原文注音爲k'wé，與標音體例不合，或是'kwé之誤。

② 《語法》字形均作"囘"，《詞彙》字形均作"回"。"回"讀陽平時絕大多數情況都是動詞用例。字形另有作"廻"（Edkins，1869：101，149）和"迴"（Edkins，1869：95，133）的。

③ "回"的陽去讀法多見於量詞用例。"回"用作量詞共15見，其中6次讀作陽平（包括兩次疊詞"回回"，即4次陽平的量詞"回"用於疊詞中），9次讀爲陽去。

④ "雖"讀üe［ye］韻只一見，爲排列韻母時的例字，並且注明爲ûe［ɥe］韻異讀（Edkins，1868：52）。

⑤ 兩版《語法》均注音爲sûe（Edkins，1853：230；Edkins，1868：209），疑是sûe（即［zɥe²]）排印之誤。

⑥ Edkins（1869：129）有"遂即起身"條（釋義爲"(then immediately set out)"），其中"遂"注音爲zûe［zɥe²]，根據音義當是"隨"之誤，徑改。

dɤ⁵	鬥₁	ŋɤ²	偶₂(偶然)
tʰɤ¹	偷₁	ŋɤ⁴	偶₁(偶然)
tʰɤ⁵	透【偷₂】	ɦɤ²	侯喉₁(喉嚨)猴後₃(退後)
dɤ²	投頭【荳₂(荳油)】	ɦɤ⁴	后₁(王后)厚₁後₁【嘔】
dɤ⁶	荳①(荳腐)逗痘	ɦɤ⁶	猴后₂(皇太后)厚₂(厚實)後₂(以後)候
lɤ²	樓髏【漏₂(漏脱)】		【喉₂(咽喉)】
lɤ⁶	陋漏₁	ɤ¹	歐

$dɤ^5$ 鬥₁　　　　$ŋɤ^2$ 偶₂₍偶然₎
$tʰɤ^1$ 偷₁　　　$ŋɤ^4$ 偶₁₍偶然₎
$tʰɤ^5$ 透【偷₂】　$ɦɤ^2$ 侯喉₁₍喉嚨₎猴後₃₍退後₎
$dɤ^2$ 投頭【荳₂₍荳油₎】　$ɦɤ^4$ 后₁₍王后₎厚₁後₁【嘔】
$dɤ^6$ 荳①₍荳腐₎逗痘　$ɦɤ^6$ 猴后₂₍皇太后₎厚₂₍厚實₎後₂₍以後₎候
$lɤ^2$ 樓髏【漏₂₍漏脱₎】　　　【喉₂₍咽喉₎】
$lɤ^6$ 陋漏₁　　　$ɤ^1$ 歐
$tsɤ^1$ 州周₁洲週睭惆₍苦惆惆₎【走₂】

iɤ

$tsɤ^3$ 肘箒咒₁走₁【周₂】　$miɤ^6$ 謬
$tsɤ^5$ 咒₂晝皺縐奏　　$tiɤ^1$ 丟
$tsʰɤ^1$ 抽　　　　$liɤ^2$ 留流琉硫榴瘤柳₂₍柳條布₎
$tsʰɤ^3$ 丑　　　　$liɤ^4$ 柳₁₍柳條₎簍
$tsʰɤ^5$ 臭₁₍臭蟲₎　$liɤ^6$ 溜
$dzɤ^2$ 酬稠愁綢讎₂₍報讎₎【妯】　$tsiɤ^3$ 酒
$dzɤ^6$ 【讎₃₍報讎₎】　$tsʰiɤ^1$ 揪秋
$sɤ^1$ 收　　　　$tsʰiɤ^5$ 臭₁₍臭名聲₎
$sɤ^3$ 手守首瘦₂獸擻　$dziɤ^2$ 囚
$sɤ^5$ 瘦₁嗽　　　$dziɤ^6$ 就₁袖₂
$zɤ^2$ 讎₁②₍前世無讎今世無冤₎柔蹂　$siɤ^1$ 修脩羞【宿₃銹繡₂₍洋繡球₎】
$zɤ^4$ 受₁壽₁　　$siɤ^3$ 宿₂₍二十八宿₎【小₃⑤₍養育小团₎】
$zɤ^6$ 受₂壽₂　　$siɤ^5$ 秀繡
$kɤ^1$ 勾鈎③溝　　$ziɤ^2$ 【袖₃₍袖珍₎柚₂₍柚皮₎】
$kɤ^3$ 狗瞉₂₍巴勿能瞉₎　$ziɤ^6$ 就₂袖₁
$kɤ^5$ 個₂₍一个一个₎垢瞉₁₍勿瞉₎　$ciɤ^1$ 鳩鬮
$kʰɤ^1$ 摳【口₂₍口氣₎】　$ciɤ^3$ 九久韮
$kʰɤ^3$ 口₁₍口才₎　$ciɤ^5$ 究救
$kʰɤ^5$ 叩扣寇蔻　　$cʰiɤ^1$ 孬⑥
$hɤ^1$ 【哮₁₍哮病,釋義爲"asthma"₎】　$ɟiɤ^2$ 仇₍報仇₎求球毬
$hɤ^5$ 蠻④₍表示"彩虹"₎化₃₍一氣勒化,釋義爲"altogether"₎　$ɟiɤ^4$ 桕舊₂

---

① 字形亦作"豆"(如 Edkins,1869:86)。

② 字形原作"讐"(Edkins,1868:211)。

③ Edkins(1869:130)有"拘橘籬"一詞,釋義爲"thorn(hedge)","拘"注音 keu〔kɤ¹〕。按音義當爲"鈎"。

④ 項夢冰(2014)認爲吳語中俗寫作"蠻"表示{虹}的詞本字是"雩",陶寰(2018)則認爲本字即"虹"。

⑤ "小"凡140見,只一次注音爲 'sieu(Edkins,1869:95),用例爲"養育小团"(rear children),疑是 'siau 之誤。

⑥ 本字一般認定爲"怵"。

ȵiɤ⁶ 臼舅舊$_1$	dɔ⁴ 導道$_1$（道理）稻$_1$【擣$_1$（擣米）】
ȵiɤ² 牛	dɔ⁶ 蹈道$_2$（味道）盜稻$_2$
ȵiɤ⁴ 杻扭[紐]鈕	nɔ¹ 拿$_1$（拿來）
ɕiɤ¹ 休	nɔ² 鐃
ɕiɤ³ 朽	nɔ⁴ 撓惱$_1$（煩惱）瑙腦鬧$_2$（鬧嚷嚷）曉
ɦiɤ² 悠由油$_1$猶$_1$	nɔ⁶ 鬧惱$_1$（煩惱）
ɦiɤ⁴ 友$_1$有$_1$右$_2$	lɔ² 牢哞勞老$_2$（老兄）咾$_1$獠$_2$（獠獠草草）蘿
ɦiɤ⁶ 友$_2$又$_2$右$_1$佑誘$_1$（引誘）【油$_2$】	lɔ⁴ 老⑤咾$_2$牢$_2$（牢頭）
iɤ¹ 鰌幽憂【猶$_2$遊柚$_1$（柚子）】	lɔ⁶ 愣
iɤ³ 黝【友$_3$有$_2$酉右$_3$誘$_3$（誘惑）】	tsɔ¹ 朝（今朝）搔遭糟蹧招【騷$_2$（騷擾）詔$_2$照$_2$】
iɤ⁵ 誘$_2$（引誘）【有$_3$】	tsɔ³ 早棗找【抓】

ɔ

pɔ¹ 包$_1$（一包花）胞褒【爆$_1$】	tsɔ⁵ 竈詔$_1$照$_1$罩澡
pɔ³ 保飽寶【包$_2$（包庇）】	tsʰɔ¹ 操抄超【吵$_2$（吵鬧）】
pɔ⁵ 豹報跑①【暴$_2$（暴風）】	tsʰɔ³ 草吵$_1$（吵鬧）炒造⑥（造到 until）
pʰɔ¹ 拋泡$_1$②（膿泡）	tsʰɔ⁵ 草$_2$（獠獠草草）鈔
pʰɔ⁵ 匏③泡$_2$炮【雹】	dzɔ² 朝$_1$（朝南）潮
bɔ² 咆袍跑$_1$【抱$_3$（抱怨）】	dzɔ⁴ 造$_3$
bɔ⁴ 抱$_1$（抱進抱出）跑$_2$	dzɔ⁶ 兆$_1$
bɔ⁶ 抱$_2$（抱住）暴$_1$（暴風）鑤刨【跑$_3$】	sɔ¹ 騷$_1$（騷擾）梢燒$_1$【嫂$_3$】
mɔ¹ 摩$_3$	sɔ³ 掃嫂少【燒$_2$】
mɔ² 猫$_2$毛茅錨【帽$_2$（帽子）】	sɔ⁵ 燥嫂$_2$
mɔ⁴ 卯	zɔ² 漕槽朝$_2$（朝南）嬈⑦（妖嬈嬈嬈）召【繞】
mɔ⁶ 悄冒帽$_1$（帽子）貌牡【猫$_3$④】	zɔ⁴ 擾造$_1$
tɔ¹ 刀【到$_2$（到裏向）】	zɔ⁶ 皂造$_2$兆$_2$
tɔ³ 島禱倒	kɔ¹ 高羔膏篙糕槁膠$_1$（樹膠）【絞$_2$叫$_3$】
tɔ⁵ 到$_1$	kɔ³ 稿絞$_1$（絞線）攪$_1$（攪動）
tʰɔ¹ 叨幍韜【討$_2$（討厭）】	kɔ⁵ 告叫酵$_1$（發酵）覺$_1$（睏覺）烤$_1$（烤點心，釋義爲"pastry（cake）"）攪$_3$（攪動）【教$_2$（教書）】
tʰɔ³ 討$_1$	kʰɔ¹ 拷敲
tʰɔ⁵ 套	kʰɔ³ 考栲烤靠$_2$（靠勿着）可$_1$（可以）
dɔ² 逃桃萄淘【擣$_2$稻$_3$（稻柴）】	

---

① Edkins（1868：117）指出松江的"跑"有兩種讀音，一讀［bɔ⁴］表示"奔跑"義，一讀［pɔ⁵］表示"行走"義。

② Edkins（1869：93）有"膿泡"一詞，"泡"注音爲 pau［pɔ¹］。按音義當是"包"字。

③ 用於"匏茶"（Edkins，1868：47），當是"泡"字。

④ 字形原作"貓"（Edkins，1868：66）。

⑤ Edkins（1869：112）有"牢實"（釋義爲"simple"）條，"牢"注音爲 'lau［lɔ⁴］，當是"老"之誤。

⑥ 該音用於"造到"一詞中，意爲"直到"（原注釋爲"until"）（Edkins，1869：139）。

⑦ Edkins（1853：196）字形作"韶"。

$k^h\mathrm{ɔ}^5$ 靠₁(靠近) 烤₂①(釋義爲 "roast")

$\mathrm{hɔ}^1$ 【好₂(相好)】

$\mathrm{hɔ}^3$ 好₁ 許₁(幾許)

$\mathrm{hɔ}^5$ 耗許₂(幾許) 化②₁(塌化，另作 "好")

$\mathrm{ŋɔ}^2$ 熬③

$\mathrm{ŋɔ}^4$ 咬₁

$\mathrm{ŋɔ}^6$ 傲咬₂

$\mathrm{ɦɔ}^2$ 毫④ 豪壕濠

$\mathrm{ɦɔ}^4$ 號₂(號筒 trumpet) 下₁(天下) 夏₁(夏至)

$\mathrm{ɦɔ}^6$ 號₁(號單) 下₂(天下)

$\mathrm{ɔ}^1$ 凹丫₁(丫頭) 椏⑤ 鴉₃ 嗄語氣詞 【拗₃⑥(拗强)】

$\mathrm{ɔ}^3$ 襖拗₂(拗强) 懊啞₁ 【夏₃(夏天)⑦】

$\mathrm{ɔ}^5$ 吙語氣詞 拗₁⑧(拗强) 奥 【丫₂(丫頭)】

iɔ

$\mathrm{piɔ}^1$ 標鏢

$\mathrm{piɔ}^3$ 表裱

$p^h\mathrm{iɔ}^1$ 飄漂₁

$p^h\mathrm{iɔ}^5$ 票漂₂

$\mathrm{biɔ}^2$ 瓢

$\mathrm{biɔ}^4$ 嫖

$\mathrm{miɔ}^2$ 苗描

$\mathrm{miɔ}^4$ 藐

$\mathrm{miɔ}^6$ 秒妙廟

$\mathrm{tiɔ}^1$ 刁凋貂雕

$\mathrm{tiɔ}^3$ 鳥₁⑨ 吊₂(吊桶)

$\mathrm{tiɔ}^5$ 吊₁(吊死) 釣

$t^h\mathrm{iɔ}^1$ 挑

$t^h\mathrm{iɔ}^5$ 跳

$\mathrm{diɔ}^2$ 調(調料) 條

$\mathrm{diɔ}^6$ 掉調(釋義爲 "tune")

$\mathrm{liɔ}^2$ 潦₁ 鐐

$\mathrm{liɔ}^4$ 了

$\mathrm{liɔ}^6$ 料

$\mathrm{tsiɔ}^1$ 椒焦⑩ 蕉

$\mathrm{tsiɔ}^3$ 剿₁

$\mathrm{tsiɔ}^5$ 剿₁ 醮

$\mathrm{ts^hiɔ}^3$ 悄

$\mathrm{dziɔ}^2$ 瞧

$\mathrm{siɔ}^1$ 消硝銷₁ 簫 【小₂(小心)】

$\mathrm{siɔ}^3$ 小₁

$\mathrm{siɔ}^5$ 鞘笑 【消₂⑪】

$\mathrm{ziɔ}^2$ 巢₁(窩巢) 憔

$\mathrm{ziɔ}^4$ 巢₂(鳥巢)

$\mathrm{ziɔ}^6$ 誚

$\mathrm{ciɔ}^1$ 交郊膠₂(樹膠) 澆驕礁 【皎絞₃】

$\mathrm{ciɔ}^3$ 攪₂(攪動；另作 "攔") 較

$\mathrm{ciɔ}^5$ 教₁(教訓) 叫₂ 酵₂(發酵) 校教(慢慢教) 【攪

---

① 本字可能是 "烤"。

② 本字可能是 "許"。另在 "一氣勒化" 一詞中，"化" 有 he^5、$\mathrm{hɤ}^5$ 兩音。根據潘悟雲、陶寰（1999），本字都應當是 "許"。

③ Edkins（1869：64）有 "嗷勿得"（釋義爲 "loathe"），其中 "嗷" 字顯係 "熬" 之誤，徑改。

④ Edkins（1868：87）原文注音作 *háu*。按韻母表無 áu 韻，當是 au 之誤。

⑤ 字形亦作 "丫"（如 Edkins，1868：47）。

⑥ 字形亦作 "豪"（Edkins，1869：83）。另，讀［ɔ³］的 "拗" 也字形也有作 "豪" 的（Edkins，1869：75）。

⑦ 原文注音爲 'au（Edkins，1869：123），疑是 'au 之誤。

⑧ Edkins（1853：100）字形作 "抅"，注音爲［ɔ³］。

⑨ "鳥" 的白讀音［tiɔ³］凡十三見，其中十二次寫作 "寫"，僅一次寫作 "鳥"。爲説明［tiɔ³］與［niɔ³］間的關係，字形統作 "鳥"。

⑩ Edkins（1869：97）有 "心憔" 條，釋義爲 "regret"，其中 "憔" 注音爲 tsiau［tsiɔ¹］，根據音義當是 "焦" 之誤，徑改。

⑪ 該音兩見，均在釋義 "demand" 下，分別是 "有消頭"［釋義爲 "demand（in）"］和 "無消塲"［釋義爲 "demand（not in demand）"］。

4（攪動）】	bo² 耙杷₁爬琶【巴₃（下巴）】
cʰiɔ³ 巧₁	bo⁴ 罷₃
cʰiɔ⁵ 竅	mo¹ 媽₃（姑媽）麼
ɟiɔ² 橋₁	mo² 麻④麻蔴摩₁磨₂魔₁
ɟiɔ⁶ 轎【橋₂】	mo³ 麼₂⑤（疑問語氣詞）
çiɔ³ 曉₁	mo⁴ 馬瑪碼
çiɔ⁵ 孝₁	mo⁶ 罵
ȵiɔ² 饒₁（饒赦）	to¹ 【朵₂⑥（耳朵）】
ȵiɔ³ 鳥₂	no¹ 拿₂（拿去）
ȵiɔ⁴ 裊孃饒₂（饒赦）	no² 挪
tɕʰiɔ³ 巧₂①	tso¹ 渣遮【蔗₂】
çiɔ¹ 嚻②【哮₂（咆哮）】	tso⁵ 詐醡蔗₁酢
çiɔ³ 曉₂	tsʰo¹ 叉差₂（差勿多）車搓錯₁（錯過）
çiɔ⁵ 孝₂	dzo² 茶查蛇₂
ɦiɔ² 堯搖₁謠舀₁	dzo⁶ 乍
ɦiɔ⁶ 效₁	so¹ 沙砂紗痧裟賒【晒】
iɔ¹ 妖夭腰【搖₂遙窅飆₁飆₂要₂（總要用心）】	so³ 捨₁所₂（所以）
iɔ³ 【舀₂】	so⁵ 舍捨₂赦₁十₁（十五）
iɔ⁵ 要₁【效₂】	zo² 蛇
o	zo⁴ 喏
po¹ 巴₁（巴勿得）芭笆杷₂③（尾杷）【把₂（第把雨傘）】	zo⁶ 喏₂⑦射₇（日頭射個光）麝
po³ 把₁（量詞）靶弝【巴₂（巴總，釋義爲"sergeant"）】	ko⁵ 個₃（諸媢別人個人）過₂（消閟過日）
po⁵ 霸	kʰo¹ 【可₃（勿可相信）】
pʰo¹ 【怕₃（怕來死）】	kʰo³ 可₂（可以）
pʰo³ 怕₂（可怕個）	ho⁵ 許₃⑧（幾許）化₂（造化）
pʰo⁵ 帕怕₁	ŋo⁴ 瓦⑨

---

① "巧"該音只一見，注音作'ch'au，韻母部分無i介音（Edkins，1869：15）。今按例補出［i］介音。

② 表示"揭開"。許寶華、陶寰（1997：179）從俗寫作"撬"，許寶華、陶寰（2015）從《吳下方言考》作"枵"，但音義俱有不通之處。

③ 初版字形作"扡"（Edkins，1853：77）。

④ Edkins（1869：2）有"磨歷"［mo² li?⁸］條，釋義爲"active"，同一釋義下另有"豪燥"［ɔ¹ sɔ⁵］（按"豪"當音爲ɦɔ²，"豪燥"是表示"趕緊、趕快"義之詞的俗寫），可見"磨歷"可能是與"麻利"相關的詞，其中的"磨"或即"麻"字。

⑤ Edkins（1868：162）自注"亦通嗎"。

⑥ Edkins（1868：50）自注該音爲讀書音，字形作"朵"。

⑦ Edkins（1869：105）作"倉蜡"，釋義爲"salute（by shaking the folded hands）"，可知該詞實爲"唱喏"。

⑧ 字形亦作"化"（如Edkins，1868：131）。

⑨ 老派上海話"瓦"有［ŋo⁶］音（許寶華、陶寰，1997：165）。但艾約瑟的所有記錄中10例"瓦"都只有［o］韻讀法。

ɦo^4 　下$_3$

o^3 　啞$_2$

uo

kuo^1 　瓜寡

kuo^5 　卦掛

kʰuo^1 　誇【跨】

huo^1 　花$_1$華$_1$(龍華塔)【化$_3$(造化主)】

huo^5 　化$_1$(造化)【花$_2$(花花世界)】

ɦuo^2 　華$_2$(榮華)【畫$_2$(畫畫)話$_3$(話勿得)】

ɦuo^6 　畫$_1$話$_1$

uo^1 　划【華$_3$(榮華)】

uo^5 　【話$_2$(白話)】

iu

ɕiu^1 　靴

æ̃

pæ̃^{1} 　扳班$_1$(班次)斑頒$_1$(頒行於世)板(推板,表示"相差")

pæ̃^{3} 　板$_1$(印板)板(副詞,表示"一定")版

pæ̃^{5} 　扮絆【班$_2$(魯班尺)頒$_2$(頒行天下)半$_3$(南半爿)辦$_3$(有辦頭)】

pʰæ̃^{1} 　攀

bæ̃^{2} 　爿【辦$_2$(書辦,釋義爲"writer (for government officers)")】

bæ̃^{6} 　辦$_1$(辦法)

fæ̃^{1} 　番$_1$(一番道理)藩翻$_1$(翻譯)【反$_2$(了反勿得)】

fæ̃^{3} 　反$_1$(反轉來)【翻$_2$①(船將要翻脱)】

fæ̃^{5} 　氾汎販

væ̃^{2} 　帆番$_2$(番柿)凡煩燔礬梵【飯$_2$】

væ̃^{4} 　犯$_1$(犯法)

væ̃^{6} 　犯$_1$(犯法)飯$_1$範萬$_2$

mæ̃^{1} 　蠻②(程度副詞)

mæ̃^{2} 　槾

mæ̃^{6} 　蠻(疑問語氣詞,飯用蠻,表示"吃過飯了嗎")曼慢③萬$_1$

tæ̃^{1} 　丹担$_1$(担過來)耽$_2$④(耽誤)單癉$_1$⑤(火癉)【毯(皮毯)】

tæ̃^{3} 　膽【癉$_2$⑥(癉疽)】

tæ̃^{5} 　担(二十担泥)疸$_2$(黃疸)誕

tʰæ̃^{1} 　坍攤灘癱

tʰæ̃^{5} 　怛炭嘆

dæ̃^{2} 　彈⑦(彈琵琶)痰談壇檀【但$_3$(但是)淡$_3$】

dæ̃^{4} 　但$_2$(但憑儂)淡$_1$(淡薄)

dæ̃^{6} 　但$_1$(但是)淡$_2$(淡薄)蛋彈(鉛彈)

næ̃^{2} 　難$_1$(難過)

næ̃^{6} 　難$_2$(災難)

læ̃^{2} 　婪$_1$(貪婪)藍攔蘭籃欄欖懶$_2$(懶惰)纜$_2$(纜繩)【濫$_2$(踥濫)爛$_2$(爛泥)】

læ̃^{4} 　懶$_1$(懶惰)纜$_1$(紮纜)

læ̃^{6} 　濫$_1$(汎濫)爛$_1$

tsæ̃^{1} 　劗⑧【讚$_2$盞$_2$】

tsæ̃^{3} 　斬⑨盞$_1$

tsæ̃^{5} 　讚$_1$

---

① 讀陰上調,疑本字即"反"。

② 艾約瑟未曾説明該字是陰調類的濁聲母字。今據現代上海地區方言情況定爲陰調。

③ Edkins(1869:44)有"漫漫能"一詞,釋義爲 gently,詞形當是"慢慢能"。

④ "耽"雖屬覃韻,但很多北部吳語都將此字讀入談韻。例如松江　耽$_{覃}$dɛ^1;貪$_{覃}$tʰe^1;談談dɛ^2｜蘇州　耽$_{覃}$tɛ^1;貪$_{覃}$tʰɵ^1;談談dɛ^2｜常熟　耽$_{覃}$tɛ^1;貪$_{覃}$tʰəŋ^1;談談dɛ^2(松江材料來自許寶華、陶寰,2015;蘇州材料來自葉祥苓,1988;常熟材料來自袁丹,2010)。

⑤ 釋義爲"elepantiasis",若據英文釋義,表示"象皮病"(Edkins,1869:29)。

⑥ 釋義爲"erysipelas",若據英文釋義,表示"丹毒"(Edkins,1869:32)。

⑦ Edkins(1869:47)有"撣梦"條,釋義爲"harp (to play)",顯係"彈琴"之誤,徑改。關於"梦"字,參看本文[ʝiʌn^2]音節下"梦"字之注。

⑧ 表示"剁碎"(釋義爲"chop small",Edkins,1868:112)。一般寫作"劗"(如許寶華、湯珍珠,1988)。

⑨ Edkins(1853:231)及 Edkins(1868:210)在"斬絞流徒"(刑罰名)中都作'tsan,疑是'tsaŋ之誤。

tsʰæ̃¹ 餐₁(聖餐)攙懺

tsʰæ̃³ 産懴鑹

dzæ̃² 殘涎湛

dzæ̃⁴ 棧

dzæ̃⁶ 蹔站綻賺(原作"聽")

sæ̃¹ 三山删衫珊【散₃(散開來)】

sæ̃³ 傘₁散₁

sæ̃⁵ 傘₂散₂

zæ̃² 慚讒

kæ̃¹ 奸姦間₁(房間)監₁(監牢)橄【鰊減₂(減脱)】

kæ̃³ 減₁揀簡₁鑑

kæ̃⁵ 間₁(間一個月)

kʰæ̃¹ 鉛鉛₂(表示"剛剛")【檻₂(機檻)】

kʰæ̃³ 檻₁(機檻)

kʰæ̃⁵ 鉛₁②(表示"剛剛")

hæ̃¹ 墻₂(墻頭,表示處所)

hæ̃³ 喊

hæ̃⁵ 墻₁③(墻頭,表示處所)

ŋæ̃² 顔₁巖【眼₂】

ŋæ̃⁴ 眼₁顔₂

ɦæ̃² 鹹④閒【含₂(包含)】

ɦæ̃⁶ 限₁(限定)

æ̃⁵ 晚⑤

iæ̃

ɲiæ̃² 嚴₁(威嚴)

ɲiæ̃⁴ 捻₁

ɲiæ̃⁶ 廿念

ɦiæ̃² 咸

ɦiæ̃⁵ 陷

ɦiæ̃⁶ 限₃(象限儀)

iæ̃¹ 【諧(諧譜)】

iæ̃⁵ 【餤₂】

uæ̃

kuæ̃¹ 關₁鰥

kuæ̃⁵ 貫慣₁(習慣)【關₂(海關)】

kʰuæ̃¹ 筷⑥

guæ̃² 環鐶

guæ̃⁶ 摜⑦

ɦuæ̃² 還【懷⑧(懷胎)】

ɦuæ̃⁴ 挽₁

ɦuæ̃⁶ 患₁玩₁(玩器)

uæ̃¹ 彎⑨頑

uæ̃³ 【玩₂(玩耍)挽₂】

uæ̃⁵ 【患₂】

ẽ

pẽ¹ 般搬

pẽ⁵ 半

pʰẽ⁵ 判泮

bẽ² 伴₂(同伴)磐盤₁伴₂(偷伴子,釋義爲 "secretly")【叛₂(叛逆)】

bẽ⁶ 伴₁(同伴)叛₁(叛逆)伴₁(偷伴子)【盤₂(盤攏)】

---

① Edkins（1869:103）有"坍塌個房間"條，其中"間"注音 'tsz［tsɿ³］，顯係"子"之誤，徑改。

② 另作"恰"（如 Edkins，1869:59）。

③ 字形另作"喊"（Edkins，1868:105）或"沿"（Edkins，1868:81）。據潘悟雲、陶寰（1999），本字可能是"許"，鼻化成分可能是某種兒化作用。

④ Edkins（1868:210）原文注音爲 han，核初版記音爲 ɦan（Edkins，1853:231）。顯然聲母當從初版，但兩版韻尾 n 均未斜體，於全書體例不符。今從韻母一般規律將該韻併入 an［æ̃］韻中。

⑤ 當作"晏"。

⑥ Edkins（1869:15）有"筯"條，注音 k'wanʻ［kʰuæ̃⁵］，釋義 "chopstick"，顯係"筷"之誤，徑改。

⑦ 字形另作"丟"（注音爲 kwanʻ，Edkins，1868:118）。此例以外《語法》中"摜"僅一見，兩版注音均爲 gwánʻ（Edkins，1853:222；Edkins，1868:201）。按例全書韻母中應當只有 an，不當有 án。疑後者爲排印之誤。

⑧ 該音只一見（Edkins，1869:88），用例爲"懷胎"。上海地區未見"懷"有陽聲韻讀法，此音存疑。

⑨ Edkins（1868:136）字形作"灣"，用例爲"朝西轉灣"。

$m\tilde{e}^2$	瞒饅	$k^h\tilde{e}^1$	堪龕
$m\tilde{e}^4$	滿	$k^h\tilde{e}^3$	坎砍₁
$d\tilde{e}^1$	耽₁	$k^h\tilde{e}^5$	砍₂
$t^h\tilde{e}^1$	貪【探₃】	$h\tilde{e}^1$	【撼（搖撼）】
$t^h\tilde{e}^3$	探₂	$\hbar\tilde{e}^2$	含₁（包含）
$t^h\tilde{e}^5$	探₁	$\tilde{e}^1$	庵鵪菴
$d\tilde{e}^2$	潭	$\tilde{e}^3$	【諳】
$n\tilde{e}^2$	男南	$\tilde{e}^5$	暗

$t\tilde{e}^1$ 沾毡氈占專磚【輾】

$ts\tilde{e}^3$ 展轉【纏₃（纏頭帽）】

$i\tilde{e}$

$ts\tilde{e}^5$ 戰

$ts^h\tilde{e}^1$ 參₃(｜彈劾｜)諂懺川穿【喘₂（氣喘）串₂(一串珠)】

$ts^h\tilde{e}^3$ 慘喘₁

$ts^h\tilde{e}^5$ 串₁(一串珠子)【脆₃（釋義爲"brittle"）】

$dz\tilde{e}^2$ 蠶₂(大蠶,釋義爲"silk (Taysaam)")纏₂（纏絞）傳₁（傳下來）全₃

$dz\tilde{e}^6$ 傳（言行傳）篆

$s\tilde{e}^1$ 閂₂①（原作"閃"）

$s\tilde{e}^3$ 閃

$s\tilde{e}^5$ 搧煽扇

$z\tilde{e}^2$ 蠶₁（養蠶）纏₁（盤纏）船傳₂（傳下來）全₁然染₄（沾染）鱔₂（鱔魚）

$z\tilde{e}^4$ 染₂善₁蟮鱔₁②

$z\tilde{e}^6$ 染₃善₂【傳₃（傳道）】

$k\tilde{e}^1$ 甘柑

$k\tilde{e}^3$ 敢感

$pi\tilde{e}^1$	蝙編鞭邊【籩③徧₂（徧流四方）變₂（改變）】
$pi\tilde{e}^3$	扁匾
$pi\tilde{e}^5$	徧₁（徧地流行）變₁
$p^hi\tilde{e}^1$	偏篇₁【片₂④】
$p^hi\tilde{e}^5$	片₁騙【篇₂】
$bi\tilde{e}^4$	辨₁（辨個清爽）
$bi\tilde{e}^6$	便辨₂（辨別）辯辯（辯論）
$mi\tilde{e}^2$	眠棉綿【面₂】
$mi\tilde{e}^4$	免₁勉₁
$mi\tilde{e}^6$	免₂勉₂面₁麵
$ti\tilde{e}^1$	顛癲【店₂（店家）玷₂（玷污）】
$ti\tilde{e}^3$	典點
$ti\tilde{e}^5$	店₁（店家）玷₁（玷污）
$t^hi\tilde{e}^1$	天⑤添
$t^hi\tilde{e}^3$	忝餂
$di\tilde{e}^2$	鈿錢₁⑥田⑦甜填
$di\tilde{e}^6$	電殿⑧墊靛【錢₄】

---

① 原作"閃門",釋義爲"bar（the door）"（Edkins,1869：7），當是"閂門"之誤。爲避免混淆,改作"閂"。

② 見於"曲鱔"一詞中,英文釋義爲"worm"（Edkins,1869：150），故該詞當是"蛐蟮"。

③ 見於"銀籩"一詞中（Edkins,1869：16），或是兒化殘跡。

④ 此"片"與下文[$p^hi\tilde{e}^5$]音之"篇",在原書中的排列如下:篇 pʰíen,片 pʰíen,（Edkins,1868：84）。疑二字注音顛倒。

⑤ Edkins（1868：15）注音作 tʰíen。按韻母表中只有 íen 韻,疑 íen 是排印之誤。

⑥ 上海地區方言表示｜錢｜的[d-]系聲母字俗作"鈿"（如許寶華、湯珍珠,1988；許寶華、陶寰,2015）。

⑦ Edkins（1869：80）有 dién 之記錄,疑是 díen 之誤。

⑧ 在"文昌殿"（Edkins,1868：18）一詞中,韻尾 n 未標斜體。根據全書一般規範,將該韻併入[$i\tilde{e}$]韻中。

$li\tilde{\varepsilon}^2$　連蓮廉憐褳聯鎌簾鏈【練$_3$（熟練）】

$li\tilde{\varepsilon}^4$　斂練$_2$（諳練）

$li\tilde{\varepsilon}^6$　煉練$_1$（練達）鍊

$tsi\tilde{\varepsilon}^1$　尖煎佔【箭$_2$（箭靶）借】

$tsi\tilde{\varepsilon}^3$　剪翦

$tsi\tilde{\varepsilon}^5$　箭$_1$薦

$ts^hi\tilde{\varepsilon}^1$　千遷簽籤刊（釋義爲"cut away"）

$ts^hi\tilde{\varepsilon}^3$　淺

$dzi\tilde{\varepsilon}^2$　前$_2$（前世冤）錢$_3$全$_4$（兩版均ds聲母）泉$_2$痊【賤$_3$】

$dzi\tilde{\varepsilon}^6$　漸賤$_1$

$si\tilde{\varepsilon}^1$　仙先儒鮮$_1$（新鮮）宣【綫$_2$】

$si\tilde{\varepsilon}^3$　選【洗$_2$①（洗浴）鮮$_2$（新鮮）】

$si\tilde{\varepsilon}^5$　綫$_1$

$zi\tilde{\varepsilon}^2$　前$_1$（前兩日）錢$_2$全$_2$泉$_1$旋$_1$（旋轉）【賤$_2$儘】

$zi\tilde{\varepsilon}^6$　羨【旋$_2$（旋轉）】

$ki\tilde{\varepsilon}^1$　堅

$ci\tilde{\varepsilon}^1$　肩間$_2$（之間）監$_2$（監督）艱【見$_2$（看見）】

$ci\tilde{\varepsilon}^3$　檢繭簡$_2$

$ci\tilde{\varepsilon}^5$　間$_2$（間斷）見$_1$（看見）建劍諫【儉$_2$（溫良恭儉讓）】

$c^hi\tilde{\varepsilon}^1$　牽愆謙枚【欠$_3$】

$c^hi\tilde{\varepsilon}^3$　欠$_2$

$c^hi\tilde{\varepsilon}^5$　欠$_1$

$ji\tilde{\varepsilon}^2$　虔搯鉗【件$_3$（案件）】

$ji\tilde{\varepsilon}^4$　件$_1$（量詞）

$ji\tilde{\varepsilon}^6$　健儉$_1$（省儉）件$_2$（量詞）

$ni\tilde{\varepsilon}^2$　拈年黏研嚴$_2$（威嚴）粘【捻$_3$碾】

$ni\tilde{\varepsilon}^4$　染$_1$

$ni\tilde{\varepsilon}^6$　捻$_2$硯諺驗

$çi\tilde{\varepsilon}^3$　險顯$_1$晱（曉晱，表示"閃電"）顯②（爍顯，表示"閃電"）

$çi\tilde{\varepsilon}^5$　獻顯$_2$

$ɦi\tilde{\varepsilon}^2$　嫌$_1$③（原作"慊"）弦絃賢焉醃$_2$④（當是"鹽"）閒延$_1$言沿筵簷鹽【限$_4$（嘸限量）胭烟$_2$淹厭$_2$（討厭）】

$ɦi\tilde{\varepsilon}^4$　偃現$_2$【掩冶】

$ɦi\tilde{\varepsilon}^6$　限$_2$（有限）現$_1$宴厭$_1$餤$_1$⑤【咽$_2$（咽喉）嫌$_2$】

$i\tilde{\varepsilon}^1$　烟$_1$醃$_1$（醃肉）【延$_2$（就延）言$_2$】

$i\tilde{\varepsilon}^3$　燕$_2$【衍】

$i\tilde{\varepsilon}^5$　咽$_1$燕$_1$

$u\tilde{\varepsilon}$

$ku\tilde{\varepsilon}^1$　官棺觀【灌⑥（原作"貫"）罐$_2$（罐頭）】

$ku\tilde{\varepsilon}^3$　管館

$ku\tilde{\varepsilon}^5$　冠$_1$（李下不整冠）灌$_1$罐$_1$（罐頭）

$k^hu\tilde{\varepsilon}^1$　寬【欵$_2$（欵待）盔$_2$（盔甲）】

$k^hu\tilde{\varepsilon}^3$　欵$_1$（欵待）

$gu\tilde{\varepsilon}^6$　【灌$_3$】

$hu\tilde{\varepsilon}^1$　歡

$hu\tilde{\varepsilon}^5$　煥

$ɦu\tilde{\varepsilon}^2$　桓丸完$_1$腕【緩$_3$（緩決）宛碗$_3$】

$ɦu\tilde{\varepsilon}^4$　緩$_1$【碗$_4$】

---

① 該音僅見於《詞彙》的"洗浴"一詞中（Edkins, 1869：8）。

② "晱"與"顯"二字都用作表示"閃電"之［hɒʔ⁷（hɒʔk⁷）çiɛ̃³］一詞中後一音節的記音字。許寶華、陶寰（1997）未認定本字。松江説［hɒʔ⁷ çiɪʔ⁷］（不標變調，下同），後一音節研究者寫作"爍"（許寶華、陶寰，2015：250）。其他吳語也有類似説法，有研究者將後一音節的本字定爲"閃"，如富陽"閃電"説［huoʔ⁷ çyɛ̃³］（盛益民、李旭平，2018：107）。

③ 用例爲"憎慊"，釋義爲"hate"（Edkins, 1869：48）。按音義當是"嫌"，徑改。

④ 表示｛醃製｝的［ɦiɛ̃²］本字當是"鹽"。中派上海市區詞彙有"暴鹽鹹菜"條，指"加鹽醃製短時即可取食的鹹菜"（許寶華、湯珍珠，1988：202），松江則有"暴鹽肉"一詞（許寶華、陶寰，2015：398），指"醃製時間不長的肉"。

⑤ 《語法》初版字形作"猷"（Edkins, 1853：196）。

⑥ 見於"貫肉腸子"一詞，釋義爲"stuff, to（sausages）"（Edkins, 1869：121）。根據音義當是"灌"字，徑改。

ɦuẽ⁶ 換₁(調換) 緩₂(緩急)

uẽ¹ 剜【完₂碗₂】

uẽ³ 碗₁

uẽ⁵ 【換₂】

yẽ

cʰyẽ¹ 圈₂

yẽ¹ 【懸₂圓₂】

ɥẽ

sɥẽ¹ 酸₃

ø̃

tø̃¹ 端₂【撣(原作"攄")₂】

dø̃¹ 端₁①

tø̃³ 撣(原作"攄")₁② 短₂(長短)

dø̃³ 短₃(長短)

tø̃⁵ 煅斷₅(決斷)

dø̃⁵ 斷₄④

dø̃² 團【段₂⑤斷₃(斷絕)撣(原作"攄")₃(攄攄蓬塵)⑥】

dø̃⁴ 斷₁(斷絕)

dø̃⁶ 段₁(一段)緞斷₂(斷氣)

nø̃² 囝₁(小団；今俗作"囡")

nø̃⁴ 囝₂(小団；今俗作"囡")暖

lø̃² 婪₂(貪婪)【亂₃(撓亂)】

lø̃⁶ 亂₁

tsʰø̃¹ 餐₂(聖餐)攛

tsʰø̃⁵ 竄

sø̃⁵ 算₁

kø̃¹ 杆₁干₁(相干)乾₁(揩乾)

kø̃³ 赶₁(趕勿上)

kʰø̃¹ 看₂(看門)【看₃(對之伊咾看)】

kʰø̃⁵ 看₁(看書)

hø̃¹ 蝦

hø̃³ 罕

hø̃⁵ 捍漢

ŋø̃⁶ 岸₁

ɦø̃² 寒₁(寒門)

ɦø̃⁶ 汗旱銲

ø̃¹ 安₁(安分)鞍【按₂(按察)】

ø̃³ 【安₂(安穩)寒₂(寒熱)】

ø̃⁵ 按₁(按察司)案【岸₂】

ɤ̃

lɤ̃⁶ 亂₂(淫亂)

tsɤ̃¹ 鑽₁【攢】

tsɤ̃⁵ 鑽₂(咨鑽)【醉(吃醉酒者)】

tsʰɤ̃⁵ 【脆₂(釋義爲"brittle")】

sɤ̃¹ 酸₁【算₃(勿算)】

sɤ̃⁵ 蒜算₂【酸₂】

kɤ̃¹ 杆₂肝竿₁干₂(勿干事)王⑦(獨一干)杆⑧(字相杆)乾₂(揩乾)【赶₃(赶出)】

kɤ̃³ 赶₂(赶出)

kɤ̃⁵ 幹⑨【竿₂(竹竿)慣₂(作慣)】

---

① 該音的"端"在 Edkins（1868：40）（即 Edkins，1853：42）中韻尾 n 未標爲斜體，於例不合。本文併入［ø̃］韻。

② 字形原作"攄"。該字所見語境都是"打掃""(用撣子)撣塵"等意義中（見 Edkins，1869：27，148），且都是［ø̃］韻。可見［tø̃³］、［tø̃¹］、［dø̃²］記録的都是"撣"，逕改。

③ 該音的"短"在 Edkins（1868：40）（即 Edkins，1853：42）中韻尾 n 未標爲斜體，於例不合。本文併入［ø̃］韻。

④ 該音的"斷"在 Edkins（1868：40）（即 Edkins，1853：42）中韻尾 n 未標爲斜體，於例不合。本文併入［ø̃］韻。

⑤ 原作"叚"，釋義爲"piece cut off"（Edkins，1868：84），可見當是"段"字，爲説明"段"在艾約瑟記録中有陽去、陽平兩讀，録入字表時改作"段"。

⑥ 原文注音爲 tön，疑是之 tön 誤。

⑦ 許寶華、陶寰（1997）作"桿"。

⑧ 許寶華、陶寰（1997）未認定本字，使用的同音替代字爲"幹"（即陰去字）。

⑨ Edkins（1869：104）"精明能幹"一詞中"幹"注音爲 **kûn**，去聲符號不清晰。

iø̃	$taŋ^5$ 打$_2$(打開)
$ciø̃^1$ 捐$_1$蠲	$daŋ^6$ 宕$_1$
$ciø̃^3$ 卷$_1$(釋義爲"roll")	$laŋ^2$ 冷$_2$(冷落)
$ciø̃^5$ 卷$_2$(卷軸)眷絹【捐$_2$】	$laŋ^4$ 冷$_1$⑤
$cʰiø̃^1$ 圈【犬$_2$(小犬)勸$_2$(解勸)】	$tsaŋ^1$ 章$_1$張彰爭$_1$【漲$_3$(水漲)】
$cʰiø̃^3$ 犬$_1$(小犬)	$tsaŋ^3$ 長$_1$(生長)掌漲$_1$(漲溢)
$cʰiø̃^5$ 勸$_1$	$tsaŋ^5$ 漲$_2$(烏痧漲,即霍亂)帳脹賬長$_2$⑥(增長)【仗$_2$】
$ɟiø̃^2$ 拳權	$tsʰaŋ^1$ 昌娼撐鎗
$ɟiø̃^6$ 倦	$tsʰaŋ^5$ 暢
$ɲiø̃^2$ 芫元$_1$原$_1$源	$dzaŋ^2$ 長⑦(長短)常場腸嘗丈$_4$(丈人)
$ɲiø̃^4$ 軟原$_3$	$dzaŋ^4$ 丈$_2$杖$_1$
$ɲiø̃^6$ 願	$dzaŋ^6$ 丈$_3$(丈人)仗$_1$杖$_2$
$çiø̃^1$ 喧	$saŋ^1$ 生⑧牲甥聲$_1$【省$_2$(省會)】
$ɦiø̃^2$ 園$_1$圓$_1$	$saŋ^3$ 省$_1$(減省)
$ɦiø̃^4$ 遠	$zaŋ^2$ 【嚷$_2$(鬧嚷嚷)上$_9$(上帝)】
$ɦiø̃^6$ 縣$_1$院$_1$	$zaŋ^4$ 嚷$_1$(鬧嚷嚷)上$_3$(上帝)
$iø̃^1$ 冤【懸$_1$元$_2$袁原$_2$員園$_2$緣轅院$_2$】	$zaŋ^6$ 讓$_3$上$_4$(上帝)尚$_2$(尚且)丈$_1$(長度單位)
$iø̃^5$ 怨【縣$_2$(知縣)院$_3$】	$kaŋ^1$ 庚羹更$_1$(更改)
aŋ	$kaŋ^3$ 梗
$paŋ^1$ 浜①(擬聲詞,乒乓浜浜)	$kʰaŋ^1$ 坑
$baŋ^2$ 朋$_1$棚硼髽(硬髽髽)【髭$_3$旁$_2$(肋旁骨)碰$_2$(碰巧)】	$haŋ^1$ 哼⑨(那哼,表示"怎么")
$baŋ^6$ 髭$_1$髽②(髶髽,表"聾子")碰$_1$	$ŋaŋ^6$ 硬
$faŋ^1$ 【方$_2$③】	$ɦaŋ^2$ 行$_2$(行爲)
$maŋ^1$ 猫$_1$	$ɦaŋ^4$ 杏
$maŋ^4$ 繃④(表"密")	$ɦaŋ^6$ 項
$taŋ^3$ 打$_1$(打開)	$aŋ^1$ 櫻$_1$鸚

---

① Edkins(1853：151)寫作"乒乒乓乓"。

② 今多寫作"聾"。

③ 用作反切上字,原文注音爲 fang(Edkins,1868：40)。按艾約瑟的韻母表中只有 áng。ang 疑是 áng 之誤,今擬爲[ɑŋ]韻。

④ 本字尚未認定,一般俗寫作同音字"猛"。

⑤ Edkins(1868：89)注音爲'láng,初版注音爲'láng(Edkins,1853：98),今從初版。

⑥ Edkins(1868：30)有"張大"條(釋義爲"enlarge"),其中"張"注音爲'tsáng[$tsaŋ^3$]。根據音義,可能是"長",亦不排除是"脹"的可能。

⑦ Edkins(1868：95)注音爲 dzang,按韻母表中只有 áng 韻而無 ang 韻,當是排印之誤。

⑧ Edkins(1868：145)注音爲 sang,當是 sáng 之誤。

⑨ 字形亦作"行",如 Edkins(1869：51)有"那行能",釋義爲"how"。

iaŋ

lian² 良涼梁粱樑糧₁(錢糧)量₁(測量)

lian⁴ 兩

lian⁶ 亮量₂(力量)諒【糧₂(錢糧)量₃①】

tsiaŋ¹ 將₁漿₁(石灰漿)

tsiaŋ³ 槳獎

tsiaŋ⁵ 將₂(將官)醬【漿₂槳₂】

tsʰiaŋ¹ 鎗搶②(搶水，表示"混合"義)

tsʰiaŋ³ 搶

dziaŋ² 墻₂檣₂祥₂(勿吉祥)

dziaŋ⁶ 匠₂(木匠)

siaŋ¹ 相₁廂湘箱鑲【想₃】

siaŋ³ 想₁③

siaŋ⁵ 相₂想₂【橡】

ziaŋ² 墻₁薔檣₂祥₁(吉祥)詳【像₃】

ziaŋ⁴ 象₁像₁

ziaŋ⁶ 匠₁④(木匠)象₂像₂

ciaŋ¹ 江₂(江山)姜薑韁【降⑤(表示"虹")】

ciaŋ³ 講₂(講經)【江₄】

ciaŋ⁵ 降₂(降生)

cʰiaŋ¹ 【强(強取)】

cʰiaŋ³ 强(勉强)

ɟiaŋ² 賤⑥强(強盜)

çiaŋ³ 享

ȵiaŋ² 娘₁⑦(娘娘)

ȵiaŋ⁴ 讓₁仰【娘₂⑧(娘娘 aunt)】

ȵiaŋ⁶ 釀讓₂

çiaŋ¹ 香鄉【向₂(裏向)】

çiaŋ³ 響⑨餉

çiaŋ⁵ 向₁(裏向)

ɦiaŋ² 羊佯₁(假佯頭)洋₁烊₁揚₁陽₁⑩【行₅(頒行於世)】

ɦiaŋ⁶ 養₁樣₁

iaŋ¹ 殃【洋₂烊₂陽₂揚₂楊養₄樣₃】

iaŋ³ 【養₂癢】

iaŋ⁵ 【洋₃烊₃養₃樣₂】

uaŋ

ɦuaŋ² 横₁(横做竪做)【隍】

ʌŋ

bʌŋ² 朋₂

mʌŋ² 萌盟【猛₃(凶猛)】

mʌŋ⁴ 猛₁(猛如虎)

mʌŋ⁶ 猛₂(勇猛)

tʌŋ¹ 登(登基)登⑪(表示"居住")燈鐙墩燉

---

① 讀作［liaŋ⁶］的"量"既見於"度量"（Edkins，1869：32），也見於"大量"（Edkins，1868：91）等詞。

② 本字尚未認定。

③ Edkins（1869：54）注音作 'siang，當是 'siáng 之誤。

④ 另有注音 ziang'（如 Edkins，1869：18），疑是 ziáng' 之誤。

⑤ 見於 Edkins（1869：94），釋義爲"rainbow"，本字當是"虹"，讀音來自《廣韻》"古巷切"（唯聲調異常，但用"降"字記録，作陰平字或是排印之誤）。

⑥ 本字尚未認定，今多俗寫作"嗵"。

⑦ "娘 ȵiaŋ² 娘 ȵiaŋ²"一詞有如下釋義："lady（unmarried）"、"madam"、"mistress"（Edkins，1869：61，65，69）三種。

⑧ 用 'niáng 注音（暫擬爲［ȵiaŋ⁴］）的"娘"組成的疊詞"娘娘"釋義爲"aunt（paternal）"，即姑母。老派和中派上海話同一義項均寫作"孃孃"，讀音爲［ȵiã⁴⁴ȵiã⁵³］（老派）、［ȵiã⁵⁵ȵiã²¹］（中派），連讀變調體現的是陰平首字的變調格式。但艾約瑟未曾説明此字是屬於高調類的濁聲母字，即使將之視作陰調類字，據艾約瑟的注音也只能擬作陰上，與上海地區方言情況不符，故暫視作陽上，但對聲調存疑。

⑨ Edkins（1869：119）有"勿要響"條（釋義爲"still（not moving）"），其中"嚮"注音 'h'iáng［çiaŋ³］，根據音義顯係"響"之誤，徑改。

⑩ "陽"該音僅一見（Edkins，1868：79），語境爲"陽氣來咯"（釋義爲"beautifully ornamented"），據釋義當是"洋氣"。

⑪ 今寫作"蹲"（許寶華、湯珍珠，1988：287；許寶華、陶寰，1997：261）。

【東₃① (東西南北中) 等₂(等一歇) 凳₂(板凳)】

tʌŋ³	等₁(等待)
tʌŋ⁵	凳₂(板凳) 頓【凍₂②(冰凍)】
tʰʌŋ¹	吞₂
tʰʌŋ³	余
dʌŋ²	謄藤籐屯
dʌŋ⁶	鈍₂
nʌŋ²	能₁(那能)
nʌŋ⁶	嫩₁(嫩黄)【能₂(那能辦法)】
lʌŋ²	輪₂(輪流)
lʌŋ⁶	論₂(勿論)
tsʌŋ¹	增憎貞針₂斟₂征爭₂蒸③尊₂【正₂(正夫人)政₂中₄④(當中)】
tsʌŋ³	拯₁整₁
tsʌŋ⁵	拯₂整₂正₁政₁症証證
tsʰʌŋ¹	稱⑤(稱讚)春₂
tsʰʌŋ⁵	趁襯稱(相稱)秤
dzʌŋ²	成₃(成功)丞承₂(奉承)城₂(進城)乘(釋義爲 "avail(one's self of)")程誠₂(誠心)【剩₂(餘剩錢物)】
sʌŋ¹	參₂(人參)僧身₂(赤身)升生₂聲₂猻
sʌŋ³	損₂
sʌŋ⁵	勝聖
zʌŋ²	曾層沉₂(沉殺)塵₁(烟塵)成₁(成功)呈承₁(承認)城₁(進城)乘₁(相乘)誠₁(誠心)仍繩盛(盛滿)【剩₃(剩頭)】
zʌŋ⁶	任₄(任用)慎₂盛(茂盛)剩₁(剩下來)
kʌŋ¹	耕【更₃(更遠)】
kʌŋ⁵	更₂(更加)

kʰʌŋ³	肯絪₂(絪綁)
hʌŋ¹	亨
ɦʌŋ²	恒
ɦʌŋ⁶	恨₂⑥
ʌŋ¹	恩₂(恩典)

iʌŋ

ciʌŋ¹	矜襟₂(襟頭)京荆₁(荆棘)經驚₁(驚嚇)【儆頸₂(頸骨)徑₂(直徑)境₂(國度境界)】
ciʌŋ³	謹₂(謹慎)景頸₁(頸骨)境₁(對境)【驚₂(驚醒)】
ciʌŋ⁵	徑₁(半徑)竟敬鏡【荆₂(荆條編)】
cʰiʌŋ¹	輕欽₂【慶₂(慶賀)磬】
cʰiʌŋ⁵	慶₁
ɟiʌŋ²	鯨勤₂擎
ɟiʌŋ⁴	近₂(附近)
ɟiʌŋ⁶	競
ɲiʌŋ²	寧凝人₂任₁(任憑)銀₂迎【擰】
ɲiʌŋ⁶	認₂(認真)
çiʌŋ¹	興₁(興旺)興(擬聲詞,興興夯夯,喘氣聲)【兄₂⑦】
çiʌŋ⁵	興(高興)
ɦiʌŋ²	行₃(盡行勿好)形₁(形狀)營₁贏₁【因₃(因爲)陰₃(陰涼棚)】
ɦiʌŋ⁴	倖₁引₂(引線)
ɦiʌŋ⁶	倖₂贏₂【應₃(叫勿應)】
iʌŋ¹	因₂(因爲)音陰₂(陰涼)英嬰罌纓鷹癭應₁(應該)【刑容₄(容易)行₆(步行)形₂(形像)淫₂(姦淫)盈營蠅贏₃(輸贏)】
iʌŋ³	隱₂(隱隱然)影【永₃⑧(永生)】
iʌŋ⁵	印₂(印花布)應₂(照應)【行₇(品行)形₃(有形

---

① 蘇州郊區存在"東"讀[ən]韻的情況,主要分佈於蘇州南部和東北部的幾個點(葉祥苓,1988:10、24)。但上海地區的方言調查報告中未見此等"東登同韻"現象。疑此音(原文注音爲 tung)是 túng(即[tuŋ¹])排印之誤。

② 同上注,此音(原文注音爲 tung')疑爲 túng'(即[tuŋ⁵])排印之誤。

③ Edkins(1869:119)記作"烝"(釋義爲 steam),當是"蒸"字。

④ 此音(原文注音 tsung)疑爲 tsúng(擬音[tsuŋ¹])之誤。

⑤ Edkins(1869:106)有"秤"詞條,釋義爲 "scale（balances）"。據音義可知爲"稱"字,徑改。

⑥ Edkins(1868:129)自注此音爲"恨"字在上海西面的讀音,當是徐家匯地區方言之音。但艾約瑟的記錄中"恨"的[ɦʌŋ⁶]音亦不少見。

⑦ 此音(原文注音 h'iung)疑是 h'iúng(即[çiuŋ¹])之誤。

⑧ 此音(原文注音 'yung)疑爲 'yúng(擬音[iuŋ³])之誤。

有象) 幸因 $_4$ (因此) 】

uʌŋ

kʰuʌŋ^5 睏 $_2$ (睏醒)

ɦuʌŋ^2 魂

uʌŋ^3 穩 $_2$ (安穩)

ʌn

pʌn^1 【本 $_2$ (翻本) 】

pʌn^3 本 $_1$ (曆本)

pʰʌn^1 噴

bʌn^2 盆

bʌn^6 笨

fʌn^1 分 $_1$ (分別) 吩紛【粉 $_2$ (麵粉) 忿 (忿怒) 】

fʌn^3 粉 $_1$ (麵粉) 奮 $_1$

fʌn^5 奮 $_2$ 糞

vʌn^2 焚墳文紋聞【分 $_3$ (過分) 問 $_3$ 】

vʌn^6 分 $_2$ (過分) 問 $_2$

mʌn^2 門蚊們【悶 $_2$ (發悶) 】

mʌn^6 悶 $_1$ (氣悶) 問 $_1$

tʰʌn^1 吞 $_1$

dʌn^2 【沌 (混沌) 】

dʌn^6 鈍 $_1$

nʌn^4 嫩 $_2$

lʌn^2 倫圇淪輪 $_1$ (火輪船) 【論 $_3$ (論千論萬) 】

lʌn^6 論 $_1$ (勿論) 輪 $_3$ (輪到) 】

tsʌn^1 珍針 $_1$ 真斟 $_1$ 箴疹 $_1$ 尊 $_1$ 遵【榛 (鐵榛, 木榛) 震 $_3$ 枕】

tsʌn^3 疹 $_2$ 震 $_1$ 准 $_1$ 准 $_2$

tsʌn^5 震 $_2$ 鎮【尊 $_3$ 】

tsʰʌn^1 春 $_1$ 蠢村 $_1$ (村莊)

tsʰʌn^5 寸【村 $_2$ (村莊) 】

dzʌn^2 臣 $_2$ (臣子) 辰 $_2$ (日月星辰) 沉 $_1$ (沉殺) 陳蔯塵 $_2$ (蓬塵) 純存

dzʌn^6 陣

sʌn^1 參 $_1$ (海參) 申伸身 $_1$ (出身) 深紳孫嬸 ①

sʌn^3 審笋損 $_1$

sʌn^5 沈遜

zʌn^2 臣 $_1$ (君君臣臣) 辰 $_1$ (辰光) 成 $_2$ 唇鶉人 $_3$ 仁 $_2$ (仁義道德) 任 $_2$ (任憑) 神忍 $_4$【慎 $_3$ 】

zʌn^6 忍 $_3$ 任 $_3$ (留任) 潤甚腎慎 $_1$ 順

kʌn^1 根跟

kʰʌn^1 【困 $_2$ (圍困) 】

kʰʌn^3 懇捆

hʌn^3 狠

hʌn^5 【恨 $_4$ (悔恨) 】

ɦʌn^2 痕 $_1$ (傷痕)

ɦʌn^6 痕 $_2$ (傷痕)

ʌn^1 恩 $_1$ (恩典)

ʌn^3 【混 $_2$ (混雜) 】

iʌn

ciʌn^1 巾斤今金 ② 筋襟 $_1$ (衣裳襟) 【謹 $_3$ (勤謹做事體 plod) 禁 $_2$ (牢頭禁子) 君 $_2$ 】③

ciʌn^3 僅 $_1$ (僅殼, 釋義爲 "scarcely (enough)") 緊謹 $_1$ (謹慎)

ciʌn^5 禁 $_1$

cʰiʌn^1 欽 $_1$

ɟiʌn^2 芹琴棼 ④ 禽擒勤 $_1$ (慇勤) 近 $_4$ (淺近)【裙 $_2$ (紆裙) 】

ɟiʌn^4 近 $_1$【勤 $_3$ (勤勞) 僅 $_3$ (僅殼, 釋義爲 "just (just enough)") 】

ɟiʌn^6 近 $_3$ (附近)【僅 $_2$ (僅殼, 釋義爲 "sufficient (barely)") 】

ɲiʌn^2 人 $_1$ 仁 $_1$ (杏仁) 銀 $_1$【認 $_3$ (勿認) 閏】

ɲiʌn^4 忍 $_1$ 人 $_4$

ɲiʌn^6 認 $_1$ (勿認) 忍 $_2$【人 $_5$ 】

ɦiʌn^4 引 $_1$ (引誘)

---

① 屬上海小片的江灣鎮方言 "嬸嬸" 説 sən$^{44\text{-}55}$ sən$^{44\text{-}21}$，可能體現的是陰平變調模式，因此該 "嬸" 記作陰平不視作不合演變規律的異讀。

② Edkins（1869：79）有 "紫金城裏向" 一詞，釋義爲 "palace（of the emperor）"。其中 "金" 字注音爲 kiun'（即［ciʌn^5］），按當是 "禁" 字。

③ Edkins（1868：177）"君君臣臣" 注音爲 kiun，疑爲 kiün 之誤。

④ 該字凡兩見（Edkins，1869：47），釋義均與 "harp" 有關，可見當是 "琴" 字。

ɦiʌn^6【印$_3$】

iʌn^1 因$_1$(因果) 茵姻陰$_1$(陰陽) 慇【淫$_1$(邪淫)寅】

iʌn^3 隱$_1$(隱藏)【允$_2$①】

iʌn^5 印$_1$

uʌn

kuʌn^1【棍$_2$(光棍)】

kuʌn^3 滾棍$_1$(棍子)

kʰuʌn^1 昆崑

kʰuʌn^3 綑$_1$

kʰuʌn^5 困$_1$(困乏)睏$_1$

huʌn^1 昏惛婚【渾$_2$】

huʌn^3【混$_1$(混雜)】

ɦuʌn^2 渾$_1$

uʌn^1 溫瘟【穩$_3$(穩當)】

uʌn^3 穩$_1$

uʌn^5 搵

iŋ

piŋ^1 賓檳殯冰兵乒②(擬聲詞,乒乓浜浜)

piŋ^3 柄$_1$(話柄)稟餅并併

piŋ^5 柄$_2$(話柄)屏$_2$③(屏除,當是"摒"字)

pʰiŋ^1 拚$_1$(拚命)【品$_2$(品行)】

pʰiŋ^3 品$_1$【拚$_2$④(拚命)】

pʰiŋ^5 聘

biŋ^2 貧牝平苹瓶萍屏$_1$(屏風)瓶憑【病$_2$(熱病)】

biŋ^6 並病$_1$(瘰子病)

miŋ^2 民名明鳴【命$_2$(算命先生)】

miŋ^4 皿黽

miŋ^6 命$_1$(算命)

tiŋ^1 丁丁(擬聲詞,丁冬丁冬)叮釘$_1$(鐵釘)【頂$_2$(頂小,表示"最小")】

tiŋ^3 頂$_1$(頂好,表示"最好")鼎

tiŋ^5 釘$_2$(釘牢)訂

tʰiŋ^1 聽廳【艇】

tʰiŋ^5【聽$_2$(聽從)】

diŋ^2 亭庭停【定$_2$(勿定)錠$_2$(紙錠元寶)】

diŋ^6 定$_1$(一定)錠$_1$(紙錠元寶)

liŋ^2 林淋隣臨鱗廩伶苓玲凌翎零鈴綾靈$_1$(靈性)領$_2$(收領)令$_2$(令尊)【吝$_2$(吝惜)】

liŋ^4 靈$_2$(靈性)領$_1$(受領)嶺

liŋ^6 吝$_1$(吝惜)另⑤令$_1$(命令)

tsiŋ^1 旌精晶睛

tsiŋ^1【浸$_2$】

tsiŋ^3 井

tsiŋ^5 浸$_1$進縉

tsʰiŋ^1 親侵青清

tsʰiŋ^3 請

dziŋ^2 秦情$_2$循$_2$尋$_2$

dziŋ^4 盡$_1$

dziŋ^6 盡$_3$(盡心竭力)靜$_3$(僻靜)【情$_3$(情願)】

siŋ^1 心⑥芯辛新$_2$⑦星【信$_2$(失信)姓$_2$】

siŋ^3 省(省察)醒$_1$迅$_1$

siŋ^5 信$_1$醒$_2$性姓$_1$迅$_2$訊$_2$

ziŋ^2 情$_1$晴旬巡循$_1$尋$_1$【淨$_3$(淨浴)】

ziŋ^4 淨$_1$(乾淨)靖$_1$靜$_1$(安靜)

ziŋ^6 盡$_2$(盡心)淨$_2$(乾淨)靖$_2$靜$_2$(安靜)

---

① "允"該音凡兩見(Edkins,1869:82),原文注音'yun,疑是'yün(即[yn^3])之誤。

② Edkins(1853:151)寫作"乒乒乒乒"。

③ Edkins(1869:98)有"屏除"一詞,其中"屏"字注音ping'(即[piŋ^5])。按字當作"摒"。

④ Edkins(1868:64)字形原作"拚"。

⑤ Edkins(1869:42)"另有一件"之"另"的注音中,去聲符號不很清晰:ling' 'yeu。綜合考慮聲調痕跡、空格大小,此處"另"注音應當是ling'。

⑥ Edkins(1868:96)有"天狼心頂亮",其中"心"字顯係"星"之誤,徑改。Edkins(1853:110)"心"注音爲sing'([siŋ^5]),二版爲sing([siŋ^1]),今從二版。

⑦ 另有"媳"字,在"媳婦"一詞中注音爲sing([siŋ^1])(Edkins,1868:74;Edkins,1869:19)。按上海地區{兒媳}均説"新婦",故注sing([siŋ^1])音的"媳"當是"新"字。

$i\eta^1$ 櫻$_2$	$m\mathfrak{v}\eta^4$ 蟒網

in

sin^1 新$_1$
sin^5 訊$_1$

yn

cyn^1 均君$_1$軍菌
$\textipa{J}yn^2$ 裙$_1$群①
$\textipa{J}yn^6$ 郡
$\textctj yn^6$ 郡
$\textipa{ç}yn^1$ 熏$_1$②【訓$_3$（家訓）】
$\textipa{ç}yn^5$ 訓$_1$
$\textipa{ç}yn^1$ 熏$_2$
$\textipa{ç}yn^5$ 訓$_2$
$\textipa{H}yn^2$ 雲
$\textipa{H}yn^6$ 運$_1$
yn^1 【云勻芸耘運$_3$】
yn^3 允$_1$
yn^5 【暈③孕運$_2$韻】

ɒŋ

$p\mathfrak{v}\eta^1$ 邦幫$_1$（帮助）
$p\mathfrak{v}\eta^3$ 綁榜膀$_2$（臂膀）謗$_1$髈
$p\mathfrak{v}\eta^5$ 謗$_2$
$b\mathfrak{v}\eta^2$ 膀$_1$（膀胱）防$_1$（防備）旁$_1$（旁邊）棒$_2$（杖阿棒，釋義爲 "staff"）
$b\mathfrak{v}\eta^6$ 蚌棒$_1$（靠棒，釋義爲 "reliance（that on which we rely）"）
$f\mathfrak{v}\eta^1$ 方$_1$（地方）妨仿【放$_2$】
$f\mathfrak{v}\eta^3$ 紡訪
$f\mathfrak{v}\eta^5$ 放$_1$（放心）
$v\mathfrak{v}\eta^2$ 防$_2$房$_1$（房子）亡$_2$【妄$_2$忘$_3$】
$v\mathfrak{v}\eta^6$ 妄$_1$忘$_2$望$_2$
$m\mathfrak{v}\eta^2$ 忙茫鋩亡$_1$

$m\mathfrak{v}\eta^4$ 蟒網
$m\mathfrak{v}\eta^6$ 夢$_1$忘$_1$望$_1$
$t\mathfrak{v}\eta^1$ 當$_1$（當中）鐺【擋$_3$（抵擋）】
$t\mathfrak{v}\eta^3$ 擋$_1$（阻擋）黨攩【懂$_3$④】
$t\mathfrak{v}\eta^5$ 當$_2$⑤（典當）擋$_2$（抵擋）檔
$t^h\mathfrak{v}\eta^1$ 湯【通$_3$】
$t^h\mathfrak{v}\eta^3$ 倘趟$_1$
$t^h\mathfrak{v}\eta^5$ 趟$_2$燙
$d\mathfrak{v}\eta^2$ 唐$_1$堂塘膛糖螳蕩（蕩搭，表示 "這裏"）
$d\mathfrak{v}\eta^4$ 蕩$_2$
$d\mathfrak{v}\eta^6$ 宕$_2$蕩$_1$（放蕩）
$n\mathfrak{v}\eta^2$ 囊
$l\mathfrak{v}\eta^2$ 郎狼根廊榔$_1$（檳榔）鋃⑥（擬聲詞，鋃鋃鋃鋃）蜋【浪$_2$（浪費）上$_7$（地上）】
$l\mathfrak{v}\eta^4$ 榔$_2$（榔頭）上$_1$（船上）
$l\mathfrak{v}\eta^6$ 朗浪$_1$（浪費）晾上$_2$（世界上）
$ts\mathfrak{v}\eta^1$ 章$_2$樟庄粧$_1$裝椿【葬$_2$⑦壯$_2$】
$ts\mathfrak{v}\eta^3$ 【粧$_2$】
$ts\mathfrak{v}\eta^5$ 葬$_1$壯$_1$
$ts^h\mathfrak{v}\eta^1$ 倉蒼艙窗瘡$_1$（毒瘡）【唱$_2$⑧（唱戲個）創$_2$（創造）】
$ts^h\mathfrak{v}\eta^5$ 唱$_1$（唱喏）創$_1$（創造）【瘡$_2$（毒瘡）】
$dz\mathfrak{v}\eta^2$ 藏$_2$（藏頭露尾）償$_2$（償還）
$dz\mathfrak{v}\eta^6$ 撞$_2$
$s\mathfrak{v}\eta^1$ 桑喪$_1$（喪事）鎟（擬聲詞，鋃鋃鋃鋃）商傷霜雙孀【爽$_2$】
$s\mathfrak{v}\eta^3$ 賞爽$_1$
$s\mathfrak{v}\eta^5$ 喪$_2$（喪脫，表示 "（東西）丟了"）
$z\mathfrak{v}\eta^2$ 藏$_1$償$_1$（償還）床$_1$（旋床）裳爽（爽歌，釋義爲 "after a little time"）【上$_8$（上等）尚$_3$（和尚）臟$_2$狀$_2$】

---

① Edkins（1869:123）"拔萃超群" 中 "群" 注音爲 giûn，顯係 giün 之誤，徑改。

② 字形原作 "燻"（Edkins, 1869:42）。

③ Edkins（1868:142）有 "發頭暈"，"暈" 字注音爲 hwun［huʌn¹］，顯係 "昏" 之誤，徑改。

④ 該音（原文注音作 'tong）疑是 'tóng（即［toŋ³]）之誤。

⑤ Edkins（1868:175）有 "上檔" 一詞，"檔" 當作 "當"。

⑥ Edkins（1853:151）字形作 "榔"，詞作 "榔當榔當"。

⑦ 讀陰平的 "葬" 只一見，字形原作 "塟"（Edkins, 1869:11）。

⑧ Edkins（1869:105）有 "倉蛴" 一詞，注音爲 t'song zó'，釋義 salute，當是 "唱喏"。可見在該詞中用陰平字 "倉" 記錄首音節。

zɒŋ^4　上$_5$（上頭）

zɒŋ^6　上$_6$（上山）尚$_1$（和尚）臟$_1$狀$_1$撞$_1$【床$_2$（旋床）】

kɒŋ^1　缸剛綱鋼杠江$_1$扛【公$_3$（相公）降$_3$（降伏，釋義爲 repress）】

kɒŋ^3　講$_1$（講究）【江$_3$】

kɒŋ^5　降$_1$（降下來）

kʰɒŋ^1　糠筐

kʰɒŋ^5　抗园

hɒŋ^1　夯（擬聲詞，"興興夯夯"表示喘氣聲）

ɦɒŋ^2　杭降（投降）行$_1$（行情）

ɦɒŋ^6　巷

ɒŋ^1　【行$_4$（行情）】

iɒŋ

ɦiɒŋ^6　旺$_1$

uɒŋ

kuɒŋ^1　光$_1$（辰光）胱【廣$_2$（廣東綱）】

kuɒŋ^3　廣$_1$（廣東）晃$_1$（亮晃晃）

kuɒŋ^5　【光$_2$（辰光）】

kʰuɒŋ^3　誆壙

guɒŋ^2　狂

huɒŋ^1　荒慌恍謊

huɒŋ^3　況$_2$（況且）

huɒŋ^5　況$_1$（況且）

ɦuɒŋ^2　房$_2$（房子）橫$_2$（橫白豎眼）皇凰$_1$（鳳凰）黃$_1$煌璜蝗磺王

ɦuɒŋ^4　往$_1$

ɦuɒŋ^6　旺$_2$（興旺）【凰$_2$（鳳凰）】

uɒŋ^1　汪【黃$_2$（黃道）】

uɒŋ^3　枉【往$_2$】

uɒŋ^5　【旺$_3$（興旺）】

oŋ

poŋ^1　【幫①（幫助）】

boŋ^2　篷$_1$

foŋ^1　封$_1$風$_1$（風俗）鋒$_1$豐$_1$【俸$_2$（俸祿）】

voŋ^2　縫$_1$（裁縫）【鳳$_2$（鳳凰）】

voŋ^4　奉$_1$

moŋ^2　蒙$_1$（心地蒙昧）

moŋ^6　夢$_2$

toŋ^1　冬$_1$東$_1$（東面）冬$_2$擬聲詞（丁冬丁冬）

toŋ^3　董$_1$懂$_1$

tʰoŋ^1　通$_1$

tʰoŋ^3　統$_1$

tʰoŋ^5　痛$_1$

doŋ^2　同$_1$桐$_1$銅$_1$筒$_1$筒$_1$（暖筒筒）洞$_1$（暗洞洞）【唐$_2$（唐詩）】

doŋ^4　洞$_1$（洞庭山）動$_1$（勿動）桶$_1$

doŋ^6　動$_3$（跑得動）

noŋ^6　儂$_1$【農$_2$（士農工商）】

loŋ^2　龍$_1$籠$_1$瓏$_1$

loŋ^4　攏$_1$【籠$_3$】

loŋ^6　衖$_1$弄$_1$

tsoŋ^1　中$_1$（當中）忠$_1$（忠厚）終$_1$（臨終）鐘$_1$宗$_1$棕②蹤③$_1$

tsoŋ^3　種$_1$（種子）總$_1$

tsoŋ^5　種$_3$（種花）衆$_1$總$_3$

tsʰoŋ^1　聰$_1$（聰明）銃$_1$（坍銃，表示"丟臉"）

tsʰoŋ^3　眺

dzoŋ^2　蟲$_1$從$_3$（從前）重$_1$（重疊）

dzoŋ^4　重$_1$（重兩斤）

dzoŋ^6　重$_3$（敬重）

soŋ^1　松$_1$（松樹）淞鬆$_1$

soŋ^5　送$_1$

zoŋ^2　從$_1$重$_3$（量詞，釋義爲"layer"）

zoŋ^6　訟$_1$

koŋ^1　工$_1$（工人）公$_1$（相公）功$_1$（成功）攻$_1$宮$_2$珙（神珙）

koŋ^5　【功$_3$（成功）】

kʰoŋ^1　空$_1$（空中）

kʰoŋ^3　孔恐$_1$

---

① 字形原作"帮"（Edkins，1868：163）。此音（原文注音 póng）疑是 pong（即［pɒŋ^1］）之誤。

② 字形亦作"椶"（Edkins，1869：16）。

③ 字形原作"踪"（Edkins，1868：143）。

goŋ^{6} 共$_{1}$

hoŋ^{5} 哄$_{1}$

ɦoŋ^{2} 弘$_{1}$紅$_{1}$

ioŋ

cioŋ^{1} 宫$_{1}$

ɟioŋ^{2} 窮$_{1}$

ɲioŋ^{2} 濃$_{1}$（濃黑）

ɦioŋ^{2} 容$_{1}$（容易）榮雄$_{1}$

uŋ①

buŋ^{2} 蓬篷$_{2}$

fuŋ^{1} 封$_{2}$風$_{2}$（風俗）峯楓蜂瘋鋒$_{2}$豐$_{2}$蠭【俸$_{3}$（罰俸）】

fuŋ^{3} 捧【奉$_{3}$（奉獻）】

fuŋ^{5} 諷俸$_{1}$（俸祿）

vuŋ^{2} 逢縫$_{2}$（裁縫）

vuŋ^{6} 縫$_{3}$（橫縫）奉$_{2}$（奉承）鳳$_{1}$（鳳凰）

muŋ^{2} 蒙$_{2}$（蒙恩）朦

tuŋ^{1} 冬$_{2}$東$_{2}$（東方）

tuŋ^{3} 董$_{2}$懂$_{2}$

tuŋ^{5} 凍$_{1}$

t^{h}uŋ^{1} 通$_{2}$蓪

t^{h}uŋ^{3} 統$_{2}$

duŋ^{2} 同$_{2}$桐$_{2}$童銅$_{2}$筒$_{2}$【動$_{5}$（勿動干戈）】

duŋ^{4} 動$_{2}$桶$_{2}$

duŋ^{6} 洞$_{2}$（山洞）動$_{4}$慟

nuŋ^{2} 農$_{1}$（農事）濃$_{2}$（濃茶）膿【儂$_{3}$】

nuŋ^{6} 儂$_{2}$

luŋ^{2} 隆龍$_{2}$（龍華塔）嚨礱（礱糠）籠$_{2}$聾攏$_{3}$（盤攏）【弄$_{3}$（弄直）】

luŋ^{4} 攏$_{2}$

luŋ^{6} 衖$_{2}$弄$_{2}$

tsuŋ^{1} 中$_{2}$（中國）忠$_{2}$（忠厚）終$_{2}$（善終）鍾鐘$_{2}$宗$_{2}$蹤$_{2}$【總$_{4}$（總督）種$_{5}$（種田）】

tsuŋ^{3} 腫種$_{2}$（種子）總②$_{2}$

tsuŋ^{5} 中$_{3}$（中意）種$_{4}$（種花）衆$_{2}$縱【蹤$_{3}$】

ts^{h}uŋ^{1} 充春$_{2}$衝葱聰$_{2}$（聰明）從$_{5}$（從容）囪③（原作“冲”）

ts^{h}uŋ^{3} 寵

ts^{h}uŋ^{5} 銃

dzuŋ^{2} 蟲$_{2}$從$_{4}$（聽從）重$_{2}$（重新）

dzuŋ^{4} 重$_{2}$

dzuŋ^{6} 重$_{4}$（敬重）

suŋ^{1} 舂$_{1}$松$_{2}$鬆$_{2}$

suŋ^{5} 送$_{2}$

zuŋ^{2} 從$_{2}$

zuŋ^{6} 訟$_{2}$頌重$_{5}$（尊重）

kuŋ^{1} 工$_{2}$（工夫）弓公$_{2}$（公道）功$_{2}$（功勞）攻$_{2}$供恭（恭喜恭喜）蚣宫$_{3}$【拱】

kuŋ^{5} 貢

k^{h}uŋ^{1} 空$_{2}$（虛空）【控】

k^{h}uŋ^{3} 恐$_{2}$（恐怕）

k^{h}uŋ^{5} 空④（空閒）

guŋ^{6} 共$_{2}$

huŋ^{1} 烘$_{1}$轟【紅$_{3}$】

huŋ^{5} 哄$_{2}$烘$_{2}$

ɦuŋ^{2} 弘$_{2}$宏虹洪紅$_{2}$

uŋ^{1} 翁

uŋ^{5} 甕

iuŋ

c^{h}iuŋ^{1} 穹

ɟiuŋ^{2} 窮$_{2}$

ɲiuŋ^{2} 絨

ɕiuŋ^{1} 兄$_{1}$兇胸酗

ɦiuŋ^{2} 容$_{2}$（容易）

ɦiuŋ^{4} 永$_{1}$（永遠）

ɦiuŋ^{6} 用$_{1}$

iuŋ^{1} 擁【容$_{3}$（容易）榕鎔雄$_{2}$熊熒】

iuŋ^{3} 勇【永$_{2}$（永遠）】

---

① 大多數 úng［uŋ］韻字都只見於《詞彙》一書中。

② 字形原作“揔”（Edkins，1869：65）。

③ Edkins（1869：14）有“烟冲”一詞，釋義爲“chimney”，“冲”字顯誤。

④ 另有兩例“虧空”之“空”讀作［k^{h}uŋ^{5}］（均見 Edkins，1869：20）。

iuŋ^5 【用$_2$】	hæʔ^7 恰$_1$(恰好)
	hæʔ^7 瞎
æʔ	ɦæʔ^8 匣狹$_1$【恰$_3$(恰得)】
pæʔ^7 八叭捌	æʔ^7 阿$_2$(阿哥)押鴨壓$_1$【狹$_2$轄$_1$】
bæʔ^8 拔鈸	**iæʔ**
fæʔ^7 發法髮拂①	ciæʔ^7 夾$_2$(眼夾毛)甲$_2$
væʔ^8 乏伐罰	ɲiæʔ^8 捏
mæʔ^8 襪	ɦiæʔ^8 洽【約$_3$⑨(沈約)】
tæʔ^7 搭$_2$(第搭，表示"這裏")褡答$_1$(報答)靼塔(一塔括子)【達$_2$(通文達理)踏$_2$】	iæʔ^7 壓$_2$【狹$_3$轄$_2$】
dæʔ^7 搭$_1$(第搭，表示"這裏")瘩	**uæʔ**
tʰæʔ^7 塌塔$_1$獺搨達(滑澾澾)蹋	kuæʔ^7 刮括刮(擬聲詞，刮臘刮臘)
dæʔ^8 達$_1$(練達)踏$_1$②	guæʔ^8 【刮(刮法子，釋義爲"machinery")】
næʔ^8 納$_1$(瓜田不納履)捺	huæʔ^7 豁甩
læʔ^8 垃$_3$③(當是"邋")喇辣臘(擬聲詞，刮臘刮臘)蠟攔④裂$_2$(豁裂)	ɦuæʔ^7 滑$_1$(滑澾澾)
tsæʔ^7 紮窄【責$_3$(責備)】	uæʔ^7 挖【滑$_2$(滑車)】
tsʰæʔ^7 插察劄	**ɑk**
dzæʔ^8 雜$_2$(雜貨)	pɑk^7 百$_1$(百姓)
sæʔ^7 撒$_1$薩殺煞鑠	bɑk^8 白$_1$(白手求財)
zæʔ^8 雜$_1$(雜貨)閘煤⑤【着$_5$⑥(全闖着)】	mɑk^8 脈麥$_1$(麥穗頭)陌驀目$_1$
kæʔ^7 隔$_4$間⑦(間壁)夾$_1$袷頰甲$_1$	tsɑk^7 隻$_2$
kʰæʔ^7 恰$_2$(恰恰到)	tsʰɑk^7 拆$_1$(拆開來)尺$_1$(尺巴，即"尺把")
gæʔ^8 俠(擠咾俠，釋義爲"throng(to)")挾拮⑧(擠咾拮，釋義爲"press(upon)")	dzɑk^8 射$_2$(射角)
	sɑk^7 濕$_1$
	zɑk^8 若$_1$石$_1$(磁石)着$_2$(尋着之)

---

① 該字只一見(Edkins，1868:86)，用作筆畫名稱，即今所謂"撇"。

② Edkins(1869:132)字形作"蹋"，用於"蹋壞"一詞(釋義爲"trample(and spoil)")，顯係"踏"之誤，徑改。

③ 此音只見於"垃塌"一詞(Edkins，1869:23)，當是"邋"字。

④ 表示"阻攔"義，本字未明。

⑤ Edkins(1869:10)"灼"釋義爲 boil(cook by boiling)，注音爲 záh，疑是 zah 之誤。

⑥ "着"讀該音只一見(Edkins，1868:100)，原文注音 zah，疑是 záh(即[zaʔ^8])之誤。

⑦ 史濛輝、陶寰(2023)指出讀如山攝入聲的"隔"是"間"的促化，可參看。艾約瑟的記錄中"隔"讀[kæʔ^7]僅見於韻母表部分，並將此音視作口語音，但沒有給出具體用例(Edkins，1868:51)。Edkins(1869:26)記錄了"隔壁"一詞，"隔"的注音爲 káh[kɑʔ^7]。"間"字記作[kæʔ^7]音也只一見，用於"間壁房子火灼"中(Edkins，1868:191)。另，"火灼"之"灼"當是"着"字，見[dzæʔ^8]音節下"着"字之注。

⑧ 此三字是記錄同一個詞的不同漢字，即老派/中派上海話中的[gaʔ^8]/[gʌʔ^8]，釋義參許寶華、陶寰(1997:315)。今俗寫多作"軋"。其中"挾"字初版作"嫐"(Edkins，1853:40)。

⑨ 讀[ɦiæʔ^8]的"約"凡兩見。Edkins(1868:43)是對《字彙》中一段文字的注音，有很強的文言色彩；Edkins(1868:196)爲"鄉約"一詞。兩者原文注音均爲 yah，疑是 yáh 之誤。

kak^7 革$_1$(革脱) 格$_1$(格子) 隔$_1$(隔之两日)	tsiaʔ^7 爵雀$_2$
kʰak^7 客$_1$(客氣)	tsʰiaʔ^7 雀$_1$鵲
hak^7 嚇$_1$(嚇殺)	siaʔ^7 削$_2$(削平)
ŋak^8 額$_1$(額角頭)	ziaʔ^8 嚼

iak

liak^8 略$_1$(畧些)	ciaʔ^7 脚$_2$
siak^7 削$_1$(削指甲)	cʰiaʔ^7 却卻確$_2$
ciak^7 角$_4$ 脚$_1$(脚夫)	ɲiaʔ^8 虐
iak^7 約$_1$(約百錢)【藥$_2$(藥性)】	ɦiaʔ^8 學$_3$(博學) 藥$_1$(毒藥)

aʔ

iaʔ^7 喲$_2$(語氣詞,是喲) 約$_2$(約畧)【學$_4$(博學) 鑰籥樂(音樂)】

paʔ^7 百$_2$(一百) 柏伯$_1$(伯伯)	

uaʔ

pʰaʔ^7 拍珀魄	kuaʔ^7 □④(kuaʔ7開,表示"裂開")
baʔ^8 白$_2$(明白) 帛	ɦuaʔ^8 劃【畫$_3$⑤(畫字號)】
maʔ^8 脈$_2$麥$_2$摸$_1$(約摸) 目$_2$(數目)	

ɒk

tʰaʔ^7 【塔$_2$】	bɒk^8 薄$_1$
laʔ^8 垃$_2$(垃圾)	mɒk^8 木$_3$目$_3$
tsaʔ^7 責$_1$(責備) 仄 着$_4$(着衣裳) 隻$_1$ 酌$_1$(斟酌)	tʰɒk^7 托$_1$
tsʰaʔ^7 冊策拆$_2$(拆開來) 尺$_2$(量詞) 赤$_1$(赤膊)【栅$_2$(栅欄)】	dɒk^8 度$_1$(測度)
	lɒk^8 落$_1$(落水) 樂$_1$
dzaʔ^8 宅着$_1$①(着冷)	tsɒk^7 作$_1$(作主)
saʔ^7 濕$_2$閂$_1$栅$_1$(欄栅)【撒②(表示"眨眼")石$_3$③】	tsʰɒk^7 齪$_2$(龌龊)
zaʔ^8 杓$_1$(執杓,釋義爲"ladle") 若$_2$ 弱射$_1$(射角,釋義爲"across") 石$_2$(寶石) 着$_3$(尋得着)	zɒk^8 杓$_1$若$_3$射$_3$(射箭) 屬$_1$鑿昨$_1$(昨日)
	kɒk^7 各$_1$(各處) 角$_1$(射角) 覺$_2$(覺着)
kaʔ^7 革$_2$(革脱) 格$_2$(格子) 隔$_2$(隔之两日)【脚$_3$】	hɒk^7 矐$_1$⑥(爀顯,表示"閃電")
kʰaʔ^7 客$_2$(客人)	ŋɒk^8 瘧$_1$(瘧子病) 岳
haʔ^7 嚇$_2$(嚇昏)	ɦɒk^8 學$_1$(學生子)
ŋaʔ^8 額$_2$(匾額)	ɒk^7 惡$_1$(兇惡) 齷$_1$(龌龊)

iaʔ

uɒk

liaʔ^8 掠略$_2$(大略)	kuɒk^7 椰

---

① Edkins(1868:191)有"火灼"一詞,"灼"注音爲dzáh[dzaʔ^8]。根據音義,當是"着"字,徑改。

② 表示"眨(眼睛)",字形另作"閃"(Edkins,1869:135)。表示該義的詞,現代記録中都記作[sæʔ^7]的對應讀音。

③ 僅見於Edkins(1869:63),疑是sáh之誤。

④ Edkins(1869:11)未標明漢字,研究者也未認定本字。

⑤ 當是"劃"。

⑥ 字形原作"爀",爲説明[hɒʔ^7 ɕiẽ^3](字形作"矐晱",Edkins,1869:63)與[hɒk^7 ɕiẽ^3](字形作"爀顯",Edkins,1868:24)中首音節之間的關係,將此"爀"改作"矐"。本字一直没有認定,一般俗寫作"霍"。

ɒʔ

pɒʔ^7 膊【北$_2$①】

bɒʔ^8 薄$_2$（淡薄）箔$_2$

mɒʔ^8 膜（隔膜）目$_4$牧$_1$（牧羊）

tɒʔ^7 乤（丟）【督$_2$（提督）】

tʰɒʔ^7 禿$_3$（全稱量詞，表示"都"）托$_2$託

dɒʔ^8 度$_2$（測度）澤

lɒʔ^8 駱烙鹿$_2$（鹿角）落$_2$（落雨）絡樂$_2$（快樂）
【禄$_2$（福祿壽）】

tsɒʔ^7 斫捉桌②酌$_2$（斟酌）啄作$_2$（木作）

tsʰɒʔ^7 齪$_1$（齷齪）

dzɒʔ^8 昨$_3$（昨日）

sɒʔ^7 索$_1$（勒索）【縮$_3$（縮短）】

zɒʔ^8 杓$_3$（執杓，釋義爲"spoon"）勺射$_4$（射着）濁$_1$
鐲昨$_2$（昨日）

kɒʔ^7 擱閣欄各$_2$（各處）角$_2$（角落頭）覺$_3$（覺着）
【國$_5$③】

kʰɒʔ^7 殼確$_1$

hɒʔ^7 矐$_2$（矐睒，表示"閃電"）學$_3$④】

ŋɒʔ^8 軛鶴瘧$_2$（瘧子）齈額$_3$（匾額）】

ɦɒʔ^8 學$_2$（學習）

ɒʔ^7 惡$_2$（惡事）齷$_2$（齷齪）【屋$_3$】

uɒʔ

kuɒʔ^7 【國$_6$⑤】

ɦuɒʔ^8 或$_2$⑥（倘或）

ok

pok^7 剝$_1$（剝脫苹菓皮）駁$_1$

bok^8 薄$_3$

fok^7 福$_1$（福氣）

vok^8 服$_1$（服毒）

mok^8 莫$_1$（莫非）木$_1$（木彫）目$_5$（目今）睦$_1$（和睦）

tʰok^7 禿$_1$（全稱量詞，表示"都"）

dok^8 毒$_1$（毒瘡）獨$_1$（惟獨）讀$_1$（讀書）

lok^8 六$_1$（五顏六色）鹿$_1$踛$_1$踇綠$_1$

tsok^7 竹$_1$（竹爿）築

dzok^8 逐$_4$（逐點）

sok^7 束$_1$（束脩）漱速縮$_1$（縮轉來）

zok^8 肉$_3$射$_5$（射箭）熟$_1$贖逐$_2$（逐出）濁$_2$
族$_1$（族譜）

kok^7 國$_1$（國家）角$_3$

ok^1 屋$_1$（屋頂）

iok

ɲiok^8 肉$_1$褥獄$_2$玉$_1$

oʔ

poʔ^7 爆（擬聲詞,燁爆燁爆）北$_1$（北門）剝$_2$（剝皮）博
駁卜【樸$_2$（樸實）】

pʰoʔ^7 撲樸$_1$（樸實）

boʔ^8 薄$_4$（刻薄）箔$_1$鉑⑦（當是"箔"字）葡

foʔ^7 幅福$_2$（福氣）蝠輻複⑧復$_2$（反反復復）

voʔ^8 伏服$_2$（服毒）茯復$_2$（復原）縛

moʔ^8 摸$_2$（摸着）膜$_2$（隔膜）莫$_2$（莫非）木$_2$（木頭）
目$_6$（目録）牧$_2$（牧童）睦$_2$（和睦）

toʔ^7 督$_1$（總督）篤

tʰoʔ^7 禿（禿頂）禿$_2$（全稱量詞，表示"都"）

doʔ^8 毒$_2$（毒藥）獨$_2$（惟獨）瀆讀$_2$（讀熟）度$_3$（量
度）鐸

---

① 該音僅一見（Edkins，1868：54），是《李氏音鑒》"凡例"中"北或合而爲一"之句的讀音。原文注音爲 poh，疑是 póh（即［poʔ^7］）之誤。

② 字形原作"棹"，用例爲"繡花棹圍"，釋義爲"embroider（embroidered table cover）"（Edkins，1869：29）。

③ Edkins（1869：128）"國度境界裏向"之"國"注音爲 koh，疑爲 kóh 之誤。

④ "學"該音只見於 Edkins（1869：6），原文注音 hoh，疑爲 ɦoh（即［ɦɒʔ^8］）之誤。

⑤ Edkins（1869：60）"國"單字注音爲 kwoh，疑是 kwóh 之誤。

⑥ "或"字此音只見《語法》初版（Edkins，1853：173），原文注音 woh，疑是 wóh（即［ɦoʔ^8］）之誤。

⑦ Edkins（1869：45）有"金鉑"條（釋義爲"gold（leaf）"），"鉑"注音 bóh。據釋義可知該詞係"金箔"之誤。

⑧ Edkins（1869：99）作"重復"，當爲"重複"。

loʔ^{7} 咯

loʔ^{8} 六$_2$绿$_2$禄$_1$(俸禄)碌踛$_2$録簏籙樂$_3$(同苦同樂)

tsoʔ^{7} 粥竹$_2$(竹牌)燭囑祝酌$_3$足$_1$

tsʰoʔ^{7} 畜觸

dzoʔ^{8} 軸$_3$逐$_5$(逐日，表示"每天")濁$_4$族$_3$(宗族)

soʔ^{7} 叔束$_2$(束腰帶)朔速$_2$宿$_1$粟蕭縮$_2$(縮勿轉)索$_2$(勒索)縤

zoʔ^{8} 肉$_4$辱熟$_2$贖$_2$屬$_2$俗續逐$_3$(赶逐)濁$_3$族$_2$(族長)昨$_4$(昨日)

koʔ^{7} 谷穀國$_2$(國家)

kʰoʔ^{7} 哭殻$_2$

hoʔ^{7} 霍

ɦioʔ^{8} 惑$_2$(疑疑感感)

oʔ^{7} 屋$_2$【鑊$_2$(鑊子)】

uʔ

tsuʔ 足$_2$

ioʔ

dioʔ^{8} 軸$_1$逐$_1$①

cioʔ^{7} 菊

cʰioʔ^{7} 曲$_1$麯

ɟioʔ^{8} 局$_1$軸$_2$

ɲioʔ^{8} 肉$_2$玉$_2$獄$_1$

tɕʰioʔ^{7} 曲$_2$

dzioʔ^{8} 局$_2$

ɕioʔ^{7} 蓄血$_2$(破血經)

ɦioʔ^{8} 役疫欲

ioʔ^{7} 唷【育浴慾】

uoʔ

kuoʔ^{7} 國$_3$

ɦuoʔ^{8} 獲鑊$_1$(鑊子)核②(釋義爲"seed(stone of fruit)")

或$_1$惑$_1$(迷惑)

øʔ

tøʔ^{7} 掇

tʰøʔ^{7} 脱$_1$

døʔ^{7} 奪

søʔ^{7} 率$_1$(比例率)設$_1$(假設)刷$_1$(刷印)説$_1$

køʔ^{7} 割$_1$(担刀來割)葛

kʰøʔ^{7} 渴

høʔ^{7} 喝

iøʔ

ciøʔ^{7} 橘決譎

cʰiøʔ^{7} 屈缺闕

ɟiøʔ^{8} 掘

ɲiøʔ^{8} 月$_1$(月亮)

ɕiøʔ^{7} 血$_1$

ɦiøʔ^{8} 月$_2$(日月星辰)越$_1$

iøʔ^{7} 鬱【月$_3$③悦越$_2$】

əʔ

pəʔ^{7} 撥鵓不$_1$④【挬$_2$(挬轉)】

pʰəʔ^{7} 潑

bəʔ^{8} 孛⑤荸挬$_1$(挬轉)

fəʔ^{7} 【佛$_2$(仿佛)】

vəʔ^{8} 弗佛$_1$勿物$_2$(禮物)

məʔ^{8} 没$_1$袂$_2$(衣袂飄飄)抹末茉沬物$_1$(物事)

dəʔ^{7} 答

tʰəʔ^{7} 忒$_3$貼$_1$脱$_2$

dəʔ^{8} 疊凸

nəʔ^{8} 納$_2$(收納)

ləʔ^{8} 勒⑥(表示"在")

tsəʔ^{1} 只

tsəʔ^{7} 唻蜇折(折斷)摺汁執質(質地)拙卒

---

① 該音只一見，並被列爲"不規則的讀音"(Edkins, 1868：57)。

② 今一般寫作"棚"。

③ 艾約瑟自注爲讀書音，原文記音 yöh，疑是 yöh(即[ɦiøʔ^{8}])之誤。

④ 另有注音作 veh，見於"放心不下"(Edkins, 1869：4)和"捨不得"(Edkins, 1869：80)二例中，當是"勿"字，徑改。

⑤ 另有"違字天命"之用例，注音爲 bé'(Edkins, 1869：24)。按當是"背"字，徑改。

⑥ 字形亦作"勑"(Edkins, 1869：1, 35)。

ts^həʔ⁷ 測₂₍測量₎撤徹出【轍】

dzəʔ⁸ 雜₄₍混雜₎姪

səʔ⁷ 率₂₍速率₎設₂₍設立₎攝失虱十₃飾₂釋₂刷₂説₂【仕₁₍什蓋₎】

zəʔ⁸ 熱₂日₂入舌涉仕①₍什蓋能₎十₂蝕₂₍蝕本₎實術穗₍麥穗頭₎趉雜₃₍混雜₎折₍折手₎

kəʔ⁷ 疙②₍原作"痞"₎蓋③₍表示"這樣"₎鴿蛤合₂₍合做生意₎嗑₁

k^həʔ⁷ 咳磕

gəʔ⁸ 嗑

ɦəʔ⁸ 合₁

iʔ

piʔ⁷ 逼₁₍逼迫₎筆必畢嗶④₍嗶嘰,釋義爲 "long ells"₎碧煏₍擬聲詞,煏爆煏爆₎壁別₂₍分別₎【不₃₍不過₎僻₂₍邪僻₎】

p^hiʔ⁷ 劈匹⑤僻₁₍邪僻₎闢撇

biʔ⁸ 鼻別₁⑥₍別人₎枇₂₍白枇杷₎

miʔ⁸ 覓密蜜滅

tiʔ⁷ 的滴跌

t^hiʔ⁷ 踢₃帖貼₂鐵

diʔ⁸ 笛敵糴碟蝶

liʔ⁸ 力₃₍出力₎立栗粒慄歷₍來歷₎歷⑦₍擬聲詞,歷歷碌碌₎曆瀝列烈裂₁獵律翅翼⑧

tsiʔ⁷ 積即₂₍遂即,即"隨即"₎脊迹跡稷接瘠節漬

ts^hiʔ⁷ 緝七戚₁₍無親無戚₎漆切妾竊

dziʔ⁸ 疾₂₍痢疾₎集₁₍聚集₎嫉₂₍嫉妒₎籍絕席₃習₂【藉₍釋義爲 "rely"₎】

siʔ¹ 【壻】

siʔ⁷ 圾髓息惜膝錫洩屑褻戌恤雪【嗇₂₍吝嗇₎】

ziʔ⁸ 疾₁₍疾病₎嫉₁₍嫉妒₎寂截拾席₂習₁蓆襲

ciʔ⁷ 激₂₍激怒₎吉急級劫結詰潔訖給₍供給₎

ɟiʔ⁸ 及₁₍及勿到₎傑竭

çiʔ⁷ 歇₁

ɲiʔ⁸ 臬孽熱₁日₁業

çiʔ⁷ 吸噏歙₂蠍

ɦiʔ⁸ 頁₁葉₁

iʔ⁷ 一揖【頁₂葉₂】

ik

dzik⁸ 【集₂⑨₍聚集₎】

uəʔ

kuəʔ⁷ 割₂₍担刀來割₎骨國₄

k^huəʔ⁷ 闊

---

① 字形亦作"拾"(Edkins,1868:102)。

② Edkins(1868:92)有"痞瘩"一詞(釋義爲 "blind to reason"),其中"痞"注音 keh[kəʔ⁷],顯係"疙"之誤,徑改。

③ 此音只一見,是釋爲 "therefore" 的"蓋"之[ke⁵]音後括注的又音(Edkins,1868:154)。

④ 嗶嘰是一種從西方輸入的呢絨,可參宋文(2021)。

⑤ 字形另作"疋"(如 Edkins,1868:39)。

⑥ Edkins(1869:84)有"敝針"條(釋義爲 "pin"),其中"敝"注音爲 bih[biʔ⁸],顯係"別"之誤,徑改。

⑦ Edkins(1869:2)有"磨歷"(釋義爲 "active")一詞(詳參[mo²]音節下"麻"字注釋),該"歷"或是"利"的促化。

⑧ "翅""翼"二字均充當過[liʔ⁸]的記音字,見於"記[ci⁵]翼[liʔ⁸]"(釋義爲 "wings",Edkins,1868:71)和"鷄[ci¹]翅[liʔ⁸]"(釋義爲 "wing",Edkins,1869:148)。"記[ci⁵]翼[liʔ⁸]"和"鷄[ci¹]翅[liʔ⁸]"明顯是同一個詞,唯首字聲調在《語法》和《詞彙》中有所不同。按老派/中派上海話表示⎰翅膀⎱義的類似説法是[tɕi⁵ kaʔ⁷]/[tɕi⁵ kʌʔ⁷](許寶華、陶寰,1997:25;許寶華、湯珍珠,1988:189),前一語素與艾約瑟所記的[ci]應當直接有關,後一語素與[liʔ⁸]明顯無關。

⑨ "集"此音只一見(Edkins,1869:43)。"集"在上海周邊方言中不見[-k]韻尾痕跡,此音存疑。

huə?^{7} 忽
ɦuə?^{8} 囫 $_{1(囫圇)}$ 活 ①
uə?^{7} 【囫 $_{2(囫圇)}$ 活 $_{2(快活)}$】

yə?

çyə?^{7} 血 $_{3(血脈)}$
yə?^{7} 【月 $_{4(月季花)}$】

ʌk

tʌk^7 得 $_{1(講得出)}$
tʰʌk^7 忒 $_1$
tsʰʌk^7 赤 $_{2(赤胆忠心)}$
dzʌk^8 直 $_1$ 值 $_{1(值價錢)}$
sʌk^7 識 $_{1(識字)}$
zʌk^8 賊 $_1$
kʰʌk^7 刻 $_1$
hʌk^7 黑 $_{1(黑天)}$

iʌk

tʰiʌk^7 踢 $_1$
liʌk^8 力 $_{1(出力)}$
tsiʌk^7 即 $_{1(隨即)}$
ziʌk^8 席 $_1$
cʰiʌk^7 吃 ②$_{(吃粥)}$
ɲiʌk^8 逆 $_{1(逆風)}$
ɦiʌk^8 益 $_1$

ʌ?

pʌ?^{7} 百 $_3$ 伯 $_{2(公侯伯子男)}$ 不 $_{2(不過)}$
pʰʌ?^{7} 迫
mʌ?^{8} 没 $_2$ 墨默
tʌ?^{7} 得 $_{2(走得動)}$ 德
tʰʌ?^{7} 忒 $_2$③
dʌ?^{8} 特
lʌ?^{8} 勒 $_{(勒索)}$ 肋
tsʌ?^{7} 則責 $_{2(責任)}$ 仄 $_2$ 摘織職炙鷙
tsʰʌ?^{7} 測 $_{1(測量)}$ 惻赤 $_{3(赤紅)}$ 勑
dzʌ?^{8} 擇澤直 $_2$ 值 $_2$

sʌ?^{7} 塞色嗇 $_{1(吝嗇)}$ 識 $_2$ 式拭室飾 $_1$ 適釋 $_1$
zʌ?^{8} 食蝕 $_{1(銹蝕)}$ 賊 $_2$ 直 $_{3(直頭)}$
kʌ?^{7} 蓋 $_{4(蓋末)}$ 格 $_{3(格外)}$ 隔 $_1$ 個 $_{4(一個)}$ 嗑 $_2$
kʰʌ?^{7} 克刻 $_{2(立刻)}$
hʌ?^{7} 黑 $_2$

iʌ?

tʰiʌ?^{7} 剔踢 $_2$
liʌ?^{8} 力 $_{2(并心竭力)}$
tsʰiʌ?^{7} 戚 $_{2(無親無戚)}$
ciʌ?^{7} 激 $_{1(感激)}$ 棘
cʰiʌ?^{7} 吃 $_{2(吃茶)}$
ɟiʌ?^{8} 極
ɲiʌ?^{8} 逆 $_{2(逆風)}$ 匿溺
tɕʰiʌ?^{7} 吃 $_{3(吃飯)}$ 乞
ɦiʌ?^{8} 易 $_2$ 益 $_2$
iʌ?^{7} 【逸溢譯】

m̩

m̩^{1} 【嘸②無 $_4$】
m̩^{2} 嘸 $_1$ 姆唔無 $_1$
m̩^{4} 母 $_2$
m̩^{6} 墓 $_2$

ŋ̍

ŋ̍^{1} 【兒 $_{4(兒子)}$ 魚 $_2$】
ŋ̍^{2} 兒 $_{1(兒子)}$ 吳 $_1$ 魚 $_1$ 五 $_4$
ŋ̍^{3} 午 $_3$ 忤【五 $_3$】
ŋ̍^{4} 五 $_1$ 午 $_1$
ŋ̍^{5} 【恨 $_{3(可恨)}$】
ŋ̍^{6} 恨 $_1$

əɹ̩

əɹ̩^{2} 而兒 $_{3(兒子)}$ 耳 $_3$
əɹ̩^{4} 耳 $_{2(耳目口鼻)}$
əɹ̩^{6} 二 $_{2(二十八宿)}$

---

① Edkins（1868：60）原文注音爲 wéh，按韻母表中只有 eh 韻，éh 韻疑是後者的排印之誤。

② 原文注音爲 k'íuk。按韻母表中無 íuk 韻，當是 iuk 之誤。

③ 字形另作"忒"（Edkins，1869：88）。

④ 該字初版大多作"唔"。陰平的［m̩^{1}］原文注音爲正體 m，陽平的［m̩^{2}］原文注音爲斜體 m。一般認爲"嘸"是俗寫，本字即"無"。

参考文献

曹志耘.金华方言词典[M].南京：江苏教育出版社，1996.

陈忠敏.上海市区话语音一百多年来的演变[M].// 吴语和闽语的比较研究：中国东南方言比较研究丛书第一辑.上海：上海教育出版社.1995.

陈忠敏.上海市区话舒声阳调类合并的原因[J].方言.2007（4）：305—310.

陈忠敏.开埠以来上海城市方言语音演变[J].语言研究集刊.2019（2）：280—313.

陈忠敏.上海方言研究史[M].陈忠敏，徐越主编.吴语研究（第十辑）.上海：上海教育出版社.2020：238—256.

胡明扬.上海话一百年来的若干变化[J].中国语文.1978（3）：199—205.

刘丹青.语言库藏的裂变：吴语"许"的音义语法分化[J].语言学论丛，2015（1）：1—32.

刘坤泽，盛益民.上海土音新字本《伊娑菩个比方》所见19世纪50年代上海方音[J].辞书研究.2023（4）：74—90.

潘悟云，陶　寰.吴语的指代词[M].李如龙、张双庆主编.代词，广州：暨南大学出版社，1999：25—67.

朴允河.论艾约瑟（J.Edkins）的上海方音研究[D].台湾师范大学，1996.

朴允河.上海方言当中 k（i）变为 tɕ（i）的时期探讨[J].声韵论丛，1998（8）：499—518.

钱乃荣.上海话语法[M].上海：上海人民出版社，1997.

钱乃荣.上海语言发展史[M].上海：上海人民出版社，2003.

钱乃荣.西方传教士上海方言著作研究[M].上海：上海大学出版社，2014.

秋谷裕幸，汪维辉.吴语中表示"左"的本字[J].语文研究，2015（4）：15—18.

上海市上海县县志编纂委员会编.上海县志[M].上海：上海人民出版社，1993.

石汝杰.19世纪上海音系和相关问题[J].《语言研究》增刊.1994：215—224.

石汝杰.艾约瑟《上海方言语法》同音字表[J].熊本学园大学文学·言语学论集，2011，18（1）：93—117.

史濛辉，陶　寰.汉语方言"隔壁"之"隔"的读音——从苏州方言的异读说开去[J].语言学论丛，2023（1）：66—77.

盛益民，李旭平.富阳方言研究[M].上海：复旦大学出版社，2018.

宋　文.清代西洋呢绒考析[J].故宫博物院院刊，2021（4）：55—64.

陶　寰.吴闽语云、匣母的读音和闽语全浊声母的清化[J].中国语文，2018（3）：335—350.

陶　寰，高　昕.上海老派方言同音字汇[M].陈忠敏，徐越主编.吴语研究（第九辑）.上海：上海教育出版社.2018：98—117.

田佳佳.艾约瑟《上海方言语法》（1868年）研究[D].上海大学，2004.

樋口靖.福建浦城方言の概略[J].筑波中国文化论丛11.1992：1—85.

项梦冰.吴语的"鲎"（虹）[J].长江学术，2014（3）：113—122.

许宝华，汤珍珠（主编）.上海市区方言志[M].上海：上海教育出版社，1988.

许宝华，汤珍珠，陈忠敏.上海地区方言的分片[J].方言，1993（1）：14—30.

许宝华，陶　寰.上海方言词典[M].南京：江苏教育出版社，1997.

许宝华，陶　寰.松江方言研究[M].上海：复旦大学出版社，2015.

叶祥苓.苏州方言志［M].南京：江苏教育出版社，1988.

袁　丹．江苏常熟梅李方言同音字汇［J］．方言，2010（4）：325—337.

张惠英．崇明方言研究［M］．北京：中国社会科学出版社，2009.

赵元任．现代吴语的研究［M］．北京：科学出版社，1956［1928］.

赵倬成，葛佳琦．重论艾约瑟所记上海话的入声韵尾［M］．张西平（主编）．国际汉语教育史研究（第七辑）．北京：商务印书馆．2023：138—148.

周同春．十九世纪的上海语音［M］．复旦大学中国语言文学研究所吴语研究室．吴语论丛．上海：上海教育出版社．1988：175—183.

Chen Y. & Gussenhoven C. Shanghai Chinese［J］．*Journal of the International Phonetic Association*，2015，45（3）：321—337.

Edkins J. *A Grammar of Colloquial Chinese — As Exhibited in the Shanghai Dialect*［M］．Shanghai：London Mission Press，1853.

Edkins J. *A Grammar of Colloquial Chinese — As Exhibited in the Shanghai Dialect*，*2nd edition.*［M］．Shanghai：Presbyterian Mission Press，1868.

Edkins J. *A Vocabulary of the Shanghai Dialect*［M］．Shanghai：Presbyterian Mission Press，1869.

Grant W G. & Dixon J M. *Manual of Modern Scots*［M］．London：Cambridge University Press，1921.

Jones D. *An Outline of English Phonetics*［M］．New York：G. E. Stechert & Co. 1922.

O'Brien M G. & Fagan S M B. *German Phonetics and Phonology：Theory and Practice*［M］．New Haven：Yale University Press，2016.

（赵倬成　复旦大学中国语言文学系　zczhao19@fudan.edu.cn

葛佳琦　复旦大学中国语言文学系　jqge19@fudan.edu.cn

罗行沛　复旦大学中国语言文学系　xpluo23@m.fudan.edu.cn）

海门方言连读变调单位的划分

黄冬笑

一 引 言

海门方言是江苏省南通市海门区境内通行的主要方言，属于吴语太湖片苏沪嘉小片 ①。和其他吴方言一样，海门方言的连读变调情况比较复杂。关于海门方言连读变调的研究，目前主要集中于对两字组和三字组的变调规则的描写，这些研究包括袁劲（1997）、黄艳华（2004）、施晓（2007）、王洪钟（2011b），其中袁劲（1997）、王洪钟（2011b）还涉及了不同句法结构的字组不同的连调规则。崇明方言与海门方言比较接近，对崇明方言连读变调，张惠英（1979、1980）描写了其两字组和三字组的连调式，许照本（2011）用优选论对新派崇明话的三字组进行了分析。海门方言的连调单位短的可以是单音节、双音节，长的可以达到五音节、六音节甚至更长，关于连调单位内部的变调规则的研究已经比较充分，但是在语流中如何把这些单位划分出来尚待探究，本文将对海门方言连调单位的划分的影响因素进行研究。

连调作用的单位一般称为"连调组"。太湖片吴语的连调组通常分为"广用式"和"窄用式"，本文所谈的连调单位包括过去研究中的广用式连调组和窄用式连调组中的前字，后者本文称为窄用变调音节，也即，本文的变调单位大致相当于五臺（1986：3）提到的"语音词"的概念："在语流中，每两个停顿之间的语言片段就是一个语音词……所谓成词变调或广用式变调，就是一个双音节或多音节语音词的声调，音节间没有停顿。而不成词变调或窄用式变调则是一个以上语音词的声调，语音词之间有短的停顿。语流中短停顿前的那个音节的连读调或单字调往往有些小的变化，这应看作是他们的变体。"

本文语料来自笔者自省，并经其他海门方言母语者确认。在标注语料时，连调界（即连调组的边界）用"｜"表示，处于句首和句末时省略不标。有些句子中部分成分被强调，句子中被强调的内容用着重号标示。不属于任何连调组的窄用变调音节用斜体标示。按上述标注方式，相邻两条"｜"之间（包括句首、句末省略的"｜"）的字如果不是斜体字就构成连调组。本节语料中涉及部分语气词，语气词没有单字调，只标变调。

需要说明的是，句中可以出现单字连调组，单字连调组处于句末或句中的停顿前，这些单字在句子中一律不变调。阳平、阴去、阳入的窄用变调同单字调，给判断读窄用变调还是单字连调组带来了一定的困难，本文参照其他声调的字的变调情况，非句末且非停顿前的这类音节一律看成窄用变调音节，用斜体标出；句末或停顿前的这类音节看成连调组，标出左侧连调界。

二 连调界的位置和窄用变调的分布

句中相邻的两个成分都读窄用变调时，由于都不属于连调组，也就不必讨论内部是否

---

① 据《中国语言地图集》（1987）。

有连调界的问题。例如：主谓结构"我勒*_在｜看书"主语"我"和谓语部分的第一个词"勒*_在"都是单音节词，两者均读窄用变调，都不属于连调组，中间也无所谓有无连调界。如果句中相邻两个成分至少有一个成分在连调组内，则中间或者没有连调界，或者有连调界。句中两个成分之间没有连调界时，两个成分的全部或部分同属一个连调组，例如：定中结构"干净衣裳_{衣服}"中的两个成分"干净"和"衣裳"之间没有连调界，它们同属一个连调组。句中两个成分之间有连调界时，有两种情况：一种是二者分属不同连调组；一种是其中一个成分在连调组内，另一个成分读窄用变调。例如：述宾结构"会得_会｜唱歌"和"会｜唱歌"内部的两个成分之间有连调界，"会得｜唱歌"中"会得"和"唱歌"分属不同的连调组，"会｜唱歌"中"会"读窄用变调，"唱歌"自成连调组。

句中连调组的划分和窄用变调的分布有一定规律。下面先描写词内部的连调组划分，再描写词组内部的连调组划分，最后再专门描写窄用变调的分布。

2.1 词内部的连调组划分

词内部通常无连调界，即词内所有音节都属于某个连调组。

以下是非单音节词在独词句中独立形成连调组的例子，词内部无连调界：

（1）甲：买特*点｜何呀？〔ma²³¹⁻²³ dəʔ²³⁻²¹ tie⁴³⁴⁻²¹ ha³⁴ iaʔ⁴⁻⁵？〕买了些什么呀？

乙：洋番芋。〔iaŋ²⁴⁻²¹ fɛ⁵³⁻⁵⁵ i²¹³⁻²¹.〕土豆。

（2）甲：饭｜何人｜烧个啊？〔vɛ²¹³⁻²³ ha³⁴ ȵin²⁴⁻⁵⁵ sao⁵³⁻⁵⁵ gəʔ²³⁻²¹ a⁻²¹？〕饭谁做的？

乙：二狗。〔ȵi²¹³⁻²⁴ kou⁴³⁴⁻²¹.〕二狗。

以下是非单音节词在非独词句中的例子，词内部也无连调界：

（3）今朝｜礼拜二。〔tɕin⁵³⁻⁵⁵ tsao⁵³⁻⁵⁵ li²³¹⁻²¹ pa³⁴⁻⁵⁵ ȵi²¹³⁻²¹.〕今天礼拜二。

（4）眼头｜我｜听见｜阵头响个。刚才我听见雷响的。

〔ŋɛ²³¹⁻⁴³ dou²⁴⁻⁵⁵ ŋ²³¹⁻²³ tʰin³⁴⁻⁵⁵ tɕie³⁴⁻²¹ dzən²¹³⁻²¹ dou²⁴⁻⁵⁵ ɕiaŋ⁴³⁴⁻²¹ goʔ²³⁻²¹.〕

不过，较长的专有名词（大于或等于五个音节）内部可以有连调界，也即词内可以包含不止一个连调组。例如：

（5）中华人民｜共和国〔tsoŋ⁵³⁻⁵⁵ ɦuo²⁴⁻⁵⁵ zən²⁴⁻⁵⁵ min²⁴⁻⁵⁵ goŋ²¹³⁻²¹ ɦəʔ²³⁻²¹ kuəʔ⁴⁻⁵〕

熟语的情况与词类似，尽管内部可以进一步划分组成成分，但由于高频使用而较为凝固，因此可以自成一个连调组，例如下面的"旺日头落雨"和"老太婆做戏"：

（6）旺日头落雨｜，老太婆做戏。下太阳雨，老太太演戏。

〔iaŋ²¹³⁻²¹ ȵiəʔ²³⁻²¹ dou²⁴⁻¹¹ loʔ⁴⁻⁵ i²³¹⁻²¹，lao²³¹⁻²¹ tʰa³⁴⁻¹¹ bu²⁴⁻¹¹ tsu³⁴⁻⁵⁵ ɕi³⁴⁻²¹.〕

2.2 词组内部的连调组划分

符合特定条件的词组，两个直接成分之间无连调界。换言之，词在特定的词组中时，不能独立形成连调组。此外，有的情况下，句中相邻两个成分之间无连调界，但这两个成分并不构成词组，这种情况本节也将一并描写。除了上述情况，其他情况下词组内部的构成成分之间一般有连调界，有时构成成分分属不同连调组，有时其中之一属于某个连调组，另一个成分读窄用变调。本节主要描写词组内部无连调界的情况，下一节再专门描写窄用变调的分布。

部分单音节动词带宾语的动宾结构、介词带单音节方位词宾语的介宾结构、粘合式述补结构、述能式述补结构、粘合式定中结构、否定副词为状语的状中结构的直接成分之间没有连调界，"VP＋去"／"（到）处所＋去"结构中"去"的前面、部分虚词（语气词、

助词、来自语气词的连词）的前面没有连调界，一些并列项经常共现的并列结构中、代词的前面、部分虚词（介词、连词"脱*/脱*特*"）的前面可以没有连调界。

2.2.1 单音节动词带宾语

一些日常生活中比较常用的、述语为单音节动词的述宾式词组的述语和宾语间没有连调界，例如下面句子中的"汏碗洗碗、打乒乓球、听说话听话"等词组。

（7）渠｜最怕｜<u>汏碗</u>。[i²⁴ tsei³⁴⁻⁴³ pʰuo³⁴ da²¹³⁻²¹ ue⁴³⁴⁻²³.] 他最怕洗碗。

（8）我｜会得｜<u>打乒乓球</u>个。我会打乒乓球的。

　　[ŋ²³¹⁻²³ uei³⁴⁻⁴³ tə⁴⁻⁵ taŋ⁴³⁴⁻⁴³ pʰin⁵³⁻³³ pʰaŋ⁵³⁻³³ dʑiou²⁴⁻⁵⁵ goʔ²³⁻²¹.]

（9）<u>听说话</u>｜会哦？[tʰin³⁴⁻⁴³ soʔ⁴⁻⁵ uo²¹³⁻²¹ uei³⁴ vaʔ²³⁻⁵ ？] 听（人）话会吗？

除了上述这类述宾结构，其他述宾结构中间有连调界。下面几个述宾结构中都有连调界，其中"吃棒冰"虽然动词是单音节的，但词组本身的使用不如例（7）—（9）中的动宾词组频繁，"欢喜跑步""打过乒乓球"中述语的音节数则都不止一个。

（10）吃｜棒冰 [tɕʰiəʔ²⁴ baŋ²³¹⁻²¹ pin⁵³] 吃冰棍

（11）欢喜｜跑步 [hø⁵³⁻⁵⁵ ɕi⁴³⁴⁻²¹ bao²⁴ bu²¹³⁻²¹] 喜欢跑步

（12）打过｜乒乓球 [taŋ⁴³⁴⁻⁴³ ku³⁴ pʰin⁵³⁻⁵⁵ pʰaŋ⁵³⁻⁵⁵ dʑiou²⁴⁻⁵³] 打过乒乓球

可见，述语的音节数（是否单音节）以及整个述宾结构的常用程度都会对连调组的划分产生影响。

2.2.2 介词带单音节方位词宾语

介词带单音节方位词宾语的结构中，直接成分之间没有连调界。例如下面句子中的"朝前、朝南"等词组。

（13）你先｜<u>朝前</u>｜跑｜，我｜过一先*｜就来。你先往前走，我过一会儿就来。

　　[ŋ²³¹⁻²³ ɕie⁵³⁻⁵⁵ dʑao²⁴⁻²¹ ʑie²⁴⁻⁵⁵ bao²⁴，ŋ²¹³⁻²³ ku³⁴ iəʔ⁴⁻⁵ ɕie⁵³⁻⁵⁵ zou²¹³⁻²¹ lai²⁴⁻⁵³.]

（14）是｜丝绸路浪*｜<u>朝南</u>开门个｜一爿｜店。[zʅ²³¹⁻²³ sʅ⁵³⁻⁵⁵ dʑou²⁴⁻⁵⁵ lu²¹³⁻²¹ laŋ²³¹⁻²¹ dʑao²⁴⁻²¹ nie²⁴⁻¹¹ kʰai⁵³⁻¹¹ mən²⁴⁻⁵⁵ goʔ²³⁻²¹ iəʔ⁴⁻⁴³ bɛ²⁴⁻⁵⁵ tie³⁴.] 是丝绸路上朝南开门的一家店。

比较以上两例与下面的句子，当方位词音节数不止一个时，介词和方位词宾语之间有连调界。

（15）你<u>朝</u>｜门前｜跑｜，我｜过一先*｜就来。你往前面走，我过一会儿就来。

　　[ŋ²³¹⁻²³ dʑao²⁴ mən²⁴⁻²¹ ʑie²⁴⁻⁵⁵ bao²⁴，ŋ²¹³⁻²³ ku³⁴ iəʔ⁴⁻⁵ ɕie⁵³⁻⁵⁵ zou²¹³⁻²¹ lai²⁴⁻⁵³.]

（16）我从｜<u>南面</u>｜套过来个。我从南边绕路过来的。

　　[ŋ²³¹⁻²³ dʑoŋ²⁴ nie²⁴ mie²¹³⁻²¹ tʰao³⁴ ku³⁴⁻⁵⁵ lai²⁴⁻⁵⁵ goʔ²³⁻²¹.]

2.2.3 粘合式述补结构

朱德熙（1982：125）将述补结构分为"粘合式述补结构"和"组合式述补结构"。粘合式述补结构指"补语直接粘附在述语后头的格式"，组合式述补结构指"带'得'的述补结构"。海门方言中，粘合式述补结构的述语和补语之间没有连调界。例如下面句子中的"汏清爽洗干净、跑进去走进去"等词组。

（17）衣裳浪*个｜恶心｜<u>汏清爽</u>个特*。衣服上的脏东西（已经）洗干净了。

　　[i⁵³⁻⁵⁵ zaŋ²⁴⁻⁵⁵ laŋ²³¹⁻²¹ goʔ²³⁻²¹ oʔ⁴⁻⁴³ ɕin⁵³⁻⁵⁵ da²¹³⁻²¹ tɕʰin⁵³⁻²³ saŋ⁴³⁴⁻⁵⁵ goʔ²³⁻²¹ dəʔ²³⁻²¹.]

（18）你｜<u>跑进去</u>｜就｜看见特*。你走进去就看见了。

　　[ŋ²³¹⁻²³ bao²⁴⁻²¹ tɕin³⁴ kʰi³⁴⁻⁵⁵ zou²¹³⁻²³ kʰø³⁴⁻⁵⁵ tɕie³⁴⁻²¹ dəʔ²³⁻²¹.]

但是，述语为动词重叠式的粘合式述补结构例外，它的述语和补语之间总是有连调界。例如：

（19）台子浪 * ｜脱 * 我｜敛敛｜清爽。桌子上给我收拾收拾干净。

[dai²⁴ tsɿ⁴³⁴⁻²¹ laŋ²³¹⁻²¹ tʰəʔ⁴⁻⁴³ ŋ²³¹⁻⁵⁵ lie²³¹⁻²³ lie²³¹⁻²¹ tɕʰin⁵³⁻⁵⁵ saŋ⁴³⁴⁻²¹.]

（20）坐坐｜好｜，□｜伛好子点。坐好了，不要一副驼背的样子。

[zu²³¹⁻²³ zu²³¹⁻²¹ hao⁴³⁴, ao⁵³⁻⁵⁵ ou⁴⁴⁻⁵⁵ hao⁴³⁴⁻⁵⁵ tsɿ⁴³⁴⁻²¹ tie⁴³⁴⁻²¹.]

2.2.4 述能式述补结构

海门方言中述语带可能补语的述补结构，肯定形式为"V 得 C"，否定形式为"V 勿 C"，述语和补语之间没有连调界。

（21）渠□人｜样样何｜做得出性个。他／她这人什么事都做得出来的。

[i²⁴ ki⁵³⁻⁵⁵ n̠in²⁴ iaŋ²¹³⁻²¹ iaŋ²¹³⁻⁵⁵ ha³⁴⁻²¹ tsu³⁴⁻³³ təʔ⁴⁻³ tsʰəʔ⁴⁻⁵ ɕin³⁴⁻²¹ goʔ²³⁻⁵.]

（22）你｜到点 * ｜听得懂勒 * ｜听勿懂？你到底听得懂还是听不懂？

[n̠²³¹⁻²³ tao³⁴ tie⁴³⁴⁻⁵⁵ tʰin³⁴⁻⁴³ təʔ⁴⁻⁵ toŋ⁴³⁴⁻²¹ ləʔ²³⁻²¹ tʰin³⁴⁻⁴³ vəʔ²³⁻⁵ toŋ⁴³⁴⁻²¹？]

2.2.5 粘合式定中结构及数量、指量结构

朱德熙（1982：148）把体词性偏正结构即定中结构分为粘合式偏正结构和组合式偏正结构。粘合式偏正结构指名词、区别词和性质形容词直接（即不带"的"字）作定语的格式。在海门方言中，粘合式定中结构的定语和中心语之间没有连调界。数词或指示词和量词之间也没有连调界，例如下面句子中的"一张、葛 * 只这／那只、木头台子木头桌子、恶心衣裳脏衣服"等词组。

（23）渠｜房里｜有｜一张｜木头台子。他／她房间里有一张木头桌子。

[i²⁴ vaŋ²⁴ li²³¹⁻²¹ iou²³¹⁻²³ iəʔ⁴³ tsaŋ⁵³⁻⁵⁵ moʔ²³⁻²¹ dou²⁴⁻⁵⁵ dai²⁴⁻⁵⁵ tsɿ⁴³⁴⁻²¹.]

（24）担｜葛 * 件｜恶心衣裳｜拿拨我。把这／那件脏衣服拿给我。

[tɛ³⁴ kəʔ⁴⁻⁴³ dʑie²¹³⁻³⁴ oʔ⁴⁻⁴³ ɕin⁵³⁻³³ i⁵³⁻³³ zaŋ²⁴⁻⁵⁵ nao⁵³⁻⁵⁵ pəʔ⁴⁻⁵ ŋ²³¹⁻²¹.]

2.2.6 否定副词作状语的状中结构

否定副词"弗不"作状语时，和中心语中间没有连调界。例如下面句子中的"弗晓得不知道""弗当桩事体不当回事儿"等词组。

（25）渠｜弗晓得个｜，你□｜拨渠｜看见。他不知道的，你不要让他看见。

[i²³¹⁻²³ fəʔ⁴⁻⁴³ iao⁴³⁴⁻³³（ɕ-）təʔ⁴⁻⁵ goʔ²³⁻²¹, n̠²³¹⁻²³ ao⁵³⁻⁵⁵ pəʔ⁴⁻⁴³ i²³¹⁻⁵⁵ kʰø³⁴⁻⁵⁵ tɕie³⁴⁻²¹.]

（26）你□｜弗当桩事体。你别不当回事儿。[n̠²³¹⁻²³ ao⁵³⁻⁵⁵ fəʔ⁴⁻⁴³ taŋ³⁴⁻³³ tsaŋ⁵³⁻³³ zɿ²¹³⁻⁵⁵ tʰi⁴³⁴⁻²¹.]

否定副词"嬲／嬲宁 * 没"作状语时，和中心语中间可以没有连调界。例如下面句子中的"嬲寻着没找到""嬲宁 * 困着没有睡着"等词组。

（27）我｜嬲寻着｜你｜话个｜包。我没找到你说的包。

[ŋ²³¹⁻²³ fən⁵³⁻⁵⁵ zin²⁴⁻⁵⁵ dʑaʔ²³⁻⁵ n̠²³¹⁻²³ uo²¹³⁻²¹ gəʔ²³ pao⁵³.]

（28）渠｜嬲宁 * 困着勒 *。[i²⁴ fən⁵³⁻⁵⁵ n̠in³⁵⁻⁵⁵ kʰuən³⁴⁻²¹ dʑaʔ²³⁻²¹ ləʔ²³⁻²¹.]他没睡着呢。

上面的句子还有下面的读法，状语"嬲／嬲宁 *"、中心语中间有连调界，"嬲"读窄用变调，"嬲宁 *"与中心语分属两个连调组，此时语速通常比上面的读法更慢：

（27′）我嬲｜寻着｜你｜话个｜包。我没找到你说的包。

[ŋ²³¹⁻²³ fən⁵³⁻⁵⁵ zin²⁴⁻⁵⁵ dʑaʔ²³⁻⁵ n̠²³¹⁻²³ uo²¹³⁻²¹ gəʔ²³ pao⁵³.]

（28′）渠｜嬎宁*｜困着勒*。［i²⁴ fən⁵³⁻⁵⁵ n̩in³⁵⁻⁵⁵ kʰuən³⁴⁻⁴³ dʑaʔ²³⁻⁵ ləʔ²³⁻²¹.］他没睡着呢。

2.2.7 没有连词的并列结构

两个并列项经常共现的无连词并列结构，并列成分之间可以没有连调界。例如下面句子中的"衣裳_{衣服}鞋子、今朝明朝_{今天明天}"。

（29）衣裳鞋子｜一淘｜落湿脱*个特*。衣服鞋子全都淋湿了。

　　　［i⁵³⁻⁵⁵ zaŋ²⁴⁻⁵⁵ ɦia²⁴⁻⁵⁵ tsʅ⁴³⁴⁻²¹ iəʔ⁴⁻⁴³ lao（d-）²⁴⁻⁵⁵ loʔ²³⁻²¹ səʔ⁴⁻⁵ tʰəʔ⁴⁻⁵ gəʔ²³⁻²¹ dəʔ²³⁻²¹.］

（30）今朝明朝｜我孩*｜空个。今天明天我都有空的。

　　　［tɕin⁵³⁻⁵⁵ tsao⁵³⁻⁵⁵ mən²⁴⁻⁵⁵ tsao⁵³⁻⁵⁵ ŋ²³¹⁻²³ ɦiai²⁴ kʰoŋ³⁴ goʔ²³⁻⁵.］

不过这类并列结构的并列项之间也可以有连调界，各并列项分属不同的连调组。上面两个句子还有下面的读法，此时语速通常比上面的读法更慢：

（29′）衣裳｜鞋子｜一淘｜落湿脱*个特*。衣服鞋子全都淋湿了。

　　　［i⁵³⁻⁵⁵ zaŋ²⁴⁻⁵⁵ ɦia²⁴ tsʅ⁴³⁴⁻²¹ iəʔ⁴⁻⁴³ lao（d-）²⁴⁻⁵⁵ loʔ²³⁻²¹ səʔ⁴⁻⁵ tʰəʔ⁴⁻⁵ gəʔ²³⁻²¹ dəʔ²³⁻²¹.］

（30′）今朝｜明朝｜我孩*｜空个。今天明天我都有空的。

　　　［tɕin⁵³⁻⁵⁵ tsao⁵³⁻⁵⁵ mən²⁴⁻²¹ tsao⁵³⁻⁵⁵ ŋ²³¹⁻²³ ɦiai²⁴ kʰoŋ³⁴ goʔ²³⁻⁵.］

2.2.8 虚词前附

一部分虚词总是依附于它前面相邻的成分，也即与前面的成分之间没有连调界，与之属于同一个连调组。另一部分虚词在语速较快的情况下与其前面的成分之间通常没有连调界。前者包括语气词、连词"勒*"、动态助词、结构助词、后置数助词，后者包括连词"脱*/脱*特*_{和,与}"和介词。比较特别的是前置数助词"第"，它和紧随其后的单音节数词之间没有连调界，和紧随其后的多音节数词之间有连调界（后面数词构成的连调组的左界）。

语气词在连调组划分中总是依附于它前面的成分，语气词的前面没有连调界。例如：

（31）你｜晓得个话*。［ n̩²³¹⁻²³ ɕiao⁴³⁴⁻⁴³ təʔ⁴⁻⁵ gəʔ²³⁻²¹ uo²¹³⁻²¹.］你知道的吧。

（32）渠曩｜对直弗来个啦？他怎么一直不来呢？

　　　［i²⁴ naŋ²³¹⁻²³ tei³⁴⁻⁴³ dʑəʔ²³⁻³ fəʔ⁴⁻³ lai²⁴⁻⁵⁵ gəʔ²³⁻²¹ la⁻²¹？］

（33）渠｜昨日｜嬎｜来哦？［i²³¹⁻²³ zəʔ²³⁻²¹ n̩i²¹³⁻⁵⁵ fən⁵³⁻⁵⁵ lai²⁴ vaʔ²³⁻⁵？］他昨天来了吗？

连词"勒*"与语气词类似，与前面的成分之间一定没有连调界。这恐怕和连词"勒*"的来源有关，李小凡（1998：129）指出苏州方言的连词"勒*"来自清末吴语的语气词"呢"，海门方言中的"勒*"的来源当也是如此。以下是包含连词"勒*"与其前面的成分组成连调组的例子：

（34）衣裳勒*｜裤子｜帮你｜拿特*去特*噢。衣服和裤子帮你拿走啦。

　　　［i⁵³⁻⁵⁵ zaŋ²⁴⁻⁵⁵ ləʔ²³⁻²¹ kʰu³⁴⁻⁵⁵ tsʅ⁴³⁴⁻²¹ paŋ⁵³⁻⁵⁵ n̩²³¹⁻⁵⁵ nao⁵³⁻⁵⁵ dəʔ²³⁻²¹ kʰi³⁴⁻²¹ dəʔ²³⁻²¹ ao⁻²¹.］

（35）我俚｜跑特*去勒*｜踏车子去啊？我们走过去还是骑车去？

　　　［ŋ²³¹⁻²³ li⁻²¹ bao²⁴ dəʔ²³⁻⁵ kʰi³⁴⁻²¹ ləʔ²³⁻²¹ daʔ²³⁻²¹ tsʰuo⁵³⁻⁵⁵ tsʅ⁴³⁴⁻²¹ kʰi³⁴⁻²¹ a⁻²¹？］

动态助词与前面的成分之间一定没有连调界。例如：

（36）饭｜吃好个特*。［vɛ²¹³⁻²³ tɕʰiəʔ⁴ hao⁴³⁴⁻⁴³ gəʔ²³⁻³⁴ dəʔ²³⁻⁵.］饭（已经）吃好了。

（37）一困｜困特*｜一上半天。一睡睡了一上午。

　　　［iəʔ⁴⁻⁴³ kʰuən³⁴ kʰuən³⁴ dəʔ²³⁻⁵ iəʔ⁴⁻⁴³ zaŋ²³¹⁻³⁴ pəʔ（-ie）³⁴⁻⁵ tʰie⁵³.］

（38）渠｜小葛*辰光｜学过｜钢琴个。他小时候学过钢琴。

[i^{24} ɕiao$^{434\text{-}43}$ kəʔ$^{4\text{-}3}$ zən$^{24\text{-}33}$ kuaŋ$^{53\text{-}55}$ ɦio$^{23\text{-}21}$ ku$^{34\text{-}23}$ kaŋ$^{53\text{-}55}$ dʑin$^{24\text{-}55}$ goʔ$^{23\text{-}21}$.]

结构助词"个$_的$""来$_{（用于述补结构中）}$"与前面的成分之间一定没有连调界，例如：

（39）干干松松个｜衣裳｜着特*｜何弗适意？[kø$^{53\text{-}55}$ kø$^{53\text{-}55}$ soŋ$^{53\text{-}55}$ soŋ$^{53\text{-}55}$ gəʔ$^{23\text{-}21}$ i$^{53\text{-}55}$ zaŋ$^{24\text{-}55}$ dʑaʔ$^{4\text{-}43}$ dəʔ$^{23\text{-}34}$ ha^{34} fəʔ$^{4\text{-}5}$ səʔ$^{4\text{-}5}$ i$^{34\text{-}21}$？] 干爽的衣服穿着哪里不舒服？

（40）房间里｜敛来｜清清爽爽。房间里收拾得干干净净。

[vaŋ$^{24\text{-}21}$ kɛ$^{53\text{-}55}$ li$^{231\text{-}21}$ lie$^{231\text{-}23}$ lai$^{24\text{-}21}$ tɕʰin$^{53\text{-}55}$ tɕʰin$^{53\text{-}55}$ saŋ$^{434\text{-}21}$ saŋ$^{434\text{-}21}$.]

（41）外头｜冷来①。[ŋa$^{231\text{-}21}$ dou$^{24\text{-}55}$ laŋ$^{231\text{-}23}$ lai$^{24\text{-}21}$.] 外面好冷。

"外""份之""点"等后置数助词与前面的成分之间一定没有连调界。例如：

（42）十外只 [zəʔ$^{23\text{-}2}$ ŋa$^{231\text{-}21}$ tsaʔ$^{4\text{-}23}$] 十多只 / 个

（43）十六份之｜三 [zəʔ$^{23\text{-}21}$ loʔ$^{23\text{-}5}$ vən$^{213\text{-}21}$ tsɿ$^{53\text{-}21}$ sɛ^{53}] 十六分之三

（44）六点｜一八 [loʔ$^{23\text{-}21}$ tie$^{434\text{-}23}$ iəʔ$^{4\text{-}43}$ paʔ$^{4\text{-}5}$] 六点一八

连词"脱*/脱*特*$_{和，与}$"在语速较快的情况下可以与前面的成分之间没有连调界，例如：

（45）老师脱*/脱*特*｜学生子｜孩*｜勒*将*。老师和学生都在这儿。

[lao$^{231\text{-}21}$ sɿ$^{53\text{-}55}$ tʰəʔ$^{4\text{-}21}$/tʰəʔ$^{4\text{-}21}$ dəʔ$^{23\text{-}21}$ ɦio$^{23\text{-}21}$ saŋ$^{53\text{-}55}$ tsɿ$^{434\text{-}21}$ ɦai^{24} ləʔ$^{23\text{-}21}$ tɕiaŋ$^{34\text{-}23}$.]

连词"脱*/脱*特*$_{和，与}$"前面也可以有连调界，此时"脱*特*"与前面的成分分属不同连调组，"脱*"读窄用变调。例（45）在语速较慢时也可以有以下读法：

（45′）老师｜脱*/脱*特*｜学生子｜孩*｜勒*将*。老师和学生都在这儿。

[lao$^{231\text{-}21}$ sɿ$^{53\text{-}55}$ tʰəʔ^{4}/tʰəʔ$^{4\text{-}43}$ dəʔ$^{23\text{-}34}$ ɦio$^{23\text{-}21}$ saŋ$^{53\text{-}55}$ tsɿ$^{434\text{-}21}$ ɦai^{24} ləʔ$^{23\text{-}21}$ tɕiaŋ$^{34\text{-}23}$.]

介词在语速较快的情况下可以与前面的成分之间没有连调界，例如：

（46）你走｜哪条路｜过来个啊？你从哪条路过来的呀？

[n̩$^{231\text{-}23}$ tsou$^{434\text{-}21}$ la$^{231\text{-}23}$ diao$^{24\text{-}21}$ lu$^{213\text{-}21}$ ku$^{34\text{-}43}$ lai$^{24\text{-}55}$ gəʔ$^{23\text{-}21}$ a^{-21}？]

（47）帮我弄｜剪刀｜剪一剪。帮我用剪刀剪一剪。

[paŋ$^{53\text{-}55}$ ŋ̍$^{231\text{-}55}$ noŋ$^{213\text{-}21}$ tɕie$^{434\text{-}43}$ tao$^{53\text{-}55}$ tɕie$^{434\text{-}43}$ iəʔ$^{4\text{-}34}$ tɕie$^{434\text{-}53}$.]

介词有时也可以不与前面的成分构成连调组，读窄用变调。上面两个句子在语速较慢时也可以有以下读法：

（46′）你走｜哪条路｜过来个啊？你从哪条路过来的呀？

[n̩$^{231\text{-}23}$ tsou^{434} la$^{231\text{-}23}$ diao$^{24\text{-}21}$ lu$^{213\text{-}21}$ ku$^{34\text{-}43}$ lai$^{24\text{-}55}$ gəʔ$^{23\text{-}21}$ a^{-21}？]

（47′）帮我｜弄｜剪刀｜剪一剪。帮我用刀剪一剪。

[paŋ$^{53\text{-}55}$ ŋ̍$^{231\text{-}55}$ noŋ$^{213\text{-}23}$ tɕie$^{434\text{-}43}$ tao$^{53\text{-}55}$ tɕie$^{434\text{-}43}$ iəʔ$^{4\text{-}34}$ tɕie$^{434\text{-}53}$.]

例（46′）介词"走$_从$"和前面的代词主语"你"都读窄用变调，例（47′）介词"弄$_用$"前面的动词"帮"和宾语"我"构成连调组，但"弄$_用$"读窄用变调，不属于前面的连调组。

前置数助词"第"后面跟单音节数词时，两者之间没有连调界，后面跟多音节数词

---

① 海门方言中，"来"还可以"单独附加在动词或形容词后面表示较高的程度"，"作为结构助词的'来'严格意义上并不能算作补语，而只是一个补语标记，但是由于补语的省略，表示程度深的语义便转移到补语标记'来'字上"（王洪钟 2011a: 104）。

时，有连调界，"第"读窄用变调，不属于后面数词所在的连调组，例如：

（48）第一 [di²³¹⁻²¹ iə?⁴⁻⁵] 第一

（49）第｜三十 [di²³¹⁻²³ sɛ⁵³⁻⁵⁵ zʅ?²³⁻⁵] 第三十

2.2.9 代词前附

代词通常也依附于前面相邻的成分，即与前面的成分之间没有连调界。代词作宾语（包括双宾语结构中的直接宾语或间接宾语，如例 51 中的间接宾语"渠"和例 52 中的间接宾语"渠特*"、直接宾语"何什么"）、充当宾语的定中结构的定语（如例 53、54）、主谓谓语句的小主语（如例 55）时，与前面紧邻的成分之间常常没有连调界。例如：

（50）我｜䀹担｜葛*桩｜事体｜告诉渠。我没把这/那件事情告诉他/她。
[ŋ²³¹⁻²³ fən⁵³⁻⁵⁵ tɛ³⁴⁻²¹ kə?⁴⁻⁴³ tsaŋ⁵³⁻⁵⁵ zʅ²¹³⁻²⁴ tʰi⁴³⁴⁻²¹ kao³⁴⁻⁵⁵ su³⁴⁻²¹ i²³¹⁻²¹ .]

（51）老杨｜打断脱*特*渠｜一条｜脚裏*郎*。[lao²³¹⁻²¹ iaŋ²⁴⁻⁵⁵ taŋ⁴³⁴⁻⁴³ dyø²³¹⁻³⁴ tʰə?⁴⁻⁵ də?²³⁻²¹ i²³¹⁻²¹ iə?⁴⁻⁴³ diao²⁴⁻⁵⁵ tɕia?⁴⁻⁴³ ku⁴³⁴⁻³³ laŋ²⁴⁻⁵³ .] 老杨打断了他一条腿。

（52）你｜□拨何渠特*。[ṇ²³¹⁻²³ ao⁵³⁻⁵⁵ pə?⁴⁻⁵ ha³⁴⁻²¹ i²⁴⁻²¹ də?²³⁻²¹ .] 你不要给他们什么东西。

（53）有何｜事体哦？[iou²³¹⁻²³ ha³⁴⁻²¹ zʅ²¹³⁻²⁴ tʰi⁴³⁴⁻²¹ va?²³⁻²¹ ？] 有什么事情吗？

（54）□｜告诉我俚｜娘。[ao⁵³⁻⁵⁵ kao³⁴⁻⁵⁵ su³⁴⁻²¹ ŋ²³¹⁻²¹ li⁻²¹ ȵiaŋ²⁴ .] 不要告诉我妈妈。

（55）点心我｜烧好个特*。午饭我做好了。[tie⁴³⁴⁻⁴³ ɕin⁵³⁻⁵⁵ ŋ²³¹⁻²¹ sao⁵³⁻⁵⁵ hao⁴³⁴⁻²¹ gə?²³⁻⁵ də?²³⁻²¹ .]

单音节代词作宾语、代词作双宾语结构的间接宾语、充当宾语的定中结构的定语、主谓谓语句的小主语时，也可以不与前面的成分构成连调组，非单音节代词与前面的成分分属两个连调组，单音节代词读窄用变调，不属于前面的连调组。此时语速通常较慢。上面的一些例句在语速较慢时也可以有下面的读法：

（51′）老杨｜打断脱*特*｜渠｜一条｜脚裏*郎*。[lao²³¹⁻²¹ iaŋ²⁴⁻⁵⁵ taŋ⁴³⁴⁻⁴³ dyø²³¹⁻³⁴ tʰə?⁴⁻⁵ də?²³⁻²¹ i²³¹⁻²³ iə?⁴⁻⁴³ diao²⁴⁻⁵⁵ tɕia?⁴⁻⁴³ ku⁴³⁴⁻³³ laŋ²⁴⁻⁵³ .] 老杨打断了他一条腿。

（53′）有何｜事体哦？[iou²³¹⁻²³ ha³⁴ zʅ²¹³⁻²⁴ tʰi⁴³⁴⁻²¹ va?²³⁻²¹ ？] 有什么事情吗？

（54′）□｜告诉｜我俚｜娘。[ao⁵³⁻⁵⁵ kao³⁴⁻⁵⁵ su³⁴⁻²¹ ŋ²³¹⁻²³ li⁻²¹ ȵiaŋ²⁴ .] 不要告诉我妈妈。

（55′）点心｜我｜烧好个特*。午饭我做好了。[tie⁴³⁴⁻⁴³ ɕin⁵³⁻⁵⁵ ŋ²³¹⁻²³ sao⁵³⁻⁵⁵ hao⁴³⁴⁻²¹ gə?²³⁻⁵ də?²³⁻²¹ .]

例（54′）代词"我俚"与前面的动词"告诉"分属两个连调组，其他例子代词都读窄用变调，如例（51′）代词"渠"读窄用变调，例（53′）代词"何"和前面的动词都读窄用变调，例（55′）代词"我"前面的成分构成连调组，但代词读窄用变调，不属于前面的连调组。

2.2.10 "VP＋去"/"（到）处所＋去"

在"VP＋去"和"（到）处所＋去"结构中，"去"和前面的成分之间没有连调界。例如：

（56）甲：哪里去？[la²³¹⁻²³ li²³¹⁻²¹ kʰi³⁴⁻²¹ ？]（你/你们）去哪里？

乙：学堂里去。[ɦio?²³⁻²¹ laŋ（d-）²⁴⁻⁵⁵ li²³¹⁻²¹ kʰi³⁴⁻²¹ .] 去学校。

（57）甲：何体去？[ha³⁴ tʰi⁴³⁴⁻²¹ kʰi³⁴⁻²¹ ？]（你/你们）干什么去？

乙：吃素饭去。[tɕʰiə?⁴⁻⁴³ su³⁴⁻⁵⁵ vɛ²¹³⁻²¹ kʰi³⁴⁻²¹ .] 吃丧席去。

2.2.11 合音导致的连调界消失

海门方言中存在合音导致的连调界消失的情形。例如表示钱数的数量名结构中，中心

语"洋钿_钱"之前没有连调界，实际上"X块洋钿"、"X分洋钿"中"洋"已经和前面的"块""分"合音，"块洋"合音为"[kuaŋ³⁴]"，"分洋"合音为"方*"，原本存在的连调界随着合音消失。例如下面的例（58）（59）。

（58）三十□钿［sɛ⁵³⁻⁵⁵ zəʔ²³⁻⁵ kuaŋ³⁴⁻²¹ nie（d-）²⁴⁻²¹］三十块钱

（59）一方*钿［iəʔ⁴⁻⁴³ faŋ⁵⁵⁻³³ nie（d-）²⁴⁻⁵³］一分钱

2.3 窄用变调的分布

前文描写连调的两可读法时已经提到有些成分可读窄用变调，但还不够全面，本节专门描写窄用变调的分布。读窄用变调的都是非句末（且非停顿前）的单音节词。

在主谓结构中，作主语的单音节词可以读窄用变调，如例（60）中的"渠_{他/她}"、例（61）中的"我"，作谓语的单音节词如果不在句末或停顿前，可以读窄用变调，如例（61）中的"着_穿"。

（60）渠｜最怕｜汏碗。［i²⁴ tsei³⁴⁻⁴³ pʰuo³⁴ da²¹³⁻²¹ ue⁴³⁴⁻²³.］他/她最怕洗碗。

（61）葛*件｜衣裳｜我着｜曩*话？这件衣服我穿怎么样？
　　［kəʔ⁴⁻⁴³ dʑie²¹³⁻³⁴ i⁵³⁻⁵⁵ zaŋ²⁴⁻⁵⁵ ŋ²³¹⁻²³ tsaʔ²⁴ naŋ²¹³⁻²³ uo²³¹⁻²¹.］

在述宾结构中，作述语的单音节词可以读窄用变调，如例（62）中的"是"。作宾语的单音节词如果不在句末或停顿前，可以读窄用变调，如例（63）中的"饭"。

（62）是｜丝绸路浪*｜朝南开门个｜一爿｜店。［zɿ²³¹⁻²³ sɿ⁵³⁻⁵⁵ dʑou²⁴⁻⁵⁵ lu²¹³⁻²¹ laŋ²³¹⁻²¹ dʑao²⁴⁻²¹ nie²⁴⁻¹¹ kʰai⁵³⁻¹¹ mən²⁴⁻⁵⁵ gəʔ²³⁻²¹ iəʔ⁴⁻⁴³ bɛ²⁴⁻⁵⁵ tie³⁴.］是丝绸路上朝南开门的一家店。

（63）热饭曩*｜有处｜放｜恁多｜水个啦！热饭怎么能放那么多水的呢！
　　［n̠iəʔ²³ vɛ²¹³⁻²³ naŋ²³¹⁻²³ iou²³¹⁻²³ tsʰɿ³⁴⁻²¹ faŋ³⁴ nən²¹³⁻²¹ tu⁵³⁻⁵⁵ sɿ⁴³⁴⁻⁴³ gəʔ²³⁻³⁴ la⁻⁵³！］

在介宾结构中，单音节介词可以读窄用变调，如例（64）中的"弄_用"，作宾语的单音节词可以读窄用变调，如例（64）中的"刀"。

（64）帮我｜弄刀｜劋一劋。帮我用刀割一割。［paŋ⁵³⁻⁵⁵ ŋ²³¹⁻⁵⁵ noŋ²¹³⁻²³ tao⁵³⁻⁵⁵ ha⁵³⁻⁵⁵ iəʔ⁴⁻⁵ ha⁵³.］

在述补结构中，结构助词"来"后作补语的单音节词如果不在句末或停顿前，可以读窄用变调，如例（65）中的"平"。

（65）床摊｜摊来｜平就｜有处特*。床单铺平就可以了。
　　［zaŋ²⁴⁻²¹ tʰyø⁵³⁻⁵⁵ tʰyø⁵³⁻⁵⁵ lai²⁴⁻⁵⁵ bin²⁴ zou²¹³⁻²³ iou²³¹⁻²³ tsʰɿ³⁴⁻²¹ dəʔ²³⁻²¹.］

在定中结构中，作组合式定中结构的中心语的单音节词如果不在句末或停顿前，可以读窄用变调，如例（66）中的"蛋"。

（66）煤好个｜蛋勒｜架橱里。煮好的蛋在橱里。
　　［za²³⁻² hao⁴³⁴⁻²¹ gəʔ²³ dyø²³¹⁻²³ ləʔ²³ ka³⁴⁻⁴³ dʑɿ²⁴⁻⁵⁵ li²³¹⁻²¹.］

在状中结构中，作状语的单音节副词可以读窄用变调（否定副词"弗"除外），如例（67）中的"先""就"、例（68）中的"再""也"，作中心语的单音节词如果不在句末或停顿前可以读窄用变调，如例（68）中的"寻_找"。

（67）你先｜朝前｜，我｜过一先｜就｜来。你先往前（走），我过一会儿就来。
　　［n̩²³¹⁻⁵⁵ ɕie⁵³⁻⁵⁵ dʑao²⁴⁻²¹ zie²⁴⁻⁵³，ŋ²³¹⁻²³ ku³⁴ iəʔ⁴⁻⁵ ɕie⁵³⁻⁵⁵ zou²¹³⁻²³ lai²⁴.］

（68）明朝｜再寻也｜弗关。明天再找也没关系。［mən²⁴⁻²¹ tsao⁵³⁻⁵⁵ tsai³⁴ zin²⁴ ia²³¹⁻²³ fəʔ⁴⁻⁴³ kuɛ⁵³.］

在联合结构中，作并列项或选择项的单音节词如果不在句末或停顿前，可以读窄用变调，如例（69）中的"糖"和例（70）中的"书""笔"。连词"脱*"可以读窄用变调，如例（71）。

（69）□是糖｜还是｜盐？［ki⁵³⁻⁵⁵ zɿ²¹³⁻²³ daŋ²⁴ ai³⁴⁻⁵⁵ zɿ²³¹⁻²¹ ie²⁴？］这／那是糖还是盐？

（70）书｜脱*特*｜笔帮你｜放特*｜包里个特*。书和笔帮你放在包里了。

［sɿ⁵³⁻⁵⁵ tʰəʔ⁴⁻⁴³ dəʔ²³⁻³⁴ piəʔ⁴ paŋ⁵³⁻⁵⁵ ŋ²³¹⁻⁵⁵ faŋ³⁴ dəʔ²³⁻⁵ pao⁵³⁻⁵⁵ li²³¹⁻²¹ gəʔ²³⁻²¹ dəʔ²³⁻²¹.］

（71）老师｜脱*｜学生子｜孩*｜勒*将*。老师和学生都在这儿。

［lao²³¹⁻²¹ sɿ⁵³⁻⁵⁵ tʰəʔ⁴ ɦoʔ²³⁻²¹ saŋ⁵³⁻⁵⁵ tsɿ⁴³⁴⁻²¹ ɦai²³ ləʔ²³⁻²¹ tɕiaŋ³⁴⁻²³.］

在递系结构和连谓结构中，单音节词如果不在句末或停顿前，可以读窄用变调。

（72）叫渠来也｜无用场。［tɕiao³⁴ i²⁴ lai²⁴ ia²³¹⁻²³ n̩²⁴ yoŋ²¹³⁻²¹ dzaŋ²⁴⁻²¹.］叫他／她来也没用。

（73）渠特*｜去｜上课特*。［i²⁴ dəʔ²³⁻²¹ kʰi³⁴ zaŋ²³¹⁻²³ kʰu³⁴⁻²¹ dəʔ²³⁻²¹.］他们去上课了。

此外，还有一些前置的助词可以读窄用变调。在非单音节数词前的前置数助词"第"可以读窄用变调，如例（74）。特殊助词"连"可以读窄用变调，如例（75）。

（74）第｜三十［di²³¹⁻²³ sɛ⁵³⁻⁵⁵ zəʔ²³⁻⁵］第三十

（75）连｜小小倌也｜晓得个。连小孩子都知道的。

［lie²⁴ ɕiao⁴³⁴⁻⁴³ ɕiao⁴³⁴⁻³³ kue⁵³⁻⁵⁵ ia²³¹⁻²³ ɕiao⁴³⁴⁻⁴³ təʔ⁴⁻⁵ goʔ²³⁻²¹］

以上是海门方言中窄用变调的分布，上面这些读窄用变调的都是处于非句末（或非停顿前）的单音节词，处于本节提到的句法位置的句末（或停顿前）的单音节词会形成单字连调组，如例（76）的"饭"、例（77）的"蛋"都自成单字连调组（可分别与前文例63、66比较）；处于本节提到的句法位置的非单音节词则会形成连调组，如例（78）的"□［bəʔ²³］刀刀"、例（79）的"脱*特*和"都构成了两字连调组（可分别与前文例64、例71比较）。

（76）先热｜饭！［ɕie⁵³⁻⁵⁵ n̩iəʔ²³ vɛ²¹³！］先热饭！

（77）架橱里｜有｜煠好个｜蛋。橱里有煮好的蛋。

［ka³⁴⁻⁴³ dzɿ²⁴⁻⁵⁵ li²³¹⁻²¹ iou²³¹⁻²³ zəʔ²³⁻² hao⁴³⁴⁻²¹ gəʔ²³ dø²³¹.］

（78）帮我｜弄｜□刀｜剚一剚。帮我用刀割一割。

［paŋ⁵³⁻⁵⁵ ŋ²³¹⁻⁵⁵ noŋ²¹³⁻²³ bəʔ²³⁻²¹ tao⁵³⁻⁵⁵ ha⁵³⁻⁵⁵ iəʔ⁴⁻⁵ ha⁵³.］

（79）老师｜脱*特*｜学生子｜孩*｜勒*将*。老师和学生都在这儿。

［lao²³¹⁻²¹ sɿ⁵³⁻⁵⁵ tʰəʔ⁴⁻⁴³ dəʔ²³⁻³⁴ ɦoʔ²³⁻²¹ saŋ⁵³⁻⁵⁵ tsɿ⁴³⁴⁻²¹ ɦai²⁴ ləʔ²³⁻²¹ tɕiaŋ³⁴⁻²³.］

三　语义对连调组划分和窄用变调分布的影响

语义也会对连调组的划分和窄用变调的分布产生影响。这种影响体现在两个方面：一方面，一些成分的语义虚化后，连调组划分会改变；另一方面，一些成分被强调后，连调组划分和窄用变调的分布会改变。

3.1　语义虚化影响连调组划分

由于一些成分语义较虚，它们和前面成分之间原本应有的连调界会消失。

述语带数量词作定语的宾语时，如果数量词是表示少量且意义比较虚的"点"，数量词和它前面的成分之间没有连调界，如例（80）。类似的，如果数词"两"为虚指时，数量结构和前面的述语之间没有连调界，如例（81）（82）。如果数量结构"一＋量"中数量

"一"意义比较虚，"一"和前面的成分之间也没有连调界，如例（83）。

（80）吃点｜东西话*。[tɕʰiəʔ⁴⁻⁴³ tie⁴³⁴⁻⁵⁵ toŋ⁵³⁻⁵⁵ ɕi⁵³⁻⁵⁵ uo⁻²¹]. 吃点东西吧。

（81）我｜买特*两条｜鱼。[ŋ²³¹⁻²³ ma²³¹⁻²³ dəʔ²³⁻²¹ liaŋ²³¹⁻²¹ diao²⁴⁻²¹ ŋei²⁴]. 我买了几条鱼。

（82）渠｜居特*两个｜铜钿｜就｜□来交关。[i²⁴ kei⁵³⁻⁵⁵ dəʔ²³⁻²¹ liaŋ²³¹⁻²¹ gəʔ²³⁻²¹ doŋ²⁴⁻²¹ nie（d-）²⁴⁻⁵⁵ zou²¹³⁻²³ huai⁴³⁴⁻⁴³ lai²⁴⁻³⁴ tɕiao⁵³⁻⁵⁵ kuaʔ⁵³⁻⁵（-uɛ）]. 他有了几个钱就搁得不行。

（83）拨我（一）支｜笔。[pəʔ⁴⁻⁴³ ŋ²³¹⁻³³（iəʔ⁴⁻³）tsɿ⁵³⁻⁵⁵ piəʔ⁴]. 给我一支笔。

"来/去+VP"结构作谓语的主谓结构中，当"来/去"的位移的意义虚化时，主语和"来/去"之间没有连调界，如例（84）（85）。下列句子中"来/去"意义虚化的一个表现是"来/去"可以省略。

（84）蛋糕｜我来｜买么嗯，｜你｜直接｜过去。蛋糕我来买吧，你直接过去。

[dyø²¹³⁻²¹ kao⁵³⁻⁵⁵ ŋ²³¹⁻²³ lai²⁴⁻²¹ ma²³¹⁻²³ məʔ²³⁻²¹ nie⁻²¹, n̩²³¹⁻²³ dʑəʔ²³⁻²¹ tɕiəʔ⁴⁻⁵ ku³⁴⁻⁴³ kʰi³⁴⁻⁵³].

=蛋糕｜我｜买么嗯，｜你｜直接｜过去。

[dyø²¹³⁻²¹ kao⁵³⁻⁵⁵ ŋ²³¹⁻²³ ma²³¹⁻²³ məʔ²³⁻²¹ nie⁻²¹, n̩²³¹⁻²³ dʑəʔ²³⁻²¹ tɕiəʔ⁴⁻⁵ ku³⁴⁻⁴³ kʰi³⁴⁻⁵³].

（85）你｜□出来得个｜，茶｜我去｜帮你｜筛。你不用起来的，水我去帮你倒。

[n̩²³¹⁻²³ ao⁵³⁻⁵⁵ tsʰəʔ⁴⁻⁵ lai²⁴⁻⁵⁵ təʔ⁴⁻⁵ goʔ²³⁻²¹, dʑuo²⁴ ŋ kʰi³⁴⁻²¹ paŋ⁵³⁻⁵⁵ n̩²³¹⁻⁵⁵ sa⁵³].

=你｜□出来得个｜，茶我｜帮你｜筛。你不用起来的，水我去帮你倒。

[n̩²³¹⁻²³ ao⁵³⁻⁵⁵ tsʰəʔ⁴⁻⁵ lai²⁴⁻⁵⁵ təʔ⁴⁻⁵ goʔ²³⁻²¹, dʑuo²⁴ ŋ paŋ⁵³⁻⁵⁵ n̩²³¹⁻⁵⁵ sa⁵³].

3.2 强调影响连调组划分

句子中如有某个成分被强调会影响连调组的划分和窄用变调的分布，具体表现为两类情况：（1）强调引起的连调组整合：被强调的成分和后面的成分之间原本有连调界，被强调后两个成分之间没有连调界；有时被强调的成分与后面的成分都读窄用变调，被强调后二者形成连调组。（2）强调引起的连调组分裂：一个连调组中靠后的成分被强调，被强调的成分和前面的成分之间有连调界。

3.2.1 强调引起的连调组整合

强调引起的连调组整合指主谓结构中的主语、组合式定中结构的定语、状中结构的状语、述宾结构的述语被强调时，与后面的谓语、中心语、宾语之间没有连调界。

以下是主谓结构的主语被强调的例句：

（86）你弗去么，｜我去。[n̩²³¹⁻²³ fəʔ⁴⁻²¹ kʰi³⁴⁻²¹ məʔ²³⁻²¹, ŋ²³¹⁻²³ kʰi³⁴⁻²¹]. 你不去的话，我去。

（87）苹果｜三块一斤。[bin²⁴ ku⁴³⁴⁻²¹ sɛ⁵³⁻⁵⁵ kʰuei³⁴⁻²¹ iəʔ⁴⁻²¹ tɕin⁵³⁻²¹]. 苹果三元一斤。

（88）渠也不晓得。[i²⁴ ia²³¹⁻²¹ fəʔ⁴⁻²¹ iao（ɕ-）⁴³⁴⁻²¹ təʔ⁴⁻²¹]. 他也不知道。

以上例句可与下面的进行比较，下面的句子中主语未被强调。

（86′）你｜弗去么｜算特*。[n̩²³¹⁻²³ fəʔ⁴⁻⁴³ kʰi³⁴ məʔ²³⁻⁵ syø³⁴ dəʔ²³⁻⁵]. 你不去的话，我去。

（87′）苹果｜三块｜一斤。[bin²⁴ ku⁴³⁴⁻²¹ sɛ⁵³⁻⁵⁵ kʰuei³⁴⁻²¹ iəʔ⁴⁻⁴³ tɕin⁵³]. 苹果三元一斤。

（88′）渠也｜不晓得。[i²⁴ ia²³¹⁻²³ fəʔ⁴⁻⁴³ iao（ɕ-）⁴³⁴⁻³³ təʔ⁴⁻⁵]. 他也不知道。

例（86′）的代词主语"你"读窄用变调，不属于后面谓语所在的连调组，受强调后（见例86）与谓语连在一个连调组里；例（87′）"三块"与"一斤"分属两个连调组，"三块"受强调后（见例87）二者连成一个连调组；例（88′）代词主语"渠"与后面的状语"也"都读窄用变调，"渠"受强调后（见例88）二者构成了一个连调组。

以下是组合式定中结构的定语被强调的例句：

（89）烂脱个菜｜快｜丢脱特[*]！烂掉的菜快扔了！

〔lɛ²¹³⁻²¹ tʰə²⁴⁻²³ gəʔ²³⁻⁵ tsʰai³⁴⁻²¹ kʰua³⁴ toʔ⁴⁻²³ tʰə²⁴⁻⁵ dəʔ²³⁻²¹！〕

（90）屋里｜一节电池也｜无得。家里一节电池都没有。

〔uəʔ⁴⁻⁴³ li²³¹⁻³⁴ iəʔ⁴⁻⁴³ tɕiəʔ²⁴⁻⁵ die²³¹⁻²¹ dʐ̩²⁴⁻²¹ a（-ia）²³¹⁻²¹ n̩²⁴⁻²¹ təʔ⁴⁻⁵.〕

（91）□｜衣裳｜弗是｜我个｜，我个衣裳｜勒[*]｜哪里？〔ki⁵³⁻⁵⁵ i⁵³⁻⁵⁵ zaŋ²⁴⁻⁵⁵ fəʔ⁴⁻⁴³ z̩²³¹⁻³⁴ ŋ²³¹⁻²³ goʔ²³⁻²¹，ŋ²³¹⁻²³ gəʔ²³⁻²¹ i⁵³⁻²¹ zaŋ²⁴⁻²¹ ləʔ²³ la²³¹⁻²³ li²¹³⁻²¹？〕这／那衣服不是我的，我的衣服在哪里？

以上例句可与下面的进行比较，下面的句子中定语未被强调，定语和中心语之间有连调界，有的分属两个连调组，如例（90′）（91′），有的定语构成连调组、中心语读窄用变调，如例（89′）。

（89′）坏脱个｜蛋快｜丢脱特[*]！坏掉的蛋快扔了！

〔ua²¹³⁻²¹ tʰə²⁴⁻²³ gəʔ²³⁻⁵ dyø²¹³⁻²³ kʰua³⁴ toʔ⁴⁻⁴³ tʰə²⁴⁻⁵ dəʔ²³⁻²¹！〕

（90′）屋里｜有｜一节｜电池。家里有一节电池。

〔uəʔ⁴⁻⁴³ li²³¹⁻³⁴ iou²³¹⁻²¹ iəʔ⁴⁻⁴³ tɕiəʔ²⁴⁻⁵ die²³¹⁻²¹ dʐ̩²⁴⁻⁵³.〕

（91′）我个｜衣裳｜勒[*]｜哪里？我的衣服在哪里？〔ŋ²³¹⁻²³ gəʔ²³⁻²¹ i⁵³⁻⁵⁵ zaŋ²⁴⁻⁵⁵ ləʔ²³ la²³¹⁻²³ li²¹³⁻²¹？〕

以下是状中结构的状语被强调的例句：

（92）□｜小倌｜蛮活络个。这／那孩子蛮活泼的。

〔ki⁵³⁻⁵⁵ ɕiao⁴³⁴⁻⁴³ kue⁵³⁻⁵⁵ me⁵³⁻⁵⁵ uəʔ²³⁻⁵ loʔ²³⁻⁵ goʔ²³⁻²¹.〕

（93）葛[*]爿｜店｜就勒[*]特[*]｜渠特[*]｜学堂｜门口头。〔kəʔ⁴⁻⁴³ bɛ²⁴⁻⁵⁵ tie³⁴ zou²¹³⁻²¹ ləʔ²³⁻⁵ dəʔ²³⁻²¹ i²⁴ dəʔ²³⁻²¹ fioʔ²³⁻²¹ laŋ²⁴⁻⁵⁵（d-）mən²⁴⁻²¹ kʰou⁴³⁴⁻²¹ dou²⁴⁻⁵³.〕这／那家店就在他们学校门口。

以上例句可与下面的进行比较，下面的句子中状语未被强调，读窄用变调，不属于后面成分所在的连调组。

（92′）□｜小倌｜蛮｜活络个。这／那孩子蛮活泼的。

〔ki⁵³⁻⁵⁵ ɕiao⁴³⁴⁻⁴³ kue⁵³⁻⁵⁵ me⁵³⁻⁵⁵ uəʔ²³⁻²¹ loʔ²³⁻⁵ goʔ²³⁻²¹.〕

（93′）葛[*]爿｜店｜就｜勒[*]特｜渠特[*]｜学堂｜门口头。〔kəʔ⁴⁻⁴³ bɛ²⁴⁻⁵⁵ tie³⁴ zou²¹³⁻²³ ləʔ²³⁻²¹ dəʔ²³ i²⁴ dəʔ²³⁻²¹ fioʔ²³⁻²¹ laŋ²⁴⁻⁵⁵（d-）mən²⁴⁻²¹ kʰou⁴³⁴⁻²¹ dou²⁴⁻⁵³.〕这／那店就在他们学校门口。

以下是述宾结构的述语被强调的例句：

（94）□徛勒[*]葛[*]登[*]！〔ao⁵³⁻⁵⁵ gei²³¹⁻²¹ dəʔ（l-）²³⁻²¹ kəʔ⁴⁻²¹ tən⁵³⁻²¹！〕不要站在那里！

以上例句可与下面的进行比较，下面的句子中述语未被强调，述语和宾语之间有连调界，述语读窄用变调，不属于后面谓词性宾语所在的连调组。

（94′）□｜徛勒葛[*]登[*]！不要站在那里！〔ao⁵³⁻⁵⁵ gei²³¹⁻²³ dəʔ（l-）²³⁻²¹ kəʔ⁴⁻²¹ tən⁵³⁻²¹！〕

3.2.2 强调引起的连调组分裂

上文提到，一些特定词组的直接成分之间没有连调界，如果这些词组里后面的成分被强调，则词组内两个成分之间有连调界。可以被强调的有单音节动词后面的宾语、否定副词状语后面的中心语、代词，例如：

（95）你特[*]两｜一个人｜汏｜衣裳，一个人｜汏｜裤子。〔n̩²³¹⁻²³ dəʔ²³⁻²¹ liaŋ²³¹⁻²¹，

iəʔ⁴⁻⁴³ gəʔ²³⁻³⁴ n̩in²⁴⁻⁵⁵ da²¹³⁻²³ i⁵³⁻⁵⁵ zaŋ²⁴⁻⁵³，iəʔ⁴⁻⁴³ gəʔ²³⁻³⁴ n̩in²⁴⁻⁵⁵ da²¹³⁻²³ ku³⁴⁻⁵⁵ tsɿ⁴³⁴⁻²¹.］你们俩，一个人洗衣服，一个人洗裤子。

（96）我｜单 告诉特* ｜你｜，孬宁*告诉｜渠。我只告诉了你，没有告诉他。
　　［ŋ̍²³¹ tyø⁵³⁻⁵⁵ kao³⁴⁻⁵⁵ su³⁴⁻²¹ də²³⁻³⁴ n̩²³¹，fən⁵³⁻⁵⁵ n̩in²⁴⁻⁵⁵ kao³⁴⁻⁵⁵ su³⁴⁻²¹ i²³¹.］

（97）我｜寻来寻去｜孬 寻着。我找来找去没找到。
　　［ŋ̍²³¹⁻²³ zin²⁴⁻²¹ lai²⁴⁻¹¹ zin²⁴⁻⁵⁵ kʰi³⁴⁻²¹ fən⁵³⁻⁵⁵ zin²⁴⁻²¹ dʑaʔ²³⁻⁵.］

　　以上例句可与下面的例句进行比较，下面的句子中述宾结构的宾语、状中结构的中心语没有被强调，因此与前面的述语“汰”“告诉”、状语“孬”之间没有连调界。

（95′）你特*两｜，一个人 汰衣裳｜，一个人｜汰裤子。［n̩²³¹⁻²³ dəʔ²³⁻²¹ liaŋ²³¹⁻²¹，iəʔ⁴⁻⁴³ gəʔ²³⁻³⁴ n̩in²⁴⁻⁵⁵ da²¹³⁻²³ i⁵³⁻¹¹ zaŋ²⁴⁻⁵³，iəʔ⁴⁻⁴³ gəʔ²³⁻³⁴ n̩in²⁴⁻⁵⁵ da²¹³⁻²¹ ku³⁴⁻⁵⁵ tsɿ⁴³⁴⁻²¹.］你们俩，一个人洗衣服，一个人洗裤子。

（96′）我｜孬担 葛*桩｜事体 告诉渠。我没把这/那件事情告诉他/她。
　　［ŋ̍²³¹⁻²³ fən⁵³⁻⁵⁵ tɛ³⁴⁻²¹ kəʔ⁴⁻⁴³ tsaŋ⁵³⁻⁵⁵ zɿ²¹³⁻²⁴ tʰi⁴³⁴⁻²¹ kao³⁴⁻⁵⁵ su³⁴⁻²¹ i²³¹⁻²¹.］

（97′）我｜寻来寻去 孬寻着。我找来找去没找到。
　　［ŋ̍²³¹⁻²³ zin²⁴⁻²¹ lai²⁴⁻¹¹ zin²⁴⁻⁵⁵ kʰi³⁴⁻²¹ fən⁵³⁻⁵⁵ zin²⁴⁻⁵⁵ dzaʔ²³⁻⁵.］

四　结论和余论

　　由本文考察可知，海门方言中连调组的划分和窄用变调的分布与句法、语义因素密切相关，同时也与音节数、词组是否常用有关。

　　连调组划分和句法因素密切相关。连调界一般只存在于词与词之间，词内部通常没有连调界。词与词之间也可以没有连调界。符合一定句法结构条件（有时还包括是否常用、成分的音节数的要求）的词组内部的直接成分之间没有连调界。常用的述宾结构（述语为单音节动词）、介词带单音节方位词宾语的结构、粘合式述补结构、述能式述补结构、粘合式定中结构、否定副词为状语的状中结构、部分并列结构的直接成分之间、“VP＋去”/“（到）处所＋去”结构中的“去”前、虚词、代词前没有（或可以没有）连调界。其他词组的内部成分之间都有连调界。

　　在不考虑语义影响的情况下，词组根据内部词与词之间是否有连调界可以分为三类：第一类没有连调界；第二类可以有也可以没有连调界；第三类有连调界。第一类词组内部结合得更紧密，第三类词组内部结合得更松散，第二类词组介于两者之间。

　　窄用变调通常用于一些非句末且非停顿前的单音节词，包括主谓结构中的单音节主语、述补结构中的单音节述语、介宾结构中的单音节介词、述补结构中结构助词“来”之后的单音节补语、状中结构中的单音节副词、连词“脱*”、前置助词“第”“连”，也包括非句末且非停顿前的单音节谓语、单音节宾语、组合式定中结构的单音节中心语、状中结构的单音节中心语、联合结构中的单音节并列项或选择项、递系结构和连谓结构中的单音节词。

　　语义也会对连调组的划分和窄用变调的分布产生影响。句子中部分成分语义弱化或强调可以改变连调组的分合，一些语义较虚的成分和前面成分之间原本应有的连调界会消失。句子中一个成分被强调，可能使被强调的成分和后面的成分之间原有的连调界消失，也可能使这个成分所在的连调组分裂，前一种情况下被强调的成分所在的连调组向右

延伸，于是被强调的成分处于连调组内的左侧位置，后一种情况下被强调的成分与所在连调组中左侧的成分不再属于同一连调组，分裂为不同的连调组或者被强调的成分构成连调组、其左侧的成分读窄用变调，这样被强调的成分也成为处于连调组内的左侧位置的成分。可见在一个连调组内，左侧的成分往往语义更强。

此外，句法结构类型和语义不足以完全说明连调单位的划分。音节数、使用频率等其他一些因素也会影响连调组的划分和窄用变调的分布。谓语动词的音节数（是否单音节）影响动词与后面的宾语之间是否有连调界，作宾语的方位词的音节数（是否单音节）影响方位词与前面的介词宾语之间是否有连调界。单音节动词作谓语的述宾结构的常用程度和并列结构中并列项共现的常见程度影响它们内部是否有连调界。

海门方言的连调单位划分的影响因素与苏州方言、上海方言类似（上海方言的相关研究参看钱乃荣 1997、毛世桢 2003、Zee 2004，苏州方言的相关研究参看石汝杰 2010、凌锋 2010）。这些研究指出了苏州方言、上海方言中连调结构与句法结构、语义的密切关系。例如，Zee（2004）提到词类和句法环境是影响连调域形成的因素，语义也会影响连调域的形成（大致相当于本节所谈的语义弱化和强调）；石汝杰（2010：171）指出苏州方言的连调结构"和语法结构有关……同时还受到其他因素的制约，主要是：结构的长度、常用性、熟语性、语速和强调与否"。根据上文的分析，海门方言中制约连调组划分的因素与上海方言、苏州方言的相当一致。可见这种音系与非音系成分的互动在一定区域内的方言中有着相似的模式。

本文按不同句法结构类型考察海门方言句子中连调单位的划分，在此基础上考察强调、语义弱化的作用，发现海门方言连调单位的划分和句法结构、语义因素密切相关，这些因素和韵律因素共同作用，影响着连调单位。同时，本文也发现，和苏州方言中的情况类似，语言成分的常用程度也会影响连调单位的划分，这在连调域研究中还没有得到足够的重视。从语言使用的角度观察连调单位的划分，可能是未来研究可以进一步深入的方向。

参考文献

Zee，Eric. Tone and Syntax in Shanghai Dialect ［M］. G. Fant，H. Fujisaki，J. Cao，Y. Xu 编著. In Traditional Phonology To Modern Speech Processing. 北京：外语教学与研究出版社，2004，507—525.

黄燕华. 海门话的连读变调 ［D］. 上海：华东师范大学，2007.

李小凡. 苏州方言语法研究 ［M］. 北京：北京大学出版社，1998.

钱乃荣. 上海话语法 ［M］. 上海：上海人民出版社，1997.

施 晓. 新派海门话的音变 ［D］. 苏州：苏州大学，2004.

王洪钟. 海门方言语法专题研究 ［M］. 芜湖：安徽师范大学出版社，2011a.

王洪钟. 海门方言研究 ［M］. 北京：中华书局，2011b.

五 臺. 关于"连读变调"的再认识 ［J］. 语言研究，1986（1）：1—6.

许兆本. 崇明方言三字组连读近期变化的测试和优选论分析 ［D］. 上海：上海外国语大学，2012.

袁 劲. 海门方言志，合肥：黄山书社 ［M］. 1997.

张惠英. 崇明方言的连读变调 ［J］. 方言，1979（4）：284—302.

张惠英. 崇明方言三字组的连读变调 ［J］. 方言，1980（1）：15—34.

毛世桢.上海话连调结构与句法关系［C］// 第六届全国现代语音学学术会议论文集（下）.天津：天津社会科学出版社，2003，439—444.

凌　锋.苏州话连读变调与句法结构的关系初探［C］// 汉语方言语法研究的新视角——第五届汉语方言语法国际学术研讨会论文集.上海：上海教育出版社，2010，181—197.

石汝杰.从苏州方言看语音和语法的结构关系［C］// 汉语方言语法研究的新视角——第五届汉语方言语法国际学术研讨会论文集.上海：上海教育出版社，2010.171—180.

中国社会科学院、澳大利亚人文科学院.中国语言地图集［M］.香港：朗文出版（远东）有限公司，1987.

朱德熙.语法讲义［M］.北京：商务印书馆，1982.

慈溪方言的连读变调

孙雨哲

慈溪市位于浙江省宁波市北部，杭州湾南岸，今境域由原余姚、慈溪、镇海三县北部合并而成，习称"三北"，境内方言也与旧行政区划关系密切，大致可循旧宁绍两府边界分为东西两部分，东多为甬江小片，约占今境三分之一，西为临绍小片，约占三分之二。本文所称慈溪方言主要指以城区浒山为代表的今慈溪市中部地区的方言，其地旧属余姚县，为临绍小片最东部的一支方言。本文主要依据白沙路街道的语音，其与周边浒山、横河、胜山、坎墩等地方言差异不大，是作者的母语，材料主要由作者自省及与家人交流记录得到。

一　慈溪方言的声韵调

1.1　声母（33个）

[p] 版百	[pʰ] 片拍	[b] 跑白	[ʔm] 眯摸	[m] 面麦	[f] 飞法	[v] 胡罚
[t] 到得	[tʰ] 太踢	[d] 度蝶	[ʔn] 侬尔	[n] 能纳		
			[ʔl] 拎捞	[l] 老辣		
[ts] 知作	[tsʰ] 雌察	[dz] 站侸			[s] 水湿	[z] 船十
[tɕ] 见菊	[tɕʰ] 千七	[dʑ] 穷轴	[ʔȵ] 黏	[ȵ] 牛肉	[ɕ] 信息	
[k] 瓜骨	[kʰ] 口壳	[g] 共轧	[ʔŋ] □~ŋaː:婴儿	[ŋ] 我鹤		
		[ø] 矮沃	[ɦ] 合夜滑	[h] 虾喝		

说明：鼻边音声母均分两套，一套发声态为张声，带有紧喉感，记作〔ʔm〕〔ʔn〕〔ʔȵ〕〔ʔŋ〕〔ʔl〕，单字配阴调；一套发声态为气声，简记为〔m〕〔n〕〔ȵ〕〔ŋ〕〔l〕，单字配阳调。词中连读后字变调相同时，两组响音仍能保持对立，与〔ø〕-〔ɦ〕对立相平行，如：弗拎〔faʔ⁵ ʔlen⁴⁵〕≠弗灵〔faʔ⁵ len⁴⁵〕，口音〔kʰie³² iŋ⁵¹〕≠口型〔kʰie³² ɦiŋ⁵¹〕，故而二者必须处理为不同音位。这一特点也是宁绍地区的共性，与苏沪等地"青蛙＝清华"不同。

1.2　韵母（53个）

[ɿ] 资次水字			[ʮ] 组醋储树
	[i] 比底期徐	[ʋ] 浦杜胡乌	[y] 鬼跪女雨
[a] 派排埭街	[ia] 爹借笪夜	[ua] 拐快坏歪	
[e] 推去来孩	[ie] 呆隑站立	[ue] 桂块胃威	
[ɵ] 透漏臭欧	[iɵ] 牛口有幼		
[ɔ] 跑刀曹高	[iɔ] 票调撬要		
[o] 爬朵加哑	[io] 家嘉亚雅	[uo] 瓜花话划脚~船	
[ou] 波大歌坐			
[ã] 朋打张樱	[iã] 枪强墙央	[uã] 梗横	
[ɛ̃] 班蛋拣晏	[iɛ̃] 点箅眼廿	[uɛ̃] 关筷环弯	

[ẽ] 贪传坎安　　　[iẽ] 边电全厌

[ɵ̃] 半断算虾　　　[iɵ̃] 卷权元怨　　　[uɵ̃] 官款换碗

[ɔ̃] 棒唐章缸　　　[iɔ̃] 隆<u>　　　</u>[uɔ̃] 光匡狂王

[eŋ] 冰丁根程　　　[iŋ] 进芹形饮　　　[ueŋ] 滚困混温　　　[yeŋ] 军裙训云

[oŋ] 动工重翁　　　[ioŋ] 供穷戎容

[aʔ] 鸭拔色直　　　[iaʔ] 贴碟脚虐　　　[uaʔ] 刮滑豁挖

[oʔ] 八毒国恶　　　[ioʔ] 吃玉决越　　　[uoʔ] 郭扩握沃

[eʔ] 拨粂十革　　　[ieʔ] 接七席一　　　[ueʔ] 骨阔忽<u>核</u>

[øʔ] <u>掇</u>又<u>虱</u>又

[əl] <u>儿耳而</u>　　　[m̩] <u>无姆</u>　　　[n̩] 芽　　　[ŋ̍] <u>鱼儿五吴</u>

1.3　单字调（5个）

调类	调值	例字
阴平上	324	波包潘飞手写笋狗
阳舒	24	皮船冷范美藕慢汰
阴去	44	骗眯放戴扇菌相看
阴入	5	骨竹笔摸室答约刻
阳入	<u>24</u>	月入六白岳跃罚轴

二　两字组连读变调

慈溪方言单字调仅有5个，归并严重，但连读变调却相对保守，一定程度上保留了四声八调的区别，且变调模式复杂多样，适用于不同的结构。下面将根据连读变调与古调类①的对应关系，参考基于韵律结构层级模型对吴语连读变调的研究成果（盛益民 2021），分不同连读变调模式加以介绍。

2.1　音系词的连读变调

IA 型连读变调

	清平	浊平	清上	浊上	清去	浊去	清入	浊入
清平	医生 32-324	砂糖 32-24	胶水 45-31	清淡 45-31	书记 45-31	山路 45-31	方法 32-5	山药 32-5
浊平	茶杯 21-324	馒头 21-24	儿子 24-31	零件 24-31	咸菜 24-31	肥皂 24-31	皮夹 21-5	南极 21-5
清上	浒山 32-51	纸头 32-51	草纸 32-51	水稻 32-51	紫菜 32-51	早饭 32-51	晓得 32-5	手镯 32-5
浊上	负担 21-51	肚皮 21-51	耳朵 24-44	道理 24-44	罪过 24-44	社会 24-44	美国 24-5	美术 24-5

---

① 需要注意，本文所谓"古调类"是参考中古音系及其他北部吴语的普遍情况，通过分析连读变调得出的慈溪方言的历史调类情况，与韵书记录必然有所出入。

	清平	浊平	清上	浊上	清去	浊去	清入	浊入
清去	化妆 44-44	化肥 44-44	报纸 44-44	报社 44-44	芥菜 44-44	泡饭 44-44	货色 44-5	炸药 44-5
浊去	电灯 21-44	外行 21-44	队长 21-44	号码 21-44	饭店 21-44	外贸 21-44	外国 21-5	练习 21-5
清入	北方 5-31	国旗 5-31	桌板 5-31	接受 5-31	客气 5-31	法院 5-31	节约 5-31	角落 5-31
浊入	学生 21-51	绿茶 21-51	历史 21-44	物理 21-44	白菜 21-44	绿豆 21-44	蜡烛 21-5	学习 21-5

IA 型连调一般由前字和后字古调类共同决定。前字古调类不同，连调也就不同，如单字调中清平上合流，浊平上去合流，但其分别作为前字时连调仍判然有别；当后字为入声时情况稍为特殊，清平 + 入声 = 清上 + 入声，浊平 + 入声 = 浊去 + 入声。后字古调类对连调的作用稍弱，清浊对连调调型没有影响。后字不同调类的连调有所归并，但仍存在部分对立，如平 + 上和平 + 去的连调相同，但仍与平 + 平对立；但当前字为清入时，后字不论清浊舒促，连调都相同。

IA 型连调适用于单纯词、复合词、粘合式定中结构等，是最常见的一类连读变调，即传统上的"广用式连读变调"。但常用词不尽然符合这一规律，如"掌起"（慈溪东部乡镇名）有人念 32-51，有人念 45-31，前者符合清上 + 舒声连调规律，后者不合，实际上是受到当地方言读法的影响；"医院""师范"连调为 32-24，并不合清平 + 上去连调 45-31（"医院"也有读 45-31 的），考虑到这两者是近代以来引入的，可能是在引进该名称时受了外源影响。类似的情况还有不少。虽然这仅是个别现象，但恰能说明人们在语流中自然习得词汇及其连调，而对词内单字的古调类并无明确意识；词汇的连调完全可以脱离单字调或古调类而存在甚至发展变化。

IB 型连读变调

	清平	浊平	清上	浊上	清去	浊去	清入	浊入
清平	关乌 32-324	关叽 32-24	关好 45-31	吹断 45-31	吹燥 45-31	吹乱 45-31	开出 32-5	开着 32-5
浊平	还清 21-324	围牢 21-24	驮起 24-31	存满 24-31	爬进 24-31	排乱 24-31	骑出 21-5	跑落 21-5
清上	写光 44-45	管牢 44-45	数好 32-51	剪断 32-51	绞燥 32-51	打败 32-51	走出 32-5	摆直 32-5
浊上	撬开 24-45	咬牢 24-45	坐好 24-44	坐满 24-44	咬过 24-44	养大 24-44	舀出 24-5	买着 24-5
清去	晒干 44-45	凑齐 44-45	做好 44-44	记满 44-44	浸透 44-44	放坏 44-44	算出 44-5	相着 44-5
浊去	用光 21-324	弄牢 21-24	话起 21-44	弄断 21-44	掼破 21-44	弄乱 21-44	害煞 21-5	背熟 21-5

	清平	浊平	清上	浊上	清去	浊去	清入	浊入
清入	压坍 5-45	吃牢 5-45	剥好 5-31	挖断 5-31	戳破 5-31	挖大 5-31	剥出 5-<u>31</u>	拍落 5-31
浊入	划开 <u>21</u>-324	夹牢 <u>21</u>-24	读好 <u>21</u>-44	泊满 <u>21</u>-44	读过 <u>21</u>-44	叠乱 <u>21</u>-44	拔出 <u>21</u>-5	轧落 <u>21</u>-5

IB 型连调仅当后字为平声时与 IA 型连调有别，且出现了新的连调调形。需要注意，清上 + 清平实际有两种变调形式，除了 44-45 以外也可以读成 32-51，甚至以后者为多，只有部分常用的词组能较稳定地读为 44-45，如管牢、走吼等。

IB 型连调常见于两字的粘合式动补结构，如动词与结果补语"吼"[vẽ/mẽ]（义近普通话"掉"）结合时。"V 哉"结构也符合 IB 型变调而非 II 型，这与绍兴柯桥方言的情况类似（盛益民 2021），可能是因为此处"哉"类似于普通话"了 2"的动相补语用法。

清平	浊平	清上	浊上	清去	浊去	清入	浊入
（门）开哉 45-31	（会）爬哉 24-31	（好）写哉 32-51	（车）动哉 24-44	（好）做哉 44-44	（好）用哉 21-44	（好）吃哉 5-31	（好）读哉 21-44

IC 型连读变调

		清平	浊平	清上	浊上	清去	浊去	清入	浊入
		张 千	瓶 回	本 点	倍 两	块 片	袋 面	角 百	粒 盒
清平	三			45-31					45-<u>31</u>
浊平	*零			*24-31					*24-<u>31</u>
清上	九			32-51					32-5
浊上	五			24-44					24-5
清去	四			44-44					44-5
浊去	二			21-44					21-5
清入	七八			5-31					<u>5</u>-31
浊入	六十			<u>21</u>-44					<u>21</u>-5

注："二"可搭配的组合较少，这里根据二斤、二两、二十的读法。"零"开头的词生活中基本不说，故加"*"。

IC 型连调调形仅由前字的古调类决定，后字均中和，调形与 IA 型连调中后字上去声的情况相同，可视作 IA 型的一种简化形式。

IC 型连调主要适用于数词 + 量词结构。但比较特殊的是，数词"一"开头的变调不同于一般前字清入的连调规律：一 + 舒声的连调是 <u>32</u>-（3）24，如"一瓶""一块"，一 + 入声连调为 <u>32</u> + 本调，如"一百""一粒"；但当其作序数词时符合 IC 型连调，如"一楼""一班"5-31。

2.2 黏附组的连读变调

II 型连读变调

调类	连读变调	动叠	动代	动助	形助	名助	名＋里
清平	32-51	称称	推我	安嘟	鲜哦	猪喵	街里
浊平	21-51	跑跑	抬我	驮吤	长哦	人喵	鞋里
清上	45-31	忏忏	请我	写嗰	小哦	鸟喵	碗里
浊上	24-31	动动	养我	抱吤	厚哦	马喵	雨里
清去	44-44	做做	相我	相嘟	臭哦	锯喵	店里
浊去	21-44	用用	问我	净吤	大哦	路喵	地里
清入	5-31/31	拍拍	拍我	吃哦	黑哦	漆喵	屋里
浊入	21-44/5	读读	轧我	读嗰	白哦	袜喵	镬里

II 型连调特点是根据前字古调类形成 8 种连调，后字依附于前字，对连调不产生影响。如此则有 "称称≠忏忏≠趁趁（乘）"，"摇摇≠舀舀≠□□［ɦiɔ］（往高处够）"，因此一般口语中使用的动词均可据变调推出其对应的古调类，如表躲藏义的□［ bɛ̃］为浊去。

II 型连调适用于动词重叠式、动代式（代词不负载焦点）、助词结构（包括动词 + 助词，如 "安嘟"（放着）、"相吤"（看着）；形容词 + 助词，如 "香哦［va］"（香吗）；名词 + 助词，如 "人喵［ȵiɛ̃］"（人呢），以及各类实虚结构如 "X 里" 等。

由此规律反推，如 "我喵" 读 24-31，可反推得 "我" 古调类为浊上，"尔喵 / 侬喵" 读 45-31，则 "尔" 古调类为清上①，"渠喵" 读 21-51 或 24-31，则 "渠" 古调类可能为浊平或浊上，浊上念法可能是受到了 "我" 字的感染。

2.3 音系短语的连读变调

III 型连读变调

前文所列举的各类连读变调，作用对象都是音系词，变调结果是词内各音节作为整体获得一个调型；而 III 型连调则是一种音系短语变调，作用于词与词结合为短语时，此时前一词各音节均变为低降调（清音 32、浊音 21），而后一词保持原有的连调，而其变调的结果与音系词变调在语音上无特殊区别，如 "汏菜" = "大菜"［da²¹ tsʰe⁴⁴］。虽为音系短语，但其中前一音系词完全受后词辖制，二者关系相对紧密。

III 型连调常用于述宾结构（吃饭 32#24）、介宾结构（到上海 32#21-44）、组合式动补结构（写得好 32-32#324），以及领属结构（鞋搭我的爹 21-32#324）、定指量名结构（一本书 32-32#324）等。

2.4 连调调形汇总

上文以不同结构为纲对变调模式进行了分类，但作为变调结果的连调调形是有限的。尚有一部分适用范围较窄的连调需要单独加以列举，像指示词 "嗌"［eʔ］（近指；中性指）、"哽"［gã］（远指）开头的连调，如 "嗌张" 5-44、"嗌只" 5-5，"哽头" 24-44、"哽只" 24-5；还有表被动、给予等意义的介词 "则"（义近普通话 "给"）后接代词时变调 5-44，如："则我""则侬""则渠"。

---

① 慈溪方言 "侬" 单字音［ʔnoŋ⁵¹］，声调超出单字调系统，实际上是 "尔侬"［ʔn⁴⁵ noŋ³¹］合音而来（盛益民 2019），"侬喵" 应是从 "尔喵" 类推而来。

根据上述的列举，慈溪方言两字组大致有以下 13 种连调：

1	32/21-324/24	6	24-31	11	5-31
2	32/21-51	7	24-44/5	12	5-44/5
3	32/21-44/5	8	24-45	13	5-45
4	32/21-24	9	44-44/5		
5	45-31	10	44-45		

上表中后字入声并入近似舒声，如 24-5 与 24-44 合并；前字位置的 32/21，后字位置的 31/21 等，均可为入声，调型无区别，亦合并。

此外，由合音产生了一类特殊的连调，如"写嗰记"[ɕia⁴⁵ kaʔ³¹ tɕi²¹]（写一下）中，"嗰"字可弱化并融入"写"，使其音长增加且声调变化，读成 [ɕia⁴⁵³ tɕi²¹]；入声字也会发生类似变化，合音后音长变长，但仍比舒声字合音后的音长短。

清平	浊平	清上	浊上	清去	浊去	清入	浊入
开（嗰）记 324-31	来（嗰）个 214-31	扫（嗰）记 453-21	买（嗰）只 243-21	算（嗰）记 44:-44	大（嗰）个 213-44	刷（嗰）记 53-21	绿（嗰）个 213-44

三　多字组连读变调

多字组连读变调可以在两字组的基础上加以分析，但仍较为复杂，需分类分析。

3.1　连调延展规律

若在两字词语后添加附缀（如虚词），结果往往仍保持一个音系词，其连调一般由两字组延展得到。连调的延展有着严格的规律，一般根据末调调形进行延展：

类型	原词末调	延展 1 字	延展 2 字	延展 3 字
1	-44	-44-44	-44-44-44	-44-44-44-44
2	-31	-31-21	-31-21-21	-31-21-21-21
3	-45	-45-31	-45-31-21	-45-31-21-21
4	-51	-45-31	-45-31-21	-45-31-21-21
5a	-5	-5-31	-5-31-21	-5-31-21-21
5b	-5	-5-44	-5-44-44	-5-44-44-44
6	-（3）24	-32/21-51	-32/21-45-31	-32/21-45-31-21

整体来看几种延展规律殊途同归，其实仅 2 型：一为平型（-44-44-⋯-44），实际是共享一个平调，整体略带降势，类同单字调阴去表现；另一则达声调最高点后自然下降（-45-31-21-21-⋯-21），下降段实际是共享一个降调，音节越多，平均每个音节下降的幅度就越小，此型由于最高点位置不同可形成多种变调。

入声高调 5 结尾的词，有两种可能的延展，一为降型，一为平型，由首字古调类和变调类型决定，如"皮夹""办法""蜡烛"变调均为 21-5，但"皮夹嗒"21-5-31、"办法

啮" 21-5-44、"蜡烛啮" <u>21</u>-5-31 不尽一致。

除了上述主要规律外，还有一些较为特别、适用范围狭窄的连调延展规律，如"一 + 量词重叠"结构，连调由一 + 量词连调延展而来，中和程度依旧，后字舒声如"一张张""一埭埭"等连调均为 <u>32</u>-（3）24-44，而后字入声如一节节连调 <u>32</u>-5-5，一粒粒连调为 <u>32</u>-<u>24</u>-5；另如"一 + 量词 + 附缀"结构，如一张头 <u>32</u>-324-31。此外，一千块 <u>32</u>-324-31 也符合这一变调。

3.2 三字组常规连读变调 ①——与两字组相对应

古调类	IA 型	IC 型	II 型
清平	45-31-21 收音机	45-31-21 青青啮	32-45-31 猜猜啮
浊平	24-31-21 茶叶茶	24-31-21 红红啮	21-45-31 玩玩渠
清上	32-45-31 火车票	32-45-31 小小啮	45-31-21 碗里啮
浊上	21-45-31 牡丹花　免疫力 24-45-31 美食家　妇女节 24-44-44 五金店　老太婆	24-44-44 老老啮	24-31-21 造呀只
清去	44-45-31 绣花针　救命车 44-44-44 个体户	44-44-44 渎脏渎啮	44-44-44 相我记
浊去	21-32-51 大学生　办公室 21-44-44 慢镜头	21-44-44 寿俊寿啮	21-5-44 用啮用
清入	5-45-31 雪花膏　吸铁石 5-31-21 出版社　七石缸	<u>5</u>-31-21 湿湿啮	<u>5</u>-31-21 吃呀枪—会
浊入	<u>21</u>-32-51 日光灯　实验室 <u>21</u>-44-44 服装店	<u>21</u>-5-44 薄薄啮	<u>21</u>-5-44 白啮个

根据其适用范围以及与两字组连调之间的关系，可将三字组连调分为多型，其中 IA 型连调即最为常见的"广用式"；IC 型则全由首字决定，中和程度高，相当于 IA 型的简化版；II 型即由两字组 II 型连调延展而来。

去、入声开头的 IA 型连调均有两类，前一类末字多为平、入声，且多为 2 + 1 结构，如"照相机" 44-45-31、"电动车" 21-21-51、"国庆节" 5-45-31、"白头发" <u>21</u>-21-5；后一类包含大多数末字上去的词，以及一部分末字平入的词（含前一类词中部分异读词），总量上占多数。浊上开头的 IA 型连调较复杂，第一类见于部分次字平声、末字平入且 2 + 1 结构的词，如"牡丹花""旅行家" 21-45-31；第二类见于部分次字非平声、末字平入且 2 + 1 结构的词，如"五点钟""丈母娘" 24-45-31；最后一类包含大部分末字上去的词，以及许多末字平入的词，如"老太婆" 24-44-44。这种复杂的情况主要是受两方面的影响，一是 2 + 1 结构的词更易于两字组声调的延展，从而将两字组中的连调对立保持下来而非中和为单一形式；二是末字平入与上去在底层应存在对立关系，表现出了不同的连调型。而一个字在类似词组中调形不一，使母语者也难免混淆，词汇的调形相互感染以至出现异读，形成混乱复杂的局面。

---

① 为简便起见，下表中不单独标出连调中的入声调型，实际在舒声 44/45/51 的位置若出现入声均为 5。

两字组 IB 型连调具有一定特殊性，其后加单字助词时尚能延展，如"关乌嘟"32-32-51、"走出呀"32-5-31；但当组成多字组时，多转用中和程度更高的 IC 型连调，如"还清嘟哉"24-31-21-21、"用光嘟哉"21-44-44-44 等，仅平声开头的词有分歧，如"关乌嘟哉"可读45-31-21-21（同"关好嘟哉"）或 32-21-45-31，"跑出嘟哉"可读 24-31-21-21 或 21-5-31-21。而即使是三字组的"开出去""关出哉"45-31-21、"围牢哉""跑落去"24-31-21、"撬开哉"24-44-44 等也都使用 IC 型连调，可能是因其被分析为动词 + 双字补语所致。因为 IB 型连调在三字组中适用范围狭窄，实际情况复杂，所以不列入上文表内。

还有一部分词不符合一般的变调规律，未列入上表，其连调特殊而有共性，如"天安门""表兄弟"44-44-45，"高压锅"44-5-45，"毛线衫""老虎钳""眼药水""卫生院"24-44-45，"绿豆汤""独养囡" 21-44-45 等，末字都读高升调45。它们大致可分为两类：一类为人物、亲属关系相关的词，如"表兄弟""独养囡"，可能与小称变调有关；一类为 2 + 1 结构的词，前两字修饰后一单字名物，且类似名物中也往往有一系列变调特殊的词，如"毛线衫"有类似的"线衫"44-45、"羊绒衫""棉毛衫"24-44-45、"茄克衫"24-5-45 等词，但其成因尚无从得知。个别如"眼药水"可能是受到"眼泪水"24-44-45 的感染。

3.3 组合型变调

多字组从结构上可分析为两个或多个词组成，但其连调常表现为一个音系词，多由首字支配，如"三北大街""高速公路"45-31-21-21。但仍能发现一些"不规则"的读法，如"新城大道"44-44-44-44、"孙塘新村"44-44-45-31、"三北市场"44-5-45-31 都非清平开头的常规连调 45-31-21-21。对此，本文提出"组合型变调"的概念，它是在两个甚至多个既有的音系词的基础上组成一个新词时所遵循的变调规律，生成的结果是一个音系词。其一般多为"专名 + 双字通名"组成，其中专名可替换性强，可组成大量同类通名的词语，常见于"银行""公司""中学"以及"新村""花园"组成的多字组。其变调规律可归纳为：前词首字若为清调类则变调 44，浊平上则变调 24，浊去则变调 21，其后的字都读 44（舒声）或 5（入声）；后词连调中若无 44 则变调为 45-31，有 44 的则变调为 44-44。

前　　词	后　　词	组　　合
农业 21-5 > 24-5	银行 21-24 > 45-31	农业银行 24-5-45-31
大通 21-44	花园 21-24 > 45-31	大通花园 21-44-45-31
保险 32-51 > 44-44	公司 32-324 > 45-31	保险公司 44-44-45-31
新城 32-24 > 44-44	大道 21-44 > 44-44	新城大道 44-44-44-44
孙塘 32-24 > 44-44	新村 32-324 > 45-31	孙塘新村 44-44-45-31
三北 32-5 > 44-44	市场 32-51 > 45-31	三北市场 44-5-45-31
气象 44-44	消息 32-5 > 45-31	气象消息 44-44-45-31
杨贤江 21-21-51 > 24-44-44	中学 32-5 > 45-31	杨贤江中学 24-44-44-45-31

选择组合型变调或是常规变调没有绝对规律，多是一种凭借语感的类推作用，其成因也难以考求。若在已有词语基础上扩展一字，多适用常规变调，如"自来水"21-44-44加一字作"自来水厂"21-44-44-44，而若后加"公司"则发生组合型变调"自来水公司"21-44-44-45-31；"先锋"32-324、"先锋厂"45-31-21、"先锋公司"44-44-45-31 同理。

即使同以"公交"开头,"公交车站"读 45-31-21-21,而"公交公司"读 44-44-45-31,这可能是因为前者被分析为"公交车 + 站",后者则被分析成"公交 + 公司"。而这也只是经验性的大致规律,很多情况下仍可能产生异读,如"中兴小区"就有 44-44-45-31 和 45-31-21-21 两种读法。

3.4 音系词相连接时发生的词间变调

前文所述主要是多字组形成一个整体,在同一连调域中发生变调,受特定的变调模式控制;而当不同连调域相接时,一般不发生变调,例如主谓结构、状中结构如"车淊"[tsho³²⁴ foŋ⁴⁴]、"笔直"[peʔ⁵ dzaʔ²⁴]、"微嫩"[ʔmi⁴⁴ neŋ²⁴]、"黢乌"[tsheʔ⁵ ʋ³²⁴]、"锃亮"[dza²⁴ liã²⁴]、"呆个好"[n̠ie²⁴ kaʔ³¹ hɔ³²⁴]等词前后词原调直接相连。仅当前词末调为 51 与后词相接时,需变调为 44,如"侬浒山去弗啦"(你去浒山吗),切分连调域后分别为侬[ʔnoŋ⁵¹] # 浒山[fʋ³² se̠⁵¹] # 去弗啦[khe⁴⁴ vaʔ⁵ la⁴⁴],而连成一句变调为 44#32-44#44-5-44,"侬""浒山"均发生词间变调。该现象可视为 51 调因语流中音长缩短而脱落调尾。也因此,第二人称"侬"在语流中多仅表现为高平调 44,有些人单念时也仅有 44 一音,同阴去。

四 讨 论

4.1 古调类对连读变调的决定作用

正如前文所述,慈溪方言连读变调需要通过古八调格局加以分析解释,二者具有相对严格的对应关系,前后字尤其是前字的古调类对连调结果有着决定性的作用;另一方面,我们可以通过已知词汇的连调反推出某些单字的古调类,为方言比较、考证本字等研究提供了有力的证据。

从各类变调模式中可以观察到平、上调类开头的连调随不同结构变化相对复杂,且连调结果存在交叉现象,而去、入调类开头的连调则相对单一,很少随不同结构的变化而变化,这一现象值得进一步探究。

此外,部分变调模式的差异与后字平声有关,如 IA 型连调中后字平声与上去常常形成对立,IA 与 IB 型连调仅在后字平声时有区别,而状中结构如"难/乱/白、介(这么)、弗(不)+ 动词"的连调表现也近似于 IB 型连调:

	清平	浊平	清上	浊上	清去	浊去	清入	浊入
	开	骑	写	买	做	弄	着	学
难	21-324	21-24	24-31	24-31	24-31	24-31	21-5	21-5
乱	21-324	21-24	21-44	21-44	21-44	21-44	21-5	21-5
白	21-324	21-24	21-44	21-44	21-44	21-44	21-5	21-5
介	44-45	44-45	44-44	44-44	44-44	44-44	44-5	44-5
弗	5-45	5-45	5-31	5-31	5-31	5-31	5-31	5-31

---

① "觕"单字音[feŋ⁵¹],可能来自 * "弗用"[faʔ⁵ ɦioŋ³¹] > [faʔ⁵ noŋ³¹](今尚常用) > [faʔ⁵ n̩³¹] > [feŋ⁵¹],其两字组连调也来自三字组连调的合音。类似有"勥"[fiɔ⁵¹]为"弗要"合音而来,但勥、觕在后接仄声时连调表现不同,可能是因为勥合音已久,45-31 直接由单字调 51 延展得到,而"觕"合音晚近,尚有三字组变调形式影响。

	清平	浊平	清上	浊上	清去	浊去	清入	浊入
	开	骑	写	买	做	弄	着	学
没	24-45	24-45	24-44	24-44	24-44	24-44	24-5	24-5
朆	44-45	44-45	45-31	45-31	45-31	45-31	45-31	45-31
甮①	44-45	44-45	51-21	51-21	51-21	51-21	51-21	51-21

4.2 单字调与连读变调

慈溪方言单字调只有 5 个，但连读变调却与古八调格局相对应，单字调和连读变调在共时层面上脱节，二者间缺乏清晰透明的映射关系。而连调与单字调反映的调类也可能不尽一致，如"左"[tsou⁴⁴]单念为阴去调 44，但在部分连调中，"左"依然符合清上字的变调规律，如"朝左去"21#45-31，这可能是"左"的单字调受"借手"[tɕia⁴⁴ sɵ⁴⁴]（左手，一说本字为"济手"）感染，但相应词汇中尚未发生变化所致。目前来看，单字调合并对连读变调的影响尚不明显，这可能是因为慈溪方言的单字调相对较为弱势，而连读变调较为强势，尚能通过类推机制维持，故单字调合并严重、审调多见而连读变调仍保持较早格局。

4.3 连读变调与语法结构的关系

在不少吴语中都已发现连读变调与语法结构的紧密关系，传统上有"广用式""窄用式""专用式"之分，如慈溪话中"炒面"[tsʰɔ³² miɛ̃⁵¹]（名词）≠"炒面"[tsʰɔ³² miɛ̃²⁴]（动宾词组），而从韵律层级模型的观点来看，二者实际属于两个不同层级的变调，前者是音系词，后者是音系短语（盛益民 2021）。在慈溪方言中，语法结构的作用更加明显，同在音系词这一层面上，不同语法结构适用不同的变调模式，如"偷去"[tʰe⁴⁵ kʰe³¹]（偷走）≠"（去）偷去"[tʰɵ³² kʰe⁵¹]，前者为动补结构，适用 IB 型连调，后者为动助结构，适用 II 型连调。

除此以外，句法因素也能够通过改变连调域的划分，影响连读变调的表现。如话题焦点反映在连读变调中，即体现为以焦点位置的词为核心划分连调域，如"则我"[tsoʔ ŋo]（给我）一词，若不强调"我"，读 5-44，由"则"主导变调，代词"依我渠"均不影响变调结果；若要强调"我"而非别人时，读 32-24，即将"我"切分出来读为本调，此时"则""我"构成音系短语，适用 III 型连调。另如询问"依有去哦?"（你有没有去?），此时可有两种回答：

① 我没去。24 24-44

② 我又没去！ 24 21-21#44

前者否定词"没"和"去"组成一音系词发生连读变调；而后者中"没"后面的动词成为焦点，故"去"读本调 44，"又没"循 III 型连调规律变为低降调，变调结果发生明显变化。可以看到，连读变调作为韵律结构的重要组成，自然地随着语法结构而发生变化，或可认为连读变调即是表现语法关系的一种重要手段。

4.4 语义语用对连读变调的影响

仅凭古调类和语法信息并不能对慈溪方言的连读变调做出充分的解释，连读变调也与语义语用密切相关。如慈溪方言中有着丰富的小称，而小称词的变调较为独特，多以高升调 45 结尾，如"两爹ₗ"[liã²⁴ tiɛ̃⁴⁵]（父子俩）、"豆腐渣ₗ"[dɵ²¹ vu⁴⁴ tsɵ̃⁴⁵]等；一些特定的语素与小称有关，变调也与之有一定的共性，如"小"（小组长 44-44-45、小

灵通 44-44-45)、"子"（管子 44-45、掇子 5-45、钢宗镬子 44-44-44-45)、"人"（宁波人 24-44-45、新昌人 44-44-45)①、"员"（驾驶员 44-44-45、放映员 44-44-45）等。一些生活中常见的两字名物不符合一般的变调规律，如酒盏、酒瓶、斗缸读 44-45，麻将中万子筒子的连调比较特殊，不合数量结构的连调规律（IC 型），都可能是小称的一种表现。尝试体"VV 看［khẽ］②"结构连调亦特殊。

清平	浊平	清上	浊上	清去	浊去	清入	浊入
三万 / 筒 32-24	—	九万 / 筒 44-45	五万 / 筒 24-45	四万 / 筒 44-45	二万 / 筒 21-24	一万 / 筒 5-45	六万 / 筒 <u>21-24</u>
穿穿看 45-31-21	骑骑看 24-31-21	忖忖看 44-44-45	动动看 24-44-45	相相看 44-44-45	用用看 21-44-45	吃吃看 5-5-45	读读看 <u>21-5-45</u>

数词也受到语用的影响，这体现在连调域的划分上，如"三十二"连调为 32-5 24，个位数读单字调，这可能是因为交流时末字需要强调以求清晰，若连读如 45-31-21 则末字低调不易听清③。

在形容词开头的连调中，"～嗰［kə］"（～的）结构大部分适用 IC 型变调，但前字清上时较为特殊，如"小嗰""早嗰"读 45-31，和前字清平的"灰嗰""鲜嗰"相混，而清平开头"多嗰""粗嗰"32-51 亦不合规律；由"～嗰"延展而来的"～嗰个［kaʔ kou］"（～的那个）结构中保持了这一特殊现象。而若是提问"～哦？"，则回答的"～嗰！"适用 II 型连调，这可能是因为"～哦"适用 II 型连调，而回答者为迎合提问者，故也采用这一连调。如此则同一个"～嗰"在不同语用环境下产生了系统性的连调区别，可能是后一种"～嗰"的连调使得前一种"～嗰"受到影响，形成了如今不规律的连调现状。

古调类	例字	～嗰	～嗰个	（～哦？）～嗰！
清平	灰生鲜 多粗	45-31 32-51	45-<u>31</u>-21 32-5-31	32-51
浊平	红甜平	24-31	24-3-21	21-51
清上	小少早	45-31	45-<u>31</u>-21	45-31
浊上	老厚冷	24-44	24-5-44	24-44
清去	臭快瘦	44-44	44-5-44	44-44
浊去	大慢硬	21-44	21-5-44	21-44
清入	黑湿恶	5-31	5-<u>31</u>-21	5-31
浊入	绿薄熟	<u>21-44</u>	<u>21</u>-5-44	<u>21-44</u>

4.5 连读变调生成的可能解释：类推

经上文分析，我们虽揭示了连读变调与古调类的紧密联系，但人们既已对古调类无所

① 仅见于"人"字前地名为平声 + 平声的情况，除此以外如浒山人 32-45-31，白沙路人 <u>21</u>-44-44-44，道林人 44-44-44，上海人 21-44-44 等均符合一般的声调延展规律。

② 看音［khẽ］，但尝试体助词音同"嵌"［khẽ］，此处循常见写法强借"看"字。

③ 此观点由学友贝臻栋私人交流时提出，特此致谢。

知晓，又为何能熟练地运用连读变调"规律"，以致新词的连读变调也大多能保持与古调类的对应关系呢？其中原因，自不可能是有专人总结出规律、查出单字的古调类加以推导，而应是人们内在的语言知识中尚存在着统一的连读变调生成机制，其中最可能的解释即"类推"机制。如人们见到"高富帅""高风险"等新词，自然联想到高开头的"高利息"45-31-21、"高速公路"45-31-21-21等词都是同样的连调形，则自觉地选择同一连调，由此则新词与古调类亦能良好对应。

一些特殊连调也可用类推来解释，如"廿三"21-51并不符合前字浊去的变调，应是从"十三"21-51类推而来；"新城河"（近来新开掘的一条河）可能是受到了"新城大道"44-44-44-44、"新城中学"44-44-45-31中"新城"均读44-44的影响，而"河"又是平声，故而读作44-44-45。

而我们分析时认为较为特殊的一类连调，往往在口语中非常活跃，类推作用较强——实际上正因其尚存在较强的能产性，才能使这种特殊表现得以保存下来。如常用口语词中"汤"字处于末尾时多为升调，如"肉汤"21-324、"菜汤"44-45、"粥饮汤"5-44-45、"黄豆汤"24-44-45等，前字低则低升324，前字高则高升45；当遇到新词，人们自然会与已有的词相联系，如"老鸭"读24-5，则"老鸭汤"自然加上45尾即可；而当前两字为平＋平时较为特殊，这可能是其连调结果使然，如"乌鸡"32-324无法直接后加升调，此时有两种变调选择，一是以汤字为主导变调，前字拉平，"乌鸡汤"读44-44-45，二是直接转用IA型连调，读45-31-21；"胡辣汤"同理，有24-5-45、24-31-21两种可能。

这种连调的竞争在新词中比较明显，如"朋友圈"有的读24-31-21，有的读24-44-45。实际上因为生活中某些新名物的使用范围和频率尚有限，不足以使其中某一种连调进入词库中"固化"，人们称说时可能临时生成连调，交流时又会有意无意地选择与对方相同的形式，其选择可能因人而异、因时而异，因此这种竞争可能是长期化的，正如在"老词"中也有竞争的痕迹——"后门"可以读24-45，也可读21-51，前者可与"后门头儿"24-44-45相呼应，后者则有常用词组"走后门"32-21-51加持，两者并未分出胜负。

类推作为一种印象式的机制，它所形成的规律并非绝对的、一成不变的，它依附于现有词库的基础之上，人们可以在大量原有词汇的引导下，类推出符合既有"规律"的连调赋予新词，但这种规律受到词库中的词汇量和使用频率的影响，它对连调规律的维持作用并不必然稳定。若是一种连调被其他连调合并，或是一种新的强势连调形成或侵入，类推机制可能会阻碍这一进程，但也有可能促进新的扩散。因此类推并不能实现我们理想中严格遵循古调类条件的连读变调"定律"，而是处于不稳定的平衡状态。它更像是一个错综复杂的社会，每个词都有其"谱系"，它们互相系联、互为依托，新词与旧词们建立起一定的联系后方可正常融入，但因为关系复杂，有时一个新词或能匹配到多种连调，内部存在竞争关系，或许经过长时间的使用和人为选择，方能使其固化为旧词的一员。

4.6　与现有提法对比

传统上常说的"广用式连读变调"（张惠英1979）基本与慈溪方言中的IA型变调相对应。传统上如苏沪等地所描写的"窄用式连读变调"，实际上是词间变调，由语音条件决定，更多是语流中两个音系词相接时调值弱化以至中和，如汪平（1996）称其受语速、语境影响，"说得越快，前轻声越多"；而新派上海方言则"全部窄用式两字组都可以不变调，即前、后字都读本调"（许宝华等1981），说明其并非强制的音系规则。且其还可随结构的松紧而变化，许多窄用式可采用广用式（钱乃荣、石汝杰1983，许宝华等1981）。本

文3.4节描写了慈溪方言的词间变调，但慈溪方言中这种变调有限，罕受语速影响，且各种结构适用的变调较为分明，如主谓结构的"人好"24 + 324即为两字单字调相连，不能连调作24-31。但后来一些研究中所称"窄用式"则是严格的音系规则，适用于动宾结构等，如舟山方言（方松熹2002），这与慈溪方言的音系短语连调（III型连调）对应。

盛益民（2021）运用韵律结构层级模型对绍兴柯桥方言的连读变调进行了分析，本文主要参考其分类进行了不同连调模式的划分。可以看到，本文IA型连调对应柯桥的常规双音节韵律词连调，IB型对应其粘合式动补结构连调，II型对应其非数量黏附组连调，III型对应其音系短语连调，且音系短语内部不变调的情况也类似，对应较为齐整，体现出临绍小片北部方言中的相似性。但针对数量结构，柯桥方言中体现出高度中和的形式，从变调形式上看近于非数量黏附组连调的简化；而慈溪方言中数量结构连调虽简化但仍区分八调，且形式上为IA型的简化。回顾以往研究，这种针对不同结构的细致分析应追溯至张惠英（1979）对崇明方言"专用式连读变调"的分析，遗憾的是四十余年来罕有更多地方类似的详细记录加以比较，吴语连读变调的研究仍浮于表面，动辄用上海市区这类因方言混合接触而异常简化的连调模式以偏概全。吴语内部连读变调模式的差异值得进一步的类型学分析。

本文所提出"组合型变调"是在两个甚至多个既有的音系词的基础上组成一个新词时所遵循的变调规律，生成的结果是一个音系词，似乎在前人研究中尚未涉及。

五　余　　论

以上我们将慈溪方言的连读变调加以系统论述，涉及各类各型变调，但犹有未尽之处，如生活中对人名的称呼，不尽然符合常见的IA型变调，且变异较多，其中可能有小称的作用、方言混杂的影响，以及人际交往中需迎合对方的现实因素。仍有如前头、南头读21-51，四楼读32-51，房里读24-44等零散的不规则变调，尚未找到合理的解释；另如透明、照明、降低、放松、放心等词读44-45，可能是人们将其误解为动补结构使用II型连调，也可能与后字平声的特殊性及类推作用有关。另一方面，本文讨论的主要是在一个连调域内部不同结构带来的不同变调模式，实际上连调域该如何划分，也是一个非常复杂的问题。虽然尚有许多地方未能做出完善的分析与解释，但这也确实超出了一篇文章所能讨论的范围，只能留待以后解决了。

参考文献

方松熹.舟山方言［M］.北京：中国文联出版社，2002.

钱乃荣，石汝杰.关于苏州方言连读变调的意见［J］.方言，1983（4）.

盛益民.复数单数化与汉语方言单数代词中后缀「侬」的来源——一项语义创新及其对东南方言代词系统的影响［J］.Bulletin of Chinese Linguistics，2019（12）：29—51.

盛益民.吴语绍兴（柯桥）方言参考语法［M］.北京：商务印书馆，2021.

许宝华，汤珍珠，钱乃荣.新派上海方言的连读变调［J］.方言，1981（2）.

汪　平.苏州方言语音研究［M］.武汉：华中理工大学出版社，1996.

王福堂.绍兴方言研究［M］.北京：语文出版社，2005.

张惠英.崇明方言的连读变调［J］.方言，1979（4）.

（孙雨哲　北京大学　yutseqsuen@163.com）

《上海话的音组》(*Ueber einige Lautcomplexe des Shanghai-Dialektes*) 评述 *

孙沁妍　傅　林

一　翟乃德生平及其语言学研究

　　翟乃德（Franz Kühnert，1852—1918），奥地利天文学家和汉学家。1852 年，翟乃德出生于奥利地首都维也纳，1871 年开始在维也纳大学学习数学、物理学和天文学，起初被当作数学家和天文学家培养，此后他也一直致力于天文学的研究。翟乃德师从奥地利天文学最重要的代表人物 Theodor Ritter von Oppolzer，他从 1877 年开始就在 Oppolzer 位于维也纳的私人天文台担任助理。翟乃德对汉语的研究热情可能来自他对中国典籍的翻译工作，在 Oppolzer 完成天文学著作的过程中，翟乃德为其翻译了《后汉书》《书经》（即《尚书》）《左传》等著作中有关日食现象的片段。翟乃德曾和荷兰汉学家施莱格（Schlegel）合著过一篇有关《尚书》中提及的日食的论文，但由于部分翻译不准确而遭到了批评。除此以外，他还得到了德国汉学家肖特和甲柏连孜的指引和鼓励，这些都促使翟乃德将汉语视为除天文学以外的第二大研究领域。①

　　翟乃德比较注重语音方面的研究，他应用了生理学家 Ernst Wilhelm Ritter von Brücke 关于发声的理论，这使得他对历史音系学（historische Lautlehr）的研究比艾约瑟和施莱格的著作都要更加深入。但不幸的是，翟乃德的研究成果总是受到各方的批评，主要可以归结为以下几方面：第一是翻译错误；第二是高度理论化的发音指导对实际练习并没有太大帮助；第三是自身汉语语言知识有限，尚不足以胜任这样的研究，甚至被认为是一种"对历史发音的错误传递"②，还误导了后来的研究者。1891 年，翟乃德在维也纳大学担任汉语领域的私人讲师（即编外讲师）。1892 年，翟乃德赴中国，但 1893 年末便回到了维也纳，没有在中国做太久的停留。他充分利用这一年多的时间，旅居于北京、上海和南京，学习当地方言并进行了高强度的田野调查。值得一提的是，《上海话的音组》(Ueber einige Lautcomplexe des Shanghai-Dialektes)（以下简称《音组》）一文并非此次中国之旅的产物，而是写于 1888 年，是他以一名结识于欧洲的上海人的发音为样本撰写而成的。回国后，翟乃德继续笔耕不辍，完成了多部有关南京话的著述，他在语言学方面的研究工作也就此达到了巅峰。虽然仍有错漏之处，但这些都是研究当时南京话的珍贵材料，而这部分著述也已经引起了学界的关注（Coblin 2008）。1897—1916 年，翟乃德在领事学院

---

　　* 本文是河北省高等学校人文社会科学研究项目"燕赵口传文化的发声特征研究"（课题编号：YWZX2022012）的成果。

　　① 翟乃德的生平资料可参阅 *Vergessen und verloren Die Geschichte der österreichischen Chinastudien* 第 73—90 页。

　　② Bemhard Führer. Vergessen und verloren Die Geschichte der österreichischen Chinastudien [M]. Bochum：projekt verlag，2001：83.

　　10001000
· 167 ·

（konsularakad）担任汉语教授，1918年因病去世。

在汉学领域，其研究主要涉及中国的天文历法、哲学、音乐和语言等多个方面，并留下了丰富的论著。根据 *Österreichisches Biographisches Lexikon* 等文献的记载，我们筛选出了翟乃德主要的几部与汉语有关的论著，现按照时间顺序排列，见表1：

表1　翟乃德汉语语言学著述

论　　著	年　份
《上海话的音组》（Ueber einige Lautcomplexe des Shanghai-Dialektes）	1888
《关于古汉语音值的认识》 （Zur Kenntniss der älteren Lautwerthe des Chinesischen）	1890
《老子〈道德经〉中的小词"是"》 （Die Partikel 是 si in Lao-tsï's Taò-tek-kīng）	1891
《论南京话》 （Die chinesische Sprache zu Nanking）	1894
《关于汉语翻译中的一些误区》 （Übereinige Klippen bei uebersetzungen aus dem Chinesischen）	1894
《论汉语的韵律》 （Ueber den Rhythmus im Chinesischen）	1896

二　《上海话的音组》对三类音组的讨论

"音组"（Laut complexe）这一概念见于德国汉学家甲柏连孜的著作《汉文经纬》，意为在不考虑声调的前提下，两个或两个以上的音组合而成的语音单位。翟乃德对上海话三个重要的音组音值的认知来源于和一位杨姓上海本地人长时间的接触和交流，但当时翟乃德还没有去过中国，在没有进行过更多调查的情况下，他所能观察到的样本只有杨氏一人。所以，他无法确定这些发音特征的普适性，即是属于杨氏个人的，还是属于整个上海人群体的。因此，翟乃德撰写《音组》一文的用意是将这些音组的事实陈述出来，希望从事方言工作的研究者能对这些材料进行进一步的甄别和探索。

《音组》一文大致探讨了三个问题，分别是"而"这一组字的音值、见组细音字发音部位的演变以及上海话中的元音鼻化现象。在探讨的过程中，翟乃德引证艾约瑟、卫三畏等著名汉学家的观点，还多次和友人一起进行听辨实验，体现了较为严谨的研究精神。

2.1　中古止开三日母字的音值

翟乃德探讨的第一个音组是上海话中"而""饵""迩""儿""二""耳"（即中古止摄开口三等日母字）这一组字的发音。翟认为在官话中这些字的音值相同，都是 rh，但在上海话中则有分化，"而""饵""迩"音值为 rh，但"儿""二""耳"音值为 ni。翟乃德从生活在中国的欧洲传教士处得知（按：原文未详细指明出处），这类字全部读 rh 音值的区域为粤赣边境的梅岭关以北地区，且梅岭以南不使用 rh 这个音值。① 上海及周边地区自然属于

---

①　根据《汉语方言地图集》，止开三日母字音值为卷舌音的情况的确较多分布在梅岭以北，但各地具体音值并不统一，而且在梅岭以南的广东境内也有少量分布，所以这应该只是翟乃德根据传教士的表述得出的一个大概的印象。

梅岭关以北。据此，他认为这类音在上海话中正处于一个过渡阶段。杨氏发音人的话可以印证这一点，他向翟乃德保证，"耳"和"二"已经具有 rh 和 ni 两种读音。

在根据杨氏的发音实验给出自己的看法之前，翟乃德引用了其他汉学家对这个音组的记述和介绍（见表2）。

表2 《音组》所引西人对中古止开三日母字的转写

姓　名	拼　写
Es schreibt Callery	ell
Edkins	rh', rï
v.d. Gabelentz	rï
Gonçalves	olr
Guignes	eul
Haas	erh
Himly	ör
Jenkins	ûr
Morrison	urh
Schlegel	eul
Schott	orl
Wade	érh
Wells-Williams	'rh

其中主要是甲柏连孜、肖特和卫三畏，这三位汉学家的观点分别择要总结如下：

（1）甲柏连孜："根据我们的转写法，声母 r 只见于元音化的形式 rï。这个音组听起来像法语 seul（仅只）里的 eul，或英语 bird（鸟）、burden（负担）等词里的 ir、ur。"[①]

（2）肖特将之视为元音和辅音的结合体，其外在是元音形式，但内在还是辅音。

（3）卫三畏认为这个音组很像英语"err"的发音，在梅岭以南很少有这样的音，而且它在各地的音值还是统一的。它具有多种不同的转写形式，这也从侧面反映出想要把这个音组完美地表述出来是有困难的。

在参考汉学家们的讨论之后，翟乃德又根据传统音韵学的材料解析了这个音组。他发现《康熙字典》中"而"的韵母被归为和"西（si）""衣（i）""希（hi）"一类，即"而"应以日母为声母，且以 i 为韵母（Auslaute）。翟乃德根据汉字"日"的官话读音（正音）和反切注音（而，如支切，音儿）推断出"而"的音值，记作 žî。

关于同一个音却有不同的音值认知这一问题，翟乃德提出两种可能，要么是这个音素对欧洲人来说难以辨别，要么是这个音素不存在于来华西人所掌握的语音系统中，但经过翟乃德和杨氏的听辨实验后，这两种可能性很快都被否认了。翟乃德设定的实验过程如下：首先让杨氏发音人朗读包含这个音组的中文句子，由此他发现这可能是一个颤音

<hr>

① 甲柏连孜著，姚小平译：《汉文经纬》，北京，外语教学与研究出版社，2015年，第28页。

（Zitterlaut）。再教杨氏包含舌音和小舌颤音的德语单词，发现杨氏总是发不标准或根本发不出这两类音，由此确定在杨氏的语音系统中不存在德语里的舌音和小舌音（这两个音应该分别是舌尖颤音［r］和小舌颤音［ʀ］）。这时翟乃德注意到，杨氏在学习德语单词时，总是把 r 发成 l，所以翟乃德又着重让杨氏练习含有 l 的德语单词。在这一过程中，杨氏会用上海话为这些单词注音，后面还会附上字母转写。范例如下所示：

雷崩　　le-be*n*

老朋　　lo-be*n*

棋而来　　pe-r̃h-le）

爱而垃　　e-r̃h-be）①

翟乃德的问题是杨氏所说上海话里的 r 对应德语里的哪个音，杨氏一开始回答的是 l 或 ll，但当翟乃德用不同的声调向杨氏重复德语里的这两个音时，杨氏得出的结论是这两者都不是汉语里的 r̃h。这也同样印证了上文翟乃德的观点，即汉语里的 rh 并非德语的舌尖颤音和小舌颤音，因为杨氏会把德语里的 r 和 l 相混，却明确区分开了汉语里的 r 和德语里的 l。

之后，翟乃德开始试着学发这个音，但杨氏总是立刻指出"贵音不敝音"，即他的发音并不标准。根据翟乃德的分析，这个音组最初的元音音素应该是法语里 veuve 或 seul 的"eu"（即前半低圆唇元音［œ］），而且"颤音"贯穿了整个音组，由此他推断这个音应该是英语里的软 r 音（soft-r），即"bird""beard"里的 r，是由声带振动形成的喉音 ʀ（Kehlkopf-ʀ）。根据 Brücke 的著作可知②，这个喉音 ʀ 的音值是喉壁浊擦音［ʕ］，即阿拉伯语第十八字母 'ayn 所代表的音素。从现代吴语方言的实际来看，这种贯穿始终的"颤音"，对应的应该是发声上的气声。因此应将"而"类字的开始的元音，确定为气化的［œ］。

接下来的音素是 l，翟乃德根据观察到的杨氏在发 l 时的舌位情况（舌尖向下）推测出这个音是舌背音（dorsale），所以这个音可能是和 l 一样同属边音，但调音部位更靠后一点的位置，可能是［ɭ］或［ʎ］。我们倾向于后者，因为前者作为舌尖后音很难看出舌尖向下的感觉。

翟乃德认为最难感知的是这个音组的末端，这个音素的形成是不完整的（unvollkommen），他将之解释为"具有沉闷的共鸣"。而且声调不同，给人带来的听感也不同：当声调是平声时，由于这个音素的持续时间很短，造成的听感效果是一个非常沉闷的 i 或是一个前颚音（mouilliirendes）y（这其实是德文字母 j，读作 jot，但翟乃德为了避免与英语和法语里的 j 相混淆，所以用 y 来表示，这个音的音值是前颚浊擦音［j］）；而当声调是去声时，起首 eu 的持续时间很短，导致最后的 i 非常沉闷，或干脆就变成了一个 y。

为了印证上述认识，翟乃德再次进行了实验，他先试着让自己发出法语里 eu 的音，再

---

① 翟乃德在后文的注释里解释了 perle 和 Elbe 的转写形式：Perle 里的"rl"读快了就和汉语的 rh 很相似；Elbe 是由于翟乃德的声调较低，特别是在疲劳的情况下，他的声调会变得有些颤抖。

② Ernst Brücke. Grundzüge der Physiologie und Systematik der Sprachlaute［M］. Wien：Druck und Verlag von Carl Ger old's Sohn，1856：10.

让其过渡到喉壁音。这时，他感受到自己抚上喉部两侧的手指在振动，说明他的声带在振动。然后用听上去像 jot（y）的 i 发出前颚音 l。这次最终的发音得到了杨氏的认可，"现在贵音顶好，如汉话"。于是翟乃德根据自身经验分析出了这个音组的性质：

（1）veuve 和 seul 中的 eu，或 soeur 中的 oeu，带有沉闷的共鸣，并同时发出喉部的 ʀ。

（2）一个前颚音 l，即舌背音 l（dorsal）带上一个沉闷的 i，这个 i 类似擦音 jot（y），翟乃德记为［iy］。

这里需要确认的是（2）中所述的 l 和 i 是两个相连的音素还是对同一个音素不同特征的描述。从"用听上去像 jot（y）的 i 发出前颚音 l"这种发音动作来看，实际情况应是后者，即"而"类字音值中元音之后的辅音应该是上文分析的［ʎ］，相对于翟乃德熟悉的［l］，［ʎ］更具舌面色彩，以至于他将其感知为带有近音［j］的［l］。基于这一认识，我们再次确认辅音音值为［ʎ］。

综合上述分析，对"而"类字，我们认为翟乃德记音描述的实际音值是［ɐ̰ʎ］，其中元音带有气化特征。

此外，翟乃德还观察了该音组在其他方言中的音值情况，他发现在有的方言中，前颚音 l 已经变成了 ž（即法语里的 j［ʒ］）。这种由边音弱化后的辅音音值，确实在当代方言中也可以观察到，比如河北献县方言①。

2.2 见组细音字发音部位的演变

翟乃德指出，在上海话的各种转写中，可以看到将英语中的 ch 和 j 拼写中古见组细音字声母的情况，后者也可写作 dj 或 dhs。卫三畏对 dj 的看法是："judge 或其他单词中的 j，还是记作 dj 比较好，因为它是官话中软 j（soft j）的严式写法，不像单个的 j 那样会有错误发音的可能。"②

艾约瑟在《上海方言词汇集》中指出："dj 接近英语 June 中的 j 音，也可读成 z。本地人两种读音都有使用"。此外，"g 或 k，其 kí，当出现在 i 和 ü 前面时常听起来像 jí；k' 是一个强送气音，当出现在 i 和 ü 之前时常被外地人错听成送气 c'h 音，发音时应注意与之区分开来（如"去 k'í"经常听成 c'hí）。当问及上海本地人两者作为'去'的发音哪个更确切时，他会回答前者。而 c'hí 的拼字法似乎更常见于外地人对'去'的音调发音。事实上这一发音正处于从 k'í 到 c'hí 的转变阶段。"③ 艾约瑟这段话其实体现的是见组细音字在上海话中的腭化过程。翟乃德还指出艾约瑟在《上海方言词汇集》中统一采用的是前者的拼法，但事实并非如此，而是有时会发生混用的情况，如"吃"一字就有 c'hiuh 和 k'iuh 两种转写法。

但是，翟乃德表示从未听他自己的发音人杨氏发过 dj 或 ch 这两个音，就拿"其"这个字来说，杨氏否认了卫三畏所记的 djî 的读音，也不认同 k'i 的发音。这表明杨氏的发音已经和卫三畏及艾约瑟的记录并不相符，所以翟乃德需要重新鉴定这个音的音值。

还是以"其"这个字为例，翟乃德听出声母是一个类似前颚音 d 的音素，他记作了 ďhi（ď'i）。随后他又找来另一位听力超群但不熟悉汉语及其转写情况的朋友来鉴别杨氏所

---

① 参考傅林《沧州献县方言研究》，中华书局，2021 年。
② 参考卫三畏 . 汉英韵府［M］. 上海：美华书馆，1896.
③ 参考艾约瑟 . 上海方言词汇集［M］. 上海：上海大学出版社，2016。

发的"其"，这位友人的听感和翟乃德一致。翟乃德还问他是否听到微弱的 s 声，他否认说没有，这就排除了擦音和塞擦音的可能。于是翟乃德总结如下，这个音类似波希米亚语中带有软化符号的 d（记作 ď），而且后面还带有呼气声。根据现代捷克语的情况，这个音的实际音值应该是舌面中塞音 [ɟ]，这跟当代浙江吴语台州片的情况是一致的，杨氏的"其"代表了见组细音字声母从舌根音过渡到舌面前音的一个中间阶段，即调音部位介于两者之间的那种情况。

翟乃德发现上海话里的舌面中塞音很容易被错听成塞擦音，如将 ǐ 听成 tsch。之所以会发生这样的混淆，是因为在官话和其他方言中，舌面中塞音并不如舌尖后和舌叶塞擦音那样常见，不熟悉这个方言的人往往会听错。这种混淆的情况也并非个例，翟乃德又以英语为例，在英国，"nature"这一单词如果用德语字母表示出来，就会有"netschr""netcher"和"netchur"多种写法，其中第一种写法中的 tsch 是舌叶塞擦音 [ʧ]，后两者中的 tch 是两个音素的结合 [tç]。我们认为这种误听本身也很有价值，因为这可能是引导舌面中塞音向舌面前塞擦音演变的一个主要的动力，在见组细音从塞音向塞擦音演变的过程中起到了关键的作用。

为了印证这一现象，翟乃德和友人随后还进行了一组听辨实验，这次他们需要听记一位名叫陈锡麒的上海人的名字，发音人还是杨氏。音值情况如表 3：

表 3　人名"陈锡麒"的不同发音及其听辨结果

翟乃德友人听记的杨氏的发音	Seng Sitji
上海话发音	dzên sǐdhî（舌面中音）
对应的官话发音	č'ên sĭk'î（舌根音）
被称呼者陈锡麒本人的发音	Tǐn Sǐ-k'î（舌根音）

就"麒"这个字而言，官话和陈锡麒本人的发音尚未发生腭化现象，上海话的音值与之前所述的"其"一致，是舌面中塞音，而友人们听记下来的杨氏的发音却并非舌面中塞音，而且已经有了塞擦化的迹象。

2.3　上海话中的元音鼻化现象

翟乃德提到的上海话的最后一个特点是韵尾会发生微弱的鼻化，这在很多情况下代替了官话中的鼻音韵尾 n。比如在官话中，"船"的读音是 č'uên，对应的上海话发音则是 dzê^n。翟乃德认为上海话的元音鼻化的音质和法语中的 en 和 un 并不相同，区别在于两者软腭下沉的程度不同。法语的鼻化需要将软腭几乎下沉至舌根，但又不能完全接触；而上海话的鼻化并不需要将软腭下降到那么低的位置。经过长时间的听辨实验，翟乃德确认韵尾的鼻音仍然是存在的，并且发现另一个发音人陈锡麒的鼻音比杨氏发音人的要明显许多。翟乃德得出后面会带有鼻音的元音如下：a, ä, e, i, í, ö, ü。其中的 i 和 í，分别对应英语里 pin 和 machine 中的 i，其余字母则参照德语音值。

当代上海话中，翟乃德所分析的几类鼻音韵尾已经演化为韵腹元音的鼻化特征，这是在杨氏发音人基础上进一步演变的结果，因此，对杨氏发音人的记录，为上海话的演变过程提供了一个很好的观察节点。同时，翟乃德的记录也表明，在当时的上海话中，个体之间在鼻音保留的程度上也是存在变异的。

三　结　语

翟乃德虽然并非专业的语言学家，但他通过严谨的系列听辨实验，对清末上海话的几个重要音类进行了音值辨析，得出了很有价值的结论。其价值在于：（1）记录了清末上海话的实际音值，为上海话的历时演变提供了良好的观察节点。（2）反复进行的听辨实验除了观察音值外，还重视听者的感知差异，这为历时音变的演变原因的探索提供了很好的思路。

《上海话的音组》（Ueber einige Lautcomplexe des Shanghai-Dialektes）是翟乃德听辨音论著中的一个代表。今后的研究中，有必要对其他同类著作进行研究，发现更多方言演变节点，同时更有必要总结其方法论，为当代的方言调查与研究提供参考。

参考文献

［德］甲柏连孜．汉文经纬［M］．姚小平，译．北京：外语教学与研究出版社，2015.

［英］艾约瑟．上海方言词汇集［M］．杨文波，姚喜明，胡炜栋，校注．上海：上海大学出版社，2016.

卫三畏．汉英韵府［M］．上海：美华书馆，1896.

Ernst Brücke. Grundzüge der Physiologie und Systematik der Sprachlaute［M］. Wien：Druck und Verlag von Carl Ger old's Sohn，1856.

W. South Coblin. Franz Kühnert and the Phonetics of Late Nineteenth-Century Nankingese［J］. Journal of the American Oriental Society，2008（128）：131.

Bemhard Führer. Vergessen und verloren Die Geschichte der ästerreichischen Chinastudien［M］. Bochum：projekt verlag，2001.

Österreichische Akademie der Wissenschaften. Österreichisches Biographisches Lexikon［M］. Wien：Der Verlag Österreichischen akademie der wissenschaften，1818.

（孙沁妍、傅林　河北大学文学院）

吴语新登（下港）方言音系

徐恺远

一 新登和下港概况

广义的"新登"一般指旧新登县辖域，位于浙江省西北部，富春江北岸，天目山脉东麓，大致相当于今富阳区西部的新登镇、渌渚镇、永昌镇、胥口镇、洞桥镇、万市镇六个行政单位。东接富阳，北连临安，西北与原於潜县（今属临安）接壤，西邻原分水县（今属桐庐），南与桐庐毗邻。

新登县历史悠久，古称新城县。其地原属秦之吴郡、汉之会稽郡；吴大帝黄武五年（226 年），析富春县地置新城县，属东安郡，为新登立县之始。隋开皇九年（589 年），新城县并入钱塘县；大业三年（607 年），复置新城县领旧地。唐武德七年（624 年），省新城入富阳；永淳元年（682 年）复置。五代时吴越国名义上向中原政权称臣，因此为避梁太祖父名"诚"讳，后梁开平元年（907 年）取"年谷丰登"义改新城为"新登"，新登之名始于此。宋太平兴国三年（978 年）吴越国除，复名新城。淳化七年（996 年），割分水县东部置南新县，以今万市镇一带为治；熙宁五年（1072 年）南新县并入新城县，新城从此领有今万市一带区域。此后新城县疆域大致不变，南宋属临安府，元属杭州路，明、清均属杭州府。民国三年（1914 年）全国重名县改名中，新城县被改为新登县。1949 年 5 月 4 日，新登县解放，属临安专区；1953 年，临安专区撤销，新登县改省直辖；1954 年，又隶属建德专区；1958 年，新登县撤销，并入桐庐县，属金华专区；1960 年，随桐庐划归杭州市；1961 年 12 月，原新登县大部分地区与原分水县、桐庐县部分地区随原富阳县地一起析出，属富阳至今。

本文的新登方言指原新登县的方言，亦包括洞桥镇查口、文村一带（原属分水县），但不包括渌渚镇罗桥一带（原属桐庐县）的方言。传统上主要把新登方言划入吴语太湖片临绍小片，而新登县内方言一般分为两部分：（1）新登片，主要指原湘山、城岭、六贤区和城阳镇，是新登方言的主体，主要今包括今新登镇、永昌镇、胥口镇和渌渚镇；（2）龙羊片，主要是原龙羊区，即原新登县北部，主要包括今洞桥镇、万市镇等区域。

下港话［当地人自称"下港（说）话"］通行于旧新登县南部新港村，南宋《咸淳临安志》作"丫港"，东接富阳新桐乡，西邻山亚村，南部与桐庐窄溪隔富春江相望。这一区域古代长期属昌西乡，民国三十一年（1942 年）属六川乡，1950 年旋属新江乡，1956 年属新浦乡，直到 1992 年并入渌渚镇至今。"下港"与渌渚江西岸的"上港"对应。

下港话与包括相邻的山亚村在内的新登大部分地区方言差异较大，和周边的富阳新桐、东图和桐庐南乡方言也有很大差别，具有非常独特的音韵特征。

本文材料源于笔者 2022 年 7—8 月的调查。本文发音合作人为：余岳涵先生，1944 年生，高小文化；余礼龙先生，1964 年生，高中文化。二人都常年居住在渌渚镇港东村，下

港话口音地道。两人口音除余礼龙先生不分尖团以外没有明显差异，本文以余岳涵先生口音为标准，在两人口音有差异时将余礼龙先生口音标注为"新读"。

二 声韵调系统和音韵特征

本节讨论下港方言的声韵调系统，并简单介绍其音韵特征。

2.1 声母

[p]八兵包博 [pʰ]派片普拍 [b]爬病捕别 [m]麻明门灭 [f]方飞蜂富 [v]房浮乏味

[t]端等东督 [tʰ]太套汤塔 [d]同度定毒 [n]南脑内诺 [l]老连农落

[ts]资早钻精 [tsʰ]次草清秋 [dz]徐池巡藏 [s]丝三星想 [z]蛇才晴顺

[tɕ]鸡正争脚 [tɕʰ]欺称欠却 [dʑ]期城钳茄 [ɲ]泥仍年热 [ɕ]喜先晓削 [ʑ]神上受熟

[k]公关感高 [kʰ]可刊考口 [g]共环葵轧 [ŋ]鳄鄂 [h]好欢海货

∅安衣咬约 [ɦ]吴完油夜

音值说明：

① 浊爆发音、擦音和塞擦音在一个韵律词首字时不是真浊音，而是"清音浊流"或发声态上的气声（breathy voice）；在一个韵律词非首字时才是真浊音。但本文一律记为浊音。

② [m n ɲ l]和零声母拼阴调类时有紧喉，拼阳调类时带气声，但这种对立在韵律词非首字时消失，因此本文不设置对立声母。

③ 由于存在 你 ni ≠ 拟 ɲi 的对立，本文设置独立的[ɲ]声母。

④ [l]声母在韵律词非首字时，有时实际发音为[ɾ]。

声母音韵特点：

1）保留中古汉语的全浊声母，爆发音、塞擦音呈三分格局，擦音呈两分格局。例如：爬 buo｜疤 puo｜怕 pʰuo｜茶 dʑyo｜遮 tɕyo｜车 tɕʰyo｜沙 ɕyo｜蛇 ʑyo

2）少数古敷母、奉母、微母字读[pʰ b m]声母。例如：覆 pʰoʔ｜防 bɔ̃｜问 mĩŋ

3）古匣母字多读零声母，个别读[g h]等声母。例如：画 uo｜厚 gəʊ｜蟹 ha

4）古尖团声母在今齐齿呼韵母前对立，尖音读[ts]组声母，尖音读[tɕ]组声母，而在今撮口呼韵母前不对立，都读[tɕ]组声母。例如：清 tsʰiĩŋ ≠ 轻 tɕʰiĩŋ｜酒 tsiʊ = 九 tɕiʊ｜趋 = 区 tɕʰy

5）古从邪澄崇俟常船母读塞擦音和擦音的情况较乱。例如：蛇 ʑyo｜侄 dʑieʔ。

6）在今开口呼和合口呼韵母前，大部分古疑母字读零声母。例如：眼 a｜危 uɛ

7）古日母字存在文白异读，白读读[ɲ]声母，文读读[ʑ]声母。例如：日~头 ɲieʔ｜日~本 ʑieʔ

8）在今齐齿呼和撮口呼韵母前，古泥娘日疑母合并，都读[ɲ]声母。例如：女 = 蕊 = 语 ɲy｜泥 = 倪 = 尼 ɲi

9）古止、蟹摄大部分和部分遇摄鱼韵的古知章庄组声母和古深、臻、曾和效摄的古庄组声母多读[ts]组声母。例如：字 zɿ｜知 tsɿ｜榛 tsiŋ｜森 siŋ

10）古假、遇、流、咸、山、梗、宕、江、通摄的古知章庄组声母、古蟹摄二等的古庄组声母和古深摄、臻摄、曾摄和效摄的古知章组声母多读[tɕ]组声母。例如：争 tɕiã｜山 ɕia｜朝 tɕiɔ｜深 ɕiŋ

2.2　韵母

[ɿ] 资刺雌齿　　　　[i] 衣米飞仙　　　　[u] 土多胡吴　　　　[y] 女蕊区雨

[a] 蟹板太蓝　　　　[ia] 山柴铲洒　　　　[ua] 快怪关碗　　　　[ya] 抓

[o] 阿~弥陀佛囗~屄:女阴　　　　　　　　　　[uo] 把牙哑瓜　　　　[yo] 茶蛇车晒

[ɔ] 宝饱刀曹　　　　[iɔ] 笑桥庙朝

[ɛ] 开赔来雷　　　　　　　　　　　　　　　[uɛ] 鬼灰威回

[əʊ] 厚狗牡口　　　　[iʊ] 走酒楼流

[ei] 盘潭短安　　　　[ie] 夜天先店　　　　　　　　　　　　[ye] 船扇随吹

[æ̃] 打耕蛋汉　　　　[iæ̃] 争生省撑　　　　[uæ̃] 横梗关观

　　　　　　　　　　[iɛ̃] 贤恋泉沿　　　　　　　　　　　　[yɛ̃] 权陕展战

[ɔ̃] 防港朗唐　　　　[iɔ̃] 姜想亮枪　　　　[uɔ̃] 光广况荒　　　　[yɔ̃] 窗床霜铳

[ŋ̍] 门伦分森　　　　[iŋ̍] 深神升晴　　　　[uŋ̍] 滚棍魂昏　　　　[yŋ̍] 春淳军倾

[oŋ] 共公空从　　　　　　　　　　　　　　　　　　　　　　[yoŋ] 兄凶容熊

[ɤʔ] 拍塔壳托　　　　[iɤʔ] 药石插杀　　　　[uɤʔ] 挖活刮阔

[əʔ] 色拨没肋　　　　[ieʔ] 十急直密

[oʔ] 北袜独六　　　　　　　　　　　　　　　[uoʔ] 骨国郭屋　　　　[yoʔ] 月出橘设

[m̩] 母无　　　　　　[n̩] 五儿鱼午　　　　[ŋ̍] 五早~更　　　　[l̩] 儿耳而尔

音值说明:

① 主元音为 [a] 的韵母其主元音实际上更央。

② 发音人有时部分区分 [yoʔ] 和 [yɤʔ] 两组韵母,但大部分情况下这两组韵母都混同,因此本文不作区分。

韵母音韵特点:

1)古入声韵韵尾全部合并为 [ʔ]。例如:百 pɐʔ | 夺 dɤʔ | 六 loʔ | 塔 tʰɤʔ

2)古阳声韵韵尾合并,其中以 [ɛ a] 为主元音的变成对应的鼻化元音,以 [ɿ][o] 为主元音的在鼻化基础上带一个很弱的鼻尾 [ŋ]。例如:般 pɛ̃ | 线 siɛ̃ | 糖 dɔ̃ | 晴 ziŋ̍z | 中 tɕyoŋ

3)绝大部分古果摄一等字与古遇摄一等相混,韵母读 [u];少部分不与古遇摄一等相混,韵母读 [a]。例如:锅 = 歌 = 姑 ku | 坡 = 铺 pʰu | 拖 tʰa | 破 pʰa

4)部分古止蟹摄三等合口有部分字读如古遇摄三等虞韵,韵母读 [y]。例如:蕊 n̩y | 归~娘家 tɕy

5)古遇摄三等鱼韵字在精组字有 [i] 的白读,知章组字有 [ɿ] 的白读,见晓组字有 [əʊ][ɛ] 的白读,不与古虞韵相混。例如:蛆 tsʰi ≠取 tɕʰy | 胥 si ≠需 ɕy | 锄 zɿ | 锯 kəʊ | 虚~浮肿 hɛ

6)在今锐音声母后,古蟹摄一等咍韵和泰韵有别,韵母分别读为 [ɛ] 和 [a]。例如:菜 tsʰɛ ≠蔡 tsʰa | 态 tʰɛ ≠泰 tʰa

7)在古端精组声母后,古蟹摄四等字有 [ie][ɛ] 等白读,不与三等字相混。例如:洗 sɛ | 细~姨 sie

· 176 ·

8）古咸山摄舒声韵存在文白异读，具体如表1（同一格内上白读下文读）：

表1　古咸山摄舒声韵字在新登（下港）方言中的文白异读

	一等开口（寒、谈）	一等开口（覃）	一等合口	二等开口	二等合口	三等开口	四等开口	三四等合口
帮非组			ei 半 æ 判	a 班~人 æ 班~级		i 骗 iɛ 便	i 遍 iɛ 扁	a 饭 æ 烦
端知庄章组	a 叹~气 æ 叹~息	ei 潭 æ 探	ei 团汤~ æ 团~队	ia 山 æ 产~生	ye 闩	ye 扇 yɛ 展	ie 天 iɛ 电	ye 穿 yɛ 传
泥来母	a 蓝 æ 兰~花	ei 南 æ 婪	ei 暖 æ 銮				ie 年 iɛ 莲	iɛ 恋
精组	a 三 æ 暂	ei 蚕 æ 暂	ei 钻 æ 纂			i 煎 iɛ 鲜	ie 先 iɛ 僭	i 旋 iɛ 宣
娘日母						i 染 yɛ 然		ye 软
见组&晓母	i 甘~蔗 æ 甘~心	i 感~觉 æ 感~动	ua 官 uæ 冠	a 间中~ iɛ 间~谍	ua 关~门 uæ 关~公	i 件 iɛ 遣	i 牵~牛 iɛ 坚	ye 眷 yɛ 权
影组	ei 寒~热 æ 寒大~	ei 含~腮 æ 含~包	ua 碗 uæ 缓	a 咸~淡 iɛ 咸~丰	ua 弯 uæ 湾	i 盐 iɛ 炎	ie 现~钞票 iɛ 贤	ye 员~外 yɛ 员人~

9）知章组后咸山摄三等入声韵与深臻摄三等入声韵有别，例如：设 ɕyoʔ ≠湿 ɕieʔ | 折 ʐyoʔ ≠实 ʐieʔ

10）古宕摄一三等舒声主元音不分化，且与江摄合并为 [ɔ̃]。例如：糖 dɔ̃ | 港 kɔ̃ | 乡 ɕiɔ̃ | 常 = 场 dʑiɔ̃

11）古端系和见系梗摄入声白读和宕江摄开口入声合并为 [ɐʔ]。例如：隔 = 各 kɐʔ

12）帮组、知庄组宕江摄入声与通摄合并为 [oʔ]。例如：桌 = 竹 tɕyoʔ | 浊 = 局 dʑyoʔ

13）宕摄合口入声韵与通摄合并为 [oʔ]。例如：郭 = 谷 kuoʔ | 镬 = 屋 uoʔ

2.3　声调

[1] 阴平 443　　　[3] 阴上 53　　　[5] 阴去 44　　　[7] 阴入 5

[2] 阳平 232　　　[6] 阳去 313　　　　　　　　　　　[8] 阳入 2

音值说明：

① 阴入实际音值为 54，阳入实际音值为 21。

② 阴去也有升调 445 的变体。

③ 入声在单字或韵律词末字时可以拖长，阴入读如阴上，阳入读如阳去。

声调音韵特点：

1）古次浊上归阴上，次浊平、去、入均归阳调。

2）古全浊上归阳去。

三　同音字表

[ɿ]

ts　[1] 猪株——~树知支枝肢翅咨资姿脂兹滋痴~呆辎栀山~：栀子花芝之锥动词，刺眵眼~屙：眼屎鲻~鱼 [3] 煮楮鼠黄~佬：黄鼠狼紫纸指~掐：指甲旨子鸡~：鸡蛋仔籽梓址止趾齿牙~□~夜梦：做梦 [5] 制贮~饭：盛饭智致至置志

tsʰ　[1] 疵嗤 [3] 此侈耻 [5] 次厕痣

dz　[2] 池驰瓷糍迟磁慈辞词持槌棒~ [6] 苎箸筷~：筷子滞自~我雉稚峙治□~□ iɔ2：小蝉

s　[1] 筛斯撕厮施私师狮尸司丝思诗 [3] 矢屎史使驶始 [5] 势世赐四肆伺试□几介~：几倍

z　[2] 锄~头匙祠时鲥莳~萝 [6] 誓逝是~弗~氏豉示嗜视字巳祀似寺嗣饲喂痔俟士事市恃侍睡半睡半醒：~一□ lɐʔ8；~洋洋：昏昏欲睡

[i]

p　[1] 屄鞭~子 [3] 彼鄙比扁~担 [5] 蔽闭庇痹泌秘遍——~□发~，~牢：因摩擦力动弹不得

pʰ　[1] 批砒披庋屋旁小舍；小草屋丕剻用刀削成薄片 [5] 譬屁片——~——~柿木~：无用的碎木片骗~人

b　[2] 皮疲脾琵枇坒叠置物体的一层：一~砖头 [6] 毙敝币弊陛被婢避鐾摩擦；~刀布：磨刀布

m　[1] 微~~小眯弭小口喝搣~螺丝；~线 [2] 微~缝：没有缝隙迷谜~语縻弥靡蘼~花草：荼蘼眉棉~花眠头~；二~ [3] 米~饭尾~巴 [5] □~鱼：梅鱼 [6] 面脸；反~首：反面；顺~首：正面

f　[1] 飞非妃菲 [3] 匪榧痱 [5] 废肺沸油炸；吵闹痱费~用

v　[2] 维惟唯肥薇微~小 [6] 费姓氏尾~气未味□~□ iʊ2：蝙蝠

t　[1] 低 [3] 底抵~子箍：顶针 [5] 帝

tʰ　[1] 梯电~ [3] 体 [5] 替涕剃屉——~蒸笼嚏喷~軆粉末细腻

d　[2] 堤提酒~：从酒缸里舀酒的长形器具题蹄啼钱铜~；洋~；值~ [6] 弟~郎：弟弟第递快~隶逮~捕地

n　[3] 你

l　[2] 驴闾儒~：地名犁黎篱离璃梨厘 [3] 吕侣铝榈旅缕礼履李理里鲤鳢乌~头：黑鱼蠡~湖：地名劙用刀划开或整齐撕开 [6] 虑滤屡厉励例丽荔利痢吏泪㶟过滤谜~子：谜语□在~：在（近指）

ts　[1] 尖东西~煎 [3] 姊挤脊背~ [5] 祭际穄济~公荐𡍮斜撑：脚~牢

tsʰ　[1] 雌~雄蛆瓦~：一种在墙上生活的虫子，像马陆觑眯眼；近~眼：近视眼妻凄栖~息签~子迁~过来 [3] 浅 [5] 刺砌

dz　[2] 徐

s　[1] 胥~口：地名西栖塘~：地名犀尿仙神~先~生 [3] 洗~衣机玺徙死髓 [5] 絮棉花~细~节婿线引~：针

z　[2] 齐脐泉雅~：地名 [6] 荠自~家：自己旋转漩~涡斗：漩涡

tɕ　[1] 鸡稽羁萁狼~头：蕨菜箕肌饥几茶~虮~糟：燥热；心里不舒服基姬机讥肩□ pʰa5 ~胛：肩膀□~□ kəʊ1 头：不干不湿 [3] 麂已几~个茧趼 [5] 计继系~鞋带寄冀纪记既暨季

tɕʰ　[1] 溪欺牵~牛 [3] 启企起杞岂□雌性动物发情 [5] 去器弃气汽芡打~头纤纤绳

dʑ　[2] 奇骑歧~翘：翘起岐祈鳍耆棋其旗期蜞蟛~：一种小螃蟹祈钳老虎~；~花搅：交错及来弗~ [6] 技妓忌俭省钱：会趁弗如会~件健身体健朗

ȵ　[1] □转头：头~转去 [2] 泥倪霓宜~兴仪尼呢~绒腻~心：恶心疑沂凝~拢来：凝固 [3] 蚁白~拟染~颜色碾引~线：针 [6] 艺呓诣义议谊二数词毅砚

ɕ　[1] 牺嘻嬉禧熙希稀稀疏 [3] 喜蟢小蜘蛛 [5] 系戏

k [1] 泔~浆：泔水 甘~蔗 肝猪~ 王~菜 墩身~：身边 竿眼~：晾衣竿 □~草：一种锋利的野草 [3] 感~觉 鳡~鱼 敢~弗 擀赶~时节：赶时间 [5] 矸烘烤：番薯干~焦 □~读转：正着读；□ga6也弗是，~也弗是：正也不是反也不是

kʰ [1] 看~牛：放牛 [3] 坎地上的~ [5] 去又读墈高起的地方看~一一

ɦ [2] 唉兮奚姓氏 宜便~ 移夷姨怡贻遗盐名词 檐屋~口 延植物、火等蔓延 蜒~螺：蛞蝓、蜗牛 尹□铁~：铁栏杆 [6] 渠~依：他 易勘磨损 肄异~奇古怪：人古怪 盐用盐腌制：暴~；~菜：咸菜

ø [1] 伊医依衣弛又 [3] 蚁蚂~ 矣已以 厣螺蛳~盖：鱼鳞、伤口上的结痂 [5] 懿意翳白内障 堰闻家~：地名 瞑量长短：~~看够弗够长 忆亿

[u]

p [1] 波播玻 [3] 补谱 [5] 簸颠~ 布哺嘴对嘴喂：~嘴，~饭

pʰ [1] 颇坡铺~床 剖潽液体沸腾溢出 [3] 普浦 [5] 破~坏 铺~店 怖捕逮~

b [2] 婆菩蒲匏瓠子，葫芦~：葫芦 扶脯嘴~：嘴巴 卜~萝 [6] 部簿步箁竹筐 埠荸 伏蹲下 菢孵蛋 鲋土~：鱼

m [2] 魔磨摩模膜 [3] 亩拇母~亲 姆 [6] 磨名词 暮墓库运，厄运 募慕墓~布

f [1] 夫肤敷俘 [3] 甫斧府腑俯 [5] 赋傅姓氏 付赴讣富副

v [2] 符芙扶巫诬无浮 [6] 抚釜腐~乳 辅父附驸舞侮武鹉雾务婺阜石~：地名 妇~女

t [1] 多都 [3] 朵躲堵赌肚猪~ [5] 剁 妒蠹□~~：儿语，尿

tʰ [1] 拖~地 [3] 妥土椭 [5] 唾吐兔

d [2] 驼陀驮涂途屠图徒 [6] 舵大~：小 惰堕肚杜度渡镀 □眼睛白~~：人看起来不太聪明

n [2] 奴 [3] 努 [5] 怒 [6] 糯~糕糕口感糯；~米

l [1] 噜 [2] 罗~春手：坟两边护卫的矮墙 锣萝蒔 笋逻啰骡螺胭卢芦~竹：芦苇 炉庐鲈驴又读 [3] 卤菜汤：虾油~：一种盐卤，用来腌制食品 鲁橹虏 [6] 露路赂

ts [1] 租 [3] 左佐祖组阻 [5] 做

tsʰ [1] 搓粗初 [3] 楚 [5] 锉醋错措

s [1] 娑蓑莎~草 梭唆苏酥稣疏蔬须胡~ [3] 锁琐唢~呐 所 [5] 素嗦~膛：嗦囊 塑诉数名词；姓~：姓氏

z [2] 锄奸□墙角开裂；腰因劳累挺不直；泥土因潮湿崩坍 [6] 坐座助帮~；~牙：犬齿

k [1] 歌哥戈锅蜗辜孤姑鸪步~：斑鸠 荷薄~ □zo?8 ~zo?8：番薯等口感黏牙 □呆~~：很呆 [3] 裸果裹估~计：猪，卖猪 古牯~牛：公牛 股几~之几：几分之几 鼓蛊故 [5] 个~体过 得~：舒服 顾固雇

kʰ [1] 轲苛柯科棵窠颗课箍枯 [3] 可苦果白~子：银杏 [5] 库裤

ŋ [6] 我白~

h [1] 荷薄~，又读 呼□蜷缩：背筋~拢 [3] 火伙虎琥浒 [5] 货冔~水、带情绪地扔

ɦ [2] 蛾鹅何河荷~花 禾和~平 梧吾吴乎恰恰~好：恰好 壶胡瑚蝴湖葫狐娱又读喉~咙 斛石~；~山：地名 □眼睛蒙住的人移动；~盲：捉迷藏 [6] 俄饿荷负~ 贺和~拢来：混合 卧祸悟误户沪互护傅师~ 腐~豆 妇新~：媳妇 糊~搭：搭搭不清楚 附鬼~头：鬼上身 坞□陷入泥土

ø [1] 倭窝涡乌煀火、灯等熄灭 污钨~丝弗否定词，~去 屋人家~：住房；~檻：门槛 [3] 午伍 [5] 屙大便 浣陷进泥浆等 五□~a3：儿语，呼痛 □~□d36：地方 □~le?8~：地方

[y]

tɕ [1] 诸居~住 车~马炮 蛛株诛珠铢钝殊文~菩萨 朱拘驹归~娘家：回娘家 抾用手指捏 [3] 褚举主拄矩 [5] 著据驻注铸痄~夏：热天没精神 句□摔倒；~瞑眮：打瞌睡 □捅破 □个~：这种 □翘嘴巴

tɕʰ [1] 趋枢区驱 [3] 处~理 鼠老~ 取娶 [5] 处办公~ 去趣

dʑ [2] 除~帽子;摘帽子 储厨雏殊特~ 瞿衢 [6] 渠~道 巨距遽聚~会 柱住俱具惧

ȵ [2] 愚 [3] 女妇~ 语 [6] 遇寓蕊~头:花苞

ɕ [1] 靴梳木~;梳子 书舒墟虚空~ 嘘需须必~ 输吁长~;短叹 [3] 暑黍许数动词 [5] 庶恕戍

ʑ [2] 如儒鸿~;地名 [6] 序绪叙聚~宝盆 墅薯~片 署汝竖推~树

ɦ [2] 鱼木~ 渔余虞娱于盂逾榆愉围~身布:围裙 [6] 薯番 御誉预豫芋愈喻裕吁呼~ 位~牌;神主牌 □~kuo7 7虫:鼠妇

∅ [1] 淤於~潜;地名 迂 [3] 与雨禹宇羽椅

[a]

p [1] 巴~西 芭蕾 班~人 扳叭喇~ [3] 摆板版 [5] 爸拜瘢疤痕

pʰ [1] 攀~笋;摘笋 [5] 破敲~ 派□肩胛;肩膀

b [2] 排牌爿片 [6] 罢败办~菜□地方

m [1] 妈 [2] 埋蛮野~玩~游戏 [3] 买晚~稻 [6] 卖迈慢万~子

f [1] 翻 [3] 反顺~;正反 返重~;回过来做 [5] 畈平~;平地;一一田;一片田 疲~心;恶心想吐 □鼻洞:鼻血在鼻孔里凝结

v [2] 帆机~;船 [6] 范姓氏 犯~罪~实;麻烦 饭万一~

t [1] 担动词 [3] 胆疸掸鸡毛~帚 [5] 戴动词带担名词旦小~

tʰ [1] 他拖~过来 坍塌 滩摊 [3] 毯坦平坦;地 蛮 [5] 泰太叹~气;呼吸 炭

d [2] 给松弛而下垂 痰檀~香 坛花~弹~棉花 [6] 大~蒜 大~王 汰清水漂洗 筲竹编的浅而圆的器具 道缝~;缝隙 墣一~:一回 淡□疑问词,~la7 8:什么,~ba6 tsʰɛ3:什么地方

n [1] 挪拿 [2] 难~做;~道 [3] 乃奶牛~ [6] 耐奈□遭;如今

l [1] 拉喇~叭 獭划破 □ha5~里;缝里 [2] 蓝篮拦~路 栏~杆 [3] 懒□疾病蔓延;~开来 [6] 赖濑汪~;地名 癞~疥疮 缆滥~tɕʰia1~污:搞砸 烂□个~tʰo?里;这边

ts [1] 沾 [3] 斩~头 攒~钞票 [5] 诈蘸 溅

tsʰ [5] 蔡

s [1] 三大家~五;大家 杉 [3] 傻要散 [5] 厦大~ 伞

z [2] 馋唾:口水

k [1] 茄雪~ 街阶~沿:门口避雨处 监牢~间中~□~头:一会儿 □黄~:黄颡鱼 [3] 解~开来 减~掉 碱洋~;肥皂 拣挑 裥褶子 皱~:皱纹 咯~鸡 [5] 戒芥~菜 尬尴 界介~绍 疥~疮 疥~橱:碗橱 个~把;~头

kʰ [1] 揩擦 铅 [3] 楷舰兵~ [5] 嵌~菜;在牙齿里

g [2] □蹭~鸭□拟声词,笑声 [6] 介那样 懈~闷相:懒散,丧失兴趣 □io2:大蝉 □~读转;反着读;~也弗是~ki5也弗是:正也不是反也不是

h [3] 蟹□~bɐ?8 □l5l t5l:一共 苋~菜□la1里;缝里 腿~根头:大腿根部

ɦ [2] 鞋咸~淡岩闲颜 [6] 外~公;~婆岸过~滩;地名 雁鹅:大雁

∅ [1] 埃挨贴地移动:烂污田里~石头,越~越深 □落~蝼:眼镜蛇 [3] 矮眼限~牢:节制 杏又读,~梅 □u5:儿语,呼痛 [5] 陷~进去 □~牛:儿语,牛;~鱼:儿语,鱼

[ia]

ts [5] 济~手:左手(更本土的说法是"反手")

tɕ [1] 斋~饭:素饭 嘉家~庭 加~法 佳 [3] 贾盏□抓挠 [5] 嫁~接 稼假放~ 价高~ 架高~ 驾债□nie1:啰唆

tɕʰ [1] 钗差出~ 搀□~滥污:搞砸 [3] 铲产小~;流产 [5] □跨~锣:钹 □~刀:锅铲

dʑ [2]茄[6]射排泄赚做~:做错绽谷粒饱满,包塞得满丈~母娘;~母老头□傻□剩下;遗落□恨气~□po??:很生气

ɕ [1]醋倒酒山~上删移栽蔬菜等:~出来衫[3]洒产~门:阴门;~母□dei2:产妇[5]~意:舒服

ʐ [2]豺~狗柴[6]惹~厌:小孩顽皮栈稻~:打谷桶

ɦ [2]霞遐瑕涯崖[6]讶械

∅ [3]雅~致厦~门:地名[5]亚~洲

[ua]

k [1]官关~门冠~头:鸡冠乖痱屙~疗:尾蚴皮炎[3]拐管~牢;~子馆饭[5]怪观道~灌罐鹳~山:地名贯十五~□is2天~:很高

kʰ [1]宽宽限;更多;~吃~tiu1[3]款罚~[5]快筷

g [2]瘸环铜□~倒来:因重量而侧歪[6]掼扔□提手:篮~

h [1]□~尾巴:摇尾巴[5]□~头:门环、箱环

ɦ [2]娃华中~淮怀槐完做~还钞票□个~tsʰɤ3:这个地方[6]外~头坏换~衣裳;~糖佬~消耗:~油、油蛮□完结体助词

∅ [1]鸦歪弯□声音小[3]碗劈~片:打水漂[5]□~:儿语,饭

[ya]

tɕ [1]抓~捕

[o]

∅ [1]阿又读,~弥陀佛□屄:女阴□回应:~一声

[uo]

p [1]巴~掌疤芭~蕉笆[3]把给[5]坝霸

pʰ [5]怕

b [2]琶杷爬耙铁~筝~篮:晒东西时用的竹簟□用手拨开土[6]稗耙犁耙耙齙~牙:龅牙

m [1]□仰天~~:仰天摔倒[2]麻蟆[3]马码玛蚂[6]骂□处置式中引介对象:~只老虎打杀

t [3]乔支撑,~挂:挑扁担时用于支撑休息的棍子

n [3]女女儿

k [1]家~里加~上瓜枷~锁[3]假真~寡[5]价~钱架衣~嫁~人挂卦尬弗尴弗~

kʰ [1]夸

g [6]□卡住

h [1]虾花呵~痒:哈痒;~鼾:哈欠□切开□喉咙~:悬雍垂[3]下下种[5]跨化

ɦ [2]牙芽衔蛤~蟆□鳃:鱼鳃[6]夏厦芝~:地名;仕~:地名华姓氏画话活做生~:干活

∅ [1]丫蛙洼划~船:用手拨开土握挜强行给予[3]雅~坊:地名;~泉:地名下~哑亚山~:地名瓦[5]□想吐吐不出

[yo]

tɕ [1]查姓氏渣楂山~吒哪遮摣用手指捏过来~牌[5]榨炸爆~柞~树蔗柘~州:地名

tɕʰ [1]叉权差~弗多车开~;油~:榨油处;~起来:升腾;~白□vɑ?8:吐白沫;~头发:修鬓角[3]扯[5]岔

dʑ [2]茶搽查调

ɲ [5]□~猪:猪

ɕ [1]沙纱痧鲨奢赊[3]舍割~:舍得产又读,~母□dei2:产妇[5]赦舍入~:入赘;草~:草屋晒

ʐ [2]蛇佘畲[6]麝射光线~

[ɔ]

p [1]襃包胞胎盘苞[3]保堡宝饱豹[5]报爆~芽头

pʰ [1]脬尿~:膀胱泡~泡抛~光□香~:柚子[5]泡~茶炮疱疹

b [2]袍跑[6]抱暴爆~炸鲍刨曝瀑

m [1]猫[2]毛茅~草茆~坪:地名□上~歇:上次,以前[3]卯[6]冒帽貌贸

t [1]刀叨[3]倒~翻岛捣~乱祷[5]到倒~车

tʰ [1]滔□绕:~铜籍:绕圈子[3]讨[5]套

d [2]掏桃逃陶淘用工具挖;一群:一,人,做~;舀汤啕萄涛[6]稻道~理导盗捣用汤匙搅拌汤使沉淀物浮起

n ［1］挠~痒□~一手把：抓取一把□赌东~：打赌 ［2］哪~吒 ［3］脑恼瑙 ［6］闹

l ［1］捞 ［2］劳唠牢萝~卜痨肺结核□木~~：多 ［3］老佬 ［5］□表示对前述信息的提示性否定：介~弗是。(本字可能是"倒")

ts ［1］遭糟抓~痒 ［3］早枣蚤澡沼~气 ［5］灶

tsʰ ［1］操抄~写超~市□~一：一回；个~子：(短时间的)现在；下~子：以后 ［3］草钞~票吵□~牌：把牌打乱 ［5］噪~音躁脾气暴糙粗糙：~里蟹拉

dz ［2］曹 ［6］肇

s ［1］骚臊缲~丝：抽丝 ［3］扫嫂 ［5］燥干愯飞快跑：~过去；豪~：快点

z ［2］痩空腹的难受感 ［6］皂造

k ［1］高膏篙羔糕交~代胶~水茭~白 ［3］稿绞~毛巾铰~链搞搅~拌 ［5］告犒教~书窖番薯~觉困~：睡觉~校~手表；消防龙头~玫卜卦用具：倒~，阴~，阳~：阴~也无有，阳~也无有：没有音讯□一~雨；一~雪□一~铜箍：四面八方

kʰ ［1］敲 ［3］考拷 ［5］烤靠铐薧龙头~：龙头鱼干

g ［2］交结束 ［6］搅搅乱峧两山之间较低的岭：老虎~，白石~子里：地名

h ［1］蒿□油~气：油类腐败的气味 ［3］好 ［5］耗孝哮~兜：孝帽；~帘：病~喘：哮喘～子：哮喘病人

ɦ ［2］敖熬鳌豪壕嚎~丧毫号~啕嵴~山：地名噢表示疑问语气；表示确认：尔依十八岁~ ［6］傲浩号~码

∅ ［1］燠~豆腐坳沃噢应答：~一声，表示提示语气懊~恼 ［3］袄咬拗我~依：我 ［5］奥澳懊~悔□弯折：头~起来；手梗~拢来

　　　　　　　　［iɔ］

p ［1］飙标镖彪 ［3］表婊

pʰ ［1］飘漂~浮 ［3］漂~亮 ［5］票

b ［2］嫖瓢藻浮萍 ［6］鳔

m ［2］描苗 ［3］藐渺秒 ［6］庙妙缪姓氏□~子：野莓；山~，地~

t ［1］刁叼貂雕凋 ［3］鸟 ［5］吊钓

tʰ ［1］挑~担 ［3］挑~选 ［5］跳~高枭

d ［2］跳心~条鲦白~鱼：白鱼调~查 ［6］掉调~换

l ［2］燎聊辽撩捞；够寥 ［3］了瞭 ［6］廖料

ts ［1］焦椒 ［3］剿

tsʰ ［1］锹 ［3］悄 ［5］俏缲~缠头：贴边

dz ［2］巢樵瞧憔

s ［1］消宵霄硝盐~：盐水浸湿的东西干了之后表面的盐销~子：木或竹制的钉子逍箫萧潇 ［3］小筱呼~丝：细竹丝；呼~趣弗动：雷打不动 ［5］笑啸肖弗~子孙

tɕ ［1］交~通郊朝~今：今天招昭~通：地名骄娇浇 ［3］找~钱爪~脚绞~刑狡矫缴饺 ［5］罩覆~，饭罩笊~沥：笊篱教~育较校~对照叫发出声音地哭~诏~书

tɕʰ ［1］跷跛足钞汇~：付款~尿布：把尿布包系在婴儿下身 ［3］巧炒~菜 ［5］秒翘连~跷~板窍

dʑ ［2］朝清~潮乔桥轿翘歧~：翘起~鱼：一种鱼~起~头：闹别扭~看：看不起□楼 ［6］赵召~撬□用手挽

ȵ ［2］饶尧 ［6］绕尿~素

ɕ ［1］肖生肖；十二年；扳～：力量对比反转筲~箕：一种小而扁的篾制器具，比饭篮小梢捎稍~为：稍微烧嚣操揭开 ［3］少多~晓 ［5］酵孝~顺哮少~爷鞘

ʑ ［2］韶木人或动物半大：~猪 ［6］兆~头绍邵昭王~君扰□人不聪明□人到处跑不安分

ɦ ［2］肴淆摇谣瑶遥窑~坞里：地名姚□□dzy6~：小蝉；□ga6~：大蝉□高：~顶顶；~天□kua5 ［6］校~长效耀鹞~子：风筝跃大~进；~皮：合页

∅ ［1］妖邀腰要~求天~折幺 ［3］舀杳 ［5］闄~门：防止鸡狗进屋的小门；老式楼梯上的盖板

　　　　　　　　［ε］

p ［1］簸~谷杯背动词，~在背上；叼卑碑悲 ［5］贝辈背名词

· 182 ·

pʰ [1] 坏胚~子;身材 [5] 沛配

b [2] 培陪赔 [6] 背动词,~书倍悖迁腐佩备

m [2] 媒枚玫梅莓楣霉 [3] 每美 [6] 昧妹媚寐魅煝闷烧:~火堆

t [1] 呆痴~堆□le1:繁琐 [3] 劢拉扯 [5] 戴姓氏对碓水~

tʰ [1] 胎台州苔舌梯扶~推 [3] 态腿□慢 [5] 退焙用水把毛烫掉□液体流动

d [2] 台~子苔青~抬颓句末助词,好吃饭~;该吃饭了 [6] 贷殆待对待:~得渠好怠代袋递~东西队兑豆~腐

n [3] 奶~~:乳汁馁 [6] 内

l [1] □~□tel1:繁琐 [2] 来雷□句末助词,好吃饭~;该吃饭了 [3] 儡磊瘰痘痘;肉~:粉刺垒 [6] 踩滚动在~新登累类

ts [1] 灾栽追 [3] 者宰载记~嘴 [5] 再载饭吃好~讲去;饭吃完再去~重寨最缀赘醉

tsʰ [1] 猜催崔 [3] 采睬彩□ba6~:地方 [5] 菜脆翠

dz [2] 裁~判财才~子豺~狼虎豹 [6] 社~会在~乎;~外:另外罪犯悴

s [1] 腮鳃栖鸡~栖米:碎米虽衰□鱼鳍 [3] 洗~衣裳 [5] 舍宿~赛细粗~碎岁粹帅祟祸~:祸

z [2] 裁~缝材才~v32:才随~尔依:随你 [6] 射注~社~戏罪~过遂

k [1] 该居获得:~车子□~头:一会儿 [3] 改 [5] 溉概盖丐

kʰ [1] 开分成的份:三~生~锣;锣□很,~热 [3] 凯恺 [5] 慨

g [6] 徛站

h [1] 虚浮肿嗨呵斥,责备□木~~;多 [3] 海 [5] □比(大小):衣裳~~看

ɦ [2] 呆孩□肯定应答 [6] 碍艾害骇隘东西倚靠絯饱嗝

ø [1] 哀 [3] 亥 [5] 爱蔼

[uɛ]

k [1] 瑰圭硅闺鲑规龟归~去 [3] 诡轨癸葵鬼 [5] 刽会~计鳜桂愧贵

kʰ [1] 盔魁恢傀块奎亏窥

g [2] 葵逵夔馗钟~搭鬼 [6] 溃跪揆柜

h [1] 灰麾挥辉徽槦撩~兜:捞鱼的网兜 [3] 悔贿毁 [5] 晦讳卉翔~岗:地名

ɦ [2] 桅回蛔危为~护;偏袒帷巍违围墙~:围墙 [6] 汇会开~绘卫慧惠伪为~了位~子魏纬胃谓猬汇~鲔~佬:鲔鱼

ø [1] 煨猥威痿没有精神勶"弗要"的合音:~渠 [3] 委萎~缩苇伟 [5] 喂畏慰

[əu]

m [2] 谋 [3] 某牡 [6] 茂戊

f [3] 否

v [6] 负

n [2] 侬尔~:你;渠~:他

l [2] 侬我~:我

k [1] 勾钩沟阄撮~:抓阄□韧~~:□感韧□tci1~头:不干不湿 [3] 狗苟垢诟 [5] 锯够构购媾

kʰ [1] 抠 [3] 口 [5] 叩扣寇蔻看~发:刘海

g [2] 佝蜷缩:~拢来 [6] 厚

h [1] 呴吸~水□叫□对:~lə?8渠招招手,我侬~尔依讲;和:我侬~lə?8渠一总生,我侬~lə?8尔侬都是浙江人□用手够 [3] 吼

ɦ [2] 侯喉~结猴傿 [6] 后厚又读候长时间等待

ø [1] 讴欧鸥瓯区姓氏□表示提示:勶忘记,~ [3] 藕偶呕殴 [5] 怄

[iu]

m [6] 谬

t [1] 兜丢□一点点 [3] 斗量词抖陡□~猪:公猪 [6] 斗~鸡

tʰ [1] 偷 [3] 敨被~开:把被子展开;布~肆直:把布捋平 [5] 透

d ［2］头投骰［6］豆~颗·逗痘腔~颈·脖子

l ［2］楼搂蒌瓜~留榴刘浏流硫琉溜瘤□饭米~·饭粒［3］篓绺一~头发柳抑搅拌;~火棒·烧火棍［6］漏陋

ts ［3］走酒［5］奏

tsʰ ［1］秋鳅［5］凑

s ［1］修羞馊搜飕瘦［3］叟［5］嗽秀锈绣

z ［2］囚泅~水·游泳;猪血水里~一~柔揉□滑［6］就袖

tɕ ［1］邹周舟洲州鸠纠□环［3］肘九久韭灸［5］昼皱绉咒究救

tɕʰ ［1］抽丘邱［3］丑帚答~·筹~［5］臭

dʑ ［2］绸稠筹仇酬求球裘［6］纣宙售舅臼门~·装在门槛上承门的石榫眼或木榫眼咎旧枢柏~子树

ȵ ［1］扭~一把·掐一把妞□脚~·拢·脚缩起来［2］牛山~·天牛侬新读,我~·尔~·渠~［3］纽扭~曲钮

ɕ ［1］收休［3］手首守朽［5］兽嗅

ʑ ［2］愁［6］受寿授□~子·鞋子□能力差,不聪明·~搭搭

ɦ ［2］尤邮油游犹由柚□~vi6~·蝙蝠［6］又右宥佑诱釉蚰~虫·蚜虫

Ø ［1］忧优悠幽［3］有友酉莠［5］幼坳~猪血

　　　　［ei］

p ［5］半

pʰ ［1］拚~命

b ［2］盘［6］拌伴作~

m ［2］瞒盖住藏起来·~裆裤·眼睛~牢馒鳗［3］满~出来□无~·没有［5］□液体溅射

t ［1］端~午~酒·酒坛［3］短［5］断拦路·~路强盗□水~·水沟

d ［2］潭水~·坛酒~团汤~·加入菜肉的米糊□产母·产妇［6］断~掉段缎椴

n ［2］南男［3］暖

l ［3］卵~子·男性生殖器［6］乱~话·谎话

ts ［1］簪~子钻动词［5］钻名词·鞋~

tsʰ ［5］汆肉类焯水□打寒颤·打寒颤

s ［1］酸［3］糁饭~·饭粒［5］算蒜

z ［2］蚕［6］錾~子

h ［5］□彩虹

ɦ ［2］含~·在嘴里寒发~·热·疟疾·~tsʰei5 □tsʰei5·热天时发冷［6］岸~边旱焊电~·汗

Ø ［1］安~tsie??·安耽［5］暗

　　　　［ie］

t ［1］爹颠~三倒四癫疯［3］点典~当碘~酒［5］渧滴店踮垫~饥

tʰ ［1］添天~下［3］舔掭~毛笔;火~棒·烧火棍

d ［2］甜田□厉·厉害［6］垫~子填殿奠佃~户簟□tɕʰiã1·晒谷的簟皮

ts ［3］剪［5］借

tsʰ ［1］千□~手弗动·一动不动□保养脚部,如剪脚趾甲、刮趼子等［5］笕斜

s ［1］些一~·一点先副词~飘飘然［3］写筅［5］泻鱼产子卸细~婆·小阿婆

z ［2］邪斜前［6］谢□湔雨

tɕ ［1］皆偕阶~级［3］解~放［5］介中~·届□跨

tɕʰ ［1］□~sɐ??·sɐ??·做作［5］揪按

ȵ ［1］□~tɕia5·啰嗦［2］年~份［3］惹~祸［6］念廿

ɦ ［2］耶椰爷嫌~憎·讨厌［6］夜现~钞票

Ø ［1］烟香~;乌~·罂粟［3］也野魇鬼压床［5］岘~□·地名

　　　　［ye］

tɕ ［1］锥~子砖［3］转回~来·回过来卷动词［5］占~位子眷亲~·亲戚绢小手巾

tɕʰ ［1］吹炊穿圈~子［5］串劝

dʑ ［2］垂锤椽~子拳［6］坠缠撰检

ȵ ［2］原~个头·整个［3］软［6］蕊~·花苞

ç [1] 闩栓拴 [3] 水囚霍~：闪电 [5] 税
扇煽~动 楦头：鞋楦

z [2] 随~便 谁船 [6] 锐睡~衣 瑞蕊花~ 隧
穗赡蟮曲~：蚯蚓 鳝黄~

ɦ [2] 悬~空：靠不住 玄~孙：曾孙 元大~里：地名
员~外圆汤~园菜园囗泥八~：八哥 [6] 院

ø [3] 远 [5] 哕呕吐

[æ]

p [1] 班~级 斑~竹子 颁搬般浜绷 [5] 扮
迸~开来：迸裂 囗拉囗 用于语焉不详的列举：管渠张
三~三

pʰ [1] 攀~爬 潘烹炒菜时加佐料 [5] 盼襻判

b [2] 磐~安：地名 彭膨聲聋~：聋子 棚螃~蟹：
一种小螃蟹 朋又音 [6] 瓣办~公 伴伙 绊叛蚌
髱掇掇~~：一种粗矮的容器 碰又音

m [1] 蛮很 [2] 瞒欺 虻牛~ 盲躲~：躲猫猫；
囗u2~：捉迷藏 [3] 满~意 蜢蚱~：蝗虫，蚱蜢
[6] 漫幔外另~

f [1] 藩番 [5] 贩泛广~

v [2] 凡帆风~ 烦矾繁 [6] 范规~ 梵万~年
青挽~联

t [1] 耽丹单郸端~正囗用手估量重量 [3] 打
[5] 旦元~锻

tʰ [1] 贪囗头：讲的话 [3] 坦~白 [5] 探
叹~息 碳

d [2] 潭泥~ 谭谈檀紫~ 团~队 [6] 诞但
弹~子 蛋

n [1] 囗给物时的提示词 [2] 难困~ [3] 冷

l [2] 婪兰鸾銮 [3] 榄览卵产~ [6]
滥~用

ts [1] 簪栈~节：树杆分枝的节结 [3] 斩~钉截铁
纂崭~齐：很齐 [5] 赞瓒味道~：味道好

tsʰ [1] 参~加 [3] 惨产~生 [5] 餐灿窜
蹿篡

dz [2] 惭残橙~子：香橼 [6] 暂站赚栈客~

s [1] 珊山~东

k [1] 柑甘~甜 尴监太~ 肝奶~：奶痨 干~支
奸~臣；强~ 更五~ 逯从缝里走 鯁喉咙卡住 庚羹~饭
耕囗~链索：铁链 [3] 感~动 敢~勇 橄杆秆
[5] 干树

kʰ [1] 堪龛刊坑 [3] 坎帮~：地名 砍 [5]
勘瞰看试试~

h [1] 亨 [3] 罕 [5] 汉

ɦ [2] 含包~ 函涵邯衔寒大~ 韩行~为；弗
牢：吃不消 桁栋~：栋梁；~料：桁条 [6] 撼憾翰
瀚硬

ø [1] 安~全 鞍鹦 哥戏~ 樱~珠：樱桃 犗小牛；冬冷
弗算冷，春冷冻杀~ [3] 杏 [5] 按案

[iæ]

tç [1] 争~相骂：吵架 睁 [5] 囗~开：衣服缝线脱开

tçʰ [1] 撑瞠睁眼：眼睛~开来 囗簟：晒谷的簟皮；篾
粪~：一种篾制扁形器具 [5] 囗蹭 囗添置：~得交
关家生

ç [1] 生牲甥 [3] 省~钞票

[uæ]

k [1] 观~察 冠~心病 鳏关山海~ [3] 管~理
馆~子店 梗植物茎；条状物体 [5] 冠~军 贯~通惯

kʰ [1] 宽~阔 [3] 款~待 [5] 囗~lɔʔ：以为

g [2] 环~境 寰~宇

h [1] 欢囗长~~：很长 唤焕

ɦ [2] 玩古~ 桓完丸纨顽横~直 [6] 换
交~患宦~塘：地名

ø [1] 豌湾 [3] 缓皖幻晚~会 宛婉
[5] 腕

[iẽ]

p [1] 编边蝙鳊煸在沸油里炒到半熟 鞭~笋
篦~箕：篦子；用篦子梳头：~一~ [3] 贬扁东
西 匾 [5] 变遍~地

pʰ [1] 篇偏~生 偏偏 [5] 骗片

b [2] 便~宜 [6] 辨辩便~当 汴卞 辫缏衣服
下摆；缏~头：贴边囗橼子上放瓦的竹片

m [2] 绵棉眠睡~ [3] 免勉娩缅 [6] 面
一种食物

t [1] 颠~覆 [3] 典词~

tʰ [1] 天~子

d [6] 电

l [2] 廉镰帘连莲~花；谢~：地名 钱又读，铜 怜莲鲢片头 鲢鱼 [3] 脸 [6] 敛殓练炼楝苦~恋 □馋人；~榜；~奇

ts [1] 尖天雷；：地名 [5] 僭箭溅

tsʰ [1] 奸签抽~纤~维迁~徙

dz [2] 钱姓氏痊全泉~水 [6] 潜渐践

s [1] 暹仙~居：地名 鲜味道~ 宣□秤杆上翘 [3] 鲜~少藓癣~疮 选 [5] 线电~镟鸡：阉鸡

z [6] 贱便宜 羡旋~风

tɕ [1] 监~督艰间~距奸坚减~法检简柬 [5] 介蒋~石鉴剑间~谍苋~浦：地名 谏建见

tɕʰ [1] 谦 [3] 舰航空母~；~队歉遣谴 [5] 嵌~镶欠芡勾~

dʑ [2] 乾虔□~糖：麦芽糖 [6] 俭节~键健~康腱□头佬：头歪的人

ȵ [1] 黏研 [2] 阎严年~~有余鲇 [3] 惹~草药：苍耳；~风骚：小孩黏人 俨 [6] 验谚彦

ɕ [1] 轩掀 [3] 险显~灵蚬黄□脾气古怪 [5] 宪献

ɦ [2] 冶咸~丰炎檐延~长筵言贤弦沿 [6] 艳焰现~实

ø [1] 庵淹阉焉蔫胭 [3] 掩限~制演 [5] 陷~阱厌晏燕宴筵□：地名□发~：有趣

[yẽ]

tɕ [1] 占~卜毡专捐娟涓鹃 [3] 展 [5] 占~领战卷名词~光：物体表面光亮

tɕʰ [1] 川 [3] 喘舛犬 [5] 颤券

dʑ [2] 传~播权 [6] 撰写~篆传~记倦

ȵ [2] 原~来源 [6] 愿罚~：发誓

ɕ [1] 扇动词，~巴掌膻喧揎强行塞入；强行吃下 [3] 陕闪~光灯

ʑ [2] 蝉禅~寺然燃 [6] 染~感善膳擅单姓氏禅~让

ɦ [2] 员人~缘橼香~元状~阮苑袁园公~援垣悬~崖玄~妙 [6] 县眩

ø [1] 冤渊鸳 [5] 怨

[ɔ̃]

p [1] 帮邦□~落来：山石崩落 [3] 榜蒡牛~子绑 [5] 谤

pʰ [1] 滂膀蹄~ [5] 胖

b [2] 朋~友：带有某种特质的人，如清~kʰɐ̃ʔʔ7~友即着装清爽的人 旁彷防庞膀~脱□diŋ2~doŋ2~：剪刀石头布 [6] 傍

m [2] 忙芒~种茫盲 [3] 莽

f [1] 方肪芳妨弗~ləʔ8：不客气坊染~ [3] 仿纺访 [5] 放

v [2] 房亡□オ~：オ [6] 忘遗~网~络望希~妄

t [1] 当~心裆铛□ha3~bʋ̃ʔ8 lɔ1~：一共 [3] 党挡 [5] 当~铺档

tʰ [1] 汤 [3] 倘~果：可能躺□光~：光滑 [5] 烫趟

d [2] 堂棠唐糖塘搪涂色；涂改□~弗牢：受不了 [6] 荡宕□~话：乱讲的话□u5~：地方

n [2] 囊

l [1] 啷骑~tsʰ31：骑马游戏□ha3~bʋ̃ʔ8~tɔ̃1：一共 [2] 狼廊郎螂榔瓢一~橘子□推马~头：马兰头 [3] 朗 [6] 浪眼眼阆~里：地名上树~

ts [1] 赃脏肮~樟 [3] □tsɔ27~gɔ36的合音，怎么；~gɔ36回事体 [5] 葬

tsʰ [1] 仓苍~白昌菖蒲娼倡鲳□骑马嘟~：骑马游戏 [5] 创

dz [2] 藏 [6] 脏内~

s [1] 桑丧~事香~樟树商~业伤悲~ [3] 嗓磉~板；~鼓 [5] 丧~失

z [2] □~鸭蛋：咸鸭蛋 [6] 壤攘

k [1] 冈刚钢煏~火：刀刃的坚硬程度缸纲岗江浙~肛扛□高耸：骨头~起 [3] 讲港 [5] 隆霜~

kʰ [1]康糠慷 [5]抗炕园藏，放圹阳~：提前挖好的墓穴

g [2]□~螂：螳螂 [6]戆~大：笨蛋 □硌：石头~脚板底□ tsa?7 ~：怎么

ɦ [2]昂杭航行银~绗缝被子；~针：缝被子用的针 [6]项笕~竿：晾衣竿

ø [1]肮

[iɔ̃]

l [2]良凉量动词粮梁粱 [3]两辆 [6]亮量名词谅晾~帽头：硬腭

ts [1]将~军浆 [3]蒋桨 [5]奖将~士酱

tsʰ [1]枪□~风 [3]抢~跑 [5]呛咳嗽

dz [2]详确认原本没有把握的事情：~~看祥 [6]像画~象~虫：长条形的米虫橡

s [1]相~互厢镶箱湘襄 [3]想鲞 [5]相~貌

z [2]墙 [6]匠像儿子~娘□放开做，尽管做：~吃；~用□~性命：拼命

tɕ [1]张章疆僵姜江姓氏~恰：刚好 [3]涨长~身体；~进：小孩听话掌~经：固执 [5]帐账胀仗打~障隆~落

tɕʰ [1]羌腔苍~蝇 [3]厂 [5]畅唱

dʐ [2]长~短肠场常尝强~弱 [6]丈~杖仗炮~状~元犟偏强，小孩不听话脏五~六腑

ȵ [2]娘~粉：预先准备好用来发酵的面团 [3]仰~瓦：朝下拱的瓦 [6]酿让饶过

ɕ [1]伤受~香~乡 [3]赏饷偿赔~响影~：印象 [5]享向

ʑ [2]裳 [6]上~山尚绱把鞋底和鞋身缝在一起：~鞋帮

ɦ [2]羊洋烊固体融化或粉碎杨扬阳降投~□倒：倒，人~□lɔ?8去 [6]养~头发样恙巷□船随水晃动

ø [1]央秧鱼~：鱼苗殃鸳映放~；反~ [3]养~猪；~小人痒 [5]漾漂浮在水上

[uɔ̃]

k [1]光 [3]广 [5]洸液体晃动~灰：块状石灰

kʰ [1]匡筐框眶 [5]旷矿恇估计：~~看

g [2]狂 [6]逛

h [1]荒慌 [3]恍谎 [5]况

ɦ [2]黄~颜色蝗皇王横~行霸道 [6]旺

ø [1]汪黄~鼠佬：黄鼠狼；~段头：一种鮎鱼□人不讲道理 [3]枉往

[yɔ̃]

tɕ [1]庄装桩 [5]壮

tɕʰ [1]疮窗 [5]截定船的木棒；手拄~：手肘

dʑ [2]狂~发~重把东西叠起来 [6]状~告~撞幢□够及：~腰

ɕ [1]霜孀礵商~量双春 [3]爽搡用力摔

ʑ [2]床

[ʊŋ]

p [1]搬~东西奔 [3]本 [5]粪壮~：粪肥

pʰ [1]喷~水烹~饪 [5]喷~香

b [2]盆 [6]笨

m [2]门闻用鼻子闻；姓氏萌 [3]猛锰~风吞：地名 [6]闷焖冏动词孟

f [1]分~开芬纷 [3]粉 [5]粪~便奋

v [2]坟焚文纹闻新~ [6]愤忿分过~份吻刎问~题

t [1]敦墩吨蹲登噔~食：不消化；嗉~：嗉囊蹬踩脚灯□住□po?7~鼓：拨浪鼓 [3]等戥~子□样：衣着等漂亮 [5]顿炖凳噔

tʰ [1]吞佘糖~蛋：一种用桂圆和鸡蛋加糖做的食物（又名"敲敲鸡蛋""敲鸡蛋茶"）；糖~年糕：一种水煮年糕加糖的食物 [5]褪~皮；~毛

d [2]屯豚饨臀囤藤腾滕疼誊 [6]沌盾钝遁邓□顶撞，讽刺

n [6]嫩

l [2]仑伦沦轮囵囵~吞：整个吞下咙喉~能楞 [6]论

ts [1]榛臻尊遵增憎曾姓氏争战~

tsʰ [1]村~党：村子 [3]忖想 [5]寸衬帮~

dz [2]存曾~经层 [6]赠

s [1]森参人~孙犲獅~;猴子僧[3]损笋[5]渗逊

z [6]尽~根牙:智齿

k [1]根跟梗~米更~新羹瓢~:调羹[3]耿梗~塞[5]亘艮~山:地名

kʰ [3]垦恳肯啃

h [3]搻[5]狠蛮横

ɦ [2]痕恒衡[6]恨

ø [1]恩[5]□~~:儿语,大便

[iiŋ]

p [1]彬宾槟殡冰兵[3]禀丙秉饼[5]并~拢来:拼在一起

pʰ [1]姘拼[3]品[5]聘□木制家具的边:床~

b [2]贫频凭平评瓶屏[6]病并~拢来:合在一起

m [2]闽民泯蚊~虫,蚊子明鸣盟名铭冥[3]敏悯皿汤~:炖药的器物[6]命

t [1]丁钉名词[3]顶鼎□重~~:很重[5]钉动词,瞄准或用力投掷订澄静置使水清澈□~牢:不消化

tʰ [1]听耳朵~汀厅[3]挺艇[5]听留,剩下

d [2]廷停亭庭蜓□~doŋ2□b32:剪刀石头布[6]锭定

l [1]零~碎:零钱[2]林淋琳临邻鳞磷瞵菜畦;一一地凌菱陵铃灵零数字铃伶苓茯~[3]凛廪领岭[6]吝令另

ts [1]津精晶旌晴腈~肉[3]尽~够:很够井[5]浸进晋俊

tsʰ [1]侵亲~眷清青[3]寝请[5]亲~家竣

dz [2]秦循巡[6]殉尽~力烬

s [1]心辛新薪询旬腈星腥[3]省反醒[5]信讯汛潮~迅性姓~数:姓氏

z [2]寻情晴[6]荨静净

tɕ [1]针斟今金襟珍真槙木楔子;把木楔子打进去巾斤筋征蒸兢筝茎京荆惊贞侦正~月经[3]枕锦诊疹紧谨槿木~:花拯景警整颈[5]禁镇颛发霉振震证症境敬竟镜政正~反径甑桶:甑子

tɕʰ [1]钦称~卿蜻轻[5]趁乘坐:赚钱衬~衫称~职秤庆磬

dʑ [2]沉琴禽擒陈尘臣勤芹澄惩橙~甜:乘承丞擎抬手,把东西举起来鲸呈程城成□~更半夜:深夜;~多□maʔʔ少:很多[6]阵仅瑾劲近剩竟郑沉把人或动物淹死

ȵ [1]扔呢语气助词[2]壬任姓氏吟人一个~银仍迎宁波:地名[3]忍[6]赁认~真八股韧宁~佞可佞

ɕ [1]深身申伸娠欣升兴~起声馨[3]沈审婶[5]琛衅胜兴~致圣

ʑ [2]神辰晨人~民仁唇绳蝇盛~饭[6]葚甚任~务饪妊肾慎盛姓氏吮

ɦ [2]淫寅行~李盈赢刑型形营茔萤荧[6]幸

ø [1]音阴荫因姻殷应回应鹰莺樱~花英婴缨溇凉~~:很凉[3]饮引~导隐影颖[5]窨印洇液体渗透出来;湿透:衣裳~应~付

[uiŋ]

k [3]滚~斗:跟头;搅花~斗:侧向翻跟头[5]棍

kʰ [1]昆坤[3]捆[5]困

h [1]昏婚荤

ɦ [2]魂馄稳浑混~人糊涂[6]混混合

ø [1]温瘟蕰~草:水草混~堂:洗浴

[yŋ]

tɕ [1]谆肫均钧菌君军[3]准窘

tɕʰ [1]椿春倾[3]蠢顷

dʑ [2]群裙[6]郡

ɕ [1]熏勋薰[5]舜瞬训

ʑ [2]纯莼醇淳[6]顺润闰

ɦ [2]匀云耘[6]韵运晕光~晕孕

ø [1]晕~车□夹~:篱笆[3]陨允[5]咏

［oŋ］

p ［1］崩~溃

pʰ ［3］捧

b ［2］朋~友 篷蓬烽——烟;——火 棚草~ ［6］棒奉埲~尘:扬尘

m ［1］懵蒙~~亮 ［2］蒙~古 蠓~蚣:蜈蚣 ［3］网一张~ ［6］孟又读忘~记 望看~梦

f ［1］风疯丰封峰蜂锋 ［5］讽㗋脏

v ［2］冯逢缝~衣裳 ［6］凤俸缝~道:缝隙

t ［1］东冬 ［3］董懂 ［5］栋~桁:栋梁冻

tʰ ［1］通 ［3］捅统~治 ［5］痛

d ［2］同铜桐茼~蒿:蒿菜 童瞳捅卷起来:~竹席 □□diŋ2~b32:剪刀石头布 ［6］桶筒动洞□~盘:托盘

l ［2］罗阁~大王 笼聋农脓隆窿缺:窟窿 龙砻名词 ［3］拢总:一共 陇垄山~田:山上的田 ［6］弄砻~米:糯米

ts ［1］棕鬃宗踪 ［3］总 ［5］粽

tsʰ ［1］聪匆葱囱熜火~:白鼻:果子狸

dz ［2］丛崇从 ［6］颂讼

s ［1］松嵩□看:看轻 ［3］耸 ［5］送宋 □把小孩抱在手里颠簸以安抚

z ［2］怂胆小㞂精液 ［6］诵

k ［1］公蚣工功攻弓躬宫恭供~应 ［3］汞拱巩 ［5］贡供~品

kʰ ［1］空~气 ［3］孔控恐 ［5］空有~

g ［6］共碃~天雷:打雷

h ［1］轰烘□皱披拖~:衣物不平整 ［3］哄~骗 ［5］哄起~:蕻植物的长茎嫩芽~壳头臭:菜变质的异味 鼥~鼻头:讲话因鼻塞发音不清

ɦ ［2］弘宏红洪鸿 ［6］塕~尘:扬尘

ø ［1］翁~瓦片□挤~起~倒 ［5］瓮

［yoŋ］

tɕ ［1］中~间忠衷终钟盅供~饭:提供生活来源 龚 ［3］冢义~坟种~子肿 ［5］中~状元众纵往上跳;~横种~田

tɕʰ ［1］充穿冲□杠:尖头扁担 ［3］宠 ［5］铳土枪 眺睡:瞌睡□走路不稳:跌跌~~、发~

dz ［2］虫穷重~复 ［6］仲重轻~

ɕ ［1］兄胸凶

ɦ ［2］荣绒戎熊雄融浓茸容熔溶榕蓉 ［6］泳用

ø ［1］雍庸壅~壮:施肥 ［3］永冗拥甬勇涌

［ɐʔ］

p ［7］八百柏伯□鸟:男性外生殖器

pʰ ［7］泊梁山~迫拍~球珀魄孯掰□脾气古怪

b ［8］跋泊停~白帛□~泡:很烫 □ha3~□l31~t31:一共

m ［8］陌麦脉嬷~~:大伯的妻子

f ［7］法~律

v ［8］乏伐筏阀

t ［7］答搭瘩末~:最后~年糕:把年糕烧熟□远指代词;在~:在(远指)□眼:眼睛里生的块状物□一~鼻涕;迹:污渍~落:植物、菜、冷冻保存的肉等因日照、化冰而软下来

tʰ ［7］榻竹~:竹床塌搨獭㿉擦伤或烫伤:皮~突眼睛~出托遏搨~粉~地:接触地面;~地板坐:躺平□一~□u5~d36:一块地方□掉落~落□糊~岸:筑田塍

d ［8］踏达铎踱□~头:呆子□疑问词,~□da?8:什么;~个:什么(后接名词);~依:谁

n ［8］呐喊~捺诺

l ［8］腊蜡镴~锡:锡拦~牢:截住 栏栅~子档:栅栏辣癞~痢:痢落洛骆络酪烙乐快~;音~盝壳~子:外壳邋笿:籆□短时间,一下子:一~;~□u6:地方□往上爬:~山、~扶梯

ts ［7］眨撒~谷札扎~制:填充得实,有料作□砍树、砍柴~~脓:溃脓□田塍;筑埂;~坝:筑坝

tsʰ ［7］擦察绰阔~策□抬重物等时帮助出力

s ［7］萨索壁角落~:墙角□tɕie1~~:做作□塞紧;衣裳~到裤子里;桌子脚下脚~~平

z ［8］闸铡凿旋~:螺丝起子昨若□~杀:车等碾死

k [7] 虼~蜢:蝗虫,蚱蜢 夹~□yŋ2;篱笆;~袄 里穿山胛□pʰa5 肩~:肩膀 各阁搁搁浅;挂电话 觉~得 角格隔个~□lɐ?8 歇(长时间的)现在

kʰ [7] 掐恰~乎好:恰好 确~实 壳客□清~:衣着清爽

g [8] 夹~子轧拥挤;~米:碾米;~朋友

ŋ [8] 鄂鳄

h [7] 呷喝瞎垩赫吓

ɦ [8] 匣~头:盒子 狭窄学~堂 额鹤壑~□:器物上的缺口

ø [7] 阿恶鸭押抵~压还~要厄扼轭□折断

〔ɐʔ〕

l [8] 掠~夺略

ts [7] 爵

tsʰ [7] 且雀鹊

tɕ [7] 里~乙押~钾挟~菜着穿衣物脚觉感窄摘只~

tɕʰ [7] 插恰~当洽却确~定拆册赤斥尺□~簟:打稻时用的竹簟

dʑ [8] 着火~:着火择~菜宅掷~骰子□用力扯:叶爿~落来

ȵ [8] 捻揑虐疟匿~名信箬~帽;~壳

ɕ [7] 霎一~时光杀煞辖栅夹~弄:弄堂泡在水里不洗

ʑ [8] 赿冲煠素菜焯水勺~汤;~料芍~药;白~弱石~头硕□衣物等变形突出□乌~:乌贼

ɦ [8] 峡协侠挟要~药钥跃跳岳学~校

ø [7] 约

〔uɐʔ〕

k [7] 括刮□杀~:厉害□裂:裂开

kʰ [7] 阔宽扩

g [8] 掴~麦果:打巴掌

h [7] 豁~开~拳□甩;~燥:甩干

ɦ [8] 活死~滑猾划计~

ø [7] 挖踠~醒:叫醒,眼睛~开:睡醒眼睛睁开

〔ɵʔ〕

p [7] 钵拨~号不~锈钢驳~子船:岸边的停船

pʰ [7] 怕~道:难道泼拍~照相蝮老□a1~:蝮蛇

b [8] 拨~算盘;~一~,动一动鼻泛白~:泡沫勃渤脖垺~泥土薄~刀:菜刀□~牙齿:剔牙齿;~转身:帮人翻身

m [7] □□dzɪŋ2多~少:很多粉状石灰没墨~黑默~里想:独自想么话题标记 [8] 末期抹沫~灰

f [7] 拂

v [8] 氟佛物□白~:说话多时嘴角冒的泡沫

t [7] 掇端德得□呃~冷嗝□一种大的容器,像缸;炭~:暂时借用,很快还

tʰ [7] 脱忒太秃□浮,油炸~饭碗啄~:丢饭碗

d [8] 夺突然特□de?8~:什么□完整体助词

n [8] 纳尔~:你们

l [8] 道怕~:难道在又读,~新登粒捋肋~棚骨:肋骨勒鳓~鲞:鳓鱼我~:我们渠~:他们□da6~:什么□完整体助词难对付

ts [7] 质卒则责~g̃6:怎么

tsʰ [7] 撮猝测

dz [8] 杂蛰择选~泽

s [7] 屑末~子:碎屑痧坏涩瑟虱塞色□~把:给,让,替

z [8] 是人称代词强调前缀;~介:那样贼

k [7] 虼~蚤:跳蚤蛤~鸽合弗~:不值得割葛疙吃~子吊舌头:口吃的人革个近指代词

kʰ [7] 磕瞌渴咳刻克

g [8] 个一~:结构助词胳肋~肢下:腋下

h [7] 黑

ɦ [8] 合~核□用工具在器物上做出缺口

ø [7] 呃~□taʔ?7:冷嗝罯盖:~草药

〔ieʔ〕

p [7] 瘪~壳佬:不饱满的谷粒憋鳖瘪~壶:盛茶水、酒的扁形金属制品笔滗挡住固体,把液体倒出毕必逼碧璧壁□屙:便秘

pʰ [7] 撇匹僻辟~开天~地霹劈

b [8] 别蹩蹩~脚:暗中搞破坏蹁趋~追,赶煸~用火烤干;火~佬:用火孵化的鸡鸭

m ［8］米饭~□liu2:饭粒 灭篾蔑密蜜觅

t ［7］跌滴嫡扚用两根手指掐下来或摘下来；~麦果:用手捏的面疙瘩 的

tʰ ［7］贴帖铁踢剔~牙齿

d ［8］叠一~蒸笼 牒碟蝶谍迭狄获~浦:地名 笛敌籴

l ［8］猎立列裂烈劣栗律率概~力历沥让水漏干掠~头发:梳头

ts ［7］接节即鲫~壳头；鲫鱼 稷积迹脊~梁 绩鹭阴~:阴德 ~安:安耽

tsʰ ［7］妾缉辑切七漆戚

dz ［8］捷集习袭截绝籍

s ［7］些又读,一~:一点 薛褒屑木~;弗一~顾 雪悉膝戌恤息熄媳昔惜锡析晰

z ［8］疾嚼藉狼~:吃饭时食物掉落 席夕寂

tɕ ［7］只~有 指手~劫汁执急级给揭羯阉割;~猪 结镢~刀:割稻的小镰刀 洁桔~梗荚豆吉侧~转:侧过去；~困:侧着睡 织职棘戟击激~灵:女孩漂亮 □~开:衣服缝线脱开

tɕʰ ［7］怯契泣乞吃~东西 □~杀:勒死 卫~:偏袒

dʑ ［8］及~格 杰竭侄秩直值殖植极剧揿抱

ȵ ［8］聂镊涉跋山~水 业入~赘 热孽旦~头:太阳 逆溺

ɕ ［7］胁湿吸歇在外宿夜 蝎失室识式饰隙适释

ʑ ［8］十什拾入~实旦~本佬 术技~述食蚀

ɦ ［8］叶翼~膀;翅膀 亦译液曳拖拽:~来□pæ5去

Ø ［7］邑揖谒噎一乙逸抑益靥表面凹陷;~谷:秕谷;~脬眼:眼睛凹陷

〔o?〕

p ［7］把给;表示被动:~狗咬□da?8一~□博剥驳反~北卜~卦;□恨气□dzia6:很生气 □~tɳ1鼓:拨浪鼓

pʰ ［7］扑下~摊;肚皮朝下躺着 覆~转:倒扣；~瓦:朝上拱的瓦 朴沙~树

b ［8］拔白~鸽 鸽子 薄厚~缚绑雹冰~子:冰雹 仆濮~家庄:地名

m ［7］末~tɕ?7:最后 摸 ［8］抹本字是"帕",~桌布 袜 望~北京来;~上海去;~杭州过 莫寞墨~水 默沉~ 木沐目穆牧□~□he1□he1:多；~lɔ2□lɔ2:多

f ［7］发~痧；~斑；~背:脖子上的坏疽;头~；~票 法戏 福幅蝠复腹覆~盖

v ［8］罚服伏三~袱袄岑~缚又读,绑

t ［7］啄动词,刺 笃督□陡直立放置;把书、纸等在平面上直立撞击来摆整齐

tʰ ［7］统全都□个弯~里:这里；□tɕ?7弯~里:那里；个□la6~里:这边

d ［8］独~自家:一个人 读牍犊渎毒

n ［8］喏提示语气词

l ［8］氯鹿禄六陆戮绿录□~笋:笋干

ts ［7］足

tsʰ ［7］促簇~新

dz ［8］蜀

s ［7］率~领 速肃夙宿粟束□毛巾等变脆

z ［8］族俗续辱褥~□ku1~□ku1:番薯等口感黏 牙□面孔~落:拉下脸□把小孩抱在手里颠簸以安抚

kʰ ［7］廓酷

g ［8］个句末语气助词□思考,心算:~~看

〔uo?〕

k ［7］骨郭国谷窟小睡□漱□□y6~虫:鼠妇

kʰ ［7］窟哭窠镬~洞:灶洞 匡两臂合围的距离

h ［7］忽惚霍藿□纸等氧化变脆

ɦ ［8］猢~狲:猴子 囫~囵吞:整个吞下 棚果核 镬锅子 或惑获还~道:还以为

Ø ［7］颎淹死 弗否定词,~是 屋一间~;一栋房子□阿~:呼痛

〔yo?〕

tɕ ［7］疖肉~头；痹子 折~纸 哲浙决诀橘卓桌琢捉~漏:补屋顶漏处 竹筑祝粥菊烛嘱□吸:~螺蛳,~奶奶 □哭:猫:爱哭鬼

tɕʰ ［7］彻撤辍阙缺屈戳畜~生 麹酒~触曲

dʑ ［8］辙橛一~~布:一小块布 掘倔浊泥~雨:淋雨 濯镯逐轴卷轴状物,如字画、丝绸等 局

191

ç ［7］摄设刷说血朔缩叔畜~牧 蓄旭
嚎~头；骗人□~尖：很尖

z ［8］术白~舌折~本石~榴熟淑赎属□跑得
很快；~起~倒：跑来跑去

n̠ ［7］拐扭伤；把东西扭弯：~竹，~环 ［8］肉搦
揉：~面 褥垫：死者的垫被□~斧：大斧头

ɦ ［8］悦阅月越粤穴__~坟头域役疫育玉
狱欲浴□挥舞旗帜

∅ ［7］郁

［m̩］

ɦ ［6］墓~下：地名

∅ ［1］姆~妈：妈妈 ［3］无~□mei3：没有 母
丈~娘；丈~老头

［ŋ̍］

ɦ ［2］鱼儿~子；病~：妊娠反应 □□da6 ~：谁
［6］尔~侬：你

∅ ［3］午端~耳~朵 母产~□dei2：产妇 ［5］五数
字；早~更：早上

［l̩］

ɦ ［2］儿幼~园而 ［6］二

∅ ［3］尔耳木~饵

（徐恺远　复旦大学中国语言文学系　22210110035@m.fudan.edu.cn）

上海南部方言合口介音的脱落现象

Demarco，Federico F.（吴飞得）　封炬鑫

一　前　言

在现代汉语方言中，合口介音的消失是非常普遍的，该现象已被多项研究所讨论。一般被认为北方方言的合口韵保存得最好（王力 2004），而在多数南方方言中只有见系后有开合口的对立（徐通锵 2014）。李新魁（1986）认为合口介音的消变是在明代开始的，唇音声母后的合口介音首先消失，而其他声母后的合口介音的变化缓慢或甚至不变。张光宇（2006）以《中原音韵》"齐微"中的 *-uei 合口韵为出发点，分析了合口介音在不同声母组后的消失并且得到了下列的"蕴涵关系"：p pʰ m > n > l > t tʰ > ts tsʰ s > k kʰ x。张氏认为声母发音时"舌体后部越高（合口介音）越不容易消失，反之则越倾向消失"。许婉娥（2018）则指出粤东地区的闽方言是一个反例，合口介音并不受唇音声母的影响。

有关合口介音在吴方言中的情形，诸多学者已指出 t 组、ts 组字大都不用合口韵头（王力 2004、赵元任 1928 等），例如上海话中的"对" tɛ、"内" nɛ、"尊" tsən。张琨（1985）将合口介音的丢失作为吴语的语音特征之一，他表明："在吴语中切韵合口韵的合口介音多半都消失掉了，只有在舌根音喉音声母后边开口的对立大致仍然存在"，其余声母字以变开口韵为主（张平忠、顾旖琳 2019）。

表 1　北部吴语合口介音留存情况（中古合口一二等韵）

方言点	p pʰ b m	n	l	t tʰ d	ts tsʰ dz s z	k kʰ g
杭州		嫩	论	堆	最 / 孙	盔 / 官 / 关 / 困 / 光 / 刮
嘉兴					最 / 酸	盔 / 官 / 关 / 困 / 光 / 刮
常州					最	盔 / 官 / 关 / 困 / 光 / 刮
绍兴						盔 / 官 / 关 / 困 / 光 / 刮
苏州						盔 / 官 / 关 / 困 / 光 / 刮
上海						盔 / 官 / 关 / 困 / 光 / 刮
宁波						盔 / 关 / 困 / 光 / 刮

表 1 中七个方言里，软腭音声母后边均保留着合口介音。在其他声母组之后，杭州话保留得最多，除不能与唇音声母相拼外，其他声母之后仍保留着合口介音①。其次，嘉兴话、常州话在 ts 组声母之后仍保留着开合的对立。可见，北部吴语总体上也跟随着上文已提及的"蕴涵关系"（张光宇 2006）。

有些声母没包括在表 1 里面：1. 不多见的 /tʂ tʂʰ dʐ ʂ ʐ/ 一套"翘舌音"声母；2. 唇擦

---

① 桓韵非见系组字今有介音或许是后来增生的，故不包括在表中，具体可以参考赵元任（1928）。此外，新派口音中，/n l t tʰ d/ 声母后边原有合口介音的字今读开口韵，例如"嫩""论"等。

音声母 f [ɸ]、v [β] 和喉音声母 h、ɦ，这两对声母在不少方言中相混（松江、嘉善、上虞、新昌等），古晓组合口字今读唇音声母（请见本文第四节）。

值得提起的是合口介音前接不同声母时，其性质不一定相同，存在着与声母发音部位同化的现象，但一般仍能将其处理为合口韵，例如赵元任（1928）在解释 t 组、ts 组声母后接的合口介音时特别说明："这类字读起合口音来并不一定是个有舌根作用的 u 音，因为 'd，tz' 系的声母既然用舌尖，底下的合口韵往往也是舌尖韵的 ÿ 音，例如溧阳岁字 sÿai _{去声}"，即在 t、ts 两组声母之后合口介音通常为 [ɥ]。

最后，在北部吴语少数地点中存在着 k 组后进一步的介音脱落，这是上海南部方言的情况。本文所说的"上海南部方言"指的是松江、金山、奉贤三区的方言。下文以松江新浜话 ① 和金山朱泾话为主，论述上海南部方言合口介音的脱落现象及其合口介音的性质。

二　上海南部方言的合口韵及其开口化

上海南部方言一般有 9—11 个带有合口介音的韵母，它们只能与 /k kʰ g ŋ/ 以及零声母相拼 ②。以下列出朱泾话中的合口韵（除 u 韵母外）：

表 2　朱泾话合口韵及其与中古韵母的对应关系

序号	朱泾	中 古		例 字
		摄呼等	韵	
1	uɑ	假合二	麻	夸 kʰuɑ¹（文读）
		蟹合二	皆	怪 kuɑ⁵
			佳	拐 kuɑ³
			夬	快 kʰuɑ⁵
2	uɪ	蟹合一	灰	块 kʰuɪ⁵
			泰	桧 kuɪ⁵
		蟹合四	齐	桂 kuɪ⁵
		止合三	支	危 ŋuɪ²
			脂	柜 guɪ⁶（文读）
			微	贵 kuɪ⁵（文读）
		山合一	桓	官 kuɪ¹
3	uɛ	山合二	山	鳏 kuɛ¹
			删	环 guɛ²
4	uæ̃	宕合一	唐	光 kuæ̃¹

---

①　新浜镇位于松江区西南部，与松江、金山、奉贤大多数地点方言不同的是其声调系统。在新浜话中，古上声全清声母字今读 53 调，与阴平相同，例如：狗 = 勾 kɤ⁵³；古上声次清声母字今读 44 调。这是新浜话与青浦练塘地区方言的共同特征。

②　本文不讨论零声母。在上海南部方言中，零声母通常可以有不同的处理方式，例如松江话的"湾"，可以被处理为零声母 + 合口韵 Øuɛ，或者唇音声母 + 开口韵 ʔβɛ，即专门为它设立一个清声母 ʔβ。

序号	朱泾	中 古		例 字
		摄呼等	韵	
5	uõ	宕合一	唐	广 kuõ³
		宕合三	阳	狂 guõ²
		梗合二	庚	矿 kʰuõ⁵
6	uɐŋ	臻合一	魂	滚 kuɐŋ³
7	uɛʔ	山合一	末	括 kuɛʔ⁷
		山合二	鎋	刮 kuɛʔ⁷
8	uɑʔ	—	—	呱 kuɑʔ⁷
9	uəʔ	山合一	末	阔 kʰuəʔ⁷
		臻合一	没	骨 kuəʔ⁷

在大多数上海南部方言里，表 2 中的合口韵以及其所辖字基本一致，只有主元音的音值有略微区别，它们可以略高、低些，或者略前、后些，例如：有将 uɑʔ 读作 uʌʔ 的、有将 uɐŋ 读作 uəŋ 的等。

除表 2 中的 9 个韵母外，部分地区还有一个 uɒʔ 韵母（宕合一铎韵），例如：郭 kuɒʔ⁷；少数地点还有一个较少见的 uɪ 韵母（除山合一桓韵外，来源与 #2 uɪ 韵母相同），例如：块 kʰuɪ⁵。

此外，在一些地区，有些合口韵已发生了合并。在松江西部（古松、大港、昆冈、天马等）7、8 合并，即刮 = 呱，而在金山西部、西南部（枫泾、廊下等）以及奉贤东乡（奉城、头桥等），7、9 合并，即刮 = 骨。

接下来，我们将这些韵母分为主元音为圆元音、展元音两套韵母，对它们的开口化进行描述。

2.1 主元音为圆元音

所有合口韵当中，最容易变为与其对应的开口韵是主元音为圆元音的两个韵母，即 uõ 和 uɒʔ，例如：

光 kuõ¹ > kõ¹（辰~、太阳~）

郭 kuɒʔ⁷ > kɒʔ⁷/koʔ⁷（姓、地名）

在上海南部方言，这两个韵母的开口化较为常见。合口介音在软腭音声母后的消失往往与韵母主元音的圆度有关，主元音越圆，合口介音因音色相近越容易被掩饰掉。在其他周边吴方言中也能找到类似的例子，例如：

瓜 kuo¹ > ko¹ = 家（宁波地区）

光 kuɔ̃¹ > kɔ̃¹ = 刚（湖州地区）

官 kuø¹ > kø¹ = 肝（上海市区、吴江）

值得提出的是在上海南部方言的音系中无 uø 韵。桓韵 /k kʰ/ 声母字普遍读成 uɪ 韵母，而在新浜、枫泾两地方言中读成 ø 韵母，例如：官 = 干 kø¹。

2.2 主元音为展元音

至于主元音为展元音的韵母，周边方言一般都保留着合口介音，但在上海南部方言存在合口介音的脱落。钱乃荣（1994）分析了奉贤语音的年龄差时指出："古臻摄合口一等魂韵见组字韵母读音分两派：A，部分老年人失去 u 介音读 ẽŋ……另外，'块'、元（一百元）等字也有类似失去 u 介音现象，A 派读 kʰe……"

除奉贤外，我们还发现了合口介音的脱落越往西越普遍，例如在金山朱泾话和松江新五话中，该现象还可以涉及所有的韵母，而在位于朱泾以西的松江新浜话中，合口介音的脱落最为发达，并且包括年轻人，见表 3：

表3　松江新浜话合口介音的脱落

例字	读音	例词	例字	读音	例词
快	kʰua⁵ > kʰɑ⁵	~点	滚	kuɐŋ³ > kɐŋ³	~链条
桂	kuɪ⁵ > kɪ⁵	~花	睏	kʰuɐŋ⁵ > kʰɐŋ⁵	~觉
块	kʰuɪ⁵ > kʰɪ⁵	两~	刮	kuaʔ⁷ > kaʔ⁷	~痧
危	ŋuɪ² > ŋɪ²	~险	筷	kʰuaʔ⁷ > kʰaʔ⁷	一双~
关	kuE¹ > kE¹	~门	呱	kuɑʔ⁷ > kɑʔ⁷	~~叫
环	guE² > gE²	~龙桥	骨	kuəʔ⁷ > kəʔ⁷	排~
光	kuã¹ > kã¹	~火	快	kʰuE⁵ > kʰE⁵	文读

表 3 中的例子见于方家礴、胡家埭、用杨、林家埭、许家草等新浜镇农村地区①。虽然说新浜是合口介音脱落现象最发达的地区，但是带有合口介音的读法仍未完全消失，即合口和开口的读法共存，只是后者的比率比松江、奉贤、金山其他地点的方言高很多，连"快"字的文读音都有人读开口韵。

这些韵母的开口化一般不影响主元音，但 uɪ、uəʔ 两个韵母较特殊，除表 3 的读法外，还存在主元音有变化的情况（局限于新浜以及离其较近少数地方）：

桂 ~花 kuɪ⁵ > kø⁵，块 一~地皮 kʰuɪ⁵ > kʰø⁵

骨 ~头 kuəʔ⁷ > kœʔ⁷

uɪ 韵母字，除 ɪ 韵母外，还有 ø 韵母的开口读法。ø 韵母与表 3 中其他开口读法不同的是它仍包含着合口成分，也就是说有合口介音的痕迹（张琨 1985），这一点与 uəʔ 韵母字读 œʔ 同理。

ɪ、ø 一般可混用②，如"桂花"的"桂"可读 ø 或 ɪ。然而有些字在不同表达中则偏向于其中一个韵母，比如"一块地皮"的"块"多读 ø 韵母，而"两块"、"五块"的"块"（钱）多读 ɪ 韵母。

此外，绝少数 uɪ 韵母字还可以读 i 韵母，比如"两块"的"块" kʰi⁵、人名中的"奎" kʰi¹、"亏"的文读音 kʰi¹。在我们所观察到的发音人当中，只有方家礴和胡家埭的部

---

① 新浜各地方言的音系基本一致，表 3 中相关合口韵都相同。

② 这只局限于 uɪ 韵母字（古蟹、止两摄字）的开口读法。在新浜话中，桓韵 /k kʰ/ 声母字只读 ø 韵母。

分人才这么读。有意思的是 i 韵母的读法只出现在 kʰ 声母之后，这样看来，kʰ 的送气成分（加上原有的合口介音）似乎对 i 的高化有影响，但我们更倾向于认为是 *ui 韵母（与 uɪ 韵母不同）脱落了介音的结果，即 i 来自不同层次的读音而并非 ui 韵母。上文已经提到少数地区还有一个 uɪ 韵母，它主要见于离新浜不远的其他松江西部部分地点，而方家罇、胡家埭正好位于新浜东部。另外，在松江西部这些地点，仍保留着 uɪ 韵母的字本来也极少，其中 kʰ 声母字又占多数，所以很有可能新浜东部的"块"kʰiⁱ⁵ 等字经历过 *ui > i 的音变，而在我们所观察到的发音人口音中仅剩介音脱落后的残留读音了。

三　合口介音的性质以及与其他方言的比较

虽然在其他方言中也并非主流，但是我们可以在一些吴、粤、赣、客家方言中找到与上海南部方言相同的合口介音的脱落。

表 4　吴、粤、赣、客家方言中合口介音的脱落

方言点	怪	关	块	困（睏）	刮	骨
温州	ka	ka	kʰai	kʰaŋ/kʰy	ko	ky
郁南平台	kai	kan	kʰai	kʰɐn	kat	kɐt
宜丰	kɑi	kɑn	kʰɑi	kʰən	kɑt	kət
东莞清溪	kai	kan	kʰai	kʰun	kat	kut

在郁南话（粤方言）中，合口韵只出现于零声母（除 un、ut、uk 外），其他声母后均变为开口韵。在与上海方言同属于吴方言的温州话中，合口介音的脱落在 20 世纪初基本已经完成了。传教士记录到 19 世纪的温州话仍有合口介音，例如表 4 中的"快"、"关"、"块"等字当时都读合口韵。郑张尚芳（2008）指出，"早期音有一套唇化喉牙音声母，如'关'kwa，'灰'hwai。其中 w 只是声母的唇化成分，不能像 u 那样延长……永嘉、乐清、文成等邻县方言也仍有保持这套声母的，多读成齿唇 kv 系"，而 kv 系的严式音标应为 kʋv。

在客家方言区，合口介音的脱落也见于博罗、惠州、河源、连平、龙川等地区方言（严修鸿 2010、庄初升 2016）。在合口介音仍存在的客家方言中，比如梅县话，"k kʰ 之后的 u 确实或多或少带有唇齿摩擦色彩，近〔v〕（实际上摩擦往往较弱，为半元音〔ʋ〕）"（侯小英 2017）。

至于上海方言地区的文献，许宝华、陶寰（1997）说明老派上海方言的合口介音的实际音值为〔-ʋ-〕。另外，《金汇续志》（2008）给金汇话专门设立了带有唇化成分的软腭音声母，并指出"声母中，kf 和 gv 这一对发音也是非常少见的"。金汇镇位于奉贤区中北部，属于我们所说的上海南部方言的范畴。与金汇话一样，在其他上海南部方言中，合口介音都带有双唇或唇齿的摩擦①，是与软腭音声母协同发音的，下图以朱泾话为例：

---

①　u 韵母本身也是带有双唇或唇齿的摩擦，严式音标可记为〔uβ〕（朱晓农 2010）。

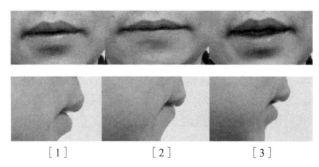

图 1　朱泾话"块"/kʰuɪ⁵/ 发音口型：[1] 中立位 [2] 声母 [3] 韵母（主元音）

　　我们在图 1 中能很明显地看到声母部分的开口度比中立位（Chomsky & Halle 1968）还小，上下唇之间的距离减少了，带有唇化（擦音）成分。可见，上海南部方言合口介音的性质与文献中梅县、温州郊区方言合口介音的描述基本相同。

　　关于如何在音系中处理这些方言的合口介音，有些学者认为设立 k 和 kᵛ/ʷ 两组声母更为合适（也通常意味着给零声母专门设立一个与"合口韵"相配的 v/w/β 声母），有利于将后者的性质凸显出来并解释方言的语音演变（李新魁 1994、庄初升 2016 等）。而其他学者则认为因为这两组声母不构成对立等理由，所以将合口介音处理为韵母的成分更为合适（伍巍 & 王媛媛 2006、侯小英 2017 等）。

四　晓组、云母合口字与非组的混淆和区分

　　古晓组和云母合口字，今多读 /ɸ β/，与非组声母相混，例如：虎 = 府 ɸu³ | 湖 = 符 βu² | 滑 = 罚 βɛʔ⁸ | 婚 = 分 ɸɐ̃ŋ¹ | 黄 = 王 = 房 βɔ̃²。ɸ、β 通常读成近音或 hu-、ɦu-，其中 u 介音的性质上文已描述。这是上海南部方言的特征，但在朱泾话中，部分 ɔ̃ 韵字，又可以读喉音声母且不带合口介音，例如：黄₋瓜 ɦɔ̃²/βɔ̃² | 王₋家浜 ɦɔ̃²/βɔ̃²，而另外一些字，一般只有喉音声母的读法，例如：旺 伏日~ ɦɔ̃⁶ | 蝗 蚂~襟 ɦɔ̃² | 荒 ~地 hɔ̃¹ | 黄 蛋黄、蟹黄 hɔ̃¹ | 晃 转晴 hɔ̃³。这些字都是来自晓组和云母合口字。在朱泾话中，未发现来自非组声母字有类似的又读音，例如"方""放""房"只能分别读 ɸɔ̃¹、ɸɔ̃⁵、βɔ̃²。故此，有理由推断喉音声母且不带合口介音的读法为 u 介音脱落较早的层次。这个现象还多多少少见于朱泾周边地区（新五、吕巷等），但上海南部其他地区（主要是东面）是否存在与朱泾一带相同的现象还有待进一步的研究。

五　总　结

　　上海方言的合口韵母只限于见系字，但在上海南部方言普遍存在合口介音的脱落（在 k kʰ g ŋ 之后），该现象最发达的地区为新浜和枫泾。上海南部方言的合口介音实际为声母的唇化成分，而与其他方言进行比较之后，有理由推测合口介音在软腭塞音声母后已完全消失的方言中大概都曾有过与上海南部方言类似性质的合口介音。最后，在朱泾话中，古晓组和云母合口字有喉音声母且不带合口介音的又读音，有可能为 u 介音脱落较早的层次。

参考文献

鲍士杰.杭州方言词典［M］.南京：江苏教育出版社，1998.

鲍士杰.杭州话音档［M］.上海：上海教育出版社，1998.

侯小英.客方言的［u］介音［J］.方言，2017（01）：88—100.

林立芳.梅县话同音字汇［J］.韶关大学学报（社会科学版），1993（01）：76—103.

李如龙，张双庆.客赣方言调查报告［M］.厦门：厦门大学出版社，1992.

李新魁.近代汉语介音的发展［G］//中山大学中文系.古文字学与语言学论集.广州：中山大学出版
社，1986.

李新魁.广东的方言［M］.广州：广东人民出版社，1994.

钱乃荣.上海市郊一县语音变异的考察——奉贤语音的内部差异［J］.开篇，1994，12.

上海市奉贤区《金汇续志》编纂委员会编.金汇续志［M］.上海：上海辞书出版社，2008.

上海市奉贤县县志修编委员会.奉贤县志［M］.上海人民出版社，1987.

汤珍珠，陈忠敏，吴新贤.宁波方言词典［M］.南京：江苏教育出版社，1997.

汪　平.吴江市方言志［M］.上海：上海社会科学院出版社，2010.

王福堂.绍兴方言研究［M］.北京：语文出版社，2015.

王　力.汉语史稿［M］.北京：中华书局，2004.

许宝华，陶寰.上海方言词典［M］.南京：江苏教育出版社，1997.

许宝华，陶寰.松江方言研究［M］.上海：复旦大学出版社，2015.

徐通锵.语言论——语义型语言的结构原理和研究方法［M］.北京：商务印书馆，2014.

许婉姒.粤东闽语合口介音的保留及其与相邻方言点的比较［G］//岭南大学中文系.考功集
2017—2018：毕业论文选粹.香港：岭南大学中文系，2018.

严修鸿.结构所引起的辅音音变续论——粤中客家话的 f 演变及见组合口成分存留的不平衡性［J］.暨
南学报（哲学社会科学版），2010（03）：102—104.

俞光中.嘉兴方言同音字汇［J］.方言，1988（03）：195—208.

张平忠，顾旖琳.吴语开合口演变研究［J］.龙岩学院学报，2019，37（06）：76—86.

詹伯慧，张日升.珠江三角洲方言字音对照［M］.广州：新世纪出版社，1987.

詹伯慧，张日升.粤西十县市粤方言调查报告［M］.广州：暨南大学出版社，1998.

庄初升.客家方言及其他东南方言的唇化软腭音声母［J］.方言，2016（02）：158—168.

张光宇.汉语方言合口介音消失的阶段性［J］.中国语文，2006（04）：346—358+384.

张　琨.论吴语方言［J］.“中央研究院”历史语言研究所集刊56本2分，1985.

赵元任.现代吴语的研究［M］.北京：清华大学研究院，1928.

郑张尚芳.温州方言志［M］.北京：中华书局，2008.

朱晓农.语音学［M］.北京：商务印书馆，2010.

赤松祐子.湖州音系［J］.均社論叢，1991（17）：33—56.

Chomsky，N. & Halle，M. The Sound Pattern of English. New York：Harper & Row，1968.

P.H.S. Montgomery. Introduction to the Wênchow Dialect［M］.Kelly & Walsh，1893.

（Demarco，Federico F.（吴飞得）　封炬鑫　上海大学文学院　200444）

《苏州方言字音》（*A Syllabary of the Soochow Dialect*）的音系 *

李心然　赵倬成

对《苏州方言字音》（*A Syllabary of the Soochow Dialect*，后文简称《字音》），丁启阵（2006）已经予以了注意，并讨论了其中所反映的舌尖音声母的情况，蔡佞（2010）也对其音系特点进行了比较深入的讨论，石汝杰（2019）针对其中的卷舌声母字进行了讨论，但尚未发布过对全书的系统整理，书中也还有部分可以深入讨论的话题。本文在整理《字音》全部记音的基础上，给出《字音》的同音字汇，并对前人未及的一些问题做更深入的讨论。

一　《苏州方言字音》简介

《苏州方言字音》由苏州文学协会（A Committee of the Soochow Literary Association）编撰，于 1892 年由 Shanghai American Presbyterian Mission Press 出版。全书以拉丁字母顺序排列苏州话字音，但没有提供词汇、语法等方面的信息。字音表之前有 3 页导论（Introductory notes），介绍了全书的编写思路及记音字母，并运用英、法、德语中音值相近的音素描写苏州话的音值，提供了一份相对完整的清末苏州话语音记录。

全书在介绍声韵母时存在部分缺漏，例如没有描写 hy 声母，但描写了 ky、gy 声母的音值。根据原书对后两个声母的描写，可以将 hy 声母拟为 [ɕ]。本文根据原书正文记音整理全书的声韵调系统。拟音主要依据书中导论的描写，并参考了蔡佞（2010）的拟音及现代苏州方音（叶祥苓 1988；汪平 2011）。

需要说明的是，原书在导论部分没有任何关于声调的信息，但在正文部分以发圈法标注平、上、去三调，入声字则不施标识。以 Æ [e] 音节和 Ăh [æʔ] 音节为例：

Æ　　哀 蔼 靄 毅 愛 優 嗳 曖
Ăh　　阿 鴨

可见舒声字的声调标注方法与今之四角标调法大体一致：左下角小圈表示平声，左上角小圈表示上声，右上角小圈表示去声。入声字除了在音节末位有 -h 尾之外没有其他标识。

不过，该书的声调标注方法与四角标调法有一个很大的差别，即不区分阴调和阳调，试比较 A [ɑ] 和 'A [ɦɑ]：

A　　啊 挨 獃
'A　　鞋

---

* 本研究受到国家社会科学基金重大项目"上海城市方言现状与历史研究及数据库建设"（19ZDA303）的资助。

根据现代方言学的习惯，本文将清声母字的声调归为阴调类，浊声母字的声调归为阳调类，分别用奇数数码和偶数数码标识（详见后文）。

全书对舒声字的声调排列顺序为：先列平声、次列上声、最后列去声。根据这一体例，可以补出部分书中漏注声调之字的调类。例如 P'u（p'o）音节收字中的最后一字"蒏"未注声调：

P'u(p'o)坡 鋪 '頗 '普 '浦 舗' 破 蒏

根据原书体例，可以将此字声调定为阴去。核《康熙字典》（武英殿本），可见"蒏，《搜真玉镜》：音沸，溢也。""沸"在《广韵》中属帮母未韵（但声、韵均不合），可见根据体例补出的声调不误。

又如，Kw'ön［kʰuõ］音节下有"宽欵"二字，原书将"宽"标为上声，将"欵"标为平声：

Kw'ön '宽 欵

根据原书体例，平声应当出现在上声之前，又根据中古音和现代苏州方音，可知"宽"当是阴平，"欵"当是阴上，在整理时改正。

原书中漏标声调且无法根据原书体例辨明的，用"［？］"标识其声调，如 K'a［kʰɑ］音节下只有"卡"一字，难以确定究竟读何声调，故以［？］标识。

最后需要说明的是，原书在用字上较为随意，重出不少异体字，例如 chen［tʂən］音节下既收"針"也收"鍼"，为了音韵比较的方便并尊重原书面貌，本文在整理时保留原书的繁体字和异体字。后文在罗列原书内容时（包括音系例字和同音字表正文）使用字形也和原书一致。

二 《苏州方言字音》音系

2.1 声母（33个）

p［p］攞扮百　　p'［pʰ］派片拍　　b［b］排朋白　　f［f］非放法　　v［v］浮房服　　m［m］買命目

t［t］刀典跌　　t'［tʰ］體探鐵　　d［d］袋停踏　　　　　　　　　　　　　　　n［n］耐難訥　　l［l］李蘭辣

ts［ts］之借爵　　ts'［tsʰ］^①齒悄七　　dz［dz］嗣序習　　s［s］師西薛　　z［z］字上石

ch［tʂ］知鍼織　　ch'［tʂʰ］恥穿出　　dj［dʐ］遲撞直　　sh［ʂ］屍雙叔　　zh［ʐ］時鱔熟

ky［tɕ］雞佳腳　　ky'［tɕʰ］去巧乞　　gy［dʑ］其拒極　　hy［ɕ］休希吸　　　　　　　　　ny［ȵ］嫋牛逆

k［k］高乾甲　　k'［kʰ］恢開揩　　g［g］骱骸軋　　h［h］好況黑　　'［ɦ］^②豪移滑　　ng［ŋ］咬藕嶽

Ø哀烏約^③

① 书中该韵母时作 ts' 时作 t's，整理时统一为［tsʰ］。

② 书中仅阳调类开口呼零声母字及 u 韵母（'u［ɦu］）的声母位置有 ' 符号，阳调类齐、撮二呼零声母字用 y 作为声母标记，合口呼零声母字以 w 作为声母标记。本文将阳调类零声母字的声母均拟作［ɦ］，代表气嗓音发声态。

③ 书中开口呼阴调字及 u［u］音节声母位置无声母标记，齐齿呼阴调字用 i 作为声

母标记，未见撮口呼阴调字。

2.2 韵母（53个）

[ɿ] 纸雌詞① i [i] 飛蛆氣 u [u] 婆图哥② ü [y] 女區雨

ǔ [ʅ] 主書時①

a [ɑ] 敗家灑 ia [iɑ] 借佳野③ wa [uɑ] 怪快槐

ô [ɒ] 拿嘮⑥

æ [e] 賠碎海④ iæ [ie] 也 wæ [ue] 葵徽回

o [o] 爬遮瓦 wo [uo] 瓜花話

ao [ao] 跑照考 iao [iao] 苗焦驕

eu [øɤ] 謀狗州 iu [iɤ] 求休遊

a*n* [ã] 班盞監 ie*n* [iẽ] 騙先牽 wa*n* [uẽ] 關筷還

ö*n* [õ] 盤段甘 yö*n* [iõ] 拳原遠 wö*n* [uõ] 官歡换

ang [aŋ] 章耕櫻 iang [iaŋ] 醬强羊 wang [uaŋ] 狂横

ông [ɒŋ] 防床康 yông [iɒŋ] 旺 wông [uɒŋ] 廣况黄

en [ən] 文蒸跟 in [in] 冰心金 wen [uən] 滚昏穩 üin [yn] 羣訓雲

yen [iən] 人忍認⑤

ong [oŋ] 豐農空 iong [ioŋ] 窮濃熊

ah [ɑʔ] 白着甲 iah [iɑʔ] 嚼脚藥 wah [uɑʔ] 刮豁劃

ôh [ɒʔ] 諾喏⑥

ǎh [æʔ] 襪煤鴨

eh [əʔ] 迫出鴿 ih [iɪʔ] 別雪急 weh [uəʔ] 骨忽或 üih [yɪʔ] 血月疫

oh [oʔ] 薄鐸捉 yoh [ioʔ] 菊軸玉 woh [uoʔ] 鑊

m [m̩] 嘸無 ng [ŋ̍] 吴魚五 r [ər] 而兒耳

① 原書中 [ɿ] 韵母字不标寫韵母，如 [dzɿ] 寫作"Dz"，[sɿ] 寫作"S"之類，表明傳教士認為該類韵母的音值是同部位擦音的延续。今根据習慣補出 [ɿ] 韵母。部分 [ʅ] 韵字也不标寫韵母，如 [ʂʅ] 寫作"Sh（ssǔ）"、[ʐʅ] 寫作"Zh（zǔ）"，今亦補出 [ʅ] 韵母。

② 原書的 pu [pu]、p'u [pʰu]、bu [bu]、tu [tu]、t'u [tʰu]、du [du]、tsu [tsu]、ts'u [tsʰu]、su [su]、nu [nu]、lu [lu]、ku [ku]、k'u [kʰu]、ngu [ŋu]、hu [hu] 音節均标注同聲母 [əu] 韵的異讀，詳見下文同音字表部分。

③ ia [iɑ] 韵出現在 ky [tɕ] 組聲母後時原書不标寫介音，如"佳"記作 Kya。今按現代方言學習慣将 kya 類記音的韵母處理為 [iɑ]。iæ [ie] 韵、iao [iao] 韵、iang [iaŋ] 韵、iong [ioŋ] 韵同此。

④ 書中該韵母時作 æ 時作 ae，整理時統一為 [e]。

⑤ yen [iən] 韵只有"人忍忉認"四字，與 in [in] 韵母存在最小對立：人 nyen [ŋiən²] ≠ 銀 nyi*n* [ŋin²]。

⑥ [ɒʔ] 韵只有"諾喏"二字，今苏州話中"諾"讀 [noʔ⁸]，"喏"讀 [zo⁶]。

2.3　声调（8个）

阴平　疤籂刀専　　　阴上　斗海寵梗　　　阴去　肺柄瘦閫　　　阴入　拍德粟角

阳平　牌才桃船　　　阳上　肚冷上罔　　　阳去　婢豆跪萬　　　阳入　拔鑿極賊

部分上声混入去声，无明显规律。阳上混入阳去或可视为现代苏州话全浊上声归去声的前奏，但阴上混入阴去的情况与今苏州话的情况有所龃龉，或是传教士记音之误。整理时尊重原书，不作改动。

三　拟音说明

对《字音》一书，蔡佞（2010）已经联系其他早期苏州话记录做了比较深入的分析，本文的拟音和蔡佞（2010）有一些不同，在这里做一个简单的说明。

3.1　声母

蔡佞（2010）拟定的《字音》音系中共有34个声母，本文拟定的声母是33个。差异在于蔡佞（2010）将阳调类合口呼零声母字的声母拟为［ɦ］，阳调类齐齿、撮口呼零声母字的声母拟为［j］，本文将所有阳调类零声母字的声母一律拟作［ɦ］。

首先需要说明的是，本文和蔡佞（2010）对阳调类零声母字的声母处理没有原则上的不同。无论是用［ɦ］统一代表气嗓音发声态，还是用［ɦ］代表今读开、合二呼零声母字的气嗓发声态，［j］代表今读齐、撮二呼零声母字的气嗓发声态，没有本质上的区别。不过，蔡佞（2010）将代表［ɦ］的拉丁字母写作 w，与原书不符。原书的阳调类开口呼零声母字以及 u 韵母的阳调类零声母音节都用 ' 作为声母标记，只有其他阳调类合口呼零声母字才用 w 作为声母标记。

对于 ch、ch'、dj、sh、zh 组声母，蔡佞（2010）拟为舌叶音［tʃ］组，本文拟作卷舌音［tʂ］组。书中对 ch 的音值描写说明该声母的调音部位在英语的舌叶音和齿龈音之间（《字音》第 2 页），对 dj 的音值描写是"在英语的 j 前有一个轻微的 d 音"（English j with a slight d sound before it）。可见这一组声母在美国传教士听来和英语的舌叶音比较接近，因此蔡佞（2010）拟作舌叶音是没有问题的。本文考虑到自赵元任（1928）以来对苏州话的这套声母都记作［tʂ］，对苏州郊区的这类音也记作［tʂ］（林齐倩 2017），无锡、常熟等地的这套声母也都记作［tʂ］（如莫娲 2019；王轶之 2011；袁丹 2010），因此本文在符号上还是选取了［tʂ］，但这组声母的语音性质应当更接近蔡佞（2010）所拟的舌叶音。

3.2　韵母

本文与蔡佞（2010）在韵母上分歧最大的是原书记作 in 和 yen 的两韵。后者将 in 拟为［iin］，例字为"平听青银"，将 ien 拟为［iən］，例字为"金琴人欣"。核对原书，只有 ien［iẽ］韵母，未见 ien［iən］韵母。与 ien 最相近的是 yen 韵母，只与 ny［ŋ］声母相拼，只有"人忍忉認"四字，中古来源都是日母，且 yen 韵与 in 韵存在以下的最小对立对：

人 nyen［ŋiən²］≠ 甯迎银壬凝 nyin［ŋin²］；

认 nyen［ŋiən⁶］≠ 佞任 nyin［ŋin⁶］。

蔡佞（2010）所列 ien［iən］韵的四个例字中，"金琴欣"三字都是 in 韵："金"记音为 Kyin（《字音》第 12 页），"琴"记音为 Gyin（《字音》第 7 页），"欣"记音为 Hyin（《字音》第 8 页）。

因此，本文韵母数量虽与蔡佞（2010）相同，且都有［iin］（本文拟作［in］）和［iən］两韵，但这两韵的内涵完全不同。本文的［iən］韵只包括真轸震韵的日母字。

对于 an［æ̃］、ien［iẽ］、wan［uæ̃］、ön［õ］、yön［iõ］、wön［uõ］六个韵母，本文和蔡佞（2010）都拟作鼻化元音（只是韵腹的音值略有不同）。这里需要说明的一点是，《字音》并没有明确描写过鼻音韵尾的音值，但上述六个韵母的 n 都作斜体，而 en［ən］、in［in］、wen［uən］、üin［yn］、yen［iən］五个 -n 尾韵的 n 都是正体。可见韵尾 n 斜体和正体代表了不同的音值。参考 Edkins（1868）对上海话的记录，本文将斜体 n 韵尾视作鼻化的标志。

其他韵母上的问题，除了拟音音值上的差别之外，本文和蔡佞（2010）基本一致，不再赘述。

四　同　音　字　表

本文以现代方言学的习惯，以韵母为纲重新排列原书的字音记录，收字顺序一依原书，对较明显的错误予以改正。用数码 1—8 分别表示阴平、阳平、阴上、阳上、阴去、阳去、阴入、阳入。整理时先给出原文的拉丁字母记音，再给出本文的拟音，随后根据声调排列单字。

［ɿ］

原文注音	拟音	汉字
Ts	［tsɿ］	［1］之兹姿滋资孜孳赀辎淄咨諮［3］子仔纸梓紫
T's	［tsʰɿ］	［1］疵雌［3］此跐齿［5］次刺
*Dz	［dzɿ］	［2］慈磁辭詞［6］嗣（*This initial is usually pronounced as z, by the common people. Scholars, however, prefer dz.）
S	［sɿ］	［1］司私思師獅斯絲螄撕緦［3］史使屎駛［5］四肆賜
Z	［zɿ］	［2］匙［6］巳士市仕字自似寺伺事祀是氏

ǔ［ʮ］

原文注音	拟音	汉字
Chǔ	［tʂʮ］	［1］珠肢芝猪之支知蹰蜘枝［3］主蛀衹止旨嘴指［5］娵緻鑄至熾懥智致志贄置製
Ch'ǔ	［tʂʰʮ］	［1］痴癡吹［3］笞絺［5］處鼠楮杵恥耻渚翅
*Dj	［dzʮ］	［2］池持蚳遲跙廚除［4］苧乳［6］治雉豸住柱竪（*This initial is often pronounced as zh）
Sh（ssǔ）	［ʂʮ］	［1］書抒紓輸施尸屍［3］水始矢豕［5］庶恕尿世試勢
Zh（zǔ）	［zʮ］	［2］時如茹儒殳［4］孺［6］樹侍誓

i［i］

原文注音	拟音	汉字
Pi	［pi］	［3］吡鄙［5］閉臂闼庇
P'i	［pʰi］	［1］批砒屁［5］披譬庇

Bi	[bi]	[2] 皮毘毗俾被蚍疲脾琵貔羆聲髲 [4] 狴 [6] 敝弊斃幣箆避斃婢
Mi	[mi]	[2] 迷麋彌糜瀰獼 [4] 米靡 [6] 味乜
Fi	[fi]	[1] 非霏妃飛腓 [3] 匪菲棐榧 [5] 翡費廢肺
Vi	[vi]	[2] 惟微肥薇維 [6] 未
Ti	[ti]	[1] 低 [3] 抵邸底氐 [5] 帝
T'i	[tʰi]	[1] 梯 [3] 體 [5] 剃涕屉替
Di	[di]	[2] 弟堤啼提蹄題 [6] 地弟悌棣第隸
Li	[li]	[2] 狸梨蜊璃鰲離厘鸝籬犁 [4] 李里俚理娌裹鯉禮呂哩 [6] 吏利例俐唎淚痢儷荔屢勵麗
Tsi	[tsi]	[1] 鯽齏疽苴 [3] 擠 [5] 祭濟際齊
T'si	[tsʰi]	[1] 妻淒蛆 [3] 且取娶 [5] 砌趣
Dzi	[dzi]	[2] 齊臍徐蠐 [4] 鱭 [6] 薺聚序叙署
Si	[si]	[1] 胥西些粞犀 [3] 洗璽死 [5] 細婿
Kyi	[tɕi]	[1] 肌雞譏饑基磯璣機箕幾羈喈 [3] 几己 [5] 季記計剧暨繼既寄冀
Ky'i	[tɕʰi]	[1] 豈欺溪 [3] 起啟去 [5] 契氣棄器
Gyi	[dʑi]	[2] 其期棋旗碁奇騎祈耆衹祁麒 [6] 忌妓企
Nyi	[ŋi]	[2] 伲呢坭宜泥妮柅倪疑鯢兒尼霓 [4] 耳蟻尾 [6] 誼藝議二
Hyi	[ɕi]	[1] 希嘻熙嬉禧 [3] 喜唏蟢 [5] 戲
Yi	[ɦi]	[2] 夷匜移貤奚痍遺係 [6] 肆異易
I	[i]	[1] 兮伊衣吟依猗醫儀 [3] 已以矣苡宧倚掎椅錡伲 [5] 意義

u [u]

原文注音	拟音	汉字
Pu（po）	[pu]（[pəu]）	[1] 波玻 [3] 播補譜圃 [5] 簸布佈怖哺啵
P'u（p'o）	[pʰu]（[pʰəu]）	[1] 坡鋪 [3] 頗普浦 [5] 鋪破潷
Bu（bo）	[bu]（[bəu]）	[2] 婆婆菩蒲醅簿 [4] 蔀 [6] 簿蔢埠步捕部
Mu	[mu]	[4] 母
Fu	[fu]	[1] 夫敷膚麩孚 [3] 拊俯腑釜甫脯黼斧府撫 [5] 付咐傅富副賦赴訃附
Vu	[vu]	[2] 扶無符芙蚨 [4] 腐舞武務 [6] 父附霧婦負
Tu（to）	[tu]（[təu]）	[1] 都多 [3] 堵睹賭覩躲垜妒妬
T'u（t'o）	[tʰu]（[tʰəu]）	[1] 拖 [3] 妥埵土吐 [5] 兔唾
Du（do）	[du]（[dəu]）	[2] 疤砣跎酡駝駄鼉徒圖途屠陀瘩鴕 [4] 肚 [6] 舵渡惰杜大度鍍

Nu（no）	［nu］（［nəu］）	［2］奴駑［4］努［6］怒糯
Lu（lo）	［lu］（［ləu］）	［2］蘆爐艫鱸羅籮鑼騾螺玀［4］鹵滷嚕櫓魯略［6］鷺路露
Tsu（tso）	［tsu］（［tsəu］）	［1］租［3］左組詛阻［5］做
T'su（t'so）	［tsʰu］（［tsʰəu］）	［1］蹉初粗［3］楚［5］剉挫銼錯措醋
Dzu（dzo）	［dzu］（［dzəu］）	［2］鋤［6］坐助座
Su（so）	［su］（［səu］）	［1］穌蘇酥簑梭蔬［3］鎖數［5］塑素訴
Ku（ko）	［ku］（［kəu］）	［1］戈哥歌鍋姑孤鼓辜鴣箍［3］果菓古估股賈膱咕［5］個過固故僱顧
K'u（k'o）	［kʰu］（［kʰəu］）	［1］枯骷窠科顆苛［3］苦可［5］庫褲課
Ngu（ngo）	［ŋu］（［ŋəu］）	［2］吾峩俄蛾鵝梧訛哦［4］我［6］寤臥餓互悟
Hu（ho）	［hu］（［həu］）	［1］呼呵［3］火伙虎琥夥［5］貨戽
'U	［ɦu］	［2］和河湖何胡荷禾咊［6］賀禍户
U	［u］	［1］污烏鄔［5］惡

ü［y］

原文注音	拟音	汉字
Kyü	［tɕy］	［1］居拘椐駒据［3］矩舉鬼［5］句據遽
Ky'ü	［tɕʰy］	［1］區樞軀驅
Gyü	［dʑy］	［2］瞿衢劬鸜渠俱［6］跽懼具拒
Nyü	［ny］	［2］愚隅娛［4］女語［6］寓遇
Hyü	［ɕy］	［1］吁盱虛噓［3］許
Yü	［ɦy］	［2］于餘漁餘榆逾［4］愈雨與羽［6］喻禦預諭

a［ɑ］

原文注音	拟音	汉字
Pa	［pɑ］	［3］擺［5］拜叭
P'a	［pʰɑ］	［5］派儚
Ba	［bɑ］	［2］排牌簰［6］粺罷粺敗
Ma	［mɑ］	［4］買媽［6］賣
Ta	［tɑ］	［5］帶戴
T'a	［tʰɑ］	［1］他［5］太泰
Da	［dɑ］	［6］汏大玳吠
Na	［nɑ］	［2］倻挪［4］奶芀那［6］哪
La	［lɑ］	［2］拉喇挪［6］賴癩
Tsa	［tsʰɑ］	［1］齋［5］債
T'sa	［tsʰɑ］	［1］差［5］蔡
Dza	［dzɑ］	［6］瀉（當爲"排泄"之 dza）

Sa	[sɑ]	[1]筛[3]洒灑
Za	[zɑ]	[2]柴[4]惹
Ch'a	[tʂʰɑ]	[3]扯
Sha	[ʂɑ]	[3]啥[5]耍
Ka	[kɑ]	[1]家枷加袈階街嘉[3]假解[5]尬價嫁架戒芥界疥蚧誡鮭
K'a	[kʰɑ]	[?]卡
Ga	[gɑ]	[2]茄骱
Nga	[ŋɑ]	[2]牙芽衙齖[6]外
Ha	[hɑ]	[1]哈[3]蟹
'A	[ɦɑ]	[2]鞋
A	[ɑ]	[1]啊挨[5]欤

ia [iɑ]

原文注音	拟音	汉字
Tia	[tiɑ]	[1]爹
Tsia	[tsiɑ]	[3]姊姐[5]借
T'sia	[tsʰiɑ]	[3]且
Dzia	[dziɑ]	[2]邪斜[6]謝榭
Sia	[siɑ]	[3]寫[5]瀉卸
Kya	[tɕiɑ]	[1]皆伽佳[5]吤介
Ya	[ɦiɑ]	[2]耶爺涯睚鴉[4]野[6]夜
Ia	[iɑ]	[3]也

wa [uɑ]

原文注音	拟音	汉字
Kwa	[kuɑ]	[1]乖[3]拐枴[5]夬怪
Kw'a	[kʰuɑ]	[3]蒯[5]快
Hwa	[huɑ]	[1]歪
Wa	[ɦuɑ]	[2]槐懷[6]壞

ô [ɒ]

原文注音	拟音	汉字
Nô	[nɒ]	[2]拿嗱

æ [e]

原文注音	拟音	汉字
Pæ	[pe]	[1]杯碑悲卑盃[3]彼[5]貝輩狽背
P'æ	[pʰe]	[1]胚呸（原書誤作"吥"）[5]配沛
Bæ	[be]	[2]培掊賠陪痞裴[4]蓓[6]佩珮背倍焙備

Mæ	[me]	[2]梅枚煤眉[4]每美[6]媒妹痗寐眜
Tæ	[te]	[1]堆[3]歹[5]對戴碓
T'æ	[tʰe]	[1]推台[3]腿[5]退
Dæ	[de]	[1]怡檯苔臺抬[6]袋代兌岱埭怠迫殆待貸逮黛埭
Læ	[le]	[2]來萊雷擂[4]累[6]儡類
Næ	[ne]	[4]乃餒[6]柰耐內俕
Tsæ	[tse]	[1]災栽哉追塠[3]者宰載[5]再最醉
T'sæ	[tsʰe]	[1]猜崔催[3]采採彩綵[5]菜脆啐翠璨睬
Dzæ	[dze]	[2]財才材裁垂隋[4]瑞[6]在罪遂穗銳
Sæ	[se]	[1]雖鰓顋[5]賽碎歲帥
Shæ	[ʂe]	[1]奢
Kæ	[ke]	[1]該[3]改[5]蓋概槩盖
K'æ	[kʰe]	[1]開[3]闓鎧[5]愾
Gæ	[ge]	[1]骸[?]戤
Ngæ	[ŋe]	[2]呆[6]礙碍
Hæ	[he]	[3]海
'Æ	[ɦe]	[2]咳孩荄唉[6]亥害閡
Æ	[e]	[1]哀[3]靄藹靉[5]愛噯僾暖

iæ [ie]

原文注音	拟音	汉字
Hyæ（hyien）	[ɕie]（[ɕiẽ]）	[3]駴
Yæ	[ɦie]	[2]埃[6]獬
Iæ	[ie]	[3]也[5]懈

wæ [ue]

原文注音	拟音	汉字
Kwæ	[kue]	[1]歸圭規閨龜瑰窺[3]癸晷詭[5]劊膾繪貴桂
Kw'æ	[kʰue]	[1]恢奎盔魁虧[5]塊
Gwæ	[gue]	[2]葵暌夔[6]愧潰饋匱櫃跪
Ngwæ	[ŋue]	[2]危
Hwæ	[hue]	[1]悔揮暉輝灰徽[3]毀煅晦卉虺諱[5]誨
Wæ	[ɦue]	[2]威濰幃崮回桅韋圍違蛔煨帷迴（原書誤作"逥"）[4]韙委[6]薈惠胃彗爲彙慧衛魏位緯畏慰穢尉

o [o]

原文注音	拟音	汉字
Po	[po]	[1]巴芭疤吧舥豝[3]把[5]霸壩
P'o	[pʰo]	[1]葩[5]怕

· 208 ·

Bo	[bo]	[2]杷趴爬琶[4]把[6]耙
Mo	[mo]	[2]麻痳蔴磨摩摹魔沫嚜[4]馬瑪碼螞[6]罵暮幕墓慕嗎
To	[to]	[1]多
So	[so]	[1]沙砂睉痧鯊紗裟[5]赦晒
Tso	[tso]	[1]揸渣遮[5]咋痄醉詐蔗樝
T'so	[tsʰo]	[1]扠差叉[3]妊[5]杈詫叉
Dzo	[dzo]	[2]茶查[6]蛇麝社
Ngo	[ŋo]	[4]瓦
'O	[ɦo]	[4]下夏
O	[o]	[1]啞丫鴉[5]亞

wo [uo]

原文注音	拟音	汉字
Kwo	[kuo]	[1]瓜[3]寡[5]罣掛
Hwo	[huo]	[1]花譁[5]化
Wo	[ɦuo]	[2]劃娃華[6]話畫

ao [ao]

原文注音	拟音	汉字
Pao	[pao]	[1]包胞褒[3]保寶飽鴇[5]豹報
P'ao	[pʰao]	[1]拋炮脬[5]泡砲
Bao	[bao]	[2]咆庖匏袍跑匏[6]菢抱暴鉋鮑
Mao	[mao]	[2]毛茅貓錨[4]卯[6]芼冒帽貌
Tao	[tao]	[1]刀[3]島倒禱[5]到
T'ao	[tʰao]	[1]叨滔[3]討[5]套
Dao	[dao]	[2]桃陶萄逃淘[6]道稻導盜蹈
Nao	[nao]	[2]鐃猱[4]惱腦瑙[6]鬧
Lao	[lao]	[2]牢佬勞撈螃嘮[4]老佬咾[6]癆
Tsao	[tsao]	[1]抓遭糟醩[3]爪早找蚤棗搔[5]罩瘙竈灶
T'sao	[tsʰao]	[1]抄操[3]吵炒草[5]鈔糙躁
Dzao	[dzao]	[2]曹嘈螬槽漕[6]皂造
Sao	[sao]	[1]筲蛸騷[3]嫂稍[5]掃燥
Chao	[tʂao]	[1]昭朝招[3]沼[5]照詔笤炤釗
Ch'ao	[tʂʰao]	[1]超
Djao	[dʐao]	[2]朝潮[6]召趙邵詔
Shao	[ʂao]	[1]燒[3]少
Zhao	[ʐao]	[2]韶[4]繞[6]兆召旐
Kao	[kao]	[1]羔高餻膏糕茭膠交[3]稿絞攪[5]告誥酵教覺

原文注音	拟音	汉字
K'ao	[kʰao]	[1] 尻 [3] 考攷拷烤 [5] 靠
Ngao	[ŋao]	[2] 敖廒鰲 [4] 咬齩 [6] 傲
Hao	[hao]	[1] 蒿 [3] 好 [5] 耗
'Ao	[ɦao]	[2] 豪毫濠 [6] 昊浩號号
Ao	[ao]	[1] 凹坳鏖 [3] 懊 [5] 墺奥澳

iao [iao]

原文注音	拟音	汉字
Piao	[piao]	[1] 彪儦鑣 [3] 表婊 [5] 剽標
P'iao	[pʰiao]	[1] 飄漂 [3] 殍 [5] 票剽
Biao	[biao]	[2] 嫖瓢
Miao	[miao]	[2] 苗描 [4] 眇 [6] 妙渺廟
Tiao	[tiao]	[1] 刁凋貂雕 [3] 屌 [5] 寫吊釣
T'iao	[tʰiao]	[1] 挑 [5] 眺跳糶
Diao	[diao]	[2] 條調鰷笤 [6] 窕葆掉
Liao	[liao]	[2] 聊寥僚嫽鷯鐐遼 [4] 了燎繚 [6] 料
Tsiao	[tsiao]	[1] 焦椒噍蕉鷦 [5] 燋醮
T'siao	[tsʰiao]	[5] 俏悄
Dziao	[dziao]	[2] 樵瞧憔
Siao	[siao]	[1] 宵消逍簫銷硝霄 [3] 小 [5] 笑肖嘯
Kyao	[tɕiao]	[1] 驕嬌蛟交澆僥 [3] 狡矯姣 [5] 徼較校教叫
Ky'ao	[tɕʰiao]	[1] 蹻 [3] 巧 [5] 竅
Gyao	[dʑiao]	[2] 喬橋 [6] 轎撬
Nyao	[ŋiao]	[2] 饒 [4] 嬈鳥繞嬲
Hyao	[ɕiao]	[1] 哮曉 [3] 曉 [5] 孝
Yao	[ɦiao]	[2] 遙瑤堯謠爻姚搖窰 [4] 舀 [6] 劾耀效
Iao	[iao]	[1] 么夭吆吺腰邀 [3] 鷂殀杳妖 [5] 要

eu [øʏ]

原文注音	拟音	汉字
Meu	[møʏ]	[2] 謀牟侔眸 [4] 某牡畝 [6] 茂謬
Feu	[føʏ]	[3] 否
Veu	[vøʏ]	[2] 浮蜉 [6] 阜
Teu	[tøʏ]	[1] 兜丢 [3] 斗抖陡 [5] 鬭
T'eu	[tʰøʏ]	[1] 偷 [5] 透
Deu	[døʏ]	[2] 頭投骰 [6] 豆荳痘
Leu	[løʏ]	[2] 婁摟樓蔞艛螻髏僂流劉留榴硫瘤 [4] 褸簍僂柳 [6] 陋漏瘻

原文注音	拟音	汉字
Tseu	[tsøɤ]	[1]鄒陬掫輈騶鯫[3]走酒[5]奏皺縐
Tʻseu	[tsʰøɤ]	[1]秋楸鰍[5]湊
Dzeu	[dzøɤ]	[2]愁囚[6]袖驟
Seu	[søɤ]	[1]搜脩修羞[5]瘦嗽秀繡綉
Cheu	[tʂøɤ]	[1]州舟侜周洲週輈賙[3]肘帚[5]咒畫説
Chʻeu	[tʂʰøɤ]	[1]抽[3]丑醜[5]臭
Djeu	[dʐøɤ]	[2]綢紬籌躊疇仇柔惆讎[4]酬[6]宙紂售
Sheu	[ʂøɤ]	[1]收[3]手守首[5]獸狩
Zheu	[ʐøɤ]	[6]受授壽
Keu	[køɤ]	[1]溝鉤勾[3]狗苟[5]購彀夠
Kʻeu	[kʰøɤ]	[1]摳[3]口[5]叩扣寇
Ngeu	[ŋøɤ]	[4]偶耦藕
Heu	[høɤ]	[3]吼[5]齅
ʻEu	[ɦøɤ]	[2]侯猴喉[6]候厚後后
Eu	[øɤ]	[1]歐鷗甌[3]嘔傴[5]漚

iu [iɤ]

原文注音	拟音	汉字
Dziu	[dziɤ]	[6]就
Kyiu	[tɕiɤ]	[1]鬮鳩[3]九久韭灸[5]究玖疚救
Kyʻiu	[tɕʰiɤ]	[1]邱坵蚯赳
Gyiu	[dʑiɤ]	[2]求虯俅毬裘綹觓球[6]臼咎柩舅舊
Nyiu	[ŋiɤ]	[2]牛[4]紐
Hyiu	[ɕiɤ]	[1]休庥貅[3]朽
Yiu	[ɦiɤ]	[2]尤由游猶遊油[4]誘酉[6]右佑幼祐
Iu	[iɤ]	[1]幽悠憂[3]有友酉[5]幼又

an [æ̃]

原文注音	拟音	汉字
Pan	[pæ̃]	[1]班斑[3]板版哵[5]扮
Pʻan	[pʰæ̃]	[1]攀[5]襻盼
Ban	[bæ̃]	[6]瓣半
Man	[mæ̃]	[2]蠻[6]慢鬘萬嫚卍
Fan	[fæ̃]	[1]番繙翻旛幡呿[3]反阪返[5]販泛汎潘
Van	[væ̃]	[2]凡煩繁礬燔藩頑[6]犯范萬飯
Tan	[tæ̃]	[1]丹耽躭單[3]担胆膽擔[5]旦誕
Tʻan	[tʰæ̃]	[1]坍呈癱灘攤[3]坦毯[5]歎炭嘆
Dan	[dæ̃]	[2]痰談壇檀澹[6]但蛋啖淡彈

原文注音	拟音	汉字
Lan	[læ̃]	[2]藍蘭欄攔籃 [4]覽攬爛欖 [6]濫纜
Nan	[næ̃]	[2]難
Tsan	[tsæ̃]	[1]戔 [3]斬盞 [5]贊讚蘸
T'san	[tsʰæ̃]	[1]剗攙 [3]產鏟剗 [5]懺
Dzan	[dzæ̃]	[2]讒饞鑱嚵殘涎纏慚 [6]棧站賺撰綻暫饌
San	[sæ̃]	[1]三山衫珊叁舢吂三 [3]散傘 [5]疝
Kan	[kæ̃]	[1]奸姦間 [3]柬減揀橄 [5]監鑑
K'an	[kʰæ̃]	[1]嵌鈐
Ngan	[ŋæ̃]	[2]巖顏 [4]眼 [6]雁
Han	[hæ̃]	[3]喊
'An	[ɦæ̃]	[2]閒言鹽閑 [6]限
An	[æ̃]	[3]晚

ien [iẽ]

原文注音	拟音	汉字
Pien	[piẽ]	[1]蝙鞭編邊邊 [3]扁匾 [5]遍變
P'ien	[pʰiẽ]	[1]篇偏翩 [5]片騙
Bien	[biẽ]	[4]緶 [6]卞便弁忭辨辯辮
Mien	[miẽ]	[2]棉綿眠緜 [4]免勉冕緬 [6]面麵
Tien	[tiẽ]	[1]顛癲 [3]典点颭 [5]店坫
T'ien	[tʰiẽ]	[1]天添 [3]忝舔餂腆
Dien	[diẽ]	[2]田鈿甜填滇蹎佃 [6]佃殿墊電甸奠靛
Lien	[liẽ]	[2]帘連廉奩蓮憐縺聯鐮鰱鰱簾 [4]捷璉臉斂 [6]煉練戀鍊殮
Tsien	[tsiẽ]	[1]尖煎 [3]剪搛 [5]牮箭薦餞
T'sien	[tsʰiẽ]	[1]千扦阡芊拴遷韆 [3]淺
Dzien	[dziẽ]	[2]錢泉潛旋全前痊 [6]漸
Sien	[siẽ]	[1]仙先宣祆籼 [3]毨選燹獮癬 [5]線鮮
Kyien	[tɕiẽ]	[1]肩兼堅慳 [3]繭簡 [5]見建劍諫鑒澗
Ky'ien	[tɕʰiẽ]	[1]牽 [3]譴蹇 [5]欠謙
Gyien	[dʑiẽ]	[2]乾虔鉗箝掮捷 [6]件儉健
Nyien	[ŋiẽ]	[2]年研拈 [4]染嚴儼捻 [6]念驗硯唁廿廿
Hyien	[ɕiẽ]	[1]軒 [3]蜆險顯 [5]倪莧憲獻
Yien	[ɦiẽ]	[2]延言弦絃筵賢咸簷鹹沿邑湮鹽 [6]現焰
Ien	[iẽ]	[1]煙胭 [3]偃揠蝘鼴演 [5]咽煙宴晏厭燕燄鷃

wan [uæ̃]

原文注音	拟音	汉字
Kwan	[kuæ̃]	[1]關瘝鰥慣

· 212 ·

Kwʻan	[kʰuæ̃]	[3]筷
Gwan	[guæ̃]	[2]儇圜寰環鐶闤鬟
Hwan	[huæ̃]	[5]甩
Wan	[ɦuæ̃]	[2]還灣[6]幻患宦

ön [ɵ̃]

原文注音	拟音	汉字
Pön	[pɵ̃]	[1]般搬[5]半絆
Pʻön	[pʰɵ̃]	[1]拚潘[5]判泮
Bön	[bɵ̃]	[2]盤槃磐蟠鞶[6]伴叛拌畔
Mön	[mɵ̃]	[2]瞞饅鰻襔[4]滿[6]幔漫
Tön	[tɵ̃]	[1]端[3]短[5]煅(原書誤作"煆")斷籪
Tʻön	[tʰɵ̃]	[1]探貪湍[5]猭彖
Dön	[dɵ̃]	[2]覃鐔醰團摶糰譚[6]斷段(原書誤作"叚")緞(原書誤作"緞")瑖(原書誤作"瑕")
Lön	[lɵ̃]	[2]鑾鸞[4]卵孌[6]亂
Nön	[nɵ̃]	[2]男南枏図[4]暖
Tsön	[tsɵ̃]	[1]鑽攢纘
Tʻsön	[tsʰɵ̃]	[1]攛驂參飧篡竄
Dzön	[dzɵ̃]	[2]攢蠶
Sön	[sɵ̃]	[1]酸痠[5]蒜算
Chön	[tʂɵ̃]	[1]苫占沾氈專詹甎磚瞻霑[3]碾輾展剗[5]玷佔戰
Chʻön	[tʂʰɵ̃]	[1]川穿[3]舛喘[5]串釧鋋
Djön	[dzɵ̃]	[2]傳纏
Shön	[ʂɵ̃]	[1]煽閂[3]陝閃[5]扇
Zhön	[zɵ̃]	[2]蟬船[6]善蟮鱔繕
Kön	[kɵ̃]	[1]干乾杆肝竿甘疳[3]趕桿敢感[5]銲幹旰
Kʻön	[kʰɵ̃]	[1]刊堪龕[3]坎砍[5]看
Ngön	[ŋɵ̃]	[4]軟輭[6]岸
Hön	[hɵ̃]	[1]酣憨嘆蚶[3]罕[5]漢熯憾
ʻÖn	[ɦɵ̃]	[2]函寒韓[6]汗旱翰捍
Ön	[ɵ̃]	[1]鞍安菴[3]揞[5]按案暗

wön [uɵ̃]

原文注音	拟音	汉字
Kwön	[kuɵ̃]	[1]官冠棺[3]管晷館舘[5]貫灌罐
Kwʻön	[kʰuɵ̃]	[1]寬(原書誤作上聲)[3]欵(原書誤作平聲)
Hwön	[huɵ̃]	[1]歡讙貛[5]煥渙喚

Wön	[ɦuõ]	[2]桓完丸垣[4]宛碗婉浣緩[6]換

yön [iõ]

原文注音	拟音	汉字
Kyön	[tɕiõ]	[1]捐蜎蠲[3]捲[5]卷眷絹餋
Ky'ön	[tɕʰiõ]	[1]圈棬犬[5]券勸
Gyön	[dʑiõ]	[2]權拳踡髻跧[6]倦
Nyön	[ŋi̯õ]	[2]原源[6]願愿
Hyön	[ɕiõ]	[1]喧萱暄諼誼[5]楦
Yön	[ɦi̯õ]	[2]元芫員袁園猿圓緣轅冤鴛淵玄[4]遠[6]院縣怨

ang [aŋ]

原文注音	拟音	汉字
Pang	[paŋ]	[1]浜[5]迸
P'ang	[pʰaŋ]	[5]碰
Bang	[baŋ]	[2]朋螃聲彭膨蟛[6]髻蚌揰碰磞
Mang	[maŋ]	[2]甌[4]蜢猛[6]孟
Lang	[laŋ]	[4]冷
Tang	[taŋ]	[3]打
Tsang	[tsaŋ]	[1]爭[5]諍
T'sang	[tsʰaŋ]	[1]撐
Dzang	[dzaŋ]	[2]澄橙
Sang	[saŋ]	[1]生牲甥笙[3]省眚
Chang	[tʂaŋ]	[2]張彰章倀[3]掌長[5]漲帳障瘴嶂脹賬仗岜
Ch'ang	[tʂʰaŋ]	[1]昌猖颼娼[3]敞廠[5]暢倡悵
Djang	[dʐaŋ]	[2]常嫦塲腸長嘗裳償[6]丈杖臕臟仕
Kang	[kaŋ]	[1]庚粳更羹鶊耕[3]梗鯁骾
K'ang	[kʰaŋ]	[1]坑
Ngang	[ŋaŋ]	[6]硬
Hang	[haŋ]	[1]哼亨
'Ang	[ɦaŋ]	[2]行[6]杏
Ang	[aŋ]	[1]櫻

iang [iaŋ]

原文注音	拟音	汉字
Liang	[liaŋ]	[2]良凉梁樑糧[4]兩量[6]亮輛諒
Tsiang	[tsiaŋ]	[1]將漿螿[3]獎蔣[5]醬
T'siang	[tsʰiaŋ]	[1]槍蹌鎗鏘[3]搶[5]蹡
Dziang	[dziaŋ]	[2]祥詳牆庠薔翔檣[6]象像匠

Siang	[siaŋ]	[1] 相厢箱鑲 [3] 想鯗
Kyang	[tɕiaŋ]	[1] 疆姜薑彊
Ky'ang	[tɕʰiaŋ]	[1] 强
Gyang	[dziaŋ]	[2] 强繈
Nyang	[ȵiaŋ]	[2] 娘孃 [4] 仰 [6] 讓釀
Hyang	[ɕiaŋ]	[1] 鄉香 [3] 响餉饗響享 [5] 向嚮
Yang	[ɦiaŋ]	[2] 羊佯洋徉陽揚暘場楊 [6] 樣恙
Iang	[iaŋ]	[1] 央殃鴦 [3] 養癢 [5] 映怏

wang [uaŋ]

原文注音	拟音	汉字
Gwang	[guaŋ]	[2] 狂
Wang	[ɦuaŋ]	[6] 横

ông [ɒŋ]

原文注音	拟音	汉字
Pông	[pɒŋ]	[1] 邦梆帮幫 [3] 绑榜髈
P'ông	[pʰɒŋ]	[1] 滂螃 [5] 胖
Bông	[bɒŋ]	[2] 防旁傍滂膀龐雱 [6] 謗棒
Mông	[mɒŋ]	[2] 芒忙忘 [4] 網 [6] 望妄
Fông	[fɒŋ]	[1] 方妨芳坊 [3] 訪彷紡舫倣仿 [5] 放
Vông	[vɒŋ]	[2] 房亡 [4] 罔 [6] 妄
Tông	[tɒŋ]	[1] 當襠鐺 [3] 擋黨
T'ông	[tʰɒŋ]	[3] 倘躺 [5] 淌
Dông	[dɒŋ]	[2] 唐堂搪塘膛螗糖螳溏 [6] 蕩宕
Nông	[nɒŋ]	[2] 囊瓤
Lông	[lɒŋ]	[2] 狼郎榔螂廊 [4] 朗 [6] 浪
Tsông	[tsɒŋ]	[1] 章獐樟臧贓 [5] 葬障髒
T'sông	[tsʰɒŋ]	[1] 倉菖創滄瑲蒼閶艙 [5] 唱
Dzông	[dzɒŋ]	[2] 藏償臟
Sông	[sɒŋ]	[1] 桑傷喪孀 [3] 顙賞
Zông	[zɒŋ]	[4] 上 [6] 尚
Chông	[tʂɒŋ]	[1] 莊裝妝椿庄 [5] 壯
Ch'ông	[tʂʰɒŋ]	[1] 窗牎窓瘡 [5] 闖
Djông	[dʐɒŋ]	[2] 床 [6] 撞狀
Shông	[ʂɒŋ]	[1] 霜雙礵商 [3] 爽
Kông	[kɒŋ]	[1] 疘扛肛缸剛釭江矼 [3] 講港 [5] 降
K'ông	[kʰɒŋ]	[1] 康糠 [3] 慷 [5] 亢匟抗炕

Ngông	[ŋɒŋ]	[2] 昂
'Ông	[ɦɒŋ]	[2] 杭行降航 [6] 項巷
Ông	[ɒŋ]	[5] 盎

yông [iɒŋ]

原文注音	拟音	汉字
Yông（yüông）	[ɦiɒŋ]	[6] 旺

wông [uɒŋ]

原文注音	拟音	汉字
Kwông	[kuɒŋ]	[1] 光胱洸 [3] 廣礦
Kw'ông	[kʰuɒŋ]	[1] 匡筐 [3] 鑛 [5] 曠壙眶
Hwông	[huɒŋ]	[1] 荒盂（原书误作"盂"）[3] 謊恍 [5] 況
Wông	[ɦuɒŋ]	[2] 王皇黃凰蝗磺惶徨遑煌篁 [4] 枉往旺

en [ən]

原文注音	拟音	汉字
Pen	[pən]	[1] 奔崩賁 [3] 本畚
P'en	[pʰən]	[1] 烹溑 [5] 噴
Ben	[bən]	[2] 盆 [6] 笨坌
Men	[mən]	[2] 門們捫蚊呵 [6] 悶問燜
Fen	[fən]	[1] 分氛酚吩 [3] 粉 [5] 糞奮
Ven	[vən]	[2] 文聞坟 [6] 分忿份
Ten	[tən]	[1] 敦墩燉灯登燈 [3] 等戥 [5] 凳頓
T'en	[tʰən]	[1] 吞嗲 [3] 俆 [5] 褪
Den	[dən]	[2] 腾騰滕藤豚屯 [6] 沌遁囤鈍
Nen	[nən]	[2] 能 [6] 嫩
Len	[lən]	[2] 倫圖崙綸蜦艑輪淪 [6] 論
Tsen	[tsən]	[1] 椊晫榛錚珍增尊樽罇塿遵 [5] 甑
T'sen	[tsʰən]	[3] 村忖 [5] 襯寸榇
Dzen	[dzən]	[2] 存曾層 [6] 蹭贈
Sen	[sən]	[1] 甡孫參僧 [5] 遜
Chen	[tʂən]	[1] 真蒸征貞針鍼烝砧甄斟徵箴珍 [3] 準整枕拯袗畛疹准正 [5] 正振震政症証賬鎮
Ch'en	[tʂʰən]	[1] 春稱 [3] 蠢逞 [5] 秤趁趂
Djen	[dzən]	[2] 仍成丞沉臣呈承城乘陣陳程純塵 [6] 鄭盛
Shen	[ʂən]	[1] 升昇申伸身紳深勝聲沈 [3] 審嬸 [5] 聖舜
Zhen	[zən]	[2] 神仁唇辰 [6] 潤甚順任
Ken	[kən]	[1] 根跟 [3] 耿 [5] 艮

K'en	[kʰən]	[1] 硜 [3] 懇肯墾
Gen	[gən]	[4] 啃
Hen	[hən]	[3] 狠
'En	[ɦən]	[2] 恒衡痕 [4] 狠 [6] 恨
En	[ən]	[1] 恩

in [in]

原文注音	拟音	汉字
Pin	[pin]	[1] 冰兵栟彬賓咏 [3] 丙秉稟餅 [5] 柄併并摒殯拼鬢
P'in	[pʰin]	[1] 娉 [3] 品 [5] 聘
Bin	[bin]	[2] 平枰苹屏瓶貧萍評憑頻顰缾伻 [4] 牝 [6] 竝並病
Min	[min]	[2] 名明民冥銘鳴 [4] 茗皿敏閔憫 [6] 命
Tin	[tin]	[1] 汀丁仃叮疔釘玎 [3] 頂鼎 [5] 訂
T'in	[tʰin]	[1] 聽廳 [3] 挺梃艇
Din	[din]	[2] 廷庭亭停蜓 [6] 錠定
Lin	[lin]	[2] 伶林玲苓瓴陵蛉淋羚翎菱鈴領鴒霖臨鱗齡麟靈鄰拎 [4] 凜嶺 [6] 另令
Tsin	[tsin]	[1] 津旌晶睛精 [3] 井儘 [5] 俊浸晉進縉
T'sin	[tsʰin]	[1] 青清親 [3] 寢請
Dzin	[dzin]	[2] 尋情秦撏循巡晴 [6] 盡淨靜淨
Sin	[sin]	[1] 心星恂郇莘猩新薪媳腥 [3] 醒 [5] 迅辛姓信訊
Kyin	[tɕin]	[1] 巾斤今京金觔荊涇經驚鯨矜在 [3] 景境緊錦頸謹儆在 [5] 脛徑逕竟禁敬鏡
Ky'in	[tɕʰin]	[1] 卿衾欽傾輕 [3] 頃 [5] 搇慶
Gyin	[dʑin]	[2] 勤琴禽擒芹懃鯨 [6] 近覲勁
Nyin	[ȵin]	[2] 甯迎銀壬凝 [6] 佞任
Hyin	[ɕin]	[1] 欣馨 [5] 興
Yin	[ɦin]	[2] 行刑寅淫營盈 [6] 幸
In (iin)	[in]	[1] 因音英殷姻陰慇應膺蠅嬰鷹茵 [3] 尹引蚓飲影穎隱 [5] 印蔭窨

wen [uən]

原文注音	拟音	汉字
Kwen	[kuən]	[3] 滾 [5] 棍
Kw'en	[kʰuən]	[1] 坤昆崑髡 [3] 捆綑 [5] 困睏
Hwen	[huən]	[1] 昏婚葷惛閽
Wen	[ɦuən]	[2] 渾魂餛温瘟 [4] 混稳穩

üin〔yn〕

原文注音	拟音	汉字
Kyüin	〔tɕyn〕	〔1〕鞍君均鈞軍
Ky'üin	〔tɕʰyn〕	〔3〕窘
Gyüin	〔dʑyn〕	〔2〕羣裙〔6〕郡
Hyüin	〔ɕyn〕	〔1〕熏勳薰醺塤獯燻焄〔5〕訓
Yüin	〔ɦyn〕	〔2〕云芸匀紜雲〔4〕惲允吮〔6〕運暈韻孕熨

yen〔iən〕

原文注音	拟音	汉字
Nyen	〔ŋiən〕	〔2〕人〔4〕忍忉〔6〕認

ong〔oŋ〕

原文注音	拟音	汉字
Pong	〔poŋ〕	〔1〕棚
P'ong	〔pʰoŋ〕	〔3〕捧
Bong	〔boŋ〕	〔2〕蓬篷芃
Mong	〔moŋ〕	〔2〕蒙濛矇朦〔6〕夢
Fong	〔foŋ〕	〔1〕風封豐峯楓蜂瘋烽葑〔3〕捧〔5〕俸諷
Vong	〔voŋ〕	〔2〕逢縫馮〔6〕奉鳳
Tong	〔toŋ〕	〔1〕冬佟東蝀〔3〕董懂〔5〕凍棟
T'ong	〔tʰoŋ〕	〔1〕通〔3〕桶統〔5〕痛
Dong	〔doŋ〕	〔2〕銅童同桐僮筒仝罿〔6〕洞動
Nong	〔noŋ〕	〔2〕癑農
Long	〔loŋ〕	〔2〕隆龍癃曨瓏礱聾籠〔4〕攏〔6〕弄哢挵
Tsong	〔tsoŋ〕	〔1〕宗踪鬃騣縱〔3〕總〔5〕粽綜
T'song	〔tsʰoŋ〕	〔1〕怱恩葱聰驄
Dzong	〔dzoŋ〕	〔2〕從戎叢崇〔6〕誦頌訟
Song	〔soŋ〕	〔1〕松嵩鬆鬆〔3〕竦〔5〕宋送
Chong	〔tʂoŋ〕	〔1〕中忠衷終悰鐘騍〔3〕冢（原書誤作"冢"）腫塚（原書誤作"塚"）瘇種踵〔5〕眾
Ch'ong	〔tʂʰoŋ〕	〔1〕充冲忡翀衝〔3〕寵〔5〕摏銃
Djong	〔dʐoŋ〕	〔2〕虫〔6〕仲重
Kong	〔koŋ〕	〔1〕公工弓功供宮恭蚣躬攻〔3〕拱〔5〕貢
K'ong	〔kʰoŋ〕	〔1〕空〔3〕孔恐〔5〕控
Gong	〔goŋ〕	〔2〕共
Hong	〔hoŋ〕	〔1〕烘訇轟〔3〕哄〔5〕鬨
'Ong	〔ɦoŋ〕	〔2〕紅虹洪鴻

Ong	[oŋ]	［1］翁［3］滃［5］齆

iong［ioŋ］

原文注音	拟音	汉字
Kyong	[tɕioŋ]	［1］扃襱駉［3］坰炯
Ky'ong	[tɕʰioŋ]	［1］笻穹
Gyong	[dʑioŋ]	［2］睘蛩筇窮煢瓊
Nyong	[ȵioŋ]	［2］濃絨
Yong	[ɦioŋ]	［2］容庸雄榮熊傭［6］用
Iong	[ioŋ]	［3］永勇湧擁［5］泳詠

ah［ɑʔ］

原文注音	拟音	汉字
Pah	[pɑʔ]	［7］百伯柏爸哷
P'ah	[pʰɑʔ]	［7］拍珀魄
Bah	[bɑʔ]	［8］白帛
Mah	[mɑʔ]	［8］麥脈脈脉陌
Fah	[fɑʔ]	［7］法發髪哶
Vah	[vɑʔ]	［8］伐乏罰閥
Tah	[tɑʔ]	［7］搭答褡
T'ah	[tʰɑʔ]	［7］塔搨獺邋榻蹋塌
Dah	[dɑʔ]	［8］沓達遝踏噠
Nah	[nɑʔ]	［8］捺
Lah	[lɑʔ]	［8］拉辣爉蠟臈啦
Tsah	[tsɑʔ]	［7］札紮只隻扎摘仄窄榨
T'sah	[tsʰɑʔ]	［7］拆尺冊赤察插礤錔測策擦
Dzah	[dzɑʔ]	［8］宅鍘
Zah	[zɑʔ]	［8］石
Chah	[tʂɑʔ]	［7］著酌勺
Ch'ah	[tʂʰɑʔ]	［7］綽
Djah	[dʐɑʔ]	［8］着
Shah	[ʂɑʔ]	［7］爍十
Zhah	[ʐɑʔ]	［8］弱芍
Kah	[kɑʔ]	［7］甲夾丐革隔槅胳
K'ah	[kʰɑʔ]	［7］客掐（原書誤作"搯"）
Gah	[ɡɑʔ]	［8］軋劫
Hah	[hɑʔ]	［7］嚇
'Ah	[ɦɑʔ]	［8］匣狹

Ah	[ɑʔ]	[7] 押壓

iah [iɑʔ]

原文注音	拟音	汉字
Liah	[liɑʔ]	[8] 掠畧
Tsiah	[tsiɑʔ]	[7] 爵
T'siah	[tsʰiɑʔ]	[7] 鵲雀
Dziah	[dziɑʔ]	[8] 嚼
Siah	[siɑʔ]	[7] 削
Kya	[tɕiɑʔ]	[7] 腳
Kyah	[tɕʰiɑʔ]	[7] 却卻恰
Hyah	[ɕiɑʔ]	[7] 謔
Nyah	[ȵiɑʔ]	[8] 捏瘧虐搦箬
Yah	[ɦiɑʔ]	[8] 藥瀹鑰
Iah	[iɑʔ]	[7] 約

wah [uɑʔ]

原文注音	拟音	汉字
Kwah	[kuɑʔ]	[7] 刮括恬聒髺
Hwah	[huɑʔ]	[7] 豁忽
Wah	[ɦuɑʔ]	[8] 乞挖滑猾劃刎

ôh [ɒʔ]

原文注音	拟音	汉字
Nôh	[nɒʔ]	[8] 諾喏

ăh [æʔ]

原文注音	擬音	漢字
Băh	[bæʔ]	[8] 拔
Măh	[mæʔ]	[8] 襪
Sah	[sæʔ]	[7] 殺撒煞薩柵霅眨噻
Zăh	[zæʔ]	[8] 閘煠
Hăh	[hæʔ]	[7] 瞎呷喝
Ăh	[æʔ]	[7] 阿鴨

eh [əʔ]

原文注音	拟音	汉字
Peh	[pəʔ]	[7] 撥不鉢缽
P'eh	[pʰəʔ]	[7] 潑迫
Beh	[bəʔ]	[8] 孛勃浡莩脖鈸綍跋
Meh	[məʔ]	[8] 末没默墨殁抹物

Feh	[fəʔ]	[7] 弗咈拂髴勿彿黻沸
Veh	[vəʔ]	[8] 物佛
Teh	[təʔ]	[7] 德得答掇
T'eh	[tʰəʔ]	[7] 忒脱忝
Deh	[dəʔ]	[8] 突特奪凸
Neh	[nəʔ]	[8] 訥納吶嫩
Leh	[ləʔ]	[8] 扐芳肋勒捋垃
Tseh	[tsəʔ]	[7] 昃則側責只
T'seh	[tsʰəʔ]	[7] 敇測惻撮
Dzeh	[dzəʔ]	[8] 澤賊擇雜
Seh	[səʔ]	[7] 色瑟塞瞁圾率摔
Zeh	[zəʔ]	[8] 賊雜
*Ch*eh	[tʂəʔ]	[7] 拙質執浙折汁炙摺隲織職
*Ch'*eh	[tʂʰəʔ]	[7] 出飭
*Dj*eh	[dʐəʔ]	[8] 朮直姪值涉跕殖述
*Sh*eh	[ʂəʔ]	[7] 餙識說拭失刷式設室濕釋十
*Zh*eh	[ʐəʔ]	[8] 十入拾什日舌實蟄蝕食
Keh	[kəʔ]	[7] 蛤个袷割鴿羯
K'eh	[kʰəʔ]	[7] 刻渴克磕瞌欬
Geh	[gəʔ]	[8] 搿
Ngeh	[ŋəʔ]	[8] 朳兀厄軶匜月呃
Heh	[həʔ]	[7] 喝黑赫
'Eh	[ɦəʔ]	[8] 合閤
Eh	[əʔ]	[7] 遏曷

ih [iɪʔ]

原文注音	拟音	汉字
Pih	[piɪʔ]	[7] 必畢筆逼碧嗶壁鷩煏別
P'ih	[pʰiɪʔ]	[7] 匹疋辟撇僻劈闢霹癖
Bih	[biɪʔ]	[8] 別弼鼻
Mih	[miɪʔ]	[8] 宓密蜜滅
Tih	[tiɪʔ]	[7] 的跌滴摘嫡
T'ih	[tʰiɪʔ]	[7] 帖剔惕踢鐵貼銕
Dih	[diɪʔ]	[8] 狄迪迭桎綷笛胅臷碟叠疊敵蝶糴覿凸
Lih	[liɪʔ]	[8] 力立列洌律苙栗烈粒梨溧歷瀝癧靂獵聿
Tsih	[tsiɪʔ]	[7] 即脊癤接節跡稷積績蹟
T'sih	[tsʰiɪʔ]	[7] 切柒七妾戚戢漆葺竊趨

Dzih [dziɪʔ] [8] 截夕席絕籍習疾寂襲嫉
Sih [siɪʔ] [7] 屑戌息雪惜悉薛錫褻卹膝
Kyih [tɕiɪʔ] [7] 吉訖刧拮急級戟揭結給絜潔擊汲激莢輮
Ky'ih [tɕʰiɪʔ] [7] 乞吃迄泣訖喫
Gyih [dʑiɪʔ] [8] 極傑及竭屐亟
Nyih [ȵiɪʔ] [8] 逆臬匿惄業溺日熱孽聶
Hyih [ɕiɪʔ] [7] 歇脅噏蠍吸蝎脇
Yih [ɦiɪʔ] [8] 葉易佾逸斁譯驛頁哧邑蜴協弋
Ih (iih) [iɪʔ] [7] 一乙壹抑揖益嗌鷁疙

weh [uəʔ]

原文注音 拟音 汉字
Kweh [kuəʔ] [7] 骨國汩
Kw'eh [kʰuəʔ] [7] 窟闊濶
Hweh [huəʔ] [7] 忽笏惚
Weh [ɦuəʔ] [8] 或囫活惑核

üih [yɪʔ]

原文注音 拟音 汉字
Kyüih [tɕyɪʔ] [7] 抉決訣厥橘蹶譎倔决
Ky'üih [tɕʰyɪʔ] [7] 屈倔缺闋觖
Gyüih [dʑyɪʔ] [8] 掘崛撅倔
Hyüih [ɕyɪʔ] [7] 血閴
Yüih [ɦyɪʔ] [8] 曰月穴悦越粵鉞閱疫鬱役

oh [oʔ]

原文注音 拟音 汉字
Poh [poʔ] [7] 卜北博剝搏駁膊八
P'oh [pʰoʔ] [7] 撲扑帕
Boh [boʔ] [8] 匐葍薄瀑僕箔曝雹樸
Moh [moʔ] [8] 木目沐牧莫睦摸麼寞漠穆模
Foh [foʔ] [7] 福幅蝠輻腹馥覆複
Voh [voʔ] [8] 伏服縛袱
Toh [toʔ] [7] 督篤攩豖漉熝
T'oh [tʰoʔ] [7] 托託禿
Doh [doʔ] [8] 讀獨瀆瀆度毒牘踱鐸
Loh [loʔ] [8] 六洛烙鹿陸絡落禄碌樂緑駱籙騄菉録
Tsoh [tsoʔ] [7] 足作琢

原文注音	拟音	汉字
T'soh	[tsʰoʔ]	[7] 促蹙戚鏃
Dzoh	[dzoʔ]	[8] 俗鑿族蜀續啄
Soh	[soʔ]	[7] 索宿速揀肅粟朔搠
Zoh	[zoʔ]	[8] 昨
Choh	[tʂoʔ]	[7] 祝燭囑築捉
Ch'oh	[tʂʰoʔ]	[7] 畜矗觸
Shoh	[ʂoʔ]	[7] 叔
Zhoh	[ʐoʔ]	[8] 孰塾熟贖辱淑射屬
Koh	[koʔ]	[7] 各谷角郭閣穀擱咯
K'oh	[kʰoʔ]	[7] 哭殼売
Ngoh	[ŋoʔ]	[8] 嶽鄂岳鶴鱷
Hoh	[hoʔ]	[7] 霍矐藿涸
'Oh	[ɦoʔ]	[8] 學
Oh	[oʔ]	[7] 惡屋握

yoh [ioʔ]

原文注音	拟音	汉字
Kyoh	[tɕioʔ]	[7] 掬踘麴鞠菊
Ky'oh	[tɕʰioʔ]	[7] 曲麯蛐確
Gyoh	[dʑioʔ]	[8] 局軸跼
Nyoh	[ȵioʔ]	[8] 玉肉褥獄
Hyoh	[ɕioʔ]	[7] 旭畜蓄
Yoh	[ɦioʔ]	[8] 浴欲彧慾
Ioh	[ioʔ]	[7] 育毓

woh [uoʔ]

原文注音	拟音	汉字
Woh	[ɦuoʔ]	[8] 鑊

m [m̩]

原文注音	拟音	汉字
M	[m̩]	[2] 嘸無

ng [ŋ̍]

原文注音	拟音	汉字
Ng	[ŋ̍]	[2] 吳魚 [4] 呒五午忤

r [ər]

原文注音	拟音	汉字
R	[ər]	[2] 而兒 [4] 耳

五 讨 论

蔡佞（2010）对《字音》的音系特点进行了比较细致的讨论，包括卷舌声母（蔡文根据其拟音成为舌叶音）、[dz] 和 [dʒ] 两个浊塞擦音声母的存在、u 韵母在部分声母后的异读、uo 韵母与 o 韵母的对立、效摄字还读作双元音、"来"类字和"篮"类字有别、保留四声八调系统但阳上正在并入阳去等特点，同时也指出了该书存在声介处理不当、次浊声母字属阴调还是阳调不明、ǎh [æʔ] 和 ah [ɑʔ] 辨别不够细致等缺点。

本文在整理《字音》全书的过程中发现，蔡佞（2010）没有提及《字音》中存在阴上字混入阴去的情况，这一特点与今苏州话音系不合，或许是传教士的误记，但在整理原始文献时应当忠实记录并列举出相应的例字。

本节对阳上混入阳去、阴上阴去相混以及 ǎh [æʔ]、ah [ɑʔ] 辨别不细的情况进行讨论。

5.1 阳上混入阳去

现代苏州方言已经完成了阳上混入阳去的音变（张家茂、石汝杰，1987；叶祥苓，1988；汪平，2011）。《字音》的音系中尚有阳上调，但不少阳上字已经混入阳去，计有：

[zɿ⁶]：巳市士仕似祀是氏

[dʐʮ⁶]：雉豸柱豎

[bi⁶]：婢

[mi⁶]：乜

[di⁶]：弟悌

[dzi⁶]：序叙

[dzi⁶]：妓

[bu⁶/bo⁶]：簿部

[vu⁶]：父婦負

[du⁶/do⁶]：舵杜

[dzu⁶/dzo⁶]：坐

[ɦu⁶]：禍戶

[dzy⁶]：跽拒

[ɦy⁶]：禦

[bɑ⁶]：罷

[be⁶]：倍

[de⁶]：怠迨殆待

[le⁶]：儡

[dze⁶]：在罪

[ɦe⁶]：亥

[ɦie⁶]：獬

[gue⁶]：跪

[dzo⁶]：社

[bao⁶]：抱鮑

［dao⁶］：道稻

［dzao⁶］：皂造

［dʐao⁶］：趙

［ʐao⁶］：兆

［ɦao⁶］：浩

［diao⁶］：窕

［vøɤ⁶］：阜

［dʐøɤ⁶］：紂

［ʐøɤ⁶］：受（壽）

［ɦøɤ⁶］：厚後后

［dziɤ⁶］：臼咎舅

［væ̃⁶］：犯范

［dæ̃⁶］：淡

［dzæ̃⁶］：撰饌（棧）

［ɦæ̃⁶］：限

［biẽ⁶］：辨辮辯

［dziẽ⁶］：漸

［dzɿẽ⁶］：件儉

［dõ⁶］：斷

［zõ⁶］：善蟮鱔

［baŋ⁶］：蚌

［dʐaŋ⁶］：丈杖仗

［ɦaŋ⁶］：杏

［dziaŋ⁶］：象像

［bɒŋ⁶］：棒

［dɒŋ⁶］：蕩

［ɦɒŋ⁶］：項

［bən⁶］：笨

［dən⁶］：沌遁囤

［bin⁶］：並

［dzin⁶］：盡靜

［dʑin⁶］：近

［ɦin⁶］：幸

［voŋ⁶］：奉

［doŋ⁶］：動

5.2 阴上阴去相混

阴上混入阴去：

［tʂʰʯ⁵］：楮鼠杵恥耻渚

［ʂɑ⁵］：耍

［tsʰe⁵］：睬

［sao⁵］：掃

［siɛ̃⁵］：鮮

［tʂʰɒŋ⁵］：閫

阴去混入阴上：

［tu³］（［təu³］）：妒妬

［hue³］：晦誨

［hoŋ³］：哄

5.3　ǎh［æʔ］、ah［ɑʔ］辨别不细

《字音》的 ǎh［æʔ］对应现代苏州话的［aʔ］，ah［ɑʔ］对应现代苏州话的［ɑʔ］。苏州话的［aʔ］主要来自中古咸山摄入声字，［ɑʔ］主要来自中古宕、梗摄，即［aʔ］主要来自中古 -p、-t 尾入声字，［ɑʔ］主要来自中古 -k 尾入声字。现代苏州方言中，不合上述规律的入声字有：

狎韵“压押”读 ɑʔ⁷，此二字《字音》也记作 ah［ɑʔ］；陌韵“额”在“额角头”中读［ŋɑʔ⁸］；麦韵“栅”读［saʔ⁷］，“隔”在“隔壁”中读［kɑʔ⁷］（关于“隔”字参看史濛辉、陶寰 2023）；昔韵“亦”读［ɦiaʔ⁸］。

总体来看，现代苏州话的［aʔ］、［ɑʔ］两韵还是比较整齐地对应着中古咸山摄和中古宕梗摄的。但《字音》中的 ǎh［æʔ］、ah［ɑʔ］两韵则颇有和现代苏州话不符之处：

［fɑʔ⁷］：法發髮哒。对比现代苏州话“法發髮”读［faʔ⁷］；

［vɑʔ⁸］：伐乏罰阀。对比现代苏州话“伐乏罰阀”读［vaʔ⁸］；

［tɑʔ⁷］：搭答褡。对比现代苏州话“搭答褡”读［taʔ⁷］；

［tʰɑʔ⁷］：塔搨獭遢榻蹋塌。对比现代苏州话“塔搨獭遢榻蹋塌”读［tʰaʔ⁷］；

［dɑʔ⁸］：沓達遻踏噠。对比现代苏州话“沓達踏”读［daʔ⁸］；

［nɑʔ⁸］：捺。对比现代苏州话“捺”读［naʔ⁸］；

［lɑʔ⁸］：拉辣爉蠟臈啦。对比现代苏州话“辣蠟腊拉₋ᴛ”读［laʔ⁸］；

［tsɑʔ⁷］：札紮扎。对比现代苏州话“札扎”读［tsaʔ⁷］；

［tsʰɑʔ⁷］：察插礤錔擦。对比现代苏州话“察插擦”读［tsʰaʔ⁷］；

［ʂɑʔ⁷］：十。对比现代苏州话“十”［səʔ⁷］、［zəʔ⁸］；

［kɑʔ⁷］：甲夾。对比现代苏州话“甲夾”读［kaʔ⁷］；

［kʰɑʔ⁷］：掐。对比现代苏州话“掐”读［kʰaʔ⁷］；

［gɑʔ⁸］：軋。对比现代苏州话“軋”读［gaʔ⁸］；

［ɦɑʔ⁸］：匣狹。对比现代苏州话“匣狹”读［ɦiaʔ⁸］；

［ɑʔ⁷］：押壓。现代苏州话“押壓”也读［ɑʔ⁷］；

结合现代苏州话的情况，可以将上述这批 ah［ɑʔ］韵视为误记，否则无法解释现代苏州话中与中古入声字较为整齐的对应关系。当然，其中的“十忽”二字对应今读的 əʔ 韵，其中有可能涉及 əʔ、ɑʔ 两韵文白层次的问题，对此需要做更进一步的研究。

总体而言，《字音》全书虽然存在一些瑕疵，但还是为清末苏州话提供了一份相对比较准确的记录，具有一定的价值。

参考文献

蔡 俊 . 19 世纪末的苏州话［C］// 上海市语文学会 . 吴语研究（第五辑）. 上海：上海教育出版社 .
  2010.

丁启阵 . 一百年前苏州话的舌尖塞擦音及塞音声母［M］// 丁启阵 . 唇舌集：音韵方言新论 . 北京：中
  国书籍出版社 . 2006.

石汝杰 . 19 世纪末苏州方言的舌尖后音声母［J］. 熊本学園大学 文学・言語学論集，2019（1）.

史濛辉，陶寰 . 汉语方言"隔壁"之"隔"的读音——从苏州方言的异读说开去［J］. 语言学论丛，
  2023（1）：66—77.

汪 平 . 苏州方言研究［M］. 北京：中华书局，2011.

叶祥苓 . 苏州方言志［M］. 南京：江苏教育出版社，1988.

张家茂，石汝杰 . 苏州市方言志［M］. 苏州：苏州市地方志编纂委员会办公室，1987.

A Committee of the Soochow Literary Association. A Syllabary of the Soochow Dialect［M］. Shanghai：
  Shanghai American Presbyterian Mission Press，1892.

Edkins，J. A Grammar of Colloquial Chinese，As Exhibited in the Shanghai Dialect，2nd ed.［M］.
  Shanghai：Presbyterian Mission Press，1868.

（李心然　复旦大学中国语言文学系　xrli20@fudan.edu.cn

赵倬成　复旦大学中国语言文学系　zczhao19@fudan.edu.cn）

词汇、语法及吴语史

关于吴语文学 *

［日］太田辰夫著　戴佳文译　石汝杰校

一 序 说

文献中最早出现的有关"吴语"的记录，大概是《春秋穀梁传》。书中"襄公五年"有：

> 仲孙蔑卫孙林父，会吴于善稻，吴谓善伊，谓稻缓，号从中国，名从主人。

注云：

> 夷狄所号地形及物类，当从中国言之，以教殊俗，故不言伊缓而言善稻，人名当从其本俗言。

其后，杨雄《方言》中称为吴语、吴扬语 ①、吴越语、吴楚语、荆吴语、瓯吴语的，共计有32个词语，郭璞注中引用的江东词语达到52个。

另一方面，《尔雅》郭璞注引到了99个江东（即吴语）的词语，如果把江南语、南方语、南人语、江西语等都计算在内的话，其数量将达到104个。此处无暇一一列举。其中多半是作为方言残存下来的中原古语，与现代吴语几乎都不相合。本文讨论的并非见诸这类古文献的吴语，而是与现代吴语关系密切的近现代吴语。

二 资料略说 1 戏曲

最早载录吴语的戏曲是《元曲选》收录的《楚昭公》。该剧第三折中有船夫唱的《嘲歌》：

> 〔丑扮稍公上嘲歌云〕月落乌啼霜满天，江枫渔火对愁眠，也弗只是我里稍公稍婆两个，倒有五男二女团圆，一个屎出子，六个弗得眠，七个一齐屎出子，艎板底下好撑船，一撑撑到姑苏城下寒山寺，夜半钟声到客船。
>
> 注：弗＝不；我里＝我们；子＝了（表示假定）

《楚昭公》有元刊本，众所周知，那是听戏用的俗本，几乎没有宾白。其中当然找不到相应的部分。这部剧另有赵琦美的写本，但未公开刊行。《元曲选》中掺入吴语的地方仅这一处。因此，目前难以断定究竟是原本如此，还是经过后人修改的。

到了明代的南曲，吴语的出现频率有所增加。不过多数跟元曲《楚昭公》一样，主要是"吴歌"或"山歌"，以民谣的形式收录进来。《六十种曲》所录戏曲中可以举出一些例

* 译者按：日文原文《吴語文學について（一）》1951年发表在《神户外大論叢》第2卷第2号，全文影印收入波多野太郎编《中国语文资料汇刊》第一篇第一卷（日本不二出版1991年）。原文题目中有"（一）"，但后续的部分未见发表（参看大西博子《太田辰夫的吴语研究》，《中国語研究》第58号，日本白帝社2016年），因此译文题目删去"（一）"。

本次翻译缘起于盛益民先生的鼓励与支持，石汝杰先生惠赐《中国语文资料汇刊》的清晰扫描件并对译稿进行校对与润色，业师汪维辉先生、学友王雪提出过宝贵意见，竹越孝先生帮助联系太田先生家人授权，统致谢忱。译文如有错误，责在译者。

① 译者按：日文原文"吴语""吴扬语"之间缺少断句符号。

子，比如：

张凤翼（1527—1613）《灌园记》（《六十种曲》酉集所收）第二十六出《迎立世子》"山歌"；

周螺冠（明万历时人）《锦笺记》（《六十种曲》申集所收）第二出《游杭》"吴歌"，第十二出《醉春》"山歌"；

单本《蕉帕记》（《六十种曲》申集所收）第八出《采真》和第二十三出《叩仙》"吴歌"，第三十一出《巡警》"山歌"。

以上所列"吴歌"或"山歌"皆含有方言成分，但也存在完全没有方言成分的"吴歌"或"山歌"。比如同样收录在《六十种曲》中的《绣襦记》第二十出"山歌"，还有小说《警世通言》第十二卷《范鳅儿双镜重圆》中的"吴歌"，一点也不像吴语。这类"吴歌"或"山歌"，本文不予讨论。

不采用民歌的形式，只见于普通宾白的吴语用例，似不多见。沈璟的《四异记》不仅全本不存，就连选本中也不见收录其中的散出。而《曲品》说道：

《四异》，旧传吴下有嫂奸事，今演之快然，丑、净用苏人乡语，亦足笑也。

这部剧本如果能找到的话，无疑是吴语研究的重要资料。①《六十种曲》所录《锦笺记》第十三出《争馆》中可以看到较长的吴语对话（丑角使用）。"丑""净"等角色在演出时使用方言是近代戏剧的特征之一，下文所述戏曲选本中就能发现许多吴语成分。近代演剧时配角会使用方言，许地山认为是受古代印度剧的影响（《梵剧体例及其在汉剧上底点点滴滴》），郑振铎也认同此说（《插图本中国文学史》第四十章），但没有确证，难以令人信服。倒不如说它是近代口语文学中写实主义倾向的产物来得妥当。《南齐书》卷二十六《王敬则传》：

敬则名位虽达，不以富贵自遇，危拱傍遑，略不衿裾，接士庶皆吴语，而殷勤周悉。

《颜氏家训·音辞篇》也说：

易服而与之谈，南方士庶数言可辨。

可见，这片地方自古以来就是上层阶级使用以北方话为基础的普通话，平民则使用方言。想来这一状态到近代也没有改变，反映在文学上，吴语也就会自然地出现了。特别是近代中国的平民文艺避免抽象的说明而注重具体的描写，结果作品中的对话就不得不采用写实的手法。也就是说，扮演身份低微者的"丑""净"等角色使用方言是极其自然的，不必勉强去考虑来自外国的影响。

清代出现了大量使用吴语以达到文学效果的戏曲作品。沈起凤（1741—?）的传奇四种就是如此。最早介绍这四部剧的是吴梅《中国戏曲概论》（民国十五年上海大东书局发行），两年后即民国十七年，它们被收入《奢摩他室曲丛》第一集，就很容易读到了。这四种剧分别是：

报恩缘　才人福　文星榜　伏虎韬

吴梅在《中国戏曲概论》里说道：

惟四种说白皆作吴谚，则大江以上皆不能通，此所以流传不广欤。

虽然如此，说白用吴语的仅限于丑、净等配角，生、末、旦等角色不说吴语，因此也会有一整出完全不用吴语的情况。

---

① 原注：这部戏曲是以名剧《乔太守乱点鸳鸯谱》所据真实故事为素材创作的。

下面我想考察一下戏曲选本中的吴语。所谓戏曲选本，并不像《雍熙乐府》《九宫大成谱》那样以一个曲调为单位，而是至少以一出为单位。戏曲选本的大量产生似乎是在明代以后。其间，给学习戏剧者用的教材，在封建艺人社会往往都是由师傅各自秘传，自然是以抄本传承的，几乎没有刻板印行的机会。再者，看戏（其实是"听戏"）用的都是俗本，不太可能保存下来。因此，现存戏曲选本的数量是意想不到的少，但也有以下几种广为人知。首先是明代的本子：

> 新刻京板青阳时调词林一枝
>
> 鼎雕昆池新调乐府八能奏锦
>
> 鼎刻时兴滚调歌令玉谷新簧
>
> 新刻点板乐府南音
>
> 新镌出像点板怡春锦曲
>
> 鼎锲徽池雅调南北官腔乐府点板曲响大明春
>
> 新锲梨园摘锦乐府精华
>
> 新选南北乐府时调青昆
>
> 群音类选
>
> 新镌出像点板北调万壑清音
>
> 弦索辨讹
>
> 新刊徽板合像滚调乐府官腔摘锦奇音
>
> 新镌绣像评点玄雪谱
>
> 精选天下时尚南北徽池雅调
>
> 新选天下时尚南北新调尧天乐
>
> 新镌乐府清音歌林拾翠
>
> 赛征歌集

其次是清代：

> 来凤馆精选古今传奇（一名"最娱情"）
>
> 新刻出像点板时尚昆腔杂曲醉怡情
>
> 万锦清音
>
> 新镌时尚千家合锦
>
> 纳书楹曲谱
>
> 吟香室① 曲谱
>
> 春香阁曲谱
>
> 霓裳文艺全谱
>
> 清音小集

上述选本，要么像《弦索辨讹》《纳书楹曲谱》《吟香堂曲谱》那样省略宾白，要么像《醉怡情》那样虽有宾白但不带吴语色彩。而且多数都很罕见，目前还无法调查吴语的有无。然而不妨大胆推测，戏曲选本中"丑"和其他配角使用吴语的现象，可能肇始于清初。下面列举明确使用吴语的选本：

---

① 译者注："室"疑是"堂"之误。

綴白裘

审音鉴古录

遏云阁曲谱（初集）

六也曲谱

集成曲谱

《缀白裘》是清代最盛行的书，其版本超过十多种。归纳如下：

（一）乾隆二十八年以前玩花主人编。未知存世与否。

（二）时兴雅调缀白裘　玩花主人编，钱沛思增补，李克明序（乾隆二十九年）　金闾宝仁堂刊

　　　初编　分为阳、春、白、雪四集

　　　二编　乾隆三十年

　　　　　　分为坐、花、醉、月四集

　　　三编　乾隆三十一年

　　　　　　分为妙、舞、清、歌四集

　　　四编　乾隆三十二年

　　　　　　分为共、乐、升、平四集

　　　五编　乾隆三十三年

（三）新订时调昆腔缀白裘初至五编，新订缀白裘六编文武双班合集　乾隆三十四年

　　　初编　风、调、雨、顺四集

　　　二编　海、宴、河、澄四集

　　　三编　祥、麟、献、瑞四集

　　　四编　彩、凤、和、鸣四集

　　　五编　清、歌、妙、舞四集

　　　六编　共、乐、升、平四集

（四）十编合刊本（乾隆三十八年）

　　　在前者基础上加上下面四编：

　　　七编　民、安、物、阜四集

　　　八编　五、谷、丰、登四集

　　　九编　含、哺、击、壤四集

　　　十编　遍、地、欢、声四集

（五）十二编合刊本　在前者基础上增加外编和补编

　　　外编　万、方、同、庆四集

　　　补编　千、古、长、春四集

（六）重订缀白裘全编　四教堂刊本，乾隆四十二年

　　　十二编改作十二集，删去各集原名（如风、调、雨、顺）改为一卷、二卷、三卷、四卷。与宝仁堂刊本内容有所差别。现行石印本几乎都是依据四教堂本的。

（七）缀白裘新集合编　乾隆四十七年学耕堂刊本　嘉庆十五年五柳居刊本

（八）道光三年共赏斋刊本

（九）道光十三年嘉兴吟稤山房刊本

（十）绘图缀白裘①　光绪二十一年上海书局石印本

（十一）最新改良缀白裘全传　上海启新书局石印本

（十二）校订缀白裘

（十三）缀白裘　汪协如校，民国二十九年昆明中华书局铅印②

本书以（六）为底本，并依据另一本书，进行标点和校勘。③

《缀白裘》还有其他几种版本，因为手头没有，只能留待他日增订。总之，这部书乾隆年间经过数次增补，到（五）才定型。因此所选剧目的顺序很不一致，其后也出现了把各出戏按不同剧本整理，并按照原剧顺序重新排列的改编本。

审音鉴古录

道光十四年三月上瀚琴隐翁作序。从《琵琶记》和其他九种传奇里选了六十六出，除曲白以外，还配有音谱。

遏云阁曲谱初集　王锡纯辑，上海著易堂印行

同治九年冬月遏云阁主人作序，有曲白和音谱。二集以下未见。

六也曲谱初集　张怡庵编，振新书社发行

光绪三十四年吴梅作序。从十四种剧本中选了三十四出，有曲白和音谱。

增辑六也曲谱　二十四卷，张怡庵编，上海朝记书庄

分为元、亨、利、贞四集。从五十五种剧本中选了二百出。虽然是前者的增补版，但下面几个剧本见于《初集》，该书却没有收录：

铁冠图　询图　观图　守门　杀监

吉庆图　扯本　醉监

西厢记　跳墙　着棋

集成曲谱④

王季烈、刘富梁共编，民国十三年上海商务印书馆石印本

金、声、玉、振四集，每集八卷，计三十二卷。

是现存篇幅最大的昆曲曲谱。

金集（1）风云会、不伏老、东窗事犯

（2）琵琶记

（3）琵琶记

（4）牧羊记、红拂记、祝发记、狮吼记

（5）金雀记、双红记

（6）西楼记

（7）一捧雪、虎囊弹

（8）风筝误、醉菩提、钓金乐

声集（1）吴天塔、货郎旦、马陵道

---

① 译者按："裘"日文原文误作"装"。

② 译者按：日文原文"铅印"后有"新"字。

③ 译者按：本句对应的日文原文是"本書は（六）を底本として別の一本によつて式標點本、校合してある"，其中"別の一本によつて式標點本"一句疑有阙文。

④ 译者按："谱"日文原文误作"讚"。

（2）荆钗记

（3）荆钗记

（4）幽闺记、白兔记、杀狗记、牡丹亭

（5）牡丹亭

（6）紫钗记

（7）西厢记、金锁记、钗钏记

（8）草庐记、望湖亭、眉山秀、人兽关、四弦秋、吟风阁、红楼梦、修箫谱

玉集（1）单刀会、莲花宝筏、十面埋伏

（2）浣纱记

（3）浣纱记、邯郸梦

（4）南柯记、千金记、焚香记

（5）宵光剑、永团圆、占花魁

（6）风云会、吉庆图、艳云亭、烂柯山、铁冠图、儿孙福

（7）长生殿

（8）长生殿、茂陵弦

振集（1）渔樵记、两世姻缘、唐三藏

（2）西游记、金印记、连环记

（3）绣襦记、鸣凤记、四声猿、义侠记、一种情、红梅记、双珠记、八义记、寻亲记

（4）红梨记

（5）玉簪记、水浒记、惊鸿记、燕子笺

（6）跃鲤记、疗妒羹、麒麟阁、千钟禄、渔家乐

（7）十五贯、双官诰、桃花扇、蝴蝶梦、雷峰塔、金不换

（8）白罗衫、满床笏

在以上列举的各种以外，含有吴语的戏曲选本还有《昆曲粹存》《昆曲大全》《道和曲谱》等，因为既繁杂也不那么重要，此不赘述。下面我将依据上述六种选本做一个内容对照表，清晰呈现吴语的使用情况。

各出名称右侧标直线表示含有大量吴语成分，标虚线表示吴语含量极少，什么都不标表示不含吴语成分。① 包含的量多还是量少，难以确定明确的标准，因此我的判断会带有主观性，望读者谅解。（一九五一・五・二七）

选本 剧名	缀白裘	审音鉴古录	遏云阁曲谱	六也曲谱	集成曲谱
货郎旦					女弹
马陵道					孙诈
吴天塔	盗骨				五台
两世姻缘					离魂
单刀会					训子；单会

① 译者按：为便于读者分辨，下表将原文中的虚线改为波浪线。原文表中右侧的实线和虚线，下表改为下划线。

235 · 235 ·

剧名 \ 选本	缀白裘	审音鉴古录	遏云阁曲谱	六也曲谱	集成曲谱
四声猿		骂曹			骂曹
莲花宝筏（安天会）	北饯				北饯
不伏老					北诈
风云会	访普				访普
东窗事犯					扫秦
虎囊弹	山门				山亭
琵琶记	辞朝；盘夫；逼试；规奴；赏荷；坠马；廊会；书馆；扫松；训女①；剪发；卖发；称庆；谏父；描容；别坟；分别；长亭；别丈；思乡；饥荒；拐儿；请郎；花烛；吃饭；吃糠	称庆；规奴；嘱别；南浦；吃饭；噎糠；赏荷；思乡；盘夫；贤遗；书馆；扫松；训女；镜叹；辞朝；嗟儿	称庆；规奴；嘱别；南浦；坠马；辞朝；关粮；抢粮；请郎；花烛；吃糠；赏荷；思乡；剪发；赏秋；描容；别坟；盘夫；谏父；弥陀寺；庙会；书馆；扫松；别丈		称庆；规奴；逼试；嘱别；南浦；训女；登程；梳妆；坠马；饥荒；议婚；愁配；辞朝；关粮；抢粮；请郎；花烛；吃饭；吃糠；赏荷；思乡；剪发；赏秋；描容；别坟；盘夫；谏父；回话；弥陀寺；遗像；廊会；题真；书馆；扫松；别丈；旌奖
浣纱记	进施；寄子；赐剑；前访；回营；姑苏；采莲			越寿；前访；拜施；分纱	前访；越寿；行成；回营；离国；劝伍；养马；打围；后访；歌舞；寄子；别施；进美；采莲；储谏；赐剑；思越；泛湖
幽闺记	拜月；走雨；踏伞；大话；上山；请医		走雨；招商；拜月		结盟；走雨；出关；踏伞；驿会；拜月
西厢记（南西厢）	惠明；佳期；请宴；拷红；游殿；寄柬；跳墙；着棋；长亭	游殿；惠明；佳期；拷红；伤离；入梦	佳期；拷红	跳墙；着棋	请宴；听琴；寄柬；跳墙②；佳期；拷红；长亭；惊梦

① 译者按：此出右侧线条印刷模糊，核《缀白裘》，当是实线。
② 译者按："寄柬""跳墙"两出，右侧线条印刷模糊，核《集成曲谱》，当是实线。

剧名＼选本	缀白裘	审音鉴古录	遏云阁曲谱	六也曲谱	集成曲谱
桃花扇				访翠；寄扇； 题画	访翠；寄扇； 题画
祝发记	<u>做亲</u>；<u>败兵</u>； 渡江			<u>做亲</u>①；<u>败兵</u>	祝发；渡江；
西楼记	<u>楼会</u>②；<u>拆书</u>		赠马	<u>楼会</u>；拆③书 玩笺；<u>错梦</u>	<u>督课</u>；楼会； 拆书；空泊； 玩笺；<u>错梦</u>； 打妓；侠试； 赠马；<u>邸合</u>
红梨记	赏灯；踏月； 窥醉；盘秋； 亭会；访素； 草地；<u>北醉</u>； 花婆；赶车； 解妓	<u>访素</u>，草地； 问情；窥醉； 亭会；卖花		访素；赶车； 踏月；窥醉	诗要；<u>赏灯</u>； 拘禁；访素； <u>赶车</u>④，草地； 路叙；<u>盘秋</u>⑤； 讬寄；窥醉； 亭会；醉皂； 咏梨；花婆； <u>三错</u>
长生殿	絮阁；<u>弹词</u>； 定情；闻铃； 醉妃；惊变； 埋玉；<u>酒楼</u>	定情；赐盒； 疑谶；絮阁； 闻铃；<u>弹词</u>	定情；赐盒； 酒楼；絮阁； 鹊桥；密誓； 惊变；埋玉； 闻铃；哭像； 弹词；见月； 雨梦	定情；疑谶； 夜怨；絮阁	定情；春睡； 酒楼；闻乐； 制谱；偷曲； 舞盘；合围； 夜怨；絮阁； 侦报；窥浴； 密誓；惊变； 埋玉；骂贼； 闻铃；哭像； 神诉；弹词； 见月；雨梦； 觅魂；补恨； 重圆
玉簪记	<u>催试</u>；<u>秋江</u>； 送别；琴挑； 姑阻；失约		问病	茶叙；<u>问病</u>； <u>催试</u>；<u>秋江</u>	手谈；佛会； <u>茶叙</u>；琴挑； 偷诗；阻约
红梅记	算命				脱穽；鬼辨
眉山秀					衡文；<u>婚试</u>
牧羊记	庆寿；颁诏； 小逼；望乡； 大逼；看羊； 遣妓；告雁			小逼；大逼； 牧羊；遣妓	小逼；看羊； 望乡；告雁

---

① 译者按：此出右侧线条印刷模糊，核《六也曲谱》，当是实线。
② 译者按：此出右侧线条印刷模糊，核《缀白裘》，当是实线。
③ 译者按："拆"日文原文作"柝"，据《六也曲谱》改。
④ 译者按：此出右侧线条印刷模糊，核《集成曲谱》，当是虚线，译文改为波浪线。
⑤ 译者按：此出右侧线条印刷模糊，核《集成曲谱》，当是实线。

剧名＼选本	缀白裘	审音鉴古录	遏云阁曲谱	六也曲谱	集成曲谱
金印记	封赠；<u>不第</u>；投井；逼钗			<u>逼钗</u>；<u>寻夫刺股</u>；金圆	<u>逼钗</u>；背剑①
白兔记	<u>养子</u>；回猎；<u>麻地</u>；相会；<u>送子</u>；闹鸡			赛愿；<u>养子</u>；出猎；回猎	<u>麻地</u>
千金记	跌霸；别姬；楚歌；探营；起霸；撇斗；拜将			鸿门；撇斗；追信；拜将	追信；拜将；虞探；别姬
连环记（连环计）	议剑；梳妆；掷戟；起布；问探；赐环；拜月；小宴；<u>大宴</u>			起布；议剑；献剑；问探	赐环；拜月；问探；小宴；<u>大宴</u>；梳妆；掷戟
三国志	刀会；负荆；训子			训子；刀会	
宵光剑	<u>相面</u>；扫殿；闹庄；救青；功宴				扫殿；救青；功宴
唐三藏					回回
渔樵记					北樵
一捧雪	<u>送杯</u>；搜杯；刺汤；祭姬；换监；杯圆；<u>审头</u>；边信			换监；代戮；刺汤；祭姬	<u>饯别</u>②；拜别；路遇；<u>豪宴</u>；<u>露杯</u>；换监；代戮；株连；审头；刺汤；祭姬；边信；<u>坟遇</u>；杯圆
永团圆	<u>逼离</u>；击鼓；计代；堂婚；闹宾馆			<u>逼离</u>；赚③契；<u>击鼓</u>；<u>堂配</u>	会釁；<u>逼离</u>；击鼓；<u>计代</u>；堂配
占花魁	<u>劝妆</u>；种情；串戏；雪塘；独占；<u>酒楼</u>			卖油；<u>湖楼</u>④；<u>受吐</u>；独占	劝妆；品花；卖油；湖楼；定愿；<u>受吐</u>；独占
水浒记	借茶；刘唐；<u>杀惜</u>；活捉；<u>前透</u>；<u>后透</u>；<u>拾巾</u>		借茶；活捉	借茶；拾巾；杀惜；放江	刘唐；<u>前透</u>；后透；<u>活捉</u>

---

① 译者按："背剑"二字右下方（非右侧）有实线，核《集成曲谱》，此出无苏白。

② 译者按：此出右侧线条印刷模糊，核《集成曲谱》，当是虚线，译文改为波浪线。

③ 译者按："赚"日文原文作"購"，据《六也曲谱》改。

④ 译者按：此出右侧线条印刷模糊，核《六也曲谱》，当是实线。

剧名 ＼ 选本	缀白裘	审音鉴古录	遏云阁曲谱	六也曲谱	集成曲谱
西游记					撇子；认子；胖姑；借扇；思春
焚香记	阳告			阳告；阴告	勾证；回生
疗妒羹	题曲		题曲	题曲；浇墓	梨梦；题曲
燕子笺					<u>写像</u>；拾笺；奸遁；诘圆
红拂记					靖渡；私奔
荆钗记	参相；见娘；舟会；<u>说亲</u>；<u>绣房</u>；别祠；<u>送亲</u>；改书；别仕；<u>前拆</u>；女祭；<u>开眼</u>；<u>上路</u>；<u>男舟</u>；遣仆；回门；<u>哭鞋</u>	议亲；<u>绣房</u>；别祠；参相；见娘；男祭；<u>上路</u>；<u>舟中</u>		议亲；绣房；见娘；男祭	眉寿；议亲；绣房；<u>别祠</u>；<u>送亲</u>；迎请；回门；<u>赴试</u>；闺思；参相；改书；<u>前拆</u>；别仕；<u>大逼</u>；投江；忆母；哭鞋；女祭；见娘；发书；梅岭；回书；夜香；男祭；开眼；<u>上路</u>；拜冬；女舟
跃鲤记	<u>看谷</u>				忆母；芦林；<u>看谷</u>
金锁记	<u>送女</u>；探监；法场；<u>私祭</u>；<u>思饭</u>；羊肚			<u>说穷</u>；<u>羊肚</u>；探监；斩娥	私祭；斩娥
千钟禄	奏朝；草诏；搜山；打车				惨睹；搜山；打车
彩楼记	<u>拾柴</u>；泼粥			<u>拾柴</u>；泼粥	
葛衣记	<u>走雪</u>				
金雀记	<u>乔醋</u>				觅花；庵会；<u>乔醋</u>；醉圆
狮吼记	<u>梳妆</u>；<u>跪池</u>			梳妆；跪池；梦怕；三怕	梳妆；游春；<u>跪池</u>；三怕
寻亲记	<u>饭店</u>；茶坊；跌包；归荣；前索；出罪；府场；刺血；<u>遣青</u>；杀德；<u>送学</u>			<u>送学</u>；跪包；复学；茶访	荣归；<u>饭店</u>①

---

① 译者按：此出右侧线条印刷模糊，核《集成曲谱》，当是实线。

选本 剧名	缀白裘	审音鉴古录	遏云阁曲谱	六也曲谱	集成曲谱
双红记			青门	谒见；猜谜； 击犬；盗绡	摄盒；谒见； 猜谜；击犬； 盗绡；青门
艳云亭	痴诉；点香			放洪；杀庙	痴诉；点香
精忠谱	书闹；拉众； 鞭差；打尉				
万里缘	打差；三溪； 跌雪				
金不换					守岁；侍酒
风云会	送京				送京
翠屏山	反诳；交账； 戏叔；送礼； 酒楼；杀山			交账；送礼^①； 反诳；杀山	
风筝误	惊丑；前亲 逼婚；后亲			惊丑；前亲 逼婚；后亲	惊丑；梦验； 前亲；导淫； 拒奸；逼婚； 诧美；茶圆
醉菩提	付篦；打坐； 石洞；醒妓； 天打				打坐；伏虎； 醒妓；当酒； 嗔救；佛圆
一种情					冥勘
渔家乐	藏舟；相梁； 刺梁；羞父； 纳姻			卖书；赐针； 纳姻；羞父	逃宫；端阳； 藏舟；侠代； 刺梁；营会
烂柯山	寄信；相骂； 逼休；痴梦； 悔嫁；北樵； 泼水			前逼；悔嫁； 痴梦；泼水； 后逼；寄信	悔嫁；痴梦； 泼水
铁冠图	守门；杀监； 别母；乱箭； 借饷；刺虎； 探营；询图； 观图；夜乐	借饷；别母； 乱箭；守宫； 煤山；刺虎		询图；观图； 守门；杀监	探山；别母； 乱箭；守门； 刺虎
鸣凤记	写本；辞阁； 严寿；河套； 醉易；放易； 吃茶；夏驿； 斩杨	辞阁；吃茶； 河套；修本			写本
杀狗记					雪救

---

① 译者按：此出右侧线条印刷模糊，核《六也曲谱》，当是实线。

选本 剧名	缀白裘	审音鉴古录	遏云阁曲谱	六也曲谱	集成曲谱
绣襦记	坠鞭；入院；打子；收留；鹅雪；扶头；卖兴；乐驿；当巾；教歌①；剔目		乐驿；坠鞭；入院；扶头；劝嫖；调琴；卖兴；当巾；打子；收留；教歌；莲花；剔目	聘乐；乐驿；坠鞭；入院②	莲花；剔目
双冠诰	蒲鞋；夜课；借债；见鬼；荣归；赍诏；诰圆			做鞋；夜课；荣归；诰圆	借贷；舟访
八义记	遣锄；上朝；扑犬；吓痴；翳桑③；闹朝；盗孤；观画				付孤；观画
吟风阁					罢宴
四弦秋					送客
义侠记	戏叔；别兄；挑帘；做衣；捉奸；服毒；打虎			诱叔；别兄；显魂；杀嫂	打虎；挑帘；裁衣
人兽关	演官			演官；幻骗；恶梦	演官；恶梦
十五贯	见都；访鼠；测字；判斩；勘问；拜香			见都；踏勘；访鼠；测字	判斩；见都
后寻亲	后索；府场；金山				
钗钏记	谒师；相约；相骂；讲书；落园④；会审；观风；赚赃；出罪			相约；讲书；落园；讨钗	相约；讲书；落园；谒师
牡⑤丹亭	冥判；拾画；叫画；学堂；游园；惊梦；寻梦；圆驾；劝农；离魂；问路；吊打	劝农；学堂；游园；堆花；惊梦；寻梦；离魂；冥判；吊打；圆驾	学堂；劝农；游园；惊梦；寻梦；冥判；拾画；叫画；问路		训女；学堂；劝农；游园；惊梦；寻梦；写真；离魂；冥判；拾画；叫画；魂游；前媾；后媾；回生；婚走；问路；急难；硬拷；圆驾

① 译者按：此出右侧线条印刷模糊，核《缀白裘》，当是实线。

② 译者按："乐驿""入院"两出，右侧线条印刷模糊，核《六也曲谱》，当是实线。

③ 译者按：此出右侧线条印刷模糊，暂按实线处理。检《缀白裘》原文，苏白约有五六十字。

④ 译者按："园"日文原文作"圈"，据《缀白裘》改。

⑤ 译者按："牡"日文原文误作"牧"。

选本 \ 剧名	缀白裘	审音鉴古录	遏云阁曲谱	六也曲谱	集成曲谱
南柯记（南柯梦）			花报；瑶台		情著；就征；尚主；之郡；花报；瑶台；召还；芳陨；寻悟；情尽
邯郸记（邯郸梦）	扫花；<u>三醉</u>；捉拿；<u>法场</u>；仙圆	扫花；三醉；番儿；仙圆	扫花；三醉；番儿；仙圆；云阳；法场		扫花；三醉；授枕；入梦；骄宴；外补；凿陕；番儿；云阳；功白；生寤；仙圆
紫钗记			折柳；阳关		述婚；议婚；就婚；折柳；阳关；陇吟；军宴；避暑；边愁；移参；裁诗；拒婚；哭钗；侠评；遇侠；叙圆
儿孙福	<u>别弟</u>；报喜；势利；下山；<u>宴会</u>	报喜；<u>宴会</u>；势僧；<u>福圆</u>			势僧
惊鸿记					吟诗
双珠记	<u>汲水</u>；诉情；<u>杀克</u>；卖子；舍身；<u>天打</u>；二探；月下			诉情；杀克；卖子；投渊	投渊
蝴蝶梦	叹骷；<u>揭坟</u>；毁扇；病幻；<u>吊孝</u>；说亲；<u>回话</u>；做亲；<u>劈棺</u>			访师；吊奠；说亲；回话	叹骷；扇坟；毁扇；<u>吊奠</u>
吉庆图	<u>扯本</u>			<u>扯本</u>；醉监	<u>扯本</u>；醉监
慈悲愿	认子；回回		认子	撇①子；诉因；认子；北钱	
鸳钗记	<u>遣义</u>；杀珍；探监；<u>拔眉</u>			遣义；杀珍；拔眉；探监	
翡翠园②	预报；<u>拜年</u>；谋房；<u>谏父</u>；切脚；<u>恩放</u>；自首；<u>副审</u>；封房；<u>盗牌</u>③；杀舟；<u>脱逃</u>			盗令；吊监；杀舟；游街	

---

① 译者按："撇"日文原文作"敝"，疑是印刷之误，据《六也曲谱》改。

② 译者按："园"日文原文误作"圖"，据《缀白裘》改。

③ 译者按：此出右侧线条印刷模糊，核《缀白裘》，当是实线。

剧名 ＼ 选本	缀白裘	审音鉴古录	遏云阁曲谱	六也曲谱	集成曲谱
党人碑	打碑；酒楼；计赚；闭城；杀庙①；赚师；拜师			打碑；酒楼；请师；拜师	
西川图	芦花荡			三闯；败惇	
鲛绡记	草相；写状；狱别；监绑			写状；别狱；监绑；草相	
九莲灯	火判；问路；闯界；求灯			火判；指路；闯界；求灯	
还金镯				分镯；诉魁；天打	
香囊记	看策				
精忠记	秦本；扫秦；交印；刺字		扫秦		
百顺记	召登；荣归；贺子；三代				
四节记	嫖院				
雁翎甲	盗甲				
节孝记	春店				
彩毫记	吟诗；脱靴				
青塚记	送昭；出塞				
望湖亭	照镜②				照镜
草庐记					花荡
钓天乐					诉庙
红楼梦				扫红；乞梅	葬花；扇笑；听雨；补裘
修箫谱					拥髻；访星
茂陵弦					买赋
十面埋伏					十面
衣珠记	折梅③；坠水；园会；埋怨；关粮；私嘱；堂会			园会；饥荒；衙叙；珠圆	
盘陀山	拜香④				
淤泥河	香夐；败房；屈辱；计陷；血疏；乱箭；哭夫；显灵				

①②③④ 译者按：此出右侧线条印刷模糊，核《缀白裘》，当是实线。

选本＼剧名	缀白裘	审音鉴古录	遏云阁曲谱	六也曲谱	集成曲谱
白罗衫	贺喜；请酒；游园；看状；井会			游园；看状；详梦；报冤	井遇，游园；看状
一文钱	舍财；<u>烧香</u>；<u>罗梦</u>			<u>烧香</u>；<u>罗梦</u>①；济贫	
满床笏	笏圆；卸甲			纳妾；跪门；后纳；笏圆	郊射；龚寿；醉荐；<u>纳妾</u>；<u>跪门</u>；求子；参谒；后纳；祭旗；卸甲；赐婚；笏圆
麒麟阁	扬兵；反牢；激秦；三挡				三挡
雷峰塔（白蛇传）	<u>水漫</u>；断桥			烧香；<u>水斗</u>；断桥；合钵	<u>水斗</u>②；断桥
孽海记	思凡；下山		思凡；下山		
时剧（杂出）	赏雪；小妹子③；八仙上寿			赐福；福辏；上寿；送子	
梆子腔	落店；偷鸡；花鼓；<u>买脂</u>；途叹；<u>问路</u>；雪拥；点化；探亲；相骂；过关；安营；点将；水战；擒仙；堆仙；上街；连相；杀货；打店；借妻；回门；月城；堂断；狸猩；看灯；闹灯；抢甥；瞎混；赶子；请师；斩妖；闹店；夺林；缴令；播台；大战；回山；戏凤；私行；算命；别妻；斩貂；上坟；除盗；磨房；串戏；宿关；逃关；二关；打面缸				

① 译者按：此出右侧线条印刷模糊，核《六也曲谱》，当是实线。

② 译者按：此出右侧线条印刷模糊，核《集成曲谱》，当是实线。

③ 译者按："赏雪""小妹子"之间，日文原文无断句符号，据《缀白裘》增补。

剧名＼选本	缀白裘	审音鉴古录	遏云阁曲谱	六也曲谱	集成曲谱
乱弹腔	阴送；搬场；拐妻；挡马				
高腔	借靴				

附记：《缀白裘》依据四教堂刊本。《六也曲谱》依据笔者在北京逗留期间所做的笔记，写作本文时感到这份资料有进一步研讨的必要，我曾搜求过全本，但找到的都是残本。这一部分有待来日补订。又，本文是昭和二十六年度（1951 年）科学研究费资助的综合研究项目"吴语文学的语学研究以及吴语辞典编纂"的研究报告的一部分。

（太田辰夫　日本神户市外国语大学

戴佳文　复旦大学中国语言文学系、浙江大学汉语史研究中心　daijiaven@163.com

石汝杰　日本熊本学园大学　shirujie@yahoo.co.jp）

《宁波方言字语汇解》在宁波方言语法研究中的价值（下）①

崔山佳

一 引 言

清末传教士文献数量众多，从南到北，分布范围较广。单是吴语的方言圣经就多达158种（游汝杰）。关于西洋传教士文献的价值问题，语言学界有一个褒贬不一的认识过程。现在研究成果越来越多，人们充分肯定了它们的重要价值。美国人睦礼逊《宁波方言字语汇解》（1876，以下简称《汇解》）记录了19世纪中后期宁波方言的语音、词汇和大量自然口语语料，语法方面也为研究宁波方言历史保存了大量的珍贵的资料，具有很高的价值。本文（上）参加了"传教士汉语研究与中国近代语变迁学术研讨会暨世界汉语教育史研究学会第13届年会"，内容为"A打A"、"VV+相"、"VV+动"、"数量+生"、述补结构组合式"A得紧"、粘合式"V凑"等。本文（下）所说的语法现象有：1. VV+结果补语；2. AA个/ABB个；3. 数量+头；4. AB算账；5. V打/带；6. A势势；7. AB三千；8. V绽；9. 野气；10. 大家；11. V快；12. 来的/来东/来干；13. AB不刺；14. VV其。

二 语法现象举例

2.1 VV+结果补语

"照次序整整好"。（26②）"意思摊摊开"。（120）"揾揾湿"。（123）"扇子摊摊卅"。（168）"挂挂好"。（213）"弄弄湿"。（299）"表对对准""表对对正"。（421）

汉语方言中，有"VV+结果补语"用法的方言大多在南方。据曹志耘（2008：61），动词重叠带结果补语（以"你看看清楚"为例，是"单音节动词重叠加补语"）吴语的点很多，共有115个点，其中浙江75个，江苏19个，上海11个，安徽9个，江西1个。除吴语外，其他方言也有：赣语13个，徽语12个，闽语22个，客家话7个，粤语23个，平话28个，湘语1个，官话系统有西南官话18个，江淮官话16个，中原官话2个，另有畲话2个，土话1个，乡话1个，共计有146个点。

普通话现在也有"VV+结果补语"，不过其补语远远不如吴语等，只有"清楚""明白"等少数几个。

近代汉语也有不少用例，不但有"VV+结果补语"，还有"V一V+结果补语"，可参看崔山佳（2003，2011，2018）。但《汇解》未见"V一V+结果补语"。

2.2 AA个/ABB个

"密密个"。（99）"怕怕个""穿得卑卑个"。注释说："卑卑个：不体面的。"（136）"险险个"。（341）"湿湿个"。（435）"严严个"。（451）"混混个"。后面有"混浊个"。（493）

---

① 本文为国家社科基金重大项目"晚明以来吴语白话文献语法研究及数据库建设"（21&ZD301）阶段性成果。《〈宁波方言字语汇解〉在宁波方言语法研究中的价值（上）》将发表在《汉语史研究集刊》第37辑。

② 表示页码，下同。

还有"ABB 个",如："腐沓沓个°"。（435）"隐戚戚个° 痛"。注释说："隐隐作痛"。（441）

朱彰年等（1996：23）收"个"："〈词缀〉多用在单音节形容词重叠式后面。"如：薄薄个、侏侏个、轻轻个。另如俗语：

（1）**儜儜个**，明朝拨侬吃灶果。

汤珍珠等（1997：186）也收"个"："后缀成分，用在单音节形容词重叠式的后面，表示状态或行为方式。"例如：

（2）侬**定定个**医院里庑的，有啥事体我会处理好个。

（3）小人**儜儜个**，大人欢喜。

（4）门**轻轻个**介关拢。（汤珍珠等，1997：186）

（5）蛇皮袋**糙糙个**。（汤珍珠等，1997：87）

朱彰年等（2016：6）也举有例子，如：

（6）该晌水头**低低个**，做做股票时格会套牢。

（7）荡晌小水头，张风货**缺缺个**。

奉化方言也有不少"AA 个"。

宁波方言现在也有"ABB 个"，例如：

（8）汤果吃过嘴巴**甜浆浆个**。（朱彰年等，2016：137）

比较起来，现在能进入"AA 个"的单音节形容词更多。但也有现在不用的，如"卑卑个"。

2.3 数量＋头

"独股头"，位于"一股生""三股生"中间。（455）"三股头绳"。（479）

相比"数量＋生"，《汇解》中"数量＋头"的数量少。但不论是近代汉语还是现代方言，都是"数量＋头"的使用频率要高得多、分布范围要广得多［可参见崔山佳（2018）］。

据曹志耘（2008：49），"头"是"名词后缀，用于数量后表钱币"。方言点也是吴语最多，共 110 个点，其中浙江 78 个，江苏 17 个，上海 11 个，江西 3 个，福建 1 个。其他方言也有，如徽语 12 个，闽语 19 个，赣语 6 个，粤语 1 个，平话 1 个，官话系统有江淮官话 14 个，中原官话 16 个，西南官话 1 个，另有畲话 2 个，乡话 1 个。

吴语除使用频率高外，还有所指称的对象也广，除了用于数量后表钱币外，还可表照片、粮票、布票、饭票、窗户等，还有上面的"三股头绳"，可表绳索等。朱彰年等（1996：70）"头"义项二是："用来构成名词，使用范围比普通话广泛。"汤珍珠等（1997：194）"头"义项七是："用在量词后表计量单位。"显然表明"数量＋头"并非只用于表"钱币"。如"廿支头一包"用于"香烟"，"四寸头一张"用于"照片"，"七间头一幢"用于房子，"三件头一套"用于衣服，"五百头一挂"用于鞭炮，"八只头一盒"用于"月饼"，"廿张头一刀"用于"纸张"等。

2.4 AB 算账

"嚼落算账"，"算账"有注释："后缀，用在动趋结构后面，表示完成动作很容易。吃饭狼吞虎咽。"（121）"讲出算账"。"算账"又有注释："用在动趋结构后面，表示完成动作很容易。"（163）"讲° 出算账"。（443）

朱彰年等（1996：449—450）收"算账"，是形容词："用在动词后面表示完成这一动作很容易，轻而易举。"例如：

（1）介长一首诗背出**算账**。

（2）介眼老酒吃落**算账**。

（3）催生歌：快生快养，滑落**算账**。

朱彰年等（2016：286）收"算账"："用在动趋结构后面，表示完成动作很容易、很轻易。"例如：

（4）课文背出**算账**。

（5）介高围墙爬上**算账**。

（6）菜场交关近，门口走出**算账**。

（7）讲闲话要忖忖看，莫讲出**算账**。（286，指页码，下同）

（8）瘦骨材介人，㧒跌拨我甩_{扔、摔}倒**算账**。（154）

（9）会吃鱼人鱼刺劙出**算账**。（155）

（10）嘴巴边沿头一粒饭——捹进**算账**。（歇后语，445）

把"算账"当作程度副词处理。

《汇解》的校注者把"算账"当作后缀处理，可能是受汤珍珠等（1997）的影响。汤珍珠等（1997：152）收"算账"："用在动趋结构后面，表示完成动作很轻易。"例如：

（11）老底子_{以前}事体，渠派出**算账**。

（12）介重石头掇起**算账**。

（13）闲话忖也勿忖，讲出**算账**。

以上可见，关于宁波方言的"算账"现有三种说法：一是后缀，一是形容词，一是程度副词。比较三种说法，我们以为，还是作程度副词处理正确。上面的"算账"比起本义来，已有所虚化，"算账"用于动趋结构后面有"容易；轻易"的隐喻义，但还未语法化为后缀。

"算账"的程度副词用法其他方言未见，也许是宁波方言的特征词。

2.5　V打（带）

"和拢""和打°拢"。"和打°拢"有注释："同'合拢'。打：同'带'，用在动词与补语之间，使动补结构不那么紧密。"（45）"围打°转""围转""绕打°转"。（84）"坐打°落"。（134）"头伛°打°倒"。（137）"绳穿打°过"。（264）上面"打°"的注音都是"tæn'"。

宁波方言现在多写作"带"。朱彰年等（2016：305）把"带"当作助词："用在动词与表结果或趋向的补语之间，表动作的完成或请求完成动作，在语气上带有委婉的色彩。"例如：

（1）饭**煮带好**，侬勿来吃。

（2）衣裳**淋带湿**，快换掉。

（3）**走带过来**。

（4）**看带落去**。（305，指页码，下同）

（5）头**抬带起来**。（305）

（6）眼睛**弹带出**。（135）

（7）牙齿齱_{牙齿露出}**带出**。

（8）牙齿龆_{牙齿外露}**带出**。（136）

（9）两个人**捼带拢**介要好。（142）

（10）饭**刮**吃，含贬义**带落**，每日游四门。（211）

（11）东南西北风，团团**吹带拢**。（439）

明代白话小说也有，但写作"担"，例如：

（12）表兄，我表弟做人到也是大量的……其余的都**驮担来**送子表兄便歇。（《鼓掌绝尘》第37回）（参看朱彰年等，2016）

周志锋（2012：230—233）有一文《"走带过来"的"带"》，解释得很详细，周志锋（2012：232）说，明清吴语作品中，"带"除写作"担"外，还可写作"搭""得""打"，并认为，宁波方言的"走带过来"的"带"是由明清时期助词"担""搭""得""打"等演变而来的。可见，《汇解》写作"打"是有其依据的。

2.6　A势势

"怕相个"。"怕势势"。"怕势势"有注释："让人害怕的样子。"（476）

汤珍珠等（1997）收几个"X势势"，如：怕势势（95）、寒势势（171）、冷势势（207）、清势势（267）、空势势（291）。奉化话也有"怕势势、冷势势、空势势、吓势势、寒势势、清势势"等。

虽然《汇解》只收"怕势势"，但至少证明，宁波方言的"X势势"在清末已在口语中存在了。

《汉语大词典》、许少峰（2008）、白维国（2011）、白维国（2015）都未收"怕势势"，只有石汝杰等（2005：464）收："同'怕人势势'。"例如：

（1）阿育，阿哥，倻看，杀人**怕势势**，猪罗罗能个一大淘朵。（弹词《文武香球》第30回）

据石汝杰等（2005：841）介绍，《文武香球》最早为同治二年（1863）石印本，比《汇解》要早一些。这也说明，在清末时，吴语多地已有"怕势势"的说法。

石汝杰等（2005：464）收"怕人势势"："颇有点可怕。'势势'，后缀，表示'有点儿'。"例如：

（2）老虎末**怕人势势**子了，看里做舍？（弹词《文武香球》第1回）

（3）我们拿了人家的脑袋去换保举，**怕人势势**的，这保举还是不得的好。（《官场现形记》第40回）

又作"怕人施施"。例如：

（4）阿唷，**怕人施施**，罪罪过过，个是要画观音菩萨个，俫个就拿俚得来写状子介？（《缀白裘》9集1卷）

许少峰（2008：1394）也收"怕人势势"："同'怕人设设'。"例如：

（5）我说癞头鼋**怕人势势**。文君不做也无啥，勿该应拿空心汤团拨俚（他）吃。（《海上花列传》第44回）

许少峰（2008：1394）也收"怕人设设"："令人害怕畏缩的样子。"例如：

（6）三更半夜，只是娄青一个自去，**怕人设设**的，怎好？（元·武汉臣《生金阁》第3折）

白维国（2011：1126）也收"怕人势势"："形容很可怕。"例句二，一是例（5），一是例（3）。《汉语大词典》、白维国（2015）未收"怕人势势"等。

其实，明代戏曲中已有"怕人势势"。例如：

（7）我说"夫人，**怕人势势**说个话来。"（姚子翼《祥麟现》第 26 出）

姚子翼是浙江嘉兴人。看来，明代已有"势势"放在其他词语后面的例子，而且可能已虚化。《汇解》中的"怕势势"或许是"怕人势势"省略"人"而成。

查"国学大师网"，清末白话小说中也有"怕人势势"。例如：

（8）瞿太太道："维新党是要造反的，是不好惹的。有了缺还是早到任的好。等我去同制台说，把这差使委了别人罢。我们拿了人家的脑袋去换保举，**怕人势势**的，这保举还是不得的好。"（清·李伯元《官场现形记》第 40 回）

（9）朴斋笑道："耐放心，我晚歇匆来末哉，（要勿）说得来**怕人势势**。"（清·韩邦庆《海上花列传》第 13 回）

（10）云兰和月芳吐舌道："阿要**怕人势势**，区得倪韵碰着俚，要叫倪碰着仔格号酒鬼格外国人，是魂也吓脱格哉！"（清·张春帆《九尾龟》第 158 回）

又有 2 例"吓势势。"

（11）最初她以为自己在做梦，后来她**吓势势**地用手去拿一只金元宝，放在手心上仔细看看，手发抖了，觉得黄澄澄，耀目的，有份量的。（楞严阁主《神魔列国志》第 7 章）

（12）他的失望无奈的神色，胡雪岩自然看得出来。心里在想：这真叫爱莫能助！第一，实在抽不出空，第二，新城地方不熟，第三，带兵出队，动刀动枪的事，也真有点**"吓势势"**，还是不必多事为妙。（高阳《胡雪岩》第 11 章）

"吓势势"都是当代作品，《汇解》的"怕势势"比"吓势势"要早得多，这就显得很有价值。从现有例句看，"X 势势"多为吴语用法。石汝杰等（2005：464）把"势势"当作后缀是有理据的。

2.7　AB 三千

"野 弄三千"，与"草草了事""做事干弗在 意里"并列在一起。注释说："瞎搞；胡搞。"但未对"三千"作注。（218）"蛮法三千"，与"闹事""野 民"并列在一起。（298）

石汝杰等（2005：410）收"乱话三千"："胡说八道，一派胡言。"例如：

（1）愁思撩人，百端交集。幸借一枝秃笔，写他**乱话三千**。（清·佚名《新天地》第 1 章）

据石汝杰等（2005：843）介绍，据译文，作者姓郑，为浙江鸳湖（嘉兴）人。

（2）真真**乱话三千**，几乎笑断肠子，只有王八会说。（清·云间天赘生《商界现形记》）

石汝杰等（2005：837）介绍，云间天赘生，松江（一说青浦，见陆士谔《最近上海秘密史》第 11 回）人，生平无考。

（3）凌菊芬道："四阿姨，你弗要**乱话三千**，我今生今世弗嫁人的了。"（清·网珠生《人海潮》）

（4）贝英道："**乱话三千**，绝到倪房间里来看堂簿，没有姓毛的客人。"（《人海潮》）

网珠生，即江苏常熟人平（衡）襟亚，著有《人海潮》《人心大变》等社会小说。

以上说明清代吴语中已有"乱话三千"的说法。

北京语言大学 BCC 语料库有"乱话三千"。例如：

（5）**乱话三千**，李白爱用"三千"这个数字，"白发三千丈"，"飞流直下三千尺"，"三千双蛾献歌笑"，"访我三千里"等；就连诗中用战国四君子养士的典故，"堂中各有三千士"，"堂上三千珠履客"，也是夸大了的估计。舟山方言亦有**"乱话三千"**一说。

"三千"者，言乱话（胡诌瞎编的话）夸饰过当之不可信也，相当于成语"天花乱坠"。《红楼梦》第 64 回："（贾蓉）说得天花乱坠，不由的尤老娘不肯。"其实，贾蓉所说的都是谎言，如"说贾琏做人如何好，目今凤姐身子有病，已是不能好的了，暂且买了房子，在外面住着，过了一年半载，只等凤姐一死，便接了二姨儿去做正室。又说他父亲此时如何聘，贾琏那边如何娶……"按舟山方言的说法，不正是"**乱话三千**"么？但它又与造谣，散布谎言蜚语不同，只信口开河，专拣爱听的说，而尤老娘昏愦，终于受骗。如果换了个精明的舟山人，回敬一句"**乱话三千**"，也许就不致于上当了。（"科技文献"）

"微博"中也有 1 例"乱话三千"。

朱彰年等（1996：160）收"乱话三千"："胡说八道。"如"该人六十闲话乱话三千，听其弗来"。也说"乱话到底""乱话到地""乱话大三千"。

"BCC"的"微博"还有"瞎讲三千"，义同"乱话三千"。例如：

（6）谁知道这个眼睛是怎么化出来的丫这个电影网站哈灵哪个好人上传一下咩，超不稀饭注册下载神马的牛逼如我，才能做到本色示人，乃们有这个本事吗，哇哈哈其实俺昨晚拉肚子了，现在头还有点晕，难道全家的便当有问题扩招后三本都进不了的傻插吗**瞎讲三千**，你怎么知道领导不看微博啊！！

清代白话小说又有"落乱三千"。例如：

（7）一班少年受了老人一句话的刺戟，果然一个想着要戒烟，有的去买梅花参片，有的去买一粒金丹，有的买亚支奶，有的买克烟药水，有的买林文忠公戒烟丸，戒烟药品，闹得**落乱三千**，倒便宜那许多卖戒烟药品的做好生意。但是吃烟人的脾气，总是得过且过，那一个是真心肯戒？（清·彭养鸥《黑籍冤魂》第 1 回）

（8）退下来，到得公馆，拿烟盘、烟灯、烟枪乒乒乓乓掊（抛）得满地，罚（发）誓不再吃烟。把几个家人，混账忘八骂得**落乱三千**。（《黑籍冤魂》第 14 回）

彭养鸥，生平不详，但是从语言来看，肯定是吴语区人。（石汝杰等，2005：828）

例（7）、例（8）的"落乱三千"都作补语。"三千"非实数，已虚化，是后缀。

石汝杰等（2005：410）收"乱扯三千"："同'乱话三千'。"例如：

（9）这时二郎神、王灵官等都在会场，听魁星说话**乱扯三千**，牵动了他们，心中很不舒服。（《新天地》第 19 章）

也有"硌乱三千"，石汝杰等（2005：410）收："〈形〉乱七八糟。"例如：

（10）就像倷大先生实梗，倪从来勿曾多嘴歇，尚且外势格套人讲得**硌乱三千**得来，勍说啥俚笃哉。（《九尾狐》第 32 回）

方言中也有，例如：

（11）**落乱三千**，亦是一硖石方言，形容人心绪不宁，落是落英缤纷，乱是纷乱芜杂，三千为程度副词，白发三千丈的三千，我不禁为祖辈拍案叫绝，怎么构造得出如此富表现力与想象力的词呢？！（juliettetang《**落乱三千**，硖石七日——忘不了，故乡》，嘉兴旅游，2007 年 9 月 9 日）

上例说明浙江海宁话也有"落乱三千"。

浙江安吉话也有"落乱三千"。（《浙江安吉的方言俗语有什么》，2013 年 7 月 5 日）

浙江杭州、江苏苏州也有"落乱三千"。

上面的"落乱三千"，应与《九尾狐》中的"硌乱三千"是一样的。

宁波方言也有"AB三千"。虽无"落乱三千"的说法，但"AB三千"数量更多，汤珍珠等（1997：162）收"乱……三千"："形容胡乱。"例如：乱话三千_{胡说}、乱弄三千_{瞎搞}、乱写三千、乱打三千。

"乱话三千"也可说"乱讲三千"，如浙江奉化。

网上有"胡扯三千"的说法，方言点在湖南永州，这较奇怪。

国学大师部件查字中有：乱写三千、乱弄三千、乱打三千、乱扯三千、乱用三千、乱讲三千。也较奇怪。

"BCC"语料库"微博"有"乱弄三千"，例如：

（12）无纯粹的白墙黑瓦现今不多见了～家乡明月在，照得彩云归。**乱弄三千**，今日艳遇指数为53……来嘛～也看看你今日的桃花运如何？

朱彰年等（1996：9）收"三千"："〈词缀〉用在'乱＋动词'后面。"如"乱话三千""乱写三千""乱弄三千"。

"乱讲三千"与"乱话三千"可能与年龄有关，后者常常是老年人所说。

从上面可看出，"AB三千"主要是吴语的说法，古今都是如此。

朱彰年等（2016：309）收"三千"："后缀，用在'乱＋单音节动词＋三千'结构中，强调动作胡乱随意。"如"乱话三千""乱写三千""乱弄三千""钞票莫乱用三千""药乱吃三千吃勿来个"。

朱彰年等（2016：309）收"乱话三千"："胡说八道。"例如："一是一，两是两，莫乱话三千！"也说"乱话到底"。另，"乱……三千"是个固定格式，表示胡乱地进行某个动作，如"乱写三千""乱唱三千""乱弄三千""乱用三千""乱吃三千""乱算三千""乱忖三千"。

"乱……三千"多用于清末作品中，与《汇解》时间差不多。

《汉语大词典》收"三千"，义项有三：①指代古代所有的刑罚。②泛指数目之多。③指三千大千世界。义项二的例句如：

（13）长城何连连，连连**三千**里。（三国魏·陈琳《饮马长城窟行》）

（14）白发**三千**丈，缘愁似个长。（唐·李白《秋浦歌》之十五）

上面"乱……三千"中的"三千"虽然也是指数目之多，但比起上面2例来，表数应该更虚化，朱彰年等（2016：309）把它当作后缀也是有其理据的。

2.8　V绽

"讲绽"，与"错""绽""讲错"放在一起。"讲绽"有注释："同'讲错'。绽：用在动词后面，意思同'错'。"（19）"叫绽"，与"叫错"放在一起。（296）"数绽"，与"数错"放在一起。"放绽"，与"放错""弗知安在何处"放在一起。（297）"绽""七绽八绽"，与"错""错处""错处多得紧""七错八错"放在一起。（297—298）

石汝杰等（2005：743）收"绽"，义项有三，其三是："〈形〉饱满。也比喻差错。"例如：

（1）物饱满曰**绽**，言饱而欲开也。……作事舛错亦曰**绽**，如衣之破绽也。（《乾隆象山县志》卷1）

以上说明，象山话中"绽"也作"错"解释。

汤珍珠等（1997：141）收"绽"："错。"例如：弄绽，看绽，新房子一色一样，我摸

绽找错地方嚯，摸到人家屋里去该嚯。

“绽”也写作“赚”。朱彰年等（1996：448）收“赚”，义项有二，其一是：“〈形〉错。”如弄赚、算赚、写赚。俗语：“只有一错，吃没二赚。”例如：

（2）但恐无益于人，翻成**赚**误。（宋·普济《五灯会元》卷10）

（3）向日我一时见不到，**赚**了你终身。（《醒世恒言》卷20）

《集韵·陷韵》：“赚，《广雅》：卖也。一曰市场失实。直陷切。”《正字通·贝部》：“赚，错也。”也写作“赚”。

吴语其他地方也有写作“赚”的，如瑞安（徐丽丽，2019：108）。也有写作“赚”的，如定海（徐波，2019：121）、乐清（蔡嵘，2019：117）、浦江（黄晓东，2019：117）。

2.9　野气

“胆子大野气”。前面有“胆子大”。（48）“胆子大°野°气”，有注释：“野气：程度副词，置于形容词后。胆子很大。”（361）“性情野°气”。（493）

朱彰年等（1996：350—351）收“野气”：“〈形〉不正规；不严肃；粗制滥造。”如“该人做事情交关野气”“其写咯文章交关野气，漏洞百出咯。”也说“野对”“野气勃出”。汤珍珠等（1997：71）也收“野气”：“不正规；不合套路。”如“该野果子阿里摘来啦？介野气东西啥好吃啥？”“渠做出来事体交关野气，侬依路搭渠尴屙屁眼收拾残局也来勿及。”但上面的“野气”都是形容词。

石汝杰等（2005：705）收“野气”：“〈形〉神气；威风。”例如：

（1）（生）你要知我的姓名还早。（副净）阿唷，好**野气**丢！（生）［折桂令］这不是步砖金马门中，怎教俺、小小排衙，把姓氏供？（清·沈起凤《才人福》第16出）

沈起凤是江苏吴县人。“野气”可能是个吴语词。

颇感疑问的是，宁波方言的“野气”难道是先有副词义，后有形容词义。按理说，不大可能会这样。有可能是《汇解》未收“野气”形容词的例子。如果宁波方言真是先有程度副词，后有形容词，“野气”当属逆语法化现象。

石汝杰等（2005：673）收“邪气”，义项有二。其一是“名词/形容词”：“歪风；比喻让人惊异的事；奇怪；不正常。”义项二是副词：“很，非常。”例如：“邪气好，即很好。”（《上海闲话·方言》）石定栩（2010）也有上海方言“邪气”作程度副词的例子，如：

（2）**邪气**快就要到勒很快就要到了。（第66页）

（3）伊拉**邪气**快就要买房子是真呃。（第69页）

许宝华等（2018：562）收“邪”［ziɑ^{31}］：“很，非常。”又作“邪气”［ziɑ$^{31\text{-}24}$c^{h}i$^{35\text{-}31}$］。这是松江方言。许宝华等（2018：563）收“野”［ɦiɑ^{22}］，义项有二，其一是“非家养的，非正规的。”其二是“很，非常。”又收“野完”［ɦiɑ$^{22\text{-}24}$βe$^{31\text{-}31}$］：“后置程度副词，很，非常。”又作“野介”“勿收口”“海外”。上海方言的“邪气”是前置程度副词，而“野气”是后置程度副词。也许，宁波方言“野气”与松江方言的“野”等有关系。

2.10　大家

“大家打算”。有注释：“大家：此处用作副词，一起，共同。”（87）“大家用”“大家受”“请你大家用点”，另有“同享富贵”。有注释：“大家：此处用作副词，一起、共同。一起参与。”（334）就“同享富贵”来看，此处“大家”确是副词，其注释是准确的。以上充分说明，至少在清末，宁波方言中“大家”就已有作副词用了。

朱彰年等（1996：14）收"大家"［do?² （又do¹¹²）ko⁵³］："〈副〉一起；共同。" 如"侬去游河，我大家去""侬坐过去眼，拨其大家坐"。汤珍珠等（1997：98）收"大家"［do⌐ ko⌐］，义项有二：①代词，指一定范围内所有的人：该貌义务劳动大家和总要去个。②副词，一起；共同：苹果驮出来拨人客大家吃。玩具拨小明大家孃和_玩。"大"读［do⌐］，韵特殊，仅限于本条。

石汝杰等（2005：111）"大家"有三个义项，全是代词。①和其他人称代词或指人的名词连用，表示包括式的含义，咱们，我（我们）和某人（尤指听者）。例如：

（1）陈娘娘，阿肯野借介十两银子来我？故末才像**大家**呱老朋友。（《文武香球》第7回）

（2）呱肚里弗明白，我肚里嚜弗明白，少弗得等个把人出来，呱**大家**吾才明白哉。（《伏虎韬》第15出）

（3）为此合子一大淘朋友走得去，**大家**渠串串，试试俚革才情。（《才人福》第10出）

（4）（副净）老姆有庄心事，**大家**老爷商量了。（生）吓，你也有什么心事？哈哈哈，这又奇了。（《才人福》第9出）

（5）勡哉，落雨湿滴搭，奔出去也呱偌趣道，勿如倪**大家**讲讲，就勒浪该搭吃夜饭罢。（《海天鸿雪记》第18回）

② 和其他人称代词或指人的名词连用，指对方和其他人的总和，你们和某人。例如：

（6）（小丑）做娘的要与人家费气，因此特来寻你。（付）**大家**啥人淘气?（《伏虎韬》第18出）

（7）小管家，点灯到书房里去，请唐大爷**大家**呱厾相公安置罢。（《才人福》第13出）

（8）必故虎丘白相，**大家**方丈大和尚说得投机，讲究子一日厾。（《芙蓉洞》第5回）

③ 常用作状语，表示一起，共同，都。例如：

（9）你也瞧，我也看，若还官带像胡判。不枉夸，不枉赞，"先辈"今朝说嘴惯。休羡他，莫自叹，少不得**大家**做老汉。（明·冯梦龙《警世通言》卷18）

（10）众人也**大家**忙了手脚，你挨我挤，吆吆喝喝，磕磕撞撞，那里揎得着？（《二刻拍案惊奇》卷1）

（11）却原来是一块柴。……待我拾回去拢些火来，与娘子**大家**亨一亨。（《缀白裘》4集1卷）

根据例（9）—例（11）的例子来看，这些"大家"都解释为"一起，共同，都"，应不是代词，而是副词。这样看来，"大家"的副词义至少明代已有，清代延续之。

"大家"的副词义，应是其代词义语法化的结果，这与其处于状语的位置很有关系。宁波方言继承了这一用法。

《汉语大词典》、许少峰（2008）、白维国（2010）、白维国（2015）、钟兆华（2015）等都未收"大家"的副词义。

2.11　V快

"睡°熟快"。后面有"将调觉"，而"调觉"是"睡醒"义。（134）"我噎煞快了"。前面有"噎煞""噎气勿转""我差不多噎煞了"。（462）"夜快"。前面有"夜头""夜到""夜晚头"。后面有"今°日°夜°到夜°饭吃°过来"。（155）这里的"夜快"与"夜头""夜到""夜晚头"等并列在一起，可见已词汇化为时间名词。

"快"也有前置用法，如"快°饿死了°"。(229)

朱彰年等（2016：139）举有如下例子：

（1）领导嘴巴歪一歪，下头脚筋**奔断快**。

朱彰年等（2016：400）有谚语：

（2）**夜快**火烧云，日里火炉烘。

上例"夜快"与"日里"对举，可见也已词汇化。

肖萍等（2019：62）也说到宁波的"夜快"。另外，定海（徐波，2019：67）、海盐（张薇，2019：59）、富阳（盛益民等，2018：118）等的"夜快"也已成为时间名词。另有说"夜快（头）"，如鄞州（肖萍等，2011：90）、"夜快（点）"，如余姚（肖萍等，2014：90），奉化也说"夜快点"，"夜快"也已词汇化。绍兴也有"夜快（头）"。（王福堂，2015：123）富阳还有"日中快_{接近中午的时间}"（盛益民等，2018：118），"日中快"也已词汇化。

许宝华等（2018：265）收"随夜快"："今晚。"又作"煞夜快""夜快""黄昏头"，这是上海松江方言，"夜快"也已词汇化。又收"天亮快"："黎明时分。""天亮快"也已词汇化。

关于"V快"的"快"有不同的看法。如冯力（2007：249）认为"V快"的"快""是从处于中心谓语位置的第二个谓词虚化而来的体助词"。冯力（2007：249—250）说，明·冯梦龙的《山歌》里已出现表迅速义的"快"字，但无一例是处于谓语位置上的。迅速义的"快"只用作动词前的状语或名词前的定语。如："被窝中快快钻。""第一等快舡到弗是摇_{第一等快船倒不用摇}"。一直到清朝吴语小说《海上花列传》和《九尾狐》里才出现了不少动词后表"近将来体"的助词"快"。这与汉语事实严重不符。如：

（3）直寻到一间房里，单单一个老尼在床将**死快**了。（明·冯梦龙《醒世恒言》卷15）

（4）吏房也有管过的，也有役**满快**的，已不在数内。（《醒世恒言》卷15）

（5）想道："三万银子**到手快**了，怎么恁样没福，到熟睡了去，弄到这时候！如今他却不肯了。"（《醒世恒言》卷37）

《醒世恒言》的作者与《山歌》都是冯梦龙，是同一作者，这说明，表"迅速义"的"快"和表"近将来体"的助词"快"似乎是同时出现。而且，明代其他作家作品中也有，如凌濛初《二刻拍案惊奇》卷9中的"归来快了"、卷24中的"出来快了"，陆云龙《魏忠贤小说斥奸书》第29回中的"结局快了"，陆人龙《型世言》第37回中的"弄没快了"，罗懋登《三宝太监西洋记通俗演义》第21回中的"行雨快了"等。以上是白话小说，明代戏曲中也有，如沈采《千金记》第23出中的"上天快了"，许自昌《水浒记》第3出中的"回来快了"，《白兔记》第30出中的"黄昏快了"，《杀狗记》第20出中的"上天快也"，黄方胤《陌花轩杂剧》第1出中的"依从快了"等。这就是说，至少自明代开始，吴语就有不少"V快"用例，而且，绝大多数例子中的"V快"可改为"快V"而意义不变。

石定栩（2010：72—73）说："'快'的功能和地位非常接近北方话的'了₂'，或者粤语的'住'，表示一种类似于体貌标记的意义，但并非附着在动词上，也不是附着在严格意义的小句上。'快'应该是主句的附属成分，也就是通常所说的句末助词。"我们以为，"V快"中的"快"是后置时间副词，还是有实在意义的，因为它可以移位到中心语前面作状语。而且，例（3）、例（5）等中的"V快"后面还有真正的句末助词"了"，更证明

"也就是通常所说的句末助词"的说法是不符合汉语事实的。

因此，我们以为，冯力（2007）、石定栩（2010）这两种说法不符合汉语事实。（具体可参看崔山佳（2018，第18章第3节；2020）。

2.12　来的/来东/来干

2.12.1　来的

"正˚ 在˚ 兴祸了˚"。注释说："正在：据读音疑为'来的'。兴祸：搞恶作剧；酝酿祸害。""正˚ 在˚"的注音是"læ-tih"。（53）"船厂里来的修"。"来的"的注音也是"læ-tih"。（132）"落雨毛丝""来的落雨毛丝"。"来的落雨毛丝"有注释："正在下毛毛细雨"。（137）"拢总在˚"。"拢总在˚"有注释："在，据读音应为'来的'。所有的都在。""在"注音是"læ'-tih"。（151）"正˚ 在˚ 发热""来的热˚ 起来""热˚ 正˚ 在˚ 退起来"。2处"正˚ 在˚"与"来的"，注音都是"læ-tih"。（173）"伊˚ 等˚ 现˚ 在˚ 相打"。有注释："在：训读字，读音为 læ'-tih。他们正在打架。据读音应为'伊拉来的打相打'。打相打：打架。"（174）"正˚ 在˚ 赶其上前"。"正˚ 在˚"的注音是"læ-tih"。（195）"价钱正˚ 在˚ 落""价钱正˚ 在˚ 跌"。"正˚ 在˚"的注音都是"læ-tih"。（202）"团团圈圈来的飞"。"来的"注音是"læ-tih"。（227）"正˚ 在˚ 发性格"。有注释："发性格：发脾气。"（229）"来的懊悔""着实来的悔"。"来的"读音都是"læ-tih"。"来的懊悔"有注释："非常懊悔。""正˚ 在˚ 走死 路"。"正˚ 在˚"的注音是"læ'-tih"。（340）"正˚ 在˚ 出汗"。"正˚ 在˚"的注音是"læ-tih"。（343）"正˚ 在˚ 落雨"。"正˚ 在˚"的注音是"læ'-tih"。（379）"钟正˚ 在˚ 敲"。"正˚ 在˚"的注音是"læ-tih"。（457）"潮正˚ 在˚ 涨"。"正˚ 在˚"的注音是"læ-tih"。（481）

第340页把"来的懊悔˚"注释为"非常懊悔"，不确。"来的"不是程度副词，没有"非常"义，是"在""正在"义。

2.12.2　来东

"到如今还˚ 在˚ 此"。有注释："活到现在。'在此'，训读字，音义同'来东'。""来东"的注音是"læ-tong'"。（466）

2.12.3　来干

"俾其在˚ 彼˚"。有注释："在彼：据注音疑为'来干'，用于远指。让他在那里。""在˚ 彼˚"的注音是"læ-kæn'"。（37）"其在˚ 彼˚ 否"。"在˚ 彼˚"（2处）。3处"在˚ 彼˚"的注音都是"læ-kæn'"。"其在˚ 彼˚ 否"有注释："他在那里吗？据注音应为'其拉间否？'"（537）

第537页认为"据注音应为'其拉间否？'"，不确。其实，同第37页是一样的，就是"来干"。"来干"现在一般写作"来该"。林素娥（2015）写作"来间"。

2.12.4　来

"在˚ 西边""在˚ 西半边"。"在˚ 西半边"有注释："据注音应为'来西半边'。来：动词，在。"2处"在˚"的注音都是"læ"。（525）

2.12.5　东

"现˚ 在˚ 寡居""现˚ 在˚ 鳏居"。"现˚ 在˚ 鳏居"有注释："据注音应为'鳏居东'，东：强调客观存在。""现˚ 在˚"的注音是"tong"。（529）"来东"有时可省作"东"。

朱彰年等（1996：148）收"来"，义项有四，其一是："〈动〉在。"例如：

（1）钥匙**来**桌凳高头。

（2）老酒一埕，还**来**绍兴。（俗语）

义项二是："〈介〉在。"例如：

（3）我**来**车站等侬。

（4）侬**来**该里做啥。

义项三是："〈副〉正在。"例如：

（5）其**来**发寒热，今末弗去上班了。

以上三义也说"来勒"。

朱彰年等（1996：148）收"来对"，义项三，其一是："〈动〉在。"例如：

（6）包还**来对**，里头钞票拨撮佬撮去了。

其二是："〈副〉正在。"例如：

（7）我**来对**写信，侬莫来烦。

"来对"，一般写作"来的"。

朱彰年等（1996：148）收"来当"，义项有二，其一是："〈动〉在；在（这里）。"例如：

（8）我堂眼**来当**，侬去买门票。

（9）脚踏车**来当**，人弗知到阿里去了。

其二是："〈副〉在；正在（这里）。"例如：

（10）我**来当**煮下饭，该晌旰没空。

"来当"一般写作"来东"。

朱彰年等（1996：148）收"来该"，义项有三，其一是："〈动〉在；在（那里）。"例如：

（11）上日看戏文，我也**来该**。

（12）黄包车**来该**，断命黄包车夫死到啥地方去勒？（独脚戏《拉黄包车》）

其二是："〈动〉用在表处所的名词后面，有'在……''去了……'的意思"。例如：

（13）上日我杭州**来该**。

（14）刚刚我街里**来该**。

其三是："〈副〉在；正在（那里）。"例如：

（15）摇呀摇，摇到外婆桥。外婆**来该**纺棉花，舅舅**来该**走人家。（儿歌）

从《汇解》可见，宁波方言现在常用的"来的""来东""来该""来""东"等，至少在《汇解》时已有，有的还常用。

2.13　AB 不剌

"弄得°邋遢""弄得°邋里邋遢""弄°得泥腥不赖""弄°得罪里°百糟"。"弄得°泥腥不赖"有注释："泥腥不赖：肮脏。不赖：后缀成分，附着在双音节形容词的后面表情状，通常用于贬义。""赖"注音为"la"。（113）"不赖"现在多写作"不剌"。

《汉语大词典》收"不剌"，是助词，义项有二，其一是："用于语尾，以加强语气。"例如：

（1）怕曲儿捻到风流处，教普天下**颠不剌**的浪儿每许。（金·董解元《西厢记诸宫调》卷1）

（2）对门隔壁，都有些酸辣气味，只是俺一家儿**淡不剌**的。（元·乔吉《两世姻缘》第1折）

（3）**破不剌**马嵬驿舍，冷清清佛堂倒斜。（清·洪昇《长生殿》第38出）

周志锋（2012）认为"不剌"是后缀，来自北方话，且古已有之。例子除例（1）—例（3）外，又如：

（4）你穿着这**破不剌**的旧衣。（元·范康《竹叶舟》楔子）

（5）我的老爷，好话咧！大**吓人不剌**的！（清·文康《儿女英雄传》第38回）（周志锋，2012：229—230）

早在明代，就有闵遇五《五剧笺疑》指出："不剌，北方语助词，不音餔，剌音辣去声，如怕人云怕人不剌的，唬人云唬人不剌的。"

周志锋（2012：230）又说，今新疆、内蒙古、东北等地仍有"不剌"这个后缀，江苏、上海、浙江等地也有这个后缀。北京话用得更多，如"丑不剌、蔫不剌、酸不剌、笨不剌、生不剌、冻不剌"等。

其实，"AB不剌"的说法，现在的宁波方言也有一定的能产性，除"泥腥不剌"外，另如：危险不剌、罪过不剌、气息不剌、头大不剌、糙粒不剌、畏恶不剌、怕人不剌、难熬不剌、心焦不剌、晦气不剌、污苏不剌、难看不剌、小气不剌、花立不剌。（周志锋，2012：229）

奉化方言除上面的用法外，尚有如下说法：惶恐不剌、难过不剌、懒门不剌、刺戳不剌、强横不剌、体汰不剌、鏖糟不剌、馊气不剌、加气不剌、淡口不剌、热拆不剌、泡冲不剌、死样不剌、候自不剌、瓮衷不剌、低便不剌、恶心不剌。

"不剌"总是用于含有消极意义的双音节形容词后面，表示某种不好的情状或感觉，这"感觉"义是现在宁波、奉化方言在语义上的演变，如"淡口不剌"等。也有些许表示程度义，可以在前面加上"有眼"，即"有眼"可以与"不剌"前后搭配，但不能与"交关"等表示程度高的副词搭配，这也证明"不剌"虽然也表程度义，但所表程度不高，例如：

（6）钞票呒掉介许多，心里总是有眼**难熬不剌**。

上例如果去掉"不剌"，单是"难熬"，就能与"交关"搭配。"AB不剌"不是状态形容词，而是性质形容词。

可能是不知语源，"不剌"有不少写法，例如：小气吧啦（安徽肥东，宋雨薇，2017：204）、罪过百啦（奉化，江圣彪，2017：329）、罪过八拉/罪过八拉拉，刘宪康认为"八拉"本字是"拨剌"，象声词（绍兴，吴子慧，2007：131）、伤心八勒（舟山，方松熹，1993：18—19）。徐波（2004：114）也说到舟山方言的"不剌"，例如：腻腥不剌脏分分、糙粒不剌粗糙的、恶心不剌、伤心不剌、难看不剌、难熬不剌难受、晦气不剌、加气不剌使人生气的、罪过不剌可怜分分。此前，徐波（1998：37）也说到舟山方言的"AB不剌"。但徐波（2004：53）说到"花里百辣"。我们认为，这里的"百辣"与前面的"吧啦""百啦""八拉""拨剌""八勒"一样，都应该是"不剌"。

周志锋（2012：230）还说，说宁波方言后缀"不剌"来自古代北方话，其理由有三：第一，用法上与古、今北方话的"不剌"一脉相承，都带有贬义感情色彩。第二，明代闵遇五明确说过"不剌"是"北方语助词"。第三，也是最重要的，有读音上的支持。宁波方言"不"一般说成"弗"［fɐʔ⁵⁵］或"勿"［vɐʔ¹²］，读轻唇；唯独"不剌"的"不"音八［pɐʔ⁵⁵］，读本音，读重唇音，这说明古代北方话"不剌"转入宁波一带后，一直保留了原

来的读音。我们赞同此看法。

2.14　VV 其

"奶要燉滚"。有注释："据注音应为'奶滚滚其'，指煮一下奶。"其注音是"nakweng-kweng gyi"。（48）"据注音应为'奶滚滚其'"是正确的，但"指煮一下奶"的注释不确。《现代汉语词典》（第 7 版）"滚"的义项三是"（液体）翻腾，特指受热沸腾：锅里水～了。"而用"煮一下"来注释"滚"显然不够准确，应该是把奶煮沸才是。

周志锋（2012：234）说，宁波方言中"VV 其"这种结构可细分为两种情况：一是作谓语，表示祈使的语气。例如：

（1）被头**晒晒其**。

（2）桌凳**揩揩其**。

（3）小人**抱抱其**。

（4）手骨火熄**烘烘其**。

（5）莫做客，香烟**炪炪其**。

（6）马上要考试嗝，书**看看其**。

二是作状语或主谓结构的谓语，"其"没有实在意义，可以省略。例如：

（7）年糕**炒炒其**吃。

（8）钞票**算算其**用。

（9）咳嗽药水**摇摇其**再吃。

（10）小人**冻冻其**呒告个。

（11）该种小毛病**吃吃其**会好个。

（12）饭吃好**走走其**有利健康。

《汇解》中的"奶滚滚其"应该属于第一种情况。

朱彰年等（2016）把这种"其"当作助词。朱彰年等（2016：305）说："其"用在单音节动词重叠后，表示祈使语气，有的没有实在意义，例如：

（13）被头**晒晒其**。

（14）要考试嗝，书**看看其**。

（15）莫做客，下饭**吃吃其**。

（16）年糕**下下其**吃。

（17）小人**冻冻其**呒告个。

上面是把周志锋（2012）的 2 点归并为 1 点了。我们以为，周志锋（2012）所说的第 2 点的"其"应该还是代词，只不过虚化了，但并非"没有实在意义"，它仍有复指前面名词的作用。朱彰年等（2016）把这种"其"当作助词处理，我们以为也不准确。

《汇解》虽然只有"奶滚滚其"，但也有其价值，说明，宁波方言至少在 19 世纪中后期已经有"VV 其"这种用法了。

三　《汇解》的语法价值

比较现在的宁波方言，初步归纳一下，《汇解》在语法方面具有如下价值：

3.1　有的是《汇解》首见

石汝杰等（2005：216—217）"个"有 9 个义项，未见"AA 个""ABB 个"，似乎为

《汇解》首见。

3.2 有的为宁波话独有

据目前所掌握的材料看，"AB 算账"可能是宁波方言的特征词。

3.3 有的是一脉相承，承上启下

如"大家"，从明代冯梦龙的《警世通言》开始就有副词用法，一直到清代末年的《汇解》，又延续到现在的宁波方言。后缀"不刺"前面的词根古代多为单音节，极少数为双音节，《汇解》中的"泥腥"也是双音节，现在北京话也多为单音节，但吴语，尤其是宁波方言全部是双音节。"V 打（带）＋补语""VVR""V 绽"等也如此。

3.4 分布范围

有些语法现象其他方言也有，但吴语分布范围最广，古今如此，如"数量＋头"。同时，其所指称的对象也要多得多，并非只是表示"钱币"。

3.5 显示语法化

如"大家"从代词语法化为副词，也为其他方言所未见。

3.6 有的的构式已见词汇化

吴语中有些方言的"V 快"已词汇化，如"夜快"，宁波（肖萍等，2019：62）、定海（徐波，2019：67）、海盐（张薇，2019：59）等已成为时间名词。长兴有"夜快边"（赵翠阳等，2019：59）、余杭有"夜快边儿"（徐越等，2019：85），"夜快"也已经词汇化。其实，《汇解》中的"夜快"已经词汇化。

以上可见，《汇解》不但在宁波方言语法研究中具有重要的价值，就是在吴语，甚至整个汉语方言中也是有很高的地位的。

"野气"在《汇解》时代的宁波方言中有程度副词用法，但现在宁波方言却是形容词，这是语法反向用法的表现吗？值得进一步深入研究。

参考文献

白维国主编 . 白话小说语言词典［M］. 北京：商务印书馆，2010.

白维国主编，江蓝生，汪维辉副主编 . 白话小说语言词典［M］. 北京：商务印书馆，2015.

蔡　嵘 . 浙江方言资源典藏·乐清［M］. 杭州：浙江大学出版社，2019.

曹志耘主编 . 汉语方言地图集（语法卷）［M］. 北京：商务印书馆，2008.

曹志耘、秋谷裕幸主编 . 吴语婺州方言研究［M］. 北京：商务印书馆，2016.

陈　峰主编 . 奉化民间文艺·歌谣卷［M］. 宁波：宁波出版社，2017.

崔山佳 . 近代汉语中的"VVA"和"V 一 VA"［J］. 语言研究，2003（4）.

崔山佳 . 近代汉语动词重叠专题研究［M］. 成都：巴蜀书社，2011.

崔山佳 . 词缀"生"补说［J］. 语言研究集刊（第 9 辑）. 上海：上海辞书出版社，2012.

崔山佳 . 后缀"动"历时与共时比较研究［C］// 方言语法论丛（第 7 辑）. 刘丹青，邢向东，沈明主
　　编 . 北京：商务印书馆，2016a.

崔山佳 . 后缀"生"历时与共时考察［C］// 吴语研究（第八辑）. 陈忠敏，主编 . 上海：上海教育出版
　　社，2016b.

崔山佳 . 吴语语法共时与历时研究［M］. 杭州：浙江大学出版社，2018.

崔山佳 . "VV 瞧"中"瞧"的语法化［C］// 吴语祥，吴早生，主编 . 语法化与语法研究（九）. 北京：

商务印书馆，2019.

崔山佳.语言类型学视角下汉语方言"V+快"历时与共时考察［M］//语言类型学集刊（第2辑）.上海：上海教育出版社，2020.

崔山佳.吴语后缀"生"的演变［J］.方言，2021（3）.

戴昭铭.天台方言初探［M］.杭州：中国社会科学出版社，2003.

方松熹.舟山方言研究［M］.北京：社会科学文献出版社，1993.

冯　力.从北部吴语的"V快"看中心谓语成分虚化为助词的现象［J］.中国语文，2007（3）.

黄晓东.浙江方言资源典藏·浦江［M］.杭州：浙江大学出版社，2019.

江蓝生.相关词语的类同引申［M］//近代汉语探源.北京：商务印书馆.（英文稿原载语汇丛刊·汉语十论，游顺钊主编.巴黎，1993/2000）

江圣彪主编.奉化民俗［M］.杭州：浙江人民出版社，2017.

李　荣主编.现代汉语方言大词典［M］.南京：江苏教育出版社，2002.

李　珊.动词重叠研究［M］.北京：北京大学出版社，2003.

林素娥.一百多年来吴语句法类型演变研究——基于西儒吴方言文献的考察［M］.北京：中国社会科学出版社，2015.

刘　斐.客家方言于桂片南康荷田话重叠式形容词研究［J］.中国语学研究·开篇第31号，东京：好文出版.

刘丹青.语序类型学与介词理论［M］.北京：商务印书馆，2003.

刘纶鑫.江西客家方言概况［M］.南昌：江西人民出版社，2001.

［美］睦礼逊（William T. Morrison）编著，朱音尔、姚喜明、杨文波校注，游汝杰审订.宁波方言字语汇解.上海：上海大学出版社，2016.

祁嘉耀.19世纪宁波吴语罗马字文献转写及翻译［M］//陈忠敏，陆道平，主编.吴语研究（第九辑）.上海：上海教育出版社，2018.

钱　萌.宁波方言的语法［D］.上海：上海大学，2007.

阮咏梅.温岭方言研究［M］.北京：中国社会科学出版社，2013.

石定栩.上海话的句末"快"［M］//林华东，主编.汉语方言语法新探索.厦门：厦门大学出版社，2010.

石汝杰，［日］宫田一郎主编.明清吴语词典［M］.上海：上海辞书出版社，2005.

宋雨薇.安徽肥东方言词汇研究［D］.广州：暨南大学，2017.

汤珍珠、陈忠敏、吴新贤编纂.宁波方言词典［M］.南京：江苏教育出版社，1997.

汪化云、姜淑珍.吴语中的后置副词状语［J］.中国语文，2020（2）.

王福堂.绍兴方言研究［M］.北京：语文出版社，2015.

王文胜.吴语处州方言的地理比较［M］.杭州：浙江大学出版社，2012.

王文胜.吴语处州方言的历史比较［M］.北京：中国社会科学出版社，2015.

吴子慧.吴越文化视野中的绍兴方言研究［M］.杭州：浙江大学出版社，2007.

肖　萍.余姚方言志［M］.杭州：浙江大学出版社，2011.

肖　萍、郑晓芳.鄞州方言研究［M］.杭州：浙江大学出版社，2014.

肖　萍、汪阳杰.浙江方言资源典藏·宁波［M］.杭州：浙江大学出版社，2019.

徐　波.宁波方言的语缀［J］.宁波大学学报（人文科学版），1998（2）.

徐　波.舟山方言与东海文化［M］.北京：中国社会科学出版社，2004.

徐　波.浙江方言资源典藏·定海［M］.杭州：浙江大学出版社，2019.

徐丽丽.浙江方言资源典藏·瑞安［M］.杭州：浙江大学出版社，2019.

徐　越，周汪融.浙江方言资源典藏·余杭［M］.浙江大学出版社，2019.

许宝华，陶　寰.松江方言研究［M］.上海：复旦大学出版社，2018.

许少峰.近代汉语大词典［M］.北京：中华书局，2008.

颜逸明.吴语概说［M］.上海：华东师范大学出版社，1995.

张　薇.浙江方言资源典藏·海盐［M］.杭州：浙江大学出版社，2019.

赵翠阳，叶　晗.浙江方言资源典藏·长兴［M］.杭州：浙江大学出版社，2019.

钟兆华.近代汉语虚词词典［M］.北京：商务印书馆，2015.

周志锋.周志锋解说宁波话［M］.北京：语文出版社，2012.

朱彰年，薛恭穆，汪维辉，周志锋.宁波方言词典［M］.上海：汉语大词典出版社，1996.

朱彰年，薛恭穆，周志锋，汪维辉，原著，周志锋，汪维辉，修订.阿拉宁波话［M］.宁波：宁波出版社，2016.

（崔山佳　浙江财经大学人文与传播学院　310018　fhddcsj@sina.com）

宁波话罗马字科普书《地球图》译注 *

徐春伟　王彦恺

美国汉学家丁韪良（William Alexander Parsons Martin），是晚清最具影响力的传教士汉学家。他在中国的 62 年中，一直致力于传播西方科学，改变人们的思想，希望通过这种方式使中国人接受基督教。但最终，因西方科学而接受福音者寥寥无几；然而他主持京师同文馆、京师大学堂的科学教育，编写传播西方科学的书籍和期刊等活动，为中国引入新文化、新科学作出了贡献。

丁韪良的方言著作和科学著作是从宁波起步的。1853 年，他在宁波江北华花书房出版了一本地理科普书《地球图》。它是 1852 年出版的《地理书》的姐妹篇。两书是丁韪良年轻时刚来宁波的作品，目的是向宁波少年儿童传授世界地理知识，这是中国最早的儿童科普文献。这套书的不寻常处在于，它采用的文字既非英文，又非中文，而是丁韪良自创的宁波话罗马字。《地球图》是中国早期西式儿童科学教育及中文拉丁化的罕有物证，极为珍贵。

《地球图》全名为《地球图，五大洲，本国，本省，本府，三幅地图，还有圣经地图，连地理问答；地名照〈瀛寰志略〉》（ Di-gyiu du，ng da-tsiu di-du: peng-koh，peng-sang，peng-fu: sæn-foh di-du，wa-yiu，Sing-kying di-du，lin，di-li veng-teh: di-ming tsiao ying-wæn-ts-liah ）。地图集里的地名是基于《瀛寰志略》里汉字的宁波话读音转译。目前已知的收藏机构有美国哈佛大学图书馆，以及英国牛津大学博德利图书馆。

全书 23 页，24 章节文字，并附有 11 幅地图。《地球图》中的地图包含了东半球、西半球、欧罗巴地图、北亚美利加地图、阿非利加地图、亚细亚地图、南亚美利加地图、圣经地图、中国地图、宁波府底下六县地图、浙江省邑地图。除地图外，文字部分为地理知识回答。

《地球图》倒数第二张地图是宁波府地图。这体现了前作《地理书》封面提到的"相土所宜　利有攸往"之本土化原则。除了宁波府属下的六县厅外，还包括了府内知名江河和市镇。本文文末以表格形式对该地图所标注的地名进行翻译。

Di-li veng-teh

地理　问答

Di-ih tsông: T'in-veng-pin

第一章：天文篇

1. Meng. Dza kyiao-leh T'in ?

1. 问： 咋　叫嘞　　天?

Teh. Yiu saen yiang kyiao-leh T'in.

答： 有　三　样　　叫　嘞　天。

　*　本文为国家社科基金重大项目"晚明以来吴语白话文献语法研究及数据库建设"（21&ZD301）、国家社会科学基金一般项目"基于域外文献明清以来宁波方言发展演变研究"（21BYY079）阶段性成果。

Di-ih ziu-z T'in-dông-go foh-di；

第一 就是 天堂个 福地；

di-nyi ziu-z ky'üong-ts'ông，p'i-jü wô T'in lôh-yü：

第二 就是 穹苍， 譬如话 天 落雨；

di-saen ziu-z Nyih-deo，Yuih-liang，Sing-siu-go u-dông，Keh yia kyiao-leh T'in.

第三 就是 日头、 月亮、 星宿个 於荡， 该 也 叫嘞 天。

2. M. Keh-sing sing-siu tao-ti dza-go siang-mao？

2. 问：该些儿① 星宿 到底 咋个 相貌？

T. Sing-siu yiu do-siao，yiu yün-gying.

答：星宿有 大小， 有 远近。

Ting gying teng di-yiang ts'ô hao-kyi pah-vaen li-lu：

顶 近 搭 地壤 差好几 百万 里路：

ting yün-go tao z m-vaen li-su-de.

顶远个 倒是 无万 里数兑。

Gyi do-siao yia z m-ti go.

其 大小 也是无底 个。

Yiu-sing z teng ah-lah Di-yiang ts'ô-feh-to do；

有些儿 是 等 阿拉地壤 差弗多 大；

yiu-sing z pi gyi do ih-ts'in to be；ysae do yia yiu-go.

有些儿 是比其大一千多倍；再 大 也 有个。

Daen-z ing-we yün-yün；

但是因为 远远；

keh-lah k'en-ko-ky'i tu z siao-de，peh-ko ziang ih-tin ho-kwông ka-kun do.

该拉 看过去 都是小兑，不过 像 一点 火光 介管 大。

3. M. Di-yiang z dza-go siang-mao?

3. 问：地壤 是咋个相貌？

T. Di-yiang，ing-we ah-leh z lae gyi min-teng deng-tih，

答：地壤， 因为 阿拉是 来其 面顶 庑迤，

kehlah k'en-kyin z ôh-ziang m-pin-m-gnen，

该拉 看见 是屋像 无边无岸，

daen-ziah yiu nying kao-kao lae sing-siu lae-kaen，

但若 有 人 高高 来 星宿 来看，

i gyi k'en-kae Di-yiang peh-ko z ziang ih-lih sing ka-kun do，

依其看来 地壤 不过是 像 一粒星 介管 大，

yia z-ka shih-kwah-liang-go.

也 是介 雪刮亮个。

---

① 儿化音。

4. M. Sing-siu yiu kyi-yiang-sang?

4. 问：星宿　有　几样生？

T. Sing-sin yiu liang-yiang. Di-ih kyiao-leh ‘Eng-sing；di-nyi kyiao-leh ‘ang-sing.

答：星宿　　有两样。　　　第一　叫嘞　　　恒星；　　　第二　叫嘞　　　行星。

‘Eng-sing z feh-dong-go，dziang lae ih-t’ah u-dong lae-tih-go.

恒星是　　弗动个，　　长　　来一塌　於荡　来迤个。

‘ang-sing z we dong-go，niyh-deo tông cong-nyiang，‘Ang-sing tsiu-we lae-tih cün-go.

行星　　是会动个，　　日头当中央，　　　　　　行星　　就会　来迤转个。

5. M. Sing-siu-go kwông z ‘ah-li ka lae-go?

5. 问：星宿个　光　　是何里介　来个？

T. Keh ‘Eng-sing ni peng-lae z zi fah kwông-go：

答：该　恒星呢　　本来　　是自发　光个；

daen-z Ang-sing m-neh kwông；

但是　行星　　无没光；

feh-jün k’en-feh-kyin，tsih z ky’ü-leh Niyh-deo tsiao-djôh gyi，

弗全　看弗见，　　　即　是亏了　日头　　照着　　其，

keh-lah k’en-ky’i z teng ‘Eng-sing ts’ô-feh-to ming.

该嘞　看去　　是等　恒星　差弗多　　明。

6. M. Nyih-deo z kwe ‘ah-li ih-le?

6. 问：日头　是归　何里　一类？

T. Nyih-deo ing-we yi z feh-dong-go，yi z fah-kwông-go. Keh-lah sön z ‘Eng-sing ts-le.

答：日头　　因为　亦是弗动个，　　亦是发光个。　　该拉　　算是恒星　　之类。

7. M. Di-yiang z kwe ‘ah-li ih’le?

7. 问：地壤　是归　何里　一类？

T. Di-yiang，ing-we z teng Nyih-deo tsiu-we lae-tih cün-go，keh lah sön z ‘Ang-sing.

答：地壤，　　因为　是等　日头　　就会　来迤　转个，　该　拉算　是行星。

8. M. Yüih-liang z kwe ‘ah-li ih-le?

8. 问：月亮　　是归　何里　一类？

T. Yüih-liang，ing-we z teng Di-yiang tsiu-we lae-tih cün-go，

答：月亮，　　　因为　是等　地壤　　就会　来迤　转个，

tsae-wô ing-we zi peng-lae m-neh liang-kwông，keh-lah yia sön z ‘Ang-sing.

再话　因为　自本来　　无没　亮光，　　　该拉　　也　算是行星。

9. M. Di-yiang z dza-go yiang-shih?

9. 问：地壤　是咋个　样式？

T. Kyi-jün Nyih-deo yüih-liang sing-siu tu z kweng-yün-go，

答：其全　日头　　月亮　　星宿　都是滚圆个，

k’en-lae ah-lah Di-yiang-yia z ing-kae tso yiang-shih-go.

看来　阿拉　地壤也　　是应该　做　样式个。

10. M. Wa-yiu soh go bing-kyü ma?

10. 问：还有　啥　个　凭　据　吗？

T.　Wa-yiu saen-go bing-kyü:

答：还有　三个　　凭据：

Di-ih ni，ziu z wu- yüih

第一呢　　就是乌月，

Wu yüih z ing-we yih-liang peh Di-yiang tsô-djü yün-kwu.

乌月　　是因为　月亮　　拨 地壤　　遮住　　缘故。

En-go u-dông ziu-z Di-go ing.

暗个　於荡　就是 地个影。

Keh-go ing tao z yün-go，

该个　　影 倒 是圆个，

ky'i feh-z Di-yiang kweng-tih s- yün go ma?

岂弗是　　地壤　　滚迣　斯圆　　个 吗？

Di-nyi ziu-z nga-yiang yün-yün k'en-kyin ih-tsah jün s-long-lae，

第二　就是 外洋　　远远　看见　　一只　船 驶拢来，

sin k'en-kyin we-ken ting-den，'eo-deo k'en-kyin jün-ti.

先 看见　　桅杆 顶头儿，后头　看见　　船体。

Di saen-go ting hao bing-kyü ziu z Nying-kô yiu-deh tseo-cün-lae-go，

第三个　　顶 好 凭据　　就 是人家　　有搭　　走转来个，

keh-lah hyiao-teh gyi yiang-shih.

该拉　晓得　　其样式。

Tsih-jü Hwô-gyi k'ah-jün，yiu hyü-to z-djông ko Si-yiang，

即如 花旗　　客船，　有 许多 时常　过 西洋，

tao ts'-di lae-go：yia yiu hyü-to z ko Tong-yiang lae-go.

到 此地 来个；也有　许多　是过 东洋　　来个。

Feh-leng tong Si，tu hao tseo-tao，

弗论　　东　西，都好　走到，

k'o-kyin di-yiang m-teh bih-nyiang-kao yiang-shih，

可见　　地壤　　无搭　别样高　　样式，

ih-ding z kweng-tih s-yün-go，keh-lah kyiao-leh Di-gyiu.

一定是　滚迣斯圆个，　　　该拉　叫嘞　　地球。

11. M. Di-gyiu，Nyih-deo，yüih-liangdza kun do?

11. 问：地球，日头，　月亮　　咋 管 大？

T.　Di-gyiu min-teng，ky'ün-cün yiu 90000 li：

答：地球　面顶，　圈转　　有 90000 里：

C'ün-sing ni yiu 30000 li kwông-kying.

穿深　　呢有 30000 里 光景。

Ziah yiu nying dong-sing ih-dzih dziao-leh Tong-pin ka tseo，

若 有 人 动身　一直　朝嘞　　东边　　介走，

· 266 ·

me-nyih tseo 100 li-lu ky'iao- leh liang-nyin ling saen-ko yüih hao tao nyün u-dông lae.

每日 　走 100 里路巧 　嘞 两年 　零 三个 　月 好 到原 　於荡来。

Nyih-deo pi Di-gyiu c'ün-sing liang to ih-pah be.

日头 　比地球 穿深 　量 多一百倍。

Yüih-liang c'ün-sing peh-ko z Di-gyiu saen-feng-ts ih.

月亮 　穿深 　不过 是地球 三分之 　一。

12. M. Di-gyiu teng Nyih-deo Yüih-liang li-yün to-siao?

12. 问：地球 等 日头、 月亮 　离远 多少？

T. Di-gyiu teng Niyh-deo li-yün 95000000 yiang-li;

答：地球等 　日头 　离远 95000000 洋里；

yi-z teng yüih-liang ts'ô 240000 yiang-li.

亦是等 月亮 　差 240000 洋里。

Ting kw'a-go tiao z ih-tin-cong neng-keo fi 60 yiang-li;

顶 快个 　鸟 是一点钟 　能够 飞 60 洋里；

daen-z fi tao yüih-liang, ky'iao-leh ts'ô-feh-to loh-ko yüih kong-fu;

但是 飞到 月亮, 　巧嘞 差弗多 六个月 　功夫；

fi-tao Niyh-deo ky'i, ky'iao-leh ih-pah pah-jih to nyin.

飞到 日头 　去, 巧嘞 　一百八十 　多年。

13. M. Di-gyiu dza cün-fah?

13. 问：地球 咋 转法？

T. Di-gyiu yiu liang yiang cün-fah.

答：地球 有 两 样 　转法。

Ih-yiang z teng Nyih-deo tsiu-we-go;

一样 是等 日头 　周围个；

ih-yiang z ziang ih-go leng-bun ka-go.

一样 是像 一个 轮盘 介个。

Ziang leng-bun ka ih-cün ziu-z ih-niyh;

像 轮盘 　介一转 就是一日；

teng Nyih-deo tsiu-we ih-cün tao nyün u-dông ziu-z ih-nyin.

等 日头 　周围 一转 到原 於荡 就是一年。

14. M. Nyih-li teng yia-tao diao-lae wun-ky'i z dza-go kông-kyiu?

14. 问：日里 等 夜到 调来 换起 是咋个 讲究？

T. Di-gyiu, ing-we kweng-yün-go,

答：地球, 因为 滚圆个,

keh-lah ih-pun z peh Nyih-deo sa-djôh;

该拉 一半 是拨 日头 晒着；

ih-pun m-neh sa-djôh.

一半 无没 晒着。

Sa-djôh-go pun-gyiu liang-liang, ziu-z Nyih-li:

晒着 个半 球 亮 亮, 就是日 里；

m-neh sa-djôh-go pun-gyiu en-go，ziu-z yia-tao.

无没　晒着个　半球　　暗个，　就是　夜到。

Tsae-wô ing-we Di-gyiu nyih-nyih ziang leng-bun ka cün ih-cün；

再话　　因为　地球　日日　　像　轮盘　介转一转；

keh-lah nyih-li teng yia-tao dziang-t'ong z-ka diao-lae wun-ky'i.

该拉　日里　等　夜到　长通　　　是介调来换起。

15. M. Di-gyiu dziao-leh 'ah-li ih-hyiang lae-tih cün?

15. 问：地球　朝嘞　　何里　一向　　来逦转？

T.　Di-gyiu z dzong si hyiang Tong ka cün-go；

答：地球　是从　　西　向　东　介转个；

keh-lah k'en-kyin Nyih-deo lae Tong-pin c'ih，lae Si-pin lôh-saen.

该拉　看见　　日头　　来东边　　出，来　西边　落山。

16. M. Nyih-deo c'ih-ts wa z ih-pun gyiu 'en-tao-c'ü lih-k'ah ziu tsiao-djô go soh?

16. 问：日头　　出至　还是一半　球　　含到处　　立刻　　就照着　　个　啥？

T.　M-neh；u-sen Tong si Yu dzi-tsao feng pih.

答：无没；於采儿东　西　有　迟早　　分别。

P'i-jü u-sen teng dông-deo dziao-leh si 7500 li-lu-；

譬如　於处　搭　荡头　　朝嘞西　　7500　里路；

k'en-kyin nyih-deo z pi ah-lah dzi ih-go z-zing kwông-kying；

看见　　日头　　是比阿拉　迟　一个　时辰　光景；

ts'ô s-ng vaen li-lu z pi ah-lah dzi loh-go z-zing；

差四五　万　里路是比阿拉　迟　六个　　时辰；

tsih-jü Hwô-gyi di-fông z teng Cong-koh t'ih-te-deo-go，

即如　花旗　　地方　是等　中国　　　贴对头个，

keh-lah dông-deo nyih-li keh-deo Yia-tao，tu z diao-zông wun-lôh-go.

该拉　荡头日里　　该头夜到，　　都是调上　　换落个。

Di Nyi Tsông
第二章

Kông di-du-go yüông-dziang
讲地图个用场

1. M. K'en di-du，Tong，Nen，Si，Poh，dza Feng-bin?

1. 问：看地图，　东、　南、　西、北，　咋分辨？

T.　Di-du zông-deo sön z Poh，'ô-deo z Nen；Jing-siu-pin z Tong，Tsia-siu-pin z Si.

答：地图上头　　算是北，下头是南；顺手边　　是东，　借手边　　是西。

2. M. Di-gyiu dza feng-fah?

2. 问：地球咋　分法？

T.　Di-gyiu yiu liang yiang feng-fah，

答：地球　有两样　分法，

ih-yiang z tsiao T'in-veng;

一样是　照　天文；

ih-yiang tsiao Di-li,

一样　　照　地理，

Di-ih yiang z i-deh di-fông lang-nyih.

第一 样　　是一塌 地方　冷热。

Tong，Nen，Si，Poh ka feng-c'ih-lae.

东　南　西北　　　介分出来。

Di-nyi yiang，z i-deh 'o kông，saen hae ka feng-c'ih-lae.

第二 样，　　是一塌河、江、山、海 介分出来。

3. M. Sin meng T'in-veng-go feng-fah；Dza kyiao-leh Ts'ih-dao?

3. 问：先 问 天文个　　分法；　咋 叫嘞　　赤道？

T. Di-gyiu Tong Si kyüing-feng；keh feng-gyiu-go sin ziu-z Ts'ih-dao.

答：地球 东　西① 均分；　　该 分球个　　线 就是 赤道。

4. M. Dza-kyiao-leh wông-dao?

4. 问：咋叫嘞　　黄道？

T.　Nyih-deo-go tseo-lu，eo Wông-dao.

答：日头个　　走路，　讴 黄道。

Ing-we Wông-dao z teng Ts'ih-dao ts'ia-go,

因为 黄道　是等 赤道　　笡个，

keh-lah nyih-deo z pun-nyin lae Ts'ih-dao Poh,

该拉　日头　是半年　来 赤道北，

pun-nyin lae Ts'ih-dao Nen.

半年　来 赤道 南。

5. M. C'ing，'ô，Ts'iu，Tong tsiu-r-voh-s dza kông-kyiu?

5. 问：春、夏、秋、冬　　周而复始　咋 讲究？

T.　Nyih-deo lae Ts'ih-dao poh ziu-z C'ing-t'in，'ô-t'in:

答：日头　来 赤道　　北 就是 春天、　　夏天；

t'e-lôh tao Nen-pin ky'i，ziu-z Ts'iu-t'in，Tong-t'in.

退落到　南边　去，　就是 秋天、　　冬天。

Keh-lah deng-leh Nen pun-gyiu cü-kwu z teng ah-lah diao t'in-kô；

该拉　庵嘞　南半球　　主顾 是等 阿拉 调天家；

dông-deo nyih，keh-deo lang，z ih-we-kah-ky'i.

荡头热，　　该头　冷，是一回夹起。

6. M. Dza kyiao-leh Jih-ts sin?

6. 问：咋 叫嘞　　日至 线？

T.　Nyih-deo teng Ts'ih-dao li-leh ting yün u-sen,

答：日头等　　赤道离嘞　　顶远於采儿，

---

① 本处"东西"应该指地球这个天体。

yia tu yiu ih da-sin，z lae di-gyiu tsiu-we teng Ts'ih-dao bing-ba-go.

也都有　一坎线，是来　地球　周围　等　赤道　并排个。

Ing-we nyih-deo tseo dziao Nen，dziao Poh，

因为　日头　走　朝　南，朝　北，

ih tao keh liang-t'ah di-f'ông ziu we-ts，

一到　该　两塌　地方　就　会止，

keh lah keh liang da-sin kyiao-leh Jih-ts sin.

该　嘞　该　两坎线　叫嘞　日至线。

7. M. Dza kyiao-leh Tong-ts 'ô-ts?

7. 问：咋叫嘞　冬至、　夏至？

T.　Nyih-deo tao Poh-pin keh-da sin，

答：日头　到　北边　该坎　线，

ka z'eo kyiao-leh 'ô-ts，

介　时候叫嘞　　夏至，

tao Nen-pin keh-da sin，

到　南边　该坎　线，

ka z-'eo kyiao-leh Tong-ts.

介　时候　叫嘞　　冬至。

8. M. Dza kyiao-leh Heh-dao?

8. 问：咋叫嘞　　黑道？

T.　Di-gyiu ting Nen，ting Poh u-dông kyiao-leh Nen-gyih，Poh-gyih.

答：地球　顶　南，顶北　於荡　叫嘞　　南极、　北极。

Teng Nen-gyih，Poh-gyih ts'ô ih-t'ön lu，

等　南极、　北极　差　一段　路，

ziang Jih-ts-sin teng Ts'ih-dao ka-kun li-yün，yia yiu liang-da sin，

像　日至线　等　赤道　介管　离远，也　有　两坎　线，

tsiu-we Di-gyiu teng keh saen-da bing-ba-go. Keh kyiao-leh Heh-dao.

周围　地球　等　该　三坎　并排个，该　叫嘞　黑道。

9. M. Heh-dao u-sen nyih-yia dziang-tön dza-go?

9. 问：黑道　於采ㄦ日夜　长短　　咋个？

T.　Ing-we nyih-deo ih tao 'ô-ts ve tsiao-djôh Nen-gyih；

答：因为　日头　一到　夏至　勿照着　　南极；

ih tao Tong-ts yia ve tsiao-djôh Poh-gyih；

一到　冬至　也勿　照着　　北极；

keh-lah Nen Poh liaing gyih di-fông tu yiu loh-ko yüih yia-tao，loh-ko yüih nyih-li.

该拉　南北　两极地方　　都有六个月　　夜到，　六个　月　日里。

10. M. Di-gyiu min-teng feng-leh kyi-da-lu?

10. 问：地球　面顶　分嘞　　几坎路？

T.　Keh-sing Jih-ts-sin，teng Heh-dao feng-leh Di-gyiu min-teng yiu ng-da Ta.

答：该　些ㄦ日至线，等　黑道　分嘞　地球　面顶　有　五坎　带。

11. M. Nyih-da dza-go?

11. 问：热带 咋个？

T. Jih-ts-sin cong-nyiang keh-da Ta ing-we z lae Nyih-deo ti-'ô,

答：日至线 中央 该坎带 因为 是来 日头 底下，

di-fông nyih, keh-lah kyiao-lah Nyih-ta.

地方热， 该拉 叫嘞 热带。

Nyih-ta keh di-fông, dziang-t'ong ziang 'ô-t'in ka-go:

热带 该地方， 长通 像 夏天 介个：

tsih-k'eng m-neh lang nyih, tsih-yiu sih-sao, feng-pih.

节肯 无没 冷热， 只有 湿燥 分别。

12. M. Weng-ta dza-go?

12. 问：温带 咋个？

T. Jih-ts-sin, teng Heh-dao cong-nyiang keh liang-da ta,

答：日至线， 等 黑道 中央 该 两坎带，

ing-we feh-lang, feh-nyih, keh-lah kyiao-leh Weng-ta.

因为 弗冷， 弗热， 该拉 叫嘞 温带。

13. M. Ping-ta dza-go?

13. 问：冰带 咋个？

T. Heh-dao nga-pin keh liang-t'ah di-fông,

答：黑道 外边 该两塌 地方，

ing-we pun-nyin m-neh Nyih-deo sa-djôh,

因为 半年 无没 日头 晒着，

t'in-kô ting lang, keh-lah kyiao-leh Ping-ta.

天家顶冷， 该拉 叫嘞 冰带。

14. M. Keh ng-da sin, teng ng-da ta di-du-li ng we zing-djôh ve?

14. 问：该 五坎 线，等五坎 带 地图 里尔会 寻着 剟？

T. Di-li-du-li dzih-go sin kyiao-leh Kying-sin；

答：地图里 直个线 叫嘞 经线；

wang-go kyiao-leh We-sin.

横个 叫嘞 纬线。

Keh sing sin z hao liang u-sen yün-gying,

该些儿 线 是好 两 於采儿远近，

feng Tong, Nen, Si, Poh, ka yüong-dziang-go.

分 东、 南、 西、北， 介 用场个。

15. M. Kying-sin We-sin dza yüong-dziang?

15. 问：经线 纬线 咋 用场？

T. Di-li-du su-moh-z, ziu-z p'a du-su-go.

答：地理图 数目字， 就是 派 度数个。

We-sin ih du，tsong z 250 li;

纬线　一度，总　是250里;

keh-lah liang-t'ah di-fông Nen Poh ts'ô 10 du，ziu-z ts'ô 2500 li-lu.

该拉　两塌　　地方　南北差　10度，就是差 2500里路。

Ih du feng 60 kah，ih kah kyiao-leh ih s.

一度分60格，　　一格　叫嘞　　一丝。

Di-li-du li-hyiang keh-sing du，'ao，s，tu z ka sia,

地理图　里向　　该些儿　度、毫、丝　都是介写,

12° 25′59″，ziu hao doh 12 du，25′ ao，59s,

12° 25′59″，就好读12度　25毫　59丝,

Nying-po z lae Ts'ih-dao Poh 29°，25′.

宁波是　来赤道　　北29° 25′.

Dzong Leng-deng kying-dzing dziao Tong 121°，22′.

从　　伦敦　京城　　朝　东　121°，22′.

16. M. Kying-sin-go du-su yiu do-siao ma?

16. 问：经线个　　度数有大小　吗?

T.　Kying-sin-go du-su z yiu do-siao-go.

答：经线个　　度数是有大小个。

K'eo-k'eo Ts'ih-dao yia z 250 li:

扣扣　　赤道　　也是250里;

yüih gying Nen-gyih，Poh-gyih，yüih tön;

越　近南极、　北极　　越　短;

keh-lah yüong kying-sin p'a li-su feh bin-tông.

该拉　用经线　　排里数弗便当。

Tsiu-we Di-gyiu long-tsong yiu 360 du.

周围　地球　拢总　　有360度。

Di saen Tsông
第三章

1. M. Di-gyiu min-teng to-siao z sao-di，to-siao z shü.

1. 问：地球　面顶　多少是　燥地，多少　是水。

T.　Di-gyiu min-teng，sao-go di-yiang z saen-kwu li-hyiang tsih-deh ih-kwu，yü-to tu z hae.

答：地球　面顶，　燥个地壤是　三股　里向　只得　一股，余多都是海。

2. M. Sao-di dza feng-fah?

2. 问：燥地咋　分法?

T.　Sao go di-yiang peh hae-li shü feng-k'ae deh-ma t'ah:

答：燥个地壤　被海里水分开　特么塌:

do-go t'ah-su kyiao-leh Da-tsiu; siao t'ah-su kyiao-leh Hae-tao.

大个塌数　叫嘞　大洲; 小塌数　叫嘞　　海岛。

3. M. Da-tsiu yiu to-siao?

3. 问：大洲 有 多少？

T. Da-tsiu yiu ng-go；saen-go lae Tong-pun-gyiu，liang-go lae Si-pun-gyiu.

答：大洲有 五个；　三个　来 东半球，　　两个　来 西半球。

Lae Tong-pun-gyiu-go da-tsiu kyiao-leh üô-si-üô，Ah-fi-li-kyüô，Eo-lo-pô：

来 东半球个　　大洲 叫嘞　亚细亚，阿非利加，　欧罗巴；

lae Si-pun-gyiu ziu-z Poh-üô-me-li-kyüô，Nen-üô-me-li-kyüô.

来 西半球　就是 北亚美利加，　　南亚美利加。

4. M. Dza kyia-leh lin-p'ing?

4. 问：咋 叫嘞　连拼？

Liang-go da-tsiu cong-nyiang yiuih-t'ah 'ah-'ah-go u-dông lin-long-liao；keh kyiao-leh lin-ping.

两个　大洲 中央　　有一塌 压压个 於荡 连拢了；该 叫嘞　连拼。

5. M. Di-gyiu min-teng-go shü dza feng-fah?

5. 问：地球 面顶个　水 咋 分法？

T. Di-gyiu min-teng-go shü z feng-leh Yiang，Hae，Kông，'O.

答：地球　面顶个　水 是 分嘞 洋、海、江、河。

Ting do z Yiang，Hae pi Yiang siao-tin：tu z 'aen-shü-go.

顶 大是 洋，海 比洋　小点：都是 咸水个。

Wu z ziang hae ka，taen-tsih shü z daen-go.

湖 是像海 介，但只　水 是淡个。

6. M. 'O teng kông dza feng-pih?

6. 问：河等 江　咋 分别？

T. Hyü-to ky'i-k'ang-li shü ts'ong-lôh-lae ping-long ih-da-sang tao hae-li-ky'i,

答：许多 溪坑里　水冲落来　　并拢　一坎生　到海里去，

keh kyiao-leh kông.

该 叫嘞　江。

'O z nying gyüih-c'ih-lae-go，hao t'ong jün-tsah lae-wông-go，yi hao ts'ô-zông din-li ky'i.

河是人　掘出来个，　好 通船只　来往个，　亦好 扠上　田里去。

1. M. Dza kyiao-leh Hae-yiah?

1. 问：咋 叫嘞　海峡？

T. Liang-p'in hae lin-long u-dông，kyiao-leh Hae-yiah.

答：两片　海连拢　於荡，叫嘞　海峡。

Di S Tsông
第四章（节选）

Di-gyiu du-li yiu hao-kyi-yiang tong-si，iao 'ôh-sang-ts tin peh sin-sang k'en.

地球图里　有 好几样　东西，要 学生子　点拨 先生　看。

1. Ng-da ta.

1. 五垯　带。

2. Ts'ih-dao，Heh-dao，Jih-ts sin，Nen-gyih，Poh-gyih.

2. 赤道，　　黑道，　日至线，　南极，　　北极。

3. Kying-sin，We-sin.

3. 经线，　　纬线。

4. Tong-pun-gyiu，Si-pun-gyiu.

4. 东半球，　　　西半球。

6. Tong-yiang，Si-yiang，Ing-du yiang.

6. 东洋，　　西洋，　　印度洋。

7. Poh-ping-hae，Nen-ping-hae，Di-cong-hae.

7. 北冰海，　　　南冰海，　　　地中海。

1. M. Shü-kaen-zông nying tu z dzong jü djün-lôh-lae?

1. 问：世界上　　人都是 从　谁传落来?

T：'Ong-shü-ts'eo shü-kaen-zông nying tu z dzông Nô-üô djün-lôh-lae-go.

答：洪水之后，　　　世界上　　　人 都是从　诺亚　传落来个。

Sin-go ts-seng z deng lae üô-si-üô,

闪个子孙　　是庇来　亚细亚，

Yin-go ts-seng z feng-lae Ah-fi-li-kyüô,

颜①个子孙 是分来　阿非利加，

Yüô-fah-go ts-seng z feng-lae Eo-lo-pô teng üô-me-li-kyüô.

雅弗个　　子孙　是分来　欧罗巴等　　亚美利加。

2. M. Dza-kyiao-leh yiang-li?

2. 问：咋叫嘞　洋里?

T.　Si-yiang ih-li ziu-z Cong-koh s-li ts'ô-feh-to.

答：西洋一里　就是中国　四里　差弗多。

Tih-kôh-fông ih-t'ah di-fông，dziang ih-go yiang-li，kw'eh ih-go yiang-li,

的角方　　一塌 地方，　长　　一个洋里，　阔　　一个 洋里，

keh kyiao-leh Cün-fông yiang-li,

该 叫嘞　转方洋里，

daiah z teng Nying-po dzing li-hyiang ts'ô-feh-to do.

大约 是等 宁波　　城里向　　　差弗多　大。

Ziah iao kông koh-veng do-siao，tsih-siao wô yiu to-siao cün-fông yiang-li lae-tih.

若　要讲　国份　大小，　只消　话有　多少　转方　　洋里来逊。

3. M. Eo-lo-pô di-fông to-siao do?

3. 问：欧罗巴 地方　多少大?

_____

① 含，下同。

4. M. Wn-k'eo to-siao?

4. 问：户口 多少?

5. M. Eo-lo-pô nying tông-ts'u-ts pa soh-go Bu-sah?

5. 问：欧罗巴人 当初子 拜啥个 菩萨?

T. 'Ong-shü ts-'eo m-to-siao nyin-dae，

答：洪水 之后 无多少 年代，

ing-we Tsing-Jing môngkyi-de，

因为 真神 忘记兑，

keh-lah tsôh-ky'i hyü-to kô Bu-sah lae；

该拉 筑起 许多 假 菩萨 来，

'eo-deo ih-t'ah yiu ih-t'ah-go Bu-sah.

后头 一塌有一塌个 菩萨。

6. M. Naen-kaen ni?

6. 问：难间 呢?

T. Naen-kaen ni，Eo-lo-pô nying；

答：难间 呢，欧罗巴 人；

se-tsih feng-le s yiang kyiao-meng，

虽只 分来 四样 教门，

tu z pa doh ih-we Tsing-jing.

都是 拜独 一位 真神。

……

8. M. Keh-sing kyiao-meng z yiu soh-go feng-pih?

8. 问：该些儿 教门 是有 啥个 分别?

T. Hyi-lah-kyiao z teng T'in-cü-kyiao da-dong siao-yi，

答：希腊教 是等 天主教 大同小异，

peh-ko z dzong di-fông c'ih-ming-go.

不过 是从 地方 出名个。

T'in-cü-kyiao peng-lae z teng yiae-su-kyiao m-kao kôh-yiang，

天主教 本来 是等 耶稣教 无告 各样，

tsih-z ing-we feh-hyü pah -sing k'en sing-kying，

只是 因为 弗许 百姓 看圣经，

keh-lah maen-maen zia-k'ae-de.

该拉 慢慢 谢开兑。

……

9. M. 'Ah-li keh-sing di-fông z i Yiae-su-kyiao-go?

9. 问：何里该些儿 地方是 依耶稣教个?

T. Ze-koh，Nô-r-we，Da-nyi，P'u-lu-z，'O-laen，

答：瑞国， 挪尔威， 大尼①，普鲁士， 荷兰，

———————————

① 丹麦。

Ing-kyih-li wa yiu Jih-r-maen yiu-sing siao-koh tu z Yiae-su-kyiao.

英吉利， 还有 日耳曼 有些儿小国 都是耶稣教。

10. M. 'Ah-li keh-sing di-fông z T'in-cü-kyiao?

10. 问：何里 该些儿 地方 是天主教？

T. T'in-cü-kyiao di-fông ziu-z Yi-da-li,

答：天主教 地方 就是 义大利 ①，

Si-paen-yüô, Bu-dao-yüô, Veh-laen-si, Ao-di-li-üô

西班牙， 葡萄牙， 佛兰西， 奥地利亚，

wa-yiu Jih-r-maen yiu-sing siao-koh.

还有 日耳曼 有些儿 小国。

11. M. Soh-go di-fông z Hyi-lah-kyiao?

11. 问：啥个 地方是 希腊教？

T. Hyi-lah teng Ngo-lo-s tu z Hyi-lah-kyiao.

答：希腊 等 俄罗斯 都是希腊教。

……

13. M. Wa-yiu soh-go kyiao-meng?

13. 问：还有 啥个教门？

T. Eo-lo-pô wa-yiu hyü-to Yiu-t'ae-koh nying,

答：欧罗巴 还有 许多 犹太人，

kôh-tao-kôh-c'ü deng-k'ae-liao.

各到各处 庇开了。

Gyi-lah ing-we feh siang-sing Sing-yi Tsiao-shü,

其拉 因为 弗相信 新遗诏书，

keh-lah sön z ling-nga ih-go kyiao-meng.

该拉 算是 另外 一个 教门。

Di Ng-Tsông
第五章（节选）
Hyi-Lah
希腊

1. M. Hyi-lah lae 'ah-li?

1. 问：希腊 来何里？

2. M. Yiu to-siao Koh-veng?

2. 问：有多少 国份？

3. M. Yiu to-siao Wu-k'eo?

3. 问：有多少 户口？

---

① 意大利。

4. M. Kying-dzing kyiao-leh soh-go di-ming?

4. 问：京城　　　叫嘞　　啥个　地名？

5. M. Kying-dzing yiu to-siao Wu-k'eo?

5. 问：京城　　　有多少　户口？

6. M. Kwu-z-tsin feng-leh to-siao koh-su?

6. 问：古时节儿 分嘞　　多少　国数？

T.　Kwu-z-tsin feng-leh hyü-to siao-koh；

答：古时节儿 分嘞　　许多　小国；

ting yiu-ming-deo z Yüô-tin，Lah-ko-nyi，Mô-gyi-teng keh-saen-t'ah di-fông.

顶　有名头　是雅典，　　拉哥尼①，马其顿　　该三塌地方。

7. M. Kwu-z-tsin nying dza-go?

7. 问：古时节儿 人　　咋个？

T.　Kwu-z-tsin Hyi-lah Nying ts-tsih ting hao：

答：古时节儿　希腊人　　资质　顶　好：

feh-leng veng-vu，bih-koh nying tu zông gyi te-siu feh-lae.

弗论文武，　　别国　人　都上　其对手 弗来。

8. M. Hyi-lah nying tang-tsiang tsing-voh to-siao di-fông?

8. 问：希腊　人　打仗　　征服　多少　地方？

T.　Yiae-su yi-zin saen-pah nyin üô-leh-saen-teh Wông-ti，tang-tsing üô-si-üô ky'i.

答：耶稣　以前　三百　年，亚勒山大　　皇帝　　打进　　亚细亚　去。

Koh-tang-koh-go di-fông ih-dzih tao Ing-du-koh ts-ka tu-peh gyi tang-ying-de.

国当国个　　　地方　一直到　印度国　之界，都拨　其 打赢兑。

Yi-'eo keh-sing di-fông Hyi-lah veng-li z t'ong-'ang'go；

以后　该些儿 地方　希腊　文理是　通行个；

keh-lah Sing-yi Tsiao-shü peng-lae tu z sia-leh Hyi-lah z-ngaen.

该拉　新遗　诏书　　本来　都是写嘞希腊　　字眼。

10. M. Tso nying-go kwe-kyü dza-go?

10. 问：做 人个　规矩　咋个？

T.　Hyi-lah nying pi kwu-z-tsin pa kô Bu-ah-go z-'eo yü-kô kwe-kyü；

答：希腊人　　　比古时节儿 拜个 假菩萨　时候 愈加 规矩，

daen-z ing-we k'en sing-kying-go ky'üih，

但是因为　　看　圣经个　　　缺，

keh-lah pi yiae-su-kyiao di-fông long-do t'e-paen.

该拉比　耶稣教　　　地方　弄到　推板。

11. M. T'in-kô，di-t'u keh-sing dza-go?

11. 问：天家，　地土 该些儿 咋个？

---

① 斯巴达。

T. T'in-kô tong-nön 'ô-liang，saen-se kying-cü hao-k'en，di-t'u 'eo-jih-go.

答：天家　冬暖夏凉，　　　山水景致　　好看，　　地土　厚实个。

Ts-bu-dao cong-leh to，yü-to t'u-ts'aen teng dông-deo ts'ô-feh-to.

紫葡萄　种嘞多，　　余多　土产　　等　荡头　差弗多。

Di-loh Tsông
第六章
Yi-da-li
义大利

1. M.　Yi-da-li lae 'ah-li?

1. 问：义大利　来　何里？

2. M. Di-fông to-siao do?

2. 问：地方　多少大？

3. M. Wu-k'eo to-siao?

3. 问：户口　多少？

4. M. T'in-kô di-t'u keh sing dza-go?

4. 问：天家　地图　该些儿　咋个？

T.　Saen-se pi- Hyi-lah di-fông yü-kô yiu siu-ky'i；T'in-kô，t'u-ts'aen keh-sing ts'ô-feh-to.

答：山水　比　希腊　地方　愈加有秀气；　天家，　土产　　该些儿　差弗多。

5. M. Yi-da-li feng-leh to-siao koh-su?

5. 问：义大利 分嘞　多少　国数？

T'ong Yi-da-li feng-leh jih-go siao-koh,

统　　义大利 分嘞　十个　小国，

ziu-z Lo-mô，Na-peh-leh-s，To-s-kyüô-neh，Sah-r-tih-nyi，We-ne-seh.

就是 罗马，　那不勒斯，　多斯家纳，　撒尔的尼，　威内塞，

Lu-kyüô，Pô-r-mô，Mo-teh-nô，Mo-neh-ko，Sing Mô-li-nyiah.

鲁加，　巴尔马，摩得那，　摩纳哥，　　圣玛利捏。

6. M. Lo-mô koh kwu-z-tsin dza-go?

6. 问：罗马国　古时节儿　咋个？

T.　Kwu-z-tsin Lo-mô taen-kông tang-tsiang；

答：古时节儿　罗马单讲　　打仗；

ziu-z vu-yün vu-kwu yia we tao bih-koh ky'i zing-z ts'ao-nao.

就是 无缘无故　　也 会 到别国　去　寻事　找闹。

Ing-we taen-ts do，ping-fah ying ih-dzing；

因为　胆子　大，兵法　　赢一阵；

Eo-lo-po，Ah-fi-li-kyüô，üô-si-üô tu yiu hyü-to koh-su tang-ying-de.

欧罗巴，阿非利加，　亚细亚 都有 许多　国数　打赢兑。

7. M. Yin-dzae ni?

7. 问：现在 呢？

T.　Yin-dzae koh-veng siao pah-sing gyüong;

答：现在　　国份　　小　百姓　　穷；

sang-i lang-zing，veng-li hwông-su:

生意 冷静，　　文理　荒薮：

cong-r-yin-ts sön z Eo-lo-pô ting meh-teng-go di-fông.

总而言之　算 是欧罗巴 顶末等个　　　地方。

8. M. Jü lae-kaen tso Lo-mô-koh Wông-ti?

8. 问：谁来间　做 罗马国　皇帝？

T.　T'in-cü-kyiao Kyiao-Wông z deng lae Lo-mô di-fông，yia sön z Lo-mô koh Wông-ti.

答：天主教　　教皇　　是庵 来罗马　地方，　也 算 是罗马 国 皇帝。

9. M. Yi-da-li bih-koh di-fông dza-go?

9. 问：义大利别国　地方　咋个？

T.　Sah-r-tih-nyi pi Lo-mô hao-tin. Yi-da-li yü-to koh-su tu ts'ô-feh-to.

答：撒尔的尼　比罗马　好点。 义大利 余多 国数　都 差弗多。

10. M. Yi-da-li yiu soh-go ho-saen.

10. 问：义大利有　啥个　火山。

T.　Yiu liang zo ho-saen:

答：有 两 座　火山：

ih-zo kyiao-leh Yi-da-nô saen,

一座 叫嘞　　意大拿　山①,

ih-zo kyiao leh Vi-su-vi saen.

一座 叫　嘞 维苏维 山。

Pao-c'ih-lae ting li-'ae-go:

爆起来　　顶 利害个:

kwu-z-tsin yiu deh-ma t'ah do di-fông peh gyi t'ong-sing mih-diao-de.

古时节儿 有 特么塌　 大 地方 拨其　统些儿　灭掉兑。

Di-ts'ih Tsông
第七章
Si-paen-yüô
西班牙

1. M. Si-paen-yüô lae 'ah-li?

1. 问：西班牙　来何里？

2. M. Koh-veng to-siao do?

2. 问：国份　多少　大？

3. M. Wu-k'eo to-siao?

3. 问：户口　多少？

---

① 埃特纳山。

4. M. Kying-dzing kyiao-leh soh-go di-ming?

4. 问：京城　　　叫嘞　　啥个地名？

5. M. Kying-dzing yiu to-siao Wu-k'eo?

5. 问：京城　　有多少　　户口？

6. M. Si-paen-yüô yiu soh-go kao-saen?

6. 问：西班牙　有　啥个高山？

7. M. Yiu soh-go kông?

7. 问：有 啥个江？

8. M. Tso-nying-go kwe-kyü dza-go?

8. 问：做人个　规矩　咋个？

T. Kwun-fu bao-nyiah, pah-sing feh t'a-bing;

答：官府　　暴虐，　百姓　　弗太平；

dao-zeh to, en-kyin sông-nying yia feh-siao.

盗贼多，　暗奸　商人　　也 弗少。

9. M. Si-paen-yüô soh-go hyi-deo?

9. 问：西班牙　啥个喜头？

T. Si-paen-yüô p'ong-djôh tsih-k'eng,

答：西班牙　碰着　　节肯，

yiu hyü-to nying teng yia-ngeo ky'i teo.

有许多　人　等野牛　　去 斗。

Ih-do dziao nen-nen nyü-nyü tu tseo-long-lae k'en.

一大潮　男男　女女　都走拢来　　看。

Ziah-z nying tang-sah ngeo,

若是人　　打煞　牛，

'ôh-tsia ngeo gyüih-sah nying tu feh-leng,

或者　牛　掘煞　　人　都弗论，

cong-nying tsih-we siao, sön z ôh-yiu c'ü-hyiang.

总人　　只会　笑，算是 恶有　趣向。

10. M. Si-paen-yüô yiu soh-go jôh-koh?

10. 问：西班牙　有啥个属国？

T. Si-paen-yüô deo-tseo-ts, lae Si-pun-gyiu yiu hyü-to jôh-koh.

答：西班牙　头早子，　来西半球　　有许多　属国。

Ka z-'eo sang-i nao-niyh, pah-sing fu-tsoh.

介 时候生意 闹热，　百姓　　富足。

Naen-kaen tsih-yiu kwu-pô, Li-song

难间　只有　　古巴，吕宋，

wa-yi u-kyi-go siao-tin hae-tao z jôh gyi kae-kwun.

还有几个　　小点 海岛　是属 其 来管。

Sang-i kong-dao, pah-sing gyüong.

生意公道, 百姓 穷。

11. M. Kwu-pô teng Li-song lae 'ah-li?

11. 问：古巴 等 吕宋 来何里？

Di-pah Tsông
第八章

Bu-dao-yüô
葡萄牙

1. M. Bu-dao-yüô lae 'ah-li?

1. 问：葡萄牙 来何里？

2. M. Koh-veng to-siao?

2. 问：国份 多少？

3. M. Wu-k'eo to-siao?

3. 问：户口 多少？

4. M. Kying-dzing kyiao-leh soh-go di-ming?

4. 问：京城 叫嘞 啥个地名？

5. M. Kying-dzing yiu to-siao wu-k'eo?

5. 问：京城 有多少 户口？

6. M. Yiu soh-go joh-koh?

6. 问：有 啥个属国？

T. Deo-tsao-ts joh-koh to,

答：头早子 属国 多，

naen-kaen tsih-yiu Ing-du ti-'ô Go-ah di-fông,

难间 只有 印度 底下个阿 地方，

Kwông-tong ti-'ô Mah-kao di-fông

广东 底下麦高 ① 地方，

wa-yiu Ah-fi-li-kyüô yiu-sing di-fông z joh Bu-dao-yüô kae-kwun-go.

还有 阿非利加 有些ル 地方 是属 葡萄牙 该管个。

7. M. T'in-kô, sang-i, hyiang-fông keh-sing dza-go?

7. 问：天家， 生意， 乡风 该些ル 咋个？

T. Tu teng Si-paen-yüô ts'ô-feh-to.

答：都等 西班牙 差弗多。

_____

① 澳门。

Di kyiu-Tsông
第九章
Veh-laen-si
佛兰西

1. M. Veh-laen-si lae 'ah-li?

1. 问：佛兰西来何里？

2. M. Koh-veng to-siao?

2. 问：国份　多少？

3. M. Wu-k'eo to-siao?

3. 问：户口　多少？

4. M. Kying-dzing kyiao-leh soh-go di-ming?

4. 问：京城　　叫嘞　啥个　地名？

5. M. Kying-dzing yiu to-siao wu-k'eo?

5. 问：京城　　有多少　户口？

6. M. 'Ah-li ih-da kông ting dziang?

6. 问：何里一坎江　顶　长？

7. M. Veh-laen-si teng Si-paen-yüô tông cong-nyiang yiu soh-go kao saen?

7. 问：佛兰西　等　西班牙　　当中央　　　有 啥个高山？

8. M. C'ih soh-go t's-ts'aen?

8. 问：出 啥个　土产？

T.　Tsiu teng dziu-dön z Veh-laen-si c'ih-leh-to.

答：酒 等　绸缎　是佛兰西　出嘞多。

9. M. Sang-i to feh-to?

9. 问：生意 多弗多？

T.　'En-t'in-'ô, tsih-yiu Da-ing teng Hwô-gyi

答：含天下，　　只有　大英　等 花旗

keh-liang-t'ah di-fông z pi Veh-laen-si sang-i yü-kô to.

该两塌　　　地方　是比佛兰西生意　　愈加多。

10. M. Soh-go tong-si, z Eo-lo-pô Nen-pin ky'üih, Veh-laen-si-to?

10. 问：啥个东西，　　是欧罗巴南边　　　缺，佛兰西多？

T.　Ho-leng jün, ho-leng-ts'ô-ts, ta-sing-go t'ih-s,

答：火轮船，　　火轮车子，　带新个铁丝，

Si-paen-yüô, teng, Yi-da-li keh-sing di-fông ky'üih-go, Veh-laen-si tao yiu hyü-to.

西班牙　　等　义大利该些儿地方　　缺个，　　佛兰西　倒 有 许多。

11. M. Koh-kô shü-dao dza-go?

11. 问：国家　世道　咋个？

T.　Ping-mô, teng ping-jün, yi to yi hao.

答：兵马，　等 兵船，　亦多亦好。

12. M. Veh-laen-si nying-p'ing dza siang-mao?

12. 问：佛兰西　人品　　咋　相貌？

T. Ts-tsih ling，siu-nyi ky'iao，veng-li sing；

答：资质 灵， 手艺　巧，　　文理深；

sing-kah 'o-ky'i，nga-kwông-min maen k'ah-ky'i；

性格　和气，外光面　　　蛮客气；

daen-z tso-nying-go 'ang-we veo-p'iao-p'iao；

但是　做人个　　行为　浮飘飘，

pah-sing-lah yia djông-djông feh t'a-bing.

百姓拉　　也 穷穷　　弗太平。

Di Jih Tsông
第十章
Ze-z
瑞士

1. M. Ze-z lae 'ah-li?

1. 问：瑞士　来　何里？

2. M. Koh-veng to-siao do?

2. 问：国份　多少大？

3. M. Yiu to-siao Wu-k'eo?

3. 问：有　多少户口？

4. M. Kying-dzing kyiao-leh soh-go di-ming?

4. 问：京城　　　叫嘞　　啥个地名？

5. M. Kying-dzing yiu to-siao Wu-k'eo?

5. 问：京城　　有多少　户口？

6. M. Feng-leh to-siao sang-veng?

6. 问：分嘞　多少　　省份？

T. Feng-leh nyiaen-nyi sang:

答：分嘞　　廿二　　省：

ih-sang sön z ih koh，yia ling-nga yiu zi-go koh-tsing；

一省　算 是一国，也 另外　　有 自个 国政；

peh-ko z dô-kô iah-ding hao-liao，

不过 是 大家 约定　好了，

ziah yiu bih-koh lae vah gyi tu yiao iah-lih dong-sing ti tông.

若 有 别国　来 伐 其 都要　协力同心　　　抵挡。

7. M. Ze-z di-fông yiu soh-go kao-sæn?

7. 问：瑞士地方　有 啥个　高山？

8. M. To-siao kao?

8. 问：多少 高？

9. M. Pah-sing-lah da-kae tso soh-go 'ông-tông?

9. 问：百姓拉　　大概做　　啥个　行当？

T.　Ing-we shü-k'eo feh bin-tông m-teh nga-yiang sang-i,

答：因为水口　　　弗 便当，没得　　外洋　　生意，

keh-lah Ze-z nying da-kae z k'ao-djôh siu-nyi teng cong-din.

该拉瑞士　人大概　　是 靠着 手艺　　　等　种田。

Keh-sing Nong-fu yia yiu hyü-to，k'en ngeo teng yiang.

该些儿　　农夫　　也 有 许多　　看牛　　　等羊。

10. M. Ze-z Nying ts-hyiang dza-go?

10. 问：瑞士 人 志向　　咋个？

T.　Pah-sing-lah tu hwun-hyi doh-shü,

答：百姓拉　　都 欢喜　　读书，

tso z-t'i pô—kyih，ziu-z gyüong yia cü-tsoh-go,

做 事体巴结，　　　就是 穷　　　也 知足个。

Di jih-ih-Tsông

第十一章

Ao-di-li-üô

奥地利亚

1. M. Ao-di-li-üô lae 'ah-li?

1. 问：奥地利亚 来 何里？

2. M. Koh-veng to-siao do?

2. 问：国份　　多少大？

3. M. Yiu to-siao Wu-k'eo?

3. 问：有多少户口？

4. M. Kying-dzing kyiao-leh soh-go di-ming?

4. 问：京城　　　叫嘞　　啥个地名？

5. M. Kying-dzing yiu to-siao Wu-k'eo?

5. 问：京城　　　有多少　户口？

6. M.' Ah-li ih-da kông ting to?

6. 问：何里 一坎江　　顶　大？

7. M. Ao-di-li-üô yiu soh-si teng Jih-r-maen siang-dong-go?

7. 问：奥地利亚 有 啥西　等 日耳曼　相同个？

Shih-wô，veng-li，hyiang-fông ke-sing to siang-dong-go.

说话、　文理、　乡风　　该些儿都　　相同个。

Di jih-nyi-Tsông.
第十二章
Jih-r-maen.
日耳曼

1. M. Jih-r-maen lae 'ah-li?
1. 问：日耳曼来　何里？

2. M. Feng-leh to-siao koh-su?
2. 问：分嘞　多少　　国数？

T:　Djü-diao Ao-di-li-üô P'u-lu-z ts-nga wa-yiu saen-jih to siao-koh,
答：除掉奥地利亚、普鲁士　　之外，还有　三十　多　小国,

tu-z zi tso-cü，daen-z we-leh ti-tông nga-koh tu 'eh-long-liao,
都是自　做主，但是　为嘞抵挡　　外国　　都　合拢了,

3. M. Keh-sing do-tin-go koh-veng kyiao-leh soh-go ming-z?
3. 问：该些ₙ　大点个国份　　　叫嘞　　啥个名字？

4. M. T'ong Jih-r-maen to-siao do?
4. 问：统　日耳曼　多少　大？

5. M. Yiu to-siao Wu-k'eo?
5. 问：有　多少　户口？

6. M. Li-deo yiu kyi-da kông?
6. 问：里头有　几坎　江？

7. M. Jih-r-maen veng-fong dza-go?
7. 问：日耳曼　文风　　咋个？

T:　Yiu hyü-to yiu ming-deo shü-yün，yia yiu hyü-to bih-koh nying tao keh-deo ky'i doh-shü.
答：有　许多　有名头　　书院，　也　有　许多别国　　人　到该头　去读书。

Di-Jih-saen Tsông
第十三章
P'u-lu-z
普鲁士

1. M. P'u-lu-z koh-veng dza-kun do?
1. 问：普鲁士　国份　咋管大？

2. M. Yiu to-siao Wu-k'eo?
2. 问：有　多少　户口？

3. M. Kying-dzing kyiao-leh soh-go di-ming?
3. 问：京城　　　叫嘞　　啥个地名？

4. M. Koh-kô shü-dao dza-go?
4. 问：国家　世道咋个？

T.　Ih-pah ng-jih nyin zin-deo m-kao ming-sing,
答：一百五十年前头，　　　　无告名声,

daen-z ky'ü-leh kông-kyiu veng-fah teng ping-fah keh-liang yiang，

但是亏嘞　讲究　　文法　等　兵法　该两　样，

keh-leh yin-dzae sön z Eo-lo-pô di s-go koh.

该嘞现在　　算是　欧罗巴　第　四个国。

Di-Jih-s Tsông
第十四章
'O-laen，Pi-li-z
荷兰、比利时

1. M. 'O-laen，teng Pi-li-z lae 'ah-li?

1. 问：荷兰，等　比利时来何里？

2. M. Koh-veng dza-kun do?

2. 问：国份　　咋管　大？

3. M. Kying-dzing kyiao-leh soh-go di-ming? Wu-k'eo to-siao?

3. 问：京城　　叫嘞　啥个地名？　　户口　多少？

4. M. Pah-sing tso soh-go ông-tông to?

4. 问：百姓　做 啥个行当　　多？

T.　Pah-sing-lah tao nga-koh t'ong-shông to，

答：百姓拉　　到 外国　通商　　　多，

keh-lah di-fông se siao yia z fu-tsoh.

该嘞　地方　虽小，也 是　富足。

5. M. Yiu soh-go joh-koh?

5. 问：有啥个属国？

T.　Hwa-ah-nô ih-t'ah di-fông teng keh-lah-pô，

答：歪阿拿 ① 一塌　地方等　　噶罗巴 ②，

wa-yiu deh-ma-go hae-tao tu z 'o-laen kae-kwun-go.

还有　特么个　海岛　都是荷兰　该管个。

Di-Jih-ng Tsông
第十五章
Da-nyi，Ze-tin，Nô-r-we.
大尼、瑞典、挪尔威

1. M. Keh-saen-t'ah di-fông lae 'ah-li?

1. 问：该三塌　　地方　来 何里？

2. M. Koh-veng to-siao do? Wu-k'eo to-siao?

2. 问：国份　多少　　大？户口多少？

---

① 圭亚那。

② 爪哇。

3. M. Kying-dzing kyiao-leh soh-go di-ming? Yiu to-siao wu-k'eo?

3. 问：京城　　叫嘞　　啥个地名？　有　多少户口？

4. M. Keh-sing di-fông sang-i dza-go?

4. 问：该些儿地方　　生意　咋个？

T.　Ing-we nga-yiang snag-i siao，T'in-kô-lang，di-t'u boh，pah-sing ky'üih，

答：因为外洋　　　生意少，　　天家冷，　　　地土薄，　　百姓　缺，

keh-lah si-jün gying-gyin yia-feh neng-keo jih-feng fu-tsoh.

该拉　虽 ① 然勤俭　　也弗　能够　十分　　　富足。

5. M. Nô-r-we，Ze-tin cong-nyiang yiu soh-go saen?

5. 问：挪尔威，瑞典 中央　　　有 啥个山？

6. M. Ze-tin，ngo-lo-s cong-nyiang yiu soh-go hae?

6. 问：瑞典，俄罗斯 中央　　　有 啥个海？

Di Jil-loh Tsông

第十六章

T'u-r-kyi，Ngo-lo-s.

土耳其，俄罗斯。

1. M. Lae 'ah-li?

1. 问：来 何里？

2. M. Koh-veng? Wu-k'eo?

2. 问：国份？　户口？

3. M. Kying-dzing di-ming teng wu-k'eo?

3. 问：京城 地名　　等 户口？

4. M. To-nao kông dza-kun dziang? Vôh-lah-kyüô kông?

4. 问：多瑙 江　咋管长？　　　伏拉加　　江？

5. M. Di-nyi pah kông?

5. 问：第尼 伯 江？

6. M. Heh-hae lae 'ah-li? Dza-kwun dziang? Bah-hae? Li-hae?

6. 问：黑海　来 何里？咋管　　长？　白海？　里海？

7. M. T'u-r-kyi yiu soh-go hyiang-fông teng dông-deo siang-ziang?

7. 问：土耳其 有 啥个乡风　　　等 荡头　相像？

T.　Yia tsôh dae ah-yi，yia tsôh ky'üoh a-p'in.

答：也 作 抬阿姨，　也 作 吃　鸦片。

8. M. Ngo-lo-s yiu soh-go joh-koh?

8. 问：俄罗斯 有　啥个属国？

----

① 原文 si，当为 se。

T. Si-pi-lah teng Jih-r-jih　tu z Ngo-lo-s kae-kwun.

答：西比拉 ① 等日尔日 ② 都是俄罗斯该管。

Joh-koh lin peng-koh tu ping-taen-long,

属国连　　本国　　都 并担拢，

'en-t'in-ô koh-veng sön z Ngo-lo-s ting do.

含天下　　国份　　算 是俄罗斯　顶 大。

9. M. Yiu Ngo-lo-s nying tao Cong-koh t'ong-shông-ma?

9. 问：有 俄罗斯 人　到 中国　　通商吗？

T. Ing-we Si-pah-lah z teng Da-Ts'ing kao-ka,

答：因为 西伯拉 是等 大清　　交界，

keh-lah djông-djông yiu Ngo-lo-s nying tao Poh-deo di-fông lae t'ong-shông.

该嘞　常常　　有 俄罗斯人　　到 北头　地方　来 通商。

Di Jih-ts'ih Tsông

第十七章

Da-Ing

大英

1. M. Lae 'ah-li?

1. 问：来何里？

2. M. Koh-veng? Wu-k'eo?

2. 问：国份？　户口？

3. M. Kying-dzing di-ming teng wu-k'eo?

3. 问：京城　　地名等户口？

4. M. Peng-lae feng-leh kyi-koh-sang?

4. 问：本来　分嘞　几国生？

T. Saen-koh，ziu-z Ing-kyih-li，Su-keh-laen，Ah-r-laen.

答：三国，　就是 英吉利，　苏格兰，　阿尔兰。

5. M. Su-keh-laen，teng Ah-r-laen Kying-dzing kyiao-leh soh-go di-ming?

5. 问：苏格兰，　等 阿尔兰 京城　　叫嘞　啥个 地名？

6. M. Da-Ing yiu soh-go joh-koh?

6. 问：大英 有 啥个　属国？

T. Lae ng da-tsiu，Tong-yiang，Si-yiang tu yiu kae-kwun-go di-fông；

答：来 五 大洲，东洋，　　西洋　都 有 该管个　　地方；

lin joh-koh ping-long，Da-Ing sön z 'en-t'in-'ô di-nyi-go koh-veng.

连 属国　并拢，　大英 算是 含天下　第二个　国份。

---

① 西伯利亚。

② 格鲁吉亚。

Di Jih-paeh Tsông

第十八章

Poh-üô-me-li-kyüô，Nen-üô-me-li-kyüô，Wa-yiu Si-yiang hae-tao

北亚美利加、 南亚美利加， 还有西洋海岛

1. M. Si-yiang dza-kun kw'eh?

1. 问：西洋 咋管 阔？

2. M. Hae-tao to ky'üih?

2. 问：海岛 多缺？

T: Ky'üih-go.

答：缺个。

3. M. Ping-di dza-go?

3. 问：冰地 咋个？

T. Di-fông long① pah-sing gyüong；

答：地方 阆 百姓 穷；

daen-z da-kae tu yia cü tsoh，yia kwe-kyü，

但是 大概 都也 知 足， 也 规矩，

keh-deo yiu ih-zo ho-saen，

该头 有 一座 火山，

saen-kyiah-'ô shü-nyün piao-c'ih-lae sang-dzing z nyih-go，

山峡河 水源 滮出来， 生成 是 热个，

ziu hao do-lae ts-vaen yüong-go.

就 好挖来 煮饭用个。

4. M. Ts'ing-di dza-go?

4. 问：青地 ② 咋个？

T. T'in-kô ping-lang，Pah-sing yi gyüong-kw'u yiu ts'u-mæn.

答：天家 冰冷， 百姓 又穷苦 又粗蛮。

Dæn-z dzing-gyiu yiu nying k'eng ky'i djün Foh-Ing Dao-li peh gyi-lah t'ing，

但是 仍旧 有人 肯去 传福音 道理 拨其拉 听，

yia yiu hyü-to jih-kyiao-kaen.

也 有 许多 入教间。

Ts'ing-di，Ping-di tu-z Da-nyi kae-kwun-go.

青地、 冰地都是 大尼该管个。

5. M. Si Ing-du do-ti hae-tao kyiao-leh soh-go ming-z?

5. 问：西印度 到底 海岛 叫嘞 啥个名字？

6. M. Peh-jü kae-kwun?

6. 问：拨谁 该管？

---

① 当为"lông"。

② 格陵兰岛。

T. Kwu-pô z Si-paen-yüô kae-kwun，Yüô-ma-kyüô z Da-Ing kae-kwun，Hae-di z zi tso-cü.

答：古巴 是西班牙 该管， 牙买加 是大英该管， 海地 是自做主。

Wa-yiu hyü-to siao-tin-go hae-tao，

还有许多 小点个 海岛，

yiu-sing kwe Veh-laen-si，Yiu-sing kwe Da-nyi，Yiu-sing kwe Bu-dao-yüô.

有些儿 归佛兰西， 有些儿 归 大尼， 有些儿 归 葡萄牙。

Keh-sing di-fông cong-din teng siu-nyi da-kae z Ah-fi-li-kyüô heh-nying tso-go.

该些儿 地方 种田 等 手艺 大概 是阿非利加 黑人 做个。

7. M. Da-Ing joh-di to-siao do?

7. 问：大英 属地 多少 大？

T. Pi-djün Eo-lo-pô wa-do，peh-ko jih-kwu li-deo，tsih-yiu ih-kwu z yiu nying deng-tih.

答：比全 欧罗巴 还大，不过 十股 里头， 只有 一股 是有 人庵迌。

8. M. Feng-leh soh-go sang-veng?

8. 问：分嘞 啥个省份？

9. M. Yiu soh-go zing-li?

9. 问：有 啥个 盛礼？

10. M. Ngo-lo-s joh-di lae 'ah-li?

10. 问：俄罗斯 属地 来 何里？

11. M. Di-fông dza-go?

11. 问：地方 咋个？

T. Miao-ts ts'u-maen-go tu z tang din-liah，k'o-ng ko-nyih-ts.

答：苗子 粗蛮个， 都是打 地猎， 柯鱼 过日子。

Ngo-lo-s nying lae-kaen，Peh-ko z ma bi-ho ky'i-go.

俄罗斯 人 来间， 不过是 买 皮货 去个。

12. M. Hwô-gyi koh-veng to-siao do? Wu-k'eo to-siao?

12. 问：花旗国份 多少 大？户口多少？

13. M. Feng-leh to-siao sang-veng?

13. 问：分嘞多少 省份？

T. Feng-eh saen-jih ih-sang，

答：分嘞三十 一省，

wa-yiu hyü-to di-fông ing-we nying ky'üih，

还有 许多 地方 因为 人 缺，

feh sön-tsing-sang-veng li-deo.

弗 算 进 省 份 里头。

14. M. Poh-deo kao-ka soh-go Wu? Soh-go kông?

14. 问：北头交界 啥个湖？ 啥个 江？

15. M. 'Ah-li ih-da kông ting dziang?

15. 问：何里 一坎 江 顶长？

16. M. Si-pin soh-go kao-saen?

16. 问：西边啥个高山？

17. M. Kying-dzing kyiao-leh soh-go di-ming?

17. 问：京城　叫嘞　啥个地名？

18. M. Mo-z-teng, Nyiu-iah-r, Fi-leh-deh-fi lae 'ah-li? To-siao wu-k'eo?

18. 问：摩士顿①，纽约尔，非勒特非　来 何里？多少户口？

19. M. Di-fông dza-go?

19. 问：地方咋个？

T.　T'in-kô 'o-nön, di-t'u'eo, shü-k'eo bin-tông.

答：天家　和暖，　地土　厚，水口　便当。

Pah-sing feh-keo yüong ky'üih-go, feh doh-shü yia ky'üih-go.

百姓　弗够　用缺个，　　弗 读书　也缺个。

20. M. Saen-veh-laen-z k'eh lae 'ah-li? Tao dông-deo ts'ô to-siao lu?

20. 问：三佛兰士　　刻　来 何里？到 荡头　　差 多少　路？

21. M. Tao Hwô-gyi Si-pin iao-ko soh-go hae? Tao Tong-pin?

21. 问：到 花旗　西边 要过 啥个海？　到东边？

22. M. Moh-si-ko koh-veng to-siao do? To-siao wu-k'eo?

22. 问：墨西哥　国份　多少 大？多少　户口？

23. M. Kying-dzing kyiao-leh soh-go di-ming?

23. 问：京城　　叫嘞　啥个地名？

24. M. Ngwe-di-mô-lah koh-veng, wu-k'eo, kying-dzing?

24. 问：危地马拉　　国份，　户口，　京城？

25. M. Pô-nô-mô lin-p'ing to-siao koh-su?

25. 问：巴拿马 连拼　多少　国数？

26. M. Nen üô-me-li-kyüô feng-leh to-siao koh-su?

26. 问：南 亚美利加　分嘞　多少　国数？

27. M. K'o-leng-pi-üô ti-'ô 'ah-li saen-koh-sang? Koh-veng? Wu-k'eo? Kying-dzing?

27. 问：哥伦比亚　　底下何里 三个省？　　国份？　户口？　京城？

28. M. Pi-lu lae 'ah-li? Koh-veng? Wu-k'eo, Kying-dzing?

28. 问：秘鲁 来 何里？　国份？ 户口，　京城？

29. M. Cü-li:（Yia iao tsiao yiang meng-go）Po-li-fi-üô?

29. 问：智利：（也要照　样问个）　　　玻利非亚？

Pô-si? U-lah-kwe? Pô-lah-kwe? Lah-pô-lah-t'a? Pô-t'a-ngo-nô?

巴西？乌拉圭？ 巴拉圭？　拉巴拉他？　巴他峨拿②？

30. M. Hwa-ah-nô feng-leh to-siao sang-veng? Voh jü kae-kwun?

30. 问：歪阿拿　分嘞　多少省份？　　服 谁该管？

---

① 波士顿。

② 巴塔哥尼亚。

31. M. Nen-üô-me-li-kyüô soh-go kao-saen? 'Ah-li ih-da kông ting dziang?

31. 问：南亚美利加　　啥个　高山？　何里一坎　江　顶长？

Di Jih-kyiu Tsông
第十九章（节选）
Ah-fi-li-kyüô
阿非利加

1. M. Ah-fi-li-kyüô Poh-pin hae-k'eo yiu soh-go koh? Soh-go kying-dzing?

1. 问：阿非利加　北边海口　　有啥个国？　啥个　京城？

2. M. Nen-pin ni?

2. 问：南边　呢？

3. M. Tong-pin?

3. 问：东边？

4. M. Si-pin?

4. 问：西边？

5. M. Cong-nyiang?

5. 问：中央？

6. M. Yiu soh-go sô-moh? To-siao do?

6. 问：有 啥个　沙漠？ 多少　大？

7. M. Yiu soh-go wu? To-siao dziang?

7. 问：有 啥个 湖？ 多少　长？

8. M. Nyi-lo kông lae 'ah-li? To-siao dziang? Nyi-k'eh-lo kông ni? Kyüih-ts kông?

8. 问：尼罗　江 来何里？ 多少长？　　尼刻罗　江呢？ 橘子　江？

9. M .Yiu soh-go saen?

9. 问：有　啥个　山？

10. M. Ah-fi-li-kyüô nying z jü-go ts-seng?

10. 问：阿非利加　人　是谁个子孙？

T.　Z Nô-üô di-saen ng-ts Yin-go ts-seng.

答：是 诺亚 第三 儿子 颜个　子孙。

11. M. Nying sang-siang dza-go?

11. 问：人　生相　　咋个？

T.　Bi-fu heh-go，deo- fah kyün-long-liao，bih-deo-kwun pin-pin，cü-jing 'eo-'eo-'go.

答：皮肤黑个，　　头发卷拢了，　　　　鼻头管　　扁扁，　嘴唇　厚厚个。

......

13. M. Yiae-su-kyiao nying yiu-ma?

13. 问：耶稣教　　人有吗？

T.　Zin-deo ky'üih-go，daen-z ing-we yia-yiu nying lae-kaen 'ang-kyiao，

答：前头缺个，　　　但是　因为也有　　人 来间　　　行教，

keh-lah naen-kaen to-ky'i-lae-de.

该拉　难间　　多起来兑。

15. M. Yiu soh-go do-tin shü-dao koh-kô ma?

15. 问：有　啥个　大点　世道　国家吗？

T. Tu z feng-leh hyü-to siao-koh djông-djông lae-tih tang-tsiang.

答：都是　分嘞　许多　小国，　常常　　　来遢　打仗。

Deo-tsao-ts yiu nying lo-liah-lae，tu iao ma-diao tso nu-boh，

头早子　　有人　　掳掠来，　都要　卖掉做　奴仆，

gying-lae ing-we Da-Ing teng Hwô-gyi yiu ping-jün lae-kaen jing-lo，

近来　　因为　大英　等　花旗　有　兵船　　来间　巡逻，

keh-tsao tsih-hao t'eo-bun ma-go.

该遭　只好　偷盘　卖个。

16. M. Kô-peh di-fông lae 'ah-li?

16. 问：加不 ① 地方　来　何里？

17. M. Z jü kae-kwun-go?

17. 问：是谁该管个？

T. Z Da-Ing kae-kwun: yia-yiu hyü-to Ing-kyih-li nying deng-kaen.

答：是　大英　该管：也有　许多　英吉利　人　　庵间。

Keh-t'ah di-fông tsiang-lae iao-bông we hying-ky'i-lae，tso do koh-kô.

该塌地方　　　将来　　要防　卫，兴起来，　　做　大　国家。

Kô-peh-dzing yiu nyi-saen vaen wu-k'eo.

加不城　　　有　二三　　万户口。

18. M. Seh-lah-leh-o-nen lae 'ah-li?

18. 问：塞拉勒窝南　　来　何里？

19. M. Z-jü Kae-kwun?

19. 问：是谁该管个？

T. Yia z Da-Ing kae-kwun. Pah-sing ky'üih; tsih-yiu s-ng-vaen.

答：也是　大英　该管。　百姓　　缺；　只有　四五　万。

Yiu hyü-to peng-lae z tang-tsiang z'eo，k'ô-ky'i ma-diao tso nu-boh；

有许多　　本来是打仗　事后，　　　柯去卖掉　　做　奴仆；

'eo-deo peh Ing-kyih-li ping-jün kyiu-kyü-lae，keh-lah tao keh-deo ky'i deng-go.

后头拨英吉利　　　　兵船　救归来，　　该拉到　该头　去　庵个。

20. M. Li-pi-li-üô lae 'ah-li?

20. 问：利比里亚来　何里？

21. M. Z-jü kae-kwun?

21. 问：是谁该管个？

_____

① 海角 cape 的音译。

T.　Li-pi-li-üô nying peng-lae z Hwô-gyi lae-kaen tso nu-boh.

答：利比里亚人　本来是　花旗　来该　做奴仆。

Yiu ih-paen hao nying teo-long dong-din ma keh-t'ah di-fông,

有一班　好人　兜拢　铜钿　买　该塌　地方，

yi coh bun-jün peh gyi lae deng-go.

又　捉　盘缠　拨　其　来　庯个。

Keh-tsao lih-koh-kaen-de.

该遭　立国间兑。

Yia z zi-tso cü-i.

也是自做主意。

Koh-tsing z k'en Hwô-gyi-koh yiang:

国政　事干　花旗国　样：

pah-sing yin-dzae tsih-yiu kyi-vaen;

百姓　现在　只有　几万；

daen-z ing-we yiu hyü-to nying dzong Hwô-gyi ka lae,

但是因为　有　许多　人　从　花旗　介来，

yia yiu hyü-to peng-di nying,

也　有　许多本地人，

dzing-nyün teng gyi-lah 'eh-long,

情愿　等其拉　合拢，

keh-lah djông-djông to-ky'i-lae.

该拉　常常　多起来。

22.　M. Mô-dah-kô-s-kô lae 'ah-li?

22.　问：马达加斯加　来　何里？

23.　M. Lae keh-deo gying-lae yiu soh-go z-ken?

23.　问：来该头　进来　有　啥个　事干？

T.　Yiu nying tao keh-deo ky'i djün-kyiao；

答：有　人到　该头　去　传教；

jih-kyiao-go to: lin Wông-ti yia siang-sing-de.

入教个　多：连　皇帝也　相信兑。

Daen-z Wông-ti si-ts，Wông-'eo，ing-we feh siang-sing,

但是　皇帝　死至，皇后　因为　弗　相信，

keh-lah k'ô-lae jih-kyiao-go pah-sing，feh-tsiao to-siao，sah-diao-de.

该拉拘来　入教个　百姓，　弗照多少，　杀掉兑。

Da-kae tu z kyin-kwu，ziu-z si，tu feh-k'eng ky'i-diao gyi'lah kyiu-cü yiae-su.

大概都是　禁锢，　就是死，都弗肯　去掉　其拉　救主耶稣。

Di. Nyiaen Tsông

第廿章（节选）

üô-si-üô

亚细亚

1. M. Tong T'u-r-kyi lae 'ah-li? Koh-veng? Wu-k'eo?

1. 问：东　土耳其来　何里？　国份？　户口？

2. M. Yiu soh-go yiu-ming-deo zing-li?

2. 问：有　多少个　有名头　盛礼？

3. M. kwe soh-go di-fông kae-kwun?

3. 问：归啥个　地方该管？

T.　Tong T'u-r-kyi kwe si T'u-r-kyi kae-kwun.

答：东　土耳其归西　土耳其　该管。

……

5. M. üô-lah-pah lae 'ah-li? Koh-veng? Wu-k'eo? Kying-dzing?

5. 问：亚刺伯　来　何里？国份？　户口？　京城？

……

7. M. Po-s　lae 'ah-li? Koh-veng? Wu-k'eo? Kying?

7. 问：波斯来　何里？国份？　户口？　京城？

8. M. Pu-ha-r?

8. 问：布哈尔？

9. M. Ah-fu-'en?

9. 问：阿富汗？

10. M. Pe-lu-ts?

10. 问：俾路芝？

11. M. Ing-du?

11. 问：印度？

12. M. Min-din?

12. 问：缅甸？

13. M. Sin-lo?

13. 问：暹罗？

14. M. Mô-lah-kyiah?

14. 问：马喇甲？

15. M. En-nen?

15. 问：安南？

16. M. Tong-kying?

16. 问：东京？

17. M. Da-Ts'ing?

17. 问：大清？

18. M. Si-pah-li?

18. 问：西伯利?

19. M. Li-hae lae 'ah-li? 'Ong-hae? Heh-hae? 'A'n-hae? Po-s hae?

19. 问：里海 来 何里? 红海? 黑海? 咸海? 波斯海?

20. M. T'in-saen lae 'ah-li? Shih-saen? U-lah saen?

20. 问：天山来 何里? 雪山? 乌拉山?

21. M. Li-nô kông lae 'ah-li? O-bi? Kweng-dong? Wông-'o?

21. 问：列拿江来何里? 阿被? 滚同? 黄河?

Yiang-ts kông? üô-li-dzông-pu? Nu? Me-nen? En-ngeh? Ing-du? Pah-lah? Ah-meo?

扬子江? 雅里藏布? 怒? 湄南? 安额? 印度? 百刺? 阿母?

22. M. Da ko-pih sô-moh lae 'ah-li?

22. 问：大戈壁 沙漠来 何里?

23. M. Vaen-li dziang dzing lae 'ah-li? To-siao dziang?

23. 问：万里 长 城来何里? 多少长?

Di. Nyiaen-ih Tsông
第廿一章
Da-Ts'ing-koh
大清国

1. M. Da-Ts'ing ti-'ô yiu to-siao kae-kwun-go koh-su?

1. 问：大清国 底下 有 多少 该管个 国数?

T. Djü-leh Cong-koh ts-nga, wa-yiu Mun-tsiu,

答：除嘞 中国 之外, 还有 满洲,

Mong-kwu, Zing-kying, Tong-kying, T'in-saen-nen-lu, Si-dzông.

蒙古, 盛京, 东京, 天山南路, 西藏。

Sin-lo, teng Dziao-sin tu-z Tao Da-Ts'ing lae tsing-kong-go.

暹罗, 等朝鲜 都是到 大清 来进贡个。

2. M. Cong-koh kying-dzing lae 'ah-li? To-siao wu-k'eo?

2. 问：中国 京城 来 何里? 多少户口?

3. M. Cong-koh feng-leh to-siao sang-veng? Sang-ming long-tsong hao lin-ky'in wô-c'ih-lae?

3. 问：中国 分嘞 多少省份? 省名 拢总 好连牵 话出来?

4. M. Dzih-li lae 'ah-li? Sang-veng to-siao do? Wu-k'eo to-siao?

4. 问：直隶 来 何里? 省份 多少大? 户口 多少?

5. M. Saen-tong lae 'ah-li? Sang-veng to-siao do? Wu-k'eo? Sang-dzing?

5. 问：山东 来 何里? 省份 多少大? 户口? 省城?

6. M. Saen-si? Sin-si? Ken-soh?

6. 问：山西? 陕西? 甘肃?

7. M. 'O-nen? Kông-su? En-hwe?

7. 问：河南？ 江苏？ 安徽？

8. M .S-c'ün? Wu-poh? Wu-nen?

8. 问：四川？ 湖北？ 湖南？

9. M. Kông-si? Tsih-kông? Foh-kyin?

9. 问：江西？ 浙江？ 福建？

10. M. Kwông-tong? Kwông-si? Kwe-tsiu? Yüing-nen?

10. 问：广东？ 广西？ 贵州？ 云南？

11. M. Miao-ts lae 'ah-li?

11. 问：苗子来 何里？

12. M. T'ae-saen lae 'ah-li? Wô-saen? Song-saen? Vu-yi-saen? Ngo-me-saen? Yuing-saen?

12. 问：天山来 何里？华山？ 嵩山？ 武夷山？ 峨眉山？ 云山？

13. M. T'a-wu lae 'ah-li? Bun-yiang? Dong-ding?

13. 问：太湖来何里？ 鄱阳湖？ 洞庭湖？

14. M. Poh-'ô lae 'ah-li? Wông-'ô? Yiang-ts kông? Ming-kông? 'ONG-se-kông?

14. 问：北河来何里？ 黄河？ 扬子江？ 闽江？ 红水江？

15. M. Wông-'ô, teng Yiang-ts kông to-siao dziang?（k'en üô-si-üô di-du.）

15. 问：黄河， 等 扬子 江 多少 长？ （看亚细亚地图）

16. M. Soh-go hae-tao z Cong-koh kae-kwun-go.

16. 问：啥个海岛 是中国 该管个。

T. Gyüong-tsiu，da-waen，Tsiu-saen.

答：琼州， 台湾， 舟山。

17. M. Ao-meng lae 'ah-li? Hyiang-kông?

17. 问：澳门 来 何里？香港？

18. M. Keh liang-t'ah kwe jü kae-kwun?

18. 问：该 两塌 归 谁 该 管？

T. Ao-meng z Bu-dao-yüô kae-kwun. Hyiang-kông z Da-Ing kae-kwun.

答：澳门是 葡萄牙 该管。 香港 是 大英该管。

19. M. Dziao-tsiu lae 'ah-li? Tsông-tsiu?

19. 问：潮州来 何里？ 漳州？

Di Nyiaen-nyi Tsông
第廿二章
Tsih-kông sang
浙江省

1. M. Peng-sang kyiao-leh soh-go di-ming?

1. 问：本省 叫嘞 啥个 地名？

2. M. Poh-pin kao-ka soh-go sang? Nen-pin?

2. 问：北边 交界啥个 省？南边？

3. M. Sang-veng dza-kun do? Wu-k'eo to-siao?

3. 问：省份 咋管 大？户口 多少？

4. M. Sang-dzing kyiao-leh soh-go di-ming?

4. 问：省城 叫嘞 啥个 地名？

5. M. Tsih-kông sang yiu to-siao Fu-veng? To-siao Yün-veng?

5. 问：浙江 省有 多少府份？ 多少 县份？

T. Yiu Jih-ih-fu, Ts'ih-jih-nyi-yün.

答：有 十一府，七十二 县。

6. M. 'Ah-li liang-go fu teng kông-su kao-ka go?

6. 问：何里 两个 府 等 江苏交界 个？

7. M. 'Ah-li liang-go fu teng En-hwe kao-ka go?

7. 问：何里 两个府 等 安徽交界 个？

8. M. 'Ah-li ih fu teng kông-si kao-ka go?

8. 问：何里 一府等 江西 交界 个？

9. M. 'Ah-li liang-go fu teng Foh-kyin kao-ka-go?

9. 问：何里 两个 府 等 福建交界个？

10. M. Gying hae-k'eo yiu soh-go fu-veng?

10. 问：近 海 有 啥个 府份？

11. M. Tông cong-nyiang yün-shü，'ah-li ih-fu?

11. 问：统 中央 县数， 何里一府？

12. M. Hae-nying lae 'ah-li? Siao-saen? Zông-nyü? Yü-yiao?

12. 问：海宁 来 何里？萧山？ 上虞？ 余姚？

13. M. Sing-tsông? Dzing-yün? Djông-saen? Nyüoh-saen?

13. 问：新昌？ 嵊县？ 常山？ 玉山？

14. M. Laen-ky'i? T'in-t'ae? Wông-ngaen? Nying-hae?

14. 问：兰溪？ 天台？ 黄岩？ 宁海？

15. M. Bing-yiang? Ze-en? Ngoh-ts'ing? Nyüoh-waen?

15. 问：平阳？ 瑞安？ 乐清？ 玉环？

16. M. Dzin-dông kông lae-'ah-li?

16. 问：钱塘 江 来何里？

17. M. Nying-po fu ti-'o yiu soh-go kông?

17. 问：宁波府 底下有 啥个江？

18. M. T'ae-tsiu fu yiu soh-go kông?

18. 问：台州府 有 啥个江？

19. M. Weng-tsiu fu yiu soh-go kông?

19. 问：温州 府有 啥个 江？

Di-nyiaen-saen Tsông
第廿三章
Nying-po fu
宁波府

1. M. Nying-po fu yiu to-siao yün-veng?

1. 问：宁波　府有 多少　县份？

T.　Loh-yün.

答：六县。

2. M. Z-ky'i lae 'ah-li ih-hyiang?

2. 问：慈溪 来 何里　一向？

3. M. Cing-hae?

3. 问：镇海？

4. M. Vong-hwô?

4. 问：奉化？

5. M. Ziang-saen?

5. 问：象山？

6. M. Ding-hae?

6. 问：定海？

7. M. Tsiu-saen lae 'ah-li? P'u-du? Lih-kông?

7. 问：舟山　来　何里？普陀？　沥港？

8. M. Tong-wu lae 'ah-li?

8. 问：东湖 来何里？

9. M. T'in-dong lae 'ah-li? Nyüoh-wông? Ling-fong?

9. 问：天童　来　何里？玉皇？　　　灵峰？

10. M. Mao-saen? Si-u? Nying-kông-gyiao?

10. 问：茅山？　　西坞？鄞江桥？

11. M. Wông-ao-z? Da-ying? Do-si-pô?

11. 问：凤岙市？　大隐？　　大西坝？

12. M. Cong-z? Me-hyü? Loh-do-gyiao?

12. 问：庄市？ 梅墟？　骆驼桥？

13. M. Tsông-gyiao? Ah-saen-in?

13. 问：庄桥？　　压赛堰？

14. M. Kao-gyiao? Za-gyiao? Dong-beng-pu?

14. 问：高桥？　　柴桥？　铜盆浦？

Di-nyiaen-s Tsông

第廿四章

Tong-yiang-go Hae-tao

东洋个海岛

1. M. Jih-peng-koh lae 'ah-li? Kying-dzing?

1. 问：日本国　来　何里？京城？

2. M. Jih-peng-koh yiu kyi-go hae-tao?

2. 问：日本国　有　几个海岛？

3. M. Liu-gyiu lae 'ah-li?

3. 问：琉球　来　何里？

4. M. Li-song? Bo-lo-tsiu? Keh-lah-pô?

4. 问：吕宋？婆罗洲？噶罗巴？

5. M. Su-meng-teh-lah? Si-li-pah? Pô-pu-üô?

5. 问：苏门答腊？　　西里伯①？巴布亚？

6. M. Ao-da-l-üô? Nyih-jih-leng? Hô-wae-yi?

6. 问：澳大利亚？搦日伦②？夏威夷？

Cong.

终。

宁波府图地名

府县厅	拼音	汉字	备注
宁波府	Nyingpo	宁波	府城、鄞县县城
鄞县	Döndông	段塘	
	Kaogyiao	高桥	
	Dosipô	大西坝	
	Zahky'i	石碶	
	Jihzkông	十字港	今集士港
	Lihdzô	栎社	
	Wôngtsianggiao	横涨桥	
	Vôngaoz	凤岙市	
	Nyingkônggyiao	鄞江桥	
	Maosaen	茅山	
	Fohminggyiao	福明（民）桥	
	Mehyü	梅墟	"墟"按音韵规律当读成 ky'ü〔kʰy〕

---

① 苏拉威西岛，旧称西里伯斯岛（Celebes）。

② 新西兰。

府县厅	拼 音	汉 字	备 注
鄞县	Dongbengp'u	铜盆浦	
	Nghyiangky'i	五乡碶	
	Skông	泗港	
	Mohtsin	莫枝堰	
	Tongwu	东湖	东钱湖
	T'indong	天童	
	Yüohwông	育皇	
	Siaobah	少白	
	Wangky'i	横溪	
	Kyiangsaen	姜山	
镇海县	Cinghae	镇海	镇海县城
	Hap'u	澥浦	
	Ts'ingshüp'u	清水浦	
	Saenkwundông	三官堂	
	Ahsaein	压赛堰	
	Bahsô	白沙	
	Siaokông	小港	
	Zagyiao	柴桥	
	C'ünsaen	穿山	图误标在新碶一带
	Doky'ideo	大碶头	
	Kyideo	崎头（旗头）	当为 gyideo，此处作者记为官话音。
	Vohlongsaen	伏龙山	
	Lingfong	灵峰	
慈溪县	Zky'i	慈谿	慈溪县城，今慈城
	Tsônggyiao	樟桥	今庄桥
	Dziangzahgyiao	长石桥	
	Lohdogyiao	骆驼桥	
	Daying	大隐	
	Dziangding	丈亭	
奉化县	Vonghwô	奉化	奉化县城
	Si-u	西坞	
	Sianky'i	县溪	今县江，此处作者记为官话音
象山县	Ziangsaen		象山县城

府县厅	拼 音	汉 字	备 注
定海县 （定海直隶厅）	Dinghae	定海	定海直隶厅驻地
	Lihkông	沥港	
	Kyingdongsaen	金塘山	
	P'udu	普陀	
	Lohwang	六横	

（徐春伟　宁波市镇海口海防历史纪念馆　28547253@qq.com；

王彦恺　上海大学文学院　893078018@qq.com）

江东地名"壋"的地理分布及音义探源

20世纪80年代全国各地市县都相继出版了地名录（有的称地名志），在这些地名录中，江东地区（一般习惯称宁镇地区）的自然村有一些以"壋"作为通名的地名，这在全国还是不多见的。

就"壋"地名的分布来看，据地名录所载，自然村有以"壋"命名的江东地区的县至少有4个，即江苏省的江宁、句容、溧水三县以及安徽省的当涂县（此处县名都是以当时之名称之）。因为"壋"少为行政村地名，故一般地图上很难见到。这4个县地名录中所列"壋"地名自然村具体情况罗列如下：

江宁县

马壋、城壋、吕壋、许壋、徐壋、俞壋、庄壋、李壋、王壋（属李岗头村）、孙壋、高壋、谢壋、王壋（属铁家村）、上壋、壋上、壋里、前孙壋、后孙壋、前李壋、后李壋、上徒壋、下徒壋、小上壋、吕壋头、葛壋头、任壋头、李壋头、黄壋头、刘壋头、西壋头、邵壋周。（以上见《江宁县地名录》）

句容县

郭壋、韩壋、纪壋、城壋、李壋、张壋、周壋、东姜壋、西姜壋、东葛壋。（以上见《句容县地名录》）

溧水县

圩壋、陈壋、武壋、陆壋、西旺壋、东旺壋、圩壋头、秦壋头、殷壋上。（以上见《溧水县地名录》）

当涂县

朱壋、何壋、刘壋头、龙王壋。（以上见《当涂县地名录》）

上述"壋"地名自然村有的已经废止或改名，但各地名录中有的进行了说明，如《江宁县地名录》在一份表格里列入了其林乡已经废止的东张壋、西张壋，在朱家村地名后注"原名朱壋，清末改现名"，在艾村地名后注"明时称艾壋，清时改称艾村"。《溧水县地名录》在洪咀地名后注"古名吴壋村，后来改为洪壋，现称洪咀"。《当涂县地名录》在老庄地名后注"又名老壋"。除上述4个县外，《丹徒县地名录》在该县的水台地名后注"该村原名许壋村，后改为水台"，在丁台地名后注"该村原名丁壋村，后改为丁台"。

上述江宁县、句容县、溧水县、当涂县4个县的旧县志中也有"壋"地名，如乾隆《句容县志》中除已见于地名录的周壋、张壋、姜壋、葛壋外，还列有俞壋、董壋、於壋、陈壋、潘壋、北壋。万历《溧水县志》中除秦壋、武壋、陈壋已见于地名录外，还列有一个王壋。光绪《溧水县志》中除圩壋、秦壋、武壋、东旺壋、西旺壋、陆壋、圩壋、殷壋已见于地名录外，还列有李壋、杨壋、蔡壋。民国《当涂县志》中除朱壋、何壋、刘壋头、龙王壋已见于地名录外，还列有一个陶壋。除上述4个县外，民国《高淳县志》也列有一个蔡壋。这些旧县志中的"壋"地名，有的通过民间的记述还可以寻找到一点陈迹，如句容的董壋就是今董咀，潘壋即今孔家，溧水王壋即今石湫坝，当涂陶壋即今陶庄。但

· 303 ·

不少已经湮灭无闻，只能从县志的记述知道它们的大致的位置，具体存否不得而知。

"壒"地名的读音与"壒"字的 ai 音不同，都是前有声母 zh/z 的。据蔡佞（2022）一篇文章中的表列：

江宁	溧水	句容	当涂
tɕye^{31}	tʂuɛ^{55}	tsei^{44}	tʃuɐi^{44}

除了句容的［tsei］无［u］介音和元音高化外，其他三地都有介音［u］或其变音，声母都是［tʂ］或其变音，韵母都是［ai］或其变音，去声字。按照"壒"字在各地的读音，它的音韵地位应当是"蟹合二去怪庄"，中古音为［tʃwei］，折合北京音为 zhuai。《广韵》《集韵》均无此音，《集韵》有个"捼"字（现已写作"拽"），崇母字，北京音已经读为 zhuai 了，各地的地名"壒"字也就仅有此一个同音字。以上江宁、溧水、句容都在江苏省，都是官话区，当涂属于安徽省，并处于官话和吴语的交汇点上，当涂县西部沿江地带属于下江官话洪巢区，从西往东吴语特征越来越明显，中部大片地区属于吴语宣州片铜泾小片，东部与江苏接壤的地区属于吴语宣州话太高小片。当涂的几个"壒"地名虽然都在吴语区内，但由于受官话的影响程度不同，因此当涂县境内的几个"壒"地名的读音有较大差异。何壒属薛津乡，临近官话区，现今规模不大。由于此村名已经改为"荷花村"，故大多年轻人不太了解旧名。了解旧名的村民都认为"何壒"应当是"荷盖"，盖（壒）读［kai4］。朱壒东距何壒六七里地，也属薛津乡，村子较大，地势也较高。通往村子的路牌上写的是"朱盖路"，村民则认为"壒"就读［kai4］，含义不明，或认为就是"村子"的意思。陶壒属新市乡，临近吴语太高小片，村子较大，在地名录上已经改叫作"陶庄"了。村民大多只知道此村叫"陶庄"，偶有路人在指路时发的是［tʂuai4］的音。当地人"庄"读［tʂuɑ^{ŋ}］，快读时音近［tʂuɛ］。老壒、龙王壒、刘壒头三地都属吴语太高小片，老壒属新博乡，由于城镇化的缘故，几乎与街道连为一体了。此村在地名录上标准名标注的是"老庄"，不过在说明中注了一下"原名老壒"。村民年轻的只知道叫"老庄"，年龄稍大的都知道"老壒"，字读［tʂye4］。龙王壒属博望乡，由于博望经济发达，城镇化进程较快，此村也几乎与街道连为一体。村民读"壒"为［tʂye4］，略带一点鼻音，听感上有点像"转"。村民说此村又名"王家村"。刘壒头属博望乡，村民读"壒"为［tʂyə4］，听感上有点像"竹"字，村里宣传栏上写的村名就是"刘竹头"。从方言上看，何壒、朱壒地处吴语宣州片铜泾小片，受官话影响较大；陶壒也属铜泾小片，只是东邻博望，受官话影响较小；老壒、龙王壒、刘壒头都在博望，属于吴语宣州话太高小片。

"壒"地名的命名方式，从上述几个县的地名录中可以看出，基本上是专名在前、通名在后的齐尾式，"壒"是通名，在当地人的印象中，"壒"就是村庄的意思。这些"壒"地名，如果是双音节的，一般前面冠以姓氏，如"吕壒""徐壒"，极少数是其他词。至于"上壒""老壒"基本上是从方位和存在时间角度对"壒"的称说，而"圩壒""城壒""徒壒""旺壒"等往往是由原先的姓氏谐音讹变的结果。"壒"作为通名放在前面的仅有"壒上"、"壒里"两个，且这个很难把它定为倒序的齐头式，如果"壒"地名很古老且原住民已经消失了，新住民就对这个姓氏不再重视了，像这个"壒上"，地名录的注释中就说了是因为它比边上一个叫"壒"的村子更高一些。双音节地名的前后有时会附加一个单音节词来表示相关的状况，如附在前面的"东""西""前""后""上""下"等表方位，"小"是

表规模；附在后面的有"头""上"，表方位。"壙上"极有可能脱落了前面的姓氏。有两个地名有点不合规则，一个是"邵壙周"，在"壙"的后面又附上了一个姓氏，据地名后说明"原名邵壙，因邵氏较早住此。后邵氏绝，周氏迁此更现名"；还有一个是"龙王壙"，据当地人说本名"王壙"，后因村中有一座龙王庙，故改为现名，村里多王姓，有人就把它称作"王家村"。

"壙"，古文献中未见用于地名的。"壙"，《说文解字》卷十三土部：塵也。从土蓋聲。《廣韻》於蓋切，今音ài，尘埃。"壙"字，当地人读 zhuai（音同拽），义不详。地名"壙"音义与辞书皆不合。有少数地方改读半边"盖"，如当涂县薛津的"何壙"，由于对"壙"的字义搞不清楚，村名后来就被写作"荷盖"，最近又改名为"荷花村"了。地名普查后，为规范起见，有的村把"壙"根据 ai 音改作了"埃"，如江宁县丹阳的"孙壙"，现今地图上显示的就已经是"孙埃"了。有的把难以理解的"壙"换成大众化的"村"、"庄"，如江宁县的"艾壙"被改作"艾村"，当涂县的"陶壙"被改作"陶庄"。"壙"地名所在村落地势一般较高，且三面临水一面接陆，临水的前端常凸出如尖角，此地形当地人一般叫作"咀"（嘴）。"壙"字当地人读 zhuai 或 zuai，与方言"嘴"zuei 音近，有的就把"壙"换作了"咀（嘴）"，如句容县的"董壙"被改作"董咀"。

如果找一本地图，把"壙"地名的村子在地图上一一标出来，就会发现这些地名的分布很有规律。一是江东"壙"地名分布呈环状排列于秦淮河流域四围的山地的边沿，很少向环内或环外滋蔓延伸。经地质考古学者证实，秦淮河属自然河道，在大流量、低流速、入江口窄小的情况下，大水漫溢在整个古秦淮盆地里，形成"古秦淮大湖"。这就是说，包括南京城在内的江宁、溧水以及句容的低地，都曾被淹没在这个大湖之中。史前人类依赖湖泊丰富的食物来源而生存，环湖出现大量的居民点是可以想见的。西汉开始，古秦淮大湖萎缩成河流与沼泽，露出大量可耕地，于是在三国孙吴时代开始围湖造田，大片的圩田由于有河流湖泊灌溉，农耕经济得到了较大发展，居民点由四周向中央蔓延定成趋势，只是新居民点的居民已非原住民了。建国后，宁镇地区发现新石器时代遗址，考古学上被命名为"湖熟文化"。"湖熟文化"主要特征就是土墩遗址，即古代墓葬遗址。据考古专家认为，"土墩墓是居住在台形遗址的人们的一种墓葬类型，年代从西周到春秋，当时流行住地与墓葬分开远离的习俗，所以发现台形遗址的地方不一定见有土墩墓，而有土墩墓则往往亦看不到遗址；但也有台形遗址和土墩墓相关连而存在的"。

"湖熟文化"遗址年代的上限在殷商末期甚至更早，下限则可至战国时期，其地理环境大多为：两面是山，中间夹着一条带状的山冲平地，一条河流穿过，土墩遗址分布在河岸上，接近山边的土岗，少数与土岗相连，多数周围有水田、池塘或平地。据其地理分布，宁镇地区的土墩遗址明显与"壙"地名村落有诸多重合，有的与"壙"地名村落临近，有的已经成为"壙"地名的民居地。这一区域在殷末应为吴国最初建国时疆域边界。《史记·吴太伯世家》载："太伯之奔荆蛮，自号句吴。荆蛮义之，从而归之千馀家，立为吴太伯。"《吴越春秋》记载，太伯、虞仲南迁的时候，曾经采药于衡山。清代学者钱大昕说，春秋时代的"衡山"在今安徽当涂县以北，即今当涂县"壙"地名所在区域。今学者多认为，太伯率领的早期周人是从北方南下，由牛渚（今安徽马鞍山之采石）渡过长江，然后转而东进的。在吴王阖闾之前，他们的活动范围基本上是在茅山以西，即今江宁、句容、溧水三县"壙"地名分布区域。当时的"荆蛮"即土著应当是古越族，太伯建立的吴

国占据的也应是古越人的地盘。至少在秦统一之前，宁镇地区"塛"地名分布区域先后居住着"古越族—句吴—于越—楚"等不同民族的居民，到三国孙吴时，这里应当还有越人存在，时人称之为"山越"。"塛"地名的语音来源是否与古越人有关系，有待进一步探讨。郑张尚芳（1990）说："地名是当地居民给居留地及地理实体取的名称，带有明显的民族烙印。外来者往往也名从主人，照以称呼。即使随着历史发展，某些土著民族因迁徙、同化等原因已经从当地消失了，其地名有的却还能久久保留下来。也有一些老地名随着移民而带到新地去。因此我们往往能够通过地名研究而窥见古代民族的语言、分布及迁徙等状况。……学术界大抵承认侗台语各族的先民与古百越人有关……按古吴越两国语言相同，《吕氏春秋·知化篇》即说过吴与越'习俗同、言语通'，指明吴国人民也是操越语的。"

"塛"字作为地名的含义不太清楚，"塛"现在的功能是居民点，相当于"村"、"庄"。但最初用一个古已有之的"塛"字来命名，到底是要表示什么，所指的事物究竟是什么，与"村落"有无联系，这从古文献里找不到现成的答案。当代学者有人认为"塛"就是一个俗字，讨论"塛"的字形与地名"塛"的含义之间的联系不太现实。笔者认为，地名俗字一般为生造字，而"塛"字古已有之。古人用"塛"字来记录它，也许其含义就隐藏在"塛"这个字里。"塛"字形作"塛"，《六书故》省作"塩"。"盇"，《说文》從大從血，"大"是器盖象形（徐鉉"大象蓋覆之形"），"血"像器皿中有血液（祭祀時獻給神明的牲血），即"大"覆於"血"上。这说明"塛"与古越人的祭祀活动有关。联系"塛"字的"塵"义，最有可能的就是与古越人的葬礼活动有关。《大唐西域记》卷二称："送终殡葬，其仪有三：一曰火葬，积薪焚燎；二曰水葬，沈流漂散；三曰野葬，弃林饲兽。"《南史·扶南国传》则曰："死者有四葬，水葬则投之江流，火葬则焚为灰烬，土葬则瘞埋之，鸟葬则弃之中野。"两书说法大同小异，其实一也。其中土葬外的其他葬法多见于边荒蛮夷之地；而火葬在人类的生活中很具有普遍性，不仅蛮地，中原汉地也流行过这种习俗。火葬即用火焚化死人遗体，将骨装入容器，然后埋葬或保存。《礼记·檀弓上》云："葬也者，藏也；藏也者，欲人之弗得见也。"可见，死后对遗体的处理方法只有符合上述条件才是真正的火葬。古越人有火葬，《晋书》记载林邑国习俗，"居丧翦鬓谓之孝，燔尸中野谓之葬。"《南史》记载"死者焚之中野，谓之火葬"。火葬有尘埃，骨灰须器皿盛放。"盇"加"艸"以表示苫盖，再加"土"表示葬埋。"塛"从草从土，说明葬礼最后是要草覆土埋的，葬埋之所便是"塛"。"塛"字音《廣韻》於蓋切，蟹開一去泰影。郭锡良《汉字古音手册》中古音拟为ɑi，上古音at。这当然是汉人对"塛"字的音读，古越人对这一种场所的称呼可能不同于汉语。泰文"畲地、野外"音rai，音近"塛"，是否与"塛"字的命名有关系呢？

"塛"现在相当于"村""庄"。"塛"何时由从事葬礼和安葬骨灰的场所转变为供人居住的村落不得而知。如果居住者还是古越人的话，估计不会在相当于墓地的场所定居的，一定是原住民离开了，外来者由于涌入过多，于是就选择了这一现成的高地长期居住了下来。东晋时期，大批北人南迁，当时在今宁镇地区驻扎有所谓"北府兵"，这些北府兵多由北方名门望族所率领，而北府兵的核心力量，正是在南下中失去家园，被赶到南方的青、徐、兖之人。刘裕实行义熙土断时，除徐、兖、青三州居住在晋陵（今江苏镇江、常州一带）的住户可以不进行外，其他流寓郡县大多被并省，归入本地郡县。"塛"地名前多冠以姓氏，说明这些北方望族始终是按家族聚居的。北府兵军事化程度很高，平时村居

务农，战时拿起武器就可投入战斗。从"壒"的功能来看，它似乎不仅仅是供人居住的，应当还有防御外来者入侵的功能。据笔者在当涂何壒村调查，当地老人说村子以前出入口是有大门的，传说中有所谓"东门进西门出"的说法。由此看来，这明显是古代具有防御功能的村落。

"壒"地名的读音不见于古代的字书，那么"壒"字是否为原住民离开后新居民用汉字来记录古越人地名发音的一个词呢？游汝杰1986认为："中国南方的地名大致可以分为三大层次。第一层次，即底层，是古越语地名，所代表的是古越族文化；第二层次，即中间层，是南方方言地名，所代表的是带有浓厚地方色彩的南方文化；第三层次，即表层，是北方书面语地名，所代表的是以北方为基地发展起来的正统文化。"他又说："古越语本是多音节的语言，杨雄《方言》所载的吴越语……源出古越语的台语后来变成单音节，是受北方来的强大的汉语影响的结果。""壒"地名分布的范围内，有一些保留古吴越人发音特点的一些地名，如句容（县名）、鸠兹（镇名）、姑孰（镇名）。句、鸠、姑都是古见母字，与"勾吴"的勾字类似，都是冠于古地理名词前的前缀。"壒"字本音ai，但作为地名却读作zhuai，如果前面的zhu（与ju古音通）原先就是一个前缀"句"，那么zhuai音就可以理解了，汉语音节字读作zhuai去声的仅有一个"拽"，"壒"地名所在的村落zhuai音一般除了"拽"没有同音字，这就让人怀疑这个zhuai音并非源于汉语语音，估计是另有来源。

"壒"地名最早出现时的分布肯定比现今的范围要大，散点也必定要多得多。从古县志的记载中可以发现有一些现今已经消失了的"壒"地名。由于乡镇隶属关系和命名在历史上错综复杂，"壒"地名大多自身难保，有的完全被摈弃而永远消失，有的按照当时的新住民的习俗改名，有的是对原字音的误读而改成易于理解的谐音字，不一而足。20世纪80年代地名普查时，"壒"地名未能获得保留其方音，地名录上一律都用ai来标注，一直作为其地名的读音规范，这无疑加速了"壒"地名的消亡。

"壒"地名的消亡的途径除了改名"村""庄""埭""咀"外，最大的可能性就是去掉"土"偏旁，改为"盖"，并读作gai。笔者通过网络搜索，全国含"盖"的地名总数过万，但是如果说这些"盖"都是由"壒"转化而来未免过于武断，不过可以引起关注。值得一提的是，"壒"地名在温州地区尚有孑遗，如浙江省文成县有"壒后"和"前壒"两个地名，具体音读在地名志里注为zhi，注释中说："原名嵫后，习写壒后。壒，凸出的意思。石碧岭由严处（村名）沿山埠而上，半岭有一个拐弯，村落在拐弯处凸出部后侧，故名。清乾隆四十九年《续修金氏谱序》中有《咏嵫后风景》诗，内云：岭半卷阿忽展开，命名嵫后所由来，即指此意。清光绪二年《青田县志》称坠后。"嵫"字从"山"，其实就是"隥"（从阜，阜即山），即"隘"。"隘"有"要隘"义，多与军事有关。"嵫"转为"壒"只要换一个意符即可。距离浙江省文成县不远的永嘉县有一地名"廿四墛"，这"墛"字应当是"壒后"的"壒"，"壒后"又称"坠后"，同一个字被写成了不同的字形，而浙江南部的"壒（墛）"与宁镇地区的"壒"有何种联系尚待研究。"壒"地名多集中于宁镇地区"湖熟文化"区域，而"湖熟文化"涵盖了殷末周初，当时这一地带正是古吴国初建时的地盘，因此"壒"地名除了与当时原住民古越族的语言有关外，还表明原住民可能与外来入侵者有军事行为。zhuai音应当先于"壒"字出现，"壒"是对古越族的zhuai的汉字记音兼表意。表意前文已经涉及，记音则有待探讨。本文撰写过程中，有友人告知江苏

省洪泽湖一带也有"壒",不过用字已经改作"埙",读音 zhuai。泗洪县孙园乡有"埙头村",盱眙县维桥乡旧有"埙头桥",现已改作维桥了。

泗洪、盱眙古属楚州。唐代诗人长孙佐辅有一首《楚州盐壒古墙望海》的诗,这大概是"壒"作为地名的最早文献了。诗中写道:"混沌本冥冥,泄为洪川流。雄哉大造化,万古横中州。我从西北来,登高望蓬丘。阴晴乍开合,天地相沉浮。长风卷繁云,日出扶桑头。水净露鲛室,烟销凝蜃楼。时来会云翔,道蹇即津游。明发促归轸,沧波非宿谋。"诗中的"登高望蓬丘"一语无疑解释了"壒"地名的语义。

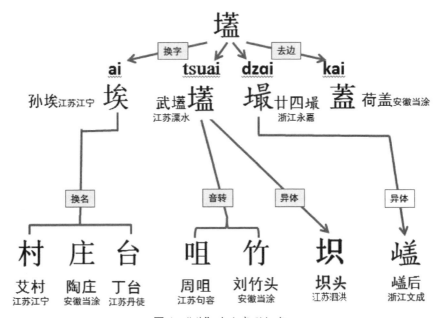

图 1 "壒"地名字形衍变

参考文献

周振鹤,游汝杰.方言与中国文化[M].上海:上海人民出版社,1986.

郑张尚芳.古吴越地名中的侗台语成份[J].民族语文,1990(1).

陆九皋,肖梦龙.镇江商周台形遗址与土墩墓分布规律遥感研究[J].东南文化,1993(1).

蔡 佞.宁镇地区的通名"壒".未刊稿.

(邓岩欣 上海华东师范大学附属东昌中学 200120)

常州话二字格方言词释例

钟　敏

一　概　说

1.1　常州方言归属于吴方言太湖片的毗陵小片。但是，作为行政区域的"常州"和作为方言区域的"常州"，是两个不同的概念。作为行政区域的"常州"包含"天宁、钟楼、新北、戚墅堰、武进、金坛"六大区，以及下辖的"溧阳"一个县级市。而作为方言区域的"常州"，一般只涵盖"天宁、钟楼、新北、戚墅堰、武进"五大区域。参照Richard VanNess Simmons（史皓元）、石汝杰、顾黔的《江淮官话与吴语边界的方言地理学研究》一书中的观点，常州的金坛区有一部分归属江淮官话（p78.图①官话与吴语的基本分界线），而金坛区的另外一部分以及常州下辖的溧阳市，其方言虽然也划归在吴语的旗下，但无论其在语音系统还是在语汇系统上，都与常州话有着较大的差异。因此，本文收集的方言词基本是以常州的"天宁、钟楼、新北、戚墅堰、武进"五大区域为代表的。

1.2　为了便于查阅，本文按首字26个字母的音序排列。文中字母右下方有小"1"标注的，一般表示其声母为清音，有小"2"标注的，一般表示其声母为浊音。N1表示舌尖中音；N2表示舌面音。Y表示汉语拼音字母的"ü"。

1.3　文中方言字的注音采用国际音标。有些音节，由于受前后音节的影响，会发生音变，本文一律按音节的原貌标注。

1.4　本文所收的方言词，是指方言区特有的词语。因此，与普通话雷同的词语暂时不收。詈语词暂时不收。本文方言词选词的主要来源①《〈吴下方言考〉校议》，文中在词后用▲标注。②《常州方言词句考释》文中在词后用◆标注。③《常州方言词典》，《常州农谚汇释》，文中在词后用●号标注。如果在其他文本上也出现的，则在词条后方标注，并在文末参考资料中列出，以便专家同行们查阅研究。除以上书本之外，其他渠道收集到的词条无标识。

1.5　本文所列方言词选用字的原则：有本字的用本字，有声无字的借用同音字，若无同音字可借用的，则造新字。造字的方法一般采用会意或形声。

1.6　本文对流行在常州方言区的方言词做初步的记录和分析，并举例说明。同时，也对其中有新派常州人（指八零后及以后）已经不说的或不常说的加以标注，从中也略可窥见在语言接触背景下的方言变化。

1.7　本文方言字读音的主要采访人：①俞月华，女，1931年12月出生，初中文化，纺织工人，一直居住在常州老城区。②潘胞玉，女，1956年2月出生，大学文化，中学数学教师，一直生活在常州老城区。③周嘉乐，男，1983年9月出生，大学文化，保险行业职员，除在南京读四年大学外，其余时间均生活在常州老城区。

二 释 例

A

【挨着】● [a⁵⁵dzaʔ²³] 轮到。[例] 总算要~我哩。

【啊蜊】● [a⁵⁵li²⁴] 河蚌。[例] ~焐豆腐是常州葛名菜惑。

【矮凳】● [a⁴⁵təŋ⁵²³] 小板凳。[例] 门口放张~坐坐望野呆。

【矮人】● [a⁴⁵ɲiŋ²¹³] ①矮个子。②甘拜下风的人。[例] 有葛辰光做做~勿碍葛。

【晏点】● [æ⁵²³tiɪ⁴⁵] 过一会儿。[例] 衣裳~我来汰。

【晏歇】● [æ⁵²³ɕiə⁵] 同“晏点”。

【懊愣】● [aɯ⁴⁵laɯ⁴⁵] 懊悔,后悔。[例] 年轻葛辰光甋好好叫念书真佬~得。

【懊恼】[aɯ⁴⁵naɯ⁴⁵] 同【懊愣】赵元任。

【懊糟】[aɯ⁵⁵tzaɯ⁵⁵] 肮脏。[例] 阴沟勒~透咾。

【拗手】● [aɯ⁵²³seɪ⁴⁵] 带有弯柄的木盆,常用于洗脚。(现在城区新派常州人已不用了,偶尔在老常州人家中可见。武进区的某些地方也说成“拗斗”。)

【拗勺】● [aɯ⁵²³zɔʔ²³] 木制水舀子。(现在城区很少见)

【鮎公(昂公)】◆ [aŋ⁵⁵koŋ⁵⁵] 一种黄褐色的无鳞鱼,有锋利的硬刺。[例] 买两条~焐豆腐。

【肮三】● [aŋ⁵⁵sæ⁵⁵] 吵架,僵持。[例] 俩葛人碰勒一堆就~。

【肮斯】● [aŋ⁵⁵sɿ⁵⁵] 同“肮三”。

【鸭子】● [aʔ⁵tsɿ⁵⁵] 鸭蛋。[例] 昼饭炒两葛~吃吃。

【阿婆】● [aʔ⁵bɤɯ²¹³] 对丈夫的母亲的背称。[例] 我家~勿帮则带小佬。

【阿公】● [aʔ⁵koŋ⁵⁵] 对丈夫父亲的背称。[例] 我家~帮则烧饭得。

【阿爹】● [aʔ⁵ti⁵⁵] 祖父。(新派常州人不常说)

【阿伯】● [aʔ⁵pɔʔ⁵] ①伯伯。②对丈夫哥哥的背称。

【阿姆】● [aʔ⁵m̩⁵⁵] 对丈夫嫂子的背称。

【阿叔】● [aʔ⁵sɔʔ⁵] ①对叔父的背称。②对丈夫弟弟的背称。

【阿婶】● [aʔ⁵səŋ⁴⁵] 对丈夫弟媳妇的背称。

【阿舅】● [aʔ⁵dʑiɤɯ²⁴] 对妻子兄弟的背称。

【阿嫂】● [aʔ⁵saɯ⁵⁵] 哥哥的妻子。

【阿姨】● [aʔ⁵i⁵⁵] 妻子的姐妹。

【阿末】[aʔ⁵məʔ²³] 最后,最末。[例] 小斌总归考~一名。

【拽卖】[aʔ⁵ma²⁴] 硬卖。[例] 人家甋还好~嗒!

【压派】[aʔ⁵pa⁵²³] 硬逼着。[例] 别人勿去,做嗲要~则我去?

B₁

【摆酒】[pa⁴⁵tsiɤɯ⁴⁵] 设宴。[例] 你要是考取则清华大学,家勒~庆祝。

【摆嗨】● [pa⁴⁵xæɪ⁵⁵] 要派头,摆阔气。[例] 家勒吭没几个铜钿,还要~得。

【拜忏】● [pa⁵²³tsʻæ⁵²³] 僧道念经代人消灾的活动。(新派常州人不说)

【拜理】● [pa⁵²³li⁴⁵] 拜访。(新派常州人不说)

【扳驳】◆［pæ⁵⁵pɔʔ⁵］找茬，批评。［例］他说葛话，别人家蛮难～葛。（新派常州人不常说）

【板定】●［pæ⁴⁵diŋ²⁴］一定，非要。［例］做嗲～要我考清华啊！

【板要】●［pæ⁴⁵iɑɯ⁵²³］一定要。［例］他～我吃胖肉。

【板油】●［pæ⁴⁵iɤɯ²¹³］猪腹腔内壁上的块状脂肪，可熬成猪油。［例］买两斤～来熬猪油。

【背纤】●［pæɪ⁵⁵tɕʻiɪ⁵²³］①用绳子拉车或拉船前进。［例］河边～葛人，全是吃苦人。②互相扯皮，拖后腿。（新派常州人不常用）

【背皮】●［pæɪ⁵²³bi²¹³］后背。［例］现在葛小丫头穿衣裳欢喜拿～露勒外头。

【背褡】●［pæɪ⁵²³tɑʔ⁵］背心。［例］天冷要穿件～哩。

【包揪】●［pɑɯ⁵⁵sɑɯ⁵⁵］全部承担。［例］吃则饭，洗碗、扫地他一葛人～哩。

【宝货】●［pɑɯ⁴⁵xɤ⁵²³］无用的，荒唐的人。［例］嗲葛全绘，只出一张嘴，真是～！

【暴芽】●［pɑɯ⁵²³ŋo²¹³］发芽。［例］温度一上来，树就～哩。

【帮衬】●［paŋ⁵⁵tsʻəŋ⁵²³］帮忙，辅助。［例］你炒菜，我来～～。

【绷圈】●［paŋ⁵⁵tɕʻiɤ⁵⁵］绣花用的工具。（现在大多在绣坊可见）

【绷筛】●［paŋ⁵⁵sa⁵⁵］筛米粉等用的工具。（现在已不常见了）

【迸坼】●［paŋ⁵²³tsʻɑʔ⁵］开裂。［例］天冷到则脚后跟也～哩。

【八八】●［pɑʔ⁵pɑʔ⁵］姑妈。

【波动】●［pɤɯ⁵⁵doŋ²⁴］相互之间的走动。［例］朋友之间勿～～，就会疏远哩。

【本腔】［pəŋ⁴⁵tɕiaŋ⁵⁵］本来，原本。［例］～我自家去葛，现在来勿及哩。

【本当】●［pəŋ⁴⁵taŋ⁵⁵］（同"本腔"。新派常州人不常说）

【本生】●［pəŋ⁴⁵səŋ⁵⁵］（同"本腔"）又说成［pəŋ⁴⁵saŋ⁵⁵］

【本三】●［pəŋ⁴⁵sæ⁵⁵］①指身体的抵抗力。［例］～好，勿生病。②本事。［例］吭没点～，拿勿到课题。

【巴结】●［po⁵⁵tsiʔ⁵］①讨好。②认真，勤奋。［例］做事体～点好。

【把家】●［po⁴⁵ko⁵⁵］持家精打细算。［例］他家阿姐顶～哩。

【把细】◆［po⁴⁵si⁵²³］认真，谨慎。［例］林波做事体～透唠。

【把屎】［po⁴⁵sɿ⁴⁵］从小孩子后面横着抱住，并使其两脚向前分开，让其拉屎。（现在小孩子大多用尿不湿，这个动作不常见）

【把尿】［po⁴⁵ɕy⁵⁵］从小孩子后面横着抱住，并使其两脚向前分开，让其撒尿。（现在小孩子大多用尿不湿，这个动作不常见）

【笆斗】●［po⁵⁵tɐɪ⁴⁵］用藤条、竹篾等编成的器具。（现在城区已不常见）

【百搭】［pɔʔ⁵tɑʔ⁵］麻将牌中与其他牌都能配搭的一张。也比喻能做各种事的人，也指能与各种人搭上关系的人。［例］吉吉是～，随便嗲人全能拉上关系葛。

【百脚】◆［pɔʔ⁵tɕiɑʔ⁵］蜈蚣。［例］惊蛰一声雷，蛇虫～全出来哩。

【百叶】●［pɔʔ⁵iə²³］千张。一种豆制品。［例］常州～以横山桥葛最为有名。

【北瓜】●［pɔʔ⁵ko⁵⁵］南瓜。（常州武进区的部分地方也说成"饭瓜"）

【边皮】●［piɪ⁵⁵bi²¹³］蔬菜的外层基本不食用的叶子。［例］从前头家勒穷到则只好吃菜～。

【边头】◆［piɪ⁵⁵dɐɪ²¹³］边上，旁边。［例］勿听话～立立。

【扁尖】［piɪ⁴⁵tsi⁵⁵］腌制的嫩笋干。

【标致】◆［piɑɯ⁵⁵tsʅ⁵²³］漂亮，好看。［例］叮叮长则蛮~葛。

【婊将】◆［piɑɯ⁴⁵tsiaŋ⁵⁵］家伙。（新派常州人不常说）

【迸伤】［piŋ⁵⁵saŋ⁵⁵］过于用力而伤到身体。［例］搬太重葛东西要~葛。

【碧清】◆［piəʔ⁵tsʻiŋ⁵⁵］清澈。［例］河勒葛水~葛。

【碧绿】［piəʔ⁵lɔʔ²³］绿油油。［例］今朝葛青菜炒则~葛。

【逼清】◆［piəʔ⁵tsʻiŋ⁵⁵］非常清楚。［例］一点点葛小字，他都看则~葛。

【毕（笔）板】◆［piəʔ⁵pæ⁴⁵］表情严肃，死板。［例］一日到夜~则面孔。（新派常州人不说）

【憋气】◆［piəʔ⁵tɕʻi⁵²³］生气，气恼。［例］勥为则一点点葛事体，就勒头~。

【必过】◆［piəʔ⁵kɣɯ⁵²³］不过。［例］他勿理你，~你也勿主动。也说［pəʔ⁵kɣɯ⁵²³］。

【瘪塘】◆［piəʔ⁵daŋ²¹³］凹陷处。［例］路上有好几葛~。

【壁角】◆［piəʔ⁵kɔʔ⁵］墙角。［例］旧时学生勿听话就要立~葛。

【瘪虱】◆［piəʔ⁵səʔ⁵］臭虫，虱子。也写成"壁虱"。

【壁蟢】◆［piəʔ⁵ɕi⁴⁵］一种蜘蛛。常筑巢在门角，墙角。

B₂

【牌头】◆［bɑ²¹³deɪ²¹³］靠山。［例］还是你葛~硬哇，小佬念则重点小学哩。

【牌九】◆［bɑ²¹³tɕiɣɯ⁴⁵］骨牌。牌类娱乐用具，常用来赌博。（现已不常见）

【办备】◆［bæ²⁴bi²⁴］准备好。［例］我~用落点钞票哩。

【蓓子】◆［bæɪ²⁴tsəʔ⁵］痱子。

【跑街】［bɑɯ²¹³ka⁵⁵］①旧指在外办贷、收账或推销。②旧时指跑腿。

【拔直】◆［baʔ²³dzəʔ²³］①笔直。［例］竹子长则~葛。②拉大嗓门。［例］天天~则喉咙叫。

【盘话】◆［bɣ²¹³ɦio²⁴］把几方面的话添油加醋地传来传去。［例］余婷顶欢喜~哩。

【盘点】［bɣ²¹³tiɪ⁴⁵］整理营业一个周期后的账目或物品。

【盘篮】◆［bɣ²¹³læ²¹³］用竹子编成的圆形盛谷物的农具。（现城市已很少见）

【盘牙】［bɣ²¹³ŋo²¹³］臼齿。

【婆佬】◆［bɣɯ²¹³lɑɯ⁴⁵］夫妻。［例］吃饭葛晨光，~有说有笑。

【盆汤】［bəŋ²¹³tʻaŋ⁵⁵］在澡盆或浴池里洗澡。［例］老刘天天下则班泡泡~，适意得。

【李桃】◆［bəʔ²³dɑɯ²¹³］葡萄。

【鼻头】◆［bəʔ²³deɪ²¹³］鼻子。

【白（字）相】◆［bəʔ²³siaŋ⁵²³］玩。［例］吃则饭到我家来~啊。

【勃实】◆［bəʔ²³dzəʔ²³］烦，麻烦。［例］他是拎勿清葛，跟他讲话~得。

【荸荠】◆［bəʔ²³zi²¹³］马蹄。

【白剩】［bɔʔ²³zəŋ²¹³］活该。［例］勿吃~葛。

【白刀】◆［bɔʔ²³dɑɯ²¹³］菜刀。

【白饭】［bɔʔ²³væ²⁴］不加菜的白米饭。［例］只吃~勿吃菜，呒没营养葛。

【白（帛）钱】◆［bɔʔ²³ziɪ²¹³］钱纸，供烧化用。［例］清明节一到，卖~葛生意好得。

【薄粥】［bɔʔ²³tsɔʔ⁵］比较稀薄的稀饭。［例］吭没胃口葛辰光就烧点~吃吃吧！

【被底】［bi²⁴ti⁴⁵］旧时被子的里子。（现已不用，大多用被套代替了。）

【被头】◆［bi²⁴deɪ²¹³］被子，被褥。

【被单】［bi²⁴tæ⁵⁵］床单。（新派常州人不常说）

【疲沓】●［bi²¹³tʻaʔ⁵］松懈，拖沓。［例］一直做一样事体，做到则~咾哩。

【篦髻】［bi²¹³tɕi⁵⁵］篦子，两边有密齿的梳子。（常州特产"宫篦"，原先是进贡皇宫的贡品）

【皮爿】●［bi²¹³bæ²⁴］不对称，不匹配。［例］衣裳穿到则~咾哩。也说"移爿"。

【便便】●［biɪ²⁴biɪ²⁴］备用，方便方便的。［例］现在全用手机付款，带点钞票也是~葛。

【便当】●［biɪ²⁴taŋ⁴⁵］方便的，容易的。［例］夜饭烧点粥吃吃，~佬。

【病尼】●［biŋ²⁴n̩i²¹³］怀孕的反应。［例］媳妇~哩，只是想吃酸佬葛东西。

【平伏】［biŋ²¹³vɔʔ²³］平整。［例］衣裳烫则~佬。

【蹩脚】●［biəʔ²³tɕiaʔ⁵］①质量不好，功夫差。［例］瓦匠师傅太~，生活做到则一塌糊涂。②落泊。［例］他混则太~哩，连老姆也齁讨着。③做人差劲。［例］做人勿好太~。

【蒲鞋】●［bu²¹³ɦia²¹³］用蒲草编织成的鞋子。（现仅在民俗馆可见了）

【步檐】●［bu²⁴iɪ²¹³］屋檐。（新派常州人不常说）

C

【差人】◆［tsʻa⁵⁵n̩iŋ²¹³］旧指衙门里的差役。（现已不用）

【扯笼（拢）】●［tsʻa⁴⁵loŋ⁴⁵］走，离开。［例］下班辰光一到就~葛哩。

【铲刀】●［tsʻæ⁴⁵tɑɯ⁵⁵］锅铲。［例］他炒菜勿用~，用筷拨葛。

【草巾】●［tsʻɑɯ⁴⁵tɕiŋ⁵⁵］扎成把的柴草，用在灶塘里烧火。（现只有个别农家乐用）

【草窠】●［tsʻɑɯ⁴⁵kʻɤɯ⁵⁵］①用草搭成的窝。②用稻草编成的，用来给米饭等保暖的用具。③草堆，草丛。［例］他掩勒~勒捉虫。

【草纸】●［tsʻɑɯ⁴⁵tsɿ⁵⁵］便纸。

【唱春】●［tsʻaŋ⁵²³tsʻuən⁵⁵］指春节前后，边敲小锣边唱小调的行为。（现已不常见）

【拆空】●［tsʻaʔ⁵kʻoŋ⁵⁵］落空。［例］事体弄则~哩。俗语"~老寿星"也是表示~的意思。（新派常州人不常说）

【拆蚀】●［tsʻaʔ⁵zəʔ²³］损失，亏本。［例］总算齁做~生意。

【拆天】◆［tsʻaʔ⁵tʻiɪ⁵⁵］比喻顽皮到了极点。［例］大人勿勒家，小佬~飞。

【拆账】●［tsʻaʔ⁵tsaŋ⁵²³］分摊钱款。（新派常州人基本不说）

【插朴】●［tsʻaʔ⁵pʻɔʔ⁵］电器插座。

【穿帮（绷）】●［tsʻɤ⁵⁵paŋ⁵⁵］原指鞋子等物出现破洞，后多指被戳穿或败露。［例］做坏事体总归要~葛。也写成"穿梆"。

【余筒】●［tsʻɤ⁵⁵doŋ²¹³］暖酒的用具。（现已不用）

【揣念】●［tsʻɤ⁴⁵n̩iɪ²⁴］牵挂，惦记。［例］生病葛辰光还~则你得。

【抽斗】◆［tsʻeɪ⁵⁵teɪ⁴⁵］抽屉。［例］五斗橱有五个~。

【抽昏】◆［tsʻeɪ⁵⁵xuəŋ⁵⁵］打呼噜。［例］一睏下去就~。

【凑手】◆[ts'eɪ⁵²³seɪ⁴⁵] 方便，得心应手。（新派常州人不常说）

【趁手】◆[ts'ən⁵²³seɪ⁴⁵] 顺便，趁便。[例] ～拿衣裳洗落。

【赤勒（刺）】◆[ts'əʔ⁵ləʔ²³] 食物里夹有杂质，嚼起来不舒服。[例] 泥螺鹬洗干净，吃则有点～得。也有人说成"赤刺"[ts'əʔ⁵laʔ⁵]。

【赤嫩】●[ts'əʔ⁵nən²⁴] 非常嫩。[例] 他烧葛白斩鸡～葛。

【赤软】●[ts'əʔ⁵ȵiɤ⁴⁵] 非常软。[例] 羊绒围巾～葛。

【测黑（赤黑）】◆[ts'əʔ⁵xəʔ⁵] 漆黑。[例] 呒没星星葛夜勒，～葛。

【车水】●[ts'o⁵⁵sʯ⁴⁵] 脚踏水车，使之转动提水。（现只有民俗村可见）

【蠢（冲）头】◆[ts'oŋ⁵⁵deɪ²¹³] 上当，受骗。[例] 今朝又拨他斩则～哩。

【蠢胖（冲碰）】◆[ts'oŋ⁵⁵p'aŋ⁵²³] 失误，蠢事。[例] 今朝做则～事体哩。

【晥盹】◆[ts'oŋ⁴⁵təŋ⁵²³] 打盹。[例] 叫他念书就坐勒头～。

【促掐】●[ts'ɔʔ⁵k'aʔ⁵] 尖钻刻薄，作弄人。[例] 他葛人～透唉。

【簇新】●[ts'ɔʔ⁵siŋ⁵⁵] 崭新。

【促（出）寿】●[ts'ɔʔ⁵zeɪ²⁴] 滑稽，可笑。[例] 隔壁老王～透唉。

【触（戳）眼】●[ts'ɔʔ⁵ŋæ⁴⁵] 也有人读成[tsɔʔ⁵ŋæ⁴⁵] 碍眼。《吴下方言考》谓难看之物。

【牵命】◆[ts'iɪ⁵⁵miŋ²⁴] 拖拖拉拉。[例] 喊他做作业，赛可～得。

【牵记】◆[ts'iɪ⁵⁵tsi⁵²³] 惦记，挂念。[例] 孬总是～我皮夹子勒葛钞票。

【牵磨】◆[ts'iɪ⁵⁵mɤɯ²⁴] 推磨，也比喻动作慢。[例] 做点事体，赛可～得。

【牵丝】◆[ts'iɪ⁵⁵sʯ⁵⁵] ①记恨。[例] 你吃则他葛东西，他有则～你得。（新派常州人不说）②翻老账。[例] 穷葛辰光借过他葛钞票，现在，他动勿动就～我。

【棨脚】[ts'iɪ⁵⁵tɕia⁵] 修脚。[例] 扬州人～，有名气佬。

【繰边】◆[ts'iɑɯ⁵⁵piɪ⁵⁵] 把衣裳的毛口缝到里面。[例] 到裁缝店去～。

【枪花】●[ts'iaŋ⁵⁵xo⁵⁵] 花招。[例] 亦雨顶会调～哩。

【枪毛】[ts'iaŋ⁵⁵mɑɯ²¹³] 兽毛长得不顺。

【亲娘】●[ts'iŋ⁵⁵ȵiaŋ²¹³] 奶奶。

【亲眷】◆[ts'iŋ⁵⁵tɕiɤ⁵²³] 亲戚。

【清爽】◆[ts'iŋ⁵⁵suaŋ⁴⁵] ①干净，整洁。[例] 女小佬葛房间就是～。②清楚，明白。[例] 事体要弄～则再骂人。③清醒。[例] 一碰到事体，头脑就勿～哩。④爽口，不油腻。[例] 凉拌莴苣丝，吃勒嘴勒～得。

【清头】●[ts'iŋ⁵⁵deɪ²¹³] 懂事。[例] 小佬大则，有～哩。

【敲头】[ts'iaʔ⁵deɪ²¹³] 同"敲丝"。

【敲丝】◆[ts'iaʔ⁵sʯ⁵⁵] 翘起的细小木纤维。也比喻细小的毛病。[例] 勒象牙筷子上扳～。

【七七】●[ts'iəʔ⁵ts'iəʔ⁵] ①蟋蟀。②人死亡后的第七个"七"。又说"断七"。（旧时人死有七七之说，每七日作道场。）

【七巧】●[ts'iəʔ⁵tɕiɑɯ⁴⁵] 七夕，农历七月初七。"七巧"与"乞巧"谐音。旧时民俗，民间习惯在这一天吃巧果，女孩子向天仙乞巧。

【炊子】●[ts'uæɪ⁵⁵tsəʔ⁵] 烧水壶。[例] ～勒葛水烧干哩。

【彩头】●[ts'uæɪ⁴⁵deɪ²¹³] 指吉兆，运气。（新派常州人不常说）

【春饼】[ts'uŋ⁵⁵piŋ⁴⁵] 旧时称农历二月二龙抬头那天吃的类似春卷的一种饼。

【窗盘】◆［tsʻuaŋ⁵⁵bɤ²¹³］窗户。［例］～上贴则"福"字。

【疮疥】●［tsʻuaŋ⁵⁵ka⁵²³］疥疮。

【出恭】◆［tsʻuəʔ⁵koŋ⁵⁵］大便。明朝考场中设有"出恭""入敬"牌。考生要大便，须领"出恭"牌外出，所以后来称大便为"出恭"。（新派常州人不常说）

【出鬼】●［tsʻuəʔ⁵kuæɪ⁴⁵］见鬼，比喻发生了怪事。［例］呒没几天，头发全白哩，真佬～哩。

【出劲】●［tsʻuəʔ⁵tɕiŋ⁵²³］用劲。［例］做生活嘛，～点。

【出客】◆［tsʻuəʔ⁵kʻaʔ⁵］做客。［例］穿则尴漂亮，～哒?

【出送】●［tsʻuəʔ⁵soŋ⁵²³］①走，滚。［例］勿好好叫做生活，就叫他～。②抛弃。［例］家勒家具全～落葛哩。

【出趟（悗）】◆［tsʻuəʔ⁵tʻaŋ⁵²³］大方，不怯场。［例］小丫头蛮～葛，上台一点勿怕。

【出会】●［tsʻuəʔ⁵uæɪ²⁴］又叫"行会"。民间一种迎神仪式。扛着神像在大街小巷游行，前面有仪仗鼓乐开道。（现在已不常见）

【痴迷】◆［tsʅ⁵⁵mi²⁴］①神志不清，糊涂。［例］平时蛮灵巧葛，今朝倒～咾哩。②沉迷。［例］他练琴练到则～咾哩。

【刺虎】［tsʅ⁵²³fu²⁴］一种类似昂公的鱼。昂公色偏黄，刺虎是土灰色。

D₁

【他家】［ta⁴⁵ku⁵⁵］他们。

【单单】◆［tæ⁵⁵tæ⁵⁵］只，仅仅。［例］～买菜，一个月也要千把块得。

【单条】●［tæ⁵⁵diɑɯ²¹³］身体高而瘦。（新常州人不常说）

【胆气】［tæ⁵⁵tɕi⁵²³］胆量。［例］男子汉大丈夫一点～也呒没。

【担把】［tæ⁵²³po⁵⁵］一担左右。［例］一箩米有～重得。

【堆足】●［tæɪ⁵⁵tsɔʔ⁵⁵］体积，分量。［例］一点点葛东西～太小哩，拿不出手惑。

【对劲】［tæɪ⁵²³tɕiŋ⁵²³］合意。［例］他葛主意总归勿～。

【对过】◆［tæɪ⁵²³kɤ⁵²³］对面。

【对开】●［tæɪ⁵²³kʻæɪ⁵⁵］①一分为二。［例］赚葛钞票，哈尼家～。②打架单挑。（新派常州人不说）

【对消】●［tæɪ⁵²³siaɯ⁵⁵］抵消。［例］我吃你一块糖，你拿我一块饼，总好～哩。

【倒反】◆［taɯ⁴⁵fæ⁴⁵］反而，反倒。［例］农夫救则蛇，～拨蛇咬则一口。

【倒齆】●［taɯ⁴⁵fəŋ⁵²³*］后悔没有。［例］～吃则饭来。

【倒勥】●［taɯ⁴⁵fiaɯ⁵²³］会不会。［例］到现在还勿想吃饭，～生病哩。

【倒灶】●［taɯ⁴⁵tsaɯ⁵²³］失意，倒霉。（新派常州人不说）

【到门】●［taɯ⁵²³məŋ²¹³］地道，到位。［例］他做葛事体总归勿～。

【到则】◆［taɯ⁵²³tsə⁵］①得。表结果或程度。［例］今朝高兴～要死。②用在形容词之后，表示感叹的语气。［例］甜甜聪明～。

【倒贴】［taɯ⁴⁵tiəʔ⁵］贴本。［例］嫁个女女，～落勿少钞票。

【打棚】●［taŋ⁴⁵baŋ²¹³］开玩笑，嬉言。（新派常州人不说）

【当堂】●［taŋ⁵⁵daŋ²¹³］当时，随即。［例］他一点勿留情面，～就开销我。

【打配】●［taŋ⁴⁵pʻæɪ⁵²³］打算。［例］你～去旅游哦?

【打芡】●［taŋ⁴⁵tɕʻiɪ⁵²³］勾芡。(新派常州人基本不说)

【打裥】［taŋ⁴⁵kæ⁴⁵］在衣服上做皱褶。［例］腰裙～打则好看得。

【打烊】●［taŋ⁴⁵iaŋ²⁴］一天营业结束关店门。［例］便利店24小时勿～。

【打雄】●［taŋ⁴⁵ioŋ²¹³］动物交配。

【嗒嗒】●［taʔ⁵taʔ⁵］尝尝。［例］～味道好吃哦。

【瘩背】●［taʔ⁵pæɪ⁵²³］生在背部的痈。(新常州人不说)

【搭淘】◆［taʔ⁵dɑɯ²¹³］结伴,合群。［例］他跟别人总归勿～。

【搭头】●［taʔ⁵dɤɯ²¹³］搭配的东西。［例］～总归勿是嗲好东西。

【搭进】［taʔ⁵tɕiŋ⁵²³］收进,刮进。［例］今朝～勿少好东西。

【搭腔】●［taʔ⁵tɕʻiaŋ⁵⁵］搭理,凑着别人的话说。［例］只要有人说话,他就来～。

【搭襻】●［taʔ⁵pʻæ⁵²³］襻儿。用来扣住门窗,鞋子等。［例］鞋子上葛～漏下来哩。

【搭扣】［taʔ⁵kʻeɪ⁵²³］同"搭钮""搭襻"。

【搭钮】●［taʔ⁵n̠iɤɯ⁴⁵］门窗上加锁的扣子。

【搭界】●［taʔ⁵kɑ⁵²³］①交界。［例］我国边界搭俄国～佬。②有关系,发生关系。［例］坏事体总归同他～葛。

【搭浆】●［taʔ⁵tsiaŋ⁵⁵］糊弄,敷衍。［例］头一次请亲家母来吃饭,菜勿好～葛!

【搭子】●［taʔ⁵tsəʔ⁵］①打牌的伙伴。［例］他家几个人是打牌葛～。②爱交际的人。［例］他葛～,随便嗲人,一搭就上。

【搭则】［taʔ⁵tsəʔ⁵］和。［例］他葛衣裳～书全放勒箱子勒葛哩。

【搭嘴】［taʔ⁵tsuæɪ⁴⁵］插话。［例］大人说话,小佬总归要～。

【兜底】●［teɪ⁵⁵ti⁴⁵］①彻底。［例］拿箱子～翻则一遍。②彻头彻尾,原原本本。［例］只有～交代清爽,才是一条出路。

【丢手】●［teɪ⁵⁵seɪ⁴⁵］①放开手。［例］年纪大哩,是～让年青人做事体葛辰光哩。②撒手。［例］生活做则一半～勿管哩。

【斗帐】［teɪ⁵²³tsaŋ⁵²³］核算账目。［例］到则年底总归要～葛。

【斗巧】●［teɪ⁵²³tɕʻiɑɯ⁴⁵］凑巧,正好。(新常州人不常说)

【多嫌】●［tɤɯ⁵⁵iɪ²¹³］讨厌,嫌弃。［例］勠～年纪大葛人,人总归要老葛。

【多梳】●［tɤɯ⁵⁵sɤɯ⁵⁵］刘海。(新派常州人不常说)

【墩头】◆［təŋ⁵⁵deɪ²¹³］①卖肉人剁肉用的,比较厚实的木砧板。②卖肉的摊位。［例］到肉～上斩点肉。③垒起的土堆。［例］土～。

【戥盘】◆［təŋ⁴⁵bɤ²¹³］测定贵重物品或药品重量时,放于秤盘上的小盘子。(现不常见)

【登样】●［təŋ⁵⁵iaŋ²⁴］好看,像模像样。［例］小姑娘长则～佬。

【掇转】◆［təʔ⁵tsɤ⁴⁵］调转,转过来。［例］～屁股就走。

【得法】●［təʔ⁵faʔ⁵］①方法正确,得要领。［例］学习～,进步就快。②发达,走运。(新常州人基本不说)

【得(粘)壳】●［təʔ⁵kʻɔʔ⁵］带壳的食物粘在壳上。［例］鸡蛋～佬,勿好吃哩。

【底砣】◆［ti⁴⁵dɤɯ²⁴］底部。［例］拿肉园勒碗～。(新常州人不常说)

【底把】●［ti⁴⁵po⁴⁵］家底,财力。［例］呒没～也勿敢买别墅惑。

【抵嗣】● ［ti⁴⁵zη²¹³］过继给叔、伯父中无子者为后。（现已不用）

【点饥】● ［tiɪ⁴⁵tɕi⁵⁵］略微吃点东西解饿。［例］肚皮饿就先吃点饼干～。

【嗲人】● ［tiɑ⁴⁵n̠iη²¹³］谁，哪个。［例］唱歌葛是～啊？赵元任写作"爹人"。

【嗲葛】［tiɑ⁴⁵kəʔ⁵］什么？赵元任写作"爹葛"。

【吊恶】◆ ［tiɑɯ⁵²³o⁴⁵］恶心欲吐。［例］肚勒勿好过，一直～。

【丁倒】◆ ［tiη⁵⁵tɑɯ⁵²³］颠倒。

【顶针】［tiη⁴⁵tsən⁵⁵］针箍。

【顶真】◆ ［tiη⁴⁵tsən⁵⁵］认真，不通融。［例］娟娟做事体～透咾。

【钉鞋】［tiη⁵⁵ɦɑ²¹³］①旧时的雨鞋，用布或皮做成，鞋底上钉有大头铁钉以防滑，帮和底都刷上桐油以防水。②田径运动鞋，前掌有钉。

【笃定】● ［toʔ⁵diη²⁴］①一定。［例］我～考一百分。②镇定，不慌。［例］人家急煞，你倒～得。

【嫡亲】● ［tiəʔ⁵tsʻiη⁵⁵］血缘最亲近的亲属。［例］她家是～姊妹。

【磆洺】▲ ［tiəʔ⁵toʔ⁵］①滴水声。常 ABAB 式重叠使用。②敲物的声音。

【东头】● ［toη⁵⁵dei²¹³］东边。（也说成"东边"）

【咚咙】［toη⁵⁵loη²¹³］鼓声。［例］街上～～葛鼓声响到则。《吴下方言考校议》写作"朣朧"

D₂

【汏浴】［dɑ²⁴ioʔ²³］洗澡。

【大毒】● ［dɑ²⁴dɔʔ²³］非常讨厌。［例］我顶～说话勿算数葛人哩。

【大路】● ［dɑ²⁴lu²⁴］①普通的，一般的。［例］穿葛衣裳也是～货。②得体，做事在理路上。［例］做事体要～点，勥小家子气。

【大数】● ［dɑ²⁴sɿ⁵²³］迷信的说法指气数命运，也指大限（寿数）。（现基本不说）

【大兴】● ［dɑ²⁴ɕiη⁵⁵］①名不副实。［例］钢琴老师是～佬。②假冒的。［例］地摊货～货多得。

【篗头】● ［dɑ²⁴dei²¹³］用竹篾编成的平底篮。（现已不常见）

【台盘】◆ ［dæi²¹³bɣ²¹³］①筵席，宴会。（新派常州人不说）②比较正规的场合。［例］小佬上勿得～葛，就勒院子勒白相相吧！

【台头】◆ ［dæi²¹³dei²¹³］发票等凭证上开列的名称。

【台刻】◆ ［dæi²¹³kʻəʔ⁵］写字台上的玻璃板，有的还有发热功能。

【台型】● ［dæi²¹³iη²¹³］面子。［例］买件漂亮衣裳参加婚礼，扎扎～。

【台毯】● ［dæi²¹³tʻæ⁴⁵］覆盖桌子的布。［例］吃饭葛台子还铺～得，考究佬。

【台子】● ［dæi²¹³tsəʔ⁵］①桌子。②旧时也指戏台。

【淘伴】● ［dɑɯ²¹³bɣ²⁴］同伴。［例］吃则饭就找～逛街。

【淘勒】● ［dɑɯ²¹³ləʔ²³］相互之间。［例］小姊妹～要好得。

【淘箩】● ［dɑɯ²¹³lɣɯ²¹³］淘米的竹箩。（现只在一些老街上可见）

【稻秸】● ［dɑɯ²⁴ka⁴⁵］水稻的秸秆。也有读成 ［dɑɯ²⁴tɕiəʔ⁵］ 的。

【稻铚】［dɑɯ²⁴tɕiəʔ⁵］割稻用的镰刀，带齿。（现在很少用）

【堂倌】●［daŋ²¹³kuɤ⁵⁵］旧时指跑堂的伙计。（现只在少数地方说）

【堂子】●［daŋ²¹³tsə⁷⁵］旧时指妓院。

【荡边】●［daŋ²⁴piɪ⁵⁵］这边。（武进区和新北区部分说）赵元任写作"荡盃"。

【荡荡】●［daŋ²⁴daŋ²⁴］①漂洗。［例］饭碗用开水～。②闲荡。［例］东～西～，勿做事体。

【凼凼】●［daŋ²¹³daŋ²¹³］坑。［例］路上挖则几葛～哩。

【堂倌】［daŋ²¹³kuɤ⁵⁵］旧时指跑堂的伙计。

【塘岸】●［daŋ²¹³ŋɤ²⁴］堤岸。一般指河塘的堤岸。

【闼门】●［daʔ²³məŋ²¹³］装在大门外面的半扇的门。（现在农村的老房子还偶尔可见）

【达月】●［daʔ²³yəʔ²³］妇女妊娠满十月，将近临产。［例］麦迪已经～哩，还到处跑得。

【断暗】◆［dɤ²⁴ɤ⁵²³］傍晚天刚黑。［例］～葛辰光吃夜饭。

【断档】●［dɤ²⁴taŋ⁴⁵］缺货，脱销。［例］肉也抢到则～哩。

【断黑】［dɤ²⁴xəʔ⁵］天色完全变黑。（新派常州人不常说）

【断生】●［dɤ²⁴saŋ⁵⁵］一般指面条刚烧熟而不烂。［例］欢喜吃～面。

【团汗】［dɤ²¹³ɦɤ²⁴］钱。［例］袋袋勒吭没几～哩。常合音说成［dɤ²¹³］。

【团脐】［dɤ²¹³dzi²¹³］母蟹。

【团子】［dɤ²¹³tsəʔ⁵］用糯米粉做成的食物，可以是圆形或椭圆形的。内包有肉、菜肉、豆沙、芝麻等馅。

【头爿】●［deɪ²¹³bæ²⁴］脑袋。［例］今朝～有点痛得。

【头寸】●［deɪ²¹³tsʻəŋ⁵²³］①尺寸。［例］～勿对惑。②旧时也指资金。（新派常州人不说）

【头埭】●［deɪ²¹³da²⁴］第一行，第一排。［例］～房子对则马路，闹得。

【头寤】◆［deɪ²¹³xuəʔ⁵］从入睡到第一次醒来的这段睡眠。［例］～困则好几葛钟头得。

【头一】［deɪ²¹³iəʔ⁵］第一。

【头生】◆［deɪ²¹³saŋ⁵⁵］头胎。［例］～鸡子营养好嗒。

【头挑】●［deɪ²¹³tʻiaɯ⁵⁵］头等，最好。［例］她写葛字勒班勒是～。（新派常州人不说）

【头先】●［deɪ²¹³siɪ⁵⁵］起初，开始。［例］～他葛成绩好透咾。（新派常州人不常说）

【骰子】［deɪ²¹³tsəʔ⁵］色子。

【大冲】◆［dɤɯ²⁴tsʻoŋ⁵²³］出洋相。［例］今朝～得，衣裳也穿反咾哩。

【大婆】●［dɤɯ²⁴bɤɯ²¹³］旧时称正房，大老婆。

【大淘】●［dɤɯ²⁴daɯ²¹³］人多，大流。［例］他就欢喜轧～。

【大被】●［dɤɯ²⁴fu⁴⁵］指衣服正中的部分。（新派常州人基本不说）

【大相】●［dɤɯ²⁴siaŋ⁵²³］看起来比实际年龄显得大。［例］苗苗才两岁脚勒，看～得。

【砣砣】［dɤɯ²¹³dɤɯ²¹³］团状的东西。［例］辰光长则，红糖全变则糖～哩。

【砣粉】［dɤɯ²¹³fəŋ⁴⁵］淀粉。（新派常州人不常说）

【动气】◆［doŋ²¹³tɕʻi⁵²³］生气。［例］一点点葛事体就～哩。

【胴巩】◆［doŋ²¹³goŋ²¹³³］肛门。

【焖焖】▲［doŋ²¹³］［doŋ²¹³］词缀。［例］被头窠勒热～葛，写意得。

【铜板】●［doŋ²¹³pæ⁴⁵］铜元。清末至抗日战争前使用的铜币，无孔。（有孔称铜钱）

【铜钱】●［doŋ²¹³ziɪ²¹³］铜币，也泛指钱。［例］～多则就买高档衣裳穿。

【铜汗】●［doŋ²¹³ɦiɣ⁴⁵］钱。常合音说成［dɣ²¹³］。

【铜钿】［doŋ²¹³tiɪ⁵⁵］铜币，也泛指钱。（赵元任）

【毒头】●［dɔʔ²³deɪ²¹³］执着，固执。［例］齐齐是葛书～。

【独独】●［dɔʔ²³dɔʔ²³］唯独。［例］人家全到则哩，～他觱来。

【提庄】●［di²¹³tsuaŋ⁵⁵］旧时指衣装店，现已不用。

【蹄髈】［di²¹³pʻɑŋ⁵⁵］肘子。大多指猪腿。

【地狗】●［di²⁴keɪ⁴⁵］蝼蛄。

【田鸡】［diɑɯ²¹³tɕi⁵⁵］青蛙。

【调生】●［diɑɯ²¹³saŋ⁵⁵］油滑的人。［例］他是～惑，嗲人弄则过他！（新派常州人不常说）

【调人】●［diɑɯ²¹³n̠iŋ⁵⁵］捉弄人。［例］他是顶会～哩。

【调头】●［diɑɯ²¹³deɪ²¹³］①调子。［例］山歌葛～好听得。②语气，腔调。［例］～好得嘛！③回过头行驶。

【调档】［diɑɯ²¹³taŋ⁴⁵］调包。［例］东西拨他～葛哩惑。

【调羹】［diɑɯ²¹³kəŋ⁵⁵］汤匙。

【停当】●［diŋ²¹³taŋ⁵⁵］结束，弄妥帖。［例］等我收拾～，再到街上去。

【定规】◆［diŋ²⁴kuæɪ⁵⁵］一定。［例］你觱赖，～是你。（新派常州人不常说）

【定坚】●［diŋ²⁴tɕiɪ⁵⁵］就是。［例］喊你觱跳，你～要跳。

【停歇】◆［diŋ²¹³ɕiəʔ⁵］过一会儿。［例］我～到你家去噢。

【停澤】［diŋ²¹³dɔʔ²³］屋檐下垂的冰条。

【觃面】◆［diəʔ²³miɪ²⁴］见面。［例］我也多少天觱同他～哩。

【迭为】◆［diəʔ²³uæɪ²⁴］故意，特地。［例］叫他觱闹，他就～叫则蛮高。

【肚窠】◆［du²⁴kʻɣɯ⁵⁵］内脏。［例］杀鱼葛辰光鱼～要弄干净则。

【肚才】◆［du²⁴zæɪ²¹³］才智。［例］布布～好得，文章写则漂亮得。

【肚算】●［du²⁴sɣ⁵²³］心算。（新派常州人不说）

【杜布】●［du²⁴pu⁵²³］自织的布，比较粗。（现在基本不见这种布了）

【杜酒】［du²⁴tsiɣɯ⁴⁵］农家自制酒。（新派常州人不说）

【杜米】［du²⁴mi⁴⁵］本地产的米。（新派常州人不说）

E

【屙落】［ɣɯ⁵⁵lɔʔ²³］拉掉，落掉。［例］你葛记性～咾哩。

【屙屎】［ɣɯ⁵⁵sʅ⁴⁵］拉大便。

【窝家】［ɣɯ⁵⁵ko⁵⁵］旧时称窝赃主。

【窝窜】［ɣɯ⁵⁵tsʻɣ⁵²³］瞎搞。同"瞎窜"。（新派常州人不常说）

【噢呵】［ɣɯ²¹³xɣ⁴⁵］表示遗憾的语气。也写成"哦呵"。

F

【翻面】［fæ⁵⁵miɪ²⁴］翻脸。［例］一歇歇就～勿认人哩。

【翻梢】［fæ⁵⁵sɑɯ⁵⁵］翻本。（新派常州人不常说）

【番瓜】●［fæ⁵⁵ko⁵⁵］南瓜。（新北，武进区人常说）

【泛蛮】◆［fæ⁵²³mæ²¹³］不讲理。［例］他真是～葛人，朆看见过。（新派常州人不常说）

【方台】●［faŋ⁵⁵dæɪ²¹³］方形桌子。

【仿单】●［faŋ⁴⁵tæ⁵⁵］产品介绍，说明书。（新派常州人不说）

【放汤】◆［faŋ⁵²³taŋ⁵⁵］①旧时指浴室接近打烊开始排放浴水，此时任人进去洗浴，不收浴票，俗称"放汤"。②泡汤。［例］看起来要～哩。（新派常州人不常说）

【发飙】［faʔ⁵piɑɯ⁵⁵］发大火。

【发痴】［faʔ⁵tsʅ⁵⁵］①发疯。②过于兴奋。［例］看见人来就～。③瞎想。［例］呆噔噔葛～哩。

【发嗲】●［faʔ⁵tia⁴⁵］撒娇。［例］女小佬顶会～哩。

【发头】［faʔ⁵dei²¹³］①酵母，或用于发酵的酵头。②发展前途。［例］勿好好叫学习葛人呒没嗲～葛。

【发欠（牵）】●［faʔ⁵tɕʻiɪ⁵²³］发脾气，胡闹。［例］一直勒头～，勿晓则做嗲？

【发急】●［faʔ⁵dʑiəʔ²³］着急，急躁。［例］动勿动就～葛人，最呒没本事。

【发嚯】◆［faʔ⁵ɕuəʔ⁵］有趣，滑稽可笑。［例］他葛话总归蛮～葛。

【发松】◆［faʔ⁵soŋ⁵⁵］有趣，滑稽。［例］龙龙～透咾，说点话惹人笑得。

【畚（粪）箕】●［fəŋ⁵²³tɕi⁵⁵］①手指纹的一类。螺旋状的称为"脶"，略斜而有缺口的称为畚箕。②盛放清扫垃圾的容器。［例］志愿者拿则笤帚～，上街打扫卫生。

【勿介】●［fəʔ⁵kæ⁵²³］不怎么。［例］他做班长～来三。

【勿关】●［fəʔ⁵kuæ⁵⁵］与……没关系。［例］～你葛事体。

【勿惯】●［fəʔ⁵kuæ⁵²³］不习惯。［例］知青刚下乡葛辰光吃～住～。

【勿来】●［fəʔ⁵læɪ²¹³］①不来。②不行。［例］他做书记，～葛。

【勿碍】◆［fəʔ⁵ŋæɪ²⁴］没关系，不要紧。［例］门开则吧，～葛。

【勿局】◆［fəʔ⁵dʑiəʔ²³］不好，不妙。［例］几天勿浇水，桃树～哩。

【风瘫】●［foŋ⁵⁵tʻæ⁵⁵］瘫痪。［例］伯伯～则好几年哩。

【风凉】●［foŋ⁵⁵liaŋ²¹³］凉快。［例］立秋则，夜勒～多哩。

【麸皮】●［fu⁵⁵bi²¹³］麦粒的表皮。

G₁

【街里】●［kɑ⁵⁵li⁴⁵］某人。（新派常州人不常说）［例］于～勿是好人。

【街沿】［kɑ⁵⁵iɪ²¹³］马路牙子，街道两边的边缘。［例］坐勒～息息。

【阶沿】［kɑ⁵⁵iɪ²¹³］石头或砖头砌成的台阶。（新派常州人一般不说）

【戒方】［kɑ⁵²³faŋ⁵⁵］戒尺。旧时对学生体罚所用的木板。

【镩子】◆［kɑ⁵²³tsəʔ⁵］锯子。

【介边】［kæ⁵²³piɪ⁵⁵］这边，这里。［例］我勒～等你啊。

【介畔】［kæ⁵²³pɣ⁵²³］同【介边】。［例］你到我～来白相。

【介开】●［kæ⁵²³k'eɪ⁵⁵］同【介边】。（武进区、新北区部分说）

【介呛】［kæ⁵²³ts'iaŋ⁵²³］这一段时间。［例］～我呒没空来白相。

【介头】●［kæ⁵²³deɪ²¹³］这头，这里。［例］到～来白相。

【介个】［kæ⁵²³kəʔ⁵］这个。

【介歇】［kæ⁵²³ɕiəʔ⁵］这个时候。［例］明朝～呒没空。

【介种】［kæ⁵²³tsoŋ⁴⁵］这种。赵元任写作"鑑种"。

【间口】●［kæ⁵⁵k'eɪ⁴⁵］旧时指一间屋子的宽度。

【拣菜】［kæ⁴⁵ts'æɪ⁵²³］择菜。［例］礼拜天帮则姆妈～。

【该应】◆［kæɪ⁵⁵iŋ⁵⁵］应该。（新派常州人不常说）

【改相】●［kæɪ⁵⁵siaŋ⁵²³］行为反常，不合常理。［例］大白天困觉，～咾哩。

【教调】［kɑɯ⁵⁵tiɑɯ⁵⁵］调教。［例］赛可家勒呒没～。

【交秋】●［kɑɯ⁵⁵tsiɣɯ⁵⁵］立秋，二十四节气之一。

【告苦】●［kɑɯ⁵²³k'u⁴⁵］诉苦。（新派常州人不说）

【酵头】●［kɑɯ⁵²³deɪ²¹³］含有酵母的面团，用于下次发面用。（现不常用）

【缸爿】◆［kaŋ⁵⁵bæ²¹³］缸的碎片。

【讲章】●［kaŋ⁴⁵tsaŋ⁵⁵］说话，谈话。（新派常州人基本不说）

【羹饭】◆［kaŋ⁵⁵væ²⁴］①祭祀祖宗和亡者的酒饭。②戏称指给别人吃的饭。［例］拿碗～拨你吃。（新派常州人基本不说）

【袷（夹）里】［kaʔ⁵li⁴⁵］衣服的内衬。［例］衣裳葛～破咾哩。

【夹档】●［kaʔ⁵taŋ⁵²³］处在对立的两方之中，两头不着落。［例］今朝吃则～哩。

【夹弄】●［kaʔ⁵loŋ²⁴］比较窄的弄堂。

【隔日】●［kaʔ⁵ȵiəʔ²³］第二天或改日。［例］哈尼家～再去吃面吧。

【隔夜】◆［kaʔ⁵ia²⁴］前一天晚上。［例］～多吃则几杯酒，今朝还稀里糊涂葛。

【隔手】●［kaʔ⁵seɪ⁴⁵］指不是原经手人经办。［例］～葛事体做勿好葛。

【干吊】●［kɣ⁵⁵tiɑɯ⁵²³］恶心得想呕吐，但没有东西吐出来。［例］才刚一直～。

【干哄】●［kɣ⁵⁵xoŋ⁵²³］起哄。

【干稞】●［kɣ⁵⁵k'ɣɯ⁵⁵］指红刚芦。形状像芦苇，叶扁平，叶侧有毛刺，可作燃料或扎篱笆用。城市比较少见。

【干面】◆［kɣ⁵⁵miɪ²⁴］面粉。（新派常州人不常说）

【干粥】◆［kɣ⁵⁵tsoʔ⁵］比较稠的稀饭。常州人往往把水分过多的米饭称作"干粥烂饭"。

【过辈】●［kɣɯ⁵²³pæɪ⁵²³］过世，一般指长辈去世。［例］他家娘老早就～落葛哩。

【过畔】●［kɣɯ⁵²³pɣ⁵²³］那边，那儿。［例］你到～去等我。

【过边】●［kɣɯ⁵²³piɪ⁵⁵］那边，那儿。

【过开】［kɣɯ⁵²³kæɪ⁵⁵］那边，那儿。（新北区、武进区部分区域说）

【过话】●［kɣɯ⁵²³ɦo²⁴］传话。［例］说话轻，～重。

【过门】◆［kɣɯ⁵²³məŋ²¹³］①过关。［例］你今朝勿好好叫学习，也甭想～。②诀窍，奥妙。［例］我还甮弄懂～关节。③敷衍的话。（新派常州人不用）。④出嫁。［例］

他家女女今朝~。

【过个】［kɤɯ⁵²³kəʔ⁵］那个。赵元任写作"过葛"。

【过快】［kɤɯ⁵²³kuæi⁵²³］那块。（赵元任）

【过歇】●［kɤɯ⁵²³ɕiəʔ⁵］那个时候。［例］~葛媒婆真佬会说得。

【过人】［kɤɯ⁵²³n̩iŋ²¹³］传染人。［例］病毒性感冒~得。

【过嘴】［kɤɯ⁵²³tsuæɪ⁴⁵］吃完东西，用水等清洁口腔。

【锅贮】●［kɤɯ⁵⁵dzʮ²⁴］锅巴。

【锅硍】●［kɤɯ⁵⁵kən⁵²³］一种厚的豆腐皮。（新派常州人不说）

【跟头】［kən⁵⁵deɪ²¹³］旁边，跟前。［例］你立勒床~做嗲？

【跟手】▲［kən⁵⁵seɪ⁴⁵］①随手。［例］拿衣裳随便阆则一阆，~往箱子勒一塞。②随即，马上。［例］才刚吃则饭，~跳绳，要生病葛。

【疙瘩】●［kəʔ⁵taʔ⁵］①事情棘手，不易处理。［例］他葛事体蛮~葛。②性格古怪，爱挑剔，难合作。［例］太~葛人呒没朋友葛。③主意。（贬义）［例］矮子肚勒~多。

【格顿】●［kəʔ⁵t'əŋ⁵²³］说话或读书因不连贯而突然出现的停顿。［例］背书打~。

【格末】●［kəʔ⁵məʔ²³］那么。［例］你勿做，~我做哩。

【佮算】●［kəʔ⁵sɤ⁵²³］合算。

【虼蚤】●［kəʔ⁵tsɑɯ⁵⁵］跳蚤。

【傢生】▲［ko⁵⁵saŋ⁵⁵］①家具。（新派常州人不常用）②用具，工具。［例］吃饭~。③挨打。［例］勿听话就要吃~。

【家去】［ko⁵⁵tɕ'i⁵²³］回家去。

【功架】●［koŋ⁵⁵ko⁵²³］架势，常指表演者的身段姿态；也指人的举止风度。［例］扮演嫦娥的演员~好到则勿的了。

【贡脓】●［koŋ⁵²⁴n̩ioŋ²¹³］出脓。［例］腿上葛伤口~哩。

【公碗】●［koŋ⁵⁵uɤ⁴⁵］指盛饭用的一种比较大的碗。（新派常州人已不说。）

【各荡（宕）】●［kɔʔ⁵dɑŋ²⁴］各处，到处。［例］弄到则~全是水。

【角票】▲［kɔʔ⁵p'iɑɯ⁵²³］单位是"角"的纸币。［例］现目今~也看勿见哩。

【角子】▲［kɔʔ⁵tsʮ⁴⁵］硬币。［例］袋勒只剩则~哩。

【狲嘴】●［kɔʔ⁵tsuæɪ⁴⁵］用水漱口。［例］吃则糖要~葛，勿则要蛀牙齿葛。

【姑娘】●［ku⁵⁵n̩iaŋ²¹］①称丈夫的姐妹。②未婚的女子。［例］四十岁勿结婚，变则老~哩。

【蠱怪】▲［ku⁵⁵kua⁴⁵］脾气行为古怪。［例］年纪大哩，脾气也~哩。

【孤拐】●［ku⁵⁵kua⁴⁵］由于双脚大拇指外翻，形成了大拇指骨头突出。［例］脚上长着~，穿鞋子难看得。

【诂经】●［ku⁴⁵tɕiŋ⁵⁵］故事。［例］吃则夜饭，舅婆就开始讲~哩。也写作"古今"。

【拐子】▲［kua⁴⁵tsəʔ⁵］骗走人和财物的骗子，大多指人贩子。［例］小佬出去要当心~。

【乖嘴】●［kua⁵⁵tsuæɪ⁴⁵］亲嘴。［例］妈妈一家来，宝宝就抱好则妈妈~。

【关碍】▲［kuæ⁵⁵ŋæɪ²⁴］关连。［例］你同我呒~。（新派常州人不说）

【关亡】◆［kuæ⁵⁵mɑŋ²¹³］旧时的一种迷信活动。［例］嗲时代哩，还去~得。

【关亲】●［kuæ⁵⁵ts'iŋ⁵⁵］具有亲戚关系。［例］为人厚道，虽勿~也是亲。

【关拦】●［kuæ⁵⁵læ²¹³］遮拦，遮掩。［例］说起话来嘴吭没～。

【关照】●［kuæ⁵⁵tsɑɯ⁵²³］①吩咐。［例］～你勤响，还是话多。②打招呼。［例］～大家一声，明朝早点上班。③照顾。［例］请您多～点。

【鬼串】●［kuæɪ⁴⁵tsʻɤ⁵²³］鬼混。［例］他勿学好，天天勒外头～。

【鬼祟】［kuæɪ⁴⁵suæɪ⁵²³］指责不正派的人。［例］他葛～，专做坏事体。

【光表】●［kuaŋ⁵⁵piaɯ⁴⁵］做事干净利索。（新派常州人不常说）

【光火】●［kuaŋ⁵⁵xɤɯ⁴⁵］发火，恼火。［例］勭说几句话就～哩。

【光面】［kuaŋ⁵⁵miɪ²⁴］不加任何菜的汤面。又称"阳春面"。

【光景】●［kuaŋ⁵⁵tɕiŋ⁵²³］放在名词后表示约数。［例］有七八年～勭去三亚哩。

【光面】●［kuaŋ⁵²³miɪ²⁴］修面，刮脸。［例］早起头葛头一桩事体就是～。

【滚水】●［kuəŋ⁴⁵sʐ⁴⁵］开水。

【滚壮】●［kuəŋ⁴⁵tsuaŋ⁵²³］非常壮实。［例］他家葛小猫养则～。

【刮皮】●［kuaʔ⁵bi²¹³］吝啬，喜欢占便宜。［例］只想～，勿想付出。

G₂

【尬门】◆［ga²¹³məŋ²¹³］冷淡，不感兴趣。［例］我对打牌总归～得。

【呆大（头）】◆［gæɪ²¹³dɤɯ²⁴］傻子。［例］有车勿坐，真佬是～。

【戆头】●［gaŋ²⁴deɪ²¹³］固执的人。［例］叫他东，他偏要西，天生葛～。

【轧档】●［gaʔ²³taŋ⁴⁵］几件事碰在同一时间。［例］几个饭局～哩。

【轧淘】●［gaʔ²³daɯ²¹³］结交朋友。［例］默默勿欢喜～。

【轧头】●［gaʔ²³deɪ²¹³］①理发。②遇到麻烦，碰到钉子。［例］今朝吃则葛～。

【轧剪】●［gaʔ²³tsiɪ⁴⁵］推子，理发工具。

【轧账】●［gaʔ²³tsaŋ⁵²³］核对账目。［例］年底总归要～葛。

【掼稻】●［guæ²⁴daɯ²⁴］旧时打稻，使稻粒脱落下来。

【掼跤】●［guæ²⁴kaɯ⁵⁵］摔跤。

H₁

【哈大】●［xa⁴⁵dɤɯ²⁴］冒冒失失的人。［例］～惑，走走路也会撞则树得。

【颟佬】◆［xæɪ⁵⁵laɯ⁴⁵］虚肿。［例］面孔～哩。

【海威】◆［xæɪ⁴⁵uæɪ²⁴］威风，摆阔气。［例］奔驰开进开出，～得。

【海碗】●［xæɪ⁴⁵uɤ⁴⁵］比较大的碗。（新派常州人不常说）

【佚（夯）头】［xaŋ⁵⁵deɪ²¹³］歪头，头不正。［例］小辰光生病勭治好，变则～哩。

【瞎窜】●［xaʔ⁵tsʻɤ⁵²³］胡搞。

【瞎缠】◆［xaʔ⁵dzɤ²⁴］①弄错。［例］你勤～哩惑，他根本勿认则你。②纠缠。［例］哆人有工夫搭你～。

【吓落】◆［xaʔ⁵lɔʔ²³］吓退。［例］一句话就拿他～葛哩。

【哈你】［xaʔ⁵n̠i⁴⁵］我们，咱们。（赵元任）也说成【哈伲家】［xaʔ⁵n̠i⁴⁵ko⁵⁵］。

【齁咸】◆［xeɪ⁵⁵ɦæ²¹³］咸的发苦。［例］菜烧到则～。

【吼势】［xeɪ⁵⁵sʐ⁵²³］死样。［例］望望你葛～。（新派常州人不常说）

【后朝】◦［xeɪ⁴⁵tsɑɯ⁵⁵］后天。

【呵（佝）背】◦［xɣɯ⁵⁵pæɪ⁵²³］驼背，弯腰。［例］~老公公。

【呵水】［xɣɯ⁵⁵sʅ⁴⁵］喝水。

【呵歇】◦［xɣɯ⁵⁵ɕiəʔ⁵］水分，掺假。（新派常州人不常说）

【伙仓】◦［xɣɯ⁴⁵tsʻɑŋ⁵⁵］本指炉灶，引申开火烧饭过日子。［例］结婚则就要另开~哩。（另起炉灶单独过日子）

【火功】［xɣɯ⁴⁵koŋ⁵⁵］烹调的火候。［例］~蹩到，煨葛肉勿好吃。

【火道】◦［xɣɯ⁴⁵dɑɯ²⁴］本领。［例］他是有~葛人惑。（新派常州人不常说）

【火酒】◦［xɣɯ⁴⁵tsiɣɯ⁴⁵］酒精。（新派常州人不说）

【火透】◦［xɣɯ⁴⁵tʻeɪ⁵²³］非常生气。［例］小佬勿做作业，我~。

【火油】◦［xɣɯ⁴⁵iɣɯ²¹³］煤油。（新派常州人不说）

【火着】◦［xɣɯ⁴⁵dzɑʔ²³］着火。

【火烛】◦［xɣɯ⁴⁵tsɔʔ⁵］烛火，火。［例］干旱葛辰光，要特别当心~。（新派常州人不常说）

【黑门】［xəʔ⁵məŋ²¹³］（货物）不是正路进的，或是价格不正常的。

【花头】◦［xo⁵⁵deɪ²¹³］①花纹。［例］衬衫葛~好看佬。②不便明说的关系，多指男女之间不正当的关系。［例］他家两葛人有点~得。③花招。［例］我看介桩事体有~得。④本事，门路。［例］我看琳琳吭没嗲~。⑤奥妙的地方。［例］里头~倒勿少。

【花描】◦［xo⁵⁵miɑɯ²¹³］花里胡哨。［例］她打扮则~得。

【虾米】［xo⁵⁵mi⁴⁵］虾皮。

【化化】◦［xo⁵²³xo⁵²³］小空隙或缝隙。［例］从门~勒看勿清。

【哄哄】▲［xoŋ⁵⁵xoŋ⁵⁵］凑热闹。［例］他也是跟则~葛。《吴下方言考校议》写作"轟轟"。

【霍闪】▲［xɔʔ⁵ɕiɪ⁴⁵］闪电。《吴下方言考校议》写作"曤睒"。

【嚄肉】［xɔʔ⁵ȵiɔ²⁴］贴心。［例］勿是自家养葛小佬总归勿~。

【欢喜】◦［xuɣ⁵⁵ɕi⁴⁵］①快乐，高兴。［例］年终发点红包，让大家~~。②喜欢，喜爱。［例］我顶~跳广场舞哩。

【豁边】◆［xuɑʔ⁵piɪ⁵⁵］超出了范围，出差错。［例］钞票用则~葛哩。

【豁水】［xuɑʔ⁵sʅ⁴⁵］鱼尾巴。红烧青鱼尾巴是江南名菜。

【豁瘩】◦［xuɑʔ⁵tɑʔ⁵］豁口。［例］汽车开到~勒去葛哩。

【豁子】◦［xuɑʔ⁵tsɔʔ⁵］①缺口。②纰漏。［例］医院出则~哩惑。

【豁嘴】［xuɑʔ⁵tsuæɪ⁴⁵］唇裂，兔唇。

【搳拳】［xuɑʔ⁵⁵dʑiɣ²¹³］猜拳，划拳。

H₂

【咸饭】◆［ɦæ²¹³væ²⁴］菜饭。

【咸粥】◦［ɦæ²¹³tsɔʔ⁵］菜粥。

【馅心】［ɦæ²⁴siŋ⁴⁵］馅儿。

【豪梢】◦［ɦɑɯ²¹³sɑɯ⁵⁵］赶快。［例］你~走吧，火车要开哩。

【号头】♦[ɦɑɯ²⁴deɪ²¹³] 号码。[例] 你家葛门牌～是多少？

【桁条】♦[ɦaŋ²¹³dɑɯ²¹³] 旧时屋梁上的横木。

【寒豆】♦[ɦɤ²¹³deɪ²⁴] 豌豆。

【寒热】♦[ɦɤ²¹³ɳiəʔ²³] 发烧。[例] 受则点风，发～哩。

【寒人】♦[ɦɤ²¹³zəŋ²¹³] 旧时指乞丐。

【河浜】[ɦɤ²¹³paŋ⁵⁵] 小河。[例] 吃则饭就到～勒捉鱼。

【和调】♦[ɦɤɯ²¹³diɑɯ²⁴] ①随便附会。②起哄。③瞎扯。[例] 你顶会～哩。

【和头】♦[ɦɤɯ²⁴deɪ²¹³] 几种菜放在一起烧，非主要的菜。[例] 炒猪肝拿点青椒做～。

【和暖】♦[ɦɤɯ²¹³nɤ²⁴] 暖和。[例] 三月一过，天慢慢叫～哩。

【和菜】♦[ɦɤɯ²¹³tsʻæɪ⁵²³] 套菜。（新派常州人不说）

【河蚬】♦[ɦɤɯ²¹³çir⁵⁵] 蚯蚓。

【猴急】♦[ɦeɪ²¹³dʑiəʔ⁵] 害怕，唯恐。[例] 我～你勿来嗒？《吴下方言考校议》写作"䐗䐗"。

【后日】[ɦeɪ²⁴ɳiəʔ²³] 后天。（新派常州人不常说）

【后底】♦[ɦeɪ²⁴ti⁴⁵] ①后边，后面。[例] 常州天宁寺葛～就是天宁宝塔。②以后。[例] ～葛事体再说吧！

【后朝】♦[ɦeɪ²⁴tsɑɯ⁴⁵] 后天。

【合扑】♦[ɦəʔ²³bəʔ²³] 摔，趴着。[例] 一个～，掼葛狗吃屎。

【下底】[ɦo²⁴ti⁴⁵] 下面。（新派常州人不常说）

【下头】[ɦo²⁴deɪ²¹³] 下面。

【下趟】[ɦo²⁴tʻaŋ⁵²³] 下次。

【下昼】[ɦo²⁴tseɪ⁵²³] 下午。（新派常州人不常说）

【下遭】♦[ɦo²⁴tsɑɯ⁴⁵] 下次，以后。[例] 今朝来勿及哩，～再来吧！

【夏布】[ɦo²⁴pu⁵²³] 麻布。（新派常州人基本说）

【学堂】♦[ɦoʔ²³daŋ²¹³] 学校。

【学样】♦[ɦoʔ²³iaŋ²⁴] 模仿，效法 [例] 小佬总归跟则大人～葛。

I

【衣胞】♦[i⁵⁵pɑɯ⁵⁵] 胎盘。（新派常州人不说）

【移爿】♦[i²¹³bæ²⁴] 不匹配。（新派常州人不常说）也说成"皮爿"。

【意腻】♦[i⁴⁵ɳi²⁴] 恶心，肉麻。[例] 毛毛虫有点～得。

【意斯】♦[i⁴⁵sɿ⁵⁵] ①潮湿而肮脏。[例] 墙角落勒～到则。②难受。[例] 出则汗～到则。《吴下方言考校议》写作"䐗䐗"。赵元任写作"意死"。

【讶意】♦[ia⁴⁵i⁵⁵] 注意，在意。[例] 我觑～你也勒教室勒嗒？

【野调】♦[ia⁴⁵diɑɯ²⁴] 撒野，粗鲁。[例] 小佬式～也勿好。

【野食】♦[ia⁴⁵zəʔ²³] ①别人家的饭食。[例] 自家勿劳动，靠吃～过日脚。②出轨。[例] 结则婚就腰到外头吃～哩。

【也其】♦[ia⁴⁵dʑi²⁴] 注意，在意。（新派常州人不说）

【夜头】♦[ia²⁴deɪ²¹³] 夜间，晚上。也说成"夜勒"。

【夜饭】［iɑ⁴⁵væ²⁴］晚饭。

【野鸡】●［iɑ⁴⁵tɕi⁵⁵］妓女。

【原调】［iɤ²¹³diɑɯ²⁴］原来。（新派常州人不说）

【原旧】●［iɤ²¹³dʑiɤɯ²⁴］仍然，依旧。［例］他～回到他葛老家去。

【圆台】●［iɤ²¹³dæɪ²¹³］圆桌。

【远开】●［iɤ²¹³kʰæɪ⁵⁵］①离开。［例］～点勿厚道葛人。②相隔。［例］～学校只有百来步远。

【远转】●［iɤ⁴⁵tsɤ⁵²³］绕道而行。［例］修路得，只好～点走哩。

【圆转】●［iɤ²¹³tsɤ⁴⁵］说话周到，没有漏洞和破绽。［例］他说话～透咾，有情有理。（新派常州人很少说）

【圆作】●［iɤ²¹³tsɔʔ⁵］做桶、盆等圆形木器的作坊。（现不常见）

【掩死】●［iɪ²⁴sʅ⁵⁵］偷懒，怠工。［例］又拿则本书～哩。

【厌气】●［iɪ⁴⁵tɕʰi⁵²³］厌倦，无聊。［例］天天吃咸饭～到则。

【咽气】●［iɪ⁴⁵tɕʰi⁵⁵］死了。

【沿线】●［iɪ⁴⁵siɪ⁵²³］缝衣针。也写成“引线”。

【现世】●［iɪ²⁴sʅ⁴⁵］出丑，丢脸。（新派常州人不常说）

【嫌卑（鄙）】［iɪ²¹³bi²⁴］嫌弃，讨厌。［例］年纪大哩，拨人～哩。

【檐头】●［iɪ²¹³dei²¹³］屋檐。［例］冷到则，～也结冰哩。

【檐尘】●［iɪ²¹³dzəŋ²¹³］屋内天花板，墙壁上的灰尘。［例］过年打扫卫生，必须要掸～。

【腰身】●［iɑɯ⁵⁵səŋ⁵⁵］腰围。［例］～粗到则。

【腰裙】●［iɑɯ⁵⁵dʑyəŋ²¹³］半身裙。（新派常州人不常说）

【腰圆】●［iɑɯ⁵⁵iɤ²¹³］椭圆。（新派常州人不常说）

【腰眼】●［iɑɯ⁵⁵ŋæ⁴⁵］腰的两侧。［例］做生活辰光长则，～勒酸得。

【摇车】●［iɑɯ²¹³tsʰo⁵⁵］纺车。（现不常见）

【舀勺】●［iɑɯ⁴⁵zɔʔ²³］舀水用的勺子。

【鹞子】●［iɑɯ²⁴tsəʔ⁵］风筝。（新派常州人不常说）

【遥游】［iɑɯ²⁴iɤɯ²¹³］不靠谱。［例］～葛事体勿能做。也写成“跃尤”。

【油绳】●［iɤɯ²¹³zəŋ²¹³］麻花儿，一种油炸小吃。

【有便】●［iɤɯ⁴⁵bi²⁴］方便的时候。（新派常州人不说）

【有劲】●［iɤɯ⁴⁵tɕiŋ⁵²³］①有意思。［例］小说写则蛮～葛。②有兴趣。［例］做游戏蛮～葛。

【洋盘】◆［iaŋ²¹³bɤ²¹³］外行。［例］你覅做～。

【洋菜】●［iaŋ²¹³tsʰæɪ⁵²³］琼脂，也称琼胶。以海生植物石花菜为原料制成，常用作细菌培养基，也可凉拌食用。（新派常州人不说）

【洋抄】●［iaŋ²¹³tsʰɑɯ⁵⁵］铁锹。（新派常州人不常说）

【洋灰】●［iaŋ²¹³xuæɪ⁵⁵］水泥。（新派常州人不常说）

【洋火】●［iaŋ²¹³xɤɯ⁴⁵］火柴。

【洋机】●［iaŋ²¹³tɕi⁵⁵］缝纫机。（新派常州人不常说）

【洋碱】●［iaŋ²¹³kæ⁴⁵］肥皂。（新派常州人不说）

【洋龙】●［iaŋ²¹³loŋ²¹³］旧式救火车。

【洋袜】●［iaŋ²¹³maʔ²³］袜子。

【洋牛】●［iaŋ²¹³niɤɯ²¹³］天牛，一种昆虫。（新派常州人不常说）

【洋片】●［iaŋ²¹³pʻiɪ⁵²³］旧时香烟盒里附的画片，儿童把它折成方形玩耍。（现在儿童已基本不玩）

【洋线】●［iaŋ²¹³siɪ⁵²³］缝纫机用线。（新派常州人不说）

【洋锁】●［iaŋ²¹³sɤɯ⁴⁵］弹子锁，区别于老式的中国铜锁。（新派常州人不说）

【洋伞】［iaŋ²¹³sæ⁴⁵］伞，区别于油布伞。

【洋油】●［iaŋ²¹³iɤɯ²¹³］煤油。（新派常州人不常说）

【烊易】◆［iaŋ²¹³i²⁴］磨损。［例］毛巾～咾哩。也写作"烊勘"。

【样范】●［iaŋ²⁴væ²¹³］容貌和身材。（新派常州人不说）

【样式】［iaŋ²⁴səʔ⁵］样样。［例］～事体全要依你啊！

【蛘子】●［iaŋ²¹³tsəʔ⁵］麦象虫，米象虫等，以蛀食稻米麦粒为生的小黑甲虫。

【蛘虫】●［iaŋ²¹³dzoŋ²¹³］一种小昆虫，吃红花等中药，人可以吃。

【佯护】●［iaŋ²¹³u²⁴］袒护。［例］小佬有缺点，勿能～。

【因头】◆［iŋ⁵⁵deɪ²¹³］①来由，原因。［例］小佬哭是有～葛。②由头，借口。［例］他寻着～借钞票。

【音头】◆［iŋ⁵⁵deɪ²¹³］话语间透露出的信息。［例］听话是要听～葛。

【荫凉】［iŋ⁵²³liaŋ²¹³］凉快。

【雄头】●［ioŋ²¹³deɪ²¹³］公禽的精细胞。［例］有～葛鸡子才能孵出小鸡得。

【用头】●［ioŋ²⁴deɪ²¹³］用处。［例］老实人勿等于吆～人。

【一堆】●［iəʔ⁵tæɪ⁵⁵］一块儿。［例］我家几家住勒～得。

【一荡】●［iəʔ⁵daŋ²⁴］一起。（新派常州人不常说）

【一淘】◆［iəʔ⁵dɑɯ²¹³］一起，一块儿。［例］大家～白相。

【一界】［iəʔ⁵ka⁵⁵］一阵。［例］才刚落则～雨。

【一壳】◆［iəʔ⁵kʻɔʔ⁵］一层。［例］生则一场病，面孔瘦则～哩。

【一络】●［iəʔ⁵lɔʔ²³］很快地。［例］拿菜～洗介洗。

【一绊】●［iəʔ⁵pʻæ⁵²³］一会儿。（新派常州人不说）

【一泡】●［iəʔ⁵pʻɑɯ⁵²³］①一通。［例］他瞎说～，弄则大家全勿高兴。②一场。［例］～尿大到则。

【一斜（谢）】［iəʔ⁵zia²¹³］短短的一阵。［例］～雨落过则，天荫凉勿少。

【一色】［iəʔ⁵səʔ⁵］一样。［例］姐妹两葛面孔长则～葛。

【一味】●［iəʔ⁵vi²⁴］①实在。［例］东西～好吃。②一个劲儿。［例］滔滔～追求完美。③一种。［例］～中药。

J₁

【鸡糟】［tɕi⁵⁵tsɑɯ⁵⁵］难受。［例］黄梅天，身上～到则。（新派常州人不常说）

【鸡婆】◆［tɕi⁵⁵bɤɯ²¹³］母鸡。

【鸡子】◆［tɕi⁵⁵tsɿ⁴⁵］鸡蛋。

【基夜】◆［tɕi⁵⁵ia⁴⁵］今天。（赵元任）

【寄爹】●［tɕi⁵²³tia⁵⁵］干爹。

【寄娘】●［tɕi⁵²³ɳian²¹³］干妈。

【蚑蟜】▲［tɕi⁵²³dʑiaɯ²¹³］凹凸不平，弯曲歪斜。［例］镰刀葛把柄~佬。

【季鱼】●［tɕi⁵²³y²¹³］鳜鱼。也说"季花鱼"。

【加头】［tɕia⁵⁵dəɯ²¹³］今天。

【脚路】［tɕiaʔ⁵lu²⁴］门路。［例］他嗲事体都能够摆平，~多的嘛!

【跔巴】◆［tɕio⁵⁵po⁴⁵］手，嘴因冷而僵硬不灵活。［例］天冷手~则，呒处写字哩。

【跔手】●［tɕio⁵⁵sei⁴⁵］一种手不能自由伸展的残疾。［例］姐姐生葛病，变则~。

【卷髈】［tɕiʏ⁴⁵pʻaŋ⁵⁵］旧时常用毛线打成的护腿。（现已不常见）

【卷蒸】●［tɕiʏ⁴⁵tsəŋ⁵⁵］花卷。也说"卷蒸馒头"。（新派常州人不常说）

【绢头】●［tɕiʏ⁵²³dei²¹³］手绢，手帕。［例］女小佬身上欢喜带块~出门。

【肩胛】●［tɕiɿ⁵⁵ka⁵²³］肩膀。

【见气】［tɕi⁵²³tɕʻi⁵²³］生气。［例］小佬勿懂清头，瞎说话，你覅~啊。

【见情】［tɕiɿ⁵²³ziŋ²¹³］领情。（新派常州人不常说）

【见用】［tɕiɿ⁵²³ioŋ²⁴］物品耐用。［例］钞票勿~哇!

【见相】◆［tɕiɿ⁵²³ɕiaŋ⁵²³］能看得上眼。［例］单位勒发点东西蛮~葛。

【椒盐】［tɕiaɯ⁵⁵iɿ²¹³］咸中带甜。［例］~麻糕，好吃得。

【交关】◆［tɕiaɯ⁵⁵kuæ⁵⁵］①关系重大。［例］性命~葛事体。②很，非常。［例］常州麻糕~好吃。

【浇头】◆［tɕiaɯ⁵⁵dei²¹³］加在面条或米饭上面的菜肴。［例］面勒放点~。

【叫叫】◆［tɕiaɯ⁴⁵tɕiaɯ⁴⁵］哨子。［例］听到吹~，就要出来哩。

【绞布】●［tɕiaɯ⁴⁵pu⁵²³］抹布。（新派常州人不常说）

【绞面】●［tɕiaɯ⁴⁵miɿ²⁴］绞脸。旧时的一种面部美容。（现在不常见）

【酒塘】［tɕiʏɯ⁴⁵daŋ²¹³］酒窝。

【斤把】●［tɕiŋ⁵⁵po⁴⁵］一斤左右。［例］一个山芋，~重得。

【金瓜】●［tɕiŋ⁵⁵ko⁵⁵］一种黄色的甜瓜。

【金虫】●［tɕiŋ⁵⁵dzoŋ²¹³］金龟子。

【筋韧】［tɕiŋ⁵⁵ɳiŋ²⁴］食物的韧性好，耐咀嚼。（新派常州人不常说）

【景致】●［tɕiŋ⁴⁵tsɿ⁵⁵］①景色。［例］公园勒葛~好看到则。②模样。［例］小佬做眉做眼做~得。

【劲道】●［tɕiŋ⁴⁵taɯ⁵⁵］①力气。［例］一点点葛人~到大得。②门道，影响力。［例］处长葛~还勿大。

【颈根】●［tɕiŋ⁴⁵kəŋ⁵⁵］脖子。

【颈罐】●［tɕiŋ⁴⁵kuʏ⁵²³］旧时灶头上靠近锅镗的小孔，里面放的瓦罐，存水待温。

【经用】［tɕiŋ⁵⁵ioŋ²⁴］耐用。［例］纸箱子勿~。

【熨养】［tɕioŋ⁴⁵iaŋ⁴⁵］祭祀。一种供祖宗的习俗。

【脚吼】●［tɕiaʔ⁵xei⁵⁵］对别人的差遣、指使表示不满的话。［例］我又勿是他葛~。（新派常州人不说）

【脚炉】［tɕiaʔ⁵lu²¹³］冬天用于暖脚的一种铜制器具。（现不多见）

【脚髈】•［tɕiaʔ⁵pʻaŋ⁵⁵］腿。［例］捏捏～，胖则勿少。

【脚色】◆［tɕiaʔ⁵səʔ⁵］①有本事能干的人。［例］琛琛倒是个狠～，能干佬。②角色。

【脚爪】•［tɕiaʔ⁵tsaɯ⁵⁵］爪子。［例］鸡～；猪～。

【脚子】•［tɕiaʔ⁵tsəʔ⁵］下脚料。（新派常州人不说）

【脚猪】•［tɕiaʔ⁵tsʅ⁵⁵］专用来配种的公猪。

【嗟刮】［tɕiəʔ⁵kuaʔ⁵］话多，啰唆。［例］小佬～～话勿息。

【结毒】•［tɕiəʔ⁵dɔʔ²³］结仇，结怨。［例］我好心说他两句，他到搭我～哩。

【结棍】•［tɕiəʔ⁵kuəŋ⁵²³］①厉害。［例］外头吵则～得。②形容多。［例］才刚双规葛局长家勒葛东西～佬。③结实。［例］细归细，身胚到～得。

【结练】•［tɕiəʔ⁵liɪ²⁴］结实。［例］甜甜细归细，身胚到～得。

【结蛛】•［tɕiəʔ⁵tsʅ⁵⁵］蜘蛛。

【结靥】•［tɕiəʔ⁵iɪ⁴⁵］结痂。

【急掐】•［tɕiəʔ⁵kʻaʔ⁵］不富足，很紧张。［例］过年手头有点～得。

【激诱】•［tɕiəʔ⁵iɤɯ⁵²³］用激将法让人上当。（新派常州人不常说）

【硈齘】▲［tɕiəʔ⁵kaʔ⁵］啃物声。［例］你～～勒头吃葛嗲？

J₂

【奇桥】•［dʑi²¹³dʑiaɯ²¹³］凹凸，歪斜。［例］介把镰刀葛柄～佬。（新派常州人不常说）

【茄勾】•［dʑia²¹³ker⁵⁵］称扑克牌中的"J"。

【搯轧】◆［dʑiɪ²¹³gaʔ²³］因忌妒而做有损于别人的事。［例］你～他做嗲？（新派常州人不常说）

【搯劲】◆［dʑiɪ²¹³tɕiŋ⁵²³］勤快。［例］皮皮是～葛人。也说成"勤健"。

【健头】•［dʑiɪ²⁴der²¹³］喜欢出头的人。［例］他是葛～，样式少勿落他。

【乔轧】◆［dʑiaɯ²¹³gaʔ²³］①有磨擦，闹矛盾。［例］小王搭小张最近勒嗨～得。②有麻烦，不顺利。［例］事体总归是有点～得，勿则会拖到现在嗒！

【旧年】•［dʑiɤɯ²⁴ȵiɪ²¹³］去年。

【舅婆】•［dʑiɤɯ²⁴bɤɯ²¹³］外祖母。

【舅公】•［dʑiɤɯ²⁴koŋ⁵⁵］外祖父。

【舅姆】［dʑiɤɯ²⁴m̩²¹³］舅妈。

【求靠】•［dʑiɤɯ²¹³kʻaɯ⁵²³］求人帮助。［例］我家有退休工资，勿要～你。（新派常州人不说）

【旧年】［dʑiɤɯ²¹³ȵiɪ²¹³］去年。［例］房子～就买好咾哩。

【嘁卖】•［dʑiaŋ²¹³ma²⁴］降价推销。［例］东西勿能够～惑。

【犟头】•［dʑiaŋ²⁴der²¹³］倔强的人，多指小孩。［例］他家小佬是～。

【彊煌】▲［dʑiɤɯ²¹³uaŋ⁵⁵］强词夺理。［例］做错则事体勿认错，还要～得。

【近头】◆［dʑiŋ²⁴der²¹³］台阶。［例］走路当心～。

【勤俭（健）】［dʑiŋ²¹³dʑiɪ²¹³］勤快。［例］小佬要～点。

【勤谨】［dʑiŋ²¹³tɕiŋ⁵⁵］勤快。（新派常州人不常说）

【穷祸】●［dʑioŋ²¹³ɦɣɯ²⁴］大祸。［例］今朝瘪缩缩葛哩，闯则～哩惑。

K

【揩面】●［kʻa⁵⁵miɪ²⁴］洗脸。

【揩油】●［kʻa⁵⁵ivɯ²¹³］①擦油。［例］汽车要～哩惑。②占便宜。［例］勤做～葛事体。

【开初】●［kʻæɪ⁵⁵tsʻɣɯ⁵⁵］起初，开始的时候。（新派常州人不常说）

【开春】●［kʻæɪ⁵⁵tsʻuəŋ⁵⁵］春天开始。

【开坼】●［kʻæɪ⁵⁵tsʻaʔ⁵］裂开。［例］一直勿落雨，河底也～哩。

【开皲】［kʻæɪ⁵⁵tsʻaʔ⁵］手脚的皮肤因干燥而裂开。

【开年】◆［kʻæɪ⁵⁵n̠iɪ²¹³］明年，来年。

【开间】［kʻæɪ⁵⁵kæ⁵⁵］旧式房子的宽度单位。

【靠托】◆［kʻɑɯ⁵²³tʻɔʔ⁵］依靠。（新派常州人不常说）

【考较】●［kʻɑɯ⁴⁵tɕiɑɯ⁵⁵］①讲究。［例］早饭也要～点。②精美。［例］月饼做则～得。

【考究】［kʻɑɯ⁴⁵tɕivɯ⁵⁵］同"考较"。

【客豆】●［kʻaʔ⁵dei²⁴］外地品种的蚕豆。（新派常州人不常说）

【看相】［kʻɣ⁵²³ɕiŋ⁵²³］看中而且想得到。［例］你～我葛新衣裳啊！

【窠箩】◆［kʻɯ⁵⁵lɣɯ²¹³］成堆的地方。［例］坟～；柴～。（新派常州人不常说）

【瞌眈】●［kʻəʔ⁵tsʻoŋ⁵²³］瞌睡。［例］一夜勿睏觉，～到则。

【刻毒】●［kʻəʔ⁵dɔʔ²³］尖刻恶毒。（新派常州人不常说）

【客（洺）气】●［kʻəʔ⁵tɕʻi⁵²³］可爱，讨人喜欢。［例］小佬长则蛮～葛。

【空窜】●［kʻoŋ⁵⁵tsʻɣ⁵²³］做无效之事。［例］你勤～哩。

【空档】［kʻoŋ⁵⁵taŋ⁵⁵］①中间的空地。［例］勒树葛～勒搭帐篷。②中间有空的时间。［例］乘～吃几口饭。③汽车的空挡。

【壳壳】●［kʻɔʔ⁵kʻɔʔ⁵］外壳。［例］拿鸡蛋～剥落则。

【壳落】［kʻɔʔ⁵lɔʔ²³］空壳，骨架。［例］烤鸭吃则，拿鸭～带家去烧汤。

【侉子】●［kʻua⁴⁵tsəʔ⁵］多指跟本地口音不同的北方口音。（新派常州人不说）

【宽汤】●［kʻuɣ⁵⁵tʻaŋ⁵⁵］多指面条的汤多。［例］来一碗白汤面，要～葛。

【宽舒】◆［kʻuɣ⁵⁵sʅ⁵⁵］宽敞。（新派常州人不说）

【魁（块）格】●［kʻuæɪ⁵⁵kaʔ⁵］多指身躯。［例］小黄葛～大得。（新派常州人不常说）

【块头】●［kʻuæɪ⁵²³dei²¹³］①身材，个子。［例］董小姐葛～勿算大。②用于纸币，等于"圆"。［例］袋勒钞票全是一～佬。

【匡算】●［kʻuaŋ⁵⁵sɣ⁵²³］粗略地计算。［例］按你葛～，装修费要多少？

【睏觉】◆［kʻuəŋ⁵²³kɑɯ⁵²³］睡觉。

【睏话】●［kʻuəŋ⁵²³ɦo²⁴］梦话。［例］说～哩吧！

【睏来】●［kʻuəŋ⁵²³læɪ²¹³］瞌睡。［例］吃则中饭就～哩。

L

【癞团】◆［la²¹³dy²¹³］蟾蜍，癞蛤蟆。（有时也说成"癞伯高"）

【赖学】●［la²¹³ɦoʔ²³］逃学。

【潲（拉）尿】．［la²¹³sɣ⁵⁵］尿床，遗尿。

【拉带】．［la²¹³ta⁵²³］邋遢。［例］房间勒~到则。

【拉兜】．［la²¹³tɤɪ⁵⁵］耳光，或用食指和中指弯曲敲打头部。［例］再勿听话拨~你吃哩。

【拉天】．［la²¹³tiɪ⁵⁵］吹嘘。［例］~封神榜，乱说西游记。

【来去】．［læɪ²¹³tɕʻi⁵²³］①往来。［例］两亲家要经常~得。②余地。［例］一千块差不多哩，呒没多少~哩。

【来三】．［læɪ²¹³sæ⁵⁵］厉害，能干。［例］做家务，我~葛。

【来事】．［læɪ²¹³zʅ²⁴］同"来三"。

【老姆（嬷）】．［lɯ⁴⁵mo⁴⁵］老婆。

【老交】．［lɯ⁴⁵tɕiɯ⁵⁵］有深交的朋友。［例］宝宝搭贝贝是~。

【老结】．［lɯ⁴⁵tɕiəʔ⁵］①结实。［例］才刚三个月脚勒，长则~得。②成熟，老练。（新派常州人不说）

【老驹】［lɯ⁴⁵tɕy⁵⁵］①老练，在行。［例］年纪勿大，做事体到蛮~葛。②指精明的人，老手。［例］烧饭嘛，他~一个。

【老法】．［lɯ⁴⁵faʔ⁵］①旧式。［例］~养小佬全勒家家勒。②老办法，旧法规。［例］有种事体还只能够照~做。

【老官（倌）】．［lɯ⁴⁵kuɣ⁵⁵］丈夫。［例］她家~是先生惑。

【老小】．［lɯ⁴⁵siɯ⁴⁵］①儿子。［例］你家老姆养葛丫头还是~？②大人和小孩。［例］一家~全靠三分田过日脚。③老年人对小孩的昵称。［例］~要听大人葛话。

【老相】．［lɯ⁴⁵siaŋ⁵²³］长得显老。［例］八个月个小佬长则~得。

【老衣】［lɯ⁴⁵iʔ⁵⁵］去世时穿的衣服。

【老敁（扎）】．［lɯ⁴⁵tsaʔ⁵］①结实。［例］冬冬比春春~多哩。②看上去比实际年龄大。（新派常州人不常说）

【老鸦】．［lɯ⁴⁵ŋo⁵⁵］乌鸦。

【老贼】［lɯ⁴⁵zəʔ²³］惯偷。

【牢监】．［lɯ²¹³kæ⁵⁵］监狱，监牢。

【牢靠】．［lɯ²¹³kʻɯ⁵²³］①可靠。［例］他人是勿坏，就是勿~。②牢固。［例］台子已经勿~哩！

【狼抗（犺）】．［laŋ²¹³gaŋ²⁴］大而笨重。［例］柜子太~哩。《吴下方言考校义》写作"榔槺"。

【浪头】［laŋ²¹³dɤɪ²¹³］①波浪。②气势，手段。［例］他请客~大得。

【郎葛】［laŋ²¹³kəʔ⁵］哪个？（赵元任）

【郎盉（块）】［laŋ²¹³kʻuæɪ⁵⁵］哪里？（赵元任）

【廊檐】．［laŋ²¹³iɪ²¹³］走廊外侧的屋檐。

【冷边】．［laŋ⁴⁵piɪ⁵⁵］哪儿？什么地方？也说成"冷畔""冷头""冷开""冷亏"。

【冷汇】．［laŋ⁴⁵tɔʔ⁵］搁置一边。［例］~他几天就好哩。也说"冷搁"。

【冷信】◆［laŋ⁴⁵siŋ⁵²³］寒潮。［例］要发~哩，多穿点衣裳吧。

【辣窜】．［laʔ²³tsʻɣ⁵²³］厉害。［例］他打起人来蛮~葛。

【辣头】［laʔ²³dɤɪ²¹³］苦头。［例］今朝拨他吃则~哩。

【刺（辣）手】●［la$ʔ^{23}$seɪ^{45}］①毒辣，厉害。［例］你打人忒~。②棘手。［例］事体蛮~葛。

【刺嗒】［la$ʔ^{23}$ta$ʔ^5$］肮脏。

【苙牢】［la^{23}lɑɯ^{213}］截住，拦住。［例］我~则，勿让他走。（新派常州人不说）

【蜡扦】［la^{23}tsʻɪɪ^{55}］插蜡烛用的烛台。（新派常州人不说）

【乱串】●［lɣ^{45}tsʻɣ^{523}］乱来。［例］你甮来~啊。

【乱逗（投）】●［lɣ^{45}deɪ^{24}］瞎忙。［例］做事体勿做好则计划，~~葛。

【乱誷（话）】▲［lɣ^{45}ɦo^{24}］乱说，瞎说。［例］你甮~三千。

【漏落】●［leɪ^{24}lo$ʔ^{23}$］①丢失。［例］嚹当心，~一只皮夹子。②遗漏。［例］一共十几个字，倒~三个字得。

【漏馋】●［leɪ^{24}zæ^{213}］流口水。

【罗唣】●［lɣɯ^{213}zɑɯ^{24}］①嘈杂。［例］会场勒~到则。②麻烦。［例］我又要来~你哩。③纠缠不清，吵闹寻事。（新派常州人不说）

【罗拖】●［lɣɯ^{213}tʻɣɯ^{55}］邋遢，不修边幅。［例］老先生~得。

【篓头】●［lɣɯ^{45}deɪ^{213}］用篾或荆条编成的筐。［例］~勒放则勿少山芋得。

【轮盘】●［ləŋ^{213}bɣ^{213}］轮子。

【邻舍】●［ləŋ^{213}sɑ^{523}］邻居。

【塄头】●［ləŋ^{24}deɪ^{213}］田地中的土垄。

【切舌】●［ləŋ^{24}zə$ʔ^{23}$］①口吃。［例］他唱歌倒勿~。②说话结巴的人。（新派常州人不常说）

【勒得】●［lə$ʔ^{23}$tə$ʔ^5$］难说服，不好相处。［例］~葛人，朋友勿多葛。

【勒荡】●［lə$ʔ^{23}$dɑŋ^{24}］在这儿。［例］铅笔~得。

【勒头】●［lə$ʔ^{23}$deɪ^{213}］在那儿。［例］铅笔~得。（赵元任）

【勒告】●［lə$ʔ^{23}$kɑɯ^{523}］义同"勒头"。

【勒嗨】●［lə$ʔ^{23}$xæɪ^{523}］①在，在内。［例］全部~，有百来葛人。②正在进行中。［例］可可~弹琴得。

【勒化】●［lə$ʔ^{23}$xo^{523}］在里面。［例］可可~得。

【勒勒】●［lə$ʔ^{23}$lə$ʔ^{23}$］①正在。［例］他~上海念书得。②在。［例］他~房间勒得。

【擻搀】◆［lə$ʔ^{23}$sə$ʔ^5$］①垃圾。②骂人品不正的人。［例］他葛~，离他远开点。

【礼数】［li^{45}sʅ^{523}］礼节。［例］东西虽少，~要到则就好。

【里床】◆［li^{45}suaŋ^{55}］床的靠墙的一面。

【里嗨】●［li^{45}xæɪ^{55}］里面。［例］贝贝勒~做功课得。

【里厢】［li^{45}ɕiaŋ^{55}］里面。

【厘杪】●［li^{213}miɑɯ^{45}］柔弱，不结实。［例］台子做则~到则。

【理路】◆［li^{45}lu^{24}］正常的思路。［例］你讲话勿勒~上，嗲人服你啊！

【理性（信）】●［li^{45}siŋ^{523}］道理，情理。［例］同你吭没~好讲。（新派常州人不说）

【利市】◆［li^{24}zʅ^{24}］吉利。［例］随便做嗲全要图葛~。（新派常州人不常说）

【槤柳】●［liɪ^{213}ko^{55}］脱粒用的农具，由一个长柄和一组并排的竹条构成，用来拍打谷物，使子粒掉下来。（现很少见）

【连媤】◆［liɪ²¹³bæ²⁴］连到一起。［例］十个指头～佬，样样脍做。

【连牵】◆［liɪ²¹³tɕʻiɪ⁵⁵］像样，成功。［例］样样事体做勿～。

【鲢子】●［liɪ²¹³tsəʔ⁵］鲢鱼。

【撩篱】●［liɯ²¹³li²⁴］漏勺。捞馄饨，面条，粉丝等的器具。

【撩勺】●［liɯ²⁴zɔʔ²³］粪勺。

【料作】●［liɯ²⁴dzɔ²⁴］佐料。（新派常州人不常说）

【亮月】◆［liaŋ²⁴yəʔ²³］月亮。（新派常州人不常说）

【量气】●［liaŋ²⁴tɕʻi⁵²³］气量，肚量。［例］做领导～要大。

【量位】●［liaŋ²⁴uɐɪ²⁴］肚量。（新派常州人不说）

【拎包】［liŋ⁵⁵pau⁵⁵］手提包。

【领头】［liŋ⁴⁵teɪ⁵⁵］衣服的领子。

【领盆】●［liŋ⁴⁵bəŋ²¹³］服气，领情。［例］你待他再好，他也勿会～葛。

【零拷】●［liŋ²¹³kʻɯ⁵⁵］零售液体或半流质商品。［例］原来葛酱油，酒全有～葛。

【零碎】●［liŋ²¹³suɐɪ⁵²³］①不成整数。［例］我只赅点～铜钱哩。②剩余的零星食物。［例］只好弄点～吃吃。

【灵清】［liŋ²¹³siŋ⁵⁵］清楚。（新派常州人不常说）

【灵光】●［liŋ²¹³kuaŋ⁵⁵］①聪明。［例］脑筋～葛。②有效。［例］你葛办法勿～。

【翎子】●［liŋ²¹³tsəʔ⁵］暗示。［例］豁～你，你还拎勿清。

【凌澤】●［liŋ²¹³dɔʔ²³］挂在屋檐等下面的冰柱。也说成"停澤"。

【力把】●［liəʔ²³po⁴⁵］①权势。［例］当则官，～大哩。②实力。［例］我吭没～做班长。③同"力道"。

【力道】◆［liəʔ²³dau²⁴］力气，力量。［例］小宝宝～蛮大葛。

【裂拆】◆［liəʔ²³tsʻaʔ⁵］皮肤皲裂。［例］我葛脚后跟～哩。

【喽个】［lo²¹³kəʔ⁵］哪一个，谁？（武进区、新北区部分地方说）赵元任写作"落葛"。

【砻糠】●［loŋ²¹³kʻaŋ⁵⁵］谷糠，碾米时脱下的稻谷外壳。

【聋彭】●［loŋ²¹³baŋ²⁴］聋子。

【拢共】●［loŋ⁴⁵goŋ²⁴］总共，一共。［例］师范班～只有几个男生。

【弄堂】［loŋ²¹³daŋ²¹³］胡同。

【六冲】●［lɔʔ²³tsʻoŋ⁵²³］一种迷信说法，若男大女六岁或女大男六岁，结为夫妻不吉利。

【洛让（酿）】［lɔʔ²³ȵiaŋ²⁴］集市。［例］明朝～，大家去白相相。

【落薄】◆［lɔʔ²³bɔʔ²³］落魄，失意。［例］蛮好葛家世，到则他葛手勒～哩。

【落谷】●［lɔʔ²³kɔʔ⁵］将稻谷种撒到秧田里。

【落窲】●［lɔʔ²³xuəʔ⁵⁵］睡得深。［例］天亮快再困则～得。

【落手】●［lɔʔ²³seɪ⁴⁵］下手。［例］你～忒重哩，小佬还要打坏则得。

【落色】●［lɔʔ²³səʔ⁵］掉色。［例］颜色深葛衣裳会～得，要单独洗。

【落市】●［lɔʔ²³z̩²⁴］①过了产销的时间。［例］桃子已经～哩。②市场上贸易结束。［例］冬天光下昼头五点钟就～哩。

【落拓】◆［lɔʔ²³tʻɔʔ⁵］穿戴邋遢。［例］外头去勿好～，要拨别人看勿起葛。

【落乡】◆ [lɔʔ²³ɕiaŋ⁵⁵] 离城镇较远，地处偏僻的地方。（新派常州人不常说）

【落班】[lɔʔ²³pæ⁵⁵] 下班。（新派常州人不常说）

【骆驼】[lɔʔ²³dɤɯ²¹³] 驼子，驼背。

【乐惠】◆ [lɔʔ²³uɛɪ⁵⁵] 自得其乐。[例] 下则班，小酒咪咪，小菜哒哒，~得。

【乐开】◆ [lɔʔ²³kʻɪæ⁵⁵] 豁达，想得开。[例] 他到~得，天天小酒咪咪。

【簬子】◆ [lɔʔ²³tsəʔ⁵] 用麻绳编织的网状物，用来搬运缸等物。（现已不常见）

【蠹水】◆ [lɔʔ²³sʅ⁴⁵] 缩水。做衣服前，将衣料放在水中浸泡，晾干后再做。[例] 料子要~则再做衣裳。

【路道】◆ [lu²⁴dɑɯ²⁴] 门路，解决问题的办法。[例] 他人缘好，做事体有~。

【路头】◆ [lu²⁴dɛɪ²¹³] 指财神。（新派常州人不说）

【路路】◆ [lu²¹³lu²¹³] 名器物表面的纹路或划痕。[例] 新汽车划则多少~哩。

【路数】◆ [lu²⁴sʅ⁵²³] 来路，来头。[例] 他是嗲~，我还飖弄清爽。

【路子】◆ [lu²⁴tsəʔ⁵] 门路、办法。[例] 咪咪~多得。

【芦瓣】◆ [lu²¹³biɪ²⁴] 旧时农村建筑材料。用芦苇或荻草编织而成。

【芦籧】◆ [lu²¹³fi⁵⁵] 用芦苇篾编成的席子。

【芦粟】◆ [lu²¹³sɔʔ⁵] 类似高粱的植物，茎甘甜，没有谷穗。[例] 甘蔗根上甜，~梢上甜。

M

【呒嗲】◆ [m̩⁵⁵tia⁴⁵] 没什么。

【姆妈】● [m̩⁵⁵ma⁵⁵] 母亲。

【呒没】◆ [m̩²¹³məʔ⁵] 没有。

【呒不】◆ [m̩²¹³pəʔ⁵] 没有。（说的人比较少且新派常州人不说）

【呒处】◆ [m̩²¹³tsʻʅ⁴⁵] ①不行，不能。[例] 小佬太细~自家到学堂勒去。②没有地方。[例] 东西实在多，家勒~放。

【埋埋（奶奶）】◆ [ma²¹³ma²¹³] ①奶。②乳房。

【卖相】◆ [ma²⁴siaŋ⁵²³] ①商品的外观。[例] 东西~好，卖则快。②人的相貌。[例] 看看他~倒好嗬，肚勒一包草。

【蛮娘】◆ [mæ⁴⁵n̠iaŋ²¹³] 继母，后妈。

【蛮好】[mæ²¹³hɑɯ²⁴] 挺好，不错。

【煤屎】◆ [maɪ²¹³sʅ⁴⁵] 煤渣。

【媒子】◆ [maɪ²¹³tsəʔ⁵] 托儿。[例] 药~。（新派常州人不常说）

【茅针】[mɑɯ²¹³tsəŋ⁵⁵] 茅草尚未开花时的花穗，拔出来放在嘴里嚼有淡淡的甜味。

【网油】◆ [maŋ⁴⁵iɤɯ²¹³] 猪体腔壁上的网膜状的脂肪。

【望砖】◆ [maŋ²⁴tsʏ⁵⁵] 旧式房屋铺在屋顶的薄砖。它两头搁在椽子上，上面承载着瓦。

【满泛】◆ [mɤ⁴⁵fæ⁵²³] 形容满，量多。[例] 阳春面倒蛮~葛。

【馒头】◆ [mɤ²¹³dɛɪ²¹³] 馒头，包子的统称。在常州，有馅无馅都叫馒头，没馅儿的叫白馒头，有馅儿的就叫＊馒头。[例] 青菜~，就是青菜馅儿的包子。

【潃头】●［mɤɯ⁴⁵deɪ²¹³］沏茶或煮汤时表面的泡沫。

【磨爿】●［mɤɯ²⁴bæ²¹³］磨子。

【门前】［məŋ²¹³siɪ⁵⁵］面前。［例］走到则你~哩，还觖看见我。

【门腔】●［məŋ²¹³ts‘iaŋ⁵⁵］特指猪、牛的舌头。

【门臼】［məŋ²¹³dʑiɤɯ²⁴］旧式房屋承受门上转轴的墩子，形状像臼，故名。

【问信】●［məŋ²⁴siŋ⁵²³］过问。［例］小佬葛事体，他根本勿~。

【萌朝】［məŋ²¹³tsɑɯ⁵⁵］明天。

【末脚】●［məʔ²³tɕiaʔ⁵］末尾，最后。（新派常州人不常说）

【末末】●［məʔ²³məʔ²³］细碎的东西。［例］茶叶~。

【眯细】●［mi⁵⁵ts‘i⁵⁵］眯缝着眼看。［例］一直~则眼睛看东西，近视哩惑。

【迷露】●［mi²¹³lu²⁴］雾。［例］早秋~勿成霜。也写作"弥露"。

【米糁】●［mi⁴⁵sɤ⁵⁵］饭粒。［例］嘴上葛~揩揩干净三。

【免免】●［miɪ⁴⁵miɪ⁴⁵］好看，一般用来夸赞小孩。［例］可可长则~得。

【面嫩】●［miɪ²⁴nəŋ²⁴］脸皮薄，怕羞。［例］甜甜忒~，看见陌生人就掩勒人后头。

【面烧】●［miɪ²⁴sɑɯ⁵⁵］脸上因害臊或发热等原因而发红，且有火辣辣的感觉。［例］天天困则中觉出来，全有点~得。

【面色】●［miɪ²⁴səʔ⁵］脸色。［例］你葛~勿大好看，会觖是生病哩？

【面水】●［miɪ²⁴sʅ⁴⁵］洗脸用的水。［例］倒~揩面。（新派常州人不常说）

【面拖】●［miɪ²⁴t‘ɤɯ⁵⁵］一种烹调方法。指将鱼、蟹、虾等，加作料拌面糊再放入锅中油煎而成。［例］~蟹，~黄鱼。

【苗篮】●［miɑɯ²¹³læ²¹³］中型竹筐。［例］送本小书唱歌郎，送只~贩桃郎。（现在不常见）

【明堂】●［miŋ²¹³dɑŋ²¹³］天井，庭院。

【名件】◆［miŋ²¹³dʑiɪ²⁴］①名产。［例］白茶是茶叶当中葛~。②当成宝贝。常用于反话、反问。［例］你~葛嗲！

【名头】◆［miŋ²¹³deɪ²¹³］①名称，名字。［例］介爿店~叫嗲？②名义。［例］借则朋友葛~借铜钱。

【抿缝】●［miŋ⁴⁵voŋ²⁴］两边合起来，其间没有缝隙。［例］新做葛橱门，蛮~葛。

【篾青】●［miəʔ²³ts‘iŋ⁵⁵］最外层的竹篾，质地较柔韧。

【篾黄】●［miəʔ²³uaŋ²¹³］竹子的篾青里面的部分，质地较脆弱。

【码算】◆［mo⁴⁵sɤ⁵²³］掂量，盘算。［例］钞票要~则用。

【木大】●［moʔ²³dɤɯ²⁴］指不开窍，不灵巧的人。［例］样样事体学觖，真佬是~。

【摸落】●［moʔ²³lɔ²³］迷路。［例］公园勒人多，当心小佬~则。

【摸索】◆［moʔ²³sɔʔ⁵］①慢条斯理地做事。［例］日勿做，夜~。②不利索。［例］做点事体~到则。③探索。［例］~则做做葛。

【脉息】●［moʔ²³siəʔ⁵］脉搏。［例］老太太葛~弱到则，从觖看见过。

【麦柴】●［moʔ²³za²¹³］麦秸。［例］~烧葛饭，蛮香葛。（现只在农家乐可见）

【淖泥】◆［nɑ²⁴n̠i²¹³］泥土。

【难扳】◆［næ²¹³pæ⁵⁵］难得，偶尔。［例］我家勒～有人来。

【奈介】●［næ⁴⁵kæ⁵⁵］怎样。［例］又落雨又刮风，你叫我～走？赵元任写作"难减"。

【奈佬】●［næ⁴⁵lɑɯ⁴⁵］怎么样。［例］我穿葛花衣裳～？好看哦？

【奈会】●［næ⁴⁵uæ⁵²³］怎么会。［例］今朝礼拜天，你～还上班？

【闹忙】●［nɑɯ²⁴mɑŋ²¹³］①热闹。［例］街上～到则。②指生意兴隆。［例］店勒灯光锃亮，生意来得葛～。

【闹热】◆［nɑɯ²⁴n̠iəʔ²³］热闹。

【囔佬】［nɑŋ²⁴lɑɯ⁵⁵］怎么样。［例］吃则饭去散步，～？

【男佬】●［nɤ²¹³lɑɯ⁴⁵］①男人。［例］～葛气量要大点。②丈夫。［例］她葛～能干透咾。

【暖热】［nɤ²¹³n̠iəʔ²³］暖和。

【邋遢】［nɑʔ²³tɑʔ⁵］脏，肮脏。（"邋"声母可两读，又读［lɑʔ²³tɑʔ⁵］）也写作"捺搭"。

【嫩生】●［nəŋ²⁴sɑŋ⁵⁵］不老练，办事鲁莽的年轻人。（新派常州人不常说）

【嫩相】●［nəŋ²⁴siaŋ⁵²³］①显年轻。［例］她细皮嫩肉葛～得。②不老练，幼稚。［例］小潘做事体～得。

【讷口】◆［nɑʔ⁵k'ɛɪ⁴⁵］说话迟钝。［例］弟弟天生～说话少。

【拿乔】◆［no²¹³dʑiɑɯ²¹³］①作梗。［例］事体勴办成，是有人勒头～惑。②推托。［例］请他做点事体吧，他就要～。

【弄讼（怂）】◆［noŋ²⁴soŋ⁵²³］捉弄。［例］余裕顶会～人哩。

【弄弄】◆［noŋ²⁴noŋ²⁴］动辄，动不动。［例］～就要发脾气。

【你家】●［n̠i⁴⁵ko⁵⁵］①你们。［例］明朝～上街哦？②你家。［例］明朝到～去白相。

【腻头】●［n̠i²⁴dɛɪ²¹³］芡粉。［例］烧豆腐汤要扎点～。

【软饱】◆［n̠iɤ⁴⁵pɑɯ⁴⁵］似乎饱了，但一会儿就饿了。喝粥吃烂面条往往有这种感觉。

【软串】◆［n̠iɤ⁴⁵ts'ɤ⁵⁵］柔软，柔和。［例］女小佬讲话要～点。

【软熟】◆［n̠iɤ⁴⁵zɒʔ²³］柔软。［例］真丝被头～佬，盖勒身上蛮写意葛。

【念书】［n̠i⁴⁵zɿ²⁴］读书。

【饶头】◆［n̠iɑɯ²¹³dɛɪ²¹³］买卖时额外加给买方的少量东西。［例］多买东西多拨～。

【饶赦】◆［n̠iɑɯ²¹³sa⁵²³］宽恕。（新派常州人不常说）

【牛婆】●［n̠iɤɯ²¹³bɤɯ²¹³］指有蛮力气的妇女。［例］他家老姆像～，一桶水拎出来就走。

【牛三】◆［n̠iɤɯ²¹³sæ⁵⁵］指说大话，空话。［例］一天到夜～哄哄。

【纽头】●［n̠iɤɯ⁴⁵dɛɪ²¹³］纽扣。

【纽襻】●［n̠iɤɯ⁴⁵p'æ⁵²³］中式服装上扣住纽扣的套儿。

【娘娘（嬢嬢）】［n̠iaŋ⁵⁵n̠iaŋ⁵⁵］姑妈。

【娘舅】●［n̠iaŋ²¹³dʑiɤɯ²⁴］①舅舅，母亲的兄弟的背称。②指评判是非的人。［例］常州电视台有档节目叫老～。

【人头】［n̠iŋ²¹³deɪ²¹³］人际关系。［例］才到新单位，～勿熟悉。

【人相】●［n̠iŋ²¹³siaŋ⁵²³］长相，相貌。［例］新官人葛～勿错得。（新派常州人不常说）

【认则】［n̠iŋ²¹³tsəʔ²³］认识。

【箬帽】［n̠iaʔ²³maɯ⁵²³］用箬叶编织的帽子，可挡雨。现只能在展览馆可见。

【肉头】●［n̠ioʔ²³deɪ²¹³］①肉膘。［例］猪肉～蛮厚葛。②果肉。［例］今朝买葛荔枝，～蛮厚葛。③犹豫不决，或过分推让。［例］一点点葛东西，就劈～哩惑。④利润的空间。［例］介笔生意～厚佬。

【肉相】●［n̠ioʔ²³siaŋ⁵²³］不爽快。［例］跟你要一点点东西，就劈～哩惑。

【肉痛】●［n̠ioʔ²³tʻoŋ⁵²³］心疼，舍不得。［例］摜落一只古瓷瓶，～到则。

【日脚】▲［n̠iaʔ²³tɕiaʔ⁵］日子。［例］～过则快到则。

【日勒】●［n̠iaʔ²³ləʔ²³］白天。

【日头】◆［n̠iaʔ²³deɪ²¹³］太阳。

【热络】◆［n̠iaʔ²³laʔ²³］亲热。［例］他家兄弟姐妹全～透咾。

【热昏】◆［n̠iaʔ²³xuəŋ⁵⁵］①头脑发昏，说胡话。［例］他噻可～咾哩，一天到夜瞎说。②表示程度。［例］上下班葛晨光，街上汽车多到则～。

【热符】●［n̠iaʔ²³vu²¹³］糊涂。（新派常州人不说）

【热线（显）】●［n̠iaʔ²³ɕiɪ⁵²³］室内或背阴处受热辐射而产生的暑气。［例］西晒太阳结棍得，快点拿窗帘拉好则，勿则～太重哩。

【女佬】●［n̠y⁴⁵laɯ⁴⁵］①已婚女子。②妻子。

【女女】●［n̠y⁴⁵n̠y⁴⁵］女儿。

【蘽头】●［n̠y⁴⁵deɪ²¹³］花蕾。（新派常州人不说）

O

【丫叉】●［o⁵⁵tsʻo⁵⁵］①指丫形的用以支撑晾衣竹杆的叉子。（现不多见）②指托物上高处用的叉形器具。［例］晾衣服葛绳太高，衣裳要用～叉上去得。

【丫杈】［o⁵⁵tsʻo⁵⁵］树杈。［例］桃树葛～太多哩，打落点。

【丫挂（瓜）】●［o⁵⁵ko⁵²³］难以处理，不好对付。［例］事体蛮～葛，难办得。

【丫髻】●［o⁵⁵tɕi⁵²³］旧时妇女脑后盘的一种圆形发式。

【丫酸】●［o⁵⁵sɤ⁵⁵］胃酸过多引起的不适。［例］吃山芋会～得。

【丫鹊】●［o⁵⁵tsʻiaʔ⁵］喜鹊。也写作"鸦雀"。

【垩壅】●［o⁴⁵ioŋ⁵⁵］肥料，多指厩肥。［例］天公久旱勿落雨，～久缺勿长米。

【垩肥】［o⁴⁵vi²¹³］一种施肥的方式。

【搕空】◆［o⁴⁵kʻoŋ⁵⁵］落空，承诺了却没实现。［例］做勿到葛事体还要答应，你勿是勒头～嘛？

【瓮冻】●［oŋ⁵²³toŋ⁵²³］脾气古怪，难说话。［例］～葛人难打交道得。（新派常州人不常说）

【瓮头】●［oŋ⁵²³deɪ²¹³］口小腹大的陶制容器。

【瓮虫】● ［oŋ⁵²³dzoŋ²¹³］指脾气顽劣，难说话的人。［例］天生是葛～，朋友勿多。

【鼬臭】● ［oŋ⁵²³tsɐɪ⁵²³］非常臭。［例］～葛鱼，勿能够吃哩。

【恶掐】［ɔʔ⁵kʻɑʔ⁵］耍坏，恶心人。［例］总是做～葛事体。

【恶赖】● ［ɔʔ⁵la²⁴］恶劣。［例］他尤其～，顶会为难人哩。

【恶戾】▲ ［ɔʔ⁵liəʔ⁵］恶劣。

【恶搡】● ［ɔʔ⁵saŋ⁵²³］出言损人。［例］动勿动就～人。（新派常州人不常说）

【恶做】● ［ɔʔ⁵tsɯ⁵²³］用蛮横无赖的手段以达到目的。（新派常州人不常说）

P

【派司】● ［pʻɑ⁵⁵sŋ⁴⁵］①指通行证，执照，护照等。（新派常州人不常说）［例］乘飞机，～带朆？②指考试等通过，过关了。［例］外语总算～落葛哩。③打牌时放弃出牌。［例］我勿要，～落。

【襻襻】● ［pʻæ⁵²³pʻæ⁵²³］纽襻。

【抛梁】● ［pʻɯ⁵⁵liaŋ²¹³］一种民间风俗，造房上正梁时，由上梁工匠跨踞梁上抛洒馒头、糕、糖果等，以示庆祝，以求吉祥。

【泡汤】● ［pʻɯ⁵²³tʻaŋ⁵⁵］①落空。［例］喊他做葛事体，样样～。②白白地损失掉。［例］投到股市勒葛钞票全～哩。

【泡物】● ［pʻɯ⁵²³vəʔ²³］体积大而轻的物品。（新派常州人不说）

【胖肉】● ［pʻaŋ⁵²³ȵiɔʔ²³］肥肉。

【炮纸】● ［pʻaŋ⁵²³tsŋ⁴⁵］置有颗粒状火药的纸，多用于发令枪或玩具枪。（现在不常见）

【拚则】● ［pʻɤ⁵⁵tsəʔ⁵］舍得。［例］天天山珍海味，倒是～得。

【喷松】● ［pʻən⁵²³soŋ⁵⁵］非常松软。［例］面包倒～葛。

【拍满】● ［pʻaʔ⁵mɤ⁴⁵］形容东西装得非常满。［例］一碗饭装则～葛。

【屁轻】● ［pʻi⁵²³tsiŋ⁵⁵］非常轻。［例］羽绒服～葛。

【披屋】● ［pʻi⁵⁵ɔʔ⁵］利用正房的一侧墙搭的简易房。［例］～就当灶披间吧。

【譬譬】● ［pʻi⁵⁵pʻi⁵⁵］比方，宽解。［例］就～吧，总比呒没好。

【譬解】● ［pʻi⁴⁵ka⁴⁵］安慰，排遣，解释。（新派常州人不说）

【偏生】● ［pʻiɪ⁵⁵səŋ⁵⁵］偏偏。［例］你叫他甭做，他～要做。部分人读［pʻiɪ⁵⁵saŋ⁵⁵］。

【瞟眼】● ［pʻiɑɯ⁴⁵ŋæ⁴⁵］①病态斜视的眼睛。②患斜视眼的病人。

【呼磷】▲ ［pʻiŋ⁵⁵liŋ²¹³］拟声词。玻璃制品摔碎的声音。

【拼斗】● ［pʻiŋ⁵⁵tɐɪ⁵²³］商量。（新派常州人不说）

【品气】● ［pʻiŋ⁴⁵tɕʻi⁵²³］行为和作风。（新派常州人不说）

【劈拆】● ［pʻiəʔ⁵tsʻɑʔ⁵］①分摊，相当于现在的 AA 制。②裁定。［例］分红葛事体，还要老唐来～得。

【劈口】● ［pʻiəʔ⁵kʻɐɪ⁴⁵］毫不考虑地开口就说。（新派常州人不常说）

【劈面】● ［pʻiə⁵miɪ²⁴］迎面。［例］他看见儿子～就是一记耳光。

【劈篾】● ［pʻiə⁵miəʔ²³］一种工艺，用刀将竹子劈成薄片。

【怕惧】● ［pʻo⁵²³dzy²⁴］害怕，畏惧。［例］勿拨点厉害你看看，你呒没～惑。

【扑满】● ［pʻɔʔ⁵mɤ⁴⁵］用来存钱的瓦器，像没口的小酒坛，上面有一个细长的孔。钱币放

338

进去后，要打破了才能取出来。（现在已不常见）

【扑托】●［pʻɔʔ⁵tʻɔʔ⁵］拟声词。物体掉落的声音。

Q

【起货】●［tɕʻi⁴⁵xɣɯ⁵²³］①完蛋。［例］设备修勿好，～落葛哩。②寿终。［例］病人还是鹇抢救过来，～唠哩。（这种说法不太礼貌）

【起课】●［tɕʻi⁴⁵kʻɣɯ⁵²³］迷信活动。一种占卜法，摇铜钱看正反面或掐指头算干支推断吉凶。

【起阵】●［tɕʻi⁴⁵dzəŋ²⁴］乌云突起，下雷阵雨的预兆。［例］～哩，快点家去吧。（新派常州人不常说）

【气道】◆［tɕʻi⁴⁵dɑɯ²⁴］气味。［例］药水葛～难闻得。

【气闷】●［tɕʻi⁴⁵məŋ²⁴］①胸闷，感觉不舒服。［例］门窗全关则，房间勒～到则。②寂寞，无聊。［例］一个人关勒家勒～到则。

【气性】●［tɕʻi⁴⁵siŋ⁵²³］容易生气，或生气后不易消除。［例］小朋友葛～式重哩。

【气数】●［tɕʻi⁴⁵sʅ⁵⁵］①不像话。（新派常州人不说）②倒霉。［例］碰上他真佬～得。

【牵带】●［tɕʻiɪ⁵⁵ta⁵²³］接触，交往，多用于否定说法。（新派常州人不说）

【牵发】●［tɕʻiɪ⁵⁵faʔ⁵］发脾气。［例］一天到夜～，勠去理他。（新派常州人不常说）

【牵贯】●［tɕʻiɪ⁵⁵kuɣ⁵²³］一直，总是。［例］小佬～勿听你葛话。（新派常州人不常说）

【牵记】●［tɕʻiɪ⁵⁵tɕi⁵²³］惦记，挂念。［例］小佬出去念大学，大人总归～得。

【牵砻】●［tɕʻiɪ⁵⁵loŋ²¹³］用砻磨去稻谷外壳。砻，磨子。（现在农村也不常见了）

【牵磨】●［tɕʻiɪ⁵⁵mɣɯ²⁴］拉磨，推磨。［例］～隆隆响，娘舅淘米送外甥。

【牵丝】●［tɕʻiɪ⁵⁵sʅ⁴⁵］①记恨。［例］得罪则他一次，他就要～你一世得。②故意提及自己对别人的好处。［例］你勠～我，我鹇拿你多少东西。

【牵命】●［tɕʻiɪ⁵⁵miŋ²⁴］①苟延残喘。［例］还鹇死勒，勒头～得。②不利索，拖沓。［例］喊他弹琴就～哩。

【芡头】●［tɕʻiɪ⁵²³teɪ²¹³］同"腻头"。

【巧头】●［tɕʻiɑɯ⁴⁵deɪ²¹³］机会。（新派常州人不常说）

【巧人】◆［tɕʻiɑɯ⁴⁵n̩iŋ²¹³］指聪明能干的人，一般指称对方。［例］～得意洋洋葛样子，又中则奖哩吧？

【窍开】●［tɕʻiɑɯ⁵²³kʻæɪ⁵⁵］窍门，奥秘或玄机。（新派常州人不说）

【揿钉】●［tɕʻiŋ⁵²³tiŋ⁵⁵］图钉。

【揿钮】●［tɕʻiŋ⁵²³n̩iɣɯ⁴⁵］子母扣，搭扣。［例］～漏落则配也配勿着。

【吃瘪】●［tɕʻiəʔ⁵piəʔ⁵］屈服，理亏。［例］我勒你葛面前，总归～佬。

【吃进】［tɕʻiəʔ⁵tɕiŋ⁵²³］收进，接受。［例］～一只马。

【吃介】●［tɕʻiəʔ⁵ka⁵²³］①价值高，值钱。［例］张大千葛画勒市场上价钱蛮～葛。②坚强，承受力强。［例］皮也烂落葛哩，他也鹇哼一声，～得。③有本领，能干。（新派常州人不说）

【吃客】［tɕʻiəʔ⁵kʻɑʔ⁵］吃货，美食家。

【吃口】●［tɕʻiəʔ⁵kʻeɪ⁴⁵］滋味，味道。［例］黑龙江葛米，～好透唠。

【吃牢】◦［tɕ'iəʔ⁵lɑɯ²¹³］①认定。［例］～他偷则东西哩。②钉住，缠住。［例］呒没嗲人～则你请客。

【吃没】◦［tɕ'iəʔ⁵məʔ²³］侵吞。［例］贪官连救济款也要～，该死得。

【吃嫩】◦［tɕ'iəʔ⁵nəŋ²⁴］不老练。（新派常州人不说）

【吃血】◦［tɕ'iəʔ⁵ɕyəʔ⁵］成本高。［例］吃一次刀鱼，钞票～得。

【吃重】◦［tɕ'iəʔ⁵dzoŋ²⁴］特别吃力，吃紧。［例］任务蛮～葛，大家要抓紧则做。

【吃心】◦［tɕ'iəʔ⁵siŋ⁵⁵］贪念。［例］你葛～倒蛮重葛。

【吃硬】◦［tɕ'iəʔ⁵ŋɑŋ²⁴］坚强。［例］你倒蛮～葛。

S₁

【惹气】［sa⁴⁵tɕ'i⁵²³］让人生气或惹人讨厌。［例］你说葛话～得。

【舍（佘）姆】◦［sa⁴⁵m̩⁵⁵］坐月子的妇女。［例］做～要注意营养。

【筛酒】［sa⁴⁵tɕiɤɯ⁴⁵］斟酒。

【洒洒】▲［sa⁴⁵sa⁴⁵］发抖。［例］冷到则脚～葛。

【三朝】◦［sæ⁵⁵tsɑɯ⁵⁵］①指小孩出生后第三天，按俗要办庆贺宴席。②女子出嫁第三天。按俗新郎要陪新娘回娘家。娘家要设宴款待新婿，也称"回门"。

【山墙】◦［sæ⁵⁵ziaŋ²¹³］指旧式房子人字房两端的墙头。

【散诞】▲［sæ⁵⁵dæ²⁴］无拘束，自由自在。［例］年纪轻轻勿太～啊！也写作"散淡"。

【少欠】［sɑɯ⁴⁵tɕ'iɪ⁵²³］不在乎，带有不满的情绪。［例］你勿拨我就算，～得。

【筲箕】◦［sɑɯ⁵⁵tɕi⁵⁵］淘米或装饭用的竹篾制器。（现不常见）

【生相】◦［saŋ⁵⁵siaŋ⁵²³］外貌。［例］卡卡葛～好看得。

【生天】◦［saŋ⁵⁵t'iɪ⁵⁵］天生。（新派常州人不常说）

【生活】◦［saŋ⁵⁵uəʔ²³］①工作，活儿。［例］今朝呒没～做哩。②打，揍。［例］今朝要拨点～你吃吃哩。

【省省】◦［saŋ⁴⁵saŋ⁴⁵］①节省。②免了，不用了。［例］钞票就～吧，心意到则就好哩。

【生子】◦［saŋ⁵²³tsɿ⁴⁵］下蛋。［例］黄鸡婆开始～哩。

【暾伏】▲［saʔ⁵vʊʔ²³］利用伏天的太阳晒东西。［例］拿箱子搬到阳台上～。（新派常州人不说）

【煞（撒）花】◦［saʔ⁵xo⁵⁵］猫腻。［例］他家两个人鬼鬼祟祟葛，看来有～得。

【煞根】［saʔ⁵kəŋ⁵⁵］彻底。［例］做事体总归勿～葛。

【煞渴】◦［saʔ⁵k'əʔ⁵⁵］解渴，过瘾。［例］一人只好吃一只蟹，勿～。

【煞辣】◦【刹辣】◆［saʔ⁵laʔ²³］①果断，泼辣。［例］勿看她是女小佬，做事体倒蛮～葛。②很，非常。［例］家勒葛玻璃擦则～亮。

【煞亮】◦［laʔ⁵liaŋ²⁴］非常亮。［例］家勒葛玻璃擦则～。

【煞泼】◦［saʔ⁵p'əʔ⁵］泼辣。［例］虽然女小佬看上去细小得，做起事体倒～得。

【算小】◦［sɤ⁵²³siɑɯ⁴⁵］也说"小算"。斤斤计较。（新派常州人不说）

【算数】◆［sɤ⁵²³sɿ⁵²³］①作数。［例］讲话～，有担当。②作罢。［例］勿再烦哩，就此～吧。

【收罗】●［seɪ⁵⁵lɤɯ²¹³］拉拢，笼络。［例］他蛮会~人葛。

【收梢】●［seɪ⁵⁵sɑɯ⁵⁵］收场，结束。［例］事体闹大则，看你奈介~。

【收功】●［seɪ⁵⁵koŋ⁵⁵］（新派常州人不常说）①痊愈。②收场。③练功结束。

【收干】●［seɪ⁵⁵kɤ⁵⁵］慢慢吸干。［例］衣裳拨风吹则一歇，也会~葛。

【收捉（作）】●［seɪ⁵⁵tsɔʔ⁵］①收拾，打扫。［例］她拿新房子里里外外~则干干净净。②修理。［例］外墙要~~哩。

【锁洞】●［sɤɯ⁴⁵doŋ²⁴］在衣物上剪开纽扣孔，并缝住毛边。

【身段】［səŋ⁵⁵tɤ⁴⁵］身材。

【身背】●［səŋ⁵⁵pæɪ⁵²³］无法躲避的责任。［例］我~上葛事体还有勿少得。

【身坯】●［səŋ⁵⁵p'æɪ⁵⁵］体型，个子。［例］男小佬葛~勿大。

【升箩】●［səŋ⁵⁵lɤɯ²¹³］量粮食的器具，一升箩为一升。（现在不常见）

【生果】●［səŋ⁵⁵kɤɯ⁴⁵］花生。

【胜如】●［səŋ⁵²³zʮ²¹³］犹如，好比。（新派常州人不常说）

【适意】［sɔʔ⁵i⁵²³］舒服。

【塞头】●［sɔʔ⁵deɪ²¹³］塞子。

【嗇皮】●［sɔʔ⁵bi²¹³］小气鬼。［例］面上看看他倒大方得，实骨则是~。

【失撇（四）】●［sɔʔ⁵p'iəʔ⁵］失算，疏忽。［例］齁料到疫情来哩，是我~哩。

【失至】●［sɔʔ⁵tsʮ⁵²³］表示极度。（新派常州人不说）

【识相】［sɔʔ⁵siaŋ⁵²³］安分，见机行事。［例］小佬要~点，有则吃就好哩。

【识则】◆［sɔʔ⁵tsɔʔ⁵］认识。

【虱虮】［sɔʔ⁵tsʮ⁵⁵］虱子的卵。

【细到】●［si⁵²³tɑɯ⁵²³］仔细周到。（新派常州人不常说）

【细发】●［si⁵²³fɑʔ⁵］①细腻光滑。［例］米粉磨则倒蛮~葛。②认真仔细。（新派常州人不说）

【煊红】●［siɤ⁵⁵ɦoŋ²¹³］通红。

【宣卷】●［siɤ⁵⁵tɕiɤ⁵²³］为中元节"念公佛"的主要内容。是一种民间文艺，由一人以说唱形式宣讲一些劝人为善的"卷本"，并有数人适时地和唱"南无佛，阿弥陀佛"。（现在已不常见）

【筅帚】●［siɤ⁴⁵tseɪ⁵⁵］用细竹枝或篾，扎成的洗涮饭锅等的用具。

【鲜洁】●［siɪ⁵⁵tɕiəʔ⁵］新鲜洁净。［例］你买葛黄瓜蛮~葛。

【鲜灵】●［siɪ⁵⁵liŋ²¹³］味道鲜美。［例］你买葛荔枝蛮~葛。

【鲜鲜】◆［siɪ⁵⁵siɪ⁵⁵］新鲜。［例］你买葛苹果蛮~葛。

【鲜头】●［siɪ⁵⁵deɪ²¹³］鲜味。［例］吃冬笋就是吃点~葛。

【鲜崭】●［siɪ⁵⁵tsæ⁴⁵］新鲜。［例］今朝买葛带鱼~得。

【先头】●［siɪ⁵⁵deɪ²¹³］以前。（新派常州人不常说）

【写意】●［sia⁴⁵i⁵²³］舒服，快乐。［例］洗则浴吃点西瓜，蛮~葛。

【嚣薄】●［siɑɯ⁵⁵pɔʔ⁵］①指织物薄。［例］天冷哩，被头忒~哩。②薄情寡义。［例］做人勿可以~。

【消烊】◆［siɑɯ⁵⁵iaŋ⁵⁵］消融。［例］立春哩，冰雪~哩。

【小佬】[siaɯ^{55}laɯ^{55}] 小孩。

【小算】◆ [siaɯ^{55}sɤ^{523}] 吝啬，斤斤计较。[例] 他又勿缺钞票，还要处处～。

【小粉】● [siaɯ^{45}fəŋ^{45}] 淀粉。（新派常州人不常说）

【相打】● [siaŋ^{55}taŋ^{45}] 打架，斗殴。[例] 小佬～是常事。

【相骂】◆ [siaŋ^{55}mo^{24}] 吵架。[例] 夫妻两葛一天到夜吵～。

【相巧】● [siaŋ^{55}tɕʻiaɯ^{45}] ①凑巧，合适。②价格优惠，合算。（新派常州人不说）

【心相】◆ [siŋ^{55}siaŋ^{523}] 心思，耐心，兴致。[例] 心勒勿开心，做事体呒没～。

【心嘈】◆ [siŋ^{55}zaɯ^{213}] 胃不舒服且有饥饿感。[例] 几天呒没荤菜吃，～得。

【心瘫】● [siŋ^{55}tʻæ^{55}] 死心了。（新派常州人不常说）

【心痠】◆ [siŋ^{55}fæ^{523}] 恶心。[例] 臭鱼葛味道，闻则～得。

【心经】● [siŋ^{55}tɕiŋ^{55}] 心思。[例] 他蛮会走～葛。

【心焦】● [siŋ^{55}tsiaɯ^{55}] 因着急而烦躁。[例] 等人顶～哩。

【心瘪】● [siŋ^{55}piəʔ^{5}] 死了心，罢休。[例] 糖全吃落葛哩，你好～哩惑！

【新近】◆ [siŋ^{55}dʑiŋ^{24}] 最近。[例] 青藏铁路通车，勿是～葛事体哩。

【新妇】● [siŋ^{55}vu^{24}] 儿媳妇。[例] 他家～真佬懂事体得。

【熄火】◆ [siəʔ^{5}xɤɯ^{45}] ①汽车停止发动。②结束，落空。[例] 一直做勿好，也只好～哩。

【歇搁】◆ [siəʔ^{5}kɔʔ^{5}] 停止。[例] 他勿去，只好～哩。

【沙蟹】● [so^{55}xa^{45}] 一种扑克牌的玩法。（新派常州人不说）

【傱傱】▲ [soŋ^{55}soŋ^{55}] 形容走路快而有精神。[例] 小伙子走路～～葛咾，有力得。

【送汤】● [soŋ^{523}tʻaŋ^{55}] 给刚生孩子的人送钱送物。[例] 老顾葛女女养则儿子哩，哈你家要买点东西～得。

【槊（索）脚】▲ [sɔʔ^{5}tɕiaʔ^{5}] 索性。[例] 牛肉太硬，～再烧烧吃。

【索面】◆ [sɔʔ^{5}miɪ^{24}] 挂面，也叫卷面。

【索粉】◆ [sɔʔ^{5}fəŋ^{45}] 粉丝，粉条。[例] 买点～烧牛肉粉丝汤吃。

【索嘎（格）】● [sɔʔ^{5}kaʔ^{5}] 索性，干脆。（新派常州人不常说）

【宿臭】● [sɔʔ^{5}tsʻeɪ^{523}] 腐烂后发出阵阵臭味。（新派常州人不常说）

【宿货】● [sɔʔ^{5}xɤɯ^{523}] 过时的，质量差的滞销货。（新派常州人不说）

【宿味】● [sɔʔ^{5}vi^{24}] 食物不新鲜呈现的味道。（新派常州人不常说）

【赛可】◆ [suæɪ^{523}kɤɯ^{523}] 好像，好比。[例] 你 勠 气，～拨狗咬则一口吧！也说“赛如”。

【爽气】◆ [suaŋ^{45}tɕʻi^{523}] 爽快，干脆。[例] 我做生意，欢喜～点葛人。

【爽荡（宕）】◆ [suaŋ^{45}daŋ^{24}] 爽快，痛快。[例] 年轻人做事体要～点。

【爽利】● [suaŋ^{45}li^{24}] 爽快，痛快。[例] 今朝点则一桌菜，让你吃葛～。

【爽性】● [suaŋ^{45}siŋ^{523}] 干脆，索性。（新派常州人不常说）

【说叫】◆ [suəʔ^{5}tɕiaɯ^{523}] ①讲故事的开场白，相当于“话说”。[例] ～从前头……。②说。[例] 他～要做好人得。

【说（识）货】● [suəʔ^{5}xɤɯ^{523}] 识货。[例] 他对玉器是～佬。

【说煞】◆ [suəʔ^{5}saʔ^{5}] 说话不留余地。[例] 勿要拿话～则，留点余地。

【说则】●［suəʔ⁵tsəʔ⁵］认识。［例］"莪"字你～哦?

【说书】［suəʔ⁵sɿ⁴⁴］不切实际，信口开河。［例］想要他拿点钞票出来，赛可～得。

【说笑】［suəʔ⁵siɑɯ⁵²³］开玩笑。［例］想要他拿点钞票出来，～得。

【尿头】●［sy⁵⁵deɪ²¹³］小便间隔的时间。时间长的叫尿头长，时间短的叫尿头短。

【榫头】●［syən⁴⁵deɪ²¹³］竹、木、石制器物或物件上利用凹凸方式相接，其处凸出的部分。

【迅甜】●［syən⁵²³diɪ²¹³］非常甜。［例］砂糖苹果～葛。

【迅光】●［syən⁵²³kuɑn⁵⁵］非常光滑。［例］地板拖则～葛。

【死血】◆［sɿ⁴⁵ɕyəʔ⁵］冻疮。［例］一双小手全是～。

【死板】●［sɿ⁵⁵pæ⁵⁵］死心眼。

【师姑】◆［sɿ⁵⁵ku⁵⁵］尼姑。(新派常州人不说)

【师娘】●［sɿ⁵⁵ȵiɑn²¹³］巫婆。(新派常州人不说)

【蛳螺】●［sɿ⁵⁵lɤɯ²¹³］螺蛳。(新派常州人不常说)

【丝流】●［sɿ⁵⁵leɪ²¹³］纹理。(新派常州人不说)

【舒齐】●［sʮ⁵⁵zi²¹³］①齐备，妥贴。②舒服，自在。(新派常州人不说)

【水筹】●［sʮ⁴⁵dzeɪ²¹³］到老虎灶打开水用的竹筹。(现已不见)

【水僵】●［sʮ⁴⁵tɕiɑn⁵⁵］蔬菜等在水中浸泡时间过长，质地变硬。［例］买葛青菜～佬，烧勿烂。

【水关】●［sʮ⁴⁵kuæ⁵⁵］城墙等建筑物下面通水的洞。

【数目】●［sʮ⁵²³mɔʔ²³］把握。［例］考英语我一点～也呒没。

S₂

【柴爿】●［za²¹³bæ²⁴］劈成片状的木柴。

【柴间】●［za²¹³kæ⁵⁵］堆放柴草的房间。也说成"柴间屋"。

【惹毒】●［za²⁴dɔʔ²³］招惹别人生气，记恨。(新派常州人不常说)

【惹看】●［za²⁴kʻɤ⁵²³］耐看，惹人看。［例］妹妹穿葛衣裳～得。

【惹毛】●［za²⁴mɑɯ²¹³］引人发怒。［例］～则他，叫你吃勿消。

【惹眼】●［za²⁴ŋæ⁴⁵］显眼。［例］你穿葛衣裳蛮～葛。

【惹气】●［za²⁴tɕʻi⁵²³］惹人生气，或惹人讨厌。［例］看看他葛样子就～得。

【馋唾】◆［zæ²¹³tʻu⁴⁵］口水，唾沫。［例］～勿是药，处处用则着。

【才将】◆［zæɪ²¹³tɕiɑn⁵⁵］刚才。［例］我～还看见他葛。(新派常州人不常说)

【嘈健】●［zɑɯ²¹³dzɿɪ²⁴］忙个不停。［例］波波葛手～透唉，样样要摸摸。

【上劲】●［zɑn²⁴tɕin⁵²³］抓紧，加紧。［例］做事体要～点!

【上口】●［zɑn²⁴kʻeɪ⁴⁵］①合口味。［例］酱黄瓜蛮～葛。②刚吃时的感觉。［例］黄籽西瓜～甜，吃到后来有点淡水气哩。③读起来顺口。［例］他写葛诗读出来蛮～葛。

【上路】●［zɑn²⁴lu²⁴］①出发。［例］大家快点上车，要～哩。②入门。［例］教则他半天，还是勿～。③说话办事合乎情理。［例］人倒蛮漂亮葛，做葛事体勿～。

【上眼】●［zɑn²⁴ŋæ⁴⁵］入眼。［例］青菜萝卜看勿～。

【上腔】●［zɑn²⁴tɕʻiɑn⁵⁵］寻衅，指斥别人。［例］勿要总拿别人来～。

【上势】●［zaŋ²⁴sʅ⁵²³］重视，当回事。（新派常州人不说）

【上算】●［zaŋ²⁴sɤ⁵²³］合算，值得。［例］拿一只老母鸡换只童子鸡，勿～。

【上昼】●［saŋ²⁴tseɪ⁵²³］上午。

【场化】［zaŋ²¹³xo⁵⁵］地方。［例］到嗲～等你啊？（赵元任）

【若（杂）搭】●［zaʔ²³taʔ⁵］言行没有分寸。［例］一天到夜瞎说八道，真是老～。

【闸角】●［zaʔ²³kɔʔ⁵］有一只角突出。［例］介张台子～佬。

【寿头】●［zeɪ²⁴deɪ²¹³］滑稽，滑稽的人。［例］他家爷爷是～惑，说点话惹人发笑得。

【寿材】●［zeɪ²⁴zæɪ²¹³］旧时老年人生前预制的棺材。

【受飕】●［zeɪ²⁴iŋ⁵²³］着凉。［例］多穿点，当心～。

【受享】●［zeɪ²⁴ɕiaŋ⁵²³］享受。（新派常州人不说）

【坐臀】●［zɤɯ²⁴dəŋ²¹³］猪臀部的肉。［例］斩一刀～肉煨煨。

【坐输】●［zɤɯ²⁴sʅ⁵⁵］输定了。［例］你赌勿过他，～葛。（新派常州人不常说）

【甚苦】●［zəŋ²¹³kʻu⁴⁵］太。［例］对小佬葛要求剺～严格。

【胜如】◆［zəŋ²¹³zʅ²¹³］好像。［例］喊他做作业，～要他葛命。

【辰光】●［zəŋ²¹³kuaŋ⁵⁵］①时候。［例］夜勒八点钟，是全家看电视葛～。②时间。［例］～过则真佬快得。

【神思】●［zəŋ²¹³sʅ⁵⁵］精神，心绪。［例］～勿定。（新派常州人不常说）

【贼腔】●［zəʔ²³tɕʻiaŋ⁵⁵］①言行不正派。②令人厌恶的样子。［例］一副～勿正经。

【贼相】●［zəʔ²³siaŋ⁵²³］令人讨厌的样子。［例］真佬是一副～。

【贼偷】●［zəʔ²³tʻeɪ⁵⁵］遭窃。［例］小明家勒昨头～哩。

【食祭】●［zəʔ²³tsi⁵²³］吃。（常常在骂人的时候说）［例］天天只晓则～，勿晓则做事体。

【实（直）头】●［zəʔ²³deɪ²¹³］果然，实在。［例］他～贪吃得。

【实结】●［zəʔ²³tɕiəʔ⁵］结实。［例］背包扎则～得。

【十伏】●［zəʔ²³tɕʻiɪ⁵²³］不三不四，不正派。［例］你望望他～葛样子。

【折脚】◆［zəʔ²³tɕiaʔ⁵］瘸子。

【齐巧】●［zi²¹³tɕʻiɯ⁴⁵］恰巧，正好。［例］才刚说到他，他～到则门口头哩。

【齐头】●［zi²¹³deɪ²¹³］（同上）

【齐崭】●［zi²¹³tsæ⁴⁵］很整齐。［例］种葛韭菜长则～佬。

【谢（荠）菜】◆［zia²⁴tsʻæɪ⁵²³］荠菜。

【前埭】●［ziɪ²¹³dɑ²⁴］旧式平房分前后几排，前排叫前埭。

【前夹】●［ziɪ²¹³kaʔ⁵］指猪前腿附近靠近胸部的肉。［例］到菜场买一刀～肉包馄饨。

【旋凿】●［ziɤ²⁴zɔʔ²³］螺丝起子。

【旋子】●［ziɤ²⁴tsəʔ⁵］温酒具。（现在不常见）

【袖管】●［ziɤɯ²⁴kuæ⁴⁵］衣袖。

【劐稻】［ziɯ²¹³dɯ²⁴］割稻子。

【像腔】●［ziaŋ²⁴tɕʻiaŋ⁵⁵］像样子。［例］家勒弄到则勿～哩惑。

【像煞】●［ziaŋ²⁴saʔ⁵］好像。［例］～自家是大老板。

【昨头】◆［zo²¹³deɪ²¹³］昨天。

【凿定】●［zoʔ²³diŋ²⁴］肯定，确定。（新派常州人不说）

【熟事】●［zoʔ²³zɿ²⁴］熟悉。［例］我搭他~佬。（新派常州人不常说）

【入调】●［zoʔ²³diɯ²¹³］听话，不胡来。［例］小佬勿~，要骂略！

【绝细】●［zuəʔ²³si⁵²³］非常细。［例］她葛腰身~葛。

【绝嫩】●［zuəʔ²³nən⁴⁵］非常嫩。（新派常州人不常说）

【时式】●［zɿ²¹³səʔ⁵］时髦，流行。（新派常州人不说）

【糍团】●［zɿ²¹³dʏ²¹³］将糯米饭搅烂，包进芝麻等馅心，搓捏成的椭圆形的团子。

【莳秧】●［zɿ²⁴iaŋ⁵⁵］插秧。

【事体】●［zɿ²⁴t'i⁴⁵］①事情。［例］你寻我有啥~啊？ ②工作。［例］你勒厂勒是做啥~葛？

【市件】●［zɿ²⁴dʑiʏ²⁴］家禽的内脏。（新派常州人不说）

【市口】●［zɿ²⁴k'ɐɪ⁴⁵］①做生意的地段。［例］你葛店~蛮好葛。②热闹之处。（新派常州人不说）

【市面】●［zɿ²⁴miʏ²⁴］①生意。（新派常州人不说）②场面。［例］全是你葛~。③活动地盘。［例］呒没你葛~哩，到别葛场化去吧！④商业活动的情况。［例］今年房地产葛~好到则勿得了！

【字语】●［zɿ²⁴y⁴⁵］旧时常州民间流行的一种秘语，常用反切法拼读常州话，外人不易听懂。如：因力（一），宁利（二），申兰（三），沙氏（四），温鲁（五），轮督（六），清列（七），奔腊（八），经溜（九），人勒（十）。此外，字语还有更复杂的三翻头和复合式等形式。以（三）字为例，三翻头为"申色兰"，复合式为"色轮-轮丹"。（新派常州人不会）

【如其】◆［zʮ²¹³dʑi²¹³］①如果。②与其。［例］~你去，勿如我去。（新派常州人不常说）

T

【瘫巴】●［t'æ⁵⁵po⁵⁵］瘫痪的人（多指下肢瘫痪）。

【瘫手】［t'æ⁵⁵səɯ⁴⁵］上肢瘫痪。

【坍惷】●［t'æ⁵⁵ts'oŋ⁵²³］出丑。［例］当则她葛面出洋相，~煞葛哩。（也写成"摊冲"）

【坍台】◆［t'æ⁵⁵dæɪ²¹³］丢脸。［例］字写勿好~嗒。

【坍眼】●［t'æ⁵²³ŋæ⁴⁵］眼皮耷拉着的眼睛。［例］鼻头到漂亮佬，就是~难看得。

【滩簧】●［t'æ⁵⁵uaŋ²¹³］江浙沪等地流行的一种说唱表演艺术。

【刳毛】［t'æɪ⁵⁵maɯ²¹³］家畜、家禽宰杀后去毛。

【推板】◆［t'æɪ⁵⁵pæ⁵⁵］①逊色，相差。［例］你搭他比，~多得。②亏待。［例］样样东西拨她，一点勿敢~惑。

【推头】◆［t'æɪ⁵⁵dɐɪ²¹³］借口，推托。［例］他~有事体，勿来聚会。

【推气】◆［t'æɪ⁵⁵tɕ'i⁵²³］有气量，大方。［例］做人要~点。

【推为（会）】◆［t'æɪ⁵⁵uæɪ²⁴］①差劲。［例］做人太~！②相差。［例］还~勿少得。（同"推扳"）

【耥稻】●［t'aŋ⁵⁵daɯ²⁴］用耥耙在水稻行间推拉，耘土除草。

【汤罐】［t'aŋ⁵⁵kuʏ⁵²³］旧时炉灶在两个大灶中间用以烧热水的罐子。

【塌班】●［tʻɑʔ⁵pæ⁵⁵］①公共交通工具车船等晚点。［例］火车～葛哩。②没有赶上车船飞机等预定的班次。［例］今朝路上堵，害则我飞机也～葛哩。

【塌车】●［tʻɑʔ⁵tsʻo⁵⁵］平板手推车。（现不常见）

【塌课】●［tʻɑʔ⁵kʻɤɯ⁵²³］缺课。［例］今早小佬发热，又要～哩。

【偷巧】●［tʻeɪ⁵⁵tɕʻiaɯ⁴⁵］投机取巧。（新派常州人不常说）

【氃皮】●［tʻɤɯ⁵²³bi²¹³］脱皮。［例］手臂晒到则～。

【氃毛】▲［tʻɤɯ⁵²³maɯ²¹³］禽类脱毛。

【脱骱】●［tʻəʔ⁵ka⁵²³］骨关节脱臼，脱位。［例］我掼则一跤，手啊～咾哩。

【脱空】●［tʻəʔ⁵kʻoŋ⁵⁵］①落空。［例］托他葛皇伯伯又要～哩。②悬空，没有依托。［例］小佬好～走四五步路哩。③凭空。［例］～想出来葛话勿牢靠。

【脱力】▲［tʻəʔ⁵liə̠²³］生病或劳累过度而乏力。［例］发则几天高烧，有点～哩。

【脱攀】●［tʻəʔ⁵pʻæ⁵²³］①器物上的提手脱落。（新派常州人不说）②离谱，出格。［例］做葛事体～咾哩。

【忒煞】◆［tʻəʔ⁵saʔ⁵］太，过分。（新派常州人不常说）

【蹄踏】▲［tʻi⁵⁵tʻɑʔ⁵］拖着鞋子走路的声音。［例］老远就听到他拖则鞋子～～葛走过来。

【天法】●［tʻiɪ⁵⁵faʔ⁵］一切办法。［例］想～也要弄到手。

【天井】［tʻiɪ⁵⁵tsiŋ⁴⁵］旧时的小院子，三面有房子围着。

【天沟】●［tʻiɪ⁵⁵keɪ⁵⁵］旧时屋面相连处的流水道。

【挺刮】●［tʻiŋ⁴⁵kuaʔ⁵］衣服布料等平整挺直。［例］穿则件～葛衣裳来哩。

【听头】●［tʻiŋ⁴⁵deɪ²¹³］①罐头。［例］他吃葛香烟还是～佬。②惹人听。［例］他讲葛故事呒哆～。

【贴边】●［tʻiəʔ⁵piɪ⁵⁵］缝在衣服边上的窄条。［例］衣裳做则考究佬，～也做则漂亮佬。

【贴对】●［tʻiəʔ⁵tæɪ⁵²³］正对着。［例］我家大门～则公园大门。

【贴肉】◆［tʻiəʔ⁵ȵiə̠²³］①紧贴肌肤。［例］棉毛衫是～穿葛。②关系亲密，贴心。［例］我家两姐妹是～朋友。（新派常州人不常说）

【铁紧】●［tʻiəʔ⁵tɕiŋ⁴⁵］非常紧。［例］门关则～。

【土铁】●［tʻu⁴⁵da̠ʔ²³］农具，形似大畚箕，竹篾编成，用来盛土石、肥料等。（现不常见）

【土墼】●［tʻu⁴⁵tɕi⁵⁵］土坯。

【土龙】●［tʻu⁴⁵loŋ²¹³］①常州民间春节前用米粉做的一种龙形糕团，次年农历二月初二，龙抬头祭祀后，切成块状和面条一起煮着吃，以祈风调雨顺。②形容人土气。［例］进则城几年哩，还像个～得。

【通扯】◆［tʻoŋ⁵⁵tsʻa⁴⁵］平均计算。［例］一顿饭～下来，每人出一百块。

【统共】●［tʻoŋ⁴⁵goŋ²⁴］总共。［例］袋袋勒～只有几铜钿啊？

U

【乌噜】▲［u⁵⁵lu⁵⁵］说话含混不清。［例］嘴勒含则糖嗒，说话～～葛。

【乌墨】●［u⁵⁵mɔʔ²³］黑墨。（新派常州人不常说）

【乌苏】◆ [u⁵²³sʅ⁵⁵] 因肮脏、潮湿，或者闷热而使人难受。（义同"臆思"）[例] 黄梅天，人～到则。

【乌糟】◆ [u⁵⁵tsɑɯ⁵⁵] 肮脏，杂乱。[例] 房间勒～到则。

【乌焦】● [u⁵⁵tsiɑɯ⁵⁵] 物体被烧成黑色。[例] 饭烧到则～葛。（新派常州人不常说）

【乌珠】● [u⁵⁵tsʅ⁵⁵] 眼珠。[例] 眼～瞪到突出来哩。

【胡葱】● [u²¹³tsŋ⁵⁵] 江南的一种葱。比香葱大，比北方的大葱小。

【胡蜂】● [u²¹³foŋ⁵⁵] 马蜂，黄蜂。

【胡（呼）咙】● [u²¹³loŋ²¹³] 喉咙。

【胡苏】● [u²¹³sʅ⁵⁵] 胡须。（新派常州人不常说）

【焐心】◆ [u⁵²³siŋ⁵⁵] 称心，满意。[例] 天天早起头吃蛋糕，～嗒！

【碗盏】◆ [uɤ⁴⁵tsæ⁵⁵] 餐具的总称。[例] 家勒葛～全是新佬。

【弯转】[uæ⁴⁵tsɤ⁵⁵] 转弯。

【还（回）潮】◆ [uæɪ²¹³dzɑɯ²¹³] 因湿度大而使东西潮湿。[例] 黄梅天，家勒葛东西～哩。

【还（回）力】◆ [uæɪ²¹³liəʔ²³] 过分用力后感到疲惫。[例] 昨天洗则一天衣裳，今朝～哩。

【还（回）软】◆ [uæɪ²¹³ȵiɤ⁴⁵] 由硬变软。[例] 饼干放则辰光长则～哩。

【威势】◆ [uæɪ⁵⁵sʅ⁵²³] 使人敬畏的威风和气势。[例] 你做领导葛总要有点～吧。（新派常州人不说）

【煨罐】● [uæɪ⁵⁵kuɤ⁵²³] 煎药或熬汤的瓦罐。

【违拗】[uæɪ²¹³ɑɯ⁵²³] 不顺从，反抗。（新派常州人不常说）

【回头】● [uæɪ²¹³deɪ²¹³] ①拒绝。[例] 别人家请他帮忙，他从勶～过。②悔悟。[例] 浪子～金不换。③把头转向后方。[例] 我一～就看到你来葛哩。④过一会儿。[例] 我～再告诉你吧。

【回丝】● [uæɪ²¹³sʅ⁵⁵] 纺织厂用剩的乱纱团，常常用来揩拭机械。

【回转】● [uæɪ²¹³tsɤ⁴⁵] 返回。[例] 天黑哩，还勿看见他～来。

【围圆】● [uæɪ²¹³iɤ²¹³] 周长，粗细。[例] 老杏树葛～有两米多得。

【惠东】● [uæɪ²⁴toŋ⁵⁵] 做东道主。[例] 你请人，我～。

【为好】● [uæɪ²⁴xɑɯ⁴⁵] 为别人的好而说，或者做。[例] 我也是～，勿晓则他勿高兴哩。

【黄病】● [uɑŋ²¹³biŋ²⁴] 黄疸病。（新派常州人不说）

【黄汤】[uɑŋ²¹³tʻɑŋ⁵⁵] 黄酒。（含贬义）

【黄钱】● [uɑŋ²¹³ziɪ²¹³] 黄纸钱。旧时祭祀时烧化用的。

【黄钻】● [uɑŋ²¹³tsɤ⁵⁵] 鳠鱼。（新派常州人不说）

【横到】● [uɑŋ²¹³tɑɯ⁵²³] 横竖，反正。[例] ～勿是我做葛，我怕嗲？（新派常州人不常说）

【横头】● [uɑŋ²¹³deɪ²¹³] 特指床边。[例] 床～放则勿少书。

【汪水】● [uɑŋ⁵²³sʅ⁴⁵] 液体溢出。[例] 落则几天雨，路边葛阴沟～哩。

【枉对】● [uɑŋ²⁴tæɪ⁵²³] 无理取闹，蛮不讲理。

【瘟（齆）臭】●［uəŋ⁵⁵tsʻei⁵²³］臭味刺鼻。［例］厕所勒～葛。

【温暾（吞）】▲［uəŋ⁵⁵tʻəŋ⁵⁵］①不烫不凉。［例］早起头吃杯～水。②指人的脾气不温不火。［例］天生～水脾气，问则半天勿说话。

【魂灵】●［uəŋ²¹³liŋ⁵⁵］灵魂。

【混堂】●［uəŋ²¹³dɑŋ²¹³］浴室，澡堂。［例］吃则夜饭，～勒泡泡，写意得。

【鲲（混）子】●［uən²¹³tsəʔ⁵］草鱼。

【挖揢】●［uaʔ⁵kʻaʔ⁵］一般人想不到的坏主意和坏做法。［例］总是想点～主意，做点～事体。（新派常州人不说）

【滑脚】●［uaʔ²³tɕiaʔ⁵］溜走，逃走。［例］他勿等事体做完，～就走。

【滑是】●［uaʔ²³zɿ²⁴］只是。［例］他家阔气嗒，～手上葛镯子就值几万块得。

【滑跶】●［uaʔ²³tʻaʔ⁵］打滑。［例］一葛～，推板一点点跌葛跟斗。

【殟塞】●［uəʔ⁵səʔ⁵］①由于闷热，潮湿，而感到不舒服。［例］今朝天气～到则。②由于受气或因后悔而心里难受。［例］今朝拨人家骂则几句，想想也～得。

【核核】●［uəʔ²³uəʔ²³］果核。［例］葡萄葛～太多，品种要改良改良哩。

【活剥】●［uəʔ²³pɔʔ⁵］出丑，丢人。［例］你兜勒人门前～哩。（是"活剥面皮"的缩语）

【活泛】●［uəʔ²³fæ⁵²³］①活跃。［例］隔壁葛男小佬～到则。②宽裕。［例］袋勒有则钞票就～多哩。

【活利（刷）】●［uəʔ²³li⁵²³］①用钝刀割。［例］刀勿磨磨杀鸡，～惑。②拖延。［例］你兜自家勒头～哩惑。

【活络】●［uəʔ²³lɔʔ⁵］灵活。

【活欠】●［uəʔ²³tɕʻiɪ⁵²³］①折腾。［例］你勒头～葛嗲？②烦躁。［例］小佬勿听话，真佬～得！

【活挢】●［uəʔ²³tɕiɯɯ²⁴］不停地动。［例］鱼豞死透，尾巴还勒头～得。

【活撬】●［uəʔ²³tɕiɯɯ²⁴］故意作对。（新派常州人不常说）

【活息】●［uəʔ²³siəʔ⁵］灵活，活泼。［例］两只虎皮鹦鹉～得。

【活作】●［uəʔ²³tsɔʔ⁵］瞎折腾。［例］你兜勒头～哩！

【活狨】［uəʔ²³zəŋ²¹³］猴子。

V

【万（凡）百】●［væ²¹³pɔʔ⁵］所有，凡是。（新派常州人不说）

【万（烦）难】［væ²¹³næ²¹³］非常难，不容易。［例］喊你做点事体，真佬～嗒！

【饭瓜】●［væ²⁴ko⁵⁵］南瓜。

【饭窠】●［væ²⁴kʻɣɯ⁵⁵］用于放置饭锅的保暖器具。旧时用稻草编成，现已改用硬质泡沫塑料。也叫"焐窠"。

【饭丈】●［væ²⁴dzaŋ²⁴］一种多层的盛饭、菜用的器皿，常用于带饭。

【忘命】◆［vaŋ²⁴miŋ²⁴］拼命，不顾一切。［例］看到狗来，就～葛逃啊！

【罚咒】●［vaʔ²³tsei⁵²³］赌咒，发誓。［例］我敢～，我歞拿。（新派常州人不常说）

【坺头】●［vaʔ²³der²¹³］砌墙用方形土块。

【坟墩】◆［vəŋ²¹³təŋ⁴⁴］坟墓隆起的部分。

【份头】◆[vəŋ²¹³deɪ²¹³]份儿。[例]还齁轮着你说话葛～勒。

【文气】[vəŋ²¹³tɕi⁵²³]文静,文雅。[例]女小佬要～点。

【缝穷】●[voŋ²⁴dzioŋ²¹³]旧时称缝补旧衣物过清苦日子。(新派常州人不说)

【服侍】●[voʔ²³zɿ²⁴]伺候,照料。

【服贴】●[voʔ²³t'iəʔ⁵]①听话,顺从。[例]狗拨他驯则蛮～葛。②敬佩,信服。[例]做点事体要让人～。③合身,得体。[例]衣裳穿勒身上勿～。

【扶桁】●[vu²¹³ɦaŋ²¹³]架在水车上的一根横梁,人扶着它才能车水。(现已不常见)

【浮头】◆[vu²¹³deɪ²¹³]上头,表面。[例]拿～葛两本书拨我。(新派常州人不常说)

【釜(腐)烂】[vu⁴⁵læ⁴⁴]非常烂。[例]肉烧则～葛好吃得。

【户头】◆[vu⁴⁵deɪ²¹³]①家伙[例]介葛～勿好。②生意上的主顾。(新派常州人不说)

X₁

【嘻开】▲[ɕi⁵⁵kæɪ⁵⁵]张开,咧开。[例]只要～则嘴一笑,就吭没事体哩。

【先头】[ɕiɪ⁴⁵deɪ²¹³]以前,先前。

【显宝】●[ɕiɪ⁴⁵pɑɯ⁴⁵]显摆。[例]有则点好东西,要紧～哩。

【显焕】●[ɕiɪ⁴⁵xuɤ⁵²³]炫耀。[例]一天到夜摆～。

【鐩开】●[ɕia⁵²³k'æɪ⁵⁵]裂开。[例]墙头～则一条缝,要修一修哩。

【狎喳】◆[ɕia⁵⁵tsa⁵⁵]自鸣得意。[例]你～葛嗲?也写作"虾遮"。

【遐(斜)则】[ɕia⁴⁵tsəʔ⁵]前天。(新派常州人不常说)

【嚣薄】●[ɕiɑɯ⁵⁵boʔ²³]①薄情。[例]人情～嗒。②刻薄,不厚道。[例]做人勤式～。

【煊红】●[ɕiɤ⁵⁵ɦoŋ²¹³]通红。[例]一个个吃到则面孔～。

【乡气】◆[ɕiaŋ⁵⁵tɕ'i⁵²³]土气,俗气。[例]蛮好葛衣裳,穿勒他身上～到则。

【响亮】◆[ɕiaŋ⁵⁵liaŋ⁵⁵]①光线充足。[例]朝南葛房子要～点得。②高亢。[例]～葛歌声。

【香串】◆[siaŋ⁵⁵ts'ɤ⁵²³]①胃口好。[例]拔则牙齿,吃饭也勿～哩。②受欢迎,受重视。[例]每个部门全抢他,～到则。

【香蕈】●[ɕiaŋ⁵⁵zyəŋ²⁴]香菇。

【香香】●[ɕiaŋ⁵⁵ɕiaŋ⁵⁵]亲。大人对小孩亲一口,常常说声"香"。[例]一到家就要妈妈～。

【香嘴】●[ɕiaŋ⁵⁵tsuæɪ⁴⁵]接吻。

【乡勒】●[ɕiaŋ⁵⁵ləʔ²³]①乡间,乡里。②乡一级行政机关。[例]要到～盖一个印。

【响蛋】●[ɕiaŋ⁴⁵dæ²⁴]皮蛋的一种,内部没有完全凝固,摇动时有响声,常用来拌豆腐吃。(新派常州人不说)

【相打】[ɕiaŋ⁵⁵taŋ⁴⁵]打架。

【相相】[ɕiaŋ⁵⁵ɕiaŋ⁵⁵]玩,串门。(武进、新北区部分)

【新妇】[ɕiŋ⁵⁵fu⁵⁵]儿媳妇。

【欣夯】●[ɕiŋ⁵⁵xaŋ⁵⁵]咀嚼生脆果类发出的声响。[例]萝卜～,嗳出来粪坑。(吃萝卜后嗳出的气味难闻。)

【兴致】●[ɕiŋ⁴⁵tsɿ⁵²³]兴趣。[例]一听到打扑克,他葛～就来哩。

【嗛呷】▲［ɕiəʔ⁵xaʔ⁵］咀嚼脆嫩的水果的声音。

【歇界】●［ɕiəʔ⁵ka⁵²³］稍稍休息。（新派常州人不常说）

【息搁】●［ɕiəʔ⁵kɔʔ⁵］完蛋，停止。［例］既然两人合勿来，就~拉倒。

【歇脚】●［ɕiəʔ⁵tɕiaʔ⁵］①停下休息。［例］一直走，勿肯~。②暂时住宿。［例］今夜到宾馆勒~。

【歇手】●［ɕiəʔ⁵seɪ⁴⁵］停止工作。［例］天黑哩，好~哩。

【歇歇】●［ɕiəʔ⁵ɕiəʔ⁵］①稍事休息。［例］到田埂上~。②过一段时间。［例］小佬停停~要闹葛。

【歇夜】●［ɕiəʔ⁵ia²⁴］①过夜，住宿。［例］今朝到茅山~。②傍晚收工休息。［例］天黑哩，~吧。（新派常州人不常说）

【歇昼】●［ɕiəʔ⁵tseɪ⁵²³］午睡。［例］夏天光总归要~葛。

【歇日】●［ɕiəʔ⁵n̠ia²³］改日，过几天。［例］~请你吃饭啊。

【窸嗦】［ɕiəʔ⁵sɔʔ⁵］一种细碎的声响。［例］床底下~葛声音，真佬是老鼠哇！

【虚头】◆［ɕy⁵⁵deɪ²¹³］夸大的不实部分。［例］财务处报葛账，~忒多哩。

【虚大】◆［ɕy⁵⁵dɤɯ²⁴］指胆小的人。［例］一点点葛事体就吓到则抖，真佬是~。

X₂

【齐头】［zɿ²¹³dəɪ²¹³］①凑个整数。［例］工资加奖金，~六千块。②正好。［例］木板做葛小板凳~好。

【夏菜】［ziɑ²⁴tsæɪ⁵²³］荠菜。

【刈稻】［ziɑɯ²¹³tʰiɑɯ²⁴］割稻子。

【搅挡】◆［ziɑɯ²¹³tʰiaŋ⁴⁵］起哄，捣乱。［例］说正经事体得，你覅~。

【像腔】◆［ziaŋ²⁴tɕʰiaŋ⁵⁵］像样。［例］做事体要~点。

Y

【鱼勒】●［y²¹³ləʔ²³］雄性鱼体内的生殖器官。

【鱼屑】●［y²¹³iɪ⁴⁵］鱼鳞。

【芋婆】●［y²⁴bɤɯ²¹³］芋头的主块茎。

【芋子】●［y²⁴tsɿ⁴⁵］从芋婆上长出的小芋头。

【匀净】◆［yəŋ²¹³siŋ⁴⁵］①均匀。②稀稠适中。（新派常州人不说）

【运道】◆［yəŋ²⁴dɑɯ²⁴］运气。［例］今朝~好，抢着大礼包哩！

【晕汤】●［yəŋ²⁴tʰaŋ⁵⁵］在浴室洗澡时昏厥。

【月半】◆［yəʔ²³pɤ⁵²³］农历十五。

【月生】◆［yəʔ²³saŋ⁵⁵］出生的月份和日子。［例］他葛~比我大几个月。

Z₁

【遮瞒】●［tsa⁵⁵mɤ²¹³］掩饰。［例］你帮我~则点，多说点好话噢。

【遮相】●［tsa⁵⁵siaŋ⁵²³］死样。令人厌恶的样子。［例］看你葛~嘚！

【遮塌（榻）】◆［tsa⁵⁵tʰaʔ⁵］遮挡。［例］操场吭没~，落大雨逃啊来勿及。

【赞刚】◆［tsæ⁴⁵kaŋ⁵⁵］①好。［例］买葛几件瓷盘蛮～葛。②人品好。［例］做人蛮～葛。

【招势】●［tsɑɯ⁵⁵sๅ⁵²³］面子。［例］穿则邋里邋遢葛，坍～。

【糟坊】●［tsɑɯ⁵⁵faŋ⁴⁵］旧时酿酒的作坊。

【糟相】●［tsɑɯ⁵⁵siaŋ⁵²³］肮脏不堪的样子。［例］看你一副～。（新派常州人不常说）

【找头】◆［tsɑɯ⁴⁵deɪ²¹³］超过应收数额的应退还的钱。［例］～拨你，拿好则。

【早晏】◆［tsɑɯ⁴⁵æ⁵²³］早晚，迟早。［例］欠葛债，～要还葛。

【灶间】◆［tsɑɯ⁵²³kæ⁵⁵］厨房。也说"灶披间"。

【灶头】◆［tsɑɯ⁵²³deɪ²¹³］炉灶。

【照面】◆［tsɑɯ⁵²³miɪ⁴⁵］迎面，面对面。［例］勒弄堂口正好搭他～。

【沼虾】◆［tsɑɯ⁴⁵xo⁵⁵］淡水虾。

【张张】［tsaŋ⁵⁵tsaŋ⁵⁵］看望。［例］今朝来～你葛。

【争怕】●［tsaŋ⁵⁵p‘o⁵²³］恐怕。［例］～你夥吃。"争"也有说成［tsaŋ⁴⁵］的。

【胀气】●［tsaŋ⁵²³tɕ‘i⁵²³］①胀气。［例］吃山芋容易～得。②生闷气。［例］望望你啊～得。

【扎墩】◆［tsaʔ⁵təŋ⁵²³］强壮，结实。［例］小佬看上去蛮～葛。

【扎钩】●［tsaʔ⁵keɪ⁵⁵］①钩子。［例］衣裳挂勒～上头。②指表示正确，赞成的符号"✓"。

【扎劲】●［tsaʔ⁵tɕiŋ⁵²³］有劲，起劲。［例］老电影看看还是蛮～葛。

【扎制】◆［tsaʔ⁵tsๅ⁵²³］牢固，结实。［例］行李箱蛮～葛，人坐上去也勿碍紧。

【着乖】●［tsaʔ⁵kua⁵⁵］知趣。［例］小佬要～点。

【着末】●［tsaʔ⁵məʔ²³］最后。［例］考试成绩总归排勒～一名。

【转动】◆［tsɤ⁴⁵doŋ²⁴］移动。［例］地方忒细哩，吭没办法～。

【转来】◆［tsɤ⁴⁵læɪ²¹³］①回来。［例］你嗲辰光～啊？（新派常州人不常说）②过来。［例］脚踏车侧则～，危险嗒。（新派常州人不说）

【转身】●［tsɤ⁴⁵səŋ⁵⁵］回转。［例］时间勿早，哈伲～吧。（新派常州人不常说）

【转馋】●［tsɤ⁵²³zæ²¹³］围兜。旧时给幼儿戴在脖子上以防止漏馋，以保护衣服的用品。为夹制棉织品，四瓣环形，当胸前的一瓣潮湿后，可将干的一瓣转到胸前以轮换使用。

【转弯】◆［tsɤ⁴⁵uæ⁵⁵］①过分。［例］一点点葛人就吃酒，真佬～咾哩。②转弯。（新派常州人说）

【缠缠】［tsɤ⁴⁵tsɤ⁴⁵］马马虎虎对付。［例］昼饭就拿点方便面～吧。

【昼饭】◆［tseɪ⁵²³væ²⁴］午饭。

【皱裥】◆［tseɪ⁵²³kæ⁴⁵］衣物等上打的褶子。［例］裙腰打点～好看。

【走破】◆［tseɪ⁴⁵p‘ɯ⁴⁵］有过道从房间通过。［例］～佬葛房间不方便做新房。

【走气】◆［tseɪ⁴⁵tɕ‘i⁵²³］漏气。［例］脚踏车轮胎～哩，勿能够骑哩。（新派常州人不常说）

【做七】●［tsɤɯ⁵²³ts‘iəʔ⁵］旧时人死后，每隔七天祭祀一次，直到七七四十九天为止。这种祭祀活动叫做七，以头七、五七和末七较隆重，末七也叫断七。

【做亲】●［tsɤɯ⁵²³ts‘iŋ⁵⁵］结婚。（新派常州人不说）

【做花】●［tsɤɯ⁵²³xo⁵⁵］绣花，刺绣。（新派常州人不说）

【做会】●［tsɤɯ⁵²³uæɪ²⁴］旧时民间的一种经济互助方式，一人牵头，多人入股，依次

拿钱。

【做戏】[tsɤɯ⁵²³ɕ'i⁵²³] 虚伪，像演戏一样。[例] 领导来则，就~哩。

【做造】[tsɤɯ⁴⁵zɑɯ²⁴] 假装。[例] 看见大人来哩，就~做作业。

【砧头】●[tsəŋ⁵⁵deɪ²¹³] 塞子。[例] 热水瓶上葛~要换一换哩。

【折头】●[tsəʔ⁵deɪ²¹³] 折扣。[例]~打则勿多。

【指掐】●[tsəʔ⁵k'ɑʔ⁵] 指甲。

【汁骨】●[tsəʔ⁵kuəʔ⁵] 糖醋排骨。（新派常州人不说）

【则声】●[tsəʔ⁵səŋ⁵⁵] 作声，回应。[例] 喊则他半天，也勿~。

【济脚】●[tsi⁵²³tɕiɑʔ⁵] 左脚。（新派常州人不常说）

【济手】●[tsi⁵²³seɪ⁴⁵] 左手。（新派常州人不常说）

【齌（齌）糟】●[tɕi⁵⁵tsɑɯ⁵⁵] 烦躁，吵闹。[例] 小宝宝，勠哭勠~。（新派常州人不常说）

【荐头】●[tsiɪ⁵²³deɪ²¹³] 旧时以介绍佣工，买卖奴仆为业的人。

【剪布】[tsiɪ⁴⁵pu⁵²³] 买布。[例] 今朝要街上去~得。

【煎药】[tsiɪ⁵⁵iɑʔ⁵] 熬中药。[例] 学中医就要学会~。

【尖钻】[tsiɪ⁵⁵tsɤ⁵⁵] 太精明，善算计。[例]~葛人勿讨人欢喜。

【尖脐】[tsiɪ⁵⁵dʑi²¹³] 公蟹。

【酒塘】●[tsiɤɯ⁴⁵dɑŋ²¹³] 酒窝。

【酒酵】●[tsiɤɯ⁴⁵kɑɯ⁵²³] 发面用的一种酵母。

【金贵】●[tsiŋ⁵⁵kuæɪ⁵²³] 珍贵，贵重。[例] 他是家勒葛独子，所以~得。

【金瓜】[tsiŋ⁵⁵ko⁵⁵] 黄色的小甜瓜。

【精肉】●[tsiŋ⁵⁵nɒʔ²³] 瘦肉。

【精潮】●[tsiŋ⁵⁵dzɑɯ²¹³] 非常潮湿。[例] 落雨天，地上~落落脱。

【进出】●[tsiŋ⁵²³ts'uəʔ⁵] ①出入。[例] 公园勿收门票，~葛人更加多哩。②分寸。[例] 做事体要晓则~。

【进深】●[tsiŋ⁵²³səŋ⁵⁵] 指房子的深度。[例] 你葛房子~是多少啊？

【紧汤】●[tsiŋ⁵²³t'ɑŋ⁵⁵] 放的汤比较少。[例] 下碗~面吃吃。

【警醒】●[tsiŋ⁵²³siŋ⁴⁵] 睡觉时容易惊醒。[例] 他困觉~透咾，一有动静就醒。

【劲道】●[tsiŋ⁴⁵tɑɯ⁵⁵] 力气。[例] 一点点葛人，~倒大得。

【喷牙】▲[tsʅ⁵⁵ŋo²¹³] 龅牙。[例] 人蛮漂亮，就是长则一副~。（新派常州人不常说）

【节场】●[tsiɑʔ⁵dzɑŋ²¹³] 集市，庙会。[例] 明朝去赶~。（新派常州人不常说）

【疖头】●[tsiɑʔ⁵deɪ²¹³] 一种皮肤病，症状是局部出现充血硬块，化脓，红肿，疼痛。

【渍泲】●[tsiɑʔ⁵tsɔʔ⁵] 残留的油迹或污垢。[例] 衣袖管葛~快点洗洗落。

【抓药】[tso⁵⁵iɑʔ⁵] 买中药。[例] 拿则方子去~。

【抓拿】●[tso⁵⁵no²¹³] 办法，主意。[例] 碰则一点点葛事体，就呒没~哩。

【诈死】●[tso⁵⁵sʅ⁴⁵] 装死，假装。[例] 勿想做作业就~肚皮痛。

【棕体】●[tsoŋ⁵⁵t'i⁴⁵] 棕绷，用棕绳穿在木框上制成的床铺。（现已不常见）

【中觉】●[tsoŋ⁵⁵kɑɯ⁵²³] 午觉。

【中上（酿）】●[tsoŋ⁵⁵niɑŋ⁵⁵] 中午。[例] 到则~再吃。

【众生】［tsoŋ⁵⁵saŋ⁵⁵］①六畜的统称。②詈语。

【总归】◆［tsoŋ⁴⁵kuɐɪ⁵⁵］①总是，一定。［例］跟他打交道～要吃亏葛。②毕竟，终究。［例］好好葛东西坏落则～可惜葛。③反正。［例］～要做完则作业再好吃饭得。

【粽箬】◆［tsoŋ⁵²³ȵiaʔ²³］用来包粽子的箬竹叶或芦苇的叶子。

【作坝】◆［tsɔʔ⁵po⁵²³］①修筑堤坝。②阻拦。［例］勿管做嗲事体，他总归要～葛。

【作变】◆［tsɔʔ⁵piɪ⁵²³］变化。［例］天恐怕要～哩。（新派常州人不说）

【作凳】◆［tsɔʔ⁵təŋ⁵²³］木匠用的长凳。

【作孽】［tsɔʔ⁵ȵiaʔ²⁴］造孽。

【作裙】◆［tsɔʔ⁵dʑyəŋ²¹³］旧时常州男子干活时围在腰间的，用粗布做成的裙子。

【作三】◆［tsɔʔ⁵sæ⁵⁵］找死。因忌讳说"死"，改用"三"。（新派常州人不常说）

【作死】［tsɔʔ⁵sʅ⁵⁵］找死。

【作数】◆［tsɔʔ⁵sʯ⁵²³］①算数。［例］你说话～哦？②确定。［例］明朝我请客～咾哩。

【作雪】◆［tsɔʔ⁵syəʔ⁵］温度骤降，将要下雪的天气情况。［例］今朝葛天，像是～葛样子。

【作蹋】◆［tsɔʔ⁵tʻɑʔ⁵］糟蹋，浪费。［例］麰～粮食。

【作兴】◆［tsɔʔ⁵ɕiŋ⁵⁵］①也许，可能。［例］今朝～姶来哩。②可以。［例］浪费粮食，勿～葛。③习惯允许。［例］现在勿～磕头哩。④时兴，流行。［例］现在年纪大葛人～穿花衣裳。

【作准】◆［tsɔʔ⁵tsuəŋ⁴⁵］①当真，算数。［例］你葛话能够～哦？②准定。（新派常州人不常说）

【作成】◆［tsɔʔ⁵dzəŋ²¹³］促成。（新派常州人不说）

【捉漏】◆［tsɔʔ⁵lɐɪ²⁴］又叫"拿漏"。修补屋面的漏雨处。（新派常州人不说）

【竹头】◆［tsɔʔ⁵dɐɪ²¹³］竹子。［例］～混身全是宝。

【竹箬】◆［tsɔʔ⁵ȵiaʔ²³］箬竹的叶子。［例］～可以裹粽子，也好做箬帽。

【嘴老】◆［tsuæɪ⁴⁵lɯ⁴⁵］能说会道，强词夺理。［例］～户头。

【壮头】◆［tsuɑŋ⁵²³dɐɪ²¹³］肥料。［例］挑～。（现在农村也不常见了）

【壮肉】◆［tsuɑŋ⁵²³ȵiɔʔ²³］肥肉。（新派常州人不常说）

【准其】◆［tsuəŋ⁴⁵dʑi²¹³］一定，准定。（新派常州人不说）

【疿水】◆［tsʅ⁵⁵sʯ⁴⁵］皮肤发炎时的渗出分泌液。

【至亲】◆［tsʅ⁴⁵tsʻiŋ⁵⁵］关系很近的亲戚。

【致诚】◆［tsʅ⁵²³dzəŋ²¹³］真挚，诚恳。［例］待人要～。

【脂油】◆［tsʅ⁵⁵iɣɯ²¹³］猪油。

【兹格】［tsʅ⁵⁵kəʔ⁵］这个。赵元任写作"志葛"。

【兹盍】［tsʅ⁵⁵kuɐɪ⁵⁵］这里。（赵元任）

【子口】◆［tsʅ⁴⁵kʻɐɪ⁴⁵］瓶、罐、箱、匣等器物上跟盖儿相密合的部分。（新派常州人不常说）

【纸吹】◆［tsʅ⁴⁵tsʻəʔ⁵］旧时引火用的很细的纸卷儿。

【纸头】◆［tsʅ⁴⁵dɐɪ²¹³］纸。

【纸筋】◆［tsʅ⁴⁵tɕiŋ⁵⁵］拌和在石灰里，用来涂抹墙壁的纸浆或稻草纤维等。

【姊妹】◆［tsʅ⁴⁵mæɪ²⁴］①姐姐和妹妹。［例］～几个长则像得。②闺蜜。［例］～淘勒经常

聚会。

【猪婆】●［tsʅ⁵⁵bɤɯ²¹³］下仔的母猪。

【猪窠】◆［tsʅ⁵⁵kʻɤɯ⁵⁵］①猪圈。②喻指家里杂乱的样子。［例］你望望你葛床像～哦？

【猪郎】●［tsʅ⁵⁵laŋ²¹³］种猪，公猪。

【猪迷】●［tsʅ⁵⁵mi²¹³］泛指反应慢，行动迟缓。［例］年纪大则～咾哩。也写成"猪尼"。

【主顾（家）】◆［tsʅ⁴⁵ku⁵²³］①雇主，主人家。［例］～是蛮客气葛老老头。②家伙。（新派常州人不说）

【主（渚）倒】●［tsʅ⁵⁵tɑɯ⁴⁵］栽倒，跌倒。［例］老王头一晕～勒地上。

【铢钻】●［tsʅ⁵⁵tsɤ⁵²³］锥子，钻子。

【疰夏】●［tsʅ⁴⁵ɦo²⁴］因暑热而精神倦怠，胃口不好，身体消瘦。

Z₂

【镲钹】●［dzɑ²¹³bəʔ²³］铙钹，铜质圆形的打击乐器。

【镲门】●［dzɑ²¹³məŋ²¹³］用力把门关上。［例］一勿高兴就～。

【丈姆】●［dzɑ²⁴m̩²¹³］岳母。

【沛尿】●［dzɑ²⁴sy⁵⁵］小便。

【诧惊】●［dzɑ²⁴tɕiŋ⁴⁵］睡梦中惊叫。［例］小佬看则恐怖电影，夜勒会～葛。

【诧猫】●［dzɑ²⁴mɑɯ²¹³］大惊小怪的人。（新派常州人不说）

【栈条】●［dzæ²⁴diɑɯ²¹³］旧时用竹篾编成的长条，主要用来围囤粮食。

【朝奉】◆［dzɑɯ²¹³voŋ²⁴］旧时称当铺的管事人，泛指店员。

【朝外】◆［dzɑɯ²¹³ua²⁴］以外，开外。［例］锅炉房葛温度有四十度～，倒像只烘箱得。

【槽槽】［dzɑɯ²¹³dzɑɯ²¹³］沟槽。［例］～勒全是田螺。

【场化】●［dzaŋ²¹³xo⁵²³］地方，场所。［例］小区勒吭没～跳广场舞哩。

【长大】●［dzaŋ²¹³dɤɯ²⁴］身材高大。［例］现在葛人全长则～得。

【长性】●［dzaŋ²¹³siŋ⁵⁵］耐性，持久性。［例］做事体吭没～，总归做勿好。

【长圆】●［dzaŋ²¹³iɤ²¹³］椭圆。［例］橄榄球是～佬。（新派常州人不常说）

【长远】［dzaŋ²¹³iɤ²¹³］时间久。［例］老老头～勿吃酒哩。

【宅码】●［dzaʔ²³mo⁴⁵］宅神的神码。系人头蛇身。（现不常见）

【着底】◆［dzaʔ²³ti⁴⁵］①最下面。［例］寻到箱子葛～下，也齣看到他葛照片。②最差等。［例］成绩总归是排勒～下。

【着杠】●［dzaʔ²³kaŋ⁵²³］有着落。［例］工作总算～咾哩。

【着寤】●［dzaʔ²³xuəʔ⁵］睡得熟。［例］有则心事，睏觉也勿～。

【着脚】●［dzaʔ²³tɕiaʔ⁵］跺脚。［例］拨小佬气到则～跳。

【着劲】●［dzaʔ²³tɕiŋ⁵²³］有力。［例］手臂勿～哩。

【着力】●［dzaʔ²³liəʔ²³］用力，使劲。［例］掼则一跤，脚一～就痛。

【着末】◆［dzaʔ²³məʔ²³］最后，末了。［例］成绩总归排勒～一葛。

【着肉】◆［dzaʔ²³ȵiəʔ²³］接触皮肉，贴身。［例］汗衫～穿，要全棉葛才写意得。

【缠头】［dzɤ²⁴deɪ²¹³］意思。常用于否定。［例］跟她白相吭～。

【缠佬】●［dzɤ²⁴lɑɯ⁴⁵］不行。［例］请年纪大葛人来做护工，总归~。（新派常州人不常说）

【缠帐】●［dzɤ²⁴tsaŋ⁵²³］应付。（新派常州人不常说）

【缠缠】●［dzɤ²⁴dzɤ²⁴］凑合。［例］她烧饭也是~葛。

【阵头】●［dzəŋ²¹³deɪ²¹³］雷。［例］~响则，要落雨哩。

【直落】●［dzəʔ²³lɔʔ²³］顺畅，舒畅。［例］现在葛日脚过则蛮~葛。

【着实】●［dzaʔ²³zəʔ²³］①确实。［例］情况~佬，呒不嗲变动。②牢靠，有着落。［例］事体勿~，总归勿放心。③实在，非常。［例］几天勿洗头，头上葛味道~难闻得。

【实头】●［dzəʔ²³deɪ²¹³］实在。［例］一天勿吃饭，~有点饿则难过得。

【值价】●［dzəʔ²³tɕia⁵²³］①值钱。［例］田勒葛野草，勿~。②有骨气。［例］~点，覅哭！

【值钱】［dzəʔ²³ziɪ²¹³］疼爱。［例］他家爷爷顶~小孙子。

【镯头】●［dzəʔ²³deɪ²¹³］手镯。

【撞关】●［dzuaŋ²⁴guæ²¹³］最多。［例］最近公司效益勿好，~只能招收三葛人。

【撞巧】◆［dzuaŋ²⁴tɕiɑɯ⁴⁵］碰巧。（新派常州人不常说）

【治头】◆［dzʐ²⁴deɪ²¹³］惹人讨厌的人。［例］多多天生是葛~。

【治相】◆［dzʐ²⁴siaŋ⁵²³］讨厌的样子。［例］一副~。

【箸笼】●［dzʮ²⁴loŋ²¹³］存放筷子的竹筒。（现在不常见）

NG

【嗯娘】●［ŋ̍⁵⁵ȵiaŋ²¹³］母亲的面称。（新派城市人不说，农村还有这个称呼）

【捱床】［ŋa⁴⁵suaŋ²¹³］赖床。

【衔头】●［ŋæ²¹³deɪ²¹³］①称号或等级。［例］她葛名片上~一大串。②公文、书信、发票等的上款。［例］你葛发票上写嗲~？

【眼眵（眥）】●［ŋæ⁴⁵tsʮ⁵⁵］眼屎。

【眼膛】●［ŋæ⁴⁵daŋ²¹³］眼眶。

【眼风】●［ŋæ⁴⁵foŋ⁵⁵］眼神，眼色。（新派常州人不常说）

【眼眼】●［ŋæ⁴⁵ŋæ⁴⁵］①小洞。［例］被单拨香烟烫则好两葛~。②非常少。［例］弄则半天，吃则一~。

【眼热】●［ŋæ⁴⁵ȵiəʔ²³］羡慕。［例］覅看别人家钞票赚则多就~勿过。

【眼脬】●［ŋæ⁴⁵pʰɑɯ⁵⁵］眼皮。［例］夜勒䐡困好，~也肿咾哩。

【眼馋】●［ŋæ⁴⁵zæ²¹³］羡慕。［例］覅看别人家有钞票就~。

【砚墨】●［ŋæɪ²¹³mɔʔ²³］磨墨。［例］过去写毛笔字，是要~葛。

【呆定】●［ŋæɪ²¹³diŋ²⁴］一定。［例］叫她覅去，她~要去。

【呆要】●［ŋæɪ²¹³iɑɯ⁵²³］一定要。［例］叫她覅去，她~去。

【碍紧】●［ŋæɪ²⁴tɕiŋ⁴⁵］要紧。［例］你就是晏点来也勿~。

【整盘】●［ŋɑɯ²¹³bɤ²¹³］饼铛，烙饼的平底锅。（新派常州人不说）

【咬嚼】◆［ŋɑɯ²⁴ziaʔ²³］①咀嚼。［例］一~牙齿就痛。②有嚼劲。［例］肉太烂，呒没

嗲~哩。

【咬春】［ŋɑɯ²⁴tsəŋ⁵⁵］常州的一种习俗。在立春的那一天吃春卷，叫"咬春"。（新派常州人不说）

【硬档】●．［ŋaŋ²⁴taŋ⁴⁵］条件优越或关系好。［例］貌相搭经济，各方面全~佬。

【硬横】●．［ŋaŋ²⁴uaŋ²¹³］货真价实，过硬。［例］东西~，总归有人买葛。（新派常州人不说）

【硬扎】●．［ŋaŋ²⁴dzaʔ²³］①坚强。［例］头上缝则几针，他一声勿吭，蛮~葛。（新派常州人不常说）②结实。［例］台子葛腿蛮~葛。③强壮，健康。［例］八十岁葛人哩，身体还蛮~葛。

【硬紧】●．［ŋaŋ²⁴tɕiŋ⁴⁵］硬是，一定要。［例］喊他麵去，他~要去。

【硬骨】●．［ŋaŋ²⁴kuəʔ⁵］用碎布或旧布糊成的硬布片，大多用来制作布鞋。（现在已不常见）

【齾口】●．［ŋaʔ²³kʻei⁴⁵］器皿上的豁口。

【我家】●．［ŋɣɯ⁴⁵ko⁵⁵］①我们。［例］~一道去白相。②我家。［例］你家女女勒~得。

【额子】●．［ŋəʔ²³tsəʔ⁵］名额，额度。（新派常州人不常说）

【牙巴】●．［ŋo²¹³bo²¹³］下巴。

【牙官】●．［ŋo²¹³kuɣ⁵⁵］下牙床。

【牙苏】●．［ŋo²¹³sɿ⁵⁵］胡子。（新派常州人不常说）

【牙须】●．［ŋo²¹³sy⁵⁵］胡子。

三　结　语

首先，新派常州人在词汇的运用上，已渐渐向普通话靠拢。如：常州话的"亮月"，新派常州人往往说成"月亮"；"该应"说成"应该"；"胡苏"说成"胡须"；等等。

其次，关于"尖音"。文中注音基本是按照老派常州人，即四十年代前后生人的发音记录。因此，凡老派常州人读尖音的字，一律标注尖音。一部分住在城区的五六十年代生人，他们口中的尖音基本消失，而一部分原住郊区或农村的人口中，尖音还若隐若现。八十年代以后出生的新派常州人，除了原住郊区或农村，且一直没有离开本地的，一小部分人口中还保留些许尖音外，其余新派常州人的口中，已难觅尖音的行踪了。

其三，由于方言词带有浓重的口语色彩，有些方言词找不到相应的汉字记录。没有相应汉字记录的，只能使用音同或音近的汉字代替，甚至要用新创造的汉字来记录，所以，难免牵强。

其四，随着各地人员交流成为常态，地区的概念日趋模糊，普通话日益成为人们日常交流的用语，这是好事。然而，也难免导致一些极具地方色彩的，表达力极强的方言词正在逐渐消失。文中标注"现在已不说，或现在已不见"的那些词，基本成为了语言博物馆的词类。文中"新派常州人不说，或不常说"的一些词，估计在若干年后，也将进入语言博物馆。倘若不及时记录并加以解释，那些忠实地记录地方特色的方言词，将会随着老人的不断离世而逐渐在人们的视野里消失。

本文的目的就在于，尽可能多地记录和解释这些烙有地方印记的，具有地方特色的方言词，以供子孙后代及研究者作为学习研究的参考资料。由于本人水平有限，涉猎的范围

也不够广博，文中所收的方言词还不能穷尽，恳请专家学者不吝补遗。

参考文献

胡文英，徐　复.吴下方言考校议［M］.南京：凤凰出版社，2012.

周　源，倪　慎.常州方言词句考释［M］.南京：南京大学出版社，2012.

周　源，屠国瑞.常州方言词典［M］.南京：江苏教育出版社，2011.

莫彭龄，陆惠根.常州农谚汇释［M］.南京：江苏凤凰科学技术出版社，2018.

赵元任.现代吴语的研究（附调查表格）[M].北京：科学出版社，1956.

钱乃荣.当代吴语研究［M］.上海：上海教育出版社，1992.

Richard VanNess Simmons（史皓元），石汝杰，顾黔.江淮官话与吴语边界的方言地理学研究［M］.上海：上海教育出版社，2006.

钟　敏.略谈常州话70年来的变化［M］∥吴语研究——第三届国际吴方言学术研讨会论文集.上海：上海教育出版社，2005.

教育部语言文字信息管理司中国语言资源保护研究中心.中国语言资源调查手册汉语方言［M］.北京：商务印书馆，2017.

楼益华.中吴网·老楼讲古今.江苏常州：常州广播电视台.

致谢：感谢莫彭龄先生、楼益华先生、金丽藻女士提供宝贵资料。

（钟敏　常州开放大学　zhongmin225@126.com）

对比话题标记的跨吴语研究

金大卫　周　炜

一　研究背景

吴语是话题标记功能显著的语言。它的话题标记模式非常有利于深入理解话题标记和话题类型之间的相互作用。本文基于吴语区五个典型的方言点，对吴语的对比话题标记进行考察，发现吴语中存在功能不同的两套话题标记，并阐释它们之间的关系。同时本文还讨论了吴语条件句本身的话题性，并尝试解释条件句适合作对比话题的原因。

一般认为，对比话题能够引出两个或两个以上的可选实体，每一个实体发挥部分语用功能。比如，下文的句（1）中，回答 A 里的对比话题"妈妈"引入一个语句，解决问题 Q 下的一个子问题（subquestion）；另一个对比话题"爸爸"引入第二个语句，解决问题 Q 下的其余子问题。两个对比话题短语通过并行地发挥各自的语用功能，而构成对比（Büring 2003）。

（1）问题 Q：你家里人给你买了什么生日礼物呢？

回答 A：[妈妈]$_X$ 呢，给我买了毛绒玩具。[爸爸]$_Y$ 呢，给我买了火车模型。

哪些语句之间构成对比，受制于对话规则中的一种语用规则——关联度原则（Relevance）。简要来说，问题和回答之间必须相关，同时两个对比的答案所解决的在议问题（QuD，Question under Discussion），在对话策略的更上一层必须同属于一个更大的在议问题（Büring 2003）。

前人对对比话题的研究非常深入，同时也存在争议。Constant（2014.）指出，目前的文献中，对于"对比话题"这一概念的内涵存在两派看法。一派学者（Krifka 2007；Vermeulen 2009，2011，2012；Neeleman and Vermeulen 2012）认为对比话题即是"对比性的话题"，属于话题的下位范畴。话题概念本身的定义非常宽泛，可以有句法、语义和语用上的互相联系但又不同的理解。尽管如此，可以认为所有的对比性话题都是一种话题。与之相对，Büring（2003）、Gyuris（2002，2008，2009，2012）和 Tomioka（2010a，2010b）等则认为对比话题独立于任何"话题"的概念，本身就是一个基本的信息结构范畴。从这个角度出发，他们认为并非所有的对比话题都是话题。这种独立、二分的理解，并不排除两类话题概念之间可以通过相关性（aboutness）而形成交互。

英语在表达对比话题时，存在一种独特的语调模式，即重音模式，音高模式呈轮廓调（Constant 2014）。这一语调模式不同于一般常见的话题句，也即主题（thematic）话题句。与语调模式相比，语言中如果存在专门的显性话题标记来差异化标记两种话题范畴，可以更直观地为两种范畴间的区别提供证据。多数语法理论认为话题短语中的中心词是一个话题算子。如果假定存在句法上的一个单独的主题话题范畴和对比话题范畴，那么也就预测会存在语言对两种算子区分标记。汉语的话题标记系统就是在这个意义上具备其理论价值。

前人的文献早已注意到话题算子往往由专门的话题提顿词公开标记。汉语文献中，赵

元任（1968）最先引入"话题"概念，首次用"话题"和"述题"的分立，解释汉语句子的主语和谓语动词语义。而张伯江、方梅（1996）较早讨论汉语话题标记的问题，对句首语气词"啊、吧、哪"的话语功能进行分析，指出句首语气词前的成分作话题时可以分为两类：语气词前的成分既是主语又是话题，或者语气词前的成分是句子的话题，但它的主语身份存在争议。张、方文中还指出了句首语气词"呢"往往是用来转换到一个新话题，但与 Constant（2014）不同，他们没有区分"话题转移"和"对比话题"在概念上的区别。他们注意到，"呢"作为提顿词，可以允许对比。屈承熹（2000）深入探讨了句首语气词"呢"的话题形式，提出"呢"出现的两种不同的语境，即：其指称物与其承接的指称物间形成对比或并列。对比要求话题与述题同时对立，且话题一定带有对比重音；并列则不要求带有对比重音。屈承熹（1999）还提出普通话中的话题标记"嘛"有重引话题和引进对比话题的功能。徐烈炯和刘丹青（1998）认为，话题的核心功能与话语内容相关。话题的对比性是由话题的核心功能派生出来的功能，话题标记在强化其前面成分的话题性同时，突出了对比性。提顿词具有强化话题性的功能，而不带提顿词的话题常常不带有明显的对比性。他们还认为话题因为被强化而带上对比性是很自然的。屈承熹（2006）赞同"话题焦点不同于自然焦点（也称信息焦点）和对比焦点"的观点，他建议以"对比性话题"来取代"话题焦点"。费惠彬（2006）不赞成这一观点，费认为，话题是否带对比功能并不是由话题的核心功能来决定。话题是否带对比功能有两种情况，一种是对比双方或多方都出现，另一种是对比双方只出现一方。

Constant（2014）对汉语话题标记／提顿词"呢"做了细致的刻画和详尽的分析，并与其他东亚语言的话题标记进行了对比。如下表所示，在日语／韩语型的话题标记模式中，对比话题和主题话题的标记方式是一样的。日语提顿词 -wa 和韩语 -（n）eun 都同时出现在主题话题短语和对比话题短语的环境中。Constant（2014）指出汉语型的话题标记模式与之不同，将对比话题自身作为范畴特征，存在差异性标记，如他提出普通话的话题标记"呢"作为单纯的对比标记实现话题算子的功能。对于这一论断，他给出了一系列环境分布的证据，相较前述对"呢"对比性的研究，更具系统性和说服力。

表 1　日韩型话题标记模式和汉语型话题标记模式的区别

话题标记模式	日语 -wa/ 韩语 -（n）eun	汉语普通话 "呢"
主题话题标记	+	−
对比话题标记	+	+

本文的目的是在 Constant 对于普通话"呢"的研究基础上，分析吴语中的话题标记模式是否也具备差异性标记的情形。吴语是话题标记功能显著的方言，拥有比普通话更加丰富的专用话题提顿词。我们认为，吴语话题的标记方式为研究话题标记和话题类型之间的相互关系提供了更大的验证空间，可以进一步验证 Constant（2014）的主张。

二　语料调查

我们选取了吴语区五个代表性方言点，以进一步调查汉语型的对比话题标记模式。这五个方言点从属不同的方言小片，它们分别是：苏沪嘉小片—无锡话、临绍小片—余姚

话、甬江小片—宁波话、金衢片—金华话、瓯江片—温州话。其中一个方言点属于北部吴语，另外四个属于南部吴语。选取这些方言点，主要是因为我们能接触到对应的合作人，在此前提下尽量保证具有一定的覆盖面。这些方言内部都有一个或以上可缺省的提顿词后缀。这些后缀往往附着在一个宿主上，并经常与宿主形成一个单一的连读变调单元（徐烈炯、刘丹青 1998，2007）。下表提供了每个被调查方言点的发音合作人的年龄、地点、职业和性别等信息：

表 2　调查方言发音合作人信息

语言（方言点）	年　龄	地　点	职　业	性　别
无锡话（苏沪嘉小片）	36	无锡市梁溪区	教师	女
余姚话（临绍小片）	26	余姚市兰江街道	学生	女
宁波话（甬江小片）	27	宁波市鄞州区	学生	女
金华话（金衢片）	25	金华市金东区	教师	女
温州话（瓯江片）	26	温州市鹿城区	学生	女

我们的调查基于母语者对各自方言的话题标记是否可用于以下给定语境的判断。下面我们以余姚话为例，给出我们使用的调查例句。这些调查用的例句可以使我们判断某个给定的话题提顿词是否可以用于几类细分的话题和非话题环境中。例句的设计基于 Constant (2014) 对于普通话提顿词"呢"使用环境给出的例句，并结合其他话题判定的成果进行了拓展。下例中，* 表母语者不可接受。每一个例句逐行列出本字、国际音标誊写和普通话翻译。

2.1　给定的提顿词是否可以标记对比话题

（2）A：倷　屋里　葛　宁　　啥葛辰光　　　困觉？
　　　　na? ?uo? li　kə?　niŋ　sə? kə? zəŋkuaŋ　kʰuəŋkɒ?
　　　　"你家人什么时候睡觉？"

　　　B：阿拉妈妈　嘿/恁/*啊，　　困得早；　阿拉　爸爸　嘿/恁/*啊，
　　　　　?a la? ma ma mə?/ɲin/*ɑ　　kʰuəŋ tə? tsɒ; ?a la? pɑ pɑ　mə?/ɲin/*ɑ
　　　　　困　得　夜；阿拉　弟弟　嘿/恁/*啊，
　　　　　kʰuəŋ tə? ɦiɑ. ?a la? di di　mə?/ɲin/*ɑ
　　　　　有　辰光　困　得早，　有　辰光　　困　得　夜。
　　　　　ɦiœ zəŋ kuaŋ　kʰuəŋ tə? tsɒ　ɦiœ　zəŋ kuaŋ　kʰuəŋ tə? ɦiɑ.
　　　　　"我妈睡得早，我爸睡得晚，我弟弟有时睡得早，有时睡得晚。"

（3）老早前头　有　两个好朋友，　小周　则　小胡。
　　　lɔtsɒ ʔiẽdø　ɦiœ　liã kou hɔbãɦiɤ,　ɕiɒtsø tsə? ɕiɒvʊ.
　　　小周　嘿/恁/*啊　读书　特别　好
　　　ɕiɒtsø　mə?/ɲin/*ɑ　dɔ? sɿ də?bi　hɔ,
　　　小胡　嘿/恁/*啊　读书　弗大　好。
　　　ɕiɒvʊ　mə?/ɲin/*ɑ　dɔ?sɿ və? da　hɔ.

"从前有两个好朋友，小周和小胡。小周学习特别好，小胡学习不太好。"

2.2 给定的提顿词是否可以标记连续主题话题

（4）A：侬　小王　　有　看见　　吠？　　阿拉　寻　渠　有　事体。

nuŋ　ɕiɒ uaŋ　ɦiø　kʰiẽ tɕiẽ ve？　ʔalaʔ　tɕiŋ ɦe　ɦiø zɿ tʰi.

"你看见小王了吗？我们找他有事。"

B：小王　＊嚜/＊恁/啊　我　今寐　天亮头　　　还　碰着　渠　过。

ɕiɒ uaŋ　＊məʔ/＊ɲin/a　ŋo　tɕimiʔ　tʰiẽ liã dœ　ɦui　bã zaʔ ɦe kou.

"小王，我今早还碰到过他。"

2.3 给定的提顿词是否可以标记话题转移

（5）A：侬　则　　小王　　聊　过　啷　咪？

nuŋ tsəʔ　ɕiɒ uaŋ　liɔ　kou lɒŋ mi？

"你跟小王聊过了吗？"

B：小王　　＊嚜/恁/啊，我　晏眼　则　渠聊，我　明朝　好则渠碰头葛。

ɕiɒ uaŋ　＊məʔ/ɲin/a　ŋo ʔẽ ŋiẽ　tsəʔ　ɦe liɔ, ŋo meŋ tsɔ hɔ tsəʔ ɦe bã dø kəʔ.

"小王，我晚点跟他聊，我明天能见到他。"

项目　葛　事体＊嚜/恁/＊啊　我　今寐到屋里做好仔发则侬。

ɕiã məʔ kəʔ zɿ tʰi　＊məʔ/ɲin/＊a,　ŋo tɕi mɿʔ tɒ ʔuoʔ li tsouɦɔtsi faʔtsəʔ nuŋ .

"项目的事，我今天回家做完发给你。"

2.4 给定的提顿词是否可以标记焦点信息

（6）A：益　句　说　话　啥　宁　话？

əʔ　tɕy　soʔ　ɦuo　sã　niŋ　ɦuo？

"这句话谁说的？"

B：小周　　＊嚜/＊恁/＊啊　话　啷　葛。

ɕiɒ tsø　＊məʔ/＊ɲin/＊a　ɦuo　lɒŋ　kəʔ.

"小周说的。"

2.5 给定的提顿词是否可以标记假设条件句中的条件小句

（7）A：明朝　侬　学堂　去吠？

mə tsɔ　nuŋ　ɦioʔdaŋ kʰe ve？

"明天你去不去学校？"

B：雨　弗　落　嚜/恁/＊啊　去，雨　落　嚜/恁/＊啊　算　哉。

ɦy　vəʔ loʔ　məʔ/ɲin/＊a　kʰe,　ɦy　loʔ　məʔ/ɲin/＊a　sø　tse.

"不下雨就去，下雨就算了。"

2.6 给定的提顿词是否可以标记事实性条件句中的条件句

（8）A：我　今寐　弗太　落胃。

ŋo　tɕi mɿʔ　vəʔ da　lou ɦue.

"我今天不太舒服。"

B：弗　大　落胃　　嚜/恁/＊啊，学堂　里　好甭　去　哉。

vəʔ　da　louɦue　məʔ/ɲin/＊a　ɦioʔdaŋ li　hɔ oŋ kʰe tse.

"不舒服就别去学校了。"

2.7　给定的话题标记是否可以标记原因小句

（9）因为　　落雨　葛　缘故　　＊噢/？恁/＊啊，
　　　Iə ɦue　loʔ fiy kəʔ ɦyø kɯ　＊məʔ/？ɲin/＊ɑ，
　　　今寐　葛　运动会　取消　　　　　嘚哉。
　　　tɕi mɿʔ kəʔ　ɦioŋ doŋ ɦue tɕʰy ɕiɔ　lɜŋ　tse.
　　　"因为下雨，今天的运动会取消了。"

2.8　给定的话题标记是否可以标记疑问句环境下的话题短语

（10）a. 张老师　＊噢/＊恁/＊啊，上日　　学堂　　有来　哦？
　　　　　　tɕaŋ lɔ ʂ　＊məʔ/＊ɲin/＊ɑ，　zaŋ ȵiʔ　ɦiɔʔ daŋ　iø le　ve？
　　　　　　"张老师昨天来学校了吗？"

　　　b. 张老师　＊噢/＊恁/＊啊，小宁　　有去　接哦？
　　　　　　tɕaŋ lɔʂ　＊məʔ/＊ɲin/＊ɑ，　ɕiə niŋ　iø　kʰe tɕiəʔ ve？
　　　　　　"张老师去没去接小孩？"

　　　c. 张老师　＊噢/＊恁/＊啊，到　阿头去玩去嘚哉？
　　　　　　tɕaŋlɔʂ　＊məʔ/＊ɲin/＊ɑ，　tɔ　ʔa dø kʰe mẽ kʰe lɔŋ tse？
　　　　　　"张老师去哪儿玩儿了？"

我们对五种吴语方言都平行地根据以上例句进行调查，调查的结果得到表 3 中五种吴语方言的话题标记分布模式。

表 3　话题标记模式的跨吴语比较

	无锡话	余姚话	宁波话	金华话	温州话
对比话题	噢，＊啊，是	噢，＊啊，恁	噢，恁	内，＊噢，＊啊	伲
连续主题话题	＊噢，啊，＊是	＊噢，啊，＊恁	＊噢，＊恁	＊内，噢，啊	＊伲
非连续主题话题	＊噢，啊，是	＊噢，＊啊，恁	＊噢，＊恁	＊内，噢，啊	＊伲
假设条件小句	噢，＊啊，是	噢，＊啊，恁	噢，恁	内，＊噢，＊啊	伲
非假设（事实）条件小句	？噢，＊啊，是	噢，＊啊，恁	噢，恁	内，＊噢，＊啊	伲
原因小句	＊噢，＊啊，＊是	＊噢，＊啊，？恁	＊噢，＊恁	＊内，＊噢，＊啊	＊伲
焦点	＊噢，＊啊，是	＊噢，＊啊，恁	＊噢，＊恁	＊内，＊噢，＊啊	＊伲

三　对比话题标记模式

我们主要提出以下几点发现：调查发现，吴语存在两套话题标记。它们在不同方言中有部分重叠，但并不完全相同。总的来说，这两套话题标记都如同我们所提及的 Gyuris（2012）一派的信息结构理论所预料的那样，分别标记主题话题和对比话题，同时由于话题与焦点范畴的互补性，两套话题标记都排斥焦点。主题话题标记和对比话题标记存在显著区分，这说明对比话题和主题话题的差异是真实存在的。它们密切相关但又相互独立。考虑到主题话题本身可以区分为连续主题话题与非连续主题话题（后者即话题切换 topic shift），我们在调查的例句中还额外确认是否我们所发现的提顿词的标记差异真的与对比性相关。换句话说，我们还考虑了另一种可能性，即两种话题标记的分布差异是不是跟话题的连续与否关

联。我们发现，尽管有些话题标记将非连续主题话题与对比话题归于一类，但是诸如无锡话、余姚话的"嗰"，宁波话的"恁"这一类提顿词显然是专门标记对比性，而不能用于非对比性的话题切换。这就进一步佐证了吴语存在系统的专属对比话题标记这一结论。

其次，调查还发现，对比话题标记总是标记条件句，而主题话题标记与条件标记不存在一一对应的关系。当一个提顿词同时标记主题话题和条件小句时，它也一定能够标记对比话题。从中可以看出，吴语中的条件标记和对比话题标记之间存在密切关系。这一点尤其值得注意。如果我们发现一类提顿词标记既能标记条件句，又能标记对比话题的话，那么与其认为存在两类标记（条件标记和对比话题标记），更合理的提法应该是这两种相同的分布的背后是一类共同的标记，那么也即是说条件句与对比话题之间存在深层次的关联。学界已经注意到，条件句可以被理解为一种话题。赵元任先生早在1968年就对汉语条件句的话题性给出了前瞻性的观察。更一般的提出假设性条件小句与句子话题之间存在语义和类型学关联的论断见于Haiman（1978）的经典文章。然而，先前的这些语法理论通常将假设性条件从句定义为语篇上的"相关性话题"（Haiman 1978；Siegel 2006；Ebert et al., 2014）。有部分学者近年来指出，假设性条件从句表达的应该是一种对比话题（Tomioka 2010；Constant 2014）。吴语中的发现初步支持了后面这种观点。

结合条件句在话语中的使用倾向，我们认为条件句本身就十分适合充当对比话题。因为条件句使用的语境中往往假设多重的可能性，当考虑到一种可能性的时候，另一种对比的可能性也被涉及。具体来说我们认为条件句按照下面的图示可以理解为一种对比话题句（Constant 2014）。

（11）如果［可能性#1］对比话题1，那么［结果#1］。如果［可能性#2］对比话题2，那么［结果#2］。

或者更通俗地来说，条件句的功能常常是把一个大的复杂的问题分解成几个小的、易于处理的子问题，并期待在有可能的情况中寻求答案。试考虑下面的一个简单的例子，即"我明天要做什么？"我们可以回答为："如果下雨，我会读读书。如果天很热，我就去游泳。如果有风，我就去放风筝。"当我们考虑一个假设的可能性时，几乎不可避免地会涉及另一方对比可能性的问题。因此通常来说，我们认为条件句很适合作对比话题。

值得提到的是，我们不能简单地认为提顿词可以兼类充当小句的标记（如标记双小句结构中的前句）。我们在调查中看到，除了标记条件小句以外，话题提顿词完全不能用于标记原因小句。与条件句不同，往往很难把一个大的复杂的问题分解成几个按照因果关系构成对比的子问题，从而一般认为因果句不适合作对比话题。上面提到，考虑一个非事实性的虚拟情境时，可以比较自然地分解成几种可能性逐一讨论，从而构成条件句之间的对比。与之相比，很难设想某一个情境（无论是虚拟性的抑或是事实性的情境）可以分解成几种不同的原因进行逐一讨论。如对一个语境中的问题："今天发生了什么？"进行回答时，按照以下（12）中的分类提供若干子回答并不自然。例如我们一般不会根据原因的不同，对发生的事件逐一讨论，也即不会回答："因为下雨，今天的运动会取消了；因为与其他事情冲突了，今天的讲座取消了。"

（12）因为［原因#1］对比话题1，所以［结果#1］。因为［原因#2］对比话题2，所以［结果#2］。

最后，我们发现在疑问环境下，吴语均不能使用对比话题标记。这一点与前人对提

顿词的语法描述中的观察所得（吴语提顿词一般限于陈述句）相吻合，而不符合 Constant（2014）的预测（Constant 提出"呢"这一类对比话题标记应该可以与不同的句子类型兼容，包括疑问句型）。对于背后的机制和理论解释，留待后续讨论，在此不进行详述。

四　结论与余论

本文对吴语对比话题标记的考察既是对于对比话题一般理论的检验和拓展，也对加深吴语话题标记系统的理解具有实证贡献，具备语义句法和类型学上的意义。由于能力、时间和篇幅上的限制，本文还存在很多需要进一步研究的开放性问题和值得改进的地方。如每一个方言点的调查对象样本过少，未来考虑增加调查人数并考虑年龄、性别以及调查对象能够熟练使用的方言数量等因素对语感判断的影响。此外，本调查并未穷尽所有的吴语小片，因此下一步研究的方向是囊括其他小片的数据，以考察现在得出的分布趋势是否依然成立，抑或需要进一步修改。

参考文献

董秀芳.话题标记来源补议［J］.古汉语研究，2012.

范开泰.关于汉语语法三个平面分析的几点思考［J］.语法研究和探索，1995.

范开泰，张亚军.现代汉语语法分析［M］.上海：华东师范大学出版社，2000.

费惠彬.汉日话题对比研究［D］.上海：上海师范大学，2006.

胡裕树，范　晓.试论语法研究的三个平面［J］.新疆师范大学学报（哲学社会科学版），1985.

黄健平.《信息结构：理论、类型及实证的视角》述评［J］.外语教学与研究，2014.

李阿衡.从信息角度看语气词"呢"的焦点与话题功能［J］.现代语文（语言研究版），2016.

刘丹青."如果"的 31 种（或 86 种）对应形式——吴江同里话的条件标记库藏［J］.方言，2019.

刘丹青，徐烈炯.普通话与上海话中的拷贝式话题结构［J］.语言教学与研究，1998.

陆俭明.周遍性主语句及其他［J］.中国语文，1986.

强星娜.话题标记与句类限制［J］.语言科学，2011.

屈承熹.从汉语的焦点与话题看英语中的其他倒装句［J］.外语学刊，1999.

屈承熹.话题的表达形式与语用关系［J］.现代中国语研究，2000.

沈家煊.不对称和标记论［M］.南昌：江西教育出版社，1999.

石毓智.汉语的主语与话题之辨［J］.语言研究，2001.

史有为.主语后停顿与话题［J］.中国语言学报，1995.

徐烈炯，刘丹青.话题与焦点新论［M］.上海：上海教育出版社，2003.

徐烈炯，刘丹青.话题的结构与功能（增订本）［M］.上海：上海教育出版社，2007.

徐烈炯，刘丹青.话题的结构与功能［M］.上海：上海教育出版社，1998.

张伯江，方　梅.汉语功能语法研究［M］.南昌：江西教育出版社，1996.

赵元任.汉语口语语法（中译本，吕叔湘译）［M］.北京：商务印书馆，1968/1979.

郑张尚芳.温州方言志［M］.北京：中华书局，2008.

周士宏.从信息结构角度看焦点结构的分类［J］.汉语学习，2008.

周士宏.信息结构中的对比焦点和对比话题——兼论话题焦点的性质［J］.解放军外国语学院学报，2009.

Büring D. 2003. On D-trees, beans, and B-accents. Linguistics and Philosophy, 26 (5): 511—545.

Constant N. 2014. Contrastive topic: Meanings and realizations. UMass Amherst dissertation.

Ebert C, Endriss C, Hinterwimmer S. 2008. A unified analysis of indicative and biscuit conditionals as topics. Semantics and Linguistic Theory. 18: 266—283.

Gärtner H M, Gyuris B. 2012. Pragmatic markers in Hungarian: Some introductory remarks. Acta Linguistica Hungarica, 59 (4): 387—426.

Gyuris, B. 2002. Contrastive Topics in a Possible-Worlds Semantics. In: Alberti, Gábor, Kata Balogh and Paul Dekker (eds.) Proceedings of Seventh Symposium on Logic and Language, 73—81.

Gyuris, B. 2008. Reconsidering the narrow scope readings of contrastive topics. In: Benjamin Shaer, Philippa Cook, Werner Frey and Claudia Maienborn (eds.) Dislocation: Syntactic, semantic, and discourse perspectives. London, Routledge.

Gyuris B. 2009. Quantificational contrastive topics with verum/falsum focu. Lingua, 119 (4): 625—649.

Gyuris B, Mády K. 2014. Contrastive topics between syntax and pragmatics in Hungarian: an experimental analysis. Proceedings from the annual meeting of the Chicago Linguistic Society. Chicago Linguistic Society, 46 (1): 147—162.

Haiman J. 1978. Conditionals are topics. Language, 54 (3): 564—589.

Krifka M. 2008. Basic notions of information structure. Acta Linguistica Hungarica, 55 (3—4): 243—276.

McNally L. 1998. On the linguistic encoding of information packaging instructions. In: The limits of syntax, 161—183. Amsterdam: Brill.

Neeleman A, Titov E, Van de Koot H, et al. 2009. A syntactic typology of topic, focus and contrast. In Alternatives to cartography, 100: 15—52.

Neeleman A, Vermeulen R. 2012. The syntactic expression of information structure. In: The Syntax of Topic, Focus, and Contrast, 1—38. Berlin: de Gruyter Mouton.

Siegel Muffy. 2006. Biscuit conditionals: Quantification over potential literal acts. Linguistic and Philosophy 29: 167—203.

Tomioka S. 2010. Contrastive topics operate on speech acts. In: Information structure: Theoretical, typological, and experimental perspectives, 115—138.

Tomioka S. 2010. A scope theory of contrastive topics. Iberia: An International Journal of Theoretical Linguistics, 2 (1): 113—130.

Vermeulen R. 2005. Coordination in Japanese: A case of syntax-phonology mismatch. Ms., University College London.

（金大卫　上海交通大学人文学院　200030　daweijin@sjtu.edu.cn
周炜　浙江大学汉语言研究所　310058　blue8jing@zju.edu.cn）

从山地空间认知看吴语庆元话的方位词系统

胡文文　李旭平

一　引　言

空间视角（spatial perspectives）体现为空间场景中观察者与观察对象之间的诸多具体关系，如上／下、左／右、前／后等。人们对空间场景的心理识解可以分解为观察点位置、观察距离等基本范畴（李淳 2016）。根据观察者对参照点的选择，我们可以把空间关系分为绝对空间关系和相对空间关系，相应的方位词分为绝对方位词"东／南／西／北"和相对方位词"上／下／左／右／前／后"（方经民 1999）。Levinson（2003）在探讨空间方位参照系统与视角的关系时，使用"绝对参照框架""相对参照框架"和"内在参照框架"来指称确定某物体空间方位的三种定位系统："绝对参照框架（absolute frame of reference）"依赖自然地理特征（如磁极、日月星辰位置等）所提供的固定方向确定方位，如"意大利在法国南面"；"相对参照框架（relative frame of reference）"依赖观察者自我中心视角来确定物体间位置，如"我左手边是卧室"；"内在参照框架（intrinsic frame of reference）"依赖参照物的内在方位来确定物体间位置关系，与观察者位置无关，如"苹果在桌上"。

使用"绝对参照框架"确定的方位，本文称为"绝对方位"，是固定不变的。使用"相对参照框架"确定的方位，本文称为"主观方位"，是说话者以自身为参照，从自身视角出发确定的方位，说话者位置改变，方位随之改变。使用"内在参照框架"确定的方位，本文称为"客观方位"，指的是参照物（他物）的内在方位，说话人位置变换不会造成客观方位变化。

空间方位的语言编码策略和空间视角的选择具有跨语言的差异。英语的方位系统主要通过介词来体现，而汉语的方位系统则通过方位词系统来实现，它或是名词性（如方位名词），或是介词性（如后置词）。本文主要对南部吴语庆元话方位系统的编码方式做一个个案研究。根据我们的调查发现，庆元话的方位词系统主要由两类成分组成，（a）方位名词，其中的单音节形式主要表示主观方位；（b）方位后置词，表示客观方位。在此基础上，我们将着重探讨以下三个相关问题：（1）庆元话的方位名词和后置词分别有哪些分布特点和句法限制？（2）方位名词和后置词是如何表达主观／客观方位的？（3）单音节方位词在方位义的表达上与双音节方位词有何具体差异？

二　庆元话的方位系统

庆元话空间方位系统的编码通过方位词系统实现。本节主要介绍庆元话方位词系统所折射出的庆元话母语者的空间认知特点。

2.1　庆元方言的空间认知特点

庆元县位于浙江省西南部，北与本省龙泉、景宁畲族自治县接壤，东、西、南与福建省交界，地形属浙西南中山区（海拔 1500 米以上山峰有 23 座，主峰百山祖为浙江省第二高峰），多崇山峻岭、深谷陡坡。庆元境内通行庆元话，只有东南角江根乡的几个村形成

闽语方言岛，庆元话属于吴语处衢片龙衢小片（傅国通等 1986；曹志耘等 2000）。

受多高山深谷的地形影响，庆元人的空间方位认知呈现出一定的地域特色，可以从四个维度具体说明：

1. 绝对方位（东 / 南 / 西 / 北）

相较于平原地区对绝对方位的高度依赖，庆元人使用"东南西北"的频次较低，仅在建造处所如房屋、坟墓时用于表达朝向，如坐南、朝东。

2. 垂直方位（上 / 下）

频繁使用上 / 下等垂直方位概念，方位词"上 / 下"多与处所短语、人称代词、指人名称等一起使用表达主观方位。即使语境中不需要强调方位，也常在处所短语前加上方位词，如例（1）：

（1）a. 上天里有辆飞机。天上有辆飞机。

　　 b. 下地里件衣裳岂个的？ 地上那件衣服是谁的？

"人称代词 / 指人名词 + 上 / 下"可以直接表示与该人联系紧密的处所，如家、工作单位等，如例（2）：

（2）a. 昼了去小军上嬉。（常用）

　　 b. 昼了去小军家嬉。（不常用）

　　　 下午去小军家玩（小军家在高处）。

不同村镇、县市省之间也存在上下关系，与海拔、纬度等相关，具体如例（3）：

（3）a. 东山去上苏湖起码要走半个钟头。

　　　 东山去苏湖起码要走半个钟头（苏湖海拔相对较高）。

　　 b. 庆元开车去下丽水要几多时间？

　　　 从庆元开车去丽水要多少时间（丽水海拔相对较低）？

　　 c. 庆元去下福建弗要几多时间。

　　　 庆元去福建不要花很多时间（福建纬度相对较低）。

3. 内外方位（底 / 里 / 外）

与垂直方位"上 / 下"类似，庆元话中"内 / 外"空间对立关系在日常生产活动中也极为重要，相应的方位词使用频率很高。不同村镇、县市之间的内外关系与政治经济中心等因素相关，如例（4）：

（4）a.（东山村去庆元县城）：去外庆元。

　　 b.（庆元县城去东山村）：去底里东山。

　　 c.（庆元去杭州 / 北京 / 广州）：去外杭州 / 北京 / 广州。

村子的内外关系则以村口为参照，靠近村口为"外"，深入村子为"底"。

4. 前后左右

庆元人对前后左右四个方位的认知方式与其他地区没有明显区别。

2.2　庆元话方位系统的编码策略

空间方位的表达手段存在跨语言差异，英语用介词来标引空间方位，日语则使用格助词，芬兰语用名词加上方位词尾等（崔希亮 2002）。与普通话的情况类似，庆元话也使用方位词系统编码空间信息，包括方位名词、后置词等，如表 1。下面我们将对它们分别进行讨论。

表 1　庆元话的方位词系统

	方位名词（localizers）	后置词（postpositions）
ON/UP	上 / 上爿	里
BELOW/DOWN	下 / 下爿	下
IN	底 / 底爿	里
OUT	外 / 外爿	外

2.2.1　方位名词

庆元话的方位名词可以由单、双音节两种方位词形式来表达。双音节方位名词由相应单音节方位名词后附名词性后缀构成，如"爿、边、向、头"等，本文以"爿"为例分析。普通话也有单双音节两组方位词，但是两种语言的用法不完全平行。

我们先看普通话方位词的用法。普通话的单音节方位词，如"上、下、里、外"除了一些对举用法以外（例5），通常不能单独用作论元，具有黏着性。要想让单音节方位词做句法成分，需在它们后面添加后缀组成双音节方位词，或在它们前面添加名词性成分，如例（6）。

（5）上有天堂，下有苏杭。

（6）a. * 里有一只猫。　b. 里面有一只猫。　c. 箱子里有一只猫。

不同于普通话，庆元话中除了双音节方位词，单音节方位词也可以直接做句法成分，具有名词性。首先，从例（7a）—（9a）所见，单音节方位词可以充当处所论元，独立成句或出现在主语、宾语的位置。因此，我们可以把庆元话中独立使用的单音节方位词直接视为方位名词（locative nouns）。

（7）问：渠_他掩_躲岂_搭_{哪里}去了？ 他躲到哪里去了？

　　答：a. 上 / 下 / 底 / 外。

　　　　b. 上爿 / 下爿 / 底爿 / 外爿。

　　　　上面 / 下面 / 里面 / 外面。

（8）a. 上 / 下 / 底 / 外有侬_人哦？

　　b. 上爿 / 下爿 / 底爿 / 外爿有侬_人哦？

　　上面 / 下面 / 里面 / 外面有人吗？

（9）问：你妈呢？你妈在哪里？

　　答：a. 坐_在上 / 下 / 底 / 外。

　　　　b. 坐_在上爿 / 下爿 / 底爿 / 外爿。

　　　　在上面 / 下面 / 里面 / 外面。

例（7）—（9）中 a、b 两句语义相同，一般会以眼神或手势辅助指示，这里的"上 / 下 / 底 / 外"和"上爿 / 下爿 / 底爿 / 外爿"都表示指示的处所在说话人视角中的"较高处 / 较低处 / 里边 / 外边"①。

其次，单音节方位词的名词性也体现为，它们可以被修饰，从而充当复杂名词短语的

---

① 古汉语中表空间意义的单音方位词作主语或宾语时，表示客观方位，如"时庭中有大树，上有鹊巢"，"诸人在下坐听，皆云可通"《世说新语》（蔡言胜 2005）。

中心语。它们后置于指示词（例10a）、人称代词（例11a）或指人名词（例12a—13a），表示说话人视角下的主观方位。

（10）a. 许_那上有个孩儿。

b. 许_那上爿有个孩儿。

那上面有个小孩。

（11）a. 趃_走我下来。

b. 趃_走我下爿来。

到我这里（方位为"下面"）来。

（12）a. 小军底蛮夥_{很多}客。

b. 小军底爿蛮夥_{很多}客。

小军那里（方位为"里面"）很多客人。

（13）a. 昼了坐_在村长外办事。

b. 昼了坐_在村长外爿办事。

下午在村长那里（方位为"外面"）办事。

第三，单音节方位词还可以作同位语、定语。它可以直接前置于处所短语，构成同位结构，表主观方位；两者之间也可以插入结构助词"个^①_的"，构成定中结构。"个_的"的隐现引起的语义差异我们将在第四节具体讨论。

（14）a. 上（个_的）操场里蛮夥_{很多}侬人打篮球。

b. 上爿（个_的）操场里蛮夥_{很多}侬人打篮球。

（15）a. 有个老成侬_{老人}徛_站下（个_的）桥里。

b. 有个老成侬_{老人}徛_站下爿（个_的）桥里。

（16）a. 桶水放底（个_的）厨房。

b. 桶水放底爿（个_的）厨房。

（17）a. 你坐_在外（个_的）门头_{门口}抢事_{什么事}？

b. 你坐_在外爿（个_的）门头_{门口}抢事_{什么事}？

综上所述，庆元话单音节方位词具有名词性用法，可以充当主语、宾语、名词短语中心语以及处所短语的同位语或定语。

庆元话单音节方位词的用法在吴语中较为特殊和罕见，根据我们目前的调查，只有在同属处衢片的景宁话中发现有类似用法，其他处衢片的方言点未有此类现象。在邻近的闽西北方言点是否存在类似现象需要调查。

2.2.2 后置词

普通话的方位词可以作后置词，后置于普通（地标）名词，组成方位短语或者所谓的后置词短语，如"操场上、桌子下、抽屉里、门外"等。

---

① 钱乃荣（1998）指出，吴语的"个"有量词、定指、结构助词等用法。曹志耘等（2000）也指出，南方方言相当于普通话结构助词"的"的成分往往与量词"个"有关，处衢方言相当于"的"（定中结构标记、转指标记和句末语气词）的成分也都用"个"，如庆元话"舌_这本书是渠个，狭_那本是渠哥个_{这是他的书，那一}_{本是他哥哥的}"。

庆元话的方位后置词（postposition）也由单音节方位词充当，但是它们和方位名词不完全重合。如表1所示，表示 ON 和 IN 的后置词均由"里［lʏ³³］"充当，方位词"上"一般不能作后置词（存在极个别情况，如"楼上"）。庆元话方位后置词具有黏附性，必须加在名词后组成后置词短语才能做句法成分。

（18）a. ON：桌里 /* 桌上、墙里 /* 墙上、操场里 /* 操场上、楼里 / 楼上

b. BELOW：桌下、树下、桥下

c. IN：杯里、柜里、冰箱里

d. OUTSIDE：门外、窗外、国外

我们认为庆元话的"里"是一个泛义方位词（generalized localizer）。泛义方位词在吴语、客家话等方言中都存在，如南部吴语乐清话的"里"（例19），刘丹青（2003）认为这个"里"语义抽象度高，已不再区分处所的表面还是里面，只是抽象地标明是方所题元。再如北部吴语的绍兴话的"里"（例20），陈龙琴（2012）认为"里"的语义代替由"上"表示的语义，是语法化、"语境泛化"的表现。赣南客家话情况则相反，"上"具有泛化用法，可以表示物体的里面，代替"里"的用法，如例（21）（卢小芳 2016）。

（19）黑板里、路里、戏台里_{舞台上}、衣裳里_{衣服上}、山顶里_{山顶上}

（20）我辣路里。我在路上。

（21）碗上还有饭冇食了诶。

对于单音节方位词的性质，程翠平、李旭平（2021）指出，普通话单音节方位词的词类归属和句法特性在学界主要有"名词说""介词说"两种观点，文章在此基础上还提出"轻名词"（light noun，n）分析，认为单音节方位词是具有名词性特征的功能语类，这些观点都聚焦于两点，即单音节方位词既有名词性又有黏附性。庆元话的单音节方位名词可以直接做句法成分，没有黏附性，可以确定为名词。后置词的句法特性则不同，既有名词性，"NP+ 下 / 里 / 外"是名词性成分，跟名词短语名列，如例（22）；也有黏附性，要想做句法成分，需在"下 / 外"后面添加后缀或者前面添加名词性成分，"里"只能在前面添加名词性成分，如例（23）。

（22）a. ［家里和学堂］都没找着你的书。

b. *［家里和坐_在学堂］都没找着你的书。

（23）a. * 电视的下　　a' 电视的下边　　a" 电视的遥控板下

b. * 车的外　　b' 车的外头　　b" 车的玻璃外

c. * 里有一个猫。　c'* 里头有一个猫。　c" 柜里有一个猫。

三　"名词性成分 + 方位词"两种歧义结构

庆元话"名词性成分 + 单音节方位词"这一结构中的方位词具有两种可能的词性，本节我们将进行区分，并着重探讨由此关联的语义的不同：它或是定中结构中的方位名词核心，语义上表示主观方位；或是介词短语中的后置词，表示客观方位。

3.1　定中结构："DP 指示词 / 人称代词 / 指人名词 + 上 / 下 / 底 / 外"

我们在 2.2 节中提到，庆元话的单音节方位词具有论元性，可以后置于限定词（determiner），如指示词、人称代词或指人名词等，部分例子重复如下：

（24）a. 许_那上有个孩儿。_{那上面有个小孩。}

b. 趄我下来。_{到我这里（方位为“下”）来。}

c. 小军底蛮夥_{很多}客。_{小军那里（方位为“里”）很多客人。}

d. 昼了坐_在村长外办事。_{下午在村长那里（方位为“外”）办事。}

特别需要指出的是，上述例子中的处所成分虽然后置于限定词成分，但是它们并不是刘丹青（2003）所说的后置词，它们应视为名词中心语。换言之，按照结构主义的分析，例（24）中的相关例子均应分析为定中结构。原因有两点，第一，DP 所表事物不能作为客观方位的参照物，如果（24c）"小军"这个人的"里面"有很多客人，（24d）在"村长"这个人的"外面"办事，显然都是不符合实际的。第二，根据表 1，庆元话的方位名词和后置词两套系统不重合，差异体现在"上"只能做方位名词，方位义"IN"的名词形式是"底"，后置词形式是"里"。

"上"能出现在这些句法结构中（例 25），可见这些限定词成分后的方位词是名词而非后置词。

（25）许上_{那上面}、我上_{我上面}、小军上_{小军上面}、村长上_{村长上面}

这些限定词成分后都只能用"底"，不能用"里"，也说明其后的方位词是名词。

（26）许底_{那里}/* 许里、我底_{我里面}/* 我里

小军底_{小军里面}/* 小军里、村长底_{村长里面}/* 村长里

同时，我们认为，方位名词"上、下、底、外"的以上用法和典型的处所名词"搭 [ʔdɑʔ⁵] ①"类似，它们均可以充当名词中心语。"搭"是庆元话的一个 d- 类处所词，其用法类似于温州话的"荡"或苏州话的"搭"（潘悟云、陶寰，1999；刘丹青，2003）。庆元话的"上、下、底、外"和"搭"都可以加在指示词后构成处所指代词，可以加在人称代词和指人名词后，赋予该 DP 处所题元。具体参看例（27）。

（27）a. 许_那搭有个孩儿。_{那里有个小孩。}

b. 趄我搭来。_{到我这里来。}

c. 小军搭蛮夥_{很多}客。_{小军那里很多客人。}

d. 昼了坐_在村长搭办事。_{下午在村长那里办事。}

"搭"和"上、下、底、外"的不同在于，语义上"搭"只有处所义，没有方位义；"上、下、底、外"不仅有处所义，还表示主观方位，方位义的解读依赖于说话者的观察点位置和主观视角。例如，"许_那"是个远指指示语素，例（24a）中"许上"表明在说话人视角中，远处某个高于自身的处所有一个小孩；相比之下，例（27a）只表示远处某个处所有一个小孩。例（24c）可以表示小军的家在说话人视角中位于"里面"（比如说话人所处位置在村口），例（27c）则没有明确小军家的位置。

综上所述，我们认为庆元话中后置于限定词成分的"上、下、底、外"是表示主观方位的方位名词，可以作处所论元。其具体的处所义所指依赖于语境，"指示词 + 上 / 下 / 底 / 外"表示的处所与指示的远近相关；"人称代词 / 指人名词 + 上 / 下 / 底 / 外"多表示听说双方背景知识中与该人联系紧密的处所。

---

① 庆元境内有些地方读作 [ʔdɜʔ⁵]。

3.2 后置词短语："NP+ 下 / 里 / 外"

根据刘丹青（2003），介词（adposition）包括前置词（preposition）和后置词（postposition），因此后置词短语本质上是介词短语的一种。庆元话的方位词"下、里、外"可以充当后置词，具有黏着性，能加在名词后构成后置词短语"NP+ 下 / 里 / 外"。我们现在对该结构进行具体分析：

第一，"NP+ 下 / 里 / 外"可以修饰、补充动词，"下、里、外"可以单独引介名词，如例（28）—（29）：

（28）妈坐_在楼下。妈妈在楼下。

（29）a. 管笔放桌里。那支笔放在桌上。

The pen is on the table.

b. *管笔放坐_在桌里。那支笔放在桌上。

例（28）中"下"是后置词，和表示处所的"楼"组成后置词短语（postposition phrase），充当谓语动词"坐_在"的补足语（complement），和邓思颖（2010：131）中的"他们走到邮局"是相同的述补结构。例（29）中，后置词"里"类似英文中的介词 on，可以直接引介名词"桌 / the table"。

第二，"NP+ 下 / 里 / 外"可以充当存现句主语，表示处所：

（30）杯里有茶。杯子里有开水。

（31）门外没侬。门外没人。

第三，NP 和"下、里、外"之间不能插入定中结构标记"个_的"，可见"下、里、外"不是名词中心语，而是后置词。

（32）桌里_{桌上}/* 桌个里、桥下_{桥下}/* 桥个下

厨房里_{厨房里}/* 厨房个里、门外_{门外}/* 门个外

语义上，"NP+ 下 / 里 / 外"中的方位词表示以该 NP 为参照物的客观方位，没有主观性，具体如例（33）—（36）。

（33）桌里有管笔。桌子上有一支笔。

（34）你把锁匙掉桥下，给侬_人捡着了。你那把钥匙掉在桥下，给人捡到了。

（35）桶水放厨房里。那桶水放在厨房里。

（36）你坐_在门外抢事_{干什么}？你在门外干什么？

"桌里"表示参照物"桌子"的上方这一内在方位，"桥下"即参照物"桥"的下方，"厨房里"表示参照物"厨房"的内部，"门外"是一个客观方位，说话人位置在屋内或是门外都不影响它的语义。以上四个方所表达的语义都不受观察点位置和说话人主观视角的影响，因此"NP+ 下 / 里 / 外"是表示客观方位的后置词短语。

四 "方位名词 +（个_的）+ 处所短语"结构及其语义

前文 2.2 节中提到，庆元话单双音节方位名词都能前置于处所短语，可以直接前置，也可以在两者之间插入结构助词"个_的"。两类结构有性质和语义的差异，同时结构内部也根据方位名词的不同区分了两种情况。下面我们根据"个_的"的隐现分别进行分析。由于篇幅限制，我们以"上 / 下""上爿 / 下爿"这组为例，"底 / 外"用法与"上 / 下"类似，"底爿 / 外爿"用法与"上爿 / 下爿"类似，本文不作具体展开。

4.1 方位名词＋处所短语

本小节我们讨论普通话与庆元话"方位名词＋处所短语"的结构和语义差异。

普通话的单音节方位词不能前置于处所短语，如"＊上操场上、＊下桥上、＊里厨房、＊外门口"都是不能说的。双音节方位词前置于处所短语时，表示一种修饰关系或限制关系，可以表示客观方位，也可以表示主观方位。如例（37）表示陷阱的位置在家蛛的网的上方，是一种客观方位；例（38）表示车子的方位在说话人奥敏斯基视角中是"外面"，是一种主观方位。

（37）家蛛的网可以接住从上面陷阱掉下来的昆虫。（《昆虫记》）

（38）"外面车子上有个老家伙，"奥敏斯基对迈尔斯说。（《钱商》）

庆元话的单、双音节方位名词都能前置于处所短语，但有不同的结构和语义。"双音节方位名词＋处所短语"对举使用时是修饰结构，方位词表示客观方位；单用时是同位结构，方位词表示主观方位。具体如例（39）—（40）。

（39）上爿阳台晒了蛮夥_{很多}谷，下爿阳台晒了蛮夥草_菇。

上面那个阳台晒了很多稻谷，下面那个阳台晒了很多香菇。

例（39）中当"上爿阳台"和"下爿阳台"对举使用时，"上爿/下爿"和"阳台"构成修饰关系，两者之间可以插入定中标记"个_的"，因此"上爿阳台/下爿阳台"是定中短语，表示的是客观方位，即根据两个阳台垂直方向上的相对高低确定的方位。

（40）a. 上爿阳台晒了蛮夥谷。

　　　b. 上爿晒了蛮夥谷。

　　　c. 阳台晒了蛮夥谷。

例（40）中当"上爿阳台"单用时，方位名词"上爿"和处所名词"阳台"句法性质相同，同时作句子的主语；指称相同，指的是同一个处所，都可以单独充当处所论元，b、c句分别删除了其中一个成分，句子仍然成立，同一语境下基本语义同a句是一样的。其中"上爿"表示的是主观方位，即这个阳台在说话人视角中方位为"上爿_{上面}"。阮氏秋荷（2009）指出，同位结构成分项之间既有一定的修饰性又有一定的并立性。洪爽、石定栩（2012）指出，同位结构两个成分语法地位相同，指称相同，都可以单独指称整个结构所指称的事物。因此我们认为"上爿阳台"单用时是一个同位结构。

和双音节情况不同，"单音节方位名词＋处所短语"无论对举用还是单用都是一个同位结构，方位词表示主观方位。对举使用如例（41）。

（41）a. 上阳台晒了蛮夥谷，下大坪晒了蛮夥草。

上面阳台晒了很多稻谷，下面大坪晒了很多香菇。

　　　b. 上晒了蛮夥谷，下晒了蛮夥草。

　　　c. 阳台晒了蛮夥谷，大坪晒了蛮夥草。

例（41）中方位名词"上/下"、处所名词"阳台/大坪"都可以单独充当处所论元，"上"与"阳台"、"下"与"大坪"都是作分句主语，两两指称相同，b、c句分别删除了其中一类成分，句子仍然成立，同一语境下语义与a句相同。其中"上/下"是根据说话人位置和视角确定的主观方位，例（41）的语境只能是：在说话人视角中，较高处有一个阳台，较低处有一个大坪。

单用的情况如例（42）。

（42）a. <u>上操场里</u>蛮夥侬打篮球。_{上面操场上很多人打篮球。}

　　　 b. <u>上</u>蛮夥侬打篮球。

　　　 c. <u>操场里</u>蛮夥侬打篮球。

　　例（42）中，"上"和"操场里"构成同位关系，指同一个处所。b、c句分别删除了其中一个成分，句子仍然成立，同一语境下基本语义不变。

　　"上/下＋处所短语"不仅可以用于静态事件中，还能用于动态位移事件（motion events）。比如在整个短语前还可以加方式动词或指向动词，其中的方位词既表示说话人的主观性方位，还表示动作的运动路径，例（43）中"V［运动+方式］＋下＋大坪"中的"下"既表示"大坪"在说话人视角中位于低处，又表示方式动词"走"的运动路径为"向下"。

　　（43）你带渠_{他们}走<u>下大坪</u>去嬉记_下。你带他们走到下面广场去玩一会儿。

　　"方位名词＋处所短语"前还可以再加限定词成分，组成"DP指示词/人称代词/指人名词＋方位名词＋处所短语"结构，如"许上操场里、渠下爿门头"。

　　我们将普通话和庆元话"单/双音节方位名词＋处所短语"的结构及语义总结于表2。

表2　普通话、庆元话"单/双音节方位名词＋处所短语"结构及其语义

语言/方言	结 构	句法结构	方位词属性
普通话	双音节方位名词＋处所短语	修饰结构	客观方位/主观方位
	单音节方位名词＋处所短语	不合法	
庆元话	双音节方位名词＋处所短语	对举：修饰结构	客观方位
		单用：同位结构	主观方位
	单音节方位名词＋处所短语	同位结构	主观方位

4.2　方位名词＋个_的＋处所短语

　　庆元话的方位名词和处所短语之间还可以插入结构助词"个_的"，它的隐现会影响整个结构的性质和语义，当有结构助词出现时，方位词的主观方位义会被取消，下面进行具体分析。

　　首先从结构上看，结构助词"个_的"是定语的标记，方位名词和处所短语是修饰性关系，因此"方位名词＋个_的＋处所短语"属于定中结构。

　　接着我们用图示来更直观地说明"上/下＋个_的＋处所短语"和"上爿/下爿＋个_的＋处所短语"的语义，如图1。

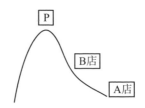

图1　"上/下/上爿/下爿＋个_的＋处所短语"语义说明图示

图 1 中，P 为说话人，A、B 均为一个小店，三者分别处于一座山的不同高低位置。

说话人表达"我去 B 店买包盐"（P → B）：

（44）a.？我去<u>下</u>店儿里盐买包来。

　　　b.？？我去<u>下爿</u>店儿里盐买包来。

　　　c.我去<u>上个</u>店儿里盐买包来。

　　　d.我去<u>上爿个</u>店儿里盐买包来。

表达"我去 A 店买包烟"（P → A）：

（45）a.？？我去<u>下</u>店儿里烟买包来。

　　　b.？我去<u>下爿</u>店儿里烟买包来。

　　　c.我去<u>下个</u>店儿里烟买包来。

　　　d.我去<u>下爿个</u>店儿里烟买包来。

例（44）—（45）的 a、b 两例有歧义是因为在图 1 中 B 店、A 店都相对说话者较低，"下/下爿＋店儿"可以指 B 也可以指 A，但两者接受度有细微差别，"下店儿"倾向于表示距离说话者较近的店，即 B 店，而"下爿店儿"倾向于表示位置更靠下的店，即 A 店。

从例（44）—（45）的 c、d 两例我们发现"方位词＋个＋处所短语"使用时不受说话人主观视角限制，可以指特定处所，其中方位参考的是两个处所之间的相对高低位置。c、d 四例没有歧义是因为在这一语境下，"上个店儿/上爿个店儿"就是特指 B 店，"下个店儿/下爿个店儿"就是特指 A 店，其中方位词表示两个店相互以对方为参照的客观方位，是绝对的、固定不变的，与说话人位置无关。

我们认为"个的"的隐现造成的语义差异和庆元话的定指量词（definite classifier）有关。刘丹青（2002）提出以吴语和粤语为代表的南方汉语方言是"量词发达型"语言，在指称方式上使用量词表示定指，其中包括吴语的泛用量词"个"。陈玉洁（2007）指出苏州话的量词"个"在保留着与其他量词平行的功能的同时，又经历了意义泛化，在做定语标记时，失去了定指意义，变成了一个泛用定语标记"葛"。曹志耘等（2000：422）也指出，南方方言相当于普通话结构助词"的"的成分往往与量词"个"有关，并直接将处衢方言中相当于"的"（定中结构标记、转指标记和句末语气词）的成分写作"个"，我们采用的就是其写法。

庆元话也属于量词发达型语言，定指是其量名结构更加显著和无标记的意义。定指量词"个"与定语标记"个的"同音，都读［ke³³］，在句中的句法位置也相似，都不能与量词连用。因此我们认为庆元话的定语标记"个的"来源于定指量词"个"，和苏州话不同的是，"个的"还保留着部分定指意义。"个的"的位置可以用其他定指量词代替，也能证明这一推测，如例（44c）和（44d）可以改成例（46）、（47），语义不变：

（46）我去上<u>斗</u>① 店儿里盐买包来。（P → B）

（47）我去<u>上爿斗</u>店儿里盐买包来。（P → B）

以上两例中"斗店儿_{那家小店}"是定指量名短语，前面再加上修饰语"上/上爿"，即表示"上面的那家小店"，整体也是有定的，因此与说话者的主观视角无关。"个的"和"斗"

---

① ［ʔdiɯ³³⁴］是庆元话的一个量词，本字不明，本文暂用读音相同的"斗"字表示，能组成的搭配有：一斗路_{一条路}、一斗围巾_{一条围巾}、一斗头发_{一根头发}、一斗桥_{一座桥}、一斗树_{一棵树}、一斗店儿_{一家小店}等。

竞争同一个句法位置，两者互补出现。因此我们认为定语标记"个$_{的}$"带有定指意义是庆元话"方位名词＋个$_{的}$＋处所短语"指特定的一个处所，其中的方位词表示客观方位的原因。

综上所述，庆元话的"方位名词＋个$_{的}$＋处所短语"是一个定中结构，语义上表示一个特定的处所，其中的方位词表客观方位。

五 小 结

空间方位的语言编码策略具有跨语言差异，客观方位和主观方位的区别在于确定方位的参照是他物还是说话者自身视角。南部吴语庆元话使用包括方位名词、方位后置词等在内的方位词系统编码空间信息，其最显著的特点就是方位词具有论元性，可以独立充当方位名词，并且表示主观方位。

庆元话的方位名词可以单独充当主语、宾语，可以作复杂名词短语的中心语，也可以作处所短语的同位语或定语。单音节方位词出现在"DP＋方位词"或"方位词＋处所词"两个结构时，其中的方位词均表示主观性方位，即以说话人为视角。我们认为，其中方位词的名词属性决定了它们可以表示主观方位的可能性。双音节方位名词可以直接前置于处所短语，可以表示客观方位，也可以表示主观方位。有定指意义的定中结构标记"个$_{的}$"的出现可以取消方位词的主观方位义。

参考文献

蔡言胜．《世说新语》方位词研究［D］．上海：复旦大学，2005.

曹志耘，秋谷裕幸，太田斋，等．吴语处衢方言研究［M］．日本好文出版社，2000.

陈龙琴．浙江绍兴方言中"里"的语法化轨迹［J］．现代语文（语言研究版），2012.

陈玉洁．量名结构与量词的定语标记功能［J］．中国语文，2007（6）.

程翠平，李旭平．英汉介词短语的句法：从轻名词短语到轻介词短语［J］．外语教学与研究，2021（6）.

崔希亮．空间关系的类型学研究［J］．汉语学习，2002（2）.

邓思颖．形式汉语句法学［M］．上海：上海教育出版社，2010.

方经民．论汉语空间方位参照认知过程中的基本策略［J］．中国语文，1999（1）.

傅国通，蔡勇飞，鲍士杰，等．吴语的分区（稿）［J］．方言，1986（1）.

洪 爽，石定栩．再看同位结构和领属结构——从"他们这三个孩子"谈起［J］．语言研究，2012（4）.

李 淳．论语言表达的空间视角［J］．四川大学学报（哲学社会科学版），2016（5）.

李旭平．吴语指示词的内部结构［J］．当代语言学，2018（4）.

刘丹青．汉语类指成分的语义属性和句法属性［J］．中国语文，2002（5）.

刘丹青．语序类型学与介词理论［M］．北京：商务印书馆，2003.

卢小芳．赣南客家话方位词语义研究及其地理分布——以"上、下、前、后"义类为例［D］．江西：江西师范大学，2016.

潘悟云、陶 寰．吴语指示（代）词［M］//李如龙、张双庆．代词（中国东南部方言比较研究丛书第四辑）．广州：暨南大学出版社，1999.

钱乃荣．吴语中的"个"和"介"［J］．语言研究，1998（2）.

邱　斌.古今汉语方位词对比研究［D］.上海：复旦大学，2007.

阮氏秋荷.现代汉语同位语的多角度研究［D］.武汉：华中师范大学，2009.

Levinson S. C. Space in language and cognition：Explorations in cognitive diversity［M］. Cambridge：Cambridge University Press，2003，24—61.

（胡文文　浙江丽水职业技术学院　zjww96@163.com

李旭平　浙江大学文学院　xupingli@zju.edu.cn）

广丰方言成语的结构及语法功能 *

广丰方言 ① 成语是广丰方言熟语系统中固定的语言单位，是一种最为当地人民群众熟悉的语言材料。既是成语，那么广丰方言成语与共同语的成语一样具有共性特点：固定的语言单位，内容上往往具有双层性，语用上具有习用性，音节上以四字格为绝对主体。正如马国凡（1978：8—9）指出，"成语的相对稳定则显得特别突出。……没有定型化就没有成语。"马国凡（1978：135）又说："成语是人们习用的，具有历史性和民族性的定型词组；汉语成语以单音节构成成分为主，基本形式为四音节。"温端政（2005）提到吕叔湘先生曾将成语的特点概括为"形式短小，并且最好整齐，甚至可以说是以四字语，尤其是二二相承的四字语为主。"邢向东（1992）认为："方言四字格是方言区人民口头创口语中运用的成语，它们结构定型，意义凝练，运用灵活，带有浓郁的生活气息，极大地丰富了人们的口语表达。"由此我们将广丰方言成语定义为：音节形式上以四字格为主，结构上凝固不可拆分，表层语义构成上"二二相承"，语体色彩上相对惯用语和歇后语更具有典雅性的一类固定语言单位。这种"固定"直接体现在成语的构造上，从两个角度来看，从内在来看就表现在成语内部组合成分之间的语法关系上，向外看就是成语作为一个固定的语言单位其充当什么样的造句角色。前者就是内部构造的问题，后者是充当语法功能的问题。本文主要分析广丰方言成语的构造类型，也谈语法功能。本文所用的语例均来自《广丰方言语典》（待刊）所辑录的 2300 余条成语语料。

一 广丰方言成语的结构

语言的内部语义关系和深层语法关系直接表现于外部形式之上。成语的意义和结构是互相关联的两个方面。对成语结构的不同理解可能直接关系到意义的理解。因此，对成语的结构作分析是必要的。分析广丰方言成语的内在语义关系和内部构造发现，部分成语内部工整耦立，骈接对峙，也有部分成语结构上分散疏离，零星杂沓的。据此，我们将广丰方言成语在内部结构上分为整式和散式类。

1.1 整式成语

这类成语结构上最大的特点是，内部前后"二二相承"，也就是四字格成语分为前后两个部分，形成对偶关系，前后两部分结构上相同，对举出现，而且语义上前后有并列、对举、承接、目的、因果等关系。这类整式成语类似对偶，只不过是"语内自对"。胡裕树先生（1981：295）就指出，成语的构造是多种多样的，大致分做联合式和非联合式。也就是成语主要的构词方式是采用联合式来构词的。这整式类成语的前后部分没有先后、主次之分，两个部分的整体意义基本一致，实际上是一种重复性的强调。根据内部的构造方式，可以具体分为：

---

* 本文系中央高校基本科研业务费资助（优创项目）"江西广丰方言语法特征考察"（项目编号2024CXZZ124）的阶段性成果。

① 广丰方言是江西省上饶市广丰区（原广丰县）境内通行的主流方言，属于吴语上丽片上山小片。

1.1.1 述—宾 + 述—宾

这类成语的基础成分是单音节词，由四个单音节词前后两个述宾词组联合组成一个成语，这部分成语在广丰方言成语中占的数量最多。而且从前后两个词组的语义关系看，往往呈现出并列、承接、目的、因果类关系。

（1）【做头引脑】指带头做不好的事。

（2）【离乡别祖】借指远离家乡，到外地谋生。

语例（1）"做""引"分别是动词，后带名词宾语"头""脑"，构成述宾结构"做头""引脑"，即"做头目""当首脑"。例（2）也是前后均为述宾结构，语面上是"离开家乡，告别先祖"之意。这类成语在结构上不仅前后两个双音节结构工整骈立，而且语义关系为并列关系。

（3）【过桥掣板】掣：拽，扯。比喻达到目的后把帮助过自己的人给忘了。

（4）【狐埋狐穵】穵：挖掘。狐性多疑，刚把东西埋好又因不放心再挖出来看看。比喻疑虑太多，难以成事。

语例（3）"过了木桥然后把桥板拆掉"，语义上相当于"过河拆桥"。而且前后动作是先后相承的关系。（4）用狐狸的"先埋后挖"两个先后相承的动作来凸显狐狸的多疑。

（5）【借风行船】比喻借助别人的力量来达到自己的目的。

（6）【恨病哑药】恨：恨气，强忍一口气。描写为了治病强忍着吃药的情状。

例（5）"借风"这个动作行为是以"行船"这个行为为目的的，前后构成"方式—目的"的内在关系。例（6）"恨病"为因"哑药"是果，前后构成"原因—结果"内在关系。

1.1.2 主—谓 + 主—谓

指由两个主谓词组联合组成一个联合式的成语。这类成语主要是用于描述、形容事物的状态，往往具备陈述性的特点，前后两个词组的语义关系也以并列最为常见。如：

（7）【眉僵目愁】眉毛紧皱，眼睛含愁。形容忧愁苦恼。

（8）【牙大舌柢】柢：树苑，引申为小。牙齿大，舌头小。形容说话故意装得说不清楚、嗲声嗲气撒娇的样子。

例（7）"眉僵"和"目愁"都是描述人愁苦表情的两个主谓词组，属同义关系。前后并列连用强化内心愁苦的程度。例（8）"牙大"和"舌柢"均为描述人不正常的情状，在这样的一种情状之下说话口齿不清，进而描摹人撒娇的样子。

1.1.3 定—中 + 定—中

该类成语由两个定中结构联合构成成语，前后并列，语义上前后词组往往是相关的。这类成语主要是用以泛称某类事物。如：

（9）【飞獐走麂】獐：毛较粗，外形像鹿的动物。麂：腿细，皮毛软，外形像鹿的动物。飞奔的獐，飞跑的麂。泛指獐、麂一类善跑的野生动物。

（10）【低衫短裤】低衫：短袖衣。短袖衣，短裤子。泛指夏天穿的衣服。

例（9）由"飞""走"作定语，"獐""麂"是中心语，两个定中结构并列构成，前后意思相关，整个成语是泛指善跑的一类野生动物。例（10）名词"衫""裤"为衣裤，两者意思相关，作中心语与前面的形容词"低""短"构成定中结构。用以泛称夏季穿的衣物。

1.1.4 状—中 + 状—中

两个状中结构构成成语，这类成语在广丰方言中数量相对较少，前后并列，主要用以表示动作行为的状态。如：

（11）【野想謏谈】謏谈：随意谈说。胡思乱想，胡乱讲话。形容思想言论不切实际。

（12）【粗话细解】宏观地陈述，详细地解释。用于劝人。

例（11）、（12）语义中心在"想""谈""话""解"，相对的"野""謏""粗""细"等形容词是作状语修饰中心语。这类成语，因为由状中结构组成，中心语语义落脚在动词上，是谓词性结构，在具体的语言应用中，既可以是作动词性结构，也可以为摹状类的形容词性结构。

1.1.5 述—补＋述—补

由两个述宾词组联合组成成语，这类成语数量也不多，主要还是表示前后语义的并列关系，起强调作用。如：

（13）【来清去白】形容人际之间往来十分清白。

（14）【打归练出】打：打拳。练：练习武术。练习武术，打进打出。指人关系密切，在一起做事或生活。

例（13）（14）语义中心在"来""去""打""练"等动词语素上，其后面分别补充说明前面动作行为的结果。整个成语语义的理解是采用互文式理解，重复搭配只是为了强调。

1.2 散式成语

相比上文的整式成语，这类成语语义上也是"二二相承"的前后两个语言片段缀合表义，但是前后两个部分的语法结构是不一样的，内部构造方式不再是联合关系，前后部分不构成语内自对的关系，语义上缺乏整式类成语的那种前后相同、相反的关系，更多的是通过线性式的表达实现，内部构造方式为复合式为主，也有加缀、重叠式，我们将这类成语称为散式成语。该类成语内部结构由实语素或词组组合而成，内部的结构关系主要有六种类型：

1.2.1 主谓结构

主谓结构成语，是指整个成语的内部结构一分为二，可以拆分为主语和谓语部分。通过分析内部的结构，大部分这类广丰方言成语的内部结构是"定中＋述宾"，如：

（15）【社公回篮】社公：社神，土地神。回篮：接受别人送礼时，留下部分礼品或以其他物品放在送礼者提来的篮子中让其带回，表示回赠。借指人长得难看。♣①旧俗，以猪头作供品祭祀土地神。土地神不收猪头，用它回篮，表示土地神嫌其不好。

（16）【饿鬼抢斋】饿鬼抢斋饭吃。比喻一群贪婪者抢夺利益。

语例（15）"社公"即"社神，土地神"在这里作主语，"回篮"是动词谓语，构成主谓结构。例（16）名词主语"饿鬼"和动词"抢斋"形成主谓结构。

1.2.2 定中结构

定中结构成语中心语一般是名词或名词性结构，这类成语也为名词性结构。如：

（17）【乌毒良心】形容人的坏心。

（18）【大关节目】借指主要的环节、基本的规矩。多用于指人情的礼节往来。

语例（17）（18）"乌毒"为形容词，修饰名词"良心"，"大关"是"主要的，关键的"修饰名词"环节、名目"。

1.2.3 状中结构

状中结构成语中心语一般是动词、形容词或动词、形容词性结构构成。如：

（19）【虎口抢食】从老虎嘴巴中抢夺食物。比喻不顾危险与强者争夺利益。

---

① 在语条注解中，涉及语言背景信息的注释内容，统一所采用符号"♣"。

（20）【勖地打滚】勖：滚动。在地上打滚。描写人难过的样子。

1.2.4 述宾结构

述宾结构成语都是述语结构在前宾语在后，这类成语因为述语跟宾语在结构上关系密切，凝固性高，似乎从口语中直接截取四音节而来，并未经过精简加工，故而显得口语化更浓一些。如：

（21）【不知来<u>①</u>路】不知来自何处。借指得意忘形。

（22）【包打天下】比喻少数人包办全部工作或任务。也指人逞强好胜。

语例（21）"不知"——"来路"虽然典雅性不高，通俗性强，但是其中否定词"不"可以弥补典雅性特点，因为广丰方言口语否定副词用"弗"，"不"为书面语用词。而且两个语例的"来路""天下"等词也是书面语体词。

1.2.5 述补结构

这一结构类型的成语特点是前后部分有补充和被补充的关系，后部分对前部分有补充说明作用。如：

（23）【抑水弗昏】借指人能力有限，钱财少，做不成事。

（24）【撰乎散扬】撰：抛、扔。乎：词尾。抛撒得到处，描写东西凌乱无序的样子。

语例（23）搅动水都不能把水搅浑。前面的"抑水"述语，后面的"弗昏"补充交代结果。（24）"撰"为动语中心，"散扬"是作"撰"的结果补语。

1.2.6 连动结构

广丰方言中还有连动结构成语，即前后两个动词性词语连用组成。这里值得注意的是，这类成语与上文整式成语很像，音节上前后"二二相承"，结构上前后内部一致，但是这里的两个动词性的词语语义上不存在相同、相反和相关的关系，它们更多的是前后呈现出目的、条件等关系，更像是复句的凝缩形式，光从结构上看还是连动型的。如：

（25）【问客杀鸡】主人招待客人，问客人是否需要杀鸡做菜肴。形容人虚情假意。

（26）【打虎见将】或指要敢于担当某事，不要推脱、躲避。

语例（25）"问客"与"杀鸡"均为可独立的动宾结构，两者结合构成符合"二二相承"的结构特点。但是两者的词语语义上并不存在相对、相反或相关等骈对关系。纯粹是先"问客"再"杀鸡"两个动作行为的连贯承接而已。同理语例（26）固然是先"打虎"后"见将"，但是，其中隐含"打虎"才能发现"将才"的这样的条件。

1.3 特殊式成语

1.3.1 四元并立式

这类成语比较特殊，内部由四个可以独立的单音节词构成，内部语义关系上是四元并列的关系。需要注意的是，其外在的语音表现形式仍是"二二相承"，即"2＋2"形式，但是语义整体内容是由四个单音节词语联合表义。

（27）【痴聋悖哑】描写人又聋又哑，又痴又傻的样子。

（28）【之乎者也】指多种事物混杂在一起，乱七八糟。

语例（27）的"悖"即"痴"，"痴、聋、悖、哑"均是人不健全的四种表现，用以描写人的神情状态，显得形象生动。（28）的"之、乎、者、也"是四个常用文言虚词，只能

---

① 本文语例中"<u></u>"表示文读。

依附在具体的实词之上，其用法复杂难以把握，故而借以表示事物杂乱，难以厘清之意。

1.3.2 加缀式

广丰方言中还有加缀型成语，即在成语中间加入常见的语缀使其凑足四个音节，是由实语素加上虚语素构成的成语。基本特点是其虚语素大部分无字可靠。根据广丰方言加缀式成语的虚语素的位置看，中缀式成语最为常见。

吕世华（1991）在论述包头方言成语的结构时，把一类"在一个双音节词的中间插入两个不表示实在意义的音节"的成语称为"中嵌式"，如"麻里倒烦""胡支野扯"。我们这里强调的是，广丰方言成语中也存在这类中嵌式成语，但是我们不仅限于在原来的"双音节词"中间嵌入"不表示实在意义的音节"。而且，广丰方言的嵌入虚语素的数量不仅限于两个，也可能为一个。特别是，这类虚语素往往在广丰方言词语中本身就是常用的中缀。故而，我们把这类成语称作中缀式。其中用"里""呀="①"个="拉="谷="等中缀最为常见。如：

（29）【疙里疙瘩】疙瘩：不懂事。形容人稀里糊涂。

（30）【死呀="娆形】娆：没有精神。指像死了一样，毫无精气神。

（31）【丁个="拉="兑】丁斗：指调皮，没礼貌。指做事没有分寸，不讲礼貌，乱来。

（32）【骂谷="唧嘈】描写骂骂咧咧，骂个不停的样子。唧嘈：拟骂声喧杂吵人。

以上（29）—（32）语例中的中嵌语素是纯虚义的中缀，类似于语流中的衬词角色，目前没有发现其由实词虚化而来的迹象，所以只能用同音字替代。

1.3.3 重叠式

重叠式成语在广丰方言中较多，在语音上让人感觉简单重复，容易接受，也有回环荡漾、和谐婉转的效果。重叠式可以分为：ABAC、AABB 和 ABCC 型。

1.3.3.1 ABAC 型

广丰方言重叠式成语 ABAC 型成语数量最多，语义的落脚点主要在"B"和"C"上，两者词性往往相同，语义相近、相对或相关。分析"B"、"C"词性，ABAC 型分为：名词性、动词性和形容词性。分别如下：

A. 名词性

这类成语的"B"和"C"为名词，往往用"A"来修饰、限定"B"和"C"，如：

（33）【大头大面】面：脸。大大的头，大大的脸。形容健壮有生气的样子。

（34）【逼门逼路】逼：靠近，接近。形容东西靠得太近，没有留下适当的空间。

B. 动词性

这类成语的"B"和"C"是动词，是语义的落脚点，"A"描述限制"B"和"C"。如：

（35）【苦桃苦哑】苦涩的桃子将就着吃。指将就着过日子。或勉强的接受。

（36）【百话百解】话：说法。形容嘴皮子厉害，善于自圆其说，反驳辩解。

C. 形容词性

这类成语的"B"和"C"是形容词，"A"用以增强"B"和"C"的语义效果，使整个成语更加形象生动。如：

（37）【夹忙夹乱】夹：一会儿。形容匆忙慌乱的样子。

---

① 使用方言中同音或音近的字记写，所用同音字用"="表示。

（38）【忽清忽浊】清：清醒。浊：浑浊，糊涂。形容人性情善变，时而清醒时而糊涂的样子。

1.3.3.2　AABB 型

有些广丰方言成语是 AABB 型的，其中"AB"本身已在广丰方言中可以成词，而且是具有实在意义的实词，此时重叠进入 AABB 型中则往往起到加强突出语义的效果。如：

（39）【轻轻牵牵】轻牵：指做事拖拉。形容做事磨磨蹭蹭，强调动作不利索，效率低下的样子。

（40）【叨叨嗒嗒】叨嗒：指抓住他人的小毛病背后叨咕的行为。指背后叨咕他人。

1.3.3.3　ABCC 型

广丰方言中还存在着为数不多的 ABCC 型的成语，整个成语是个描述性的，"CC"具有形象描述、补充解释前面"AB"的作用。如：

（41）【间花宧宧】间花：间，间隔；宧：稀疏。形容空间或时间上有规律地间隔开来。

（42）【血气铮铮】铮：表面光亮。形容人气色红润，精神饱满的样子。

语例（41）（42）这类述补结构成语"CC"是形容词重叠表量度强，具有补充说明或者形象描述"AB"的作用。"间花"是中心语，"宧宧"起补充说明中心语的作用，强调稀疏地间隔开来；语例（42）中"铮铮"重叠时形象描写"血气"的样子。

1.3.4　嵌数式

嵌数式结构也是方言俗语结构的一大特色，尤其是在方言成语中，往往用两个数词与语素或词语组合搭配，使成语的格式变化多样，含义丰富。广丰方言中绝大部分嵌数式成语用的数词都是介于"一"至"十"之间，其中运用"七"和"八"嵌入的占绝对优势，还有"三""四"也经常用以嵌入成语。

1.3.4.1　"七""八"嵌入

广丰方言成语中同时嵌用数词"七""八"的成语占量非常之多，占整个 72 条嵌数式成语中的 22 条，达 28%。可见"七"和"八"是广丰方言常用数词，在成语中几乎不用以表示数目和次序，它们在成语中的主要表义角色如下：

A. 这类成语呈现出名词性特点，极言事物数目"多"，如：

（43）【七碗八碟】指菜肴丰盛。又说"七碟八碗"。

（44）【七囱八洞】很多洞。描写物品破烂、满是窟窿破旧不堪的样子。

B. 这类成语往往为摹状形容词性，表示程度很深，如：

（45）【七歪八扁】形容东西形状十分不规则，歪歪斜斜的样子。

（46）【七迟八迟】表示时间很晚了，形容迟到很久或者很晚了。

C. 这类成语呈现出动词性，数词用以对举，表示"这……那……"，如：

（47）【嫌七道八】道：嫌弃、厌恶。嫌弃这个不是，嫌弃那个不是。指因心有不悦而嫌弃某人或者某事。

（48）【这七那八】这不是，那不是。指故意的挑剔和刁难。

D. 这类成语也呈现出动词性，表示动作混乱不协调，如：

（49）【七抬八拆】形容做事反反复复，断断续续，不连贯。

（50）【七话八改】话：说。一会这样说，一会那样说。形容说话前后不一，不老实，说话反反复复。

1.3.4.2 数词"三""四"配合使用

除了数词"七""八"常嵌用于成语中,"三""四"也常进入嵌数式中。据统计,嵌入"三"或"四"的成语有17条,占23.6%。

A. 表示量的"少""低""短"等义,如:

(51)【间三离四】指在短暂的时间内有规律地发生,也形容时间间隔短。

(52)【零三落四】零碎不集中的东西。

B. 表示量的"多""长""高"等方面,如:

(53)【三家四主】三个家庭,有四个家主人。指人多意见多、拿主意的也多,一会这样一会那样。

(54)【三打三放】指多次捕获又释放,指人心比较仁慈。

二 广丰方言成语的语法功能

广丰方言成语,在结构形式上虽然绝大多数都是短小精悍的四字格。但是在语法功能上,有的成语相当于一个句子,有的相当于一个词组。它们可以单独成句,也可以充当复句的分句,但是多数情况下是作为句子的某一个成分。下列将从广丰方言成语放置于实际语言环境运用中来分析其语法功能。

2.1 充当句子成分

在广丰方言中方言成语主要的语法功能是作为语法成分直接进入句子。它可以充当主语、谓语、宾语、定语、状语、补语等多种成分,现分别展开叙述与例证。

2.1.1 作主语,如:

(55)【细皮滑话】细皮:做事过分周密仔细,迂腐透顶。滑:油滑,狡诈。比喻行事迂腐,说话圆滑。‖乙^二堆这些~到正场正式场合无使没用咽的!

(56)【精打细算】指在使用财物等方面仔细地打算。‖~才是自家自己过家生活咽的体会。

2.1.2 作谓语,如:

(57)【离乡别祖】离:离开。别:告别。离开自己的家乡,告别自己的祖辈。常指被迫远离家乡,到外地谋生。‖渠他~几十年啵,还都记得着处里家咽的样子。

(58)【望风捉影】指无中生有。‖渠他~起,明明无有没有病,还个还要话得说自家自己生病啵,咉弗到不能去上班。

这类成语是动词性词语,后面一般不再单独加名词宾语,因为成语本身内部就是一个近似于动宾词组的固定语言单位。如(58)直接由主语"渠"带成语作谓语,当然在自然口语中往往还有后附相关成分,如"起",或者语气词"嘞""噢"等。

2.1.3 作宾语,如:

(59)【新鲜死尸】往往用于责骂别人做事不上心,草率,健忘。‖尔你是~嘞,自家自己□[ga²¹³]放袋里咽的钱都解会让别侬别人摱拿去唔咽咗!

(60)【人情世故】为人处世的道理。‖渠来他们真懂~嘞,客到定规一定泡茶哇饭吃饭招待。

这类成语往往属于名词性词语,直接放置在动语后面作宾语。

2.1.4 作定语,如:

(61)【筋多脏多】脏:肠子。比喻气度小,喜欢计较小事,不顾全大局。‖渠他是个

来一个~嗰的侬人，咋事弗着什么事不如愿就弗快活不高兴。

（62）【装灰带土】指东西脏，灰尘很重。‖~嗰的场地地方尔你先抹个下。

这类成语往往是形容词性的，往往后面带上后附成分"嗰"配合使用作定语。

2.1.5　作状语，如：

（63）【爬生谷﹦搭】人不安生，总往高处攀爬。‖阿我~俺﹦做目的是为咋侬谁？

（64）【尽扶竭力】指竭尽所能的帮助。‖老王~俺﹦帮忙都无使没用。

（65）【轻骸轻手】形容行走的时候手脚发出的声音很轻。‖小明~归进间腹房间。

这类成语往往置于动词前作状语，修饰、限制后面的动词、形容词性词语。有的需要后面带上后附成分"俺﹦"作状语，如（63）和（64），但是也有不用的，如（65）。

2.1.6　作补语，如：

（66）【马面浮在】浮在：浮肿。指人满脸浮肿。‖老李让蜂斗﹦叮、咬得~起。

（67）【骸酸手软】骸：脚。‖难得做重坠事体力活，个稍一会儿就做得~啵。

2.2　单独成句

有些广丰方言成语，在特定的语境中也可以单独成为句子。如：

（68）【捱生捱死】捱：拖延。用于骂人行事拖沓，散漫。‖渠他做咋事任何事都是弗要慌个嘞！~起！

（69）【碍骸绊手】骸：脚。指妨碍别人做事。‖衰侬小孩徛站得乙﹦块这里做咋什干什么嘞？~啊？

2.3　充当复句的分句

广丰方言成语充当复句分句的情况很多，仅举二例说明。如：

（70）【乌面长嘴】乌面：内心不悦而脸色暗黑。长嘴：内心不悦而撅嘴巴。‖宁愿嬉皮笑脸，弗要不要~！

（71）【假猖弗惬】惬：小心眼，不大方。指人没什么本事却觉得自己很了不起，喜欢表现自己。‖渠他不但脾气差，还嗰还要~起！

以上这些例句中的广丰方言成语均充当了复句的分句。例（70）的"乌面长嘴"是描摹人生气的样子，在人际交往过程中，要注意自己的形色表现，鼓励尽量面带悦色与人相处，不要将内心的不悦之情表现出来。充当了选择复句的分句。例（71）"假猖弗惬"作为单句，是对"脾气差"的递进说明，成了递进复句的分句。

参考文献

胡裕树.现代汉语［M］.上海：上海教育出版社，1981.

吕世华.包头方言四字格成语的构成方式［J］.阴山学刊，1991（2）.

马国凡.成语［M］.呼和浩特：内蒙古人民出版社，1978.

邢向东.神木方言四字格的结构和语法、修辞特点［J］.内蒙古师范大学学报，1992（1）.

温端政."语词分立"和方言语汇研究——重温吕叔湘先生《中国俗语大辞典·序》［J］.语文研究，2005（2）.

（李政　华中师范大学语言与语言教育研究中心　湖北武汉　430079）

徽州方言的三分型处所指示词系统

——以绩溪、歙县、黟县、婺源为例

高云晖

一 引 言

本文描写、对比四个徽州方言中相当于普通话 { 这（里）}{ 那（里）} 的语法成分。与很多南方方言，如吴语绍兴柯桥话（盛益民 2021：104）一样，徽语的指示语素不像普通话的"这""那"可以独自充当论元（如"这是我的书"）。因此，我们遵照陈玉洁（2010：8—12）、盛益民（2021：100）的意见，用"处所指示词"（locative demonstrative）而非"处所指示代词"来称说本文的研究对象。汉语的疑问代词可由疑问语素（"谁""哪"）和标明本体意义的本体成分（"处所""方式""数量"）构成（盛益民 2020：714）。类似地，处所指示词也可分解为指示语素（"这""那"）和本体成分（"边""里""块"）两部分。下文讨论绩溪（尚村）、歙县（深渡镇）、黟县（碧山村）、婺源（溪头乡上呈村）四处徽语处所指示词分立数量时所说的几"分"，指的是指示语素"内部相互对立的类别数量"（储泽祥等 2003：300），提及语言库藏中的绝对数量时用"个"称说。

二 影响多分型指示词系统的因素

若以普通话的"这"—"那"二分为参照，指示词内部对立数量在两个以上时可称为"多分型"系统。在 Diessel（2013）所统计的 234 种世界语言中，指示词系统中距离对立数量为两个的语言有 126 个，对立数量为三个的语言有 88 个，二者合计占比 91.5%，是人类语言中最普遍的两种指示词距离对立模式。Diessel 所取的两个汉语样本为普通话和粤语，由于它们均属二分系统，该统计在一定程度上忽略了汉语中广泛存在于晋语、赣语、西南官话、闽语、湘语（参陈玉洁 2010：附录）等方言中的多分系统。徽语处所指示词的多分现象早有报道，绩溪话如平田昌司等（1998：230）、赵日新（2003：引论），歙县话如杨琪（2007：73），黟县话如胡时滨（2018：529），但大多没有给出处所指示词在各个方言中详细的使用规律。黟县话处所指示词的使用规律与其他三地徽语相差较远，故下文将绩溪话、歙县话、婺源话放在一起讨论，黟县话单列。

对于数量超过两个的处所指示词系统，类型学、语义学的描写框架一般先作二分，或如（Anderson 和 Keenan 1985：282—285、Diessel 2013）称距离指向型（distance-oriented）和人称指向型（person-oriented），抑或如 Saeed（1997：191）区别说话人（speaker）和听话人（addressee）。这两种说法虽然名称不同，但实则相通——所谓的距离指向型就是指相对于说话人的距离来说的。普通话的"这""那"可以根据指称对象与说话人的相对距离远近对指称对象做出区分，听话人与指称对象的相对距离不太影响"这""那"的使用 ①，这是典型的距离指向型指示词。人称指向型指示词的典型例子是日语中以 *so-* 为词根的一组词，它们指向的是离听话人较近的位置（Diessel 1999：39）。不过，距离、人称远非影

---

① 说话人与听话人相距较远时，若指称一个在听话人手边的物体，普通话最自然的说法是用"那"，而非"这"。

响多分型指示词系统的全部因素。陈玉洁（2010：103）总结出了十数种可编码进指示词系统的语义特征，如可见度、高度、地理特征、生命度、性别等。对于本文所研究的四个徽语来说，主视线方向（垂直/平行；可见/不可见）与篇章话语因素① 是除了距离以外制约处所指示词使用最重要的特征。指称对象的数量也是一个需要考虑的因素，但根据张单（2017）、谢韬（2018）对平江长寿方言和侗语中的指示词三分现象的实证研究，指称对象多于三个时的使用规律与三个时并无本质上的不同。因此，为了使问题不过于复杂，本文只考虑指称对象小于等于三个时的情况。

所谓的"主视线"借用自眼科中的"主要视觉方向"②，如图 1（摘自李凤鸣1996：379）所示：人类两眼的视野呈漏斗状，F 点与 f 点的连线即为主视线，水平方向主视线的范围一般不超过 60 度。由此，主视线 l_1 与指称对象所在直线③l_2 所形成的夹角 α 可以抽象为两种原型范畴④，一种为 α 近似于 90 度（正对指称对象），另一种为 α 近似于 0 度（侧对指称对象）。这一区分的必要性在于，主视线角度的不同可能会影响指示词在系统中相互对立的数量和具体使用规律。

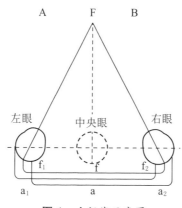

图 1 主视线示意图

三 绩溪、歙县、婺源徽语的处所指示词

表 1 绩溪、歙县、婺源徽语的处所指示词

	{ 这里 }	{ 那里 $_1$ }	{ 那里 $_2$ }
绩溪	ŋ²¹³ tɑʔ⁴/m²¹³ pɛ̃⁵³	lɔ²¹³ tɑʔ⁴/ lɔ²¹³ pɛ̃⁵³	mɛ̃²¹³ tɑʔ⁴
歙县	ŋ⁵¹ tʰaŋ³⁵/ŋ⁵¹ naŋ⁰	mɛ̃⁵¹ tʰaŋ³⁵/mɛ̃⁵¹ naŋ⁰	nɔ³⁵ tʰaŋ³⁵/nɔ³⁵ naŋ⁰
婺源	i³³ li⁰	ku²¹⁴ li⁰	me³³ li⁰

---

① 即指称对象被提及的时间顺序。闽西清流客家话中指词与远指词的使用也存在类似的规律（项梦冰1999：209）。

② "中央眼的正前方方向是人们判断方向的依据……中央凹是两眼的视网膜对应点，中央凹的视觉方向是主要的视觉方向"（李凤鸣1996：379）。

③ 指称对象呈直线排列只是理想化的模型。调查时我们选用大致位于一条直线上的实物，如停在路边的汽车、依次排列的楼房、排列摆放的热水瓶。

④ 参图 5 和图 7。

表 1 中三地指示词与 { 这里 }{ 那里₁}{ 那里₂} 对应的依据是它们严格根据距离区分"近—中—远"时从近到远的顺序。但需要注意的是，当视线角度、可见度等因素变化时，{ 这里 }{ 那里₁}{ 那里₂} 并非总是分别对应近指、中指和远指。我们分别用 { 那里₁} 和 { 那里₂} 来标注表 1 的第三、四两列，而不用"近指—中指—远指"或"近指—远指—更远指"是因为，后两种说法似乎预设了只有距离因素影响处所指示词的使用，但事实并非如此。绩溪话的处所指示词系统中有三个指示语素 $ŋ^{213}$、$lɔ^{213}$、$mɛ̃^{213}$ 和两个本体成分"搭" $taʔ^4$、"边" $pɛ̃^{53}$。$m^{213}pɛ̃^{53}$ 当由 $*ŋ^{213}pɛ̃^{53}$ 受声母 p- 的逆同化而来，因此 m^{213} 和 $ŋ^{213}$ 算作一个指示语素。其中，"边""搭"与指示语素的搭配并不对称，少了 $* mɛ̃^{213}pɛ̃^{53}$，说明 $mɛ̃^{213}$ 相较于 $ŋ^{213}$ 和 $lɔ^{214}$ 是有标记项①。歙县话也有三个指示语素 $ŋ^{51}$、$mɛ̃^{51}$、$nɔ^{35}$ 和两个本体成分 $tʰaŋ^{35}$、$naŋ^0$。与绩溪的"搭""边"不同，歙县的 $tʰaŋ^{35}$、$naŋ^0$ 与指示语素的搭配完全对称且语法功能相同，下文均按照发音合作人的习惯使用 $tʰaŋ^{35}$ 这一系。婺源话处所指示词的语音形式相对单纯，有三个指示语素和一个本体成分"里" li^0。

3.1 一或两个指称对象

吕叔湘（1990）认为，指示代词有指称、区别和替代三种作用，而指称是根本。只有一个指称对象时，指示词的作用仅限于指称而不在于区别，此时又称作"中性指示词"，即"仅实现指称功能，不附加任何语义特征的指示"（陈玉洁 2011：172）。绩溪话、歙县话的中性指称均可由各自的 { 这里 } 或 { 那里₁} 充当，但绝对不用 { 那里₂}，因为 { 那里₂} 与距离或可见度挂钩，只有指称较远（如视线尽头的山脉）或不可见物（如一堵墙对面的某个人）时才可以使用。婺源话有所不同，中性指示词只能由 { 那里₁} 充当，$i^{33} li^0$ 是一个与绝对距离相关的近指词，它只能指称说话者面前或触手可及的东西。

指称对象增加到两个且均在主视线范围内时，若需对两个物体的距离做出区分（如图 2），绩溪话、歙县话用 { 这里 } 指称离说话者近的，用 { 那里₁} 指称离说话者远的，但不用 { 那里₂}；婺源话则要先确定离说话者相对较近物体的绝对距离——绝对距离足够近就用 { 这里 } 指称近的，{ 那里₁} 指称远的，否则（如尚隔着一条街道）分别用 { 那里₁} 和 { 那里₂}。可见，婺源话处所指示词的使用先定绝对距离，再定相对距离。若无需对距离做出区分，或两个指称对象离说话人的距离近乎一样（如图 3），在绩溪话和歙县话中，甲、乙两个物体哪一个先被提及就用 { 这里 }，后被提及的用 { 那里₁}；婺源话则是先提及的用 { 那里₁}，后提及的用 { 那里₂}，若要使用 { 这里 }，就只能说"甲、乙都在 $i^{33} li^0$"，因为一旦用 $i^{33} li^0$ 指称甲、乙中的任何一个，另一个指示词的指称距离一定比 $i^{33} li^0$ 要远，这就与图 3 的情形不符了。

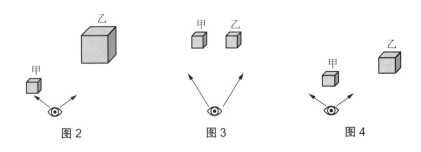

图 2　　　　　图 3　　　　　图 4

---

① 本体成分为"边"的指示词只有两个，与普通话的"这边""那边"无显著差异，本文只讨论绩溪话中本体成分为"搭"的三个指示词。

两个指称对象一个在主视线内，另一个在主视线外时（图4），绩溪话、歙县话有两种指称策略。一种是用 { 这里 } 指称甲，用 { 那里₂ } 指称乙，另一种是用 { 那里₁ } 指称甲，用 { 那里₂ } 指称乙。换句话说，和主视线范围内的甲相比，需要用表1中更靠右列的指示词来指称乙。婺源话同样遵照这一规则，只是依然需要先定是用 $i^{33}li^0$ 还是 $ku^{214}li^0$ 来指称甲，这里不赘。

3.2 三个指称对象

指称对象增加到三个时，需要考虑主视线与物体所在直线所形成夹角 α 的范围。

3.2.1 正对指称对象（$0° \ll α \le 90°$）

α 处于该区间的含义为，中央眼可以在图5的 A、B 两点之间移动，但不能向 C 点的方向靠近。处所指示词在这种情况下的使用规律与正对（位于 A 点）指称对象时的同属一种原型范畴。如图5所示，物体均在说话者的主视线范围内，丙的距离最近，绩溪话、歙县话自然只能用 { 这里 } 来指称。甲、乙离说话者的距离相当，指示词此时的作用在于指别而非区分距离远近，因而先提到哪个指称对象就用 { 那里₁ }，剩下的一个用 { 那里₂ }，顺序不能颠倒。婺源话中，若丙离说话人的距离足够近的话，三个指示词的使用规律与绩溪、歙县无别；若丙离说话人的距离没有近到可以用 $i^{33}li^0$，则丙用 { 那里₁ } 指称，甲、乙都用 { 那里₂ } 来指称。由于指示词在使用的过程中多伴有眼神或手势的指引，即使甲、乙用同一个词来指称，在语言使用中也不会产生歧义。

图6中，在说话者与三个指称对象相对距离不变的情况下调整中央眼的方向，使得甲位于主视线范围之外。歙县话在这种情况下只能分别用 { 那里₂ }{ 那里₁ }{ 这里 } 来指称甲、乙、丙，是严格的三分格局。绩溪话既可以采用与歙县话一样的指称模式，也可以采用二分模式，即最近的丙必须用 { 这里 }，甲和乙则可以均用 { 这里₁ }，也可以均用 { 这里₂ } 来指称。婺源话也是只能用 { 那里₂ } 来指称主视线范围之外的甲，剩下的丙、乙可分别用 { 这里 }{ 那里₁ } 来指称，也可以都用 { 那里₁ }。此外，即使甲、乙离说话人的距离存在显著差异，在这一视角下也是先提到的用 { 那里₁ }，后提到的用 { 那里₂ }。虽然 { 那里₁ } 与 { 那里₂ } 总是比 { 这里 } 指称的距离要远，但此时它们二者之间并不是靠距离因素相区别的，我们称这种指示词三分格局为"指别型三分"。

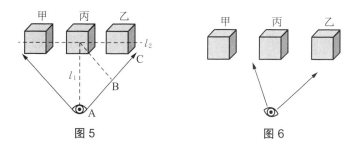

图5   图6

3.2.2 侧对指称对象（$0° < α \ll 90°$）

α 处于该区间的含义是，中央眼位于图5的 B、C 两点之间，l_1 与 l_2 的夹角可以无限接近于 0°，图7即为侧视角度的示意图，三个指称对象默认均位于主视线范围之内。

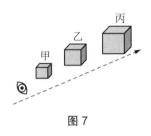

图 7

在这一角度下，绩溪话、婺源话的 {这里}{那里₁}{那里₂} 只能分别用于指称甲、乙、丙而没有其他搭配的余地，我们称之为"距离型三分"，以区别于正视时的"指别型三分"，因为此时 {那里₁} 与 {那里₂} 的区别不在于时间顺序，即使是先提到丙也不能用 {那里₁}。歙县话的情况略有不同①，虽然甲同样只能用 {这里}，但乙、丙距离说话人的距离差异并不编码到指示词中，可以均用 {那里₁} 或 {那里₂}，只不过用 $mɛ̃^{51} tʰaŋ^{35}$ 显得更加自然，这也在一定程度上说明歙县话的 $nɔ̃^{35} tʰaŋ^{35}$ 是有标记项，一般只在和 $mɛ̃^{51} tʰaŋ^{35}$ 对举、需要做出不以距离为标准的区分时才会使用。乙、丙在歙县话中用同一个指示词来称说的理据在于，三个指称对象面向说话人方向的投影存在重合。受制于视觉的生理基础，说话人除了最直观地感知到甲距离自己最近，对乙、丙距离差异的感知相对较弱，这反映在语言上即是，正视角度时有对立的 {这里₁} 和 {这里₂} 在歙县话里发生了中和。实际上，歙县话的 $mɛ̃^{51} tʰaŋ^{35}$、$nɔ̃^{35} tʰaŋ^{35}$ 不论是在图 5，还是在图 7 的情况下，都没有真正以距离为标准相互区别过，这也是我们不说"近指—中指—远指"的原因之一。需要说明的是，虽然三处徽语都可以用三个不同的指示词分别对甲、乙、丙做出指称，但由于 {这里} 与 {那里₁} 一个指近、一个指远，将距离很清晰地一分为二，发音人往往会优先说"乙在中间"而不是调用语言库藏中的 {那里₂}。看来，{那里₂} 的典型的用法或是在对举中用于指别，或是指称不可见物，区分可见范围内的距离远近只是在特定视角下延伸出的功能，体现了语言库藏的"物尽其用"（刘丹青 2014）原则。

四　黟县徽语的处所指示词

平田昌司等（1998：231）对黟县碧阳话 {这里}{那里} 的记载为"□背儿 nɛi³³pɤɐn³²⁴"、"那背儿 nɔɐ³⁵pɤɐn³²⁴"（相当于表 2 的 B 列），谢留文、沈明（2008：190）记为"□ nɛi³：这"、"那 noːɐ³"（相当于 C 列指示语素），二者并未提及黟县话处所指示词的多分属性。黟县话的处所指示词如表 2 所示共有六个：

表 2　黟县徽语的处所指示词

	A	B	C②
a	nei³¹（noŋ⁰）	nei³⁵（pən³⁵）③	nei⁵⁴（ka⁰pən³⁵）
b	nuo³¹（noŋ⁰）	nuo³⁵（pən³⁵）	nuo⁵⁴（ka⁰pən³⁵）

---

① 有可能这只是本文发音合作人的语言使用习惯，但或可体现指示词与客观世界互动的一种可能模式。

② C 列的 54 调听感上短促，微降且有微弱的喉塞尾，记为 54。

③ 发音合作人胡建新先生也读 niɛ³⁵ pən³⁵，语法功能与 nei³⁵ pən³⁵ 无别，后文记作 nei³⁵ pən³⁵。niɛ³⁵、nei³⁵ 可能共同来自 *niɛi，niɛ 由 *niɛi 失落韵尾而来，nei 由 *niɛi 失落介音后主元音高化而来。

表 2 中，括号外的是不能单独作论元用的指示语素，括号内的是三个本体成分。pən^{35} 为〈背儿〉的合音，ka^{0}pən^{35} 是〈个背儿〉的合音。身体部位语素和空间表达密切相关，是方位名词、附置词常见的语法化项来源，如 {眼} > {前面}、{脸} > {上}、{腰窝} > {边}（龙海平等译 2012：439），黟县话的"背"语法化为处所指示词中的本体成分符合跨语言共性。

黟县话的六个处所指示词看似繁复，实则内部分组清晰，在此基础上，可与我们熟悉的三分型系统建立联系。表 2 从两个维度对空间、距离展开划分，一方面 a < b，另一方面 A < B < C。a、b 两行在主视线的延伸方向区分距离远近，相当于一般所说的"近指—远指"之别。A、B、C 三列的区别主要不在于距离，而在于空间大小。为了区分这两种不同的参照系，我们为后者设立一个"指称域"（reference sphere）的概念，它是指称对象所处的一整个密闭或开放空间，不限于主视线的延伸方向。如图 8 所示，自内向外的三个圆圈分别代表 A、B、C 三列指示词对应的指称域。设若 A、B、C 三个指称域分别为说话者所在的房间、说话者隔壁的房间、楼下的停车场，甲、丙之间的距离理论上有可能小于甲、乙之间的距离①，此时甲、乙之间只能在同一列中选用指示词，甲、丙之间则必须跨列选用指示词。虽然跨指称域的两个物体一般来说要比同处一个指称域的两个物体之间的距离要近，但可以看出，距离并非决定选用哪个指称域的因素，一般所说的近指与远指区分的是同一个指称域中的两个指示词，A、B、C 三列之间不是距离上的"近—中—远"关系，而是指称域空间的"小—中—大"关系。表 2 中 a、b 两行的远近区别由指示语素的主元音前后来区分（e-u）；A、B、C 三列指称域的大小则由指示语素的声调（低降调—中升调—高降调）来区分。

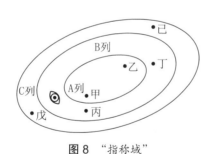

图 8 "指称域"

一般来说，A 列用于指称触手可及、近在眼前的物体，B 列用于指称隔壁、楼下、对面等稍远地方的物体，C 列指称目力范围之外的地方，如其他的村镇、省市。

黟县话的中性指称可由六个指示词中的任意一个来充当，不同发音人的使用习惯存在一定的差异，但 A 列最常用，B 列次之，C 列会显得不太自然。中性指称一般由指示词系统中的无标记项来充当，C 列的三音节词、B 列的中升调相对于 A 列的双音节低降调在听感上都更加显赫，因而 A 列是充当中性指称最自然的选择。甲、乙两个物体同属一个指称域且均位于主视线范围之内时（图 2），先确定指称域大小，然后在每一列的内部根据距离

---

① 如甲、丙只是一墙之隔，但甲、乙在同一个房间的两个角落。项梦冰（1999：210）在说明清流方言的中指词"扁"和远指词"解"的用法时也指出："用'解'指代的物体重要的是它不在眼前，而不在于它的实际空间距离。有时用'解'指代的物体的实际空间距离可能要比用'扁'指代的物体的空间距离小。"

远近选用相应的指示词：

（1）茶杯是 [1]nei^{31}noŋ^0，书是 nuo^{31}noŋ^0。（茶杯在触手可及的桌面，书在桌子对面的书架上）

（2）车子是 nei^{35}pən^{35}，篮球架是 nuo^{35}pən^{35}（车与篮球架都在楼下的停车场上）

（3）合肥是北方 nei^{54}ka^{0}pən^{35}，广州是南方 nuo^{54}ka^{0}pən^{35}（伴有手势。合肥相对于黟县的距离要比广州相对于黟县的距离要近）

若无需区别距离（图3），则在每个指称域内部先提到的用 a 行，后提到的用 b 行。如图4，两个物体同属一个指称域但有一个位于主视线之外，此时既可以如例（1）—（3）在同一个指称域内部选用指示词（例4、5），也可以临时将甲、乙识别为在不同的指称域中，从而跨两个指称域（例6、7），而指称域一旦确定，就可在 a、b 两行中任选一个指示词，因而例（6）（7）分别都有四种可搭配的说法：

（4）车是 nei^{31}noŋ^0，篮球架是 nuo^{31}noŋ^0。（车和篮球架都在楼下的停车场上，车在主视线范围内，篮球架在主视线范围之外）

（5）车是 nei^{35}pən^{35}，篮球架是 nuo^{35}pən^{35}。（语境同上）

（6）车是 nei^{31}noŋ^0/nuo^{31}noŋ^0，篮球架是 nei^{35}pən^{35}/nuo^{35}pən^{35}。（语境同上）

（7）车是 nei^{35}pən^{35}/nuo^{35}pən^{35}，篮球架是 nei^{54}ka^{0}pən^{35}/ nuo^{54}ka^{0}pən^{35}。（语境同上）

下面来看黟县话如何对三个物体做出指称。

4.1　指称对象同属一个指称域

4.1.1　0° ≪ α ≤ 90°

图9的视角相当于上面的图5，灰色阴影代表甲、乙、丙同处一个指称域中。

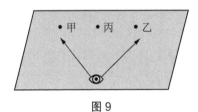

图9　　　　　　　　　　　图10

如图9，丙离说话者距离最近，用 A 列 a 行的 nei^{31}noŋ^0 来指称，甲、乙则具有相当的灵活性。指称甲的词有 nei^{35}pən^{35} 和 nei^{54}ka^{0}pən^{35} 两种选择，一般不在 nuo-系中选择，而 nei-系和 nuo-系的区别在于距离，这恰恰说明，选用指称甲的指示词时，考虑的是指称域而非距离。指称乙的选择更加多样，在 nuo-系中任选一个即可：

（8）丙是 nei^{31}noŋ^0，甲是 nei^{35}pən^{35}/ nei^{54}ka^{0}pən^{35}，乙是 nuo^{31}noŋ^0/ nuo^{35}pən^{35}/ nuo^{54}ka^{0}pən^{35}。

4.1.2　0° < α ≪ 90°

如上图10，侧对三个同一指称域中的物体时，选用的指示词需跨两个指称域：

（9）甲是 nei^{31}noŋ^0，乙是 nuo^{31}noŋ^0，丙是 nuo^{35}pən^{35}。（甲、乙、丙三者都在触手可及的桌子上）

---

① 黟县话的处所介词用"是"。

（10）甲是 nei^{35}pən^{35}，乙是 nuo^{35}pən^{35}，丙是 nuo^{54}ka^{0}pən^{35}。（甲、乙、丙三者都在楼下的停车场上）

不论三者所处的指称域大小如何，选用的指示词都不能跨三个指称域，这可能是因为在以距离为区别因素时需要尽量少地调用并不以距离为区分因素的指称域，而之所以必须要跨两个指称域是因为一个指称域内部只有两个层级的距离区分（即 a 行和 b 行）：

*（11）甲是 nei^{31}noŋ^{0}，乙是 nei^{35}pən^{35}，丙是 nei^{54}ka^{0}pən^{35}。

*（12）甲是 nuo^{31}noŋ^{0}，乙是 nuo^{35}pən^{35}，丙是 nuo^{54}ka^{0}pən^{35}。

4.2　指称对象不在同一个指称域

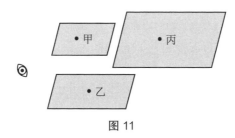

图 11

如图 11，甲、乙、丙分别在三个不同的指称域中。指称两个物体一般会跨两个指称域，每个指称域中选用 a 行或 b 行均可：

（13）茶杯是 nei^{31}noŋ^{0}/nuo^{31}noŋ^{0}，书架是 nei^{35}pən^{35}/nuo^{35}pən^{35}。（茶杯在说话者所在的房间里，书架在隔壁的房间里）

（14）我家是古筑$_{黟县地名}$nei^{35}pən^{35}/nuo^{35}pən^{35}，渠家是上海 nei^{54}ka^{0}pən^{35}/nuo^{54}ka^{0}pən^{35}。

若像例（4）（5）一样只跨一个指称域，也并非完全不可接受，但例（13）（14）的说法更加容易理解。同理，指称三个物体则需要跨三个指称域，但有两种方案，一是分别在 nei-系、nuo-系内部选用指示词：

（15）甲是我 nei^{31}noŋ^{0}，乙是你 nei^{35}pən^{35}，丙是渠 nei^{54}ka^{0}pən^{35}。（甲在触手可及的桌子上，乙在楼下的停车场，丙在另一个村庄）

（16）甲是我 nuo^{31}noŋ^{0}，乙是你 nuo^{35}pən^{35}，丙是渠 nuo^{54}ka^{0}pən^{35}。（语境同上）

例（15）中甲离说话者的距离近，因此用 nei^{31}noŋ^{0}，接着配套 nei-系的其他两个指示词即可；甲若离说话者较远，则像例（16）一样选用 nuo-系的一套指示词。另一种方案是跨 nei-系和 nuo-系选用指示词：

（17）甲是我 nei^{31}noŋ^{0}，乙是你 nuo^{35}pən^{35}，丙是渠 nuo^{54}ka^{0}pən^{35}。（语境同上）

（18）甲是我 nuo^{31}noŋ^{0}，乙是你 nei^{35}pən^{35}，丙是渠 nei^{54}ka^{0}pən^{35}。（语境同上）

综上，在黟县话中，设指示词所跨的指称域个数为 N，指称对象的个数为 n（n = 2 或 3）。那么，当指称对象在同一个指称域中且说话者侧对着它们时，N = n − 1；当指称对象不在同一个指称域中时，N = n。规律背后的动因是语言表达经济性和明确性之间的博弈：N = n − 1 时，说话人跨尽量少的指称域选用指示词；N = n 时，为了指称的明确性，语言和现实之间形成一对一的对应——指称对象在现实中分处几个不同的空间，指示词就跨几个指称域；指称对象同处一个指称域但有物体位于主视线范围外时，明确性要求可以暂时压倒经济性要求。

五 结 语

我们在描写徽州方言处所指示词系统的过程中注重发掘主视线角度（正对或侧对）和可见度（主视线之内或之外）对指示词对立数量以及使用规律的影响。储泽祥等（2003：300）指出"指示代词的二分与多分并不是绝对的"，谢韬（2018）认为侗语的指示词"二分与三分系统并存"。本研究表明，徽语的处所指示词系统也是在二分和三分之间动态调整的。区分距离型三分和指别型三分的意义在于明确指示词之间相互对立时的依据，并且有助于明确谈论指示词"几分"时"分"的含义，而这是恰恰是一些描写中语焉不详的地方，可能会对跨方言指示词的对比造成一定的困难。若以区分距离为衡量标准，歙县话的三个处所指示词只有二分，不存在三分，绩溪、黟县、婺源才存在真正的距离型三分；若以指别为标准，四地都存在三分系统。黟县话表面上有六个处所指示词，如果只是笼统地说黟县话存在一个六分系统，则无法建立这个六分系统与其他三分系统间的联系并发现共性，而实际上这六个指示词之间对立的层级仍然不超过三个。

本文所选的四个徽语点涵盖东边的绩歙片（绩溪、歙县），中部的休黟片（黟县）以及西部的祁婺片（婺源），指示词多分应是徽语中分布较广的一种现象，其他徽语中的多分型指示词系统还有待于进一步发掘和对比。绩溪话、歙县话同属绩歙片徽语，它们的整套指示语素从语音对应上看显系同源，都包括自成音节的鼻音 ŋ、齿龈音（l/n）以及鼻化韵（ɛ̃/ɔ̃），但绩溪的齿龈音对应 {那里₁}，歙县的齿龈音对应 {那里₂}，祁婺片婺源话的指示语素在语音上（零声母、软腭音、非鼻化韵）离绩溪话、歙县话较远。黟县话则兼用词根变化（nei—nuo）和近似于屈折变化的同词根变音（nei³¹—nei³⁵—nei⁵⁴）表达距离、空间概念，在汉语方言中殊为少见。也就是说，绩溪话、歙县话、婺源话的处所指示词只编码距离特征，黟县话则同时编码空间特征。黟县地处闭塞的徽州中部盆地，其方言不仅在开放类词上与其他徽语相差较远，在徽语演化史中具有特殊的地位（高云晖 2023），在处所指示词这样的封闭类词上也独具特色。

虽然语法研究的流派众多，但学者们在语义上对指示词的定义比较一致。例如：指称性名词"通过指称现实世界中的实体来获得意义"，或者说"从句子外部（如语境）来获得意义，而不是借助管辖关系、依靠句中的其他词语来获得意义"（Carnie 2013：156—157）；"指示词这一语法范畴通常配合着手势一起使用，在语篇中指向某个物体"（Dixon 2010：117）。可见相较于其他词类，指示词在语义上最突出的特点就是与现实世界的关联，也正是这一本质特点决定了四处徽语的处所指示词在使用上的最大共性——反映了客观世界和视觉的生理基础对语言使用的制约与限制。鉴于处所指示词在语义上的上述特性，它们的使用和视觉感知密切相关；歙县话在说话者侧对指称对象时发生 {那里₁} 与 {那里₂} 的中和正是源于该角度下的视觉盲区；而之所以有所谓的指别型三分正是因为在图 5 视角下，人们对甲、乙两个物体的距离感知并不敏感，本来以距离互相区别的 {那里₁} 与 {那里₂} 变为以时间顺序相互区别，属于常见的空间 > 时间隐喻。但所谓客观世界与生理基础对指示词使用的影响只在于提供了制约的可能性，语言并不必然服从这种制约，比如和歙县话不同，其他三地徽语在侧对指称对象时仍然保持距离型三分。正如 Heine（1997：3）所说的，"语言结构是我们与世界互动的产物。我们自环境中获得经验，并在与特定物种的交流中使用那些经验。我们所构建的话语、发展出的各种语言学范畴正直接来源于获得

并使用那些经验的过程中"。Svorou（1994：1）在论述语言与世界的关系时也提到，"生物禀性决定了我们如何感知这个世界"，但同时，"我们所感知的并不必然是一个秩序井然的世界，且并不会面面俱到地感知到它"，处所指示词所展现出的各种使用规律正鲜明地体现了语言与客观世界、与我们自己互动时的复杂关系。

参考文献

陈玉洁.汉语指示词的类型学研究［M］.北京：中国社会科学出版社，2010.

陈玉洁.中性指示词与中指指示词［J］.方言，2011（2）.

储泽祥，邓云华.指示代词的类型和共性［J］.当代语言学，2003（4）.

高云晖.历史语言学视域下的徽州方言专题研究［D］.北京：中国社会科学院研究生院，2023.

李凤鸣.眼科全书（中册）［M］.北京：人民卫生出版社，1996.

吕叔湘.指示代词的二分法与三分法［J］.中国语文，1990（6）.

刘丹青.论语言库藏的物尽其用原则［J］.中国语文，2013（5）.

胡时滨.黟县方言通汇［M］，黄山：黄山书社，2018.

盛益民.汉语疑问代词的词化模式与类型特点［J］，中国语文，2020（6）.

盛益民.吴语绍兴（柯桥）方言参考语法［M］，北京：商务印书馆，2021.

小川环树.苏州方言的指示代词［J］.方言，1981（4）.

项梦冰.清流方言的代词系统［M］//代词.李如龙，张双庆.广州：暨南大学出版社，1999.

谢留文，沈　明.黟县宏村方言［M］.北京：中国社会科学出版社，2008.

谢　韬.侗语指示代词二分和三分现象实证研究［D］.长沙：湖南大学，2018.

杨　璡.歙县（深渡）方言语音研究［D］.北京：北京语言大学，2007.

张　单.长寿方言指示代词三分现象实证探究［D］.长沙：湖南大学，2017.

赵日新.绩溪方言词典［M］.南京：江苏教育出版社，2003.

Bernd, Heine. & Tania, Kuteva. 语法化的世界词库［M］.龙海平，等译，洪波，等注释.北京：世界图书出版公司，2012.

Anderson，S. R. & Keenan，E. L. Deixis, in Shopen，T. ed. Language Typology and Syntactic Description（Volume 3）.［M］.Cambridge：Cambridge University Press，1985：259—308.

Andrew，Carnie. Syntax：A Generative Introduction［M］. 3rd ed. Oxford：Wiley-Blackwell，2013.

Bernd，Heine. Cognitive Foundations of Grammar［M］，New York：Oxford University Press，1997.

Holger，Diessel. Distance Contrasts in Demonstratives［EB/OL］.（2013）［2024-08-04］. https://wals.info.

John I. Saeed. Semantics，Blackwell Publishing，1997.

R. M. W. Dixon. Basic Linguistic Theory（Volume 2）［M］. Oxford：Oxford University Press，2010.

Soteria，Svorou. The Grammar of Space［M］. John Benjamins Publishing Company，1994.

（高云晖　华盛顿大学亚洲语言文学系 gyunhui@uw.edu）

奉化方言中的频度副词"老老"

应可晴

一 绪 论

老老［lɛ²¹³ lɛ²¹］是奉化方言中常见的一个频度副词，语义相当于普通话中的"经常"，许多其他地区也存在"老老"的同音表达，但在具体词义和用法上并不完全相同，我们将"老老"划入评注性频度副词的范畴，评注性频度副词不仅强调命题的真实性，还表达说话人的观点立场和情感态度，奉化方言"老老"在具体使用中极具地域特色。本文首先描写"老老"作为频度副词的分布搭配和特定的共现连用，进而分析"老"的发展和"老老"的形成，最后探讨方言"老老"在普通话和其他吴语地区方言中的差异。

二 "老老"的句法特征和共现连用

2.1 分布和用法

"老老"作为一个副词，最基本分布是充当状语，修饰动词或动词短语。例如：

（1）鱼片我交关欢喜噢，老老买个。（我非常喜欢吃鱼片，经常买它。）

（2）渠老老去淋雨，人淋来溚溚渧为止。（他经常去淋雨，淋到人都湿透了才罢休。）

例（1）（2）中，"老老"均充当状语修饰后面的动词谓语"买""去"，"老老"一般位于主语的后面，谓语的前面，也可以单独位于句首，处在这一位置分布上起到对动作行为频度的强调作用。

"老老"修饰形容词的情况较少。例如：

（3）楼登一份人家屋落门口灯泡老老勿亮。（楼上那户人家门前的灯泡经常不亮。）

（4）渠拉姆妈怕渠忒烫勿噢，拨中药老老冷个。（他妈妈担心他不吃太烫的，让中药经常冷着。）

例（3）（4）的"老老"分别表示"灯泡不亮"的状态、"中药冷着"的状态经常出现，虽然直接修饰的是形容词，但实际上表现的是主体某一种状态的出现频率。

在"老老+VP"结构，"老老"大多是无状语标记的。奉化方言的状语标记一般情况下会使用"介"［ka⁵³］，其功能看起来相当于普通话中的"地"，实际上"介"是一个中性指示词，"介"在连接状态和VP时，一般展现的是该动作行为场景化的具体描摹，如：簌簌介响、急煞介敲门，动作的频度不在"介"能连接的范畴内，故在该结构里不带标记"介"。值得一提的情况是，VP成分如果是一个内含了完整行为过程的可控的述宾动词，如：淋雨、散步、洗澡等，一般会在前面加上动词"去"表示目的，如果语境充足，可以补足"去"的具体地点。例如：

（5）a 岳林公园夜到头有喷泉，阿拉隔壁一份夜饭噢好后头老老去散步。（岳林公园晚上有喷泉，我们隔壁那户人家经常在吃好晚饭后去散步）

　　*b 岳林公园夜到头有喷泉，阿拉隔壁一份夜饭噢好后头老老散步。

在"老老+AP"结构中，AP不能是光杆的，除了否定表达外，一般会带上语气助词

"个"，使韵律协调，尤其如果 AP 是单音节的，必须带上"个"。试比较下面三个例句：

（6）a 冬天家一来，结冰死冷风一吹，渠面孔<u>老老</u>红个。（冬天一来，像结冰了一样的冷风一吹，他的脸就经常红着。）

b 冬天家一来，结冰死冷风一吹，渠面孔<u>老老</u>血红。（冬天一来，像结冰了一样的冷风一吹，他的脸就经常像血一样红。）

*c 冬天家一来，结冰死冷风一吹，渠面孔<u>老老</u>红。

2.2 搭配和选择

下文主要从 VP 成分的搭配、句式的选择、时态、时量关系这四个方面来分析"老老"的搭配选择。

由于受到副词"老老"本身所具有的评注性的制约，"老老"所修饰的成分中，出现频率最高的是动作和状态。这些动作和状态一般具有可控性，如果发生的行为不可控，一般会在动词前加上能愿动词"要"，可控行为如例（1）中"买"前无需加"要"，不可控行为例如：

（7）上腔天家冷，我<u>老老</u>要生病。（上一阵子天气冷，我经常会生病。）

（8）乃记性坏坏，我<u>老老</u>要忘记重要事体。（现在记性不好，我经常会忘记重要的事。）

例（7）（8）中的"生病、忘记"是非自主动词，说话人主观上不能支配"生病、忘记"这类动作，在此类动词前加上"要"使表达合理化。

就出现的句式选择来看，"老老"还可以在被动句中出现。

奉化方言中处置和被动两种关系由"得""拨"两字兼表，这两个同形标记有些相当于普通话中的"给"，使用时也要求谓语非光杆，这和"老老"要求所修饰的成分必须是个复杂形式相一致。奉化方言被动句中的施受关系非常灵活，虽然"得"和"拨"使用时存在歧义，但是在具体的方言语境中，由于受前后其他信息的限制，听话人往往能准确地分辨出前后两个 NP 的施受事关系，将处置和被动区别开来。"老老"在具体使用中如果借助被动句的句式来表达说话人的观点情感时，大多数情况下都能突出说话人的消极态度，少数情况下出现中性意味。沈家煊（2001）指出，"语言中表情成分所作用的对象是多方面的，可以是一个指称对象，一个命题，甚至是一系列的命题"。[①] 被动句式对于语义和情感态度的表达具有反约束的作用，倘若说话人选择被动句，往往是通过高频度副词"老老"突出主观感受和立场。另一方面，"老老"所搭配句子的主语既可以是无生命的，也可以是有生命的。当主语无生命时，自然也不会发生施事和受事的方向颠倒。例如：

（9）渠个考试成绩<u>老老</u>拨渠同桌超过。（他的考试成绩经常被他同桌超过。/他的考试成绩经常超过他同桌）

（10）公司阿台打印机<u>老老</u>拨小李弄坏。（公司那台打印机经常被小李弄坏。）

例（9）具有歧义双解，表达的时候之所以用被动形式是为了突出考试成绩被超过这种经常发生情况的感慨态度，整个事件倾向于消极色彩；例（10）不存在歧义，打印机没有生命，不可能对小李施加动作，且句中动作使支配的对象发生变化，对受事具有消极影响。

---

① 沈家煊：语言的"主观性"和"主观化"［J］.外语教学与研究，2001（04）：268—275+320.

就"老老"所在句子的时态来看，既可以表示过去时，也可以表示现在时，几乎不表示将来时，一般是对过去或现在经验上的总结，带有说话人对已然事件的态度，与将来时发生冲突。例如：

（11）小方上两年<u>老老</u>问小李借钞票，小李烦勒勿得了。（小方前几年经常向小李借钱，小李烦得不行。）

（12）江边乃该交关闹热，<u>老老</u>有老宁牌跳广场舞。（江边现在非常热闹，经常有大妈跳广场舞。）

（13）a 阿拉屋落到秋天家好装好嘞，侬下来遭来玩。（我家房子到秋天就能装修好了，你以后来玩。）

    *b 阿拉屋落到秋天家好装好嘞，侬下来遭<u>老老</u>来玩。（我家房子到秋天就能装修好了，你以后经常来玩。）

"老老"在与时间量表达的搭配中，这些表达可以是显性的，也可以是隐性的。在时间量表达显性的句中，"老老"一般搭配表示时段的词语，如果搭配表示时点的词语，句中一般隐含了一个时段。例如：

（14）该只小区<u>老老</u>有贼骨头来偷东西，治安交关坏。（这个小区经常有小偷来偷东西，治安非常差。）

（15）小方下半日两点<u>老老</u>来树底下走象棋。（小方下午两点经常来树下下象棋。）

（16）上腔风破烂介大，渠<u>老老</u>吹来咳嗽。（上一阵子风特别大，他经常被风吹得咳嗽。）

例（14）"老老"说明这个小区从过去到现在这样一段较长的时间内有小偷，遭贼是常态，虽然时间成分是零形式，但隐含的意义很明确；例（15）限定在下午两点这个时间点，并不是具体的某一天下午，而是一段时间内的下午两点"下象棋"的动作发生频率高；例（16）指出"上腔"这个时段，"咳嗽"这一行为多次出现。

2.3 特定的连用

"老老"既可以用在肯定句中，也可以用在否定句中。肯定句中"老老"可以后加"是"，否定句中奉化方言否定词和普通话大不相同，阮桂君（2006）明确宁波方言的单纯否定词主要有"勿、弗、莫、吭、没"五个，这五个否定词在奉化方言中也经常使用，列表如下：

表1 奉化方言否定词表

否定词对应普通话的字形	IPA	字义
勿	[vəʔ²]	不
弗	[fəʔ²]	不
莫	[moʔ²]	别
没	[məʔ²]	没有
吭	[m⁵¹]	没有

张谊生（2014）指出"从连用的内部结构看，可以分为右向结构和左向结构两种。右向结构就是前面的副词先修饰后面的副词，然后再一起修饰中心语。左向结构是后面的副

词先修饰中心语，然后再一起接受前面的副词修饰。"①"老老"和否定词的连用从线性排序上看，分两种："Neg+老老"和"老老+Neg"，但是从对层次关系的定向上看，都是"左向结构"关系。

"Neg+老老"结构，Neg只能是"莫"。"莫"相当于普通话中的"别"，是一种对他人行为的干预，"莫+老老+VP"表现出"左向结构"关系，先是"老老VP"，再被"莫"否定，和"别"字句类似，去掉"莫"，句子还能成立，说明是左向，基本上只出现在特定的否定祈使句中，对VP也有限制，一般都是消极且可控的。例如：

（17）a 侬莫老老寻欢喜个人讲闲话。（你不要经常找喜欢的人聊天。）

　　　b 侬老老寻欢喜个人讲闲话。（你经常找喜欢的人聊天。）

（18）a 到楼登去了下登门要锁来，侬莫老老忘记。（到楼上去了要把下面门锁了，你别经常忘记。）

　　　b 侬老老忘记到楼登去了下登门要锁来。（你经常忘记到楼上去了要把下面门锁了。）

例（17）去掉"莫"句子依然成立，句中VP看起来不是消极事件，但是说话人的预设是"找喜欢的人聊天对方会感到厌烦"从而会造成消极影响；例（18）"老老"加强说话人的迫切语气。

"老老+Neg"结构，Neg可以是"勿、弗、没、吭"，否定的是后面的行为，"老老"在前表示对"勿、弗、没、吭+VP"这一客观事实高频出现的消极评价，是一种"左向结构"关系，去掉"老老"句子还成立。

"老老+勿+VP"是最常见的一种表达，"勿"相当于普通话中的"不"，句中主语否定了这一行为，再通过"老老"凸显说话人对句中主语不执行这一行为的消极评价。例如：

（19）a 该小人皮惯哟，老老勿听渠拉姆妈闲话。（这小孩皮惯了，经常不听他妈妈的话。）

　　　b 该小人皮惯哟，勿听渠拉姆妈闲话。（这小孩皮惯了，不听他妈妈的话。）

（20）a 该小人心没来读书上登，作业老老勿做。（这小孩心思不在读书上，经常不做作业。）

　　　b 该小人心没来读书上登，作业勿做嘛。（这小孩心思不在读书上，不做作业。）

例（19）（20）b句去掉"老老"后主观性较a句减弱，更偏向一种客观事实的呈现，a句里则更多地展现出了说话人对小孩行为的责怪和抱怨等消极情感。

在口语中"勿"和"要""会""用"等字组合时，出于发音省力的需要，说话语速加快部分音素脱落而成为一个合音词。这些表示否定的合音词中只有"勿要"可以和"老老"共现，音 [f ie^{51}]，意为不要，表示说话人主观上的不接受。例如：

（21）该小具仔有自家心思，大人闲话老老勿要听。（这个小伙子有自己的想法，大人的话经常不要听。）

（22）该小囡欢喜看广告，动画片一类老老勿要看。（这个小女孩喜欢看广告，常常不喜欢看动画片一类。）

"弗"的使用范围比较窄，最常出现在固定结构中，如"弗三弗四"（不三不四）、"弗上弗落"（不上不下）、"弗结"（不知），除固定结构外的用法具有个人性，在具体语境中表

---

① 张谊生.现代汉语副词研究［M］.北京：商务印书馆，2014：217.

达说话人更强烈的语气和情感，只有和个别词连用时前面可以加"老老"，例如：

（23）渠个头脑<u>老老弗</u>大灵光。（他的脑子经常不太聪明。）

（24）渠阿腔得每日像做乱梦介，<u>老老弗</u>大清醒。（他那一阵子每天像做梦一样，经常不太清醒。）

"没、呒"相当于普通话中的"没有"，"老老"和"没、呒"的共现比较少见，一般出现于特定结构"没 / 呒 +NP+VP"前，例如：

（25）落课铃一响人一晌没了，小方走来慢，<u>老老没</u>东西喫。（下课铃一响，人一会儿都走光了，小方走得慢，经常没东西吃。）

（26）该两夫妻时介造孽，老娘被赶出后头，<u>老老呒</u>采去。（这两夫妻经常吵架，妻子被赶出来之后，经常没地方去。）

我们还发现在对话场景中有一种特殊情况，如果"勿、没"和"老老"共现的句子是对话中的后续句时，那么否定词放在"老老"前面，不破坏"老老 +VP"的结构，符合应答协调一致原则，黄宗（2018）认为应答协调一致现象当中，答话者所接收到的言语刺激会影响答话者的言语选择过程以及选择内容，在能满足交际功能的前提下，答话与问话中的词语完全相同是最为经济省力的。[①]例如：

（27）问：荡眼<u>老老</u>停电否？（这里经常停电吗？）

　　　答：荡眼勿要 / <u>没老老</u>停电。（这里不经常停电。）

（28）问：我又晓得该开关坏，侬用起来<u>老老坏</u>来哦？（我就知道这种开关品质不好，你家用着经常坏吗？）

　　　答：实在<u>没老老坏</u>来。（其实不经常坏。）

"老老"可以和时间词连用。由于信息的焦点不同，频度副词可以在前也可以在后，如果频度副词在后，时间词在前，反应特定时间范围内动作行为的重复量，完全契合频度副词的定义，句中的时间词成为了动作行为的背景，频度副词和中心成分成为了凸显的图形。例如：

（29）渠闲两遭<u>老老来</u>个，该腔倒没来。（他过去经常来的，这一阵子反而没来。）

（30）渠节头节面<u>老老驮</u>果篮去走人家。（他节日里经常拿着果篮去走亲戚。）

例（29）（30）中"闲两遭""节头节面"是句中给出的时间范围，"老老来""老老驮"是侧重要突出的行为模式。

反之，频度副词在前，时间词在后，所传递信息的焦点在于受到频率副词"老老"修饰的时间词。例如：

（31）渠<u>老老</u>黄昏头辰光去钓鱼。（他经常在黄昏的时候去钓鱼。）

（32）渠<u>老老</u>夜快点去搓麻将。（他经常在傍晚的时候打麻将。）

例（31）（32）"老老"修饰的是一个时段，句子表达的含义侧重于这个特定的时段。

那洪雷（2017）认为时间副词和频度副词的连用共现主要受到时间轴一维性特点的影响，要符合客观时间轴上的时间出现顺序，一般呈现"左向结构"。[②]例如：

①　黄宗 . 现代汉语口语中应答协调一致现象的认知研究［J］. 现代语文，2018（08）：64—67.

②　那洪雷 . 时间频率副词连用共现顺序及表达效果——以"已（经）""常（常）"为例［J］. 海外华文教育，2017（08）：1093—1103.

（33）a 校门口讲讲呒交摆摊，<u>一方老老好看见</u>卖冰糖葫芦个人。（校门口讲讲不让摆摊，但依然经常能看见卖冰糖葫芦的人。）

　　*b 校门口讲讲呒交摆摊，<u>老老一方</u>好看见卖冰糖葫芦个人。

例（33）"一方老老好看见"短语中"老老"先修饰后面的中心语"看见"，然后再一起接受前面的副词"一方"的修饰。而"老老一方"虽然只是词语顺序不同，但句义已经发生了变化，"一方"相当于普通话中的"依然、仍旧"，表示一种不变的状态，"老老一方"连用变成了"右向结构"，"老老"表示事件高频度出现，但中间会有间断，"一方"表示状态不变，二者连用不符合时间轴上的出现顺序，故不能共现。

　　本节主要讨论了"老老"的分布搭配和共现连用，最基本分布是充当状语，所修饰的成分中，出现频率最高的是动作和状态，所在句子的时态一般是过去时和现在时，和否定词的连用从对层次关系的定向上看都是"左向结构"关系，和时间词连用时由于信息的焦点不同，频度副词可以在前也可以在后。

三　"老"的发展和"老老"的形成

　　下文讨论的是"老"不同词性间的联系，以及重叠形式"老老"的发展路径。

3.1　构形重叠和构词重叠

　　奉化方言中有两个"老"，一个是形容词，记作"老₁"，一个是副词"老"，记作"老₂"，两者之间存在一定的发展关系。

　　单音节形容词"老₁"可以直接修饰名词，修饰的对象较广，既能是有生的，也可以是无生的，在语义上存在细微差别。"老₁"和动物搭配表示年纪大，和植物搭配表示表示过于成熟，过了适口的时间，都体现出时间量大；"老₁"和无生命的对象搭配时，表示随着时间过去，该对象有部分受磨损的老旧状态。例如：

　　（34）地里种个全是<u>老落谷</u>。（田里种的全是老玉米。）

　　（35）阿只<u>老猫</u>来阿拉屋落六年了。（那只老猫来我家六年了。）

　　（36）该<u>老屋牌</u>勿知哈辰光倒来个。（那老房子不知道什么时候倒塌了。）

　　（37）阿牌店里纯是<u>老电脑</u>。（那家店里全是老电脑。）

　　除了常规的形容词外，"老"在奉化方言中独有的一种用法是充当副词，语义接近于普通话中的"才"，带有强调的口气，说话人态度坚决，记作"老₂"。《现代汉语八百词》中列出"才"的用法有表示强调确定语气，一般出现在固定结构中，其中一种结构为："才［＋不］＋动＋呢"，肯定句少用，"老₂"的使用范围很窄，基本符合这一句式，只能出现在表示否定的特定结构"NP＋ 老勿要 ＋（侬）＋VP"中，这个结构里去掉"老"后依然成立，区别有两方面，一是去掉"老"后，"勿要"必须和音为［f ie⁵¹］，二是在表意上有细微不同，既能起到缓和语气的作用，也能清晰地传递出说话人的主观态度。例如：

　　（38）a 侬拨我一眼积木撩撩来，<u>我老勿要侬睬</u>。（你把我的这些积木搞坏了，我才不要理你。）

　　　　b 侬拨我一眼积木撩撩来，我<u>勿要侬睬</u>。（你把我的这些积木搞坏了，我不要理你了。）

　　（39）a 侬该闲话讲过十多遍来，<u>渠老勿要听</u>。（你这话讲了十几遍了，他才不要听。）

b 侬该闲话讲过十多遍来，渠勿要听。（你这话讲了十几遍了，他是不会听的。）

例（38）a"老勿要侬睬"的表达有一种嗔怪的意味，b"勿要侬睬"的语气更强烈，侧重在责备，这里的"老"可以缓和语气；例（39）是以第三方的视角来表达，说话人和 NP 是同一立场的。"老"充当的副词表达都有一种任性的语气，表现出强烈的主体意志，NP 只能是第一人称或第三人称，第一人称视角直接地表达主观的情绪，第三人称视角隐含说话人和 NP 共同的情绪。

"老₁"既能进一步虚化为副词，也能通过组合改变自身的程度量级。

形容词"老"要表示不同程度量级往往会借助一些手段或组合，如：构形重叠、"老"+三个非重叠音节、表示高程度的状语+"老"、"老"+表示高程度的补语、"老"+语气词等，这些手段也可以组合使用，会使"老"原本模糊的程度量级显性化，表达结构越长，表现出来的信息量越多，它们都是表示高量级的，符合认知语言学中的数量相似性（iconicity）原则。例如：

（40）该菜老老嘀。（这菜太老了。）

（41）侬阿太老貌聋聪，闲话阿讲勿像哟嘞。（你太外婆实在很老了，话也不会讲了。）

（42）介老个笋小小人喫勿来，咬阿咬勿糊嘀。（这么老的笋小孩子吃不来的，咬也咬不烂。）

（43）得上回眼菜比起来，乃回眼老交关。（和上回的菜比起来，这回的菜老了很多。）

（44）介多日脚没看见，侬人老哟来嘛。（好久不见，你变老了嘛。）

（45）介多日脚没看见，侬人弄人介老咚来。（好久不见，你变老了很多嘛。）

例（40）"老老"是"老₁"的重叠式，借助词法来凸显程度量；例（41）"老貌聋聪"可以看作一个状态形容词，通过复杂形式来具象化表现"老"的高程度；例（42）用指示词"介"来修饰"老"表示程度，这里的"介"相当于普通话中的"这么"；例（43）用程度副词"交关"作补语修饰"老"，这里的"交关"相当于普通话中的"很"；例（44）"哟来嘛"是一组无实在意义的语气词，仅表示感慨；例（45）用了两种手段，"老"前由指示词"介"修饰，"老"后有语气词"咚来"。

例（40）中我们将"老老"分析为"老₁"重叠。但同时，我们也考虑了"老老"是状中结构的可能性，即由副词"老"修饰形容词"老"，状中结构"老老"作为频度副词"老老"的结构形式基础，再通过词汇化和语法化来实现频度副词"老老"的身份确立，这种可能性也符合语法化的一般机制。我们从两方面来探讨这一可能性，首先从音调上来看，"老老"如果是状中结构，后字应为原调，可实际发音时后字较前字短促。其次从奉化人的语言习惯上来看，如果需要一个副词修饰形容词"老"，更倾向的选择是程度性指示词"介"，相当于普通话"这"，具体表达如："该菜介老额"，"介老"是毫无疑问的状中结构，而单音节"老"在奉化方言中一般不表示程度。值得注意的一个词是"老早"，可分析为状中结构，但是该处"老"只能理解为构词语素，有且只有在这个特定词语里面表现为高程度，类比其他同类结构的词语，如"老大、老高、老宽"等，这些表达在奉化方言中不出现，更认可的同义表达式为"介大、介高、介宽"等。再来对比同属吴语区的上海话，上海方言"老"和奉化方言"老"在发展过程中走向了不同的道路，并没有往频度的方向走，"老"和"老老"在上海话中表示程度的用法更广。在奉化方言里，程度表达已经有其他词占领，比如指示词"介"，故不需要"老"的进入，从系统性上来讲，没

有走到这一步。

状态形容词"老老"是基式"老₁"的 AA 式构形重叠，记作"老老₁"。"老₁"重叠后所产生的结构的词汇意义不变，还是表示时间量大，但在语法意义和语法功能上发生了某些变化，表示程度上的增量，重叠后是固化的量。在外在感知上，我们可以通过视觉表象和触觉实体而明显感知到"老₁"，在内在认知上，"老₁"的量是隐性的、模糊的，具有变化性的，能通过重叠的语法手段加强其程度。

朱景松（2003）认为形容词重叠式表现的量很难像形容词基式表达量那样去理解，这种重叠式相当于对基本式的模糊描写。① 他认为形容词重叠式量的意义是肯定量的充分性，表明某种性质的量达到了适当、足够的程度。譬如，"老₁"可以划分为"顶老（最老）、交关老（很老）、有眼老（有点老）"，通过前置的副词来表现"老"范畴内的不同程度，但"老老"这样通过重叠表示高程度的重叠词就无法用程度副词修饰。

从句法角度来看，"老老₁"一般不会单独使用，和"个、嗬"搭配修饰名词，"个"可以理解为普通话中的"的"，不能被否定词和程度副词修饰。例如：

（46）老老个落谷侬阿太喫勿来。（很老的玉米你外婆吃不来的。）

（47）a 该芋艿老老嗬。（这芋艿太老了。）

　　　*b 该芋艿没/勿老老嗬。

　　　*c 该芋艿顶老老嗬。

从语用角度来看，"老老₁"表达一种主观认识量，带有明显的主观色彩，从而形成一种含有评注性的认识。例如：

（48）罐子里厢是眼老咸齑。（罐子里面是一点老咸菜。）

（49）罐子里厢该咸齑老老嗬。（罐子里面的咸菜太老了。）

例（48）中"老咸齑"仅描述咸菜老的客观事实，不带说话人的态度；例（49）用"老老₁"来描述咸菜时，不仅程度量级提升，还带有说话人的表示否定或负面评价的主观色彩。

当"老老"评议的对象由客观事物扩展为动作或事件，且在句法分布上经常处于谓语前面的位置时，"老老"就具备了成为副词的条件。频度副词"老老"是构词重叠，词义相当凝固，基本分布是充当状语，记作"老老₂"。"老老"从形容词语法化为副词，我们来进一步探讨其中的机制。张谊生（2000）指出，汉语副词相关的语法化机制大致包括既相互联系又相互依存的四个方面：结构形式、语义变化、表达方式和认知心理。②

先来看句法功能变化，状中结构"老老₁"作状态形容词时一般充当谓语或者定语。当"老老"经常出现在状位时，可以修饰谓语动词或 VP，为其成为副词"老老₂"提供了重要的形式条件。例如：

（50）a 渠喫个落谷老老嗬。（他吃的那个玉米老老的。）

　　　b 渠老老喫落谷。（他经常吃玉米。）

例（50）a"老老"充当谓语，修饰的是物品；b"老老"充当状语，修饰的是动作

① 朱景松. 形容词重叠式的语法意义［J］. 语文研究，2003（3）：9—17.

② 张谊生. 论与汉语副词相关的虚化机制——兼论现代汉语副词的性质、分类与范围［J］. 中国语文，2000（1）：3—15+93.

行为。

再来看语义变化，上文提到"老老₁"的语义是"老₁"的增量表达，从表示具体意义的形容词到表示频度的副词，"老老"的实词意义在日常的使用过程中发生了抽象化，表现出虚化的情态意义，能传递出说话人的主观态度。句位的变动会引起副词化的出现，语义的转变也会导致词语句法功能的改变。例如：

（51）该屋橱门老老嘀。（这柜子门很旧了。）

（52）该小滑孙老老拉屋橱门玩。（这小屁孩经常拉柜子门玩。）

例（51）"老老"指柜门的使用时间长而呈现出来的老旧状态，是一种直观可见的物体表征；例（52）"老老"表示小孩拉柜门动作频繁出现，传达出说话人对这一行为的轻微厌烦态度。

最后来看认知心理的变化，张国宪（2005）提到有一条扩张规则是从事物的质扩张到行为的质，他举例说"轻"指重量时表述的是事物的质，"轻"指动作的力度时表述的是行为的质，这一路径符合人类认知的一般规律，而"性状的语义扩张从本质上说是人类语言普遍存在的一种语法化现象"①。我们在认知外界时，总是先认识到具体可感知的事物，再学会把握抽象不可感知的事物，人们的认知行为会影响语言的使用。"老老₁"表述的就是事物的质，"老老₂"则表述的是行为的质，从"时间久"这样的时间量表达到频度表达，贯穿语义变化过程的一条线索是"时间量"的隐喻。例如：

（53）老老个笋干头小人喫落肠胃坏。（小孩子吃太老的笋干对肠胃不好。）

（54）该笋干头小人交关欢喜，老老喫。（这种笋干小孩子非常喜欢，经常吃。）

例（53）表示的是静止事物的质，笋干可能是超过了合适的收获季节，也可能是存放时间久了；例（54）表示的是动态行为的质，指"喫笋干头"这一动作的频度。虽然句中都没有出现表达时间的词，但在说话人的认知心理中隐含了一个时间量。

我们认为"老老"的语法化主要和句法分布改变、语义变化、认知心理有关。

3.2 语义指向和主观评注表现

"老老"具有不同的句法和语义，但不管是形容词还是副词，这些语义都表现出高量级的特征，且"老老"在不同的使用语境中都有具体的评注功用。我们通过描写不同词性的"老老"展现其语义指向及相应的情感表现。

"老老₁"的描摹对象是有限制的。"老老₁"和"老₁"的适用范围类似，当用来描摹无生命的对象，一般表示物体随着时间流逝而自然老化的状态，当用来描摹可入口的作物时，所传递情感比较单一，一般表达说话人对这些作物的喜爱或讨厌，除了动植物外，"老老₁"指人的用法比较少见。例如：

（55）a 该只南瓜老老嘀，老南瓜喫起来顶粉嘞。（那只南瓜老了，不过老南瓜吃起来最粉糯了。）

*b 渠人看起来老老嘀。（他看起来长得好老。）

c 渠面孔老老。（他脸长得老。）

例（55）a "老老"表现的就是作物南瓜的生长状态，结合语境传递出说话人欣喜的情感；b 句虽然看起来合乎语法，但其实这种说法很别扭，更容易为当地人所接受的同义表

---

① 张国宪. 性状的语义指向规则及句法异位的语用动机［J］. 中国语文，2005（1）：16—28.

达是"渠人看起来介老",用程度副词来修饰单音节"老";c 句"老老"直接搭配的不是人,而是人的一部分,在这种语境中,句子成立。

"老老$_2$"表现所修饰动作或状态的频度,这里的动作或状态一般都是可以阶段性发生的,即中间有断续,不用一直延续下去的。在表现说话人的主观性方面,一般表现出主观评价,特定条件下也能表现出主观推测。例如:

（56）渠拉屋落敥条件侬晓得哦? 渠老老喫野黄鱼。（他们家什么条件你知道吗? 他经常吃野黄鱼。）

（57）超市该米质量倒是坏,老老生虫。（超市的米质量太差了,经常生虫子。）

例（56）（57）"老老"表现的是动作行为的频度,带有说话人的主观态度时,"老老"会重读,例（56）说话人对于高频度"喫野黄鱼"这一行为有探究心理,例（57）说话人对于"生虫"这一行为表现出消极评价。

表现出主观推测的特定条件在于时态,2.1.2 提到"老老$_2$"几乎不用于表示将来时的句中,但是也有一个例外情况,如果在具体语境中架构起一个尚未发生或还未确认的场景时,"老老$_2$"能够出现,用来表现说话人对特定场景中动作状态频度的主观推测。例如:

（58）a 乃腔花鼓探头价钱交关落惠,渠肯定老老去买。（这一阵子皮皮虾价钱很实惠,他肯定经常去买。）

　　　*b 渠要老老去买。（你要经常去买。）

例（58）a 说话人并未见到事情的发生,"老老"的频度存在于场景的假设中,传达的是说话人的推测义。b 是一个没有具体语境的祈使句,这样的表达在奉化方言很少出现,更合理的同义表达是"你要多去买眼",这个短句是一个经济性表达,既能表示"买"的频度较高,也能表示"买"的量较大,视具体语境而定。

这些表达之间的主观化程度是有差异的,"老老$_2$"的主观性程度等级明显高于"老老$_1$"。

四 "老老"的共时比较

在普通话和其他吴语地区方言中,也有"老老"的使用情况,我们将奉化方言"老老"与之相比较,突出频度副词"老老"的独特性。

首先来对比语音,奉化方言中"老"的吴语拼音为［lau4］[①],"老老"的发音为［lɛ^{213} lɛ^{21}］,发音位置靠前,唇形较扁,后一个音较前一个音更短促;宁波方言中"老"的吴拼为［lau6］,"老老"的发音为［lɔ^{213} lɔ^{21}］,发音位置靠后,唇形偏圆,后一个音也短促;普通话中"老老"的发音为［lau214 lau214］,发音位置靠后,唇形偏圆,前后调值不发生变化。

再来看句法和语义,前文详细描写了奉化方言"老老"作为频度副词的用法和作为形容词表示"时间量大"的用法。普通话里单音节"老"使用更普遍,既可以作程度副词表示高程度,也可以作时间副词,重叠后的"老老"可以使用,但是没有表示动作行为频度的用法,"老老"的出现范围也很受限制,一般可以作为组成固定词语的成词语素出现,也可以作为少部分名词的特定前缀。例如:

---

① 本文所使用的吴语拼音均来自"吴语学堂"网站。

（59）上海永达公益基金会理事长乔穗祥表示，"关爱老人"是永达公益基金会四个业务定位之一，近年来永达一直在探索的公益养老新模式正是通过<u>老老相伴</u>、<u>老老相扶</u>的互助形式来实现的。（2020年人民网）

（60）现在桥做好了，我们<u>老老小小</u>都很高兴，有事没事也都过去看看。（2021年人民网）

（61）新书记都上任好久了，我们也不知道叫什么名字，感觉还是<u>老老书记</u>和老书记在管事。（2020年人民网）

（62）一辈子的精神品格，用手中权力<u>老老实实</u>为人民办事。（2020年人民网）

例（59）（60）"老老"指的都是老人们，以重复表示数量的增加，这样的表达还有"老老少少"、"老老幼幼""老老互助"等；例（61）"老老书记"只能在特定语境中出现，指的是前前任书记，和后文的"老书记"放在一起表意更明晰；例（62）"老老"是"老老实实"的组成部分，不可拆分。

我们也把奉化方言的"老老"和其他吴语地区"老老"的用法作简单比较。在2.2.1中，我们提到了上海话中的"老"，认为其程度表达和奉化方言"老"走向了不同的发展道路，在上海、杭州等地的方言中，"老老"作程度副词的用法更普遍，由单音节程度副词"老"重叠而来，加强程度量级，一般修饰表示积极意义的形容词，如"老老好""老老早""老老宽"等，比单独说"老好""老早""老宽"的程度量级更高，也更能表现出说话人的积极情绪。普通话中"老+AP"结构，AP仅限于单音节，但在某些吴语地区，AP也可以是双音节的，我们以上海方言为例。例如：

（63）伊个字写得<u>老</u>推扳个。（他的字写得可差了。）

通过和亲属方言之间的比较，我们看到"老老"的频度副词用法是奉化方言特有的，对等类似的频度副词的形式是不同的，具有研究价值。

<h1 style="text-align:center">五　小　　结</h1>

"老老"作为频度副词，就句法分布来看，以充当状语为主，绝大多数情况下修饰动词，很少修饰形容词；就搭配选择来看，"老老"可以出现在被动句中，所在句子的时态一般表示过去时或者现在时，所修饰的成分中出现最多的是动作和状态。此外，奉化方言中"老老"还可以作形容词，由基式"老"构形重叠而来表示程度上的增量。在具体语境中，形容词"老老"一般表达说话人对客观作物的喜爱或讨厌之情，而副词"老老"能表现出主观评价和主观推测这两方面。关于奉化方言"老老"和普通话、其他吴语地区方言的"老老"的对比，除了发音时韵母不同，在句法和语义上也各有差异。

参考文献

邓川林."总"和"老"的主观性研究［J］.汉语学习，2010（02）：66—70.

范　琼.现代汉语程度副词连用研究［D］.武汉：华中师范大学，2018.

季安锋.时间副词"老"、"老是"意义研究［D］.济南：山东师范大学，2001.

刘丹青.语法化中的更新、强化与叠加［J］.语言研究，2001（02）：71—81.

阮桂君.宁波方言语法研究［D］.武汉：华中师范大学，2006.

谢　玥.重叠式副词的来源、演变及成因［D］.上海：上海师范大学，2017.

杨　睿.时间副词"老"的语法化过程考察［D］.北京:北京语言大学,2006.

赵　军.现代汉语形容词的重叠形式与程度量的表达［J］.湖北社会科学,2016(02):141—147.

周文华.重复类频率副词句法语义分析［J］.南京师范大学文学院学报,2014(03):164—168.

吕叔湘.现代汉语八百词［M］.北京:商务印书馆,1999.

张谊生.副词的连用类别和共现顺序［J］.烟台大学学报(哲学社会科学版),1996(02):86—95.

张谊生.从情状描摹到情态评注:副词"生生"再虚化研究［J］.语言研究,2015,35(03):38—47.

张谊生.现代汉语副词研究［M］.北京:商务印书馆,2014.

(应可晴　上海师范大学人文学院　yingkeqing0921@163.com)

上海地区方言体助词"仔"的清浊分工及其成因

—— 以上海真如、陈行方言点为例 *

一 绪 论

1.1 上海地区方言的体助词"仔"

"仔"是上海地区吴语中常见的体助词,一般用在动词或形容词之后。今上海市区的"仔"渐为新起的"勒"取代,市区新派和部分中派已不用"仔";市郊"仔"仍然广泛使用。

对上海市区方言体助词"仔"的用法较为系统的研究始于许宝华、汤珍珠(1988),他们将"仔"一分为四,认为上海市区方言的体助词"仔""在动词或形容词后头有四种语法功能":(1)"仔$_1$"表示动作的完成,相当于"勒$_1$":看仔彩电再看黑白是呒劲勒。(看了彩电再看黑白是没意思了。①)也可以后置于动补词组、动趋词组或句末:就是要吃饭末,也要等饭烧熟仔,才好拿饭碗盛仔吃。(就算要吃饭,也得等饭做熟了,才能用饭碗去盛着吃。)(2)"仔$_2$"表示状态的持续:独家头对仔镜子笑。(独自对着镜子笑。)(3)"仔$_3$"表示状态的存在:边头浪摆仔交关尼龙袜。(边上放着很多尼龙袜)(4)"仔$_4$"用在两个动作之间,构成"动$_1$+仔+动$_2$"的连动短语:囥仔勿肯拿出来看。(藏着不肯拿出来看。)

许宝华、陶寰(1997)认为,老派上海方言"仔"的语法功能除了有"表示动作的完成"和"表示状态的持续"外,还有以下两项:(1)用在某些动结式短语中,表示伴随状态:细软个物事自家带~走。(细软的东西自己带走。)(2)用在祈使句末尾,有时后面还有语气词"咾":侬脱我先坐辣海~。(你给我先坐着。)|先拿事体做好~咾再讲。(先把事情做好再说。)|吃脱~咾。(吃掉。)

徐烈炯、邵敬敏(1998)把"仔"归入"体貌助词",认为"仔"有两个作用,没有做出更细的划分:(1)表示动作实现或者完成,经常带宾语或补语,相当于普通话的"了$_1$":侬吃仔饭就过来。(你吃了饭就过来。)还可以出现在动补短语的后面:手表弄坏脱仔末,讨厌勒。(手表弄坏了就麻烦了。)(2)表示状态的持续,相当于普通话的"着$_2$"("着"表示动作进行时态):伊头歪仔,好像辣辣讲啥物事。(他头歪着,好像在说什么东西。)

左思民(2003)对上海市区方言的"仔"标记完成体(实现体)的说法提出质疑,他认为"仔"不能同时标记完成体(实现体)和持续体:"仔"没有所谓标记持续体的功能,

---

* 本文写作及修改过程中,承蒙盛益民老师及陈金琳(陈行)、任天齐(三林)、徐恺远、孙雨哲等诸位学友的指教,特此致谢,文责自负。

本文所言之"上海地区方言",泛指需要讨论的存在体助词"仔"清浊二读之现象的狭义的上海方言及周边农郊的部分方言,并非讨论整个上海地区诸方言中体助词"仔"的语音形式。因称述不便,只好以"上海地区方言"赅之。"上海方言区"、"松江方言区"的定义参照钱乃荣(2003a)的观点,两区分别大略相当于古上海县与古华亭县之地域。本文所谓"上海方言",一般采用其较狭的内涵,指"上海城市方言",即中心城区自近代以来主要通行的方言,包括其各时期的形式,中新派上海市区方言及老派上海市区方言。我们也将老派上海市区方言称为"上海县城方言",以强调其与附近农郊的联系。

① 原文给出的例句没有普通话翻译,本节及后两节的例句翻译,都是笔者摘录时补上的。

它仅仅是一个实现体标记。

前述对上海市区方言体助词"仔"用法的总结，在笔者的母语，上海真如方言中都是存在的。另有一项需要补充：上海真如方言的体助词"仔"除了表示预期，还能表示假设，如：还好拉澳大利亚，忒伲墙头时差只有得两个钟头，拉美国仔，要日夜颠倒哉。（还好在澳洲，跟我们这儿时差只有两小时，要是在美国，要日夜颠倒了。）这一用法在上海市区方言中并不存在。此外，在语音形式上，真如方言的话题标记"是"跟"仔"是同形的（也会发生下文我们所谈论的清浊分工现象），不过一般认为这一话题标记来自系词"是"（徐烈炯、刘丹青1998），故不在我们讨论之列。这是需要特别说明的。

我们采纳左思民（2003）的做法，在讨论"仔"的语法功能时，初步将其划分为表示完成体（实现体）的"仔₁"和表示持续体的"仔₂"，并基本赞同表示完成体（实现体）的"仔"和表示持续体的"仔"具有同一性这一观点，但仍在讨论时对其作基本的区分。

1.2 "仔"的语音形式

对于"仔"的研究，过去多重视其语法功能，而对其语音形式失于关注。上海地区体助词"仔"的读音有清辅音和浊辅音二种，这一差别既体现在历时变化当中，也保存在共时平面内。

今上海市区方言当中，体助词"仔"基本只有清声母一读，如左思民（2014）只列举了上海市区方言中"仔"的一种语音形式［tsɿ］①。有些研究关注到历史上上海方言体助词"仔"存在清浊两个语音形式，但大多使用的是描述性的语言，也未能将两个语音形式之间的关系说明清楚。

钱乃荣（2003a：268）论及"仔"的语音形式问题时说，"'仔'［tsɿ］又写作'之''子''是'［zɿ］，开埠初期声母是清辅音，后来到了20世纪初变为浊辅音，现在上海郊区读浊辅音，城区说到'仔'时，一般读清辅音。"钱乃荣（2003b：37）指出，"'仔'，……上海话读［tsɿ］，有段时期里也读［zɿ］，苏州话读作［tsɿ］。"钱乃荣（2014：223）进一步补充说，"'仔'在20世纪70年代时的老年人还用，读［zɿ］的多。今已为'了'取代。"钱乃荣先生主要是从历时变化的角度去审视这个问题的。艾约瑟（1869）《上海方言词汇集》，上海基督教方言学会（1901/2018）《英沪词典》等几部记录近代早期上海方言的重要传教士著作将体助词"仔"一概记作清塞擦音［ts］声母的"之"；赵元任（1928：125—126）《现代吴语的研究》则把当时上海的助词"仔"声母一概记作浊擦音［z］声母的"是"。这些都可以印证钱先生的说法。不过他并未解释，为何"仔"的读音发生了可逆的变化。

表1　上海方言不同时期体助词"仔"的读音

资　料	年　份	清辅音	浊辅音
《上海方言词汇集》	1869	+	－
《英沪词典》	1901	+	－
《现代吴语的研究》	1928	－	+
《上海市区方言志》	1988（中新派）	++	+（仅见老派）
《上海方言词典》	1997（老派）	+	

---

① 本文讨论的问题与声调关系不大，体助词的词形列出时一般不标声调。如引用前人研究，则无论是否标注声调都一仍其旧。

许宝华、汤珍珠（1988）《上海市区方言志》（下称"方言志"）指出，上海市区方言中"仔"有［tsʅ³³⁴］和［zʅ¹¹³］两种语音形式；不过从书中的记录看，声母念清辅音的情况远远多于浊辅音，后者仅在长篇语料"拜访问候"一段有 6 见，且全出自偏老派的发音人之口。对于这些读浊辅音声母的"仔"，《方言志》径照"仔"的弱化形式处理之；454 页介绍介词"为仔"（相当于北京话的"为了"）的语音变体时说"为仔［ɦuɛ¹¹ tsʅ³³］在语流中可以弱化为［ɦuɛ¹¹ zʅ³³］"，似也能反映这种认识。不过对于"仔"的弱化条件是什么，弱化是否可逆，为什么所谓弱化现象在老派与中新派之间并不均衡（老派"弱化"远远多于中新派），并无说明。

许宝华、陶寰（1997）将体助词"仔"按照多音词处理，收录了［zʅ¹³］和［tsʅ⁵⁵］两读，并认为"［zʅ¹³］为上海原有的说法，［tsʅ⁵⁵］是受苏州话影响的结果。本字可能是'著'。"对照松江方言和苏州方言，松江方言体助词"仔"为浊声母的［zʅ］，苏州方言体助词"仔"为清声母的［tsʅ］，恰好能对应本土方言自有和外埠方言输入这两个层次，但是这与上海市郊方言及上海方言历史文献的情况矛盾。

表 2　上海及周边方言体助词"仔"的读音

	清辅音	浊辅音
上海市区	+	±
真如	+	+
三林	+	+
陈行	+	+
松江	−	+
苏州	+	−

再来看看市郊的情况。真如方言和陈行方言是上海市区周边的两种"本地话①"，与老派上海方言存在着密切的联系，前者分布在今普陀区长征镇、真如镇街道、万里街道一带，距离上海人民广场约 12 公里；后者分布在今闵行区浦江镇一带，位于黄浦江东岸，地理上距离上海人民广场约 19 公里。现在的上海真如和陈行本地方言中体助词"仔"都存在清辅音和浊辅音两种读法，陈行方言中存在的体助词"仔"的清浊异读现象，最早能见于 1921 年出版的陈行乡土谣谚著作——《沪谚》。根据我们的研究，清浊二读在语法功能上没有任何区别，但存在语音层面的分工。这种分工普遍存在于上海方言区的浦西近郊和浦东中北部地区。而在这个范围之外的古松江府地区，体助词"仔"均不存在清声母的读法，一律读［zʅ］。

从体助词"仔"清浊异读现象的分布情况来看，解释真如、陈行等地"仔"的清浊异读现象，需要结合上海方言区的整体特点和发展脉络来讨论。

本文的任务就是要在文献语言材料和活语言材料相结合的基础上，解决下列问题：（1）清声母"仔"和浊声母"仔"之间是什么样的关系？（2）在上海的市区和市郊，体助词"仔"的语音形式经历了怎样的演变？（3）内部因素和外部因素在体助词"仔"的演变

---

① "本地话"是民间对老派上海方言和与之相近的市郊方言的称呼。

中分别扮演怎样的角色？最后提出一套城乡相照，综观上海地区方言的研究方法。

二 体助词"仔"的清浊异读现象

2.1 《沪谚》中体助词"仔"的清浊异读规律

体助词"仔"，在苏沪一带早期吴语文献中有多个写法，如明末的《山歌》多用"子"，《海上花列传》多用"仔"，其中近代以来，以"仔"一形最为多见，占据了绝对的优势地位。近代上海传教士文献中多写"子""仔""之"等，本音都是清声母。又见浊声母的"自"，如顾良（1937）记录三林方言时，涉及多个浊声母体助词"仔"，文本中即假"自"字书写①，不过这样写的情形很少。

《沪谚》出版于1921年，是上海陈行人胡祖德编纂的当地民间谚语集，反映了时政、修养、事理、社交、生活、乡土、生产、自然等方面的内容。此书体助词"仔"有"是""仔"二形，经过观察可发现字形上的分工应该是承载了读音上的区别。体助词"仔"分别记作"是［zๅ］"和"仔［tsๅ］"，当能清晰反映出清浊二读的分工关系。通过对《沪谚》中相关用字的研究，可以一定程度上探明《沪谚》所反映的此词清浊二读的分布，从而作为我们研究当今上海地区方言"仔"清浊异读问题的重要书面材料。

我们发现，体助词"仔"的清浊异读与其分布环境有关。经过统计发现《沪谚》中该体助词共出现184次，分布在158个条目中，其中"仔"出现59次，"是"出现125次；共有93个不同的前字，其中入声字52字次，舒声字132字次。"是"的前字中舒声字的比例达到100%，"仔"的前字中入声字的比例达到86.44%。总的来看，《沪谚》中95.65%的本助词的用例符合"清声母与入声字配合，浊声母与舒声字配合"的规律。

表3 《沪谚》中"仔"和"是"前字的舒入分布（角标数字表示出现次数）

	舒声字	入声字
仔	看¹开¹放¹见¹献¹掩¹寻¹种¹	吃¹⁷落⁵活³捏³②出²发²立²杀²识²着²③哭²拔¹逼¹瘪¹触¹折¹脱¹得¹积¹夺¹缚¹凿¹
是④	做⁸死⁶有⁶过⁵请⁴打⁴放³开³除³大³话³卖³走³看²吹²道²对²犯²跟²害²救²讨²养²咬²依²临²去²见¹碍¹帮¹包¹饱¹抱¹比¹补¹撑¹刺¹耽¹当¹到¹短¹挂¹光¹裹¹患¹记¹讲¹叫¹掮¹欠¹敲¹上¹生¹受¹数¹算¹贪¹偷¹无¹向¹奖¹长¹争¹坐¹老¹	/

我们所得出的清浊异读规律，在"仔""是"二形共现的五句例句中表现最为典型：

（1）门前缚［boʔ］仔［tsๅ］高头马，不来亲者也来亲；门前挂［ko］是［zๅ］破帘

子，嫡亲娘舅陌路人。（第 35 页）

（2）立［lieʔ］仔［tsʮ］放债，跪［dzy］是［zʮ］讨钱。（第 50 页）

（3）引线刺［tsʰʮ］是［zʮ］痛，尖刀凿［zɔʔ］仔［tsʮ］一样痛。（第 132 页）

（4）吃［tɕʰiəʔ］仔［tsʮ］粳，不吃糯；走［tsʏ］是［zʮ］桥，不走路。（第 141 页）

（5）打杀［sæʔ］仔［tsʮ］和尚，不能剃光［kuã］是［zʮ］头抵命。（第 163 页）

注意到，以上五例都是由结构相似的前句和后句构成的。"仔"和"是"在相似的结构中明显行使相同的语法功能，是同一个体助词，但是作者按照实际的发音分别写成了"仔"和"是"。从助词的清浊性质和前字的舒入性质配合关系来看，入声"凿""立"等字后的"仔"读［tsʮ］，舒声"跪""光"等字后的"是"读［zʮ］，显然体助词的清浊性质，与前字的舒入性质密切相关。

我们也看到，《沪谚》中"仔""是"二字与入声字舒声字的配合规律也有极少数例外。《沪谚》中"看""开""放""见""献""掩""寻""种"各出现过 1 次不满足以上规律的用例，其中，"看"、"开"、"放"在《沪谚》中另有 2—3 个后接"是"的用例，"见"字在书中另有 1 个后接"是"的用例，"献""掩""寻""种"在书中只出现了一次，因而没有后接"是"的用例。从用字角度来看，作为一本记录乡土语言的著作，尽管大多数时候"仔"和"是"截然有别，但毕竟"仔"才是苏沪地区本词最占优势的写法，一部分"仔"渗透进来，掺入文本当中，造成少数反例，也在所难免，并不影响整体规律的成立。另一方面，倘用语言的标记理论视之，我们观察这些反例，如若认定其用字都据实反映了声母的清浊，那么"是"的前面绝无入声字，"仔"的前面有一部分舒声字，似乎也能侧面证明，在清声母和浊声母的"仔"之间，相对而言，前者才是不带标记的。

2.2 当代真如方言和陈行方言中体助词"仔"的清浊异读规律

笔者从 2021 年 3 月开始观察家庭内部的上海真如本地方言，搜集并整理了不少自然语料，形成了一个简易的自然语料库。其中，一共记录到体助词"仔" 160 次，1 次不合规律，仅占 0.625%。与前文所揭示的陈行方言文献《沪谚》所反映的体助词"仔"清浊二读的分布规律一致，上海真如方言中体助词"仔"的清浊与前字的舒入性质也是配合的，并不实现于语法层面。

先来看看前字为入声字时的情况。

用作实现体标记时：

（6）踏［dæʔ］仔［tsʮ］三刻钟到屋里。（踩了三刻钟才到家里。）

（7）买点拉屋里，没［məʔ］仔［tsʮ］讨厌个。（买一些在家里，如果没了就麻烦了。）

（8）我拿到屋里忒伊摅［ȵ iɔʔ］仔［tsʮ］摅。（我拿到家里，把它揉搓了一下。）

（9）侬倒复旦附中读末读［doʔ］仔［tsʮ］三年，校车一趟也勿曾趁过。（你复旦附中倒读了三年，校车一次都没有坐过。）

（10）后首来女婿拨拉打杀［sæʔ］仔［tsʮ］，伲阿奶心脏病发哉。（后来女婿被打死了，我的奶奶心脏病就发了。）

（11）想想隔开条吴淞江也想着［zæʔ］仔［tsʮ］只管要哭个。（想想即便只是隔开一条吴淞江，想到了便经常要哭的。）

用作持续体标记时：

（12）绒线衫勿着［tsæʔ］仔［tsʮ］咾睏觉。（不要穿着绒线衫睡觉。）

（13）立［lɿʔ］仔［tsɿ］拆屙蛮张。（站着拉屎野蛮。俗语，形容野蛮的样子。）

（14）难＝倷阿奶开心喽，掇［dœʔ］仔［tsɿ］只凳，要紧朝屋里跑哉。（这下我奶奶开心极了，端着个凳子，赶紧往家里赶了。）

（15）阿妹，退脱，着［tsæʔ］仔［tsɿ］末迭能难看来，迭能辣辣红个。（孩子，退掉，穿着难看极了，红通通的。）

再来看看前字为舒声字时的情况。

用作实现体标记时：

（16）到［dɔ］仔［zɿ］屋里忒外头淘勿好比个捏＝！（到了家里，和外面不能比的嘛！）

（17）难末伏下去［tɕʰi］仔［zɿ］末快点到门房间。（然后趴下去以后快点到门房间。）

（18）拔拉爷娘看见①［tɕyœ］仔［zɿ］，要产＝个。（要是被父母看见了，要挨骂的。）

（19）身体勒拔伊吃来推扳［ɦɛ］仔［zɿ］出问题。（身体别吃坏了出问题。）

（20）阿妹啊，今朝倷娘去买［mɑ］仔［zɿ］廿斤新米。（孩子啊，今天你妈妈去买了二十斤新米。）

（21）养倷末也蛮苦恼个，痛［tʰoŋ］仔［zɿ］一夜天。（生你很苦的，痛了一整夜。）

（22）迭两日天燥来，干［kø］仔［zɿ］末就好着啊哉。（这两天天气干燥，干了就可以穿了。）

（23）只脚馒头呢一跪，跪［dzi］仔［zɿ］呢揿拉许。（那膝盖跪一下，跪了以后把他们按在里面。）

用作持续体标记时：

（24）讲末讲投拉农村浪，只管跟［koŋ］仔［zɿ］倷阿奶去住拉伊拉埨。（说是投胎到农村，却经常跟着我的奶奶去住在他们那儿。）

（25）外卖末外卖是排［bɑ］仔［zɿ］个队，生活水平上去哉。（外卖排着队，生活水平上去了。）

（26）拿②［nɛ］仔［zɿ］只行李拉末是蛮讨厌个。（拿着个行李是蛮麻烦的。）

（27）坐好［hɔ］仔［zɿ］一动勿动。（坐着，一动不动。）

有些句子结构相仿，内容或表达策略不同，可以看出清浊的分工完全是以前字语音为条件的：

（28a）饭吃［tɕʰiəʔ］仔［tsɿ］咾□［e］去。（吃了饭再去。）

（28b）饭吃好［hɔ］仔［zɿ］咾□［e］去。（吃了饭再去。）

（29a）哭［kʰoʔ］仔［tsɿ］一夜天。（哭了一整夜。）

（29b）难过［ku］仔［zɿ］一夜天。（难受了一整夜。）

我们也收集了一些当代陈行方言的语料。这些是上海陈行出身的播音员许佩芬老师的播音作品《杨弹匠》当中的一些句子，我们分析其中体助词"仔"的清浊异读情况，也能得出同前之所述一样的结论③：

①　"看见"的"见"字韵母被前字同化。

②　本字有争议，暂时写"拿"。

③　以上语料所反映的语言现象亦经陈行方言母语者认可。

先来看看前字为入声字的情况。

用作实现体标记时：

（30）连忙搭［dæʔ］仔［tsʅ］一把手。（连忙搭了一把手。）

（31）屋里传出［tsʰəʔ］仔［tsʅ］菜香饭香。（家里传出了菜香饭香。）

用作持续体标记时：

（32）掇［dǝʔ］仔［tsʅ］面盆朝墙角落里走。（端着面盆朝墙角落里走。）

再来看看前字为舒声字的情况。

用作实现体标记时：

（33）弹［dɛ］仔［zʅ］三次铜音清爽。（弹了三次铜音清爽。）

（34）身浪有［ɦiɤ］仔［zʅ］铜钿。（身上有了钱。）

（35）老板抬起头朝毛桃看［kʰø］仔［zʅ］一看。（老板抬起头朝毛桃看了看。）

（36）两片豆腐成［zəŋ］仔［zʅ］型。（两片豆腐成了型。）

（37）揩［kʰa］仔［zʅ］一把药汤面。（擦了一把药汤面。）

（38）听［tʰiŋ］仔［zʅ］姆妈闲话。（听了妈妈的话。）

用作持续体标记时：

（39）伊拿［nɛ］仔［zʅ］面盆踏进一家馒头店。（他拿着脸盆踏进一家馒头店。）

（40）毛桃挑［tʰiɔ］仔［zʅ］到街浪卖豆腐。（毛桃挑着到集镇上卖豆腐。）

（41）伊每日老清老早挑［tʰiɔ］仔［zʅ］家生。（他每天一大早挑着工具。）

（42）今朝只好饿［βu］仔［zʅ］肚皮数铜钿。（今天只好饿着肚子数钱。）

（43）耐［ne］仔［zʅ］性子忒杨弹匠过日脚。（耐着性子跟杨弹匠过日子。）

（44）当［dã］仔［zʅ］毛桃个面一面数。（当着毛桃的面数一数。）

综上，我们认为，在以真如和陈行方言为代表的上海浦西近郊和浦东方言中，体助词"仔"的清浊取决于前字是舒声还是入声，入声字后的"仔"读清声母，舒声字后的"仔"读浊声母，这个规律跟《沪谚》中的表现也是相同的，民国时期的历史文献和现今的自然语料达成了一致。

三　体助词"仔"清浊异读的成因初探

我们认为，体助词"仔"的两个读音如果确系由同一形式分化而来，其语音变迁当有一个确切的起点。上海方言区体助词"仔"在近代早期的原初形态应是清辅音而不是浊辅音，主要有以下三方面的证据：

3.1　早期文献证据

19世纪中期以后的西洋传教士著作，多将当时上海方言的体助词"仔"记作"之"，记音为清声母的［tsʅ］。至少从文献记录来看，清声母形式早于浊声母形式，"仔"念作［zʅ］的情形无疑是后起的，大约要进入了20世纪才出现。

3.2　固定词汇证据

有的地方［tsʅ］虽已弱化为［zʅ］，一些实词和体助词"仔"的高频组合词汇化后却仍保留了"仔"的清辅音声母读法。试以表示"原以为"的"道仔"一词为例，前字来自言说义动词"道"，据石汝杰等（2005），后字为助词。上海方言区和松江方言区过渡地带的松江九亭这个词作"导知［tsʅ］"。同样表示"原以为"的"当仔"，情形与"道仔"相

仿，周边同属于两方言区过渡地带的上海七宝仍作"当之［tsʅ］"。这种保留不是必然发生的，不同地方情形或许不一，如三林把这个词说成［dã tsʅ］，保留了［tsʅ］的原初形态；而真如却相应地说成［dã zʅ］，后字参与了虚词辅音弱化进程，这有可能是词汇化程度不一而然。

3.3 语音强度减弱的理论依据

体助词"仔"由［tsʅ］变［zʅ］，属于虚词的弱化音变。虚词的信息负载比较小，很多时候并不处在重读位置，容易发生特殊音变，声母、韵母、声调诸要素常常会弱化。潘悟云（2002）认为，声母辅音弱化表现为语音强度的减弱，在发声（phonation）方面呈现清音向浊音、紧音向松音的转变。陶寰（1995）业基于虚词弱化理论和语言事实比较指出，苏沪嘉小片体助词"仔"［zʅ］的语音形式全部来源于［tsʅ］。陈忠敏（2015）认为上海城区方言存在［dz］整体趋于消亡的趋势，那么我们认为只有［zʅ］才是［tsʅ］浊化的合理去向。［tsʅ］向［zʅ］发展，符合清音向浊音发展、语音强度减弱的趋势。倘［tsʅ］是［zʅ］经清化所得，那么［zʅ］演变去向当为声母念清擦音的［sʅ］，不会是念清塞擦音的［tsʅ］，故我们可以排除［zʅ］清化为［tsʅ］的可能。

钱乃荣（2003a）已经描述了体助词"仔"由清而浊，继而由浊而清的变化路径。然而，如果视体助词"仔"的音变为一种语音弱化，那么这个过程通常是单向性的，不可逆的；假使发生了逆转，必然不是内部因素所能推动的，应当对此作出解释，由此我们不免要追溯到外源的影响。不过在谈论外部影响之前，我们首先应当将上海方言区自身的特点说明清楚。

上海方言区的体助词"仔"理应与松江方言区一样，整体由［tsʅ］向［zʅ］发展。然而旧松江府方言东西之间的语音特性不大一样。旧松江府方言的促声，总体来说，东部的语音强度要远远强于西部。从传教士记录来看，上海方言直至19世纪中期，方言中的入声软腭塞音［-k］韵尾还完好保存①。钱乃荣在上世纪80年代仍然在周浦记录到过软腭塞音韵尾（1992：44）；Federico Fabian Demarco（2024）在研究上海南部（松江、奉贤、金山）方言的专文中证明了奉贤东部方言至今仍存在软腭塞音韵尾，这一地区即是上海方言区与松江方言区的交界地带。尽管上海方言区大多地方已不存软腭塞音韵尾，但入声仍然带有强喉塞，总体来说是一种强促声。一般而言，响音之间易产生浊流的同化作用，然而喉塞不是响音，对同化起到阻碍作用，偏偏上海方言区的喉塞又是一种较强的喉塞，其阻碍作用更甚。我们相信，在强促声的条件下，［tsʅ］的原初形态更容易保存，声母辅音弱化更难发生，产生了读音的分化。由此推想，上海浦西近郊和浦东部分方言在［tsʅ］整体弱化为［zʅ］的发展趋势和强促声的语音特点的共同作用下，逐渐产生了清声母"仔"与浊声母"仔"稳定的语音分工。

民国时期，上海城市方言处在质变前的关键时期，入声韵母对［ts-］的保存作用不稳定，新派老派语音交杂、本土外埠语音交杂，尽管体助词"仔"兼有清浊两种语音形式，但并未形成稳定的清浊分工规律。以滩簧音像资料为例，现存的滩簧《剪刀口》音像资料记录了一段生活化的对白，非常接近自然口语，能大致反映民初出生的

---

① 有的学者对此持有不同意见，但这里我们采信钱乃荣（2003a）和Federico Fabian Demarco（2024）的看法，认为软腭塞音韵尾当时确存在于上海方言当中。

滩簧老艺人孔嘉宾（1914—1998）的日常口音。录音中，孔嘉宾的浊声母"仔"既与"望""领""见""向""有""敲""对""好""来""揞"等舒声字配合，又与"脱""捉"等入声字配合，清声母"仔"则只与"着""落"等入声字配合。出版于1929年的《华法字汇》通过拼音记录了当时上海城市方言中"仔"的实际语音，书中写成"之"的体助词"仔"既有读成［z-］的（如前字为舒声字的"伤之肺哉""醒之转来"，前字为入声字的"出之危险""着之凉哉"），又有读成［ts-］的（如前字为舒声字的"哺（伏）之咾念""用之饭咾来"，前字为入声字的"隔之两日""发之财"），此书"仔"的清浊应当属于随机分布，找不到确切的规律。几乎同时期，赵元任（1928）在《现代吴语的研究》中只记录了上海的浊声母"仔"，这样的记录可能存在局限性。将当时上海方言的体助词"仔"一概记作［zɿ］，可能并未完整反映当时上海方言中该体助词的语音信息。我们不知道赵元任先生当时设计的问卷是否涵盖舒入前字两种语音环境，但我们也许可以推想，体助词"仔"的语音形式在当时的上海城市方言中十分混乱，可能存在个体差异。上海城市方言应该不存在一个像松江那样，由浊声母的"仔"一统江湖的阶段。"仔"语音形式的混乱在上海城市方言中应当持续了一段时间，这也是体助词"仔"清浊两读最终在上海城市方言中复归于一统的前奏。

在上海城市方言语音和语法急剧简化的浪潮中，上海城市方言对形态的统一也有一种内在的追求：浊声母"仔"基本消失，只保留清声母的"仔"，正是这种形态统一趋向的最终成果。当然，形态统一的结果是近于苏州话等外埠方言清声母的"仔"胜出，这很有可能是受了苏州话等外埠方言的强力影响。但应当说明的是，清声母的"仔"其实早已存在，先是在入声字后有条件地得到保存，再受苏州话等外埠方言的影响反而同化了浊声母的"仔"，最终实现了上海市区方言"仔"读音的统一。

四　结　论

当今上海浦西近郊和浦东部分方言中体助词"仔"同时存在清声母和浊声母两种形式，他们的分工稳定，且实现在语音层面，与语法功能无涉：体助词"仔"读清声母还是浊声母，完全取决于其出现的语音环境，只要前字是入声字，那么"仔"读清声母；倘前字是舒声字，则"仔"读浊声母。

体助词"仔"存在异读的上海地区方言，该词的清浊两读出自一源，［zɿ］一读当由［tsɿ］自发分化而来。两读间的清浊分工，是在虚词辅音弱化的整体趋势，和上海方言区自身语音特点共同作用下形成的——在语流中，由于响音和阻碍音后的语音强度的不同，产生了清浊异读的分工。

上海浦西近郊、浦东方言以及上海县城方言原本走在相同的演化路径上，即体助词"仔"的语音由［tsɿ］变［zɿ］发展，并在入声字后保留［tsɿ］。然而，在赵元任所描述的"苏州、浦东二派互斥"的背景下，上海城市方言的发展轨迹逐渐与农村地区分离：农村地区语言发展平缓，形成了稳定的分工规律；中心城区方言则受到苏州话等外埠方言的影响，"仔"声母辅音弱化发展的自有进程被干扰，没有最终形成"仔"清浊二读的稳定规律，及至中新派口音成型后"仔"的读音才稳定下来，"仔"回到了最初形态，仅剩清声母一读，这使得"仔"的清浊当前变成了城乡之间的共时差异。苏州话等外埠方言的介入，只是推动上海中心城区方言完成了淘汰浊声母"仔"、实现体助词"仔"形态统一的

过程。对上海地区方言而言，"仔"的清浊之分比较复杂，并非完全的历时差异，也不能简单地将两个语音形式理解为上海自有和外埠输入之别。

实际上，在浦西近郊方言、浦东方言中，助词"哉"、助词或量词"个"、话题标记"是①"遵循着与"仔"类似的清浊异读规律，不过这些问题更为复杂，犹待另文讨论。

在论述上海方言体助词"仔"的历时演变时，学者们普遍重视语言接触的影响，如徐烈炯、邵敬敏（1998）在论述体助词"仔"前说了这样一段话："老派上海方言主要受苏州方言的影响，而新派上海方言除了受宁波方言为代表的浙江方言影响之外，近几十年主要是受普通话的影响。时态助词'仔'，还有不少中老年人在用，不过中青年上海人比较普遍的是使用'勒'了。"我们认为，语言接触的影响既不能被刻意放大，也不能被忽视。探索上海地区方言史，不仅要抓住城市方言在交融碰撞中形成的历史背景，也要充分把握上海作为一个海隅县城与其所辐射的农郊地域之间的互动和共同创新。体助词"仔"的清浊异读规律是上海方言区浦西近郊和浦东方言的共同特征，这启示我们以上两系方言循着相似的路径发展。研究时，应将浦西近郊方言、浦东方言和老派上海市区方言②相对照、相联系，进而更好地梳理上海城乡语言的发展脉络。

发音合作人信息

真如_南（2021年3月—2024年4月调查）：张秀英，女，1955年生，退休工人，小学，普陀区长征镇新村村人。

方言材料来源

九亭：九亭镇志编纂委员会（2012）；七宝：上海市闵行区七宝镇九星村民委员会（2013）；三林：任天齐（私人交流）；真如：匡一龙调查。

其他语料

【沪剧传统对子戏】《剪刀口》 孔嘉宾　宋美琴
【学上海话】《杨弹匠》 作者：佚名　播讲：许佩芬　注释：张林龙　编辑：本乡本土本地人

参考资料

陈忠敏.论160年前上海话声母［dz］/［z］变异—兼论北部吴语从邪澄崇船禅等母读音变异现象［J］.
　　方言，2015（4）.

顾　良.紫姑在三林塘［J］.歌谣周刊，1937（37）.

胡祖德.沪谚［M］.上海：上海古籍出版社，1989.

九亭镇志编纂委员会.九亭镇志［M］.上海：上海辞书出版社，2012.

潘悟云.汉语否定词考源——兼论虚词考本字的基本方法［J］.中国语文，2002（4）.

―――――――――

① 一般认为来自系词"是"，不过仍有讨论空间。
② 这些方言也就是民间所称的"本地话"，我们倡议用"本沪方言"这个提法来赅言之，以利研究称述之便。

钱乃荣.当代吴语研究［M］.上海：上海教育出版社，1992.

钱乃荣.上海语言发展史［M］.上海：上海人民出版社，2003.

钱乃荣.北部吴语研究［M］.上海：上海大学出版社，2003.

钱乃荣.西方传教士上海方言著作研究［M］.上海：上海大学出版社，2014.

上海基督教方言学会.晚清民初沪语英汉词典［M］.上海：上海译文出版社，2018.

上海市闵行区七宝镇九星村民委员会.九星村志［M］.上海：上海人民出版社，2013.

石汝杰，宫田一郎.明清吴语词典［M］.上海：上海辞书出版社，2005.

陶　寰.论吴语的时间标记［D］.上海：复旦大学，1995.

徐烈炯，刘丹青.话题的结构与功能［M］.上海：上海教育出版社，1998.

徐烈炯，邵敬敏.上海方言语法研究［M］.上海：华东师范大学出版社，1998.

许宝华，汤珍珠.上海市区方言志［M］.上海：上海教育出版社，1988.

许宝华，陶寰.上海方言词典［M］.南京：江苏教育出版社，1997.

赵元任.现代吴语的研究［M］.北京：科学出版社，1956.

左思民.上海话时态助词"仔"的语法意义［C］//吴语研究：第二届国际吴方言学术研讨会论文集.上海：上海教育出版社，2003.

左思民.再论上海话的"仔"［M］//语言规律探索集.北京：世界图书北京出版公司，2014.

Federico Fabian Demarco.上海南部方言入声韵的演变［J］.现代语言学 2024（1）.

Joseph de Lapparent（孔明道）.Petit dictionnaire chinois-francais：mandarin et dialecte de Chang-hai（《华法字汇：官话上海土话》）［M］.上海：Impr. de la Mission Catholique，1929.

Joseph Edkins（艾约瑟）.A Vocabulary of the Shanghai Dialect（《上海方言词汇集》）［M］.上海：Presbyterian Mission Press，1869.

（匡一龙　复旦大学中国语言文学系　22300110001@m.fudan.edu.cn）

社会语言学与语言应用

基于多模态数据的上海田子坊语言景观研究

孙锐欣

一 绪 论

语言景观（language landscape）研究的开创者是 Y. Rosenbaum，他在 20 世纪 70 年代研究了耶路撒冷城内一条街道的英文标识。而 language landscape 这个术语是 1997 年由 R. Landry 和 R.Y. Bouhis 正式提出的。他们发表了一篇论文《语言景观与民族语言活力》，在这篇文章中，语言景观有了明确的定义和功能定位："语言景观是指特定区域内公共和商业标志物上语言的可见性和显著性。语言景观反映了存在于特定区域的语言社区的相对影响力和法律地位。"国内的语言景观研究起步很早，多年来主要的研究内容偏重于街头文字种类。近年来，较为有代表性的研究有尚国文和赵守辉（2014）研究了语言景观的分析维度与理论构建，彭国跃（2015）研究了上海南京路上语言景观的百年变迁，俞玮奇、王婷婷、孙亚楠（2016）研究了国际化大都市外侨聚居区的多语景观实态，徐茗（2020）进行了北京市语言景观调查研究。

依据学者最初对语言景观的认识，语言景观主要是通过文字来实现语言的可见性和显著性，因此文字与人的社会生活之间的关系成为语言景观的深层次内容。国内早在 1996 年，社会学领域的学者席群和毕可生就发表了题为"社会学研究的新领域：汉字社会学"的文章，他们认为："从人类符号互动的实际出发研究汉字与使用汉字的人的关系。这一观点依然具有现实意义，尤其是在经济持续发展的时代，城市人的社会生活丰富多彩，文字也积极参与其中，扮演了非常重要的角色。"

社会生活丰富多彩，处于公共和商业空间里的文字标识并不是孤立地存在着，而是呈现出文字与光、色、图等多种形式的互相作用，给进入语言景观的观察者造成丰富的感官印象。正因如此，景观作者通过景观的多模态实现了与景观读者之间的对话。由于景观读者，即观察者数量多并且文化背景有差异，所以通过语言景观的对话是可以多次发生的，每次有人观察语言景观就发生一次对话，这使得语言景观的研究具有哲学的意味以及传播学的价值。所以，确立观察者视角是语言景观的多模态研究的现实基础。曹静（2021）在分析"多模态"时指出多模态有三种指向，即多模态涉及文化表达的多种语言方式和符号形式的选择、与表意符号的媒介有关、基于神经科学的多模态感官知觉。

确立观察者视角之后，随之而来的问题就是对语言景观意义的分析。如果以符号媒介来对语言现象进行分类，可以发现，常规语言的媒介物是语音，其特点是语音跟语义相结合。网络语言的媒介物是电脑或者手机等终端设备以及互联网络，其特点是符号具有随意性，有的符号不可通过声音传播。语言景观的媒介物就是文字符号以及承载和修饰文字的物体，语言景观的特点是形式具有多模态性质、意义具有互文性，也就是说语言景观中的语言符号的意义可能需要在另外的场景里获得解释，这一点跟网络语言比较接近，例如广为熟知的网络语言词"真香"，其意义就不能通过字面意义去理解，需要结合"真香"的来源进行解释，与之相比，"很香"由于不属于网络语言，所以仅仅通过字面意义就可以

对其意义做解释。所以，从某种程度上来说，语言景观跟网络语言较为接近，或者可以认为语言景观是物理空间中的语言现象，而网络语言是网络空间中的语言现象。

二　田子坊语言景观的数据采集和数据库建设

田子坊位于上海市泰康路 210 弄，始建于 1920 年，初名志成坊。1931 年，画家汪亚尘在欧洲考察艺术三年之后回国定居，选定了志成坊中的一栋小楼（现名云隐楼）作为居所。这就使得志成坊（即现田子坊）与文化艺术结下了缘分。1999 年，画家黄永玉为泰康路 210 弄题名 "田子坊"，谐音古代画家田子方的名字，寓意艺术人士聚集地。2000 年，打浦桥街道利用田子坊内旧厂房招商，发展创意产业。自此，田子坊成为上海的 "苏荷"，视觉创意的 "硅谷"，上海创意产业的发源地。

本研究采集语言景观的方式是拍摄照片，共拍摄了 260 幅照片，内容覆盖了田子坊的所有地点。梳理照片内容后获得 219 幅有效照片，由于存在一幅照片内包含多个语言景观点的情况，所以最终获得用于创建数据库的景观点 270 个。

语言景观照片的图像标注、多模态数据化处理以及建立数据库是同时完成的。数据库设置了 18 个字段记录景观属性、评分以及一些用于计算的辅助性信息。其中用于记录文本内容的字段 1 个，用于表征景观功能的字段 1 个，用于记录行业归属的字段 1 个，用于表征文本多模态特征的字段有 11 个，用于记录数据信息的字段有 3 个，用于记录观察者对语言景观点的主观感受评分的字段 1 个。

景观功能字段的取值有六种：店铺或单位名称、店铺介绍、菜单、公共宣传、公共指示、公共办公。行业归属字段的取值包括百货、饮料、餐食、服装、珠宝、公共服务等 13 种情况。表征文本多模态特征的 11 个字段涉及标牌风格、语言类型、字符类型、字体类型、字体粗细、字体颜色、背景颜色、修辞特征。其中标牌风格的取值有常规、中式、西式、日式、70 年代这五种。修辞特征的取值包括字形修辞、搭配简洁图符、搭配另一种类文字、搭配图片、非常规的文字承载物、多颜色混合、灯光修饰。在修辞特征的这些取值种，字形修辞需要进行简单的解释，此处以图 1 中的汉字为例。在图 1 中，汉字 "青稞啤酒" 每个字右下角的笔画都模仿藏文字母的下垂笔画做了变形，甚至 "酒" 这个字在右下角没有独立的下垂笔画的情况下，也刻意拉出一个小的下垂笔画使得汉字局部呈现出与藏文字母近似的式样。本研究把这种情形的汉字形体变化定为字形修辞。

图 1　字形修辞的例子

表 1 是数据库的部分内容，为了方便显示，表 1 的内容是原数据表的转置排列。表 1 中的每一列对应数据库中的一行，最左边一列中的每个单元格里的内容就是数据库的字段，也就是变量，依次往右，每一列对应一次数据观测的结果，即最左侧第一列往右，每一列都跟一个语言景点① 有关。

————————

①　本文用 "语言景点" 或 "景点" 指称具体的一处语言景观。

表 1 数据库的部分内容（行列做了转置）

file	111738000-9-1423671.jpg	111747000-2-1538024.jpg	111757000-0-1918824.jpg
ID	2	3	4
objID	OBJ001	OBJ002	OBJ003
objType	shop_intro	shop_name	shop_name
objContent	守白艺术上海客厅	妩WOO	G59画廊
objAttr	attr_arts	attr_toggery	attr_arts
genre	gnr_modern	gnr_chinese	gnr_modern
charForm	chinese_character	combined_form	combined_form
charLang	chinese	chinese_and_another	chinese
charPattern	char_simp	char_trad	char_simp
formUnion	union_none	chinese_english	chinese_english
fontFace	face_heiti	face_lishu	face_heiti
fontStyle	font_sty_upright	font_sty_handwriting	font_sty_upright
fontWeight	font_wt_normal	font_wt_normal	font_wt_normal
charColor	chr_col_green	chr_col_black	chr_col_black
backColor	bk_col_white	bk_col_white	bk_col_white
charRhetoric	rhe_none	rhe_otherchar	rhe_none
observerScore	—	—	—

三 田子坊语言景观的数据分析

3.1 聚类分析

首先，利用聚类分析的方法观察语言景观的类型。图 2 所示即为聚类分析的结果，图中线条端点的数字是景点的代码。根据计算结果，全部景点如果按照最长距离分类可以分为两类，如果按照次长距离分类可以分为三类，如果选择第三长的距离可以分为五类。我们根据第三长度距离作为聚类分组的依据，田子坊的语言景观可以分为五种类型。第一类为图 2 中 Cluster 1 所包括的语言景点，这类景观的特点可以用"传统文化"来概括。这类景观在文字、文字承载物以及文字装饰方面进行了设计，体现出中国传统文化的特色。这一类的代表是 36 号（延乐生活馆）和 131 号（沪裳），这两个景点中一个是茶叶店，另一个是服装店，其景观都体现出中国传统文化的特点。

第二类为图 2 中 Cluster 2 所包括的语言景点，其景观的特点可以用"简单直白"来概括。这类景观在文字方面多只用文字，不加其他的修饰，文字本身可能会有一些特点，例如笔画加粗、笔画略有变形等。这一类的代表是 240 号"钱记臭豆腐"和 254 号"手工馄饨"。

第三类为图 2 中 Cluster 3 所包括的语言景点，其景观的特点可以用"上海特色"来概括。这类景观的通过文字及其装饰凸显上海的文化特色。这一类的代表是 225 号"如玥"和 247 号"里弄三号"，虽然在这些景观中没有使用方言词语，但是却通过对景观的修饰使得景观在整体上呈现出上海文化特色。

第四类为图 2 中 Cluster 4 所包括的语言景点，其景观的特点可以用"西式风格"来概括，这类景观更多地使用字母，装饰也会体现出西方店铺的风格。这一类的代表是 70 号

（田子坊咖啡烘焙）和 234 号（Mojito）。

第五类为图 2 中 Cluster 5 所包括的语言景点，其景观的特点可以用"营造氛围"来概括，这类景观通过文字及其修饰和文字内容体现出某种文化氛围。这一类的代表是 167 号（方言儿歌）和 263 号（准时到校，营造了 70 年代氛围）。

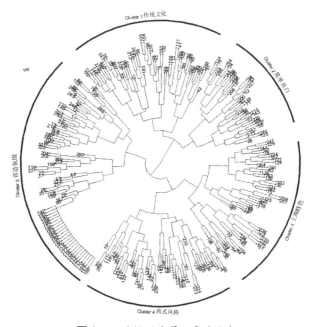

图 2 田子坊语言景观聚类分析

3.2 单变量分析

田子坊语言景观所用语言的情况（数据库中的变量为 charLang）如图 3 所示。占比最多的是汉语，如果把汉语、"汉语及另一种语言"以及汉语方言三种类型算在一起，那么汉语在田子坊语言景观中的语言种类占比就高达 88%，这说明田子坊并不是一个洋气的地方，田子坊期待的游客以国人或者喜欢中国文化的外国人为主，跟洋气十足的"新天地"相比，田子坊从志成坊时期开始就秉持了传承中华文化的使命。外语方面，英语占比为 12%，日语的占比为 0.37%（图 3 中显示为 0，小数部分未显示。为了使得图示简洁，本文中的饼图各项占比数据均不保留小数部分，偶现各项占比整数部分相加结果未达 100% 的现象，不影响饼图的呈现效果。）。

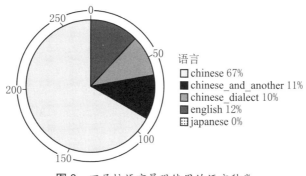

图 3 田子坊语言景观使用的语言种类

田子坊语言景观使用的字符类型的情况（数据库中的变量为 charForm）如图 4 所示。汉字使用率高达 77%，拉丁字母占比为 9%，多种字符混合的情况占比为 14%。田子坊语言景观使用的字符形体的情况（数据库中的变量为 charPattern）如图 5 所示。此处"字符形体"主要是跟汉字有关，具体情况是简体字占比为 78%，繁体字占比为 9%，非汉字情况计作 char_other，占比为 13%。通常，大陆地区的商家在标牌中使用繁体字有营造氛围的作用，但是显然，田子坊的商家还是偏爱常规的简体字，并未刻意使用繁体字制造效果。

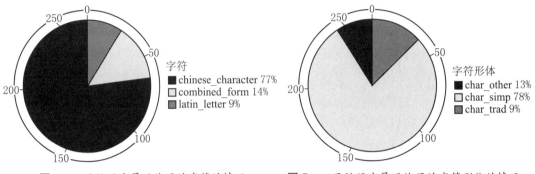

图 4　田子坊语言景观使用的字符的情况　　　图 5　田子坊语言景观使用的字符形体的情况

田子坊语言景观字体使用情况（数据库中的变量为 fontFace）如图 6 所示。其中取值为 face_ancient、face_modern、face_normal 的情况属于非汉字字体，其他的都是汉字字体。在汉字字体方面，行书和黑体占比均为 19%，隶书占比为 15%，宋体和圆体均占比为 10%，楷体占比为 7%，魏碑占比为 6%，仿宋占比为 1%，篆书占比为 1%。从汉字字体的情况来看，都是常见字体，行书、黑体、隶书这三种字体是使用量最多的，三种合计占比为 53%。

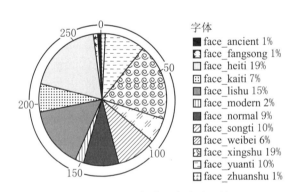

图 6　田子坊语言景观字体使用情况

田子坊语言景观字符呈现样式的情况（数据库中的变量为 fontStyle）如图 7 所示。占比最多的形体样式就是常规样式，比例为 60%，手写体占比为 26%，字母大写方式占比为 7%，艺术化变形占比为 4%，字母斜体方式占比为 1%，字形曲线化占比为 1%。田子坊语言景观字符笔画粗细的情况（数据库中的变量为 fontWeight）如图 8 所示。常规粗细占比为 67%，粗笔画占比为 28%，细笔画占比为 5%。

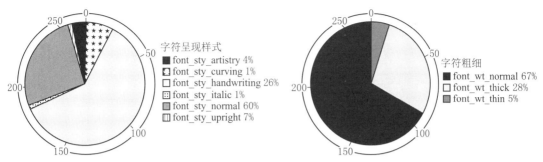

图7 田子坊语言景观字符呈现样式的情况　　　图8 田子坊语言景观字符粗细的情况

田子坊语言景观字符颜色情况（数据库中的变量为charColor）如图9所示。黑色和白色各自的占比均为33%，这两种颜色合计占比为66%。此外，金色占比为11%，红色占比为10%。田子坊语言景观字符背景颜色情况（数据库中的变量为backColor）如图10所示。白色占比为36%，黑色占比为21%，二者合计占比为57%，构成了语言景观的主要背景色，跟前述前景色互相映衬，因而整体来说色彩不丰富，观感很单调。

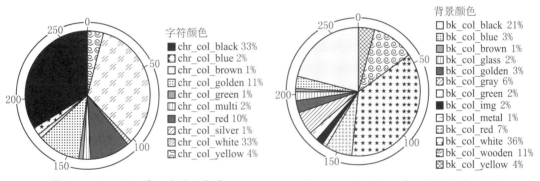

图9 田子坊语言景观字符颜色情况　　　图10 田子坊语言景观字符背景颜色情况

田子坊语言景观字形修辞和修饰的情况（数据库中的变量为charRhetoric）如图11所示。没有做修辞和修饰的情况占比为30%，文字配图的情况（rhe_image）占比为19%，文字置于有特点的承载物上的情况（rhe_carrier）占比为12%，对字符形体和笔画进行变形的情况（rhe_fontform）占比为12%，使用其他文字进行搭配的情况（rhe_

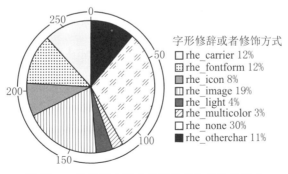

图11 田子坊语言景观字形修辞和修饰的情况

othercharacter）占比为 11%，文字与配合符号化的图形的情况（rhe_icon）占比为 8%，配以灯饰的情况（rhe_light）占比为 4%，使用多种颜色的情况（rhe_multicolor）占比为 3%。综合来看，没有做修辞和修饰的情况以及文字配图的情况合计占比为 49%，这说明田子坊语言景观没有通过文字表达出更多的活泼感。

田子坊语言景观联合使用的字符的情况（数据库中的变量为 formUnion）如图 12 所示。最多的情形是单纯一种语言的标牌，占比为 82%。在字符联合式的标牌中占比最高的是汉字加英文的组合，在所有标牌中占比为 10%；其次是汉字加拼音的组合，在所有标牌中占比为 3%，这种组合属于过时的设计，显得不入流，故而使用得很少；同样占比为 3%的还有以英文为主辅以汉语的情况，根据前述分析可知，田子坊的语言景观设计者并不喜欢突出外语，所以外文为主的标牌占比少也有相同的原因。

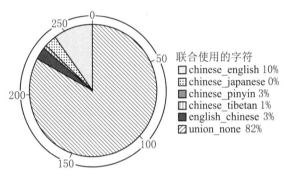

图 12 田子坊语言景观联合使用的字符的情况

田子坊语言景观的功能类型（数据库中的变量为 objType）如图 13 所示。店名占比最多，为 56%，其次是公共服务类占比为 17%，店铺介绍占比为 17%，其他还有目标指引占比为 5%，餐饮菜单占比为 4%，行政办公占比为 1%。

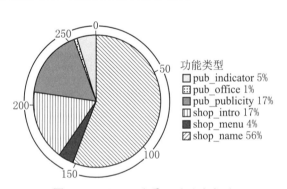

图 13 田子坊语言景观的功能类型

田子坊语言景观的行业归属（数据库中的变量为 objAttr）如图 14 所示。由于业务分类数目较多，所以并没有占比绝对突出的类别，在所有业务中，公共服务占比最多，占比为 23%。占比超过 10% 的业务有：餐食类占比为 20%、饮品类占比为 16%、服装类占比为 11%。而原本应该成为田子坊主要建设目标的跟创意有关的业务门类却很少，艺术类（attr_arts）占比 6%、手工类（attr_craft）占比 4%。这种情况说明田子坊已经沦落为普通

的商业街，不再具有创意产业聚集地的特征。

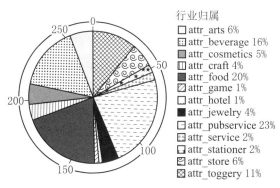

图14 田子坊语言景观的行业归属

田子坊语言景观的各个景观点呈现的风格（数据库中的变量为 genre）如图 15 所示。占比最多的是常规风格（gnr_normal），这种风格看不到鲜明特色，就是普通的文字标牌，占比 43%。除常规风格之外，还有中式风格（gnr_chinese，占比 20%）、现代风格（gnr_modern，占比 15%）和西式风格（gnr_western，占比 11%）这三种情况占比较大，而活泼（gnr_vivacious，这种风格是指儿童友好型的风格）、闪亮（gnr_sparkle，这种风格是指使用了灯光装饰的风格）、七十年代风格（gnr_age70）以及日式风格（gnr_japanese）占比较低。

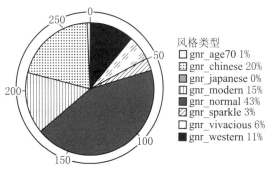

图15 田子坊语言景观呈现的风格类型

需要指出的是对风格的判定具有一定的主观性，但是又有一些显性的标志作为判断依据，因而也具有足够的客观性。而数据库中记录观察者主观评分的字段 observerScore 的取值则完全属于主观性数据。评分的原则是观察者自身的感觉，并没有特别的依据，寻求获取观察者对景观的综合感受，评分取值范围是 0 ～ 10，共 11 个分值点，通常打分结果会集中在取值区间的中部，但又不一定是正态分布，评分为 5 意味着感受为中性，评分小于 5 意味着有更多的负面评价，评分大于 5 意味着有更多的正面评价。图 16 是观察者主观评分数据的直方图。由图可见，评分最多的是 7 分，共有 75 份 7 分的评分。其中宣传类的景观点较多地集中在 7 分，这一类主要是因为 26 个方言儿歌景观内容占据了很大份额，说明方言内容被赋予了较高的评价，如果去除方言儿歌内容，那么 7 分依然是数量最多的评

分。数量低于 7 分的评分依次是 5 分 >6 分 >4 分 >3 分 >8 分 >2 分 >9 分 >1 分，没有 0 分和 10 分。由于评分者数量少，无法进行社会变项分组，所以无法得到观察者的社会变项对评分的影响。图 17 是反映语言累积状况的评分数据直方图，由图可见方言内容获得了比较高的评分。图 18 是反映文字组合累积状况的评分数据直方图，由图可见中英文搭配的情况并没有大量出现在评分为 7 的景观点中，而是出现在评分为 5 的景观点中，说明中英文搭配没有什么实际意义，对观察者而言没有什么吸引力。也许这个结果与打分者都是中国人有关。

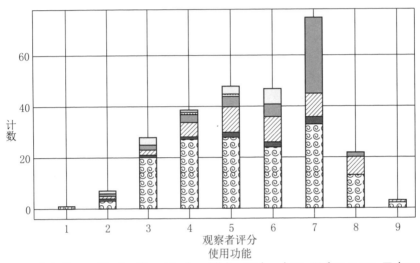

图 16　观察者对语言景观评分数据的直方图

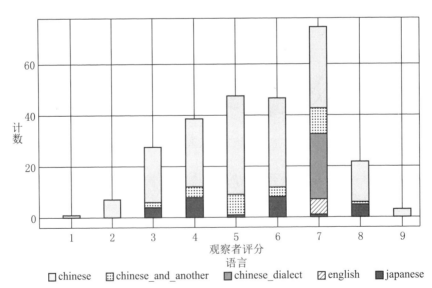

图 17　反映语言累积状况的评分数据直方图

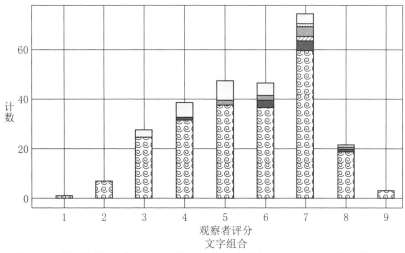

图 18　反映文字组合累积状况的评分数据直方图

3.3　双变量关系分析

此处所做的双变量关系分析主要任务是分析数据库中的语言类变量跟景观业务类型之间的分布关系以及语言类变量跟景观主观评分之间的分布关系。图 19—22 共四幅图呈现了语言类变量跟景观业务类型之间的关系，在此重点讨论了语言种类、字体类型、字体粗细、字形修辞和修饰方式跟语言景观业务类型之间的分布关系。由图可见，使用汉语的景观点最多，而饮食类中有景观使用了纯英文标牌，方言仅仅出现在公共服务性质的标牌中。字体方面，餐食类偏爱行书和黑体，而公共服务类偏爱隶书。在字体粗细方面，餐食类偏爱使用粗体。在字形修辞或者修饰方式方面，公共服务类偏爱使用较为特殊的文字载体，餐食类比较偏爱文字配图，饮料类和服装类略为偏爱在主要文字类型之外再配上另一种文字。图 23—25 共三幅图呈现了语言类变量跟景观主观评分之间的分布关系。由图可见，方言、隶书以及文字载体获得了较为一致并且较高的评分。

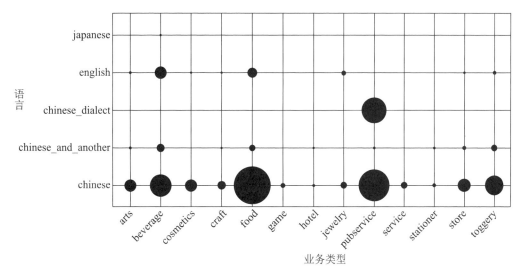

图 19　语言种类跟语言景观业务类型之间的分布关系

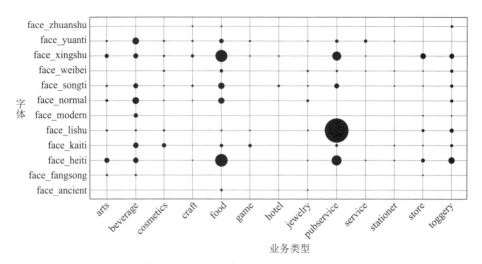

图 20 字体类型跟语言景观业务类型之间的分布关系

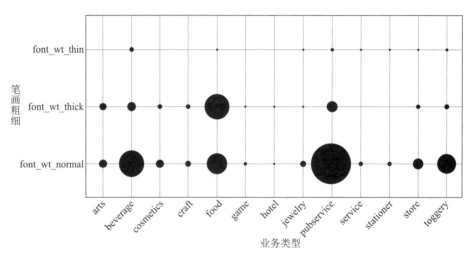

图 21 字体粗细跟语言景观业务类型之间的分布关系

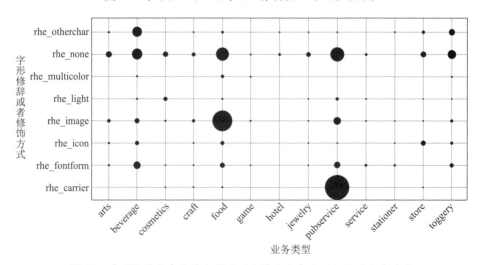

图 22 字形修辞或者修饰方式跟语言景观业务类型之间的分布关系

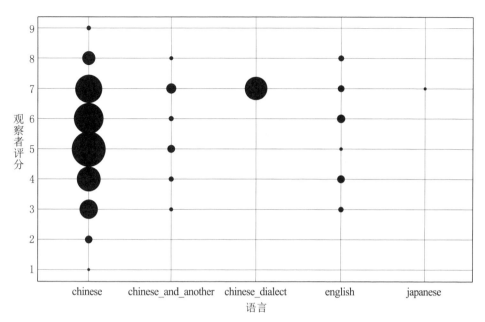

图 23 语言种类跟景观主观评分之间的分布关系

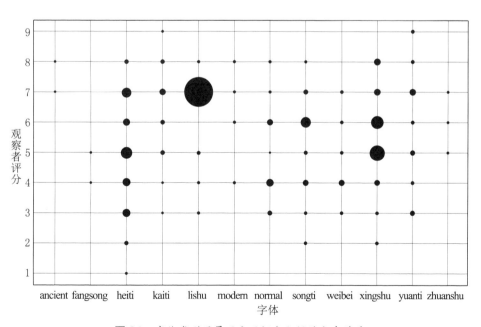

图 24 字体类型跟景观主观评分之间的分布关系

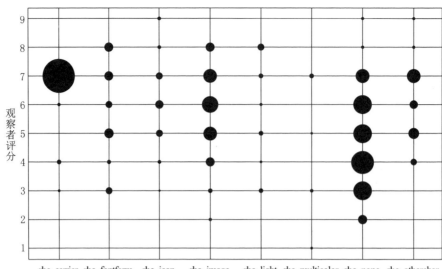

图 25 字形修辞或者修饰方式跟景观主观评分之间的分布关系

3.4 多变量回归分析

利用多变量回归分析的方法可以综合观察到景观主观评分跟数据库里的各个变量之间的关系。我们在此使用 Logistic 回归的方法，把主观评分大于 5 的情况设定为"高评价"，

```
Coefficients:

                              Estimate Std. Error z value Pr(>|z|)
formUnionchinese_english       2.15200    1.22085   1.763  0.07795 .
formUnionchinese_japanese     18.31866 1455.39805   0.013  0.98996
formUnionchinese_pinyin        4.36293    1.35336   3.224  0.00127 **
formUnionchinese_tibetan      17.97771 1009.38543   0.018  0.98579
formUnionenglish_chinese       4.77752    1.54991   3.082  0.00205 **
formUnionunion_none            3.09324    1.03909   2.977  0.00291 **
fontStylefont_sty_curving     -1.21298    1.59317  -0.761  0.44644
fontStylefont_sty_handwriting -1.06516    0.90333  -1.179  0.23834
fontStylefont_sty_italic      -0.65668    1.65909  -0.396  0.69225
fontStylefont_sty_normal      -1.75599    0.88519  -1.984  0.04728 *
fontStylefont_sty_upright     -1.40259    0.98241  -1.428  0.15338
fontWeightfont_wt_thick       -0.02307    0.31628  -0.073  0.94185
fontWeightfont_wt_thin        -0.83871    0.68539  -1.224  0.22107
charRhetoricrhe_fontform      -1.67277    0.70997  -2.356  0.01847 *
charRhetoricrhe_icon          -0.72161    0.79577  -0.907  0.36451
charRhetoricrhe_image         -1.16898    0.67699  -1.727  0.08421 .
charRhetoricrhe_light         -1.17359    0.87020  -1.349  0.17745
charRhetoricrhe_multicolor    -2.22764    1.13306  -1.966  0.04929 *
charRhetoricrhe_none          -2.11729    0.66119  -3.202  0.00136 **
charRhetoricrhe_otherchar     -0.97353    0.86987  -1.119  0.26307
---
Signif. codes:  0 '***' 0.001 '**' 0.01 '*' 0.05 '.' 0.1 ' ' 1

(Dispersion parameter for binomial family taken to be 1)

    Null deviance: 374.30  on 270  degrees of freedom
Residual deviance: 316.57  on 250  degrees of freedom
AIC: 356.57

Number of Fisher Scoring iterations: 14
```

图 26 Logistic 回归分析的结果

把主观评分小于等于 5 的情况设定为"低评价"。具体情况是：低评价数量 123 个，高评价数量 147 个。经过初步计算可以获得四个重要变量，这些变量对主观评价具有显著的影响效应，这四个变量分别是 formUnion、fontStyle、fontWeight、charRhetoric，我们看到语言、字体之类的变量属于"不重要"变量，这是因为这些被分析成不重要变量的取值较为均匀地分布在主观评分的低评价区和高评价区，对评价没有形成特别的偏向性动力。

图 26 是以前述四个重要变量 formUnion、fontStyle、fontWeight、charRhetoric 为自变量，以观察者主观评分为因变量进行 Logistic 回归分析的结果。由数据分析结果可知，对主观评分具有统计学意义的影响的是汉字-拼音联合形式（取值 chinese_pinyin）、英语-汉语联合形式（取值 english_chinese）、单一语言形式（取值 union_none）、字符的常规形体样式（取值 font_sty_normal）、字符形体和笔画进行变形（取值 rhe_fontform）、多颜色装饰（取值 rhe_multicolor）、无修辞修饰（取值 rhe_none）。可以发现，单一语言形式、字符的常规形体样式、无修辞修饰这些略显消极的取值对观察者主观评分具有显著影响效应，为了解释这种情况，接下来利用回归系数做进一步分析。

表 2 是以二值化的语言景观主观评分为因变量并以前述四个变量为自变量的 Logistic 回归计算获得的回归系数（经过指数化修正）。由表格中的数据可见，汉语-日语联合形式、汉语-藏语联合形式的回归系数出现了异常的巨大值，而这两种情形在全部景观中出现的次数极少，这是造成异常值的原因，后续不对这两种情况做分析。根据原始数据和回归系数的值，可以发现在组合形式中汉语-英语联合形式是截距项（因为根据 R 语言的计算规则，在全部六种组合取值中，chinese-english 按照字母顺序排在最前面，所以它就自然成为截距项），汉字-拼音联合形式、英语-汉语联合形式、非联合形式相对于汉语-英语联合形式都会造成评分的增加，这是由于汉语-英语联合的评价较低，所以其他联合形式的评分都会高过这种组合。英语-汉语联合形式相对于汉语-英语联合形式来说评分优势比增加了 13.81 倍。

再来看形体样式变量 fontStyle 的情况，处在截距项位置的取值是 artistry，而对这种形体样式的评分均值是 6.3 分，属于较高的评分，因此形体样式的其他取值的评分优势都低于截距项的情形，其中最低的是 normal 类型，也就是没有任何特点的普通形体样式，normal 相对于 artistry 来说，评分的优势比仅仅是 artistry 的 17.3%。

接下来是笔画粗细变量 fontWeight 的情况，处在截距项位置的取值是 normal，粗笔画的评分优势比降低为常规状况的 97.2%，而细笔画的评分优势比降低为常规状况的 43.2%。

最后分析修辞变量 charRhetoricrhe 的情况，处在截距项位置的取值是 carrier，这个取值的意思是使用了较有特色的文字载体。当变量取值为 carrier 时，评分均值为 6.5 分，属于较高的评分。当变量的取值为 multicolor 时，评分优势比最低，为 10.8%。

表 2 Logistic 回归系数

变量	（Intercept）	formUnionchinese_japanese
回归系数	8.6020474	10497617.4712620
变量	formUnionchinese_pinyin	formUnionchinese_zang
回归系数	9.1242393	7464805.6600167
变量	formUnionenglish_chinese	formUnionunion_none

回归系数	13.8117651	2.5631678
变量	fontStylefont_sty_curving	fontStylefont_sty_handwriting
回归系数	0.2973087	0.3446724
变量	fontStylefont_sty_italic	fontStylefont_sty_normal
回归系数	0.5185695	0.1727357
变量	fontStylefont_sty_upright	fontWeightfont_wt_thick
回归系数	0.2459583	0.9771922
变量	fontWeightfont_wt_thin	charRhetoricrhe_fontform
回归系数	0.4322678	0.1877255
变量	charRhetoricrhe_icon	charRhetoricrhe_image
回归系数	0.4859699	0.3106830
变量	charRhetoricrhe_light	charRhetoricrhe_multicolor
回归系数	0.3092556	0.1077824
变量	charRhetoricrhe_none	charRhetoricrhe_otherchar
回归系数	0.1203576	0.3777486

3.5 变量取值的对应分析

利用变量取值的对应分析（Correspondence analysis）可以观察两个变量不同取值之间的相互关系。在此我们观察变量 objAttr 的取值分别跟变量 charLang、charForm、charPattern、formUnion、fontFace、fontStyle、fontWeight、charRhetoric、genre 取值之间的对应关系。对应分析的结果可用于揭示语言景观跟行业归属之间的关系，反映店家对自己的语言景观的设计理念。图 27 是变量 objAttr 的取值跟变量 charLang 的取值之间的对应分析。由图可见，代表英语的点跟代表珠宝店的点接近，即英语跟珠宝店对应，说明珠宝类店铺更喜欢使用英文标牌。汉语搭配其他语言跟餐食、艺术、服装类店铺对应。

变量 objAttr 的取值跟变量 charForm 的取值之间的对应分析结果未见特异性，此处不再呈现图示。

图 28 是变量 objAttr 的取值跟变量 charPattern 的取值之间的对应分析结果。由图可见距离代表繁体字的点最近的是代表文具店的点和代表手工艺品的点，说明这两类店会较多的使用繁体字。

图 29 是变量 objAttr 的取值跟变量 formUnion 的取值之间的对应分析，由图可见，以汉语为主的汉语—英语组合跟文具店和旅馆呈现出明显的对应关系。

图 30 是变量 objAttr 的取值跟变量 fontFace 的取值之间的对应分析，由图可见，以圆体跟文具店以及篆书跟餐食店呈现出明显的对应关系。

图 31 是变量 objAttr 的取值跟变量 fontStyle 的取值之间的对应分析，由图可见，手写字形跟公共服务呈现出明显的对应关系。

图 32 是变量 objAttr 的取值跟变量 fontWeight 的取值之间的对应分析，由图可见，粗体字形跟餐食店呈现出明显的对应关系。

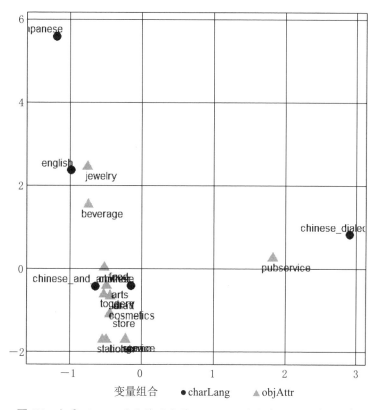

图 27 变量 objAttr 的取值跟变量 charLang 的取值之间的对应分析

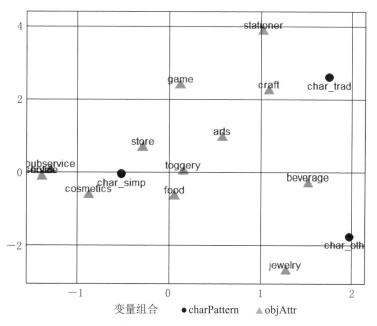

图 28 变量 objAttr 的取值跟变量 charPattern 的取值之间的对应分析

图 33 是变量 objAttr 的取值跟变量 charRhetoric 的取值之间的对应分析，由图可见，餐食店跟"文字配图"相对应，服装店、饮料店、文具店和艺术品店跟"文字配图案"相对应，珠宝店、工艺品店和公共服务跟字形修辞相对应，化妆品店则跟灯光装饰相对应，旅店则跟多种字符配合相对应。

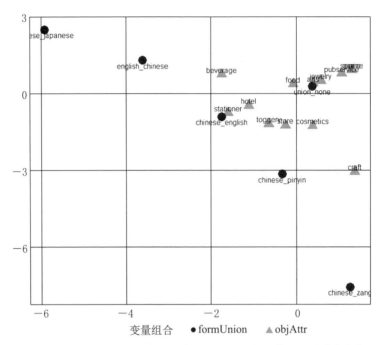

图 29　变量 objAttr 的取值跟变量 formUnion 的取值之间的对应分析

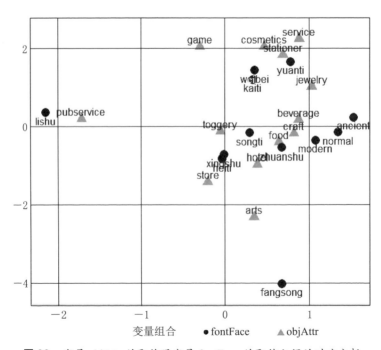

图 30　变量 objAttr 的取值跟变量 fontFace 的取值之间的对应分析

图34是变量 objAttr 的取值跟变量 genre 的取值之间的对应分析，由图可见，饮料店跟活泼风格对应，游戏店跟西方风格对应，餐食店跟中式风格对应，化妆品店跟闪亮风格对应（闪亮风格的主要元素是有灯光装饰），百货店跟现代风格对应，文具店跟70年代风格对应。

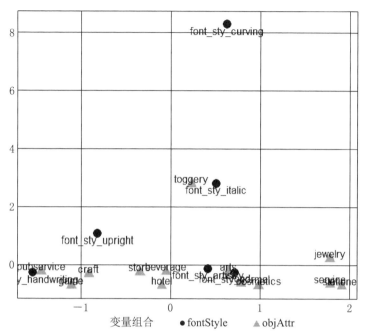

图 31　变量 objAttr 的取值跟变量 fontStyle 的取值之间的对应分析

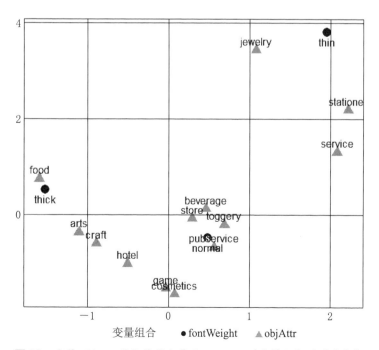

图 32　变量 objAttr 的取值跟变量 fontWeight 的取值之间的对应分析

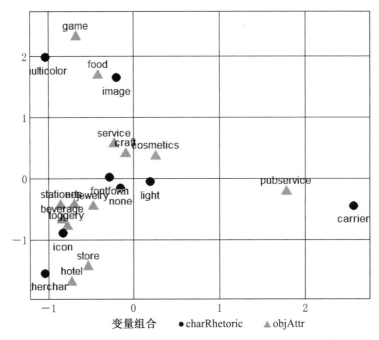

图 33　变量 objAttr 的取值跟变量 charRhetoric 的取值之间的对应分析

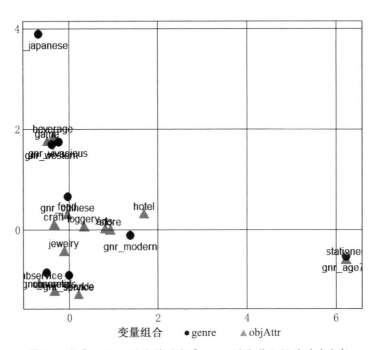

图 34　变量 objAttr 的取值跟变量 genre 的取值之间的对应分析

四 结 论

本研究采用文化计算的方法对田子坊的语言景观进行了量化研究。根据数据分析的结果，田子坊的语言景观点大致可以分为五个类型，分别是传统文化类、简单直白类、上海特色类、西式风格类和营造氛围类。

汉语在田子坊语言景观中的语言种类占比高达 88%，这说明田子坊并不是一个洋气的地方。在汉字字体方面，行书和黑体占比均为 19%，这两种字体的特点是大众化，行书具有动感，而黑体具有现代感。字符呈现样式的情况是常规样式占比为 60%，常规粗细占比为 67%。颜色方面，字符颜色黑色和白色的占比均为 33%，这两种颜色合计占比为 66%；背景色方面，白色占比为 36%，黑色占比为 21%，二者合计占比为 57%，构成了语言景观的主要背景色，跟前述前景色互相映衬，因而整体来说色彩不丰富，观感很单调。进一步，字形修辞和修饰的情况，没有做修辞和修饰的情况以及文字配图的情况合计占比为 49%，说明田子坊语言景观没有通过文字表达出更多的活泼感。联合使用的字符的情况，田子坊的语言景观设计者并不愿意突出外语。在字符联合式的标牌中占比最高的是汉字加英文的组合，在所有标牌中占比为 10%；其次是汉字加拼音的组合，在所有标牌中占比为 3%；同样占比为 3% 的还有以英文为主辅以汉语的情况。

在语言景观的业务分类方面，没有占比绝对突出的类别，在所有业务中，公共服务占比最多，为 23%。其他占比较多的业务有餐食类、饮品类、服装类，而原本应该成为田子坊主要建设目标的跟创意有关的业务门类却很少，这种情况说明田子坊已经沦落为普通的商业街，不再具有创意产业聚集地的特征。

汉语的景观点最多，而饮食类中有景观使用了纯英文标牌，方言仅仅出现在公共服务性质的标牌中。字体方面，餐食类偏爱行书和黑体，而公共服务类偏爱隶书。在字体粗细方面，餐食类偏爱使用粗体。在字形修辞或者修饰方式方面，公共服务类偏爱使用较为特殊的文字载体，餐食类比较偏爱文字配图，饮料类和服装类略为偏爱在主要文字类型之外再配上另一种文字。

在观察者主观评分数据方面，评分数量最多的是 7 分，其中宣传类的景观点较多地集中在 7 分。数量低于 7 分的评分依次是 5 分 >6 分 >4 分 >3 分 >8 分 >2 分 >9 分 >1 分，没有 0 分和 10 分的情况。在影响语言景观主观评分方面，"英语-汉语联合形式"相对于"汉语-英语联合形式"来说评分优势比增加了 13.81 倍，造成这种情况的原因主要是田子坊语言景观以汉语内容为主，偶尔出现英语-汉语联合形式会获得观察者较高的评价分数。值得一提的是，方言内容受到观察者偏爱，但是商户却不知道这个情况，建议在下一步的发展过程中，能够通过语言景观营造出更具有地方文化气息的氛围，以此作为田子坊继续发展的动力源。

参考文献

曹 静．多模态［J］．广西民族大学学报，2021（43）：19—25.

刘 鹏，张 燕．数据标注工程［M］．北京：清华大学出版社，2019.

彭国跃．上海南京路上语言景观的百年变迁［J］．中国社会语言学，2015（1）：52—68.

尚国文，赵守辉．语言景观的分析维度与理论构建［J］．外国语，2014（37）：81—89.

汪明峰，周　媛.权力—空间视角下城市文创旅游空间的生产与演化——以上海田子坊为例［J］.地理研究，2022（41）：373—389.

席　群，毕可生.社会学研究的新领域：汉字社会学［J］.兰州大学学报，1996（24）：38—44.

徐赣丽.当代城市空间的混杂性——以上海田子坊为例［J］.华东师范大学学报，2019（2）：117—127.

徐　茗.北京市语言景观调查研究［M］.上海：上海三联书店，2020.

俞玮奇，王婷婷，孙亚楠.国际化大都市外侨聚居区的多语景观实态［J］.语言文字应用，2016（1）：36—44.

曾方本.多模态语篇里图文关系的解构及其模式研究［J］.外国语文，2010（26）：60—64.

赵学清，刘洁琳.澳门城市语言景观的多模态研究［J］.陕西师范大学学报，2022（51）：123—136.

Kabacoff，R.I. R.语言实战［M］.北京：人民邮电出版社，2016.

Landry，R. & Bourhis，R.Y. 1997. Linguistic Landscape and Ethnolinguistic Vitality：An Empirical Study［J］.Journal of Language and Social Psychology，1997，16（1）：23—49.

Rosenbaum，Y. ，Nadel，E. ，Cooper，R.L. & Fishman，J. 1977. English on Keren Kayemet Street［A］. in Fishman，J.A.，Cooper，R.L. & Conrad，A.W. The Spread of English［C］.Rowley，MA：Newbury House，1977. 179—196.

（孙锐欣　华东师范大学中文系　上海200241）

吴语太湖片苕溪小片与沪苏嘉小片、杭州小片接合部地理分布小考

胡妙吉

　　吴语运河区（即太湖片）苕溪小片主要包括了浙江省湖州市全境以及周边毗邻地区，在太湖南岸呈带状分布。其东部、东南部边界与沪苏嘉小片、杭州小片天然接壤，并且相互影响。该结合部具体区域涉及浙江、江苏两省的湖州、嘉兴、杭州、苏州四个城市，关联南浔区、德清县、桐乡市、海宁市、余杭区、临平区、拱墅区、吴江区八个县区。其中，南浔区主要涉及其东部边界的南浔镇、练市镇、善琏镇；德清县主要涉及东南片的新市、新安、雷甸、禹越四个乡镇以及下渚湖街道；桐乡市主要涉及西片、南片的乌镇、石门、河山、大麻、崇福、洲泉以及主城区街道；海宁市主要涉及许村、长安等西片乡镇；临平区主要涉及塘栖镇；余杭区主要涉及良渚、仁和街道；拱墅区涉及半山街道及吴江区主要涉及七都、震泽、桃源等盛泽以西片乡镇。前述为毗邻各地最新一轮论区划调整后的现状。总计约 25 个乡镇街道，覆盖常住人口约 200 万人。此外，由于苏州市吴中区的金庭镇、香山街道等太湖岛屿因宋初太平兴国年间苏州、湖州两府曾经发生过辖地交换，东山、西山等太湖岛屿一度交由湖州府管辖，留下乡音习惯，俗称山上话，故也属苕溪片。直至 20 世纪 50 年代，在上千年的跨度里，湖嘉、湖杭、杭嘉、苏湖、苏嘉诸州府间的边界均有不同程度的调整，造成了各自方言的相互嵌入。

　　吴语运河区这一结合部具有典型的过渡口音特征，与本片区的集中地区存在显著差异。地貌以平原水乡为主，受山川地形阻隔较少，方言间的兼容互通性较强。同时兼有与京杭大运河、苕溪及其分支水系关联度高之地理共性，人口密度较太湖流域的中部丘陵、西部山地高，属于江南传统农耕文明的代表地区。历史上蚕桑、丝绸、鱼米、水运贸易等极为发达，近现代以来纺织、轻工、食品、机电等产业在国内较为领先。地域文化多崇文重教亲商，民俗民风大抵较接近，在日常的饮食起居、礼仪传承、戏剧娱乐、建筑与空间表达等方面的语音、语法、使用方式大致相同，基本无方言岛。结合部区域水陆交通相对便利，人口往来流动频繁，受外来语言影响较大。结合部的形成既有历史上多次政区调整的因素，也是经济文化以及社会活动长期作用的结果，从吴语保护的视角来看，比集中地区更为迫切。笔者期盼通过设立吴语保护基金，开展跨区域课题研究，并建立志愿者队伍，形成社会化赞助支持力量。政府相关单位、科研院所、文博展馆、教育机构、社会组织以及有能力、有意愿的文化科技企业应当建立语保联盟，尽快利用大数据建立细化的结合部吴语模型底座，结合数字媒体技术，加强对结合部地区方言故事、歌谣、俚语等吴语载体的收集、整理，进行保护性研究。积极推动吴语传承保护与文旅开发、文创设计、非遗保护、历史街区改造、历史建筑以及文脉保护等工作紧密结合起来。相关媒体特别是各地的方言类节目、自媒体名号也应宣传、传播好吴语这一不可多得的地域文化要素。

（胡妙吉　浙江省湖州市哲学学会 343977955@qq.com）

吴语地名研究中的常见问题

——以《嘉定地名志》为例

蔡　佞

吴语地名是方言地名家族的重要组成部分，它们往往是村镇小聚落或河湖水系类地名。吴语地名紧贴口语，多数是百姓口头的方言土话。这类地名面广量大，在区县一级地名志里数量占比超过一半。

吴语地名是吴语研究，特别是词汇俗字研究的重要材料，然而做好这些小地名的解释和词源探索却并不容易。首先，吴语地名多是区域方言地名，非本地人不易了解土俗含义；其次，吴语地名多是小地名，历代方志、典籍很少记录，缺少研究资料；三是随着语音变化、词汇更替、文字演化，很多地名得名原由、命名理据已经模糊，想要准确还原非常困难。正因为困难重重，地名类专志遇到这些吴语地名要么"循字索义"，根据当前文字记录去辞书中翻找释义；要么"望文生义"，根据字面附会编造传说故事；或者"望名兴叹"，干脆空而不释。

吴语地名与方言联系紧密，难就难在方言词汇上，特别是已经被淘汰或替换了的方言词汇。因此我们认为研究吴语地名首先要以当地方言调查为基础，摸清当地词汇系统，特别是地理类词语的情况，然后再结合地理环境、人文历史记载来破解地名难题。以上海地区区县地名志为例，《嘉定地名志》是本内容详细、编纂严谨的专业地名志书。更可喜的是作者下到基层乡间，善于用百姓语言来解释这些方言地名，故而可信度较高。不过我们也发现了一些问题，这些问题多数是没有彻底贯彻"方言为本"思想造成的。本文拟从语音、词汇、文字三方面逐一举些例子来讨论，目的是阐释我们结合方言学研究地名的思路、方法，希望进一步提升地名研究工作。

一　释　义　问　题

地名通常由专名和通名组成。通名表达类的概念，专名用于区别和指称。方言词在通名和专名都可能出现，通名重复出现多、重要性高，往往受到较多关注。下面我们就专名和通名各举些例子来具体讨论。

1. 牛屙池

牛屙池是嘉定常见地名，江桥、勤丰等地都有同名地名。《嘉定地名志》（下文简称《志》）解释"牛戏水、驻留之处"。南方地区水稻种植多用牛耕田，牛休息、滚泥的河滩、池潭长沙、柳州称牛练塘（鲍厚星等 1998：181；刘村汉 1995：225），成都称牛滚凼（梁德曼、黄尚军 1998：252），金华称牛踩丼（曹志耘 1996：160）。这些说法里的动词皆"碾滚、踩踏"义，如长沙练 lie^{55} 指滚动、搅（鲍厚星等 1998：192），金华踩 le^{24} 指碾滚（曹志耘 1996：118）。嘉定话牛屙池构词与上述说法类似，"屙"方音读 u^{34}，此处是描述牛休息状态的动词，当指陷下。《志》解释为"粪便"，我们认为不恰当。"牛屙"指牛身陷烂泥，不是指牛粪。牛休息自然不可能窝在粪堆里，"屙"在这里当是记音字。凹陷、下陷在嘉定话里说 u^{53}，但该词本字不清楚，《嘉定方言志》用"囗"表示（汤珍珠、陈忠敏 1993：43）。上海（许宝华、陶寰 1997：55）、富阳（盛益民、李旭平 2018：62）等地写成"浣"。

吴语太湖片方言戈、模多不分，比较表1吴语（鲍明炜1998；袁丹2010；林晓晓2012；阮咏梅2012；曹志耘1996）"陷下"义词的读音，该词音韵地位当为影母去声模韵。

表1

方言点	陷，埋	粪	湖_{模韵}	河_{戈韵}
上海	u¹	u⁵	βu²	βu²
常熟_{梅李}	u⁵	—	ɦiu²	ɦiu²
常州	u⁵	ɣɯ¹_{拉屎}	ɦiu²	ɦiɣɯ²
台州_{路桥}	u⁵	e⁵	ɦiu²	ɦio²
温岭	u⁵	ɯ⁵	ɦiu²	ɦiɯ²
金华	u⁵	uɣ⁵	u²	uɣ²

嘉定话陷落义的u⁵因与粪便义"屙"同声韵，所以用"屙"记音代替。作者误把记音字当作本字看，不顾整体词义，根据"屙"循字索义而出了纰漏。

2. 汀（厅）

嘉定境内有多条河道通名写成"厅、挺"，如直挺、直厅、南北厅。很明显作为水道通名写"厅、挺"是记音字。《志》认为应当是"汀 tʰin⁵³"，指水中沙洲。

我们认为"汀"同样也只是记音字。与"厅、挺"相比，"汀"是氵旁，意符上比较符合河道通名的惯例，但实际词义并不相同。根据我们方言调查结果看，太湖地区吴语口语里沙洲并没有"汀"的说法。与河道通名"厅、挺"相关的很可能是"桯"。

桯，《说文解字注》"他丁切。《考工记》盖桯，则谓直杠"，《康熙字典》则解释为"夷床横木曰桯"。如今吴方言普遍把框架结构上的直木称桯。宁波话门框叫门桯 mən²²tʰiŋ⁵³，床架两侧的横木叫床桯 zɔ²²tʰiŋ⁵³，棕垫的木框架则称棕绷桯 tsoŋ³³pã⁵⁵tʰiŋ²¹（汤珍珠、陈忠敏等1997：250、236、288）。苏州蠡口方言分得更细，门框总称门框档 mən²²tɕʰiɔ⁴⁴tõ³¹，门框两侧的立木为门桯 mən²²tʰin⁴¹，连接桯的横木叫档子 tõ⁴⁴tsʅ³¹。根据方言来看，桯的特点有二：一是直，一是外框。因此桯在吴语里可指直边。

实际使用中"桯"常常从用具直边映射为地理实体的直边，比如圩子的四边、宅院四周的河沟。昆山锦溪_{祝家甸}方言把圩子的边称为桯 tʰin⁴³，分别冠以方位词叫作南桯、北桯、东桯、西桯。连带圩埂外的四边河道也同样称桯。圩田中直的河道称为直桯（记音写直厅。吴县一般称穿心泾），主要河港的连接线叫横桯（记音写横厅。吴县称横泾）。桯（厅）在吴语里指圩田地区人工开挖的直河沟，相当于"泾"，属于一种形象的表述。

在崇（明）启（东）海（门）地区有一种名叫"四汀宅沟"的地理实体，它实际是一种回字形的护宅沟。这种护宅沟往往绕着宅院围成方形的一圈，因有四条直边，所以称为四汀（四桯）。回字四边的水道统称宅沟汀，南面称前汀，北面称后汀，东西两边分别称东汀、西汀（钱维军2020）。除嘉定外，太湖周边"桯（厅）"通名并不罕见，例如苏州相城有下圩北厅，常熟有横厅，吴江有南厅、西厅，青浦有田北厅，嘉善有东港西厅、东港南厅、西港南厅等地名，它们往往位于圩埂上或是圩田直沟旁边。

3. 滟

我们注意到嘉定地区有很多小地名叫"白滟"，《志》中至少记载了15处。有时也写

成白淹、白奄、白堰、白埝、白盐、白也、排沿、白贤头。这些地名多是水体名称，有的还前附地名，如南翔永丰村有东白滟、陈家宅白滟、枸橘白滟等村级水道。《志》调查到"嘉定方言称宽阔的水面为白滟"。这些白滟形态丰富，有的是几条河流交汇形成，有的是河道中部膨大形成，有的本身是小型湖泊。由于白滟是个类称，所以一县区之内会出现大量重名。光绪《嘉定县志》把这种地理实体记成"白滟"，所以《志》认为"滟 ii³⁴"就是本字写法，并从辞书上查得"滟，指水波荡漾貌"。

熟悉吴语地名的朋友对名叫"滟"的这种水体应该不会陌生，它就是苏州地区志书中经常出现的"潗"，也写成"淹、崦"。崇祯《吴县志》有载彭山潗、黄山潗（今旺山荡）、光福潗（今光福上崦、下崦）等湖泊名；乾隆《苏州府志》还例举了尹山淹（今尹山湖）、施墟淹、赭墩淹（今赭墩湖）、金泾淹（今金鸡湖）、明社淹等地名。因此，上述嘉定地名里"滟、沿、堰、埝、也、奄、贤、盐"实际都是"潗、淹"的方言近音字。

苏南地区将小型的湖泊称为"潗"。潗，《五音集韵》解释为"水没也"。有时"潗浸"连用，指被水覆盖的地方，即浅水湖泊。乾隆《苏州府志》记载"五县积水中所谓湖、瀼、陂、淹"，同治《苏州府志》有"泖荡瀼潗千百，纵横交错"的描写。古代"湖瀼陂淹""泖荡瀼潗"并称，也可看出潗（淹）实指湖泊，等同于荡、漾（瀼）。

白潗指湖面不长植物的浅水湖，苏锡常一带称白荡，吴江、嘉定则称白漾。此处"白"意思是空的、荒的，具体可指不长植被的，例如荒田叫白田，不长草木的河滩叫白水滩（蔡佞，2021）。如今方言里"潗（淹）"多被荡、漾等词替换，民众不知本字，故而同音字泛滥。不熟悉方言的专家学者拘泥于文字，生搬硬套，研究自然不得要领。

二 字音问题

地名在百姓间口耳相传，有利于古音的留存。有时语音还会脱离文字约束，作为特殊读法在地名中保存下来。随着语音的演变，当字与音不相匹配时，当地人往往会改字，形成一系列改声符俗字或记音字。这些字会对研究地名造成一些困扰和障碍。

1. 盾勺

嘉定地名中有好几个专名都是"盾勺"，唐行张店村有盾勺泾，北新村有盾勺沟，戬浜王楼村有盾勺湾等。《志》解释"盾勺，铜制灶上勺"，实际上盾勺就是铜勺的记音，例如俞湾村有铜勺沟。只是《志》的编者不明白"时有古今，音有转移"的道理，硬要循音索字，牵强附会说成"如古代兵器中用来抵御刀箭的盾牌，故名盾"（张裕明 2002：903），反而说错了。

铜勺，嘉定口语说 doŋ²⁴zoʔ²（汤珍珠、陈忠敏 1993：118），地名里"铜 doŋ²"读"盾 dəŋ²"是保留了早期读音。郑伟（2008：140）认为东登同韵，可能反映了吴地隋代前后的音韵现象。太湖地区如今有些地方仍然如此，例如苏州南部郊区的郭巷、长桥、越溪、横泾、浦庄、木渎、胥口等乡镇有大片通摄读 ən 的地区（叶祥苓 1988：24）。

地名专名"铜勺"很好理解，一旦写成记音字"盾勺"外地人就可能摸不着头脑。如今随着灶头慢慢退出历史舞台，铜勺也被陈列在了民俗博物馆里。相信几代以后，人们或许就不清楚铜勺为何物了。要是地名里任由诸如"盾勺"这类不规范写法存续下去，后人更将无从理解。当然话要辩证地说，记音写法并非一无是处。它至少表明了当地人的真实口语读音，为方言学者留下了宝贵的研究线索。

2. 擀饼杵

华亭镇联三村有河道俗名"干炳池",《志》认为应写成"擀饼杵"为宜,并认为"杵在嘉定方言读作池"(张裕明 2002:904)。《志》的看法或许来源于方言辞书。《上海方言词典》"捣食物用的杵"方言称研焦杵 ȵie⁵⁵tsio⁵⁵zʅ³¹(许宝华,陶寰 1997:129),zʅ¹³ 也用"杵"来记录,不确。我们认为这种说法混淆了普通话读音与方音。

当地俗名音"干炳池",说明末字方音读 zʅ²,是浊声。"池、杵"普通话虽然都读 tʂʰ-,但无法推出它们吴方言里也同声。事实上"杵"在吴方言里能用于口语词,读 tsʰʅ³。苏州蠡口方言"两门扇中间可拆卸的立柱"称户杵 ɦiu²²tsʰʅ⁴¹,长条状物体的量词也说"杵 tsʰʅ⁵²",如一杵橹(一支橹)、一杵鱼(一条鱼)。杵,《广韵》昌与切,读音 tsʰʅ³ 与反切合。《志》作者考察了"干炳池"地貌,认为河道形态类似擀面杖。嘉定方言里擀制塌饼的短面杖叫做 kø³³pin⁵⁵zʅ²¹、kə⁴⁵pin³³zʅ²¹(华亭音),然而写成"擀饼杵"却不符合方音。由于"杵、槌"义近,嘉定方言"槌"恰音 zʅ²,写成"擀饼槌"或许更符合音义。

三 用 字 问 题

方言地名用字是个比较复杂的研究课题。实际使用中通常包括俗字、借字两大类。俗字里又可以分成生造字和改造字,我们曾用传统"六书"理论分析过江浙地区百来个地名俗字(蔡佞 2023),这里我们结合《志》内容,拣两个简单例子来看看。

1. 田豬

嘉定有田豬池、田豬宅等地名。田豬,《志》解释"在田野间(的村)"。旧时,太湖地区把地处田块中的小村落称为田肚里(今多称田爿里),由于连读变调作用,地名里常写成田多里、田都里、田堵里或田度里、田渡里。

豬,《广韵》陟鱼切,早期是"猪"的异体字,明清时开始用作"肚"的异体字。由于字形生僻,且身份不唯一,地名书写时,我们不建议用"豬",写通用字"肚"即可。肚,《玉篇》《广韵》都有清浊两音,今太湖地区吴方言里仍然保留,例如嘉定 tu³⁴、du¹³,苏州 təu⁵²、dəu²³¹。t- 一般指胃,如肚子,上海话指猪肚(许宝华、陶寰 1997:40);d- 一般指腹,如肚皮、肚里牢曹(内脏)。田肚即田野腹地,松江等地吴语口语至今将田块称为田肚。

2. 漾与洋

嘉定地名里有"漾、洋"两类水道通名,但两字经常混写。《志》漾,嘉定方言中指水流汇合、水面宽阔处(张裕明 2002:909)。嘉定江桥(幸福、建新)、曹王(华东、安新)、封浜(张家)等地都有"三河漾",指三条河流交汇处形成的宽水面。这种宽水面苏州称阔漾 kʰuəʔ⁵iã⁴¹²,阔丼 kʰuəʔ⁵tø²³,三河交汇处的宽水面也叫三角丼。

地名东洋浜、西洋浜里的"洋"恐怕不是宽水面,而是指沟。上海方言田沟称秧泥沟 iã⁵⁵ȵi⁵⁵kɤ⁵³(许宝华、陶寰 1997:237),"秧"是记音字。苏州方言"沟"可叫洋沟,娄葑大荡里"水沟"叫洋槽,横泾方言"通水大沟"叫大洋。相城地名洋沟溇即是由同义、近义词叠合而成的地名,洋、沟、溇都是指田间的沟渠。

从地名构成看,嘉定方言里"沟"义的"洋"通常组成"洋沟、洋槽"等并列式复合词。地名大头沟漾、双漾沟等中的"漾"应指沟。另外嘉定有多个"杨漕、洋漕",我们推测"杨、洋"亦可能是沟渠义的"洋",但有待进一步核实。

如今方言地名研究仍大多停留在"唯字"阶段。从以上分析我们也可以看出，当《志》以方言词为单位调查时大多能切中要义，凡是以书面的"字"查证词义，则缘木求鱼，结论往往无法令人信服。农村方言小地名没有经过很好地整理和规范，今地名（哪怕是所谓标准地名）中同音字、方俗字、异体字等大行其道，大大阻碍了"唯字"式研究，造成的错讹不在少数。我们提倡研究吴语地名应该以考察音义为主，首先要调查当地方言，把地名词的读音记下来，这对于考察语源、本字皆有大作用。然后尽量结合地形、地貌，在方言口语里寻找活的词语、用例，为方言地名词解释提供有力支撑和证据。最后可以翻检旧志，看看古代地名写法（通常比今地名保留更多原始信息），为我们探索地名本源提供有效线索。

参考文献

鲍厚星，崔振华，沈若云，等.长沙方言词典［M］.南京：江苏教育出版社，1998.

鲍明炜.江苏省志：方言志［M］.南京：南京大学出版社，1998.

蔡佞.说说"白荡"［N］.上海：语言文字周报，2021-05-01（1899）.

蔡佞."六书"与地名俗字的形成原理——以江浙地名为例［J］.中国文字研究，2023（38）.

梁德曼，黄尚军.成都方言词典［M］.南京：江苏教育出版社，1998.

林晓晓.浙江台州路桥方言同音字汇［J］.方言，2012（2）.

刘村汉.柳州方言词典［M］.南京：江苏教育出版社，1995.

钱维军.从河道开始认识崇明［J］.百家号-心语文化［2020-03-13］.

阮咏梅.浙江温岭方言研究［D］.苏州：苏州大学，2012.

盛益民，李旭平.富阳方言研究［M］.上海：复旦大学出版社，2018.

汤珍珠，陈忠敏.嘉定方言研究［M］.北京：社会科学文献出版社，1993.

汤珍珠，陈忠敏，吴新贤.宁波方言词典［M］.南京：江苏教育出版社，1997.

许宝华，陶寰.上海方言词典［M］.南京：江苏教育出版社，1997.

叶祥苓.苏州方言志［M］.南京：江苏教育出版社，1988.

袁丹.江苏常熟梅李方言同音字汇［J］.方言，2010（4）.

张裕明.嘉定地名志［M］.上海：上海社会科学院出版社，2002.

郑伟.太湖片吴语音韵演变研究［D］.上海：复旦大学，2008.

（蔡佞　苏州市公安局　510750276@qq.com）

扩展《汉语拼音方案》拼写方音

——兼论国际音标一些使用问题

楼启明

传承中华多元文化，保护、学习地方语言，注音工具不可或缺。汉语方言学专业著作通常采用国际音标注音，普及读物则不宜如此，因为基础教育教授的注音仅限于《汉语拼音方案》①（下称"汉拼"或"汉拼原案"）与英语国际音标。前者与国际音标龃龉较多，如 ü [y]：y [j]：j [tɕ]、b [p]：p [pʰ] 等；后者又将多数情况下是送气发声的 p、t、k 等（琼斯 1999）略去了送气符 [ʰ]。英语 /b/ [b]：/p/ [pʰ] 叠加汉语 b [p]：p [pʰ]，方言学读物的国际音标对普通读者的学习成本可以想见。

以往普及读物中基于汉拼设计的方言拼音，也有可商榷之处。笔者试先通盘考察四十多地汉语方言，再秉承汉拼原案的设计风格，从韵、声、调各方面对其扩展以备方音拼写。本文分六方面阐述：

一、吴语拼音概览；

二、中式拼音商兑；

三、汉拼韵母扩展——兼论几个出位元音；

四、汉拼声母扩展——兼论几个浊"擦音"；

五、汉拼声调扩展；

六、总结与应用。

一　吴语拼音概览

1.1　吴语拼音方案按使用文字分类

1.1.1　拉丁字母式

不论是早期传教士设计的（参见游汝杰 2003），还是后来本土学者设计的（参见钱乃荣 2017），这一类最多。

1.1.2　注音字母式

例如 1931 年陆基、方宾观《苏州注音符号》（丁邦新 2003）、1937 至 1951 年陈训正、马瀛《鄞县通志》（刘斌、陶文燕 2018）、2002 年钱乃荣《跟我学上海话》等设计的方案。

1.1.3　其他则有假名式、基里尔字母式、谚文字母式及新造文字式等。

1.2　拉丁式吴语拼音按音系基础分类

1.2.1　单点式

即为单点音系设计。这一类最多。

1.2.2　综合式

即为综合音系设计。例如赵元任（1928）的"吴语音韵罗马字"；吴语协会（2005）的"通用吴语拼音"——也可删改成单点拼音，如邢雯芝（2011）的苏州方案、王怀军

---

① 参见中华人民共和国教育部网站。

（2022）的三门方案 ①；史皓元、石汝杰、顾黔（2006）的"北部吴语通用音系"。

1.3 拉丁式吴语拼音按阻音 ② 拼式分类

1.3.1 西式

传教士基于西方习惯，以 p、p'、b 拼写［p、pʰ、b］，与官话的威妥玛等方案一致。

1.3.2 中式

考虑到拼音的经济性，官话以 b、p 拼写［p、pʰ］；吴语拼音沿用此式时，［b］须另寻出路。因"国语罗马字""拉丁化新文字""汉语拼音"等方案都用此式，故称"中式"，但未必是国人首创。罗常培（1934）认为，最早采用此式的是德国人雷兴（F. Lessing）1912 年的方案。不过，D. H. Davis & J. A. Silsby（1911）中的官话 ③ 已然如此拼写，它们应该有更早的、甚至共同的来源。吴语拼音中最早使用此式的可能是赵元任（1928）。

1.3.3 非中非西式

其他非中非西的如 1906 年朱文熊的"江苏新字母"（朱文熊 1957），以 p、b 拼写［pʰ、b］，与日语拼音方案一致 ④；以 pp 拼写［p］，与朝鲜语拼音方案一致。

1.4 各类拼音特点简单比较

拉丁式方案的便利性与通用性不言而喻。其中，综合式、西式的拼音方案较为适合专业著作，便于提纲挈领地把握吴语方言音韵；单点式、中式的拼音方案则更适合普及读物。

二　中式拼音商兑

基于汉拼设计、非吴语的拼音方案，较为著名的是广东省教育行政部门发布的四套中式拼音（芬 1960）——"客家（梅县）话拼音方案"（参见饶秉才 2000）、粤语"广州话拼音方案"（参见饶秉才 1983）、闽语"潮州话拼音方案"（参见林伦伦 1997）和"海南话拼音方案" ⑤（参见梁猷刚 1988）。细察中式吴语拼音以及广东四案之后，笔者以为四个方面有待商榷。

2.1 音素类似而拼写迥异

广东四音系都有［e/ɛ/ɛ］，汉拼原案也有 ê［ɛ］。潮州、梅县方案直接用 ê，文昌方案则省略 ^，广州方案用 é 拼［e/ɛ］，ê 转而拼写［ɵ/œ］。四音系通常不区分［ts/tʃ/tɕ］组，二闽语方案 j、q、x 弃而不用；但粤、客方案规定以 j 组拼写齐齿呼、撮口呼，如此便与汉拼一致。不知广东人翻看本省三语四拼之后，是否会疑惑为何 ê 韵忽展忽圆，j 组时隐时现。

2.2 求简忽略系统性

对于浊阻音，潮州方案用 bh、gh 拼写［b、g］，但［dz］用的是 r 而非 zh；一些吴语方案也是用加 h 来拼写浊音，遇到［v］却用 v 而非 fh。不论从吴语方案加 h 的系统性还

---

① 例如两地流摄［øɣ、ɣɯ］一前一后，但拼式都沿用通用吴语拼音的 eu 不变。

② 爆音、塞擦音、擦音。

③ 有两点值得注意：一、这种"官话"分尖团舒促，应当视作明清共同语，与本文他处提及的现代"官话"方言的概念不同；二、书中官话拼音是中式的，吴语拼音是西式的，作者未求统一。

④ 朱文熊（1957）自序 1906 年作于日本东京。

⑤ 海南建省在 1988 年，四套方案发布时尚属广东。

是汉拼原案 j、v、z 的一致性考虑，v 都不合适拼写［v］(楼启明 2021)。

面对丰富的单韵母，一些吴语方案会用 ao、ou 来拼写效摄、流摄以向汉拼靠拢；而蟹摄一等却用 e 而非 ai，尽管 e 原本代表的［ɤ/ə］会使其拼写蟹摄后大大提升学习成本。

2.3 新增规则与汉拼冲突

汉拼原案加 h 是表示调音部位的不同而非发声态的不同，上述吴、闽语方案拼写浊音时统一加 h 固然自洽，但不可忽视该规则与汉拼原案的冲突。潮州方案［dz］拼作 r 而非 zh，除了求简以及直接对应普通话 r 之外，避开 zh 的歧义应该也是一个因素。而遇到带翘舌音的吴、湘语方言，sh 是［ʂ］还是［z］呢？

2.4 转写未顾及听感

多数吴语方言的匣母通常记作［ɦ］，其实此 /ɦ/ 并非浊擦音，也没明显的擦音听感。多数方案却依然直接转写音标、按加 h 规则拼作 hh。

不少吴语方言"批、篇"韵母通常记作［i、iɪ］，进而拼作 i、ie。然而，此 ie/iɪ/ 与同行的 e［ɛ］、ue［uɛ］并不相配，与普通话 ie［iɛ］也相去甚远。

三 汉拼韵母扩展——兼论几个出位元音

在韵母的拼写上，汉拼原案的核心风格是一音素一字符。普通话七个舌面单韵母［ʌ、o̞、ɤ、i、u、y、ɛ］①(吴宗济 1992)，无一不是。汉拼 a、o、e、i、u 不够用，便采用加符字母 ü 和 ê。如果用足 ¨ 和 ^，则有 15 个字符可用。

3.1 元音概览

国际音标表（International Phonetic Association 2015 ）上列有 28 个元音，加上以下元音，则达 36 个。

（1）［ʌ］、［ɛ］、中 o。一般认为前二者系赵元任早年专为汉语方言设计，朱晓农（2008）考证 Boas 1911 年用了［ʌ］，Bloch & Trager 1942 年提了［ɛ］。Boas 使用央 a［ʌ］应当说早于赵元任，但赵元任（1928）使用中 e［ɛ］显然早于 Bloch & Trager。

表 1

舌尖	ɿ	ʮ				
	ʅ	ʯ				
舌面	i	y	ɨ	ʉ	ɯ	u
	ɪ	ʏ			ɷ	ʊ
	e	ø	ə	ɵ	ɤ	o
	ɛ		ə			o̞
	ɛ	œ		ɐ	ʌ	ɔ
	æ			ɜ		
	a	ɶ		ʌ	ɑ	ɒ

---

① ［ɤ］甚至还不完全是单韵母，"实际上后面跟着一个轻微的［ʌ］，成为［ɤ^］"(吴宗济 1992)。

尤一码（Unicode）①中 ᴀ、ᴇ 位于 phonetic extensions 区，李蓝（2006）因该区主要是乌拉尔音标及 ᴀ、ᴇ 不符合形制规范而认为不能用于央 a、中 e，此说有待商榷。其一，该区收录各种语言所用非正式国际音标，包括"牛津英语词典"系列中的 ɨ、ʉ，不止乌拉尔音标；其二，该区 ᴀ、ᴇ 已然是小型化的、与 a、e 等高的形制；其三，尤一码 ᴀ、ᴇ 尽管因乌拉尔音标而设，但汉语学者完全可以用于央 a、中 e。②

中 o 本应参照央 a、中 e 设计成小型的大写 O，或因大写 O 小型化后③与小写 o 无从分辨，从赵元任（1928）到吴宗济（1992）只能写作 [o̞]④。

（2）不圆唇的 [ʊ]——[ɯ]。国际音标表（International Phonetic Association 2015）中的 [ʊ] 是次后次闭圆唇元音，位于 [u、ɵ] 连线上；汉语学界一般将其用作后次闭圆唇元音，即拉到 [u、o] 连线上。

[ʊ] 在 20 世纪中叶一度改作 [ɷ]（International Phonetic Association 1947），郑伟（2016）等似将其用作后次闭不圆唇元音。

（3）舌尖元音 [ɿ、ʅ、ʮ、ʯ]。

（4）15 个字符若要秉承汉拼一音素一字符的风格，该如何拼写 36 个元音？笔者先对《现代汉语方言音库》40 处汉语方言的韵母进行考察。

3.2 扩展单韵母

舌尖元音一般与同部位的擦音、塞擦音相拼（朱晓农 2008），40 处汉语方言（侯精一 1992—1999）也未见同声组后有舌尖前元音与后元音的对立，因而 4 个舌尖元音可压缩为 2 个。方言编辑部（1979）便以 [ï] 和 [ÿ] 总括 [ɿ、ʅ] 和 [ʮ、ʯ]。

表 2

舌尖	ɿ	ʮ		
舌面	i	y	ɯ	u
	e	ø	ɤ	o
	ɛ		ʌ	ɔ
	a	œ		ɑ

40 处汉语方言的舌面元音在开闭程度上不超过四度；而前后方向上，39 处不超过二度，仅西宁官话的闭不圆唇元音分 [i、ɨ、ɯ]。这二点也与赖福吉、麦迪森（2015）所言一致。⑤那么绝大多数情况下，表 1 的 7×6 的舌面元音（32 个）表格可以压缩到 4×4（14 个元音）：前元音偏向不圆唇，后元音偏向圆唇（赖福吉、麦迪森 2015），前三行不圆唇、

---

① "uni 包含 unique、unified、universal 三个意思，尤其强调 universal……半音半意译成'尤一码'。"（楼启明 2021）

② 乌拉尔语 [ᴀ、ᴇ] 与汉语 [ᴀ、ᴇ] 来源（拉丁字母）、形制（小型大写）相同，尤一码便不会分别赋码。

③ 后来尤一码倒有这么个字符——ᴏ，代码 1D0F。

④ [o̞] 表示偏低；有些著作误作 [ȯ、o̖]——[ʼ、ˎ] 表示略展、更圆。

⑤ "元音高度不止三个，这一点是肯定的……是否存在五个元音高度？……在其他特征一致的情况下，元音在舌位前、央、后三个方面形成对立的语言很少。"（赖福吉、麦迪森 2015）

圆唇的央元音分别划归后元音、前元音；第四行［œ］不见于汉语方言，划归［ɶ］；而［ɑ、ɒ］也难以共现（朱晓农 2008），合并。

以上处理也与方言调查记录相合——如广州粤语臻摄（舌音）主元音有［ø/ɵ］两种记法、梗摄（细音）有［ɪ/e］两种记法（李行德 1985），上海吴语宕摄有［ɒ/ɑ］两种记法、流摄有［ɤ/ɘ］两种记法（朱晓农 2005）。

表 3

i	ü	ï	u		i	ü	ï	u
ê	ö	e	o		ê	ö	e	o
ä					ä		ë	å
a					a	ô		â

表 2 定下后，首先安排 î 和 û 拼写舌尖元音［ɿ、ʮ］。总括［ɿ、ʮ］的［ï］如其方括号所表达，是音标，与拼音 î 不冲突。

从闭元音［i、y、ɯ、u］拼音 i、ü、?、u 这一系列来看，问号位置更适合拼作 ï。郑张尚芳先生普及上古音（《〈诗〉〈书〉语言的民族成分》）和中古音（《用古音读唐诗》）知识时，也用 ï 拼写［ɯ］（郑张尚芳 2019）。

将普通话的 a、i、e、o、u、ü、ê 以及 ï 填入表 2 舌面 4×4 表格，再根据字母的使用习惯填上 ö 和 ä，得到表 3 左部。剩下 ô、ë、â 难以拼写四个元音，不得不再引进一个北欧字母 å，得到表 3 右部。

以上拼写设计，一方面保持了汉拼韵母原本较为明显的日耳曼风格，例如从 ü［y］到 ö［ø］、ä［ɛ］、å［ɔ］；另一方面在对北京音系做细化拼写时，不会与汉拼原案产生冲突，例如 er[1]、（z）i、ie、iao、ian[2] 可视作 ër、（z）î、iê、iâo、iän 的简省。

3.3 扩展鼻化韵与入声韵

鼻化韵沿用晏玛太（M. T. Yates）等传教士所用上标 ⁿ（徐奕 2010）做标记。

北京官话［p、t、k］是软的（b̥、d̥、g̊）（赵元任 1935），这是中式拼音用 b、d、g 等"浊音"字母拼写的理由之一（赵元任 1936）。广东四案对于客、粤、闽语清爆韵尾［p、t、k］也用 b、d、g 拼写，想必是照搬汉拼原案。其实在赵氏的耳里，这些韵尾不同于北京式的［b̥、d̥、g̊］，而接近上海吴语式、硬的［p、t、k］（赵元任 1935）。

看来，清爆韵尾［p、t、k］更合适拼作 p、t、k；而 b、d、g 则可留给极少数有浊爆韵尾的方言（参见郑张尚芳 1990）。

而吴语塞音韵尾［ʔ］，西式拼音多拼 h（如 D. H. Davis & J. A. Silsby 1911），中式拼音多拼 q（如赵元任 1928）或 k（如钱乃荣 1989）。汉拼原案中，q、h 用于龈腭音［tɕʰ］、软腭音［x］，都不适合再拼声门音［ʔ］；k 虽然拼写的［kʰ］也是软腭音，但毕竟调音方法与［ʔ］最为接近。不过，k 对于吴语韵尾而言太过强烈——袁丹（2013）研究发现吴语［ʔ］与粤语［k］韵尾不仅调音部位不同，"塞音尾 -p/-t/-k 在吴语中弱化为喉塞尾 ʔ 后……

---

① "实际音值从不卷舌的 ɚ 滑向卷舌的 ɚ。"（朱晓农 2008）

② "iao［iɑʊ］……ian［iɛn］"。（吴宗济 1992）

只是一个伴随特征，区别特征仅剩［＋短时］了。"① 此外，闽语韵尾有［ʔ、k］对立，一个 k 显然不行②。

纵览汉拼原案，隔音符号 ' 较为适合。其一，音节间停顿［ʔ］与韵尾［ʔ］相近。其二，视觉上不致太过强烈。

3.4　几个出位元音

不少吴语方言"批""铺"韵母通常记作［i、u］，进而中式拼音也作 i、u。拼作 i、u 虽看似与汉拼 i、u 对应，但普通话 i、u 音字对应吴语有多类；苏南 /i、u/ 与普通话［i、u］在音值上还有一定差别，简单拼作 i、u 也不利于吴语人说好普通话。③

汪平（1987）指出，苏州吴语 /i、u/ 实际是［j、ɣ］。朱晓农（2008）指出，上海吴语 /i、u/ 高化造成一定摩擦，记作［右卷尾 i］④、［uβ］。凌锋（2012）进一步明确，苏州吴语 /i/ 不但摩擦强烈，舌位还前移至舌叶—龈后，记作［ʒ］；/u/ 摩擦明显、双唇紧靠，记作［β/ɣ］。

设立［右卷尾 i］虽然像设立［ʅ］那样与［z］区别开，但其舌位毕竟不同于［ʐ］；而［ʒ］是 palatalized［ʒ］（International Phonetic Association 1947），相当于［ʑ］⑤。其实［ʒ］本身更适合舌叶—龈后的 /i/，而舌叶—龈后的 /y/ 或可使用［ʒ］——labialized［ʒ］（International Phonetic Association 1947）。在不设立独立音标的情况下，本文将［i、y、ɯ、u］对应的出位元音记作［ʐ、ʒ、ɥ、β］。其中，［ɥ］用的是近音音标，另三者是用浊擦音音标加［˕］变近音。

拉丁式吴语拼音里似乎只有朱晓农（2007b）注重实际发音，将 /i、ii/［ʐ、i］拼作 ii、i。鉴于汉拼原案中 y、w 用作 i、u 略带摩擦的零声母介音变体，本案采用 ŷ、ŵ、ÿ、ŵ 拼写［ʐ、ʒ、ɥ、β］。

3.5　元音拼写小结

表4

拼音	音标	说明⑥	拼音	音标	说明	拼音	音标	说明
a	a、ʌ	汉拼原有	ä	ɛ、æ	德语［ɛ］	â	ɑ、ɒ	法语［ɑ］
e	ɤ、ɰ、ə、ɘ	汉拼原有	ë	ʌ、ɜ、ɞ	Ladin 方言［ɜ］	ê	e、ɪ、E	汉拼原有
i	i	汉拼原有	ï	ɯ、ɨ	某些突厥语［ɯ］	î	ʅ、ɿ	汉拼加符
o	o、ʊ、ɵ	汉拼原有	ö	ø、ɤ、θ	德语［ø］	ô	œ、ɞ、ɶ	瑞典方言［œ、ɞ］
u	u	汉拼原有	ü	y、ʉ	汉拼原有	û	ɥ、ʮ	汉拼加符
å	ɔ	北欧［ɔ］	ÿ	ɥ	汉拼加符	ŷ	ʒ	汉拼加符
			ŵ	ʐ	汉拼加符	ŵ	β	汉拼加符

---

①　而"广州话的中阴入以及香港话的长阳入……已经丢失了［短时］特征，其区别特征就仅是［＋塞音尾］了"（袁丹 2013），吴语人感知 k［ʔ］势必远不如粤语人感知 k［k］。

②　潮州方案沿用 h 拼写［ʔ］（林伦伦 1997）。

③　"重度无锡口音普通话……前元音［i］、［y］的 F2 都比标准普通话低……在无锡方言里发［i］、［y］时，舌面中部比较靠近硬腭，带有略微的摩擦，严格标音可记为［ji］［ɥy］。"（曹晓燕 2012）

④　其师费国华（P. J. Rose）参照［ç、ʑ］设计。

⑤　International Phonetic Association（2015）中［ʒ］在 postalveolar，［ʑ］在 palatalized postalveolar。

⑥　参见维基百科 https://en.wikipedia.org 相关字母条目。

以韵母主元音极其丰富的奉贤南桥吴语（钱乃荣1987）做测试。

表5

拼音	音标	拼音	音标	拼音	音标	拼音	音标	拼音	音标	拼音	音标	拼音	音标	拼音	音标
î	ɿ	ŷ	i	ŵ	u	w̃	y	m	m̩	n	n̩			el	əl
â	ɑ	iâ	iɑ	uâ	uɑ			â'	ɑʔ	iâ'	iɑʔ	uâ'	uɑʔ		
å	ɔ	iå	iɔ					å'	ɔʔ	iå'	iɔʔ	uå'	uɔʔ		
o	o	iu	iu					o'	oʔ	io'	ioʔ				
ê	e			uê	ue			ê'	eʔ	iê'	iiʔ	uê'	ueʔ		
ä	ɛ	iä	iɛ	uä	uɛ			ä'	æʔ	iä'	iæʔ	uä'	uæʔ		
ö	ø			üö	yø			ô'	œʔ			uô'	uœʔ	üô'	yœʔ
ï	ɯ	iï	iɯ					ë'	ʌʔ	ië'	iʌʔ				
â^n	ã	iâ^n	iã	uâ^n	uã			ong	oŋ	iong	ioŋ				
ä^n	ɛ̃	iä^n	iɛ̃	uä^n	uɛ̃			ëng	ẽŋ	iëng	iẽŋ	uëng	uẽŋ	üëng	yẽŋ

四　汉拼声母扩展——兼论几个浊"擦音"

在声母的拼写上，汉拼原案也试图一音素一字符——"zh ch sh 可以省作 ẑ、ĉ、ŝ……ng① 可以省作 ŋ"——但实际使用时与 ü 坚守单字符的情况却有天壤之别。所以扩展声母时，本案考虑加字母的拼写方式。

4.1　发声态问题

普通话没有浊阻音声母（[z̩] 详4.3），吴、湘、闽语有。吴语浊声母不是真的浊声，是"清音浊流"（赵元任1928）。有此理论支持，中式吴语拼音对于浊声母，或是拼同不送气清声母（如汪平2007），或是用不送气清声母加 h 表示（如赵元任1928）。

表6

发声类	发声态	音　值	吴　语	朝鲜语
张声	4. 前喉塞	[ʔp]	/p/	/*p/
常声I（清音）	5. 不送	[p]	p	*p
	6. 送气	[pʰ]	/pʰ/	/pʰ/
	7. 弱送	[p']	b	/p/
常声II	8. 振声	[b]	b	p
气声（浊音）	9. 弱弛	[ṗ]	b	p
	10. 弛声	[p̈]	/b/	p

但吴语浊声母 VOT > 0 并不意味着其等同于不送气清声母，清音浊流的"清音"也不

---

① ng 虽说是韵尾，但若用作声母也是这个拼式。

同于不送气清声母。艾约瑟（J. Edkins 1853）即便听出了吴语前字位置的浊阻音与英语不同，仍与清阻音 p、f 等区别书写——前者拼作斜体 *p*、*f*，在后字位置更是用回 b、v。沈钟伟等先生先是证明吴语浊爆音与不送气清爆音的持阻时长差别明显，松、紧有别（沈钟伟、王士元 1995）；尔后通过跨语言的比较指出吴语爆音三分与印地语、朝鲜语的相似性（沈钟伟 2011）。朱晓农等先生先是提出吴语浊爆音与不送气清爆音是发声态弛、张之别（朱晓农 2009）；尔后进一步明确吴语和朝鲜语三类爆音的发声态地位（段海凤、朱晓农 2018，见表 6）。陈忠敏（2010）指出吴语三类爆音后接元音功力谱的三方面不同特点；其生王轶之（2013）提出三类爆音在前、后字位置可以 VOT 和后接元音基频、VOT 和持阻时长来区分。

后出转精，诸家从各种角度解释、证明了吴语全浊声母与全清声母的不同，拼音上理应予以区分。

4.2　扩展发声态与调音方法

表 6 的第 4、5、10 类 [ˀp、p、p̈] 相当于赵元任（1928）所记 [p、b̥、b̥ʰ]，后者的吴语音韵罗马字将帮母 [p] 拼同北京 [b̥] 的 b，而将并母 [b̥ʰ] 拼作 bh。这应该是有吴—官音类对应的考量，否则怕是自坏其律。但用不送气清声母加 h 拼写吴、湘语浊声母的弊端 2.3 已述；对闽语（林伦伦 1997）而言，h 表"浊流"更是无从谈起。

阮恒辉（2000）用不送气清声母上加点（ḃ、ḋ、ġ）是一种办法，也符合汉拼原案一音素一字符的风格 ①。不过尤一码内，j、s 等字母尚无上加点字符。另一方面，在龈后音组（详 4.5），浊音如此拼写会遇到上加 ^ 和上加点的冲撞。

朝鲜语爆音鼎立与吴语相类，其拼音方案 ② 将 [ˀp、pʰ、pʻ] 拼作 pp、p、b。似乎可以让吴语浊声母继续跟着北京官话"松软"的不送气清声母拼作 b，而将吴语"紧硬"的不送气清声母拼同朝鲜语 pp，朱文熊 1906 年的江苏新字母（朱文熊 1957）便有类似的设计。但这样，浊声的擦音、塞擦音将无从拼写——z、j 都已用于不送气清声母。可行的方法只有将浊声母用相应的（不送气）清声母双写表示，钱乃荣（2002）便有类似的设计。

表 7

发声态与调音方法	音值	拼音
弛声清爆音	[p̈]	bb
浊爆音	[b]	
不送气清爆音	[p]	b
张声爆音	[ˀp]	
内爆音	[ɓ]	
鼻冠爆音	[ᵐb]	mb
后爆鼻音	[mᵇ]	

---

① 阮恒辉（2000）在韵母拼写上倒没有贯彻，例如 [ɔ] 用 ô 拼写，而 [ø] 用 oü 拼写——要再迈一步就是 ö 了。

② 参见韩国"國立國語院"网站。

纵览 40 处方音（侯精一 1992—1999），调音方法超出普通话的只有边擦音 [ɬ]（南宁，有变体 [θ]）、鼻擦音 [nz]（平遥）和内爆音 [ɓ、ɗ]（海口）。

[ɬ/θ] 本案拼作 ls。

[nz]① 似可拼作 nî、nû；或拼作 nr（参 4.3）。

[ɓ、ɗ] 听感与鼻音相似，也会向鼻冠爆音转变（朱晓农、寸熙 2006），本案用鼻音加不送气清声母 mb、nd 来拼写。壮语爆音对立是不送气清爆：浊内爆，新壮文却采用 b：mb 式的拼写（覃国生 1998）。壮语并非汉语族，本不必如此设计（远不如 p：b 经济），但这种作为汉拼"补集"的设计思路值得我们参考。

根据听感近似以及有无对立的情况，将发声态与调音方法扩展拼写的设计示例如表 7。

4.3 几个浊"擦音"

不少官话方言材料记有浊擦音 [v、z、ʐ、ɣ]，"在语言类型学上，浊爆音比浊擦音的出现频率要高很多……数以百计的官话，描写中都出现了浊擦音 [z/ʐ]，而这些方言都没有浊爆音"。朱晓农（2007a）最终确认大多数是描写问题，实际是近音 [ɹ、ɻ]，/v/ɣ/ 也是近音 [ʋ、ɰ]。

[ɹ] 可拼作 r。若方言存在 [ɹ、ɻ] 对立，再将后者仿照 zh、ch、sh 拼作 rh。普通话 r 则可视作 rh 的简省。[ɰ] 似无与零声母对立的报道，暂不考虑拼写。

根据 2.2 所述，并联系注音符号"万"的来源与用途，v 应当留给官话 [ʋ]（楼启明 2021）以及吴语 [ˀʋ]②；而吴语奉母 [v] 的中式拼音应当与邪母 [z、ʑ] 的拼式一致，本案拼作 ff、ss、xx。

多数吴语方言的匣母通常记作 [ɦ]，中式拼音似应作 hh。然而 h：hh 跟 f：ff、s：ss、x：xx 没有可比性，会给读者带来一定困扰。汪平（1987）、沈钟伟（1988）、朱晓农（2005）等都将 /ɦ/ 与影母 [ʔ] 相配，而不是与晓母 [h] 相配。首先，实验显示这个 /ɦ/ 并非真正的擦音（朱晓农 2005、袁丹 2013、沈钟伟 2016）；其次，赵元任（1928）按"清音浊流"分析时，/b、z/ 可以是 [b̥ɦ/p̥ɦ、sz/sɦ]，但 /ɦ/ 仍是 [ɦ] 而非 [hɦ]（沈钟伟 2016）；再次，纵览各地吴语音系，匣母腭化后一般念 [j] 而非 [ʑ]，也可印证 /ɦ/ 并非与 [h] 与相配的声门擦音③；此外，沈宠绥正吴音之讹，重点就是要把匣母的近音读法正成擦音以区分匣、喻母（王洪君 2018）。如果一定要在国际音标表上找个位置，/ɦ/ 或许该说是"声门近音"[ɦ̞]。当然，它仍然只是个标记，国际音标表（International Phonetic Association 2015）上"声门"列与"近音"行相交的格子是灰色、不可发音的④。

综上，本案对吴语 /ɦ/ 不作拼写；但是与之相配的影母 [ʔ] 则须用 ' 拼出，也与 3.3 所订塞音韵尾 [ʔ] 的拼写一致。吴语北界那些通常记作 /hɦ/ 的声母（袁丹 2013）则用 hh

---

① 现代汉语方言是否存在这样的复辅音呢？平遥晋语有只拼 zh 组的 [ʅ] 韵母，[nz] 声母中的 [z] 会不会也是舌尖元音？

② 参见钱乃荣（1992）所记音系：常州、宝山（及霜草墩、罗店）、南汇（及周浦）、松江、嘉兴、湖州、杭州、诸暨（及王家井、崇仁）、嵊县（及太平）、余姚、温州。

③ [j] 很多时候还是记 [ɦ]，更体现其与影母 [ʔ] 而非晓母 [h] 相类——后者细音记 [ɕ、ç]，而前者始终 [ʔ]/ø。

④ 3.4 [β] 所代表的"双唇近音"格子则是白色的。

拼写，它才算得上与［h］相配的声门浊擦音，形式也与赵元任（1928）分析的［pʰ、sʰ］一致。

4.4 扩展发声态与调音方法拼写测试

以声母发声态四分的全州文桥土话（朱晓农、关英伟 2010）做测试，其中 ĥ 详见 4.5。

表 8

拼音	音标	拼音	音标	拼音	音标	拼音	音标
b	p	d	t			g	k
p	pʰ	t	tʰ			k	kʰ
mb	ɓ	nd	ɗ				
bb	p̈	dd	t̤				
m	m	n	n			ng	ŋ
		l	l				
		z	ts	j	tɕ		
		c	tsʰ	q	tɕʰ		
		zz	tʂ̈	jj	tɕ̈		
f	f	s	s	x	ɕ	ĥ	x
		ss	s̤	xx	ɕ̈		

4.5 扩展调音部位

纵览 40 处方音（侯精一 1992—1999），调音部位超出普通话的只有［tʃ］组（青岛等）、［c］组（建瓯等）、［h］（海口等）。有些方言的声母，虽然调音部位未超出普通话，但普通话在该部位无此调音方法，比如双唇部位的擦音［ɸ］（湘潭）等。

拼写上，龈后［ʈ］组用 d 组加 h，与汉拼原案 zh 组保持一致。

汉拼原案"赋闲"的 ẑ、ĉ、ŝ 可用于青岛等地官话与［tʂ］组对立的［tʃ］组；广州等地粤语精组"舌叶—龈"与北京"舌尖—齿"的不同（麦耘 2005）也可用 ẑ 组强调。广州方案原本用 j 组拼写舌叶—龈音，后为避免出现 jan 之类的拼式，强加 z 组以与汉拼一致（芬 1960）。拼式倒是一致了，可对广州粤语人学好普通话发音并无多大帮助①。北京、广州音系及声韵配合本就不同，广州方案出现汉拼所无的拼式其实是必然的。

龈腭［ȶ］组、硬腭［c］组用 d 组、g 组加 y 的方式拼写。鼻音［ɳ、ɲ］则参照 ng［ŋ］的设计拼作 nj、gn。

海口闽语有［x、h］对立，分别拼作 ĥ、h。也保持了汉拼声母原本的 Esperanto（世界语）风格，例如从 ĉ/tʃ/、ŝ［ʃ］到 ĥ［x］。普通话 h 则可视作 ĥ 的简省。

4.6 扩展调音部位拼写测试

以声母调音部位相当丰富的五莲洪凝官话（钱曾怡 2001）做测试，齿间［tθ］组未见

---

① 张卫东（1985）："zh 组声母……误差主要表现在：或读同 z、c、s，或是腭化的 z、c、s，接近舌叶音［tʃ、tʃʻ、ʃ］……j 组一些字读成 z 组稍带腭化……z 组腭化甚至于混同 j 组。"

于 40 处方音（侯精一 1992—1999），可拼作 z 组；亦可参照 4.2 边擦音 ls[①] 拼作 lz 组。

表 9

拼音	音标	拼音	音标	拼音	音标	拼音	音标	拼音	音标	拼音	音标	拼音	音标
b	p			d	t					dy	ȶ	g	k
p	pʰ			t	tʰ					ty	ȶʰ	k	kʰ
m	m			n	n					nj	ȵ	ng	ng
		（1）z	tθ			ẑ	tʃ	zh	tʂ				
		（1）c	tθʰ			ĉ	tʃʰ	ch	tʂʰ				
f	f	（1）s	θ			ŝ	ʃ	sh	ʂ	x	ç	ĥ	x
v	ʋ			l	l			lh	ɭ				

4.7　声母拼写小结

表 10

齿龈以前	拼音	音标	拼音	音标	拼音	音标	拼音	音标	拼音	音标
不送气清爆音	b	p					d	t		
送气清爆音	p	pʰ					t	tʰ		
浊爆音	bb	b					dd	d		
内爆音	mb	ɓ					nd	ɗ		
鼻音	m	m					n	n		
边音							l	l		
清边擦音							ls	ɬ		
不送气清塞擦音			bv	pf	lz	tθ	z	ts	ẑ	tʃ
送气清塞擦音			pf	pfʰ	lc	tθʰ	c	tsʰ	ĉ	tʃʰ
浊塞擦音							zz	dz	ẑẑ	dʒ
清擦音	fw	ɸ	f	f	ls	θ	s	s	ŝ	ʃ
浊擦音	ffw	β	ff	v			ss	z	ŝŝ	ʒ
近音			v	ʋ			r	ɹ		

---

① 参见麦耘（2005）对英语的分析："齿擦音［θ］或接近于 lateral fricative 边擦音（其气流从舌体两侧流出）。"

表 11

龈腭以后	拼音	音标	拼音	音标	拼音	音标	拼音	音标	拼音	音标
不送气清爆音	dh	ʈ	dy	ȶ	gy	c	g	k	'	ʔ
送气清爆音	th	ʈʰ	ty	ȶʰ	ky	cʰ	k	kʰ		
浊爆音					ggy	ɟ	gg	g		
内爆音					gngy	ʄ				
鼻音	nh	ɳ	nj	ȵ	gn	ɲ	ng	ŋ		
边音	lh	ɭ								
不送气清塞擦音	zh	tʂ	j	tɕ						
送气清塞擦音	ch	tʂʰ	q	tɕʰ						
浊塞擦音	zzh	dʐ	jj	dʑ						
清擦音	sh	ʂ	x	ɕ	ĥy	ç	ĥ	x	h	h
浊擦音	ssh	ʐ	xx	ʑ	ĥĥy	ʝ	ĥĥ	ɣ	hh	ɦ
近音	rh	ɻ	y	j		(∅)	ɥ	(∅)		ɦ

五 汉拼声调扩展

ˉ、ˊ、ˇ、ˋ 标记普通话的四个声调，这是汉拼原案生动形象的风格。然而，这种标调方式仅适合调类数量不多、调型差异较大的方言。

5.1 扩展声调

纵览 40 处方音（侯精一 1992—1999），声调 3 至 9 个不等。以 3 个 9 调音系为例——

表 12

五度调值	阴平	阳平	阴上	阳上	阴去	阳去
广州	53/55	21	35	23	33	22
南宁	55	21	35	24	33	22
香港	55	21	35	13	33	22
五度调值	上阴入				下阴入	阳入
广州	5				3	2
南宁	55				33	22
香港	5				3	2

3 个促声调各有调值相仿的舒声调，依靠韵尾区分舒促能省下 3 个调符。但是剩下的 6 个调类，有 2 个升调、2 到 3 个平调、1 到 2 个降调，靠一套 ˉ、ˊ、ˇ、ˋ 无法覆盖。

本案沿用汉语学界常用的方法，用上标 [1] 到 [8] 标记阴平、阳平到阴入、阳入，轻声标记为 [0]。八调再有分化的，则在 1 至 8 后添加序号。

5.2 扩展声调测试

以声调极其繁复的修水渣津赣语（周颖异、朱晓农 2020）做测试。

表 13

周文调号	本文调类	周文分域四度调值	本文调号
1a	全阴平	323	11
1c	次阴平	212	12
1b	塞阳平	341	21
1m	阳平	52	2
2a	阴上	42	3
2c	次阴上	231	32
3a	全阴去	66	51
3c	次阴去	46	52
3b	塞阳去	33	61
3m	阳去	44	6
4at	前阴入	55	71
4ct	前次阴入	13	72
4ak	后全阴入	63	73
4ck	后次阴入	46	74
4bt	前塞阳入	22	81
4ft	前擦阳入	44	82

六　总结与应用

6.1　设计总结

汉语方言类普及读物使用靠近汉拼原案的中式拼音，是为了让普通读者减少学习成本、快速进入内容。虽然不少读物配有光盘或是网络音档，读者听完自会明了这些拼式实际所指。但若设计更贴近汉拼，便可进一步降低学习成本，或可无师自通①。

本案的设计，一方面淡化对方言音系的音位化处理，将方音方案视作汉拼原案的补集；另一方面秉承汉拼原案的设计风格，以求同时拼写北京音与某单点方音而不冲突。

前贤的中式拼音避开汉拼原案的韵母拼写风格，主因或在于排印与显示的困难。随着尤一码的发展，本案涉及的加符字母早在 10 余年前的 Windows Vista 上已无显示问题，近年手机端两大系统——IOS 和 Android 亦无障碍。至于录入方面，20 年前 Windows 系统自带的一些西文键盘已可输入绝大多数加符字母。本文则是利用汉字输入法里的自定义短语表（图左）实现（图右），以便汉字、拼音交替录入。

---

①　试想一个上海吴语人看到与 s、o 相近但有区别度、且不与汉拼原案冲突的 ss、ö 拼写的 [zø]，很可能不需要播放音档。

6.2 应用示例

扩展《汉语拼音方案》拼写方音除了用于方言学的知识普及，还可用于语文学的读音讨论以及音韵学的知识普及。笔者近年也做了若干尝试。

6.2.1 方言学

楼启明（2019a）解析传教士拼音：李政道 "tsung dao 转写成汉语拼音就是 zeng ddå……宁波话'介石'念 ka zah（此处按丁韪良拼音，转写汉拼则为 ga ssa'）。"

楼启明（2019c）考证"甲由"："前字是个肴韵见母字，今音 jiāo，后字音 zhá 不差……粤语 ga¹ zat⁸ 或许源自闽语，然后前字受后字影响，音变成了 gat⁸ zat⁸"。

6.2.2 语文学

楼启明（2019b）讨论"名从主人"："忻州'唐 tê² 林'念的是白读（文读是 taⁿ²……），浚县'张 zhäng¹ 庄'……也都应按第四类的处理方式折合普通话 ang 韵。"

楼启明（2020）分析"栅"字审音："这个'栅'理应注为 zhà。shi⁰ 或 sha⁰ 只是方音，类似吴语念 sa'⁷、粤语念 cak⁷²，不应收入通语辞书。"

6.2.3 音韵学

以上审音讨论涉及的中古音，也用了本案注音以便比较。

最后，笔者用中古音（潘悟云、张洪明 2013）再来演示一下本案如何应用到某个具体音系。

表 14

《古意》	潘文音值	本文拼音
十五好诗书，	[dʑip ŋuo hau ɕɨ ɕiɤ]	jjip nguo hâu xĭ xie
二十弹冠仕。	[n̠i dʑip dan kʷan dʑɨ]	nji jjip ddân guân zzhĭ
楚王赐颜色，	[tʂhiɤ ɦʷiaŋ sie ŋɣæn sək]	chie hhuiang siê ngÿän sek
出入章华里。	[tɕhʷit n̠ip tɕiaŋ ɦʷɣæ lɨ]	quit njip jiang hhuÿä lĭ
作赋凌屈原，	[tsak piu̯o liŋ khiut ŋʷiɤn]	zâk biuo lĭng kiut nguien
读书夸左史。	[duk ɕiɤ khʷɣæ tsa ʂɨ]	dduk xie kuÿä zâ shĭ
数从明月宴，	[ʂiu̯o dziu̯oŋ miaŋ ŋʷiɤt ʔen]	shiuo zziuong miang nguiet 'ên
或侍朝云祀。	[ɦʷək dʑɨ ʈieu ɦiun zi]	hhuek jjĭ dhieu hhiun ssï

中古调类简单，从略。声、韵母大体按表 4、10、11 拼写，其中 ê、ä、ï（表 4 示例 [ɪ~ɛ、ɛ~æ、ɯ~ɨ]）略作调整：鱼、登韵主元音音位不同 /o、ə/，但介音有别，[ɤ、ə] 仍可统一拼作 e。阳、庚三韵 [iaŋ、iæŋ] 区别仅在主元音，须以 a、ä 区分拼写。耕、清、青韵介音有别，主元音 [ɛ、ɛ、e] 可统一拼作 ê，耕韵 [ɣɛŋ] 主元音不拼作 ä 以免与庚二韵 [ɣæŋ] 冲突。二等介音 /ɣ/ 当是近音 [ɰ]（甚至元音 [ɰ、ɯ]），而本案未设计近音 [ɰ] 的拼式，拼写 [ɯ] 的 ï 又已用于 [ɨ]，所以拼作原本用于元音 [ɰ] 的 ÿ。

参考文献

曹晓燕. 方言和普通话的语音接触研究 [D]. 苏州：苏州大学，2012.

陈忠敏. 吴语清音浊流的声学特征及鉴定标志 [J]. 语言研究，2010（3）.

丁邦新. 一百年前的苏州话 [M]. 上海：上海教育出版社，2003.

段海凤、朱晓农. 朝鲜语的软硬辅音 [J]. 民族语文，2018（3）.

方言编辑部. 本刊使用的音标 [J]. 方言，1979（2）.

芬. 广东省审定公布四种方言拼音方案 [J]. 文字改革，1960（15）.

侯精一. 现代汉语方言音库 [M]. 上海：上海教育出版社，1992—1999.

赖福吉（Ladefoged，P.），麦迪森（Maddieson，I.）. 世界语音 [M]. 张维佳、田飞洋，译. 北京：商务
    印书馆，2015.

李蓝. "中国通用音标符号集"及若干问题的说明 [J]. 方言，2006（3）.

李行德. 广州话元音的音值及长短对立 [J]. 方言，1985（1）.

梁猷刚. 海南音字典 [M]. 广州：广东人民出版社，1988.

林伦伦. 新编潮州音字典 [M]. 汕头：汕头大学出版社，1997.

凌锋. 苏州话单元音的实验分析 [C] // 吴语研究. 上海：上海教育出版社，2012.

刘斌、陶文燕. 从《鄞县通志·方言编》看鄞县方言的特点及演变 [C] // 吴语研究. 上海：上海教
    育出版社，2018.

楼启明. 也谈"李政道""孙中山""蒋介石"的罗马字母拼写 [N]. 中华读书报，2019-05-15（20）.

楼启明. 地名读音"名从主人"的思考 [N]. 语言文字周报，2019-9-25（3）.

楼启明. "甴曱""曱甴"小考 [N]. 语言文字周报，2019-12-11（2）.

楼启明. 从"乔家栅"说起 [N]. 语言文字周报，2020-8-16（2）.

楼启明. "Duanlyumen"真的没错吗？[N]. 语言文字周报，2021-10-01（2）.

罗常培. 汉语拼音字母演进史 [M].（国音字母演进史. 上海，1934.）北京：文字改革出版社，1959.

麦耘. 对国际音标理解和使用的几个问题 [J]. 方言，2005（2）.

潘悟云、张洪明 2013. 汉语中古音 [J]. 语言研究，2013（2）.

钱乃荣. 奉贤东西乡的语音同言线 [C] // 语言研究集刊. 上海：上海辞书出版社，1987.

钱乃荣. 上海方言俚语 [M]. 上海：上海社会科学院出版社，1989.

钱乃荣. 当代吴语研究 [M]. 上海：上海教育出版社，1992.

钱乃荣. 跟我学上海话 [M]. 上海：上海教育出版社，2002.

钱乃荣. 上海话拼音方案 [Z] // 汉语方言学大词典. 广州：广东教育出版社，2017.

钱曾怡. 山东方言研究 [M]. 济南：齐鲁书社，2001.

覃国生. 壮语概论 [M]. 南宁：广西民族出版社，1998.

琼斯（D. Jones）. 英语发音词典 [M]. 上海：上海外语教育出版社，1999.

饶秉才. 广州音字典 [M]. 广州：广东人民出版社，1983.

饶秉才. 客家音字典 [M]. 广州：广东人民出版社，2000.

阮恒辉. 自学上海话 [M]. 上海：上海大学出版社，2000.

沈钟伟. 青浦商榻话语音结构 [C] // 吴语论丛. 上海：上海教育出版社，1988.

沈钟伟. 吴语浊塞音的跨语言研究 [C] // 中国语言学集刊，2011（2）.

沈钟伟. 吴语 ɦ 的音系地位 [C] // 吴语研究. 上海：上海教育出版社，2016.

沈钟伟、王士元.吴语浊塞音的研究［C］//王士元语言学论文集.（吴语研究.香港，1995.）北京：商务印书馆，2002.

史皓元（Simmons，R. V.），石汝杰，顾　黔.江淮官话与吴语边界的方言地理学研究［M］.上海：上海教育出版社，2006.

汪　平.苏州音系再分析［J］.语言研究，1987（1）.

汪　平.标准苏州音手册［M］.济南：齐鲁书社，2007.

王洪君.阴出阳收［C］//吴语研究.上海：上海教育出版社，2018.

王怀军.吴语三门方言研究［M］.上海：上海交通大学出版社，2022.

王轶之.吴语塞音声母的声学和感知研究［D］.杭州：浙江大学，2011.

吴语协会.吴语拼音教程［EB/OL］.http://wu-chinese.com/romanization/index.html. 2005-08-15.

吴宗济.现代汉语语音概要［M］.北京：华语教学出版社，1992.

邢雯芝.实用苏州话［M］.北京：北京大学出版社，2011.

徐　奕.晏玛太《中西译语妙法》所反映的 19 世纪上海话语音［C］//吴语研究.上海：上海教育出版社，2010.

游汝杰.西洋传教士汉语方言学著作书目考述［M］.哈尔滨：黑龙江教育出版社，2003.

袁　丹.基于实验分析的吴语语音变异研究［D］.上海：复旦大学，2013.

张卫东.广州音系成人普通话语音水平调查报告［J］.深圳大学学报（社会科学版），1985（3）.

郑　伟.当涂吴语韵母元音的高化及后续演变［J］.方言，2016（3）.

郑张尚芳.上古入声韵尾的清浊问题［J］.语言研究，1990（1）.

郑张尚芳.胭脂与焉支［M］.上海：上海古籍出版社，2019.

赵元任.现代吴语的研究［M］.（清华学校研究丛书第四种.北京，1928.）北京：科学出版社，1956.

赵元任.中国方言当中爆发音的种类［M］//赵元任语言学论文集.（中研院史语所集刊第 5 本第 4 分①.南京，1935.）北京：商务印书馆，2002.

赵元任.国语罗马字的特点［M］//赵元任语言学论文集.（国语周刊第 270 期.北京，1936.）北京：商务印书馆，2002.

周颖异、朱晓农.江西修水渣津赣语的十六调系统［J］.中国语文，2020（5）.

朱文熊.江苏新字母［M］.北京：文字改革出版社，1957.

朱晓农.上海声调实验录［M］.上海：上海教育出版社，2005.

朱晓农.近音［J］.方言，2007（1）.

朱晓农.上海话拼音方案［R］.首届国际上海方言学术研讨会，深圳，2007.

朱晓农.说元音［J］.语言科学，2008（5）.

朱晓农.发声态的语言学功能［J］.语言研究，2009（3）.

朱晓农、寸熙.试论清浊音变圈［J］.民族语文，2006（3）.

朱晓农、关英伟.桂北全州文桥土话音节的四分发声活动［J］.方言，2010（4）.

Davis D H，Silsby J A. Chinese-English Pocket Dictionary with Mandarin and Shanghai Pronunciation and References to the Dictionaries of Williams and Giles. Shanghai：T'u-se-wei Press，1911.

Edkins J.（1853）A Grammar of Colloquial Chinese as Exhibited in the Shanghai Dialect. Shanghai：

---

① 《赵元任语言学论文集》误作"第 2 分"。

Presbyterian Mission Press，1868.

International Phonetic Association（1947）The International Phonetic Alphabet. https：//www.internationalph oneticassociation.org/IPAcharts/IPA_hist/images/1947_sc.png.

International Phonetic Association（2015）The International Phonetic Alphabet. https：//www.internationalph oneticassociation.org/sites/default/files/IPA_Kiel_2015.pdf.

（楼启明　上药控股有限公司　lou_qm@live.com）

试用概率统计法检验加德原理在吴语层次分析中的适用性

一　引　言

　　吴语方言普遍存在多个语音层次，分析吴语方言语音需要用到历史层次分析法。在对方言进行历史层次分析时，需要建立不同方言间的层次对应关系并判断层次的时间先后，而在此过程中，音类分合比较是一个重要的分析手段。在通过比较音类分合面貌进行层次分析时，需要排除后起音变的干扰，否则很可能得出错误的结论。而要排除后起音变干扰，需要甄别出那些因后起音变导致现代方音与该层次形成时的音类分合不符的音类，但在实际研究中，常常会因为缺乏历史记音材料而无法直接判断哪些音类发生了后起音变。针对此问题，本文尝试从概率统计的角度分析音类分合受后起音变干扰的可能性，为层次分析过程中的音类分合比较提供参考。

二　研　究　对　象

　　音变可按动因分为内部因素激发的音变和外部因素激发的音变两类，外部因素一般情况下即指语言接触。关于语音层次的概念，根据彭建国（2010）、施俊（2013），主要有两种不同意见：王福堂、郑张尚芳、潘悟云等学者认为层次包括内部因素造成的内源层次和语言接触产生的异源层次；丁邦新、陈忠敏等学者认为层次只包括"异源叠置"的语音特征。两种意见的区别在于是否将内部因素激发的滞后音变纳入语音层次的范围，故可认为是狭义和广义的区别（施俊2013）。由于无论基于哪种概念的层次分析，都会进行音类分合比较，因而为了尽量包含多种情况，本文讨论的音变包括滞后音变。而由于语言接触激发的音变都属于异源层次，本文所讨论的"后起音变"不包括语言接触激发的音变。

三　后起音变概率计算

　　威廉·拉波夫（William Labov 2019）指出：规则音变"没有词汇的和语法的制约条件，也没有任何程度的社会察觉"，而词汇扩散"由词汇的和语法的制约条件区分出来，或已经产生高度的社会觉察，或是其他系统的借用成分"。也即，规则音变（音变无例外）由纯语音因素激发，而由语音以外因素激发的音变则呈现为词汇扩散。保罗·加德（Paul Garde）指出（William Labov 2019）："创新能创造合并，但是不能逆转合并。如果两个单词通过一种语音变化成为相同的发音，那么它们就再也不能通过语音方式区分开来。"因而除了条件音变外，已合并音类的再区分只能由非语音因素激发，而音类的合并可能由语音因素激发，也可能由非语音因素激发，故两种情况需要分别讨论。

3.1　后起音变导致音类合并

　　首先讨论原本音类相分，后起音变导致音类合并的情况。因音类合并可能由语音因素激发，即可能一旦发生即"无例外"，若没有已知语音条件，则无法计算后起音变导致音类合并的概率，故音类混同不能作为层次判断的直接依据。

・464・

3.2 后起音变导致音类重新区分

再看某历史时期多个音类在方言中原本相混，后起音变导致音类相分的可能性。前文所引加德总结的规律后来演化为更普遍的加德原理（Garde's principle）："已经合并的音位不可能因为语言自身内部因素而重新分化"。但该原理的建立并非基于演绎，而是基于实证观察（William Labov 2019），且其"重新分化"指的是包含某音类的整个词群的音变，而吴语方言同一语音层次可能只有零星的几个字，因此该原理未必适用于吴语层次分析。本节尝试通过概率统计验证加德原理在吴语方言音类分合变化中是否成立。

前文已经讲到，因语音因素激发的音变均为规则音变，已合并音类的再区分只能由非语音因素激发，则"合并的逆转"即非语音因素使得已合并音类重新分化成音类合并前的面貌（音值不必与合并前相同），若该情况发生的概率足够小，则可认为加德原理成立。

由于在进行音类分合比较时，条件音变下的不同音值（如中古同音类而在现代方言中根据不同语音条件呈现互补式分布）不会视为不同音类，所以本文在计算时将同一音位的条件变体视为同音类，并假设同一音类在不同字中因非语音因素而可能发生音变的方向、概率均相同。

以汉语历史音为参照系，设某时期甲音类共有 a 个字，某时期乙音类共有 b 个字（$a \geqslant 2$ 且 $b \geqslant 2$），在某方言中已合并为同一音类 A，现因某些非语音的内部因素出现不规则音变，每个字变成音类 B 的概率为 p，不变的概率为（$1-p$），所有字按该时期音类分化的概率是 P。

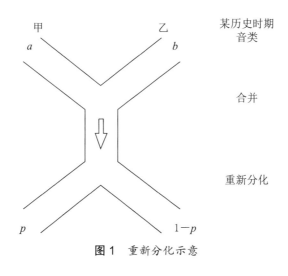

图 1　重新分化示意

则
$$P = p^a \times (1-p)^b + p^b \times (1-p)^a$$

本文中当 $P < 0.01$ 时，即认为加德原理成立。

将 P 看作以 p 为自变量的函数 $f(p)$，将 p 替换为 $(1-p)$ 代入该式，得

$$f(1-p) = (1-p)^a \times p^b + (1-p)^b \times p^a = f(p)$$

即每个字变成音类 B 与不变的概率相交换不影响 P 值。

设 $a + b = n$，则 $b = n - a$，因而以上公式可写作

$$P = p^a \times (1-p)^{n-a} + p^{n-a} \times (1-p)^a$$

将该式看作以 a 为自变量的函数 $g(a)$，将 a 替换为 $(n-a)$ 代入该式，得

$$g(n-a) = p^{n-a} \times (1-p)^{n-(n-a)} + p^{n-(n-a)} \times (1-p)^{n-a}$$
$$= p^{n-a} \times (1-p)^a + p^a \times (1-p)^{n-a} = g(a)$$

即甲、乙音类字数相交换不影响 P 值，故可设 $a \leqslant b$。

因 p^a、$(1-p)^a$ 以 a 为自变量时均为减函数，所以 P 以 a 或 b 为自变量时，$g(a)$、$g(b)$ 均为减函数。

若 $a = b$，

$$P = p^a \times (1-p)^a + p^a \times (1-p)^a = 2 \times p^a \times (1-p)^a = 2 \times (p-p^2)^a$$

当 $p = 0.5$ 时，P 有最大值 $P_{\max} = f(0.5) = 2 \times 0.25^a$，当 $a = b \geqslant 4$ 时，$f(0.5) \leqslant 0.0078125 < 0.01$。

若 $a \neq b$，即 $a < b$，当 $a \geqslant 4$ 时，因 $g(a)$、$g(b)$ 均为减函数，$P_{\max} < 0.0078125 < 0.01$。因而，当 $a \geqslant 4$ 且 $b \geqslant 4$ 时，$P_{\max} \leqslant 0.0078125 < 0.01$。

而在 $a < b$ 且 $a \leqslant 3$ 的情况下，当 $a = 3$，$b \geqslant 5$，或 $a = 2$，$b \geqslant 7$ 时，$P_{\max} < 0.01$。

综上，当满足条件 $[(a \geqslant 4) \cap (b \geqslant 4)] \cup [(a = 3) \cap (b \geqslant 5)] \cup [(a = 2) \cap (b \geqslant 7)]$，即 $b \geqslant a \geqslant 2$ 且 $a \times b \geqslant 14$ 时（该条件下文中简称"条件 Y"），$P_{\max} < 0.01$。故当两个历史音类字数满足条件 Y 时，加德原理成立。

四　案　例

4.1　金华城里方言端精泥组咸山摄三四等字

金有景（1982）最早指出吴语、徽语地区有至少 19 个县（市）方言能在一定程度上区分咸山摄三四等，金华方言是其中之一。金有景总结金华方言咸山摄三四等区分的特点为"端、泥、精三组字有分别，见系个别字有分别，帮组没有分别"。曹志耘（2002）的总结与金有景相同。

现在我们以金华城里方言端精泥组咸山摄三四等字韵母白读音为分析对象，验证上文得出的结论。字音信息来自曹志耘等（2016）第二章第九节，共有端精泥组咸山摄三四等字 37 个。

表 1　金华城里方言端精泥组咸山摄三四等字

中古舒入	今韵母	三　等	四　等	字数总计
阳	ia		店 添 甜 念 典 天 田 殿 年 莲 千 前 先（13字）	13
	ie	帘 尖 连 煎 箭 浅 线 泉 旋（9字）		9
	yɤ	癣（1字）		1

中古舒入	今韵母	三　　　等	四　　　等	字数总计
入	ia		跌 贴 叠 铁 捏 节 切（7字）	7
	ie	接 雪（2字）		2
	iəʔ	聂 猎 绝（3字）		3
	yəʔ	薛（1字）		1
	ɣ		屑（1字）	1

其中，"猎""薛""绝""聂"韵母为文读层音，"屑"读洪音，其他字均为细音，可能为另一层次，"癣"读撮口呼，介音与精组仙韵开口其他字白读不同，可能为误读或另一层次，以上均不纳入统计。剔除后共31字，中古阳声韵22字，入声韵9字。

阳声韵字中，13个四等字韵母均为 /ia/，9个三等字韵母均为 /ie/。将 $a=9$、$b=13$ 代入 $P=p^a \times (1-p)^b + p^b \times (1-p)^a$，$P_{max}=0.5^{21} \approx 4.768 \times 10^{-7} < 0.01$。

入声韵字中，7个四等字韵母均为 /ia/，2个三等字韵母均为 /ie/。将 $a=2$、$b=7$ 代入 $P=p^a \times (1-p)^b + p^b \times (1-p)^a$，$P_{max} \approx 0.00852 < 0.01$。

通过以上计算可排除后起音变的可能，结合汉语语音史可知，金华城里方言端精泥组咸山摄三四等字韵母是中古前期咸山摄三四等有区别的层次。

4.2 汤溪（岩下）方言端精泥组咸山摄三四等字

再用同样的方法分析汤溪（岩下）方言端精泥组咸山摄三四等字韵母白读音。字音信息同样来自曹志耘等（2016）第二章第九节。

表2　汤溪（岩下）方言端精泥组咸山摄三四等字

中古舒入	今韵母	三　　　等	四　　　等	字数总计
阳	ie	帘 尖 连 煎 箭 浅 线 泉 旋（9字）	店 添 甜 念 典 天 田 殿 年 莲 千 前 先（13字）	22
	i	癣（1字）		1
入	iɑ		捏（1字）	1
	ia	猎（1字）	跌 贴 叠 铁 节 切（6字）	7
	ie	聂 接 薛 绝 雪（5字）		5
	ɣ		屑（1字）	1

其中，"屑"读洪音，可能为另一层次，"癣"韵母 /i/ 与精组仙韵开口其他字白读不同，可能为误读或另一层次，"猎"韵母为 /ia/，看似与其他 /ia/ 韵母字为同一层次，但邻近的金华方言该字只有文读音，而永康、武义该字均读洪音，故汤溪该字也可能为另一层次，以上均不纳入统计。剔除后共34字，中古阳声韵22字，入声韵12字。

阳声韵22个字，无论三等或四等韵母均为 /ie/，因而无法直接通过音类分合判断层次时间。

入声韵字中，5个三等字韵母均为 /ie/，7个四等字中有6个韵母为 /ia/，"捏"韵母为 /iɑ/，因 /a/ 与 /ɑ/ 都是低元音，而 /e/ 是半高元音，此处将 /iɑ/ 与 /ia/ 视为同音类。将 $a=5$、$b=7$ 代入 $P=p^a \times (1-p)^b + p^b \times (1-p)^a$，$P_{max}=0.5^{11} \approx 0.000488$。

通过以上计算可知，汤溪方言端精泥组咸山摄三四等入声字韵母是中古前期咸山摄三四等有区别的层次，而阳声韵因完全合并无法直接判断。根据金有景（1982），原属汤溪县的罗埠及附近的兰溪、义乌、永康、浦江、缙云等地咸山摄三四等字韵母区分情况都与金华接近。若假设汤溪阳声韵的层次为中古后期咸山摄三四等合并的层次，则难以解释该较迟层次发音是如何越过其他方言而进入汤溪的。

施俊（2013）指出，在南部吴语咸山摄白读音中，"不管是三四等合流还是分立，都是只有一个层次，没有两个层次，三四等从分立到合流，是一个方言内部音系运动的结果，对立还是合流，可以说是语音特征，而不是层次特征"。结合之前的分析，本文赞同施俊（2013）的观点，认为汤溪话端精泥组咸山摄三四等白读韵母也都应是中古前期咸山摄三四等有区别的层次，而现在三四等阳声韵字韵母完全相混是后起音变导致音类合并的结果。

由该案例可知，若仅以中古音类在方言今音中相混为判断依据，可能会导致分析出的层次时间晚于实际时间。

4.3　金华城里方言帮见晓组庚韵二等白读音

根据曹志耘（1996，2002）、曹志耘等（2016），金华城里方言"彭""孟""猛""更""梗""坑"等庚韵字（不包括入声陌韵）白读音韵母与唐韵相同，都为-ɑŋ或-uaŋ。这些庚韵字与唐韵字在上古均属于阳部。若仅根据这些字与唐韵字韵母相同的现状判断层次，会得出帮见晓组庚韵二等白读音是上古层次的结论。但金华城里方言与唐韵同音的还有上古属于耕部的字，如中古属于庚韵的"生""甥""省""惊"以及中古属于耕韵的"争""耕""樱"等字，韵母均为-ɑŋ或-uaŋ；而根据王丽君（2011）、杨曼（2012），金华城区以外各地的梗摄二等字，无论上古是哪个韵部、中古属于庚韵还是耕韵，今音也均只有开合口的区别，且其中白龙桥、安地、小黄村、鞋塘、孝顺、傅村、源东等地的梗摄二等字韵母均与唐韵不同。又根据方婷（2002）整理的19世纪基督教传教士所记金华字音，当时金华城里"打""争""生""省"等梗摄字存在韵母不同于唐韵的发音。

因此实际上金华城里庚韵与唐韵同音是后起音变导致音类合并的结果，与上古音无关。而根据梗摄二等与曾摄不同音，结合汉语语音史，可知梗摄二等白读层是早于中古末期曾梗相混的层次（层次时期根据麦耘2009）。而庚韵、耕韵虽已相混，但因无法排除后起音变的可能，仅凭语音面貌，不能确定是否早于中古后期"重韵"合并的时期。

由该案例可知，若仅以中古音类在方言今音中相混为判断依据，还可能会导致分析出的层次时间早于实际时间。

五　结　论

综上可知，当各中古音类字数满足条件Y的前提下，方言中已合并的音类通过后起内部音变重新又按中古音类辖字分开的概率极低；而原本区分的音类因后起内部音变而合并的概率，无论各音类字数多少，在合并前音值未知的情况都下无法计算。

因而在进行层次分析时，在已区分出该方言不同层次，且选取的字音能反映同一层次各相关音类全貌的前提下，对于音类按中古辖字区分且各音类字数满足条件Y的，无需考虑后起音变的可能即可作为层次对应及确定层次时间的依据；而对于各音类字数不满足条

件 Y 的或中古两个及以上音类已合并的，除非有证据可排除后起音变可能性，否则不能作为层次对应及确定层次时间的依据。

假设时期甲和时期乙是汉语语音史上相邻的两个时期，甲早于乙，某两个音类在甲时期的标准语中有区分，在乙时期的标准语中已合并；某现代方言层次 A 中这两个音类能区分，而层次 B 中这两个音类已合并，因后起音变的可能，无法确定层次 B 的时间，但可确定层次 A 的时间不迟于甲时期。

六 余 论

6.1 音类分合比较的前提

音类分合比较需要确保纳入分析的字音能全面反映音类分合面貌，同时又要尽可能排除较晚语言接触、特殊条件下音变的干扰。

6.1.1 排除较晚语言接触的干扰

在进行层次时间分析前，首先要初步区分出不同层次，因而在进行以层次时间判断为目的的音类分合比较时，必须尽可能确保选取的字音没有来自不同时期的语言接触。对于目前的吴语研究来说，比较重要的一点是需要甄别出受普通话影响等较晚时期语言接触产生的读音。

金耀华（2019）指出，《上海市区方言志》中所记上海话中"来""雷""兰"同音，而进入 21 世纪后，"雷"字受普通话影响而变为复元音韵母，导致与"来""兰"不同音；王非凡（2019）指出，上海话匣母细音字原本与以母字声母相混，而近二十年来有部分匣母细音字受普通话影响而出现了擦音声母的念法，导致与以母不同声母。以上两例，若不加以甄别，就会把来自较迟的语言接触的字音与较早来源的字音当作同一个层次与古汉语音类进行比较，很可能会导致层次时间的误判。

6.1.2 排除特殊内部音变的干扰

连读音变、避讳音变等特殊条件下的音变可能会产生只有个别字的发音，所以在层次分析时需要注意字音的性质，对于较特殊条件导致的音变，应将其还原为音变前的音位，否则不能纳入比较。

根据曹志耘（2002），个别中古阴声韵字在南部吴语中有入声的读音（如第三人称"渠"金华城里、龙游读阳入 /gəʔ/，"雨"广丰读阳入 /yɐʔ/，"是"在龙游、常山、广丰、遂昌均有入声读音），曹志耘指出，这些字读入声可能是由于极常用而导致韵母央化、弱化变为入声。若要对这些特殊读音的字进行层次分析，都需要构拟出其较早时期的发音。

6.1.3 参与比较的字音应能全面反映音类分合面貌

音类分合比较中，不需考虑后起音变的前提是，所有字音均纳入分析。若作为分析对象的字音不能全面反映古汉语与方言的音类对应情况，则很可能得出错误的层次分析结果。

设中古甲音类字在某方言中有 A、B 两种读音，中古乙音类在该方言中也有 A、B 两种读音，其中乙音类的 B 读音只有个别字。在音类分合比较时，若仅因乙音类 B 读音字数少而未纳入比较，则会得出甲音类 A 音是甲乙相混层，甲音类 B 音是甲乙有别层的结论。但因乙音类也有 B 读音，实际上可能所有 A、B 读音字都是甲乙相混层，出现两种读音只是内部音变的结果。

南部吴语庆元、遂昌等地支韵有较多字读 /ie/ 韵母，而之脂韵读 /ie/ 韵母的字较少。梅祖麟（2001）认为这是《玉篇》《经典释文》所反映的中古前期南方读书音之脂相混、支韵有别的遗存。施俊（2014）认为：/ie/ 是由 /i/ 裂化音变而来，不能看成早期读音的遗留，南部吴语支脂之三韵在这个层次上读音已经合流，支韵与之脂韵的区别是后来的音变产生的，而之所以支韵的 /ie/ 读音多于之脂韵，是因为支韵的常用字远多于之脂。本文赞同施俊（2014）的观点。

6.2 音类分合比较法在层次分析中的局限性

6.2.1 字数较少时无法直接用音类分合比较判断层次时间

根据概率计算，在分析的字音数量较少、不满足条件 Y 时，不能保证加德原理适用。而在层次分析中难免遇到可分析的字数较少的情况，一是较早的层次所遗存的字数可能会很少，二是有些音类本身就只有很少的口语字，两种情况下都难以与后起音变相区分。此时就只能通过调查分析这些字音所属词汇的含义、使用频率等信息来判断是否是后起音变。

6.2.2 韵书等材料反映的古代通语音系并非方言演化的起点

施俊（2014，2016）认为："以《切韵》的音类分合关系来判断读音层次的时间顺序可能会出错，因为这是建立在各方言都应与《切韵》的音类分合关系相同的错误假设之上的"。设甲、乙音类在《切韵》音系中对立，在中古后期相混，假设某方言层次 A 是早于《切韵》的最原始层次，且甲、乙音类字在层次 A 形成时即已相混，而层次 B 为《切韵》时期从通语进入该方言的。若仅以《切韵》音系为参照系，会得出层次 A 迟于层次 B 的结论。

6.2.3 语言接触发生的时间未必对应通语语音演变时间

通过比较现代方言与古汉语音系的音类分合，能直接得出的只是方言中某些相区分的音类对应的是汉语通语语音史某个时期，而该音系传入该方言未必就是这个时期。前文"结论"中假设的层次 A，对应的通语时间为甲时期，可能是在甲时期从通语进入该方言，但也可能是在乙时期由某种仍能区分两个音类的方言传入的发音。

6.2.4 上古层次判断问题

由于上古汉语没有韵书，而谐声材料、诗歌韵文只能反映哪些音类相近，而不能确保相同，故上古韵部与中古韵系是两个不同的概念。层次分析中，即使能排除是中古之后发生的后起音变，也不能仅因为在上古同韵部而中古不同音的两个音类在方言中同音，就认为该音类是上古层次。

6.3 展望

同一音类每个字发生不同音变的概率实际上几乎不可能完全相同，本文计算时假设每个字音变概率相同是简化的做法，且因实际音变概率不能确定，最终也只能计算出概率的上限。如果能利用类型学、音系学、语言变异的研究成果，总结出不同条件下不同的音变发生的概率，或许能相对精确地计算任意音类经过自然音变而发生分合变化的概率。

参考文献

陈忠敏. 汉语方言语音史研究与历史层次分析法［M］.北京：中华书局，2013.

William Labov. 语言变化原理：内部因素［M］.石锋，郭嘉，译.北京：商务印书馆，2019.

施　俊.南部吴语韵母的历史层次及其演变［D］.杭州：浙江大学，2013.

施　俊.论南部吴语支之脂韵的读音层次［J］.中国语文，2014（5）：428—442＋480.

施　俊.论南部吴语齐韵的读音层次［J］.语言科学，2016，15（1）：59—73.

彭建国.湘语音韵历史层次研究［M］.长沙：湖南大学出版社，2010.

金有景.关于浙江方言中咸山两摄三四等字的分别［J］.语言研究，1982（1）：148—162.

曹志耘.金华方言词典［M］.南京：江苏教育出版社，1996.

曹志耘.南部吴语语音研究［M］.北京：商务印书馆，2002.

曹志耘等.吴语婺州方言研究［M］.北京：商务印书馆，2016.

麦　耘.音韵学概论［M］.南京：江苏教育出版社，2009.

方　婷.金华土白《约翰福音》(1866)、《马可福音》(1898)研究［D］.上海：复旦大学，2002.

王非凡.汉字和主观词频对接触引发语音变异的影响——以新派上海市区方言匣母细音字为例［J］.中国语文，2019（4）：418—429＋510—511.

金耀华.普通话影响下汉语方言音类的重新分化［J］.中国语文，2019（04）：405—417＋510.

王丽君.浙江金华市孝顺镇方言音系［D］.金华：浙江师范大学，2011.

杨　曼.金华方言阳声韵今读类型及其演变［D］.金华：浙江师范大学，2012.

梅祖麟.现代吴语和"支脂鱼虞，共为不韵"［J］.中国语文，2001（1）：3—15＋94.

（王天　金华供电公司　1216316406@qq.com）

困境与出路

——以桐乡地区吴语应用为例

刘雅仙

方言是地方文化的表现形式之一，承载着一个地方独特的文化价值和历史底蕴，同时也是一个地区人民的情感寄托。吴语主要是江南地区人们使用的一种方言，为中国七大方言之一，在历史上也曾风光一时。然而随着普通话的推广，吴语如今日渐式微，其处境不免令人担忧。桐乡市作为苏沪嘉地区一个发展较快的城市，属嘉兴市管辖，居杭嘉湖平原腹地，深受吴越文化的浸润，是众多名人大师的故乡，如赵汝愚、张履祥、吕留良、茅盾、丰子恺、金仲华、木心等。而桐乡方言是属于吴语太湖片苏沪嘉小片的一种，既有着吴语的共性，又有自己的独特之处和丰富内涵，在吴语使用人口逐渐减少的大环境下，桐乡方言的现状如何，哪些原因造成了这种局面，我们又能为此采取什么措施，都是值得我们去思考和探究的问题。

目前学术界多以整个吴语区或是地级市为单位对语言现象进行研究，但已有部分研究者注意到了桐乡地区，如姚志贤[1]、沈聪宁[2]对桐乡方言中的韵律和语音进行了相关研究，徐越[3]则是以杭嘉湖、浙北为区域单位，将桐乡方言囊括其中，探讨了语音和方言地理等内容。尽管如此，探至县级市下的乡镇、街道社区居民的语言现状研究相对较少。本文基于桐乡市为主要调查地点，采取线上网络答卷和线下实地发放问卷的方式，重点对桐乡市本地居民的对待桐乡方言的态度、表达能力和使用情况进行调查，线下共发放问卷200份，其中收回有效问卷168份，线上共做问卷102份，其中有效问卷有92份，获得了较为丰富的问卷数据。本文以此为依据，通过对本地居民桐乡方言使用能力、使用场合和频次以及使用态度等内容的考察，分析本地居民的语言使用情况。

本文最后分析了吴语在桐乡地区衰退现象的成因并且从多方面针对如何改善桐乡方言的发展现状提出了建议和措施，以期为保护语言多样性和桐乡的地方文化做出一些贡献。

一　语言使用基本现状

本次调查的问卷有25道题。问卷以选择题为主，占总的问卷调查题目的95%，并根据需要设计了单选题和多选题、调查问卷主要由四部分内容，25道问答题组成，涉及被调查对象性别、年龄、职业、文化程度等的基本情况；母语保持情况（包括母语的习得时间、习得方式、掌握程度）；使用双语的能力（包括习得时间、习得方式、掌握程度、使用场所）；方言使用的语言态度等情况。

在260份有效调查问卷中，男性参与者为133人，女性参与者为127人，性别占比相差较小，比例基本均衡。

样本中各年龄段均有覆盖，以80后、90后为主。260个调查样本中，60后有13人，70后有29人，80后有84人，90后有98人，00后有36人。其中80后、90后的调查对象最多，占调查总人数的70%。说明桐乡市区如今以年轻人为主，60后、70后等年龄段

的人不轻易外出或多留在乡镇一级。

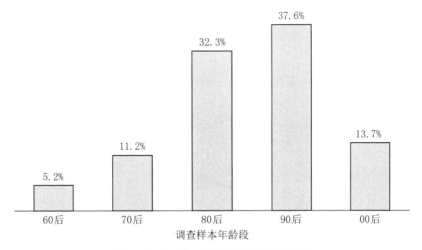

图 1　桐乡市本地人语言调查年龄比例

文化程度与语言态度的关系也很密切，程刚认为"文化程度高的人语言态度更趋理性化或理想化成分较多，更多地从大局和本民族利益的角度考虑问题；文化程度低的人更多地考虑本人、本地实际以及客观条件的可能性"[4]。在评价桐乡方言的社会地位时，文化程度为大专及以上的人针对"很有影响力"和"完全没有影响力"这两个选项上都没有进行选择，这也从侧面印证了程刚的观点——语言态度受到人们文化水平的影响，越是文化水平高的人在对一门语言进行评判时就越能从多方面进行考量，更为理性，反之，文化水平越低的人对待语言的认知视角就显得越为狭小。

260 个调查样本中，仅有 5% 的人未接受过教育，受过高中，大学及以上教育的人占到了 70%，整体文化水平较高。

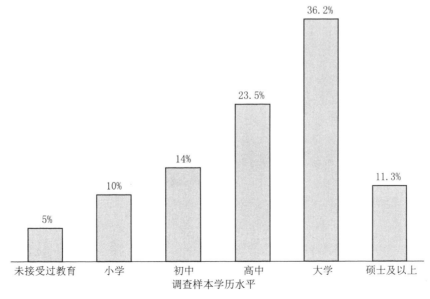

图 2　受教育情况统计

关于桐乡方言的掌握水平，主要是从语言的实际操作技能进行考察，即对一门语言的听、说、读、写能力。

从图3来看，74%的人能够熟练的进行听说交流，20%的人能够听懂吴语，会说一些简单的生活用语，2%的人能听懂大意，不会说吴语，仅有4%的人不会说也听不懂吴语，从这个统计结果来看，本地人对吴语的掌握水平相对还比较乐观。

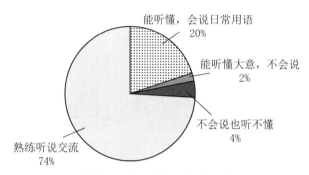

图3 桐乡方言掌握水平比例

对于青壮年、老年人来说，这一群体对桐乡方言的掌握水平较好，因为在他们学习语言的重要时期桐乡方言还是有着较高的使用频率和较好的使用氛围，而外来的桐乡新居民以及年纪较小的青少年群体的桐乡方言使用能力比较起来就显得相对较弱，特别是新居民群体这一特征显得尤为明显，他们在与人的日常交流中主要以普通话或者出生地的方言为主，很少或者几乎不会说桐乡方言。

图4表明，周围环境的耳濡目染是多数人学习吴语乃至学习语言最主要也是最有效的途径，而通过网络媒体书刊学习吴语的比例也占到了接近四分之一的水平，说明媒体在语言学习这一方面也起到不少的作用，而通过专门的吴语课堂学习的人仅占有效调查人数的2%，相比较现今义务教育中的普通话教学，实在是过于稀少，这也为研究并致力于吴语保护传播的人士敲响了警钟，如何才能让吴语的使用度提升，如何让吴语教育走进课堂，如何创新吴语的传承方式……这些都是值得思考的问题。

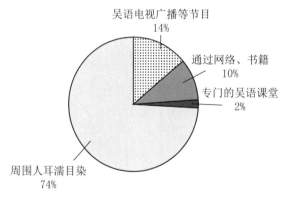

图4 吴语学习途径比例

图 5 中，有 92% 的人表示能够用汉语流利交流，74% 的人表示能够用吴语流利交流，另有 18% 选择了其他。从此可以反映出受调查者的双语能力相比较而言，汉语的掌握程度明显高于吴语，在一个较为具有代表性的以吴语为母语的地区，当地人汉语的熟练程度竟然高于吴语，且受访者又主要为年轻的一代，这是一个非常危险的信号，熟练掌握吴语的老一代在不断减少，年轻一代能对吴语熟练掌握的人数也在不断下降，早则"吴语危机"，晚则吴语消亡。至此，谁还能够对这种现象掉以轻心呢！

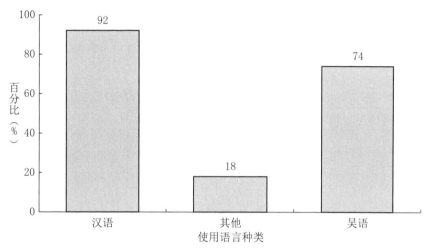

图 5 能够流利使用的语言种类统计（多选题）

调查显示 86% 的人会在家中说吴语，70% 的人会在亲戚或是同学聚会的时候说吴语，在学校、医院，超市等公共场所说吴语的占到将近一半，而在工作单位说吴语的仅有 12%，不难看出家庭是吴语保护的最后一道防线了，家人、亲人是诉说吴语的主要对象，而如今这最后一道防线也不甚牢固，亟需引起大家的重视。

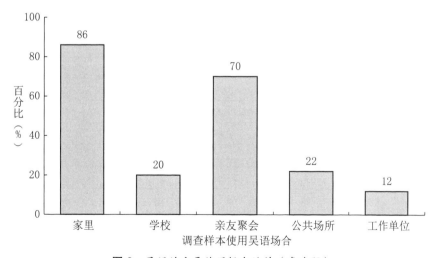

图 6 吴语的主要使用场合统计（多选题）

语言不仅可以作为一种沟通交流的工具，在许多的时候它也是使用统一语言的人们增

进情感上的利器。方言是具有地域特性的语言，生长于当地的历史文化和风土人情之中，从中能够折射出不同地方各自的特色，而对方言使用的情感体验也因人而异。

受访者中认为桐乡方言好听、亲切的共占了84.5%，在这部分人中，78%的人最初习得的母语就是桐乡方言。语言对人类来说，是一种文化的传承载体，对个人而言，更是一种与其成长生活经历无法分开的的重要介质。母语对人的影响是巨大的，但是如果不能保持一定的使用频率，母语就会从第一语言的顺位优势退化到第二，第三语言。在过去区域交往和普通话普率还没那么高的时候，桐乡方言作为本地人的母语，毫无疑问是第一语言，但随着社会的发展，如今它的第一语言的身份在不断动摇。因此加强桐乡方言的使用频率，制造桐乡方言的使用环境和氛围对于当今桐乡方言的处境来说十分重要，这样是使得人们能够在情感上对其保有特殊感情的必要措施。

表1　桐乡方言情感体验

情感体验	人　数	百分比
好听	33	12.7%
亲切	189	72.7%
土气	21	8%
没感觉	17	7%

在回答关于"您说桐乡方言的理由"时，有20.2%的人选择了"桐乡方言好听"，有26.1%的人认为"是桐乡人就应该说桐乡方言"，从中我们能够看出当地居民对于桐乡方言在情感上还是具有比较强的自豪感、认同感和热爱。

对于以桐乡方言为母语的大部分调查对象来说，那么对于普通话这一"第二语言"，他们对其又持有怎样的语言情感呢？

与桐乡方言相比，认为"好听"的人数更多，而觉得"亲切"的人数则明显减少，这一项的人数明显下降，不少人对普通话并没有什么特殊的情感因而选择了"没感觉"，是对桐乡方言"没感觉"人数的近五倍，这表情在情感上，桐乡方言作为母语地位还是略胜一筹。

表2　普通话情感体验

情感体验	人　数	百分比
好听	121	46.5%
亲切	44	16.9%
土气	12	5%
没感觉	83	31.9%

语言是人们在生产生活中为了更好地进行交流而产生的，从客观地位来说是平等的，但从语言使用者的立场出发，难免会因个人的一些主观感受可客观原因对语言进行一些差异性的评价。诸如评价某种语言好听不好听，难学易学，有用没用之类的论断，这就是语言态度。

笔者的设想是，随着经济一体化的推进，普通话的推广，桐乡市居民会在与外界的各

种交往中逐渐意识到使用普通话的便利和重要性，而又由于母语意识的淡薄，导致减少桐乡方言的使用。此外，笔者认为，桐乡居民对待语言及其变体会呈现各自不同的特点，如文化价值、情感倾向、行为表现等方面，而性别、年龄、文化程度、职业等不同的社会特征的因素作用也会对语言态度产生影响，将不同社会特征与相关评价选项的进行交叉列表，我们可以从中进行一定程度的量化，更好地看到这些社会特征对语言态度的作用。

这题 26% 的人选择了顺其自然，10% 的人选择了无所谓，不希望这样的有 64%，而希望这样的是 0%，这个 0% 让人欣慰，起码，在受调查者中还没有人完完全全，彻底抛弃乃至厌恶自己的母语，并且大部分人仍希望保留自己的母语吴语，这说明吴语的传承保护工作不是没有必要的。

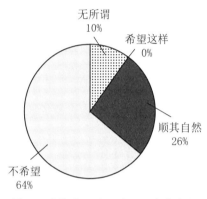

图 7　对待吴语区只说汉语态度比例

86% 的人认为，吴语作为地方文化的载体，必须被保留；8% 的人认为吴语濒临消失有些可惜，但是为了方便于沟通，消亡是值得的；4% 的人对吴语的濒临消失持无所谓的态度；2% 的人认为吴语方言应该消失，不足为惜。从此我们可以看出，多数人对吴语的文化承载作用有一定认识，而仍有少数人既缺乏母语意识又缺乏对语言的文化价值的了解。

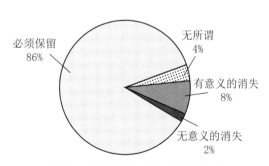

图 8　对吴语濒临消失的态度比例

在关于"如果有人向您学习吴语您会教吗？为什么？"的填空题中绝大多数人都表示愿意教，理由是认为这样做可以弘扬地方文化，能够展示地区特色，并且觉得有趣好玩富有自豪感，而少数人愿意教的理由是因为认为非吴语区人学吴语学不到精髓反而会造成不好的影响或是受调查者本身不会吴语。

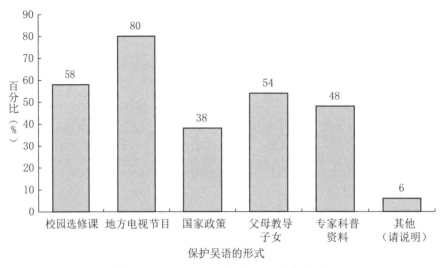

图9　保护吴语采取的形式统计（多选题）

二　吴语在桐乡地区衰退现象的成因分析

吴语在桐乡市衰退的原因有很多，笔者总结了以下四点：

2.1　民众没有母语意识，文化眼光短浅

在全国性的推广普通话活动中，放眼全国，没有一个地区像江浙沪这般搞得如火如荼，除了在广播电视中严格限制方言节目之外，在校园里，从幼儿园到大学同学与同学之间，老师与同学之间也都只说普通话，哪怕是说带口音的普通话都会被嘲笑。流传很广的"讲普通话，做文明人"的口号无形之间将普通话和方言对立起来，让人不由得思考难道只有讲普通话才是文明人吗？而校园内的氛围环境特别是江浙沪一带，十分不利于本地方言的使用，反观云南、广东、河南、四川等地的校园语言氛围，普通话和本地方言就能和睦共存，这一现象值得我们反思。地方文化国家基本的文化单位之一，方言作为地方文化的一种，其文化意义之丰厚不言而喻，民族文化乃至世界文化只有在具有方言基础的土壤上才能茁壮成长，不断推陈出新，拥有旺盛的生命力。显然，普通话与方言之间是能够存在一个平衡点的。就目前来看，桐乡人对于保护自己语言文化的意识还比较缺乏，没有认识到桐乡方言的作为一种本地文化的珍贵性，许多桐乡人受错误观念的影响，认为讲方言会影响普通话的学习，特别是发音的正确性，从而刻意避免说桐乡方言。同时许多桐乡本地人对教育下一代说桐乡方言的积极性不高，在这样的一种条件下，母语习得环境的缺位让不会说桐乡方言的孩子越来越多，而这些孩子长大后其子女更不可能会说桐乡方言了，后面的人即便是想要主动学习，也找不到合适合格的教授者，长此以往，造成恶性循环，令人可悲可叹。

2.2　吴语文化作品缺乏创新

在普通话定为国语之后，吴语文化作品因受众面小，会说吴语的人日益减少，缺乏相关的政策扶持等等原因，而日益减产，在文化市场上难觅踪迹。此外因为没有较为系统的吴语学习课程和教材，即便是当地人想要精进吴语抑或是外地人想要学习吴语都相当困难，因此在建国后能够列为优秀的吴语文化代表作品几乎没有，而距离我们年代较近，能

说得出来的，除《九尾龟》《海上花列传》，冯梦龙编的《山歌》等之外，就再无甚可说。

保护和传承作为一项系统工程，应有建设规划，不能随意行事，缺乏规划和激励措施或许是阻碍桐乡方言发展的重要原因之一。桐乡方言作为一个地方性语言，缺少实际可操作的成形文字系统的支持，就不利于桐乡方言语言学习的教学开展。造成如今桐乡方言学习者听不懂的原因，既有基础不扎实的因素，也与尚无一套正规统一的发音和词汇体系脱不开关系，因此给保护工作的开展带来了难度。对比同属吴语区的上海、苏州，我们能够清楚地看到其对方言的开发利用和重视程度比桐乡领先得多。

2.3 外来人口多

由于在较为发达的东部沿海兼长三角区域，桐乡的经济水平在同级别的县市中相对发达，因此也使得大量外来务工人口聚集在此，来自全国乃至全世界各地的语言交织在一起，为了满足工作效率方便与来自各地的人们沟通交流，迫使吴语区的人们不得不优先选择普通话而非吴语。然而同样是经济发达有着众多外来人口的广州，其本地方言依旧占有这强势地位，思其原因，或许与上文提到的过度推普和没有成形的文字、语法系统有关。家长们考虑到在新形势下普通话的口语交际和辅助学习价值更高，出于对孩子能够更好适应课堂教授的考量，他们也只好鼓励孩子尽快学习普通话，在家也有意只用普通话，这样一来，孩子的普通话水平的确是提高了，但是家庭作为方言学习的最后一道防线也崩溃了。年轻一代普遍选择普通话作为交流工具，使得桐乡方言的语言使用环境越发逼仄。

2.4 吴语自身特殊性

吴语并非是一门"统一"的语言，在吴语的框架之下，又有太湖片、台州片、金衢片、上丽片、宣州片、瓯江片等多个不同的吴语片区，在片区之下又分了了多个小片，如太湖片就分为了苏嘉湖小片、毗陵小片、苕溪小片、杭州小片、临绍小片和甬江小片，浙北苏南之间语言互通度和文化认同感高于浙北浙南之间。尽管区分得已经相对较细，然而在实际情况中则是不同县市之间，不同村镇之间都会有所不同，以桐乡市为例，其下共有八个镇和三个街道，内部语言又分为了崇福片区、梧桐片区和濮院片区，不同片区之间在词汇发音和语法使用上存在着差异。这种情况就导致了迄今为止尚未有一套全吴语区通用的语言学习系统推出，不似北方东三省和西南云贵川之间的人都能毫无障碍地用方言交流。

三 针对吴语式微的建议

在经过一系列的调查分析我们不难得出，目前桐乡市本地居民对于桐乡方言的掌握水平还是相对乐观的，但从长远来看，今后的方言生存状态依旧值得我们忧心，缺乏良好的方言使用环境已经使得桐乡方言的使用频次大幅减少。此外桐乡居民接受教育程度情况较好，因此对于语言能够有一个理性的认知，应该加强居民对于桐乡方言的情感体验，让其意识到"吴侬软语"的魅力和语言文化的重要性，重点要从我们的未来——孩子身上抓起。笔者将从以下多个方面提出改善桐乡市居民语言现状的建议，期待能为保护桐乡方言，改变吴语生存现状贡献一些绵薄之力。

3.1 树立对待方言的正确"三观"

长期以来，推广普通话与保持方言传承被视为非此即彼的关系，然而二者其实是可以兼而有之的，随着社会的进步，掌握第二门外语显得尤为重要，方言作为一门语言，特别是许多人出生就习得的母语，并不妨碍普通话的推广，甚至是有利于语言学习系统的发展

的，反之，若是为了所谓的社会进步而消灭地方的文化特色，那这样的发展一定意思上来说也是一种失败。桐乡方言作为吴语的分支，承载着当地的文化，并且具有相当的经济价值。我们应当努力从政府、民众、社会等层面让保护和传承桐乡方言就是在保护地方的文化多样性这一思想被广为接受。此外，随着桐乡方言使用人数和使用环境的双减，若再不采取及时有效的措施，桐乡方言步入濒危和失传只是时间问题。人类语言是不可复制的，她一旦消失，对人类的文明而言是一种无法弥补的损失。对于方言来说，使用就是它最好的保养剂，朗朗不断"醉里吴音"是我们如今所追求的理想状态，如今由爱好和有志于保护传承桐乡方言的相关人士的创建的"小梧桐方言学堂"，吸引了许多学龄儿童报名，这个方言学堂还会根据桐乡方言的特点设计不同类型的有趣而丰富的课程教学内容，让孩子在快乐的氛围中潜移默化地学会说方言，掌握乡土文化知识，一定程度上普及了方言的学习。

3.2 多方合作营造方言使用环境

桐乡方言的保护与传承仅仅依靠个人或者政府单方面的努力是远远不够的，要将多股力量凝聚起来，汇流成河，方能呈现最好的效果。首先政府方面，可以通过制定有关保护、传承和利用桐乡方言资源的各级规划，如以镇、街道、村、社区为单位，进行方言重要性的宣传教育工作，分发或者销售方言学习手册来帮助市民乃至外来务工人员学习当地方言，以点带面逐渐在全市范围内形成保护和利用桐乡方言资源的良好氛围。就在今年的五月，桐乡市政府发布的《关于加快新时代风雅桐乡建设的意见》中就提到了今后要推进桐乡方言的保护，开展乡土教育进校园，开设方言栏目，收集吟诵优秀童谣的做法，令人欣喜与期待。其次鼓励各类组织和个人加入到方言的推广保护行列之中，如在当地中小学的校本课程中增加关于桐乡文化（包括方言）的内容，增加学生们的乡土知识，开设桐乡方言选修课或讲座等；桐乡电视台可以组织方言类节目，进行新闻播报或者讲述当地故事，以此保持方言的亲切感并辅助人们对于方言的保持和学习；相关文化单位可以开展有关桐乡方言的文艺创作，例如征集桐乡方言民谣、民间故事、小说创作等，进行桐乡方言配音比赛，桐乡方言词汇竞赛等令人喜闻乐见的文化活动营造浓厚的方言使用和传播氛围。此外，在城内和乡下生活的中老年人也是传承保护桐乡方言的重要资源，他们多数人都有着较为丰富的桐乡方言词汇量和标准的发音，若能够加以培训，使其发挥余热，既能解决吴语教授者匮乏的燃眉之急，又能迎合国家如今倡导的退休人群再就业的目标，可谓一举两得。

3.3 加强方言与学术科研的结合

尽管吴语使用的人众多，但即便同为吴语区的人，不同城市乃至不同村落之间发音和使用仍有所区别，至今吴语区尚未有一套得到公认的发音系统，这也是吴语保护和传播困难的原因之一。曹志耘教授试图在浙江各地方言音系的基础上，按照统一的规则探索出适用于全省方言的注音系统[5]，惜其未能得到良好的推广和普及，且其中的部分方案依旧有待商榷。争取将桐乡方言列入教育部、国家语言文字工作委员会的中国语言资源保护工程中，也是一个能够获得国家层面支持的有效途径。此外，我们还可以通过在全市范围记录和保存方言资料，寻找会说桐乡方言的人进行语音记录，而后可将其整理、制作成"桐乡语音地图"和方言文化数据库放上网络，但这治标不治本，建立数据库只是第一步，还有很多繁复工作需要跟进。

除此之外，创作方言类文学作品，编写词典，俚语俗语集，抑或是制作面对大众的音像制品等等，都是保护桐乡方言的有益尝试。桐乡市名人与地方文化研究会会长王士杰著有《桐乡土话：民间视角与地方记忆》[6]和《留住乡音——说说桐乡方言》[7]二书、钟瀛洲所著的《乡音录》[8]、桐乡市地方志办公室编写的《桐乡方言志》[9]等书或以轻松活泼的随笔形式，或以系统翔实的分析研究来讨论桐乡方言的语音、词汇、语法及其内部差异性，也有助于挖掘和保护桐乡当地的非物质文化遗产。但是这几本书的知名度和销售量都不甚理想，在当地图书馆、书店都很少看到，所以需要政府这只看得见的手发挥一定的宏观上调控的作用，例如配套出台有关方言类作品出版购买的优惠政策，由政府牵头，购入一定的方言类作品赠送或低价卖给一些有学习需求的人等等，使真正有价值的桐乡方言研究论著和学习辅助材料能够惠及更多人。通过在桐乡当地高校的设立相关的方言保护研究机构，开展桐乡方言的研究整理工作，一方面能够集中相关人才，加速孕育优秀成果，另一方面也能够为政府相关语言政策的出台提供辅助依据，有效地建言献策。

3.4 丰富创新桐乡方言的使用形式

我们应该加强对桐乡方言资源的开发，不仅要学会用，还要用得好。如果维系语言环境的可能性越来越低的话，保护方言最好的做法是生产有声文化作品。若这种有声文化作品在某个分支领域，质量可以超越官话作品的话，这门语言获得小范围的爱好者与延伸创作是可能的。至少改变单纯的母语传承的脆弱现状。比如说闽南语，有很多人就是看着霹雳布袋戏这种小众的作品，不知不觉学会了闽南语。更不用说通过 TVB 和粤语歌爱上并学会粤语的那群人了。配音和音乐成本最低，最有希望达到一定水平和普及度的是音乐。吴语地区最有希望是，小社团下，以苏州话和上海话（或其他太湖片方言）创作、翻唱的古风和民国风歌曲为主进行传播。对于桐乡而言，除了对桐乡传统民间曲艺"三跳"和方言歌曲进行传承与创新之外，我们还要让桐乡方言切实走入人们的生活之中，如城市公交车及城乡公交车增加使用桐乡方言报站，播出频率可由少到多；创作播放桐乡方言的情景剧、广播剧、小品、戏曲、歌曲等；由政府部门征集设计、投资出版并推广宣传有关桐乡方言的字典、音像制品和文创产品等；在一些大型的文化休闲场所张贴布置有"桐乡方言"的广告宣传标语等；评选桐乡方言代言人，桐乡方言使用示范小区等，使得使用桐乡方言产生"明星效应"吸引大家去学说，并逐步将其打造成为一张无形的城市特色名片，发掘其带来的经济效应。

四 结 语

吴语的音符虽不能说是最美，却是吴语区人民听上去最亲切的声音，通过本次的调查走访，多数人对保护和传播吴语持积极态度，不希望吴语濒临消失，一个人的努力纵使是微弱的，但星星之火可以燎原，若能唤起大家的母语意识，有意识地去使用吴语，相信不久之后吴语也能如粤语，闽南语那般蓬勃发展。如今，一批意识到语言重要性的桐乡方言爱好者还创办了"桐乡闲话"（普通话即桐乡方言的意思）公众号，经常发布一些有益的方言学习内容和本土文化知识，去年十月成立的全球首个吴语方言角，今年一月成立的"桐乡市凤鸣民间历史研究中心"和不久之前推出的"桐乡市青少年首届方言比赛"，这些都让我们对桐乡方言的保护与传承看到了希望。

愿多年之后我们鬓毛已衰之时仍能乡音无改。

参考文献

姚志贤.浙江桐乡方言语音研究[D].哈尔滨：黑龙江大学，2016.

沈聪宁.浙江桐乡方言双音节词的韵律研究[D].南京师范大学，2020.DOI：10.27245/d.cnki.gnjsu. 2020.

徐　越.杭嘉湖方言语音研究[D].北京：北京语言大学，2005.

程　刚.广西语言态度研究[D].南宁：广西大学，2003.

曹志耘，沈丹萍.论浙江方言注音方案研制[J].浙江师范大学学报（社会科学版），2021，46（1）： 11—21.

王士杰.桐乡土话：民间视角与地方记忆[M].杭州：浙江人民出版社，2015.

王士杰.留住乡音[M].杭州：浙江教育出版社，2018.

钟瀛洲.乡音录[M].北京：中国文史出版社，2002.

桐乡市地方志办公室.桐乡方言志[M].北京：方志出版社，2014.

（刘雅仙　云南大学历史与档案学院 517933679@qq.com）

方言与普通话语音对应与错配

——以对应普通话 ɣ 韵字的上海话读音为例

周文杰

上海市区方言形成于 20 世纪 60 年代，是以松江话为基础方言（baselect），苏南及浙北吴语为上层方言（acrolect）的混合方言（游汝杰 2006）。大量移民的不同语言背景带来了丰富的语言接触机会，因此上海市区方言始终处于快速的变化中，其发展速度远超其他吴语方言（陈忠敏 1995）。

20 世纪 80 年代之后，随着"推广普通话"语言政策的落实、社会经济水平和教育水平不断提高、人口流动成本逐年下降、传播媒介和信息渠道日渐多样化，普通话在上海地区日常生活中的使用机会逐渐变多。普通话、移民方言和上海市区方言的相互接触混同上海市区方言内部的自然演变，使上海市区话共时语音面貌愈加复杂。因此上海方言是研究者观察语言变化及其规律的极佳窗口。

在上海话复杂的共时语音表现中，本文发现了一类不曾被大量关注的现象：上海话使用者（尤其是青年人）经常会将一些韵母（包括但不限于 [u][ʌʔ][əʔ][oʔ][ɿ]）混读，如将"祝贺"[tsoʔ³³ɦiu⁴⁴] 念作 [tsɿ³³ɦioʔ⁴⁴]、将"白鹤"[bʌʔ¹¹ŋoʔ²³] 念作 [bʌʔ²²həʔ⁴⁴] 或 [bʌʔ¹¹ɦiu²³]、将"拍摄"[pʰʌʔ³³səʔ⁴⁴] 念作 [pʰʌʔ³³zo⁴⁴]、将"鸽子"[kəʔ³³tsɿ⁴⁴] 念作 [ku⁵⁵tsɿ²¹] 等等。

这种现象很难在上海话的语音系统内部找到原因，因此不能使用自然音变的角度解释。本文认为这种现象主要是方言受到了普通话的影响，根本原因是语言接触带来的语音对应关系的错配。

一 研 究 背 景

具有同源关系的两个亲属语在语言接触时存在语音的"对应规则"。语音对应的基本表述方式是：语言 I 中的 A，是语言 II 中的 B、C……对汉语来说，同一个字（单音节语素）的读音在各个汉语方言间，是历史语言学视角上的同源关系。基于"语素同一性"，汉语方言间（包括普通话）可以以汉字为载体，在声、韵、调等角度举出语音对应关系。

晚清小说《二十年目睹之怪现状》中端甫凭《诗韵》类推自学广东话，体现了古人自发的、朴素的语音对应观念。自觉的语音对应观念，大致形成于新中国成立后推广普通话时期。

大量早先的方言研究或者语言学习读本都会详细记录方言与普通话的语音对应关系。这一方面是 20 世纪五六十年代具有学习普通话的紧迫性，因为通过语音对应关系，语言的初学者能够快速、方便地通过一个语言的语音系统（往往是自己的母语方言）去推断另一个语言的语音；另一方面其确实能表现不同语言古今演变的差异，为研究带来新的视角。同时期也出现了许多关于语音对应规律的缺陷和例外的讨论，但旨在明确方言和普通话之间语言规律的细节，是针对"对应关系"的补充，并没有关注学习者在根据语音对应关系学习语言时可能出现的错误。

并非所有语音"对应关系"都是简单明晰的：由于在两个亲属语言中，一个语言里

共享同一个聚合关系 ① 的字（即具有相同声母、韵母或声调的字，下同）在另一种语言中有着各自的语音演进路径，所以必然会存在聚合关系"一对多"的情况。这种"一对多"的语音对应关系可能会导致语言使用者在若干个选择内混读，造成错位对应（下称"错配"），如图 1 所示。

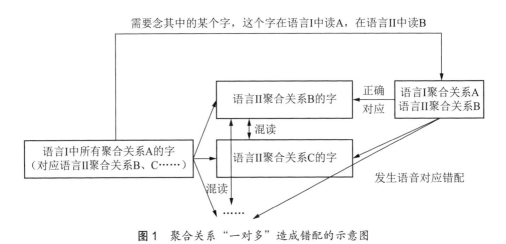

图 1　聚合关系"一对多"造成错配的示意图

错配现象值得研究。正如 Thomason（2001）所言，语音对应关系虽然是客观的存在，其是否被纳入语言使用者抽象的音系观念中却不得而知。只有当语言使用者出现了对应规则的错误应用时，才是观察并研究语音对应的窗口。

随着普通话的持续推广，方言和普通话的语言接触进程不断加深，针对普通话学习的相关研究逐渐成熟，一部分关于方言口音普通话的研究逐渐注意到了对应规则的错误运用问题。

姚佑椿（1988）在分析上海口音普通话［u］韵混读原因时归纳，因为上海话［u］韵和普通话［u］、［uo］、［ɤ］三个韵对应，因此在读普通话时会有"归类上的混淆"，如"河-湖"不分、"罗-卢"不分。汪平（1990）也提到了普通话学习者在对应规则的运用中可能存在错误。他以上海口音普通话为例，提出了"参差度"的概念，即一个方言语音（文中为上海话）有多少对应的普通话语音，以及对应是否存在规律。如果对应的普通话语音少或存在极强的规律，就可以说参差度非常小。不难得出，"一一对应"的参差度是最小的，折合一般不会产生错误；但若面对"一对多"且规则不透明的情况，就很容易产生错误，困难度就陡增了。基于该范式，越来越多针对方言口音普通话 ② 的偏误分析都开始关注语音类别困难度和对应错误。

尽管对应关系错配现象在方言口音普通话研究（尤其是在普通话音类偏误研究中）已经逐步步入学者的视野，但是仍少见方言语音受普通话影响产生对应错误的相关研究。也

① 金耀华（2016、2019）参考索绪尔的结构主义理论提出：在一种语言中，具有相同声母、韵母或声调的字，可以构成相应的聚合关系。本文为表述简洁，将沿用该概念。

② 也有方言腔普通话、地方普通话、普通话中介语等称呼和概念，此处不作具体展开。为了方便称呼和理解，本文采用"方言口音普通话"的说法。

就是说目前针对语音对应错配现象的研究中，施加影响的语言（源语，即 source language）均为各地方言，而受到影响的语言（受语，即 recipient language）均为普通话。

Weinreich（1953）认为，双语者（bilingual）即语言接触的发生场所。一个双语者交替使用两种语言，使这两种语言在其语言系统中充分接触，接触的直接表现就是双语者的语言系统发生了变化。从语言接触的角度上看，变化是由于两个语言系统之间存在干扰（interference），而且这种干扰的作用并不区分对象，是双向的；从语言习得的角度上看，两种语言的变化是语言学习者在双语习得过程中产生双向迁移（bidirectional transfer）的结果（Pavlenko & Scott，2002：190），即双语者一语和二语间的跨语言影响双向发生。值得说明的是，本文研究的语音对应关系也是"双向"的，两个语言共享同一个对应关系，由对应关系造成的语音对应错配在两个语言中均可能发生。

推广普通话阶段是在通过方言与普通话的对应关系学习普通话，双语者普通话经验不多，较难对母语方言产生强力的影响，因此少见方言的语音对应错配是合理的；但在现阶段，普通话已经成为权威语言，其共同语的性质对现在的方言面貌有着深远的影响。在强势地位颠倒的现状下，并结合"双向迁移"和"双向干扰"的视角，本文认为语音对应也存在反向迁移，即普通话对方言产生影响，使双语者的方言语音发生对应错配。

然而在有关上海话习得和上海话语音变化研究的诸多文献中，系统地针对语音对应关系错配的记录和分析非常少见。其原因很可能是语音对应错配现象的外在表现在语言使用的多数派看来，是使用者或者初级学习者在学习过程中偶发的"错读"，是没有规律的、不成体系的、散发的。如顾钦（2007）报告过有关"很多年轻人将摘［tsaʔ］读成［tse］"的问题①，认为这种按照语音关系进行的读音折合是"不成系统的，多属于个别词语性质，并不造成上海话语音系统的变化"。

如果单独从上海话音系每个韵母辖字的读音上来考察，这些变化确实看上去只是受到普通话接触影响而在个别被试的个别字上散发的。但如果按照语音对应关系的角度去观察一批具有一类普通话聚合关系的字（例如有些字在普通话中同韵母，但在上海话中也许并不同），会发现也许这种语音错配的现象并不是完全没有规律可循。

金耀华（2016、2019）明确提到了方言和普通话的聚合关系存在"跨语言之间的'错位对应'"，并以此分析了上海话受普通话影响后产生的包括"音类转移"和"音类创新"在内的音类分化现象。这是语言接触过程中因为语音对应关系造成语音变化的典型案例，文章认为音类分化现象的最终表现是方言语音聚合关系与权威语言越来越接近。但该研究更侧重于通过错位对应来解释个别较为特殊的结果，集中于分析声母和声调，通常对应关系相对简单。

周文杰（2021）主要针对普通话［u］韵母和［i］韵母的少部分辖字，对 60 名发音人（30 位中年人、30 位青年人，各年龄组内性别比均衡）的上海话读音进行了调查。经过统计和初步的推断发现，被试会发生一定比例的韵母语音错配，主要在［ʅ］、［u］、［oʔ］间发生，且其上海话读音错配的选择情况在宏观上可能有偏向性，在微观上和被试的语言经验息息相关。也就是说，在普通话影响下的上海话语音对应关系错配，看上去表现为个别

---

① 普通话的［ai］韵母对应上海话［ᴀ］、［ᴇ］、［ᴀʔ］三个韵母（许宝华、汤珍珠，1988：122—123），如"栽"字普通话为［tsai⁵⁵］，上海话念为［tsᴇ⁵³］。将摘［tsaʔ］读成［tse］实际上是一个语音对应错配现象。

人部分字的"错读"，实际在总体上是可能存在规律的。

二　研究对象及实验设计

本研究重点关注上海人（上海话–普通话双语者）用母语方言读普通话 ɣ 韵字时发生的语音对应关系的错配情况（下文中若没有特殊说明，语音对应关系错配主要是指韵母的错配）。

普通话 ɣ 韵辖字来源非常复杂。普通话 ɣ 韵辖字的中古来源有果开一见系、果合一见系、假开三章日组；咸开一见系，咸开三章组，山开一见系，山开三知章日组，深开三知庄组，宕开一见系（文），曾开一端见系（文），曾开三庄组（文），梗开二知见系（文），梗开三船母（文）（高晓虹、刘淑学，2008；赵彤，2018 等）。在上海市区方言中，这些字有着不同于普通话的演变路径，《上海市区方言志》中记录着九个韵母对应：

表 1　普通话 ɣ 韵字对应的上海话韵母及其辖字举隅

普通话韵母	上海话韵母	上海话韵母辖字
ɣ	ʌʔ	客、盒、格、册、策、隔、额
	əʔ	则、择、特、塞、色、渴、刻、鸽
	o	社、遮、蔗、舍、车、赊、赦
	u	荷、禾、科、棵、颗、课、歌、饿、贺
	oʔ	乐、各、壳、恶、阁、鹤、鳄
	ɪʔ	热
	ᴇ	者
	ᴀ	扯、惹
	ɿ	厕

可见，在普通话 ɣ 韵聚合关系下，上海话韵母可供选择的错配目标有很多。若以前文提到的"参差度"作为衡量标准，要从普通话语音出发推断上海话语音的音类困难度是很高的。生活中也可以明显观察到新派上海市区方言使用者在用上海话读相关的字（语素）时产生了明显的困难。前期预调查①的实际结果印证了之前的观察：有发音人将"祝贺"［tsoʔ³³ɦu⁴⁴］的"贺"字读作［hoʔ⁴⁴］，产生了 u > oʔ 的错配；将"鸽子"［kəʔ³³tsɿ⁴⁴］的"鸽"字读作［ku⁵⁵］，产生了 əʔ > u 的错配；将课堂［kʰu³³dɑ̃⁴⁴］的"课"字读作［kʰʌʔ³³］，产生了 u > ʌʔ 的错配；将额度［ŋʌʔ¹¹du²³］的"额"字读作［ɦoʔ¹¹］，产生了 ʌʔ > oʔ 的错配等等，不胜枚举。

实验招募两组被试，一组年龄在 15—30 岁之间，一组年龄在 50—65 岁之间。两组被试都需要满足如下条件：（1）是上海话与普通话的双语者，即能听、说上海话和普通话，能使用上海话和普通话进行日常交际，且不会其他方言。（2）使用的是市区方言，即许宝华等（1993）定义的"市区片"读音。

实验选择读词表作为收集语言资料的方法。调查内容是同时在上海话和普通话中都会使用的、带有普通话 ɣ 韵字的词。考虑到要较为完整地了解这一类字会发生哪些上海方言

---

① 预调查邀请了 8 位新派发音人对普通话对 20 个 ɣ 韵字进行朗读，调查到了预期的大部分的错配情况。

的韵母语音对应关系错配，应该尽可能多地调查不同字的情况。因此在参考《新华字典》（第12版）和《通用规范汉字表》之后，本文选取了普通话 ɣ 韵中绝大部分的一级字和部分常用二级字共 117 个，并进一步筛选包含这些字的、普通话与上海话共用的词语，形成调查词共 205 个（完整调查词表可见附录）。

三 调查结果统计

3.1 被试情况与数据回收情况

本次实验共招募了被试 44 名，中年组共 22 人（10 男 12 女），青年组共 22 人（12 男 10 女），性别基本平衡，均能听、能说、能用上海话进行口语交际，自评均为上海市区口音，都符合实验的基本要求。所有被试均完成了读词表任务，青年组的回收率为 100%；中年组只有 6 位被试共 13 个词没有回收（最多一位只有 6 个词未被回收，个体回收率最低为 97.1%），回收率为 99.7%。总的来说目标词回收率较高，采集到的数据能基本反映出被试的实际情况。

3.2 语音对应错配情况统计

3.2.1 处理准则

在《上海市区方言志》记载的读音中不难总结，普通话 ɣ 韵字分布在上海市区方言的 ʌʔ、əʔ、o、u、oʔ、iiʔ、ɛ、ʌ、ʅ 这九个韵中。其中，"o 和 u"与"ʌʔ 和 əʔ"两组元音正在合并，这两项各自的合并过程中，都不可避免地出现由音值相近带来的混读现象，这和本文想要调查的目标是一致的；但同时也一定存在着自然演变带来的合并。本文认为，语言的自然演变总是主要的，当语言内部的自然演变和语言外部的接触演变同时可能存在的情况下，应该先考虑语言内部自然演变的作用。所以不能贸然地"一刀切"，将自然演变带来的合并全部看成是语音错配导致的变化。

因此本文将"o 和 u"、"ʌʔ 和 əʔ"统一看成一个整体，即不考虑同时在发生自然演变的 o 和 u、ʌʔ 和 əʔ 内部具体发生的合并或混读情况，只考虑其被读成其他类时的情况。普通话 ɣ 韵字在上海城市方言韵母中的分布可以进一步概括成"后、高、舒"（o/u）、"后、高、促"（oʔ）、"中、低、促"（ʌʔ/əʔ）、"中、低、舒"（ʌ）、"前、高、促"（iiʔ）、"前、中、舒"（ɛ）和舌尖元音（ʅ）。七个特征组合相互都有明确的对立和显著不同的语音音值，可以看成七个不同的大类。相同大类下不同的元音共享相同特征，尤其是它们中的一部分正在自然演变的过程中时，宜将其看成一个大类考虑，再和其他大类共同考察。这样处理对不同代际的被试也是标准统一的，不会因为自然演变处于不同阶段而产生统计上的偏误。ʌʔ 和 əʔ 的合并结果已经有明确的表示方式（ɐʔ），本文将沿用 ɐʔ 这一音位记法拢括 ʌʔ 和 əʔ 两韵母的情况，进行统一计数。o 和 u 的合并结果没有比较合适的表述方法，因此本文采用"o/u"来代表"后、高、舒"这一个大类。因此本文对 ɐʔ、o/u、oʔ、iiʔ、ɛ、ʌ、ʅ 七类进行计数。

3.2.2 对应错配的总体情况

统计每位被试每个词的具体情况，得出了如图 2 和表 2 所示的选择表和桑基图。

桑基图是一种特殊的流程图，它可以比较事物的前后关系，强调系统内的主要变化（transfer）或传输流（flows）。从源头延伸出的分支的宽度对应数据流量的大小，借此它们有助于确定流中不同成分的贡献（Schmidt，2008）。

桑基图中，左边一列是 9020 个数据点（44 人 ×205 词／人）以中派记录为参考应有的分

布情况，右边一列是所有被试实际情况的分布；表2中的每一条记录为一种对应关系选择。

由桑基图和表格中展现的数据可知，已经产生了相当一部分类与类间错配的情况。从比例上看，现象发生的频率并不高（有1701个产生类间错配的案例（event），占总数的18.86%），但这个现象不容忽视。经统计，每个被试发生错配的比例情况各不相同，所有被试都或多或少地产生了这种现象，错配比例最少的为7.32%，最高的达40.49%。在实验调查的205个目标词中，仅50个词自始至终没有发生本文研究的对应错配现象，其余75.6%的词均有被试产生了韵母混读。本文列举了部分词的错配情况和最终算得的比例，如表3所示。

经统计发现，100%的被试及75%的词都或多或少产生了语音对应错配，由此可见这种现象并不是某个被试或者是某个词特别拥有的（或者说不是一个偶然现象），而是具有一定的普遍性、一定错配案例基础的。

表2 总体韵母选择情况

中派记录	选择	计数
ɐʔ	ɐʔ	4357
ɐʔ	o/u	278
ɐʔ	oʔ	75
ɐʔ	iiʔ	7
ɐʔ	E	3
ɐʔ	A	6
ɐʔ	ꞏ	4
ɐʔ	ɤ	15
o/u	ɐʔ	630
o/u	o/u	2271
o/u	oʔ	56
o/u	E	1
o/u	A	9
o/u	ꞏ	1
o/u	ɤ	23
oʔ	ɐʔ	332
oʔ	o/u	119
oʔ	oʔ	424
oʔ	ɤ	2
iiʔ	ɐʔ	1
iiʔ	iiʔ	87
E	ɐʔ	31
E	E	13
A	ɐʔ	62
A	o/u	13
A	oʔ	4
A	iiʔ	19
A	A	47
A	ꞏ	11
A	ɤ	19
ꞏ	ɐʔ	39
ꞏ	ꞏ	49

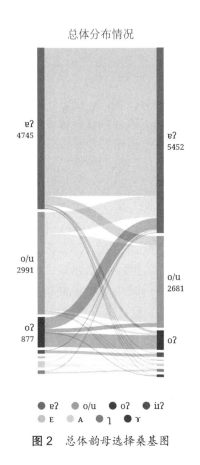

总体分布情况

ɐʔ 4745 ɐʔ 5452

o/u 2991 o/u 2681

oʔ 877 oʔ

● ɐʔ ● o/u ● oʔ ● iiʔ
● E ● A ● ꞏ ● ɤ

图2 总体韵母选择桑基图

表3　调查目标词混读情况举隅

中派记录	[责]任 ɐʔ	[歌]曲 o/u	[扯]平 ʌ	白[鹤] oʔ	[搁]置 oʔ	大[赦] o/u
→ɐʔ	0	0	20	16	34	37
→o/u	0	0	7	14	3	/
→oʔ	0	0	0	/	/	1
→iɪʔ	0	0	0	0	0	0
→ɛ	0	0	0	0	0	0
→ʌ	0	0	/	0	0	0
→ʅ	0	0	3	0	0	0
未回收	0	0	0	0	0	1
比例	0%	0%	68.18%	68.18%	84.10%	88.37%

从未发生语音对应错配的词包括：特[色]、透[彻]、风[格]、[责]任、[特]务、萧[瑟]、[客]运、[策]略、[歌]曲、大[哥]、挨[饿]等50个。考察没有产生错配的词后发现，这些词中有45个（90%）是原本中派内读ɐʔ韵的，只有4个（8%）是o/u韵、1个（2%）是iɪʔ韵的。对此的解释是，这可能是由于普通话ɤ韵字上海话读ɐʔ的情况太多了：一方面，构成一种"吸引力"使发生错配的字容易往概率最高的方向靠近；另一方面使得原本就读ɐʔ的字发生语音对应错配（往非ɐʔ的大类读）的概率更低了，因而呈现出上述的现象。

从桑基图呈现的对应关系上看，也能得到类似的结论。原上海话读ɐʔ韵的字变化的比例很小，只有很少一部分可能错配入其他类。但值得注意的是，从ɐʔ韵出发的流，每一个类都涉及相应的案例。比如[磕]（→ɛ）碰、勒（→iɪʔ）索、[涉]（→o/u）及、含膏（→ʅ、→oʔ）、[额]（→oʔ）度等。相反的，有很多其他原不读ɐʔ韵的字读入了ɐʔ类的案例。比如[课]间、[贺]卡、发[射]、[鳄]鱼、公[厕]、黄[河]等，不胜枚举。

o/u、oʔ两个韵相对来说比较类似，它们主要的错配方向是ɐʔ韵，同时又都有一部分各自错配入对方的类。原本o/u韵的字可能错配为oʔ，如[何]必、严[苛]、薄[荷]、[禾]苗等。原本oʔ韵的字可能错配为o/u，如贝[壳]、[鳄]鱼、白[鹤]、[恶]心等。从比例上来说，o/u错配为oʔ的情况比oʔ错配为o/u的情况更少，这似乎与其各自在总体上出现频次的比例也是有关的。o/u、oʔ两个韵也有可能往其他方向错配，但情况较少，如奢（o/u→ʅ）望、四脚蛇（o/u→ɛ）、哪（u→ʌ）吒等。

iɪʔ、ɛ、ʌ、ʅ四类原本基数就比较小，各自的对应关系比较明确，如果有产生语音对应错配的情况，大部分都是读入ɐʔ韵的，也有一部分可能错配为o/u韵，如[扯]平。但这四类韵是重要的分类，不能因为字少就忽视这些类，这些字的存在是语音对应错配触及这些韵的前提。

3.2.3 不同年龄组的对应错配情况

上一节对整体的语音对应错配的可能、错配方向和例子做了一个笼统的介绍。在本节中，将选择合适的变量分组，观察组间对应错配的情况并总结一些规律。

对每个被试产生语音对应错配的比例按性别和年龄分别分组进行独立样本T检验。统计结果显示被试的语音对应错配的比例在年龄组上显示出了极为显著的差异（$t' = 6.712$，

$p = 3.2063\text{E-}7*** < 0.001$ ）；而在性别上没有显著差异（ $t' = 0.477$ ， $p = 0.255 > 0.05$ ）。为了检验位置是否会对错配比例造成影响，在设计词表时，特意尽量使每个目标字都有一对前字词和后字词（如表4所示）。分别计算每一对词（共88组，覆盖75%）前字词和后字词在人群中产生对应错配的比例，并进行配对样本 t 检验。统计结果显示，调查字处在前字位置和处在后字位置对其在人群中产生对应错配的比例没有影响，即对一个调查目标来说，前字词的错配比例和后字词的错配比例在统计学上没有显著差异（ $T = -1.641$ ， $df = 87$ ， $p = 0.104 > 0.05$ ）。

表4　前字词和后字词产生语音对应错配比例

前字词	错配比例	后字词	错配比例
额度	9.09%	金额	2.27%
蛤蜊	13.64%	花蛤	2.27%
合作	6.82%	综合	9.09%
科研	4.55%	学科	6.82%
刻画	2.27%	尖刻	2.27%
恶习	20.45%	险恶	50.00%
…	…	…	…

结合上述检验，本文认为以年龄作为分组进一步观察韵母语音对应错配的情况是比较

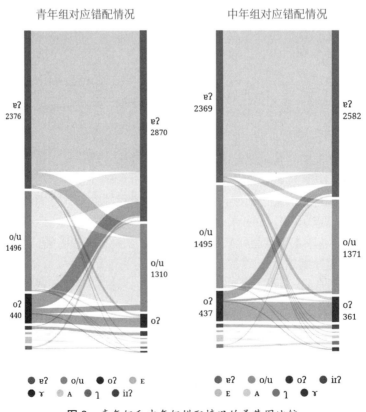

图3　青年组和中年组错配情况的桑基图比较

合理的，如图3所示。一方面年龄展现出了极为显著的差异；另一方面，上海话不同代际的语言表现一直是各种研究关注的重点。

图3是青年组和中年组对应错配情况的桑基图。可以看到，青年组和中年组的流向本质上并没有不同，最大的差别在于每条流上的比例有所不同：中年组比青年组整体都小。几个比较重要的流向（即 ɐʔ、o/u、oʔ 之间的混类）的比例差异尤为明显，中年组约为青年组的一半，这和总体统计的结果（中年人发生语音对应错配的平均值为 12.8%，青年人的平均值为 24.9%）是一致的。

为了进一步放大错配的具体细节，图4中不展示被试实际韵母选择和中派记录一致的案例，只展现产生错配的部分。本文把产生韵母语音对应错配后变成的结果称作"错配目标"。如某位被试"额度"一词中"额"的韵母选择是 oʔ，则称 oʔ 是该被试这个词的错配目标。

图4中有一个有趣的细节：中年组 iiʔ、ɛ、ʌ、ʅ 四类的混读情况相较青年组更复杂。一方面，中年组这四个韵发生错配的案例（变出）比例较青年组更高、选择更复杂，中年组为 15.8%，青年组为 8.9%；另一方面，中年组由其他韵选择了这四个韵作为错配方向的案例（变入）比例也较青年组更高，中年组为 6.11%，青年组为 1.93%。这和总体发生对应错配比例的多寡看似是相悖的。中年总体上错配情况应该比青年组低，为什么唯独在这些小类上混读的情况比青年组更复杂呢？

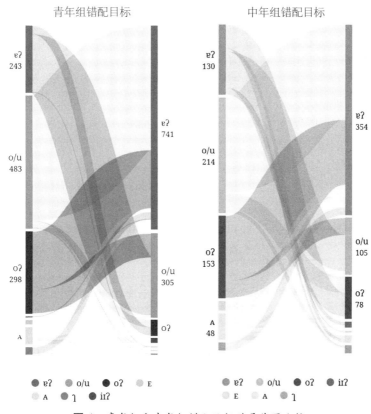

图4 青年组和中年组错配目标的桑基图比较

本文认为这种现象的发生正是因为中年组比青年组保有更多语言经验造成的。前文提

到，发生语音对应错配的前提是"类存在"。如果对一位被试而言，在他的语言经验中普通话ɤ韵字只有七类中的某几类，那么当其发生"一对多"的错配时，自然也不会混杂到不在其语言经验中的类。这是值得另文讨论的。

四 讨论：对应错配发生的微观机制

综合实际记音的情况和访谈情况，本文认为语音对应错配现象发生时的微观机制并不唯一。调查到的实际情况说明，绝大多数对应错配现象是基于两种语言语音聚合关系的错误对应造成的，但无法完全排除其他机制可能造成的影响。

4.1 以聚合关系的错误对应为主

从普通话语音聚合关系出发，应该可以对错配目标的情况进行预测。由于普通话ɤ韵聚合关系在上海话中有ɐʔ、o/u、oʔ、iiʔ、ɛ、ʌ、ʅ七类分布，本文预测可能出现的错配目标也应该是这七类。

实际调查结果显示，除了出现了直接借用普通话读音的ɤ这一折合目标（这并不是本文讨论的重点）在预测范围以外，两次实验调查到的所有错配情况均准确落入了这七大类中。不仅如此，尽管iiʔ、ɛ、ʌ、ʅ的字非常少（将他们作为错配目标的可能性非常低），每一个预测存在的错配目标都调查到了超过5个案例。此外，这些错配情况并不仅集中在具有某个特征的人群中。以年龄作为分组或以性别作为分组，都能在各个组中完整调查到预测的错配目标组，这说明这个规律具有一般性。

在被试念词的过程中，有一个策略是同样需要讨论的：同音字替代。调查中，被试可能存在（并不能保证一定出现或一定不出现）使用同音字或音近字的经验替代被调查字的情况。

但本文认为这种情况实际上和"语音聚合关系"不矛盾。如果借用同音字或音近字，那么必然也参考了韵母的聚合关系，且同音字的要求比只参考韵母聚合关系更严苛了（需要同时考虑声母、韵母、声调），如果被调查词的同音字的韵母和被调查词不一样，也会表现出韵母类的错配。比如"格—阁""乐—勒"等。同时，运用这一策略的被试也会遇到"找不到同音字"的情况，比如"扯""葛"等，此时被试就不得不重新进入韵母聚合关系中。因此"同音字替代"策略作为一种相对常见的读词策略可以看作语音聚合关系导致的错配的一种特殊情况，与本文主要讨论的现象有相当的重合。

总的来说，绝大部分的错配现象都是由于聚合关系的错误推断造成的。

4.2 其他影响：汉字的构件

当讨论聚合关系时，必须认识到聚合关系并不仅限于语音上的。在被试进行念词的语言加工过程中，"汉字的构件"这种文字系统上的聚合关系也有可能影响到被试最终的错配目标选择。

在访谈中，44位被试对读词过程做了回顾。主要的访谈问题并不牵涉到任何语言知识，被试回答这些问题也不要任何生活经验之外的知识储备。问题只有两个：一是在刚刚的词表中是否有不认识的字；二是在念词的过程中是否有读"半边音"的情况。

除了访谈中被试报告的不认识的字（主要集中在"巍"[不是调查目标]、"壑"、"褶"、"仄"[均为二级字]、"蜇"、"遏"）可能存在读半边，报告了4例实际读半边音的情况（"谐"[不是调查目标]、"蜊"[不是调查目标]、"吆"[不是调查目标]、"俄"）之外，还发

现了一些其他的可能以汉字构件为主要成因的错配情况，如"勒"读 [liɪʔ]（可能读的是汉字的"力"构件）等。在整体的调查体量中仅占 0.077%。

这主要可能是因为在设计上一开始选择调查的目标字时力求"常用"，被试在读词的时候基本没有"不认识的字"，即将每个字整体认读，那么在调查的时候就很少出现"读半边音"的情况。

但本文认为不能排除汉字构件（不仅限于声符）作为可能的机制，只是在本研究的结果中，从数量上来说只占极小的一部分；从结果上看，由汉字的构件造成的对应错配目标和语音聚合关系造成的对应错配目标恰好是一致的。

总的来说，汉字构件的影响在本例中影响极小。

4.3 微观机制需要更多研究

尽管语音聚合关系错误推断导致的对应关系错配可以解释绝大多数实际调查到的现象，但也只能说明这种解释是合理且普适的。如果想进一步讨论被试在某次发生语音对应错配时具体调用了什么经验、使用了什么策略；哪些策略是最常使用的；不同被试的语言经验对策略选用的偏好等等涉及语言加工和语音对应错配在线加工（online processing）机制的问题，就必须额外设计其他的心理行为实验单独论证，本研究并未涉及。

五　总　结

上海人用方言读普通话 ɣ 韵字时发生了 ɐʔ、o/u、oʔ、iɪʔ、ɛ、ʌ、ʅ 韵母间的规律性错配。

韵母间的错配总体上呈现如下规律：原上海话读 ɐʔ 韵的字变化比例很小，只有很少一部分可能变入其他类。o/u、oʔ 两个韵相对来说比较类似，他们主要的错配方向是 ɐʔ 韵，同时又都有一部分各自变入对方的类。iɪʔ、ɛ、ʌ、ʅ 四类原本基数就比较小，他们各自的对应关系比较明确，如果有产生变化的情况，大部分读入 ɐʔ 韵，也有一部分可能错配为 o/u 韵。

总体看来，语音对应错配现象具有普遍性和一定的案例基础。语音对应错配比例在年龄组上显示出了极为显著的差异，即青年组语音对应错配的比例比中年组更高。

综合实际记音的情况和访谈情况，可以认为在宏观上，造成语音对应错配的动因是由接触带来的普通话对上海市区话的影响；前提是存在普通话和上海市区话的语音对应规则；机制是聚合关系的错位对应；结果是产生上海话韵母间的混读。在微观上，被试某个具体试次语音表现的在线加工机制需要更多的心理学行为实验的研究佐证。

参考文献

陈忠敏.上海市区方言一百多年来的演变［M］// 梅祖麟，郑张尚芳，陈忠敏，等.中国东南方言比较研究丛书（第一辑）：吴语和闽语的比较研究.上海：上海教育出版社，1995：18—31.

高晓虹，刘淑学.北京话韵母 o uo e ie ye 溯源［J］.语言教学与研究，2008（1）：58—64.

顾　钦.语言接触对上海市区方言语音演变的影响［D］.上海：上海师范大学，2007.

金耀华.语言接触中语音变异研究 —— 以上海话为例［D］.上海：复旦大学，2016.

金耀华.普通话影响下汉语方言音类的重新分化［J］.中国语文，2019（4）：405—417.

汪　平.上海口音普通话初探［J］.语言研究，1990（1）：51—66.

许宝华，汤珍珠．上海市区方言志［M］．上海：上海教育出版社，1988．

姚佑椿．上海口音的普通话说略［J］．语言教学与研究，1988（4）：120—128．

游汝杰．上海话在吴语分区上的地位 —— 兼论上海话的混合方言性质［J］．方言，2006（01）：72—78．

赵　形．《等韵图经》果摄和拙摄在清代的演变［J］．语言学论丛，2018（2）：67—84．

周文杰．语言变异多重选择性的模式探究 —— 以普通话影响上海市区方言变项的变体选择为例［M］// 复旦大学任重书院学术委员会．雏凤文存（第三辑）．上海：上海人民出版社，2021：213—228．

PAVLENKO A，SCOTT J. Bidirectional Transfer［J］．Applied Linguistics，2002，23（2）：190—214．

SCHMIDT M. The Sankey Diagram in Energy and Material Flow Management［J］．Journal of Industrial Ecology，2008，12（2）：173—185．

THOMASON S G. Language Contact：An Introduction［M］．Edinburgh：Edinburgh University Press Ltd，2001．

WEINREICH U. Languages in Contact：Findings and Problems［M］．New York：New York Press，1953．

附录：调查词表

楼阁	嗑瓜子	舍弟	建设	褶子	合作	检测
颗粒	报社	原则	贺卡	扼要	疙瘩	黄河
江浙	一颗	峨眉	割舍	择偶	讹传	扬子鳄
责任	拍摄	格局	热度	婚车	花蛤	撤销
荷叶	口舌	个个	鳄鱼	渴望	鹅卵石	祝贺
壳子	得到	饿肚皮	瞎扯	两侧	客运	后撤
和谐	海蜇	农家乐	收割	萧瑟	葛根	恶习
大赦	蛤蜊	存折	德行	刚正勿阿	恶心	各自
浑浑噩噩	光泽	鄂尔多斯	发射	挨饿	哥哥	注册
交涉	干戈	佘山	相隔	尖刻	喝酒	摄像
巍峨	涩嘴	大哥	蜇人	饭盒	策略	勒索
刻画	吃喝	色彩	鸽子	可靠	科研	哲理
遏制	堵塞	苦涩	噩梦	蛇胆	改革	蔗糖
舍得	蛰伏	测试	先哲	亲和	负荷	懂得
歌曲	赦免	纠葛	沟壑	道德	困厄	河马
舌苔	甘蔗	儿歌	学科	嫦娥	乐趣	遮挡
割舍	社区	和平鸽	戈壁	金额	乘客	皱褶
干咳	仄声	四脚蛇	惹事体	磕碰	彻底	清澈
政策	哪吒	严苛	显赫	天鹅	平仄	瑟瑟
饱嗝	车辙	几何	透彻	独特	碰碰磕磕	车辆
复核	狂热	赊账	风格	俄文	蝌蚪	个别
额度	瞌睡	阁楼	吝啬	册子	浙菜	折腾
公厕	弥勒	厄运	特务	厕所	射击	解渴

何必	薄荷	搁置	惊蛰	咳嗽	赫赫有名	禾苗
以讹传讹	中俄	负责	涉及	折扣	许可	学者
奢望	坎坷	选择	苛求	设计	课间	耽搁
吆喝	综合	坦克	革命	核查	校舍	特色
贝壳	克服	备课	唱和	扯平	隔离	泽国
白鹤	鹤鸣	招惹	侧面	盒子	一棵	喝彩
险恶	阿胶					

（周文杰　科大讯飞（上海）科技有限公司　200335）

后　记

第十一届国际吴方言学术研讨会于 2022 年 11 月 12 日—13 日在复旦大学召开，由复旦大学中文系主办。本届会议由于新冠疫情原因推迟了两年，与上届（第十届）会议相隔四年。2022 年 11 月疫情还没有消除，所以本届会议克服种种困难，采用线上线下方式进行学术交流。尽管如此，本届会议还是收到国内外境内外学者论文 70 余篇，与会专家在线上线下就吴方言的语音、语义、句法、词汇、历史演变、吴方言与其他方言的关系、吴语词典的编纂，以及吴方言的历史、文化等议题进行了广泛深入的讨论。本届会议还组织了一个"东南方言比较三十周年线上纪念会"，有九位学者在线上就汉语东南方言的特点、方言分区标准、语音层次的问题进行了交流。第一届东南方言比较会议于 1992 年夏在复旦大学举行，与会人员只有六位：平田昌司、郑张尚芳、李如龙、游汝杰、潘悟云、陈忠敏。讨论场所因陋就简就在平田先生所住的房间里。会后出版论文集《中国东南方言比较研究丛书第一辑·吴语和闽语的比较研究》(上海教育出版社，1995 年出版)，论文集作者增加梅祖麟教授。往后各届会议学者增多，东南方言比较研究从此蔚然成风，首届会议具有开创之功，值得纪念！

本辑《吴语研究》是本次吴方言国际学术会议的论文集。承蒙上海教育出版社一如既往的支持，我们表示衷心感谢！复旦大学中文系主办会议，提供会议场所，并提供出版资金；复旦中文系相关教师、同学为举办本届会议付出心血；博士生赵倬成为本辑论文的出版出力不少，在这里我一并感谢！

主编　陈忠敏
2024 年 7 月

图书在版编目（CIP）数据

吴语研究. 第十一辑 / 陈忠敏主编. — 上海：上海
教育出版社，2024.10. — ISBN 978-7-5720-2843-4

Ⅰ. H173-53

中国国家版本馆CIP数据核字第2024MT0160号

责任编辑　徐川山
封面设计　陆　弦

吴语研究　第十一辑
陈忠敏　主编

出版发行　上海教育出版社有限公司
官　　网　www.seph.com.cn
地　　址　上海市闵行区号景路159弄C座
邮　　编　201101
印　　刷　上海叶大印务发展有限公司
开　　本　787×1092　1/16　印张 31.25　插页 1
字　　数　762 千字
版　　次　2024年10月第1版
印　　次　2024年10月第1次印刷
书　　号　ISBN 978-7-5720-2843-4/H·0086
定　　价　138.00 元